同济大学经济与管理学院资助出版

同济经管
TONGJI SEM

新常态下的
中国金融市场发展

吴静娴 等 著

同济大学出版社
TONGJI UNIVERSITY PRESS

图书在版编目(CIP)数据

新常态下的中国金融市场发展 / 吴静娴等著. —上海：同济大学出版社，2019.1

ISBN 978-7-5608-8355-7

Ⅰ. ①新… Ⅱ. ①吴… Ⅲ. ①金融市场—研究—中国 Ⅳ. ①F832.5

中国版本图书馆 CIP 数据核字(2018)第 297916 号

新常态下的中国金融市场发展

吴静娴 等 著

出 品 人 华春荣　策　划 吕 炜 陆克丽霞　责任编辑 熊磊丽 陈红梅

责任校对 徐春莲　封面设计 陈益平

出版发行 同济大学出版社　www.tongjipress.com.cn

(地址:上海市四平路 1239 号　邮编：200092　电话:021-65985622)

经　销 全国各地新华书店、网络书店

排版制作 南京展望文化发展有限公司

印　刷 江苏凤凰数码印务有限公司

开　本 710 mm×1000 mm　1/16

印　张 13

字　数 260000

版　次 2019 年 1 月第 1 版　2019 年 1 月第 1 次印刷

书　号 ISBN 978-7-5608-8355-7

定　价 68.00 元

前言

FOREWORD

中国经济步入新常态发展趋势，金融作为现代经济的核心，是适应我国经济新常态发展的排头兵。在我国"新常态经济"这一大背景下，需要从多维度、新角度分析我国金融市场改革与开放面临的实际问题。本书由几名经济金融领域的研究者共同编写完成，收录了同济大学经济与管理学院学生的最新学术研究成果。从上市企业投融资效率、投资者特征影响金融产品定价和企业投资效率、投资者决策行为的影响因素、人民币国际化与国际货币稳定性等多视角分析中国金融市场改革与开放。

全书由五篇组成，第一篇由同济大学经济与管理学院金融硕士(专业学位)毕业生吴静娴撰写。吴静娴从股权的二重性角度出发，研究机构异质性的内生驱动因素；并借助牛建波的变量设计，针对机构持股波动从时间、行业两个维度进行分类，构建模型基础。对于持股波动较大、持股比例较低的机构，将其划分为交易型，其行为特征隐含了较弱的治理意愿和对短期收益、流动性的偏好，看重股权的收益性，难以约束非效率投资；反之则为稳定型机构，较小的持股波动表明其重视长期投资、价值投资，较大的持股比例存在流动性风险，限制了短期操作的可能性，只能通过发挥股权的支配性实现获利，反而能够约束非效率投资。在实证分析部分，她选取了2010—2015年中国A股民营制造企业为样本，借鉴Richardson模型度量非效率投资，在此基础上验证了机构持股抑制企业非效率投资和机构异质性治理效应不同的研究假设。研究结论表明：机构整体与非效率投资显著负相关，其中稳定型机构充分发挥了治理效应，而交易型机构的治理效应不明显。

第二篇由同济大学经济与管理学院金融硕士（专业学位）毕业生朱丽蓉撰写。朱丽蓉利用DEA模型，实证分析了新三板创新层与基础层企业定向增发的融资效率研究。她选取了在分层落地前后均有进行过定向增发融资的80家创新层企业和79家基础层企业作为研究样本，对我国新三板市场的整体融资现状、创新层与基础层不同层级企业的融资效率差异、不同行业间的纯技术效率、规模效率、技术效率差异以及在分层推行前后企业融资效率发生的变化进行了实证研究。研究发现：① 新三板市场近些年总体融资效率低下，大量企业处于融资纯技术效率与规模效率非有效的状态，并且各个行业间的融资效率也存在较大差异；② 进一步横向比较不同层级间企业的融资效率，可以发现创新层企业的整体融资效率要高于基础层企业；③ 纵向比较来看，2016年实施分层管理后，新三板市场整体融资效率较2015年有所下降；④ 从投入角度进行了DEA非有效分析，发现新三板创新层与基础层的资产负债率冗余量均值、财务费用冗余量均值都显著非零，表明其实际投入量相比最优投入有较严重的偏离，这些都在一定程度上降低了新三板企业的融资效率。

第三篇由同济大学经济与管理学院金融学专业毕业生郑莹撰写。郑莹运用拟合优度指标和DCC-MGARCH模型，以沪深股市2006—2015年的数据为样本进行研究，发现股票名称反映的行业信息会影响到股票与行业的同步性。这种影响表现在股票名称反映股票所在行业的信息会增强其与所在行业的同步性，反映其他行业的信息会降低其与所在行业的同步性。但是，名称与非所在行业的相似性并不能显著导致股价与该非所在行业同步性的提高。为此，上市公司在股票名称中反映行业信息有助于其引起关注行业层面消息的投资者的关注，使得其股价紧随行业趋势。

第四篇由同济大学经济与管理学院金融学专业毕业生曹梦雪撰写。曹梦雪研究了人民币国际化对国际货币稳定性的影响。通过建立动态面板数据回归模型，对美元、英镑、日元和欧元作为主要国际外汇储备货币所受的影响因素进行了实证研究，证实影响国际储备货币的主要因素有经济规模、贸易重要性、币值稳定性、金融市场发达程度和历史惯性。同时预测了2025年在不同情景下人民币占国际外汇储备份额的大小以及人民币加入国际储备货币体系对该结构稳定性的影响，预测结果表明，如果人民币作为主要国际货币加入国际储备货币体系，其所占外汇储备份额可达到20%以上，其规模超过欧元，仅次于美元。并且，人民币的加入有利于增强国际储备货币组合稳定性，“美元-欧元-人民币三元体系”比现行的“美元-欧元二元体系”具有更小方差。

本书最后一篇由同济大学经济与管理学院金融学专业毕业生王亚琳撰写。王亚琳从投资者情绪与投资者异质性角度，研究了公司债券的合理定价。利用2013—2015年沪深交易所未到期的半年度公司债数据，借助固定效应模型和门槛回归模型等，从投资者情绪和投资者异质性两个角度研究了投资者特征对公司债信用利差的影响。研究发现：投资者情绪越高涨，投资者对公司债信用利差的要求越小；投资者之间异质性越大，公司债信用利差也会越大。另外，不同风险特征的公司债受投资者情绪和异质性的影响程度存在显著差异。情绪低落阶段，信用利差对异质性引起的市场波动较为敏感。这些发现有助于进一步分析公司债定价问题，并为债券发行和监管提供建议。

本书兼具理论研究和实际应用意义的特点，涵盖传统金融学和行为金融学等分析角度，丰富了我国金融市场的研究视角和研究思路，对金融市场的实践者和理论研究者具有较大的参考价值。

图书在版编目(CIP)数据

同济大学"三联动"人才培养体系改革论文集 / 单烨,赵宪忠主编. --上海：同济大学出版社,2022.11
ISBN 978-7-5765-0416-3

Ⅰ.①同… Ⅱ.①单… ②赵… Ⅲ.①同济大学一人才培养一文集 Ⅳ.①G649.285.1-53

中国版本图书馆 CIP 数据核字(2022)第 188159 号

同济大学"三联动"人才培养体系改革论文集
单烨 赵宪忠 主编
责任编辑 张 莉 任学敏 **助理编辑** 夏晗丹 **责任校对** 徐春莲
封面设计 陈益平

出版发行 同济大学出版社 www.tongjipress.com.cn
(地址:上海市四平路 1239 号 邮编:200092 电话:021-65985622)
经 销 全国各地新华书店
印 刷 江苏凤凰数码印务有限公司
开 本 710mm×1000mm 1/16
印 张 11.5
字 数 230 000
版 次 2022 年 11 月第 1 版
印 次 2022 年 11 月第 1 次印刷
书 号 ISBN 978-7-5765-0416-3

定 价 49.00 元

总　序

“育才造士，为国之本。”高等教育是一个国家发展水平的重要标志。习近平总书记在全国教育大会上强调：“教育是国之大计、党之大计。”“要努力构建德智体美劳全面培养的教育体系，形成更高水平的人才培养体系。”本科教育是高校人才培养体系的基石，在推进世界一流大学建设进程中，同济大学始终坚持“本科教育为立校之本，研究生教育是强校之路”的办学理念，遵循学校“综合性、研究型、国际化”发展框架，着力培养具有“通识基础、专业素质、创新思维、实践能力、全球视野、社会责任”综合特质、能够引领未来的社会栋梁与专业精英。

学校自 2019 年 6 月起陆续出版的“同济大学本科教学改革丛书”，基于同济大学《一流大学建设方案》和《一流本科教育建设方案》的要旨，全方位、多角度地展现了学校深入推进“双一流”建设，实施“六卓越一拔尖”计划2.0，探索了教育教学改革同济模式的全景画卷，为当代大学的本科教育改革提供了全方位参考。

同济大学纵深推进全国首批“三全育人”综合改革试点工作，全面落实立德树人根本任务；开展“大类招生、大类培养、大类管理”联动改革；完善落实“主修专业＋微专业＋辅修专业/辅修学位”进阶式培养模式；构建学科责任岗位、专业责任岗位和课程责任岗位制度，夯实教学基层组织建设；持续加大教学投入，打造一流智慧校园生态。

面向技术进步和时代要求，同济大学专业内涵升级改造和新专业建设并举，全面优化专业布局，已经建设了包括智能建造、智能制造、人工智能等在内的“人工智能＋”专业群；持续推进“卓越人才”“基础拔尖”“荣誉计划”三大模块特色人才培养试验区建设，为拔尖创新人才培养搭高地、建苗圃、育新苗；面向强基计划等拔尖人才培养计划，构建了具有同济特色的“2＋1＋X”本研贯通培养体系。

在深化科教融合和校企协同育人方面，同济大学持续充实完善学生科学研究、实践创新、全球视野等综合能力培养内涵。学科平台、科研实验室

全面向本科生开放，建成全覆盖的“本科生导师制”，依托交叉科研团队构建交叉课程体系，推动科教深度融合；构建政产学研用深度融合的校企协同新模式，落实专业实习实践教育签约实习基地及企业兼职指导老师全覆盖，构建基于问题驱动教学法（PBL）的学科竞赛课程体系；打造同济特色的“10－50－100”共生型创新创业教育培养体系；实施意大利、德国海外校区国际交流暑期专项计划，拓展国际化人才培养教学资源。

“同济大学本科教学改革丛书”的结集出版，凝聚了每一位为推动本科教学改革付出辛勤努力的老师的心血，衷心希望本丛书的出版对持续提高人才培养质量，全面建成综合性、研究型、国际化、世界知名高水平大学起到积极促进作用。未来，学校将继续举全校之力，集全校之智，以目标为导向谋发展，以问题为导向促改革，积极服务国家和区域经济社会发展的战略需求，为加快推进教育现代化、建设教育强国、办好人民满意的教育做出新的贡献。

陳杰

前　　言

习近平总书记指出“人才培养是育人和育才相统一的过程”。人才培养是本，本科教育是根，而加强本科通识教育是夯实“双一流”建设的基石。

同济大学一直重视人才培养工作，持续推动人才培养模式改革和创新。基于学校“综合性、研究型、国际化”世界一流大学的办学定位，在“同济天下、崇尚科学、创新引领、追求卓越”的人才培养理念和“引领未来的社会栋梁与专业精英”的人才培养目标指导下，学校自 2018 年 9 月起以“工科试验班”为实体探索大类招生和大类人才培养模式改革，初步积累了大类人才培养经验。2019 年 5 月，同济大学新生院正式成立，实行“1＋3”为主的人才培养模式，正式开启同济大学“大类招生、大类培养、大类管理”联动(以下简称“三联动”)的人才培养体系建设新篇章。

新生院作为统筹通识教育的载体和实现通专融合的桥梁，在学校人才培养中发挥了举足轻重的作用。三年多以来，学校在推进“三联动”人才培养体系改革的过程中，以立德树人为根本，以学生成长为中心，以高质量为统领，优化教学体系，强化协同育人，注重通专融合，夯实通识基础，全方位构建高质量课程体系，全要素打造育人共同体，全过程推进大类招生、大类培养、大类管理的“三联动”改革，取得了显著成效。

为及时总结人才培养体系改革过程中的好经验、好做法，梳理和探究遇到的问题，凝练育人理念，提升人才培养质量，加强育人队伍建设，提高人才培养管理和研究水平，全面呈现“三联动”实施以来的人才培养成果，在赵宪忠院长指导下，单烨副院长直接策划和组织，面向全校各专业学院和新生院各学堂开展了教改论文征集活动，主要聚焦“三全育人”综合改革、“三联动”改革的体制机制建设、通识课程建设、美育体系构建、跨学科培养、人才培养模式改革、课程思政等方面的创新做法和先进经验。该活动得到了广大教师的积极响应和参与。我们从应征稿件中优选了 20 篇具有代表性的论文，汇编成集，以期为持续深化具有同济特色的“三联动”人才培养体系改革奠定扎实基础。

本论文集凝结着我校教师、教学管理人员和辅导员们参与大类人才培养工作的心血，彰显着他们对教育教学改革工作的实践和探索。“他山之石，可以攻玉。”希望以本书的结集出版为契机，激励更多的管理者、教师积极参与人才培养改革，不断凝练总结人才培养经验，相互借鉴、取长补短，助力学校“双一流”建设，全力培养具备“通专基础、学术素养、创新思维、实践能力、全球视野和社会责任”综合特质，堪当民族复兴大任的社会栋梁和专业精英。本书也可为兄弟高校从事通识教育、大类培养改革的管理者、实践者和研究者提供素材，欢迎大家批评指正。

编　者

2022 年 9 月

目　录

大类培养下学生如何选择专业*

——以首届济美学堂为例

朱 玮 郭昕雅 许霖熹 陶思嘉 魏睿轩 耿家恒

同济大学建筑与城市规划学院

摘要 2019年同济大学开始实施大类招生和培养模式，其中的专业分流机制关乎学生核心利益，为各方所关注。本文以首届济美学堂的学生为对象，通过问卷调查和访谈，对其在入学前、专业分流前及分流后的专业选择决策和决策影响因素进行研究，发掘其中的问题并探讨改进建议。研究发现，个人兴趣、专业水平和职业发展是学生选择专业时的首要考虑因素；多数学生认可大类培养能够提供给学生更好地认识和选择专业的机会；但同时也认为大类培养模式催生了过度竞争和无效学习，甚至削弱了专业志趣在学生专业选择中发挥的作用。大类内的专业课程设置应更加均衡地展示各专业，加强整体性；在分流中应强调学生的志趣和专业能力，并优化分流机制。

关键词 大类培养 分流机制 专业选择 决策影响因素 同济大学

一、引言

大类招生与培养正在取代传统的专业对口培养，成为我国高校本科新生培养的趋势[1]。2019年，同济大学开始实施“大类招生、大类培养、大类管理”联动的人才培养体制改革，其主要特点是新生入学不直接进入特定专业学习，而是在同济大学新生院各学堂进行一年的统一大类学习，每个大类由若干相近专业构成；学生在第二学期进行专业分流，各专业进行选拔录取，有人称之为“二次高考”。

专业分流因其关乎学生的核心利益，无疑为学生、家庭、各专业、校方所

---

* 本文为同济大学2020年大学生创新创业训练项目“大类新生选择专业的行为与决策研究”部分研究成果。

重点关注。学生如何选择专业？如何看待专业分流和大类培养？招生、学习和分流过程中有哪些问题？回答这些问题对于改进我校大类培养的策略和实施举措具有基础性的意义。

以此为目标，本文对2019级首届大类培养新生的专业选择行为与决策进行研究。以济美学堂为例，对学生开展问卷调查和访谈，从入学前、分流前、分流后三个阶段来进行归纳和分析。其中，入学前主要关注学生的专业选择意向和形成意向的初衷；分流前关注学生对专业的了解程度，其专业选择意向的变化情况，以及对分流机制的看法；分流后关注学生的专业选择结果与专业选择意向之间的差距，以及影响其决策的因素在分流前后发生的变化。最后，总结问题并提出改进建议。

二、问卷调查和访谈

以同济大学济美学堂2019级学生为研究对象开展问卷调查和访谈。济美学堂内含两个专业大类：工科试验班，即建筑规划景观与设计类（以下简称建规景设类，内含建筑学、城乡规划、风景园林、历史建筑保护工程和工业设计五个专业）、工科试验班，即智能交通与车辆类[以下简称智交类，内含交通工程、车辆工程（汽车）、车辆工程、交通运输四个专业]。本文主要的数据收集工作在2020年专业分流前后分两次开展。分流前的调查问卷于2020年6月11日—23日通过腾讯问卷平台发放，内容包含个人、家庭、学校、社会四个方面对选择专业的影响，学生选择大类的原因、对类内专业的了解程度，分流机制对学生选择专业的影响和学生是否有转专业的想法等问题，以及学生的个人信息。2020年7月—8月，在问卷的基础上设置了一对一的访谈，访谈重点为学生对大类招生模式、分流机制、课程设置等方面的看法。分流后的调查问卷于2020年12月6日通过腾讯问卷平台发放，内容主要涉及学生分流前后选择专业的影响因素发生的变化，以及学生对自己的选择作出的评价。

回收分流前有效问卷219份，其中女生占53.9%，男生占46.1%；建规景设类学生占74.4%，智交类学生占25.6%。访谈人数为22人，其中女生13人，男生9人；建规景设类16人，智交类6人。回收分流后有效问卷151份，其中建规景设类学生占58.9%，智交类学生占41.1%；按分流后专业所在学院统计，建筑与城市规划学院学生占50.3%，设计创意学院学生占7.3%，交通运输学院学生占42.4%。

三、调查结果

(一) 入学前

学生在入学前选择某大类的原因首先是有很强的个人兴趣(图 1),其次是因为高考分数合适,说明学生希望在成绩符合招生条件的前提下进入尽量热门的专业方向。在该阶段,学生还很少在意所选专业的学习压力。调查结果显示,确定专业意向的第二驱动因素为职业发展,考虑家庭支持和未来职业薪资待遇的比例也占到 30%左右,说明专业驱动因素对学生选择影响较大。

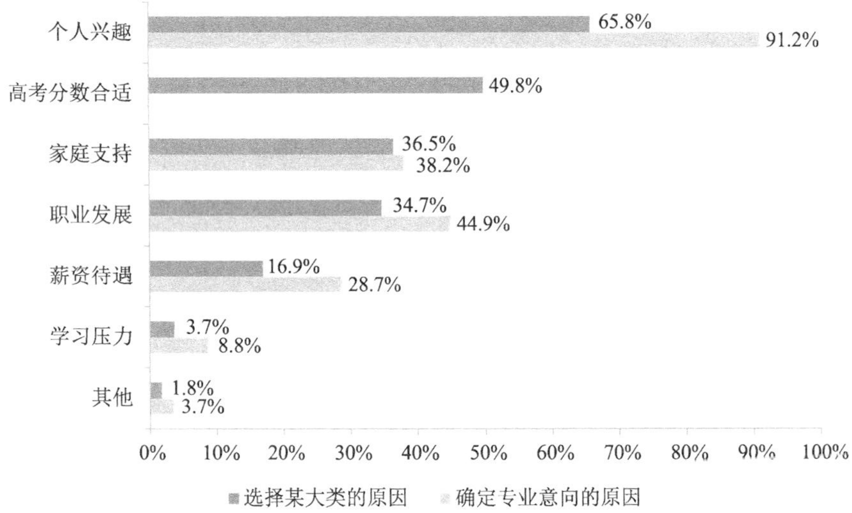

图 1　入学前影响学生大类选择及专业意向确定的因素

(二) 分流前

1. 专业认知

截至专业分流前,学生已经经历了一学期的大类培养,但非常了解专业的学生比例很低(5.5%),多数属于比较了解(37.9%),更多数为一般了解(46.5%),其余为了解较少(6.9%)和几乎不了解(3.2%)。而根据访谈结果,最终分流去建筑与城市规划学院的受访者对大类内各专业的了解程度由高到低依次是:建筑学、城乡规划、风景园林、历史建筑保护工程、工业设计;最终分流去设计创意学院的受访者对专业的了解程度由高到底依次是:工业设计、建筑学、城乡规划、风景园林、历史建筑保护工程;智交类受访者对专

业的了解程度由高到底依次是：车辆工程、交通工程、交通运输。上述结果说明学生对专业的了解程度与专业自身优势有很强的关联。

学生获取专业认知的最主要渠道为平时课程所学(图 2),同时网络媒体起到重要的辅助作用,其影响甚至超过专业教师和学术讲座。往届学生的经验亦成为超过半数学生了解专业的渠道。从访谈了解到,课程及大师讲座等对学生的专业选择影响较大,有助于学生了解专业、培养思维方式,但是辅修/荣誉课程等专业课之外的课程则对学生专业选择的影响较小。学生也反映大类课程设置不均衡,如设计大类的专业课偏向建筑学,导致以设计创意专业为意向的学生缺少本类专业的基础。

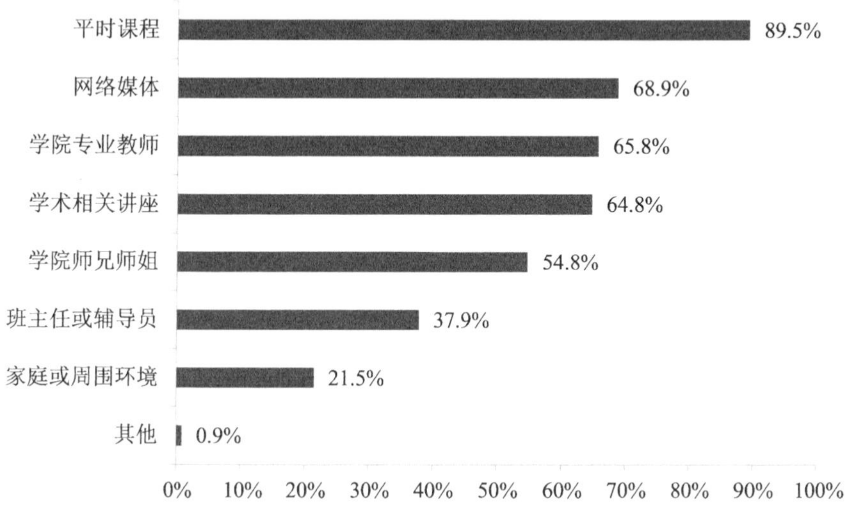

图 2　学生专业认知的主要渠道

2. 专业意向转变

近两成的受访者表示有跨类分流的意愿。对于那些入学前有较明确专业意向的学生,一年的培养使得其中 37.5%的人产生不同程度的意向转变。具体来看,其中多数想转向大类内的其他专业(29.4%),极少数想转至大类外专业(1.5%),少数人反而专业意向变得模糊(6.6%),但是剩余 62.5%的学生仍坚定最初的意向。

学生转变专业意向的最主要原因是现阶段学习压力大,缺乏学习兴趣(图 3);其次是对专业前景的担忧和迷茫。有 20.9%的学生并非不喜欢原专业,而是想尝试新的方向。结果显示,个人兴趣(53.5%)和职业前景

(37.2%)仍是专业意向转变的主导因素。

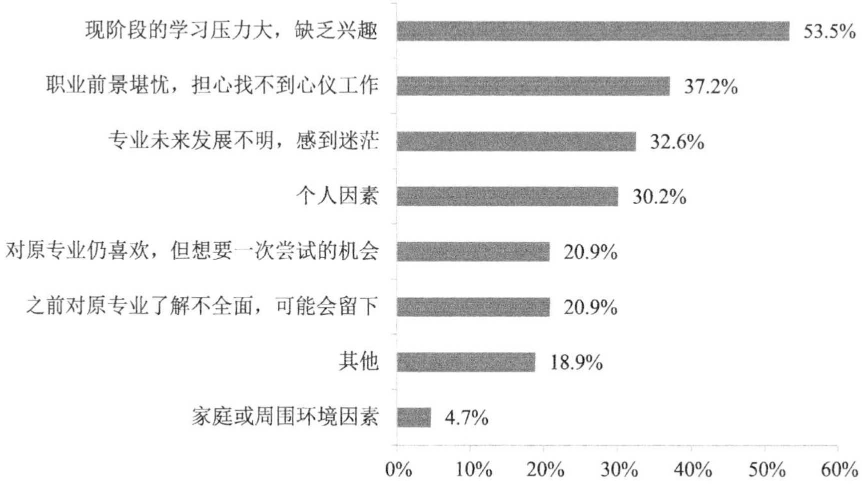

图 3　学生改变原专业意向的原因

3. 对分流机制的看法

56.7%的受访者表示专业分流机制对其产生了较大的影响,43.3%的受访者则认为影响很小。前者中有70.7%的学生表示自己高考分数本来足够进入心仪的专业,但分流使其面临“二次高考”,因而持负面态度;64.2%的学生表示分流使得自己可能需要调整专业志愿顺序来避免“滑档”,导致第一志愿并不是自己的心仪专业。访谈中学生认为分流机制是公平合理的,综合了新生奖学金、绩点、专业笔试和面试等多方面因素,且在大一上半学期就发布了考核标准,学生满意度较高。

受访者认为分流机制存在的主要问题包括以下五点:

(1) 顺序志愿的录取方式不合理。大类招生的目的之一是使学生更好地按照兴趣选择专业,但顺序志愿的录取方式导致综合成绩不高的学生在权衡之后放弃将自己的心仪专业作为首选,使得这类学生兴趣与所选专业并不匹配。同时,热门专业有限名额的竞争使得大部分学生承受了较大心理压力。

(2) 新生奖学金评选采用“一刀切”的标准,造成恰好处于标准内外的学生在评价上产生质的差别,不够公平。

(3) 特色评测不够合理,无法体现学生在大类学习中培养的能力,仅是

评测一些知识性的内容，其直接计入总成绩的方式也无法体现学生与专业的适配程度。

(4) 大类培养中学习的内容可能与分流专业关联不大。以建规景设大类为例，学生在大一可选择建筑与城市规划学院或设计创意学院的课程（二选一）进行修读，但是分流时并没有考量该生修读了哪个学院的课程，导致一些学生修读课程与分流后专业不一致，大二在一个自己不熟悉的专业、没有完整基础的环境下深入学习，从而产生学习困难的问题。

(5) 分流涉及类内、跨类的多个环节，整个分流过程持续时间短，流程复杂，存在给同学们思考的时间过少等问题。

(三) 分流后

分流后，近九成(89.4%)的受访者都进入了自己的心仪专业。为了避免滑档而自己主动调整专业志愿顺序，以及因成绩排名被动滑档是其余学生未进入心仪专业的原因。对比受访者分流前后受选择专业考虑因素的影响，发现学生在分流前不同程度地高估了所有因素的影响力。问卷结果显示，分流后学生在专业选择中最看重的仍为个人兴趣、专业水平和就业待遇（图 4）。

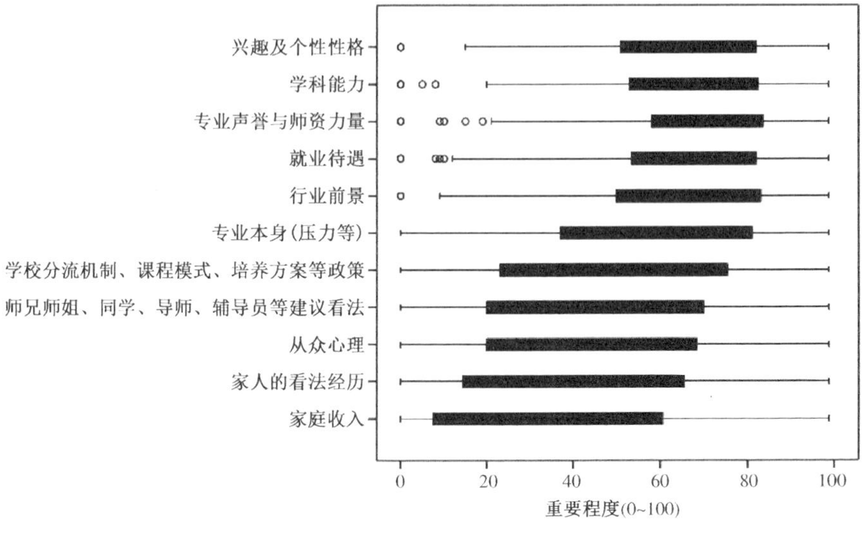

图 4　分流后影响因素重要性评价

四、结果讨论

基于调查结果，从大类培养模式层面总结大类培养的优缺点，进一步针对其具体实施过程中的问题探讨改进建议。

（一）大类培养模式的利弊

1. 有助于学生深入了解专业

这是学生对大类培养最主要的正面评价。近七成的受访者认为第一学期的学习使其有时间更好地了解大类内的专业，并深思熟虑对专业的选择，降低了报考的盲目性，这也是国内外大类培养的一致经验[2]。从三个阶段学生专业选择考虑因素的变化也可见，入学前有近一半的学生根据高考成绩来选择大类，希望使自己成绩的效用最大化，同时很少有人考虑学习压力；而在分流前后，学生对压力的考量达到了比较高的程度。

2. 增加了学生专业选择的机会

近五成的受访者认为高考发挥不太好的学生可以先进入大类然后再选择专业，这给学生提供了选择大类内较热门的专业或转专业的机会，且减轻了高考后填报志愿的压力。

3. “二次高考”促进学习

由于专业分流的依据是大一第一学期的学习成绩，因而这能促使学生好好学习，提高绩点，同时培养了学生良好的生活和学习习惯。

4. 分流使部分学生的学习或专业选择陷入困境

近一半的学生有着比较坚定的专业志愿（78.2%入学前有较明确的专业意向×62.5%坚定最初的选择＝48.9%），但大类学习导致他们接触专业知识的内容和时间少于期望值，且分流给其带来更多不确定性，不一定能进入心仪专业。另有一些学生对大学新生活适应能力较差，导致大一第一学期成绩不佳，在分流中处于劣势。

（二）大类培养的改进建议

1. 优化大类课程设置

以建规景设大类为例，实际的专业课授课基本仍由建筑与城市规划学院和设计创意学院并行开展，学生仅能选择其一，且课程选择与最终专业选择之间并没有关联，一定程度上失去了大类培养的意义。而目前的专业教学偏科（如建规景设类偏向建筑类课程）必然导致学生分流时“撞车”热门专业，以及产生进入非意向专业的学生学习内容与基础知识脱节的问题。建

议加强两个学院课程间的协同和课程体系的整体性[3]，如在大类专业课程中更加均衡地设置各专业的专业课，或者开设融合各专业基本知识的新的大类专业课，如此让学生对各专业具有较充分且均衡的认识，提高其专业选择的质量。

2. 加强专业分流的志趣及能力导向，简化分流机制

大类培养模式的核心目标之一是让学生通过一个学期的"缓冲期"学习，更好地了解大类内的各专业，使其在分流时做出更加符合自己志趣的选择。调查结果也显示，学生在大类和专业选择时将个人兴趣放在首位，个人兴趣贯穿入学前、分流前和分流后各阶段；且经过一个学期的学习，学生对专业水平和职业前景的考量已经变得与个人兴趣同等重要。但是分流后，个人兴趣和专业水平对学生专业选择的影响力却显著下降了，同时其他因素的影响都不同程度下降；也就是说，很可能是分流削弱了学生依靠志趣选择专业的机制，使学生背违"初心"。

如何使学生"不忘初心"？第一，在分流机制的设计原则上以学生的专业志趣和能力为宗旨，目标是使分流结果成为对学生专业志趣和能力的充分、合理评价后的反馈。第二，强化专业志趣在分流过程中的权重。研究显示志愿优先原则既提升了学生满意度，又降低了各专业学生层次的差异度[4]；从这个意义上说，顺序志愿的分流操作方式比平行志愿更合理，能让学生愈加慎重地选择专业，在学习中有意识地向志趣专业靠拢，消除高考平行志愿靠高分进入尽可能热门的专业的、带有盲目性和投机性的思维。第三，简化教学内容，减少对学生过度的分类分层，弱化大类内学生的差异化评价，消除学生间的"内卷"，以防分流成为名副其实的"二次高考"。第四，测评应加强对学生的专业能力和培养潜力的考察，且需根据其专业志愿用相应的标准进行分类评价。

3. 研究更灵活的招生和培养模式

目前学校对于招生和培养模式的选择基于二分思维，要么专业定向培养，要么大类培养。而调查显示，有坚定明确的专业意向的学生占一半，另一半需要对专业有更多了解；前者更需要专业定向教育以尽早进入专业学习，提高效率。那么，大类培养与定向培养能否共存，以满足这两类学生各自所需？这是一个需要系统研究招生机制、课程设置、教学实施等方面的极具研究价值和挑战性的问题。

五、结论

本文以同济大学首届济美学堂的学生为对象，通过问卷调查和访谈，对其在入学前、专业分流前及分流后的专业选择决策和决策影响因素进行研究，发掘其中的问题并探讨改进建议。研究主要发现个人兴趣、专业水平和职业发展是学生选择专业时的首要考虑因素；近一半的学生在入学前已有较明确的专业意向，且在分流前仍保持坚定的选择。大类培养所提供的“缓冲期”提供给学生更好地认识专业、更全面地考虑未来专业、做出更理性选择的机会，受到多数学生的认可；其中关键的专业分流机制一方面促进了学生学习，另一方面也催生过度竞争和无效学习，甚至削弱了专业志趣在学生专业选择中发挥的作用；不过从结果上看，近九成的受访者都进入了自己的心仪专业。研究提出大类内的专业课程设置应更加均衡地展示各专业，加强整体性；在分流中应强调学生的志趣和专业能力，并简化分流机制。

本研究开展之时同济大学的大类培养仅实施了一年，其中的很多工作仍在探索中，尚未定型，且研究对象仅面向济美学堂的学生，因此本研究的结果有一定局限性。后续跟踪研究将持续开展，需将研究对象拓展至不同学堂和专业的不同年级学生和教师，更加全面、系统地总结大类培养的经验和问题，逐步完善大类培养的同济模式。

参考文献

[1] 黄兆信.大类招生：现代大学人才培养趋势[J].中国高教研究，2004(2)：41-43.
[2] 唐苏琼.高校实施大类招生的利弊分析[J].中国高教研究，2009(1)：88-89.
[3] 李斌，罗赣虹.高校大类招生：精英教育的一种推进模式[J].大学教育科学，2012(5)：11-16.
[4] 颜兵兵，姜永城，殷宝麟.大类招生模式下专业分流方案设计与实例分析[J].高教论坛，2014(9)：44-47.

大类招生背景下外语专业人才培养模式探索

——以同济大学外国语学院为例

杨曜婷

同济大学外国语学院

摘要 大类招生是通识教育发展过程中高校招生改革的新方向。外语专业作为以技能性为主导的专业，在大类招生背景下面临着巨大的挑战。本文分析了外语专业大类招生的现状及利弊，以同济大学外国语学院的实践为例，讨论了大类招生改革在专业建设、专业引导、培养模式等方面的人才培养策略，以期外语专业在保证培养质量的同时更好地推进创新型复合型人才培养。

关键词 大类招生 外语专业 培养模式

一、外语专业大类招生背景概述

为适应我国经济转型和社会发展需求，实现"宽口径、厚基础"的复合型人才培养目标，加强通识教育、打通专业壁垒已成为高等教育的发展趋势。在《国家中长期教育改革和发展规划纲要(2010—2020年)》《教育部2016年工作要点》等重要政策文件的指导下，目前国内超过半数的"双一流"高校开始将相近学科专业分类整合进行大类招生。在此背景下，各高校外语专业也开始逐步实施大类招生与培养。

根据各高校发布的2020年本科招生目录，国内高校外语专业的招生模式大致可分为三类：

一是不采用大类的专业招生模式，其中不乏北京大学、复旦大学等全国顶尖综合性高校。此类高校外语专业的培养计划中，专业课程贯穿大学四年，通识课程或大类课程多以选修形式融入培养过程。以北京大学外语专业为例，学生从大一即开始接受相应语种的听说读写基础训练，同时在各培养阶段建议选修10～20学分不等的文史哲类或其他跨学科课程，以此达到

"通专结合"的目的。

二是外语专业自成一类的大类招生模式。目前南京大学、厦门大学、中国人民大学等高校采用"外语大类"招生模式。学生进入外语大类需修读大类开设的外国语言文学、文化类通识平台课程,以提高人文素养,着力培养外语学科的文化认知和学术思维。这种方式是既在一定程度上坚持了外语的"特殊性",又在向大类靠拢的基础上保全了外语专业课程的折中做法。

三是外语专业与其他人文社会学科专业合并的大类招生模式。这种模式的大类一般涵盖了外语专业与学科基础相近的其他专业,通过一到两年的通识课程学习后分流到各个专业进行后续培养。清华大学作为较早施行大类招生的高校,其外语专业所在的"人文与社会类"包括文学、历史、社会经济、心理学、国际政治、英语、日语、新闻学等13个专业。学生不仅第一年可以接受大类通识培养,而且在进入相关院系后仍可在院系内跨专业学习,直至大三结束前确定专业。

以上第一种"置身事外"和第二种"内部消化"的招生模式在后续培养过程中虽然已经考虑到通专结合的必要性,但各自为政的格局,对于"宽口径"通识教育的要求来说,仍有一定距离。第三种多学科融通,打破了院系和专业壁垒的招生培养模式是目前部分高校外语专业正在尝试的改革方向[2]。

二、外语专业参与大类招生的利与弊

外语作为以学习时长为保障、技能性为先导的专业,有它自身的特殊性。关于外语专业是参与大类改革,还是坚持"特殊性"排除在大类之外还存在不少争议[2]。

(一)外语专业参与大类招生的益处

1. 学生对专业认同度较高

大类招生将学生专业选择的时间从高考前延长至进入高校后。按照传统的招生模式,学生需要在刚刚高中毕业对于各类专业了解有限的情况下,选择对自身发展极为重要的本科专业,客观上存在一定的误判和错位可能。而实行大类招生,学生在接受了一至两年的通识基础课程教育后,能够大致了解各个专业的学习内容、培养模式和发展趋势,同时也能明确自己的兴趣所在,可以综合自身意愿、就业趋势做出选择[3]。这种情况下进入外语专业的学生已经对以后的专业学习建立了一定认知,大多都对外语专业的认同

度较高。

2. 有利于复合型人才培养

大类平台为学生搭建了融通交叉的课程体系，学生通过大类平台课程能接触多专业的基础知识，在高等教育起步阶段拓宽了视野。这种模式打破了外语专业传统的语言技能型精英教育，更加注重学生个性化和多元化发展，有利于学生综合能力提升，在充分发挥语言服务功能优势的同时，附着不同专业技能，成长为国家需要的通专结合的复合型国际化人才[4]。

（二）外语专业参与大类招生面临的挑战

1. 专业分流导致竞争压力增加

在传统专业招生的情况下，学生在进入大学时就已经确定了专业，除个别学生转专业以外，大部分学生都会留在原专业修读。尤其对于排名靠前的高校，由于高考人数基数大，基本不用担心生源质量和学生数量问题。

而大类招生改革之后，外语专业各语种以及其他人文社科类的专业被放在同一平台由学生自主选择，生源范围也从全国高考生缩小到了本校大类内的学生。反观就业市场，单一语言技能型的工作需求逐渐减少，外界对外语的理解也还局限于语言工具，认为外语的专业性难以体现[5]。在这种情况下，外语专业增强自身竞争力，吸引优质生源的紧迫性凸显。

2. 专业培养质量难以保障

外语专业以技能性为先导，语言学习需要大量先期训练，没有扎实的语言基础，将影响未来的专业学习，而大类招生和培养势必会导致专业课程学分下调、课时数减少。对于外语专业，尤其是学生大多零基础的小语种专业，一般在原本的四年时间内达到《普通高等学校本科专业类教学质量国家标准》要求已非易事，如若再失去前一到两年夯实语言基础的时间，学生的语言水平无法避免会受到影响[6]。在专业教学时间有限的情况下如何保证课程培养质量，达到人才培养要求是大类招生背景下高校外语教育面临的严峻挑战。

三、大类招生背景下同济大学外语专业人才培养策略探索

同济大学自2019年起实行大类招生政策，将外语专业归类于“人文科学试验班”，除了英语、德语、日语3个外语专业外，类内还包括文化产业管理、汉语言文学、哲学、广播电视学、广告学5个专业。学生入学后第一年由同济大学新生院“人文科学试验班”培养。现行的大类分流安排在第一学年第二

学期,首先进行大类内的主修专业确认。学生可按意愿自行对“人文科学试验班”内的专业进行志愿排序,在综合计算学生绩点、专业素养面试、“德智体美劳”等方面得分后,各学院根据学生的志愿顺序录取。学生如果对类外其他专业感兴趣,可同时填报所在大类之外的跨类志愿,考核通过后可进入该专业修读。

为应对大类招生这一重大变革,同济大学外国语学院持续研究探索,通过加强专业引导、构建多口径外语教学体系以及改革专业培养模式等举措,在力求保证总体教学质量的同时推动综合性复合型人才培养。

(一) 加强外语专业引导

学生选择专业的影响因素可分为主观、客观和信息沟通三类[7]。其中主观因素取决于学生兴趣,客观因素取决于专业情况,信息沟通因素则与专业引导有很大关联。为让学生真正了解外语学习的内容、目的和意义,外语各专业通过开设课程、举办活动、导师参与等方式进行全过程浸润式专业引导。

1. 开设专业导论课程

第一学年“人文科学试验班”的 8 个专业分别开设 2～3 门专业基础课,学生可根据自身学习兴趣选择其中 5 门课程进行修读。除此之外,类内各专业整合师资开设“人文科学通论”必修课程,作为学生初入大学了解大类各个专业的重要途径。

“人文科学通论”以专题讲座形式开展,外语专业部分涉及国情、文化、语言学、文学、翻译等方面,让学生从宏观角度构建对外语专业的认知。

对于英语专业,由于学生都有一定的英语语言基础,开设的大类平台课不涉及语言技能,而是着重介绍英语专业的两大研究方向:语言学和外国文学。对于德语、日语专业,除了“日语入门”“德语入门”两门语言技能课程,其他课程的教学目标是提前让学生对即将学习语种相关国家的国情文化、社会经济情况有所了解。就算未来不选择进入外语专业,这些课程也可以帮助学生提高人文素养,拓展国际视野,充分体现了“通专融合”的人才培养理念。

2. 组织新生拓展活动

为了让大类新生深入体验多语言、多文化的魅力,外国语学院开展了一系列外语专业相关的新生拓展活动(例如“上海德国学校参观日”“英语跨文化能力大赛模拟演练”“欧洲建筑文化与摄影”“汉俳诗歌创作”等),旨在促

进对学生沟通能力、跨文化交际能力等综合素质的培养，激发学生对外语学习的兴趣。

3. 举办外语能力竞赛

为了提高大类新生对外语专业学习的兴趣，学院每年举办多场外语能力竞赛，例如针对大类新生的“新生德语能力竞赛”以及面向全校的“英语之星”风采大赛，引导学生在大一阶段就重视外语学习，以赛促学，助力学生提升综合人文素养。

4. 建立新生导师制度

各专业每年选派多位副教授及以上职称的专业教师深入大类专业担任新生导师。新生导师会从思想引领、专业引导、学业指导等多方面入手定期与学生交流，对各个专业，特别是外语专业的专业情况和发展趋势加以分析，对学生学科知识方面的疑惑及时解答，引导学生正确了解外语专业的专业特点和优势。

（二）构建多口径外语教学体系

为应对专业课程课时减少、学分下调，语言先期训练不足的情况，外国语学院依托服务全校的语言课程建设，先后搭建了外语强化班、外语微专业和辅修专业、外语荣誉计划等系列语言课程。此类课程不仅能够助力全校“一精多会、一专多能”的人才培养，同时也可作为外语专业学生在培养计划外的多语能力培养和专业语言补强。学院充分利用平台课程资源，形成了以荣誉课程为先导、专业课程为主体、微辅专业和语言强化为补充的多口径外语教学体系(图 1)。

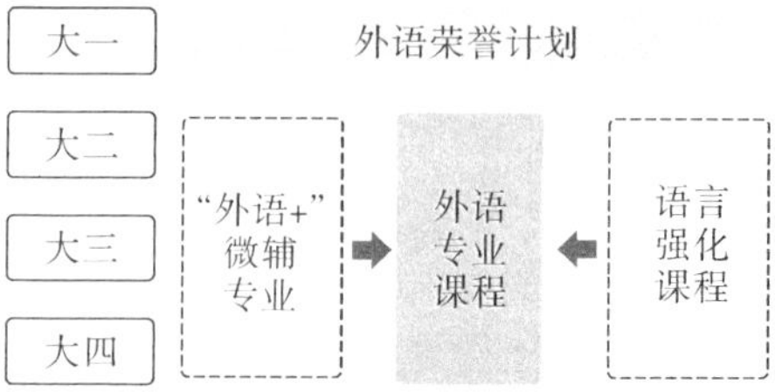

图 1　多口径外语教学体系

1. 先期训练：外语荣誉计划

学院面向大一新生开设外语荣誉计划课程。该课程选拔对大类平台课程学有余力的同学，利用周末时间进行语言训练。部分有意向选择外语专

业的学生会在大一阶段申请修读外语荣誉课程作为专业前置课程，这些同学在进入大二之前经过外语荣誉计划的语言先期训练，一定程度上减轻了后续专业课程课时减少带来的压力。

2. 多语补强：语言强化课程

学院开设语言强化课程，学生可在大一至大三下学期申请修读培养计划之外另一语种的强化课程，录取后将进行为期一年的集中学习，从入门开始夯实语言基础，了解国情文化。充分发挥外语学科多语种教学条件，旨在培养精通一门外语，同时拥有使用多门外语能力的“一精多会”多语人才。

3. 复合培养：“外语＋”微辅专业

基于2018年全国教育大会“培养具有全球视野、通晓国际规则、熟练运用外语、精通中外谈判和沟通的国际化人才”的新要求[8]，学院创建多种外语微辅专业以及“外语＋国际组织人才培养”辅修专业，融入国际化导向的专业教育。鼓励大二、大三外语专业学生作为专业拓展修读该辅修专业，以期培养具有多语能力、熟悉全球治理与国际组织相关知识、熟悉专业话语体系的复合型外语人才。

（三）改革外语教学模式和方法

在大类招生培养的背景下，外语专业改变传统培养模式，优化课程体系，改革教学管理办法，创新教学模式，多维度重塑培养体系，以确保人才培养质量。

1. 优化课程体系

学院采取“高目标、进阶式”的课程构建策略，在专业课课时减少的情况下不降低毕业生专业要求，充分驱动学生学习的内动力。设置进阶式课程结构，在大类平台阶段以语言入门、文化体验、文学素养一类难度较低、普适性较强的课程为主，激发学生学习兴趣，树立学生学习信心；进入专业初期集中夯实语言基础，培养学生扎实的听、说、读、写、译能力；专业学习中期能够用外语学习文学、语言学、翻译学等专业知识，融入“国际视野”和“思辨能力”课程板块，培养融通中外的跨文化交际能力；专业学习后期鼓励学生结合本专业特长辅修金融、法律、新闻等课程或第二专业，通过专业比赛、专业实习、创新实践项目等多种形式的活动，鼓励学生立足专业特长、探索跨学科研究，培养“精语言、通文理、融中外”的创新型复合型人才（图2）。

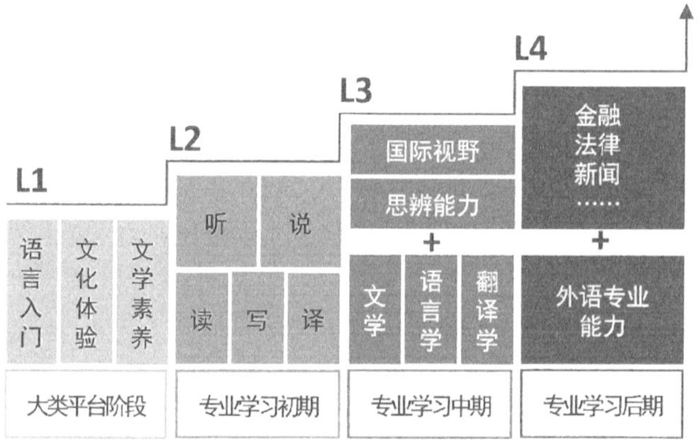

图 2　进阶式课程体系

2. 精细化小班教学

为充分照顾学生个体差异，实现教学实践相结合，外语专业全面实施小班化教学。每个专业根据专业总人数划分 2～4 个教学班，每班人数控制在 10～20 人。这样的教学规模以学生为主体、教师为主导，避免了灌输性质的教授方式，能保证老师在课堂中与每个学生充分互动、研讨，增强学生的参与感，有利于激发学生自主学习与探索的能力，实现“由教到学”的转变[9]。

3. 引入“分层教学”法

经统计，2019 级日语、德语专业接收的学生中有超过三分之二在大一阶段已经修读过专业语言课程，除此之外也有一部分零基础进入专业的学生。基于这种学生语言能力参差不齐的情况，日语专业引入“分层教学”法。在学生分流结束进入专业之前对学生进行日语能力测试，将测试结果作为分层依据按学生不同水平分班。在专业学习初期因材施教，设计不同教学目标和考核标准，利用晨读和寒暑假训练班等课余时间加强对零基础学生的训练，以求加快教学进度，提升学生专业能力。

4. 创新教学模式

在专业课程课时锐减的情况下，外语专业积极探索，开设线上课程，配合慕课建设，形成了“自主学习＋专业指导”有机结合的新模式。课前学生独立学习教师指定的慕课内容；课堂中教师检测学生学习效果，针对重点难点进行补充讲解；课后学生配合练习自主复习巩固；建立学习小组方便师生沟通和答疑。这种模式能够充分调动学生自主学习积极性，培养学生独立

探究的学习能力。目前该模式已在外语荣誉课程、外语辅修专业、大类平台课程中测试运用。

四、结语

大类招生已开始普遍实施，在这种新的招生模式下，外语专业人才的发展方向不再局限于单一语言类人才，这对高校外语教育提出更高要求。在教学时间锐减、竞争压力空前增大的双重挑战下，高校外语专业应改变传统教学理念，迎难而上，加强自身专业建设、重视通识教育和专业引导、主动改革培养模式，充分发挥大类招生对复合型人才培养的优势，以学生为主体，以价值引领为导向，培养出交叉融通、独立探索，具有思辨能力、创新精神和国际视野的专业精英与社会栋梁。

参考文献

[1] 吴勋，聂亦慧.对高等教育大类招生培养模式的思考——以“双一流”建设高校为例[J].教育探索，2019(5)：50-54.

[2] 郭英剑.外语专业“例外论”，能否应对“大类招生”改革？[J].当代外语研究，2017(6)：1-2+10.

[3] 马慧.大类招生背景下外语类高校复合型人才培养模式研究[J].高教学刊，2019(4)：167-169.

[4] 尹兆华.我国高校大类招生的困局与解困[J].中国考试，2021(1)：47-51.

[5] 郭英剑.“大类招生”后，英语专业靠什么吸引优秀生源？[J].当代外语研究，2017(4)：1-2.

[6] 郭英剑.“大类招生”意味着，所有专业都没有一年级了！[J].当代外语研究，2017(5)：1-2.

[7] 胡宇轩，邵泰航，黄少勇.高等院校大类招生背景下专业分流的影响因素[J].药学教育，2020，36(6)：13-16.

[8] 吴岩.新使命　大格局　新文科　大外语[J].外语教育研究前沿，2019，2(2)：3-7+90.

[9] 张帆，尹璐.“探究式小班教学”对大学生学习效果的影响研究[J].实验科学与技术，2020，18(3)：100-103.

同济大学建筑类专业大类招生培养模式实施效果调查分析

张　丰[1]　袁芳丽[1]　余晓敏[1]

[1]同济大学建筑与城市规划学院　[2]同济大学新生院

摘要　为进一步适应宽口径、厚基础拔尖人才培养需要，同济大学于2019年实施大类招生。本文以同济大学2019级建筑类专业学生为研究对象，通过随机抽样调查，分析大类招生培养的实施效果，对建筑类专业大类招生培养的特点及规律进行总结，就目前存在的问题提出思考与建议，为人才培养模式的创新与实践提供参考。

关键词　大类招生培养　建筑类专业　问卷调查

为满足新时代人才培养的需求，越来越多的高校相继开始实施“大类招生”，在137所“双一流”高校中，已有一半以上的高校实行了大类招生。所谓大类招生培养，是高校将相同或相近的学科门类，同院系或不同院系的专业合并，按一个大类招生。学生入学后通过一段时间的学习，在充分了解专业的基础上，结合自己的兴趣和发展潜能，选择更适合自己的专业。

同济大学为深化通识教育，促进通专融合，进一步适应“宽口径、厚基础拔尖人才培养”需要，于2019年开始实施大类招生，成立新生院，开设“十大特色试验班”，实行“1＋3”为主的培养模式，构建“大类招生、大类培养和大类管理”联动的人才培养新体系。学生入学后，由新生院统一进行教学管理和培养，在第一学年主要以通识教育和专业引导为主，实施学堂式管理。第一学年末，学生可基于个人兴趣、能力和未来专业发展，申请选择所在大类内或跨大类的某一专业作为自己的主修专业。后三年，学生在所选专业学院接受专业教育。大类培养，旨在让学生能尽快适应大学的学习环境，完成身份和角色转变，确定专业意向。

同济大学建筑与城市规划学院（以下简称“建院”）目前有五个本科专业：建筑学、城乡规划、风景园林、历史建筑保护工程和2020年新增的城市设计（五

个专业合称：建筑类专业）。大类招生后，建筑类专业学生和设计创意学院的工业设计专业学生先进入新生院的“建筑规划景观与设计类”特色实验班，进行为期一年的大类培养。主修专业确认时，根据“综合成绩优先，遵从学生志愿”的原则，依据学生专业志愿顺序、专业接收条件和接收容量进行确认。

本文以同济大学2019级建筑类专业本科生作为问卷调查对象，调查问卷共设计21个问题，其中20个为选择题，1个问题需要进行文字描述。调查问卷主要想了解以下几方面信息：学生基本信息，包括性别、专业、志愿情况、专业进入方式；学生对大类培养的学习效果、适应性及满意度评价；对主修专业确认实施过程的合理性评价；对大类招生培养的认同程度与对专业的认知度和忠诚度等。通过“问卷星”小程序，对学生进行随机抽样调查，回收的有效问卷共计161份。其中建筑学专业的学生占比最大，约占43%；城乡规划专业的学生次之，约占36%；风景园林和历史建筑保护工程专业的学生占比较少，分别约为17%和4%。接受问卷调查的学生专业分布比例与院内专业就读学生人数比例趋于一致，可见该问卷的抽样具有代表性，问卷结果具有可靠性。问卷主要采用李克特五分量表法计分，其中5代表最大值，1代表最小值。数据整理后，使用SPSS软件分析问卷中“大类培养学习评价”“主修专业确认实施办法的合理性评价”和“进入专业学习的满意度”三题样本的信效度，克隆巴赫系数都大于0.8，说明问卷整体的可信度较高。三题样本的KMO系数为0.837（>0.70），较接近于1，说明问卷的结构效度较好；同时，巴特利球形检验的显著性为0.000，小于0.005，说明问卷确实具有良好的结构效度。

本文通过对问卷进行数据分析，总结同济大学建筑类专业大类招生培养的特点，对目前存在的问题进行思考，并提出建议。

一、大类招生培养的特点

（一）大类培养较好地保障了学生的专业选择权

大类招生培养有效地降低了学生专业选择的盲目性，增加了录取率，有效地保障了学生的专业选择权。在大一进行主修专业确认时，问卷显示有79.5%的学生进入了第一志愿专业，进入第二志愿和第三志愿专业的学生分别占比不足10%，说明大部分学生在大类的主修专业确认中成功进入了最理想的专业。其中在第一志愿里，录取进建筑学专业的学生约占一半，录取进城乡规划专业的学生约占40%，录取进风景园林专业的学生约占7%，录

取进历史建筑保护工程专业的学生不足4%(图1)。可见建筑类专业中最热门的专业为建筑学,城乡规划专业紧随其后,风景园林和历史建筑保护工程专业远不及前二者,其中历史建筑保护专业热度最低。专业"冷热"不均衡,可能会导致冷门专业生源质量和学生专业热情偏低,专业人才培养的效果也会受到影响。

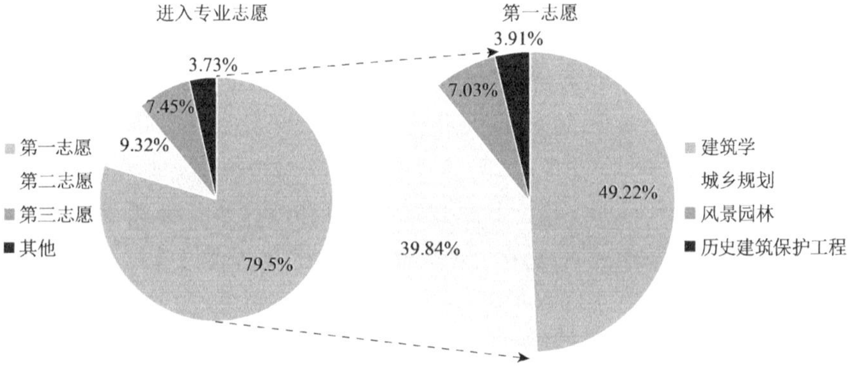

图1 各专业志愿录取情况

(二)学生对大类招生培养模式具有普遍的适应性

多数学生能够适应大类培养的学习且效果不错,学习动力较强,超过60%的学生给出了4分或5分(最低1分,最高5分)。在学习压力和学习强度方面,超过70%的学生给出了4分或5分,其中对学习强度给出满分的学生最多(图2),说明大部分建筑类专业学生认为大类培养的学习强度和学习压力较大,这值得引起专业教师与辅导员的注意,可在学习生活中多关注学生的学习和精神状态,并在需要时进行引导。

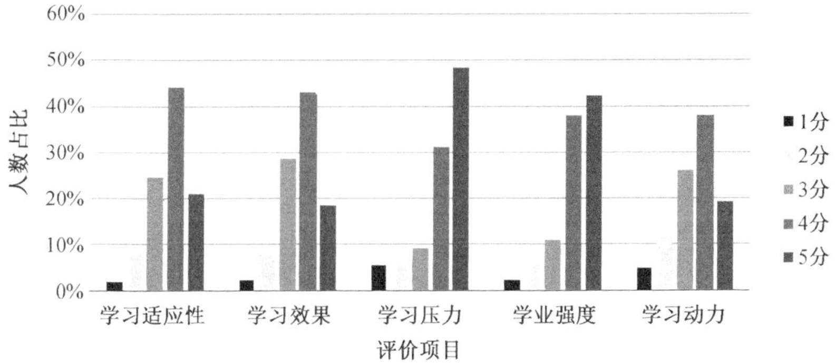

图2 对大类培养学习的评价

（三）大类培养专业信息的获取途径多元化

信息化时代，获取信息更加方便、快捷，互联网、新媒体方式均受到青睐。超过60%的学生通过请教有经验的学姐学长、了解专业培养方案和设计导论课来获取所选专业的信息，超过半数的学生通过网络媒体、学校学院平台（如公众号、网站、参观、专业宣讲、活动等）和咨询他人（如亲朋好友、辅导员、带教老师等）了解相关专业，约有40%的学生会寻求父母及新生导师的帮助。

（四）学生对大类培养具有较高的满意度

学生对大类培养总体满意度较高，平均评分为3.9分（最低1分，最高5分），所有评价项标准差仅约0.19。其中评分最高的是师资水平，约为4.25分；新生导师的指导次之，为4分；学堂的管理、新生院的管理、课程设计和教学安排均在3.7～3.8分，表明学生满意度尚可（图3）。

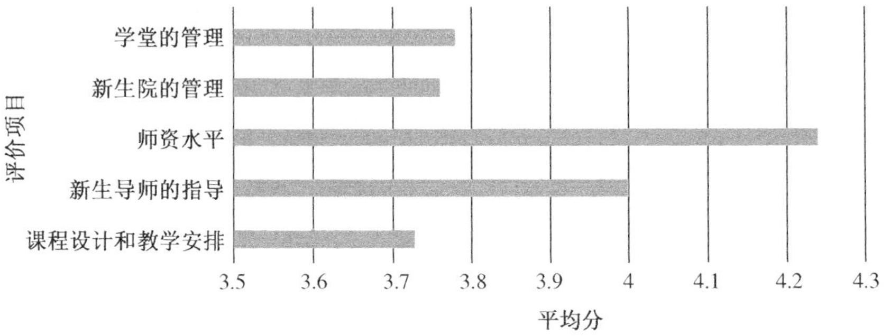

图3　大类培养的满意度

（五）学生对主修专业实施办法合理性的总体评价尚可

主修专业实施办法合理性评价平均分为3.81分（最低1分，最高5分），标准差为0.075 95，得分集中在3.7～3.9分（图4），说明学生对主修专业实施办法的总体评价尚可，但没有达到非常满意的状态。其中得分最高的是系统志愿填报，得分最低的是专业特色评测环节。在制定专业特色评测实施办法时，需要进一步优化，提升合理性和科学性。

（六）学生对大二进入专业学习的总体满意度较高

所有评价项平均得分为4.09分（最低1分，最高5分），标准差仅约0.21，说明学生对建院学习的总体满意度较高，且以上评价项的发展程度比较均衡，都已达到较高水平。其中，得分最高的是师资水平，高于4.5分；学院图

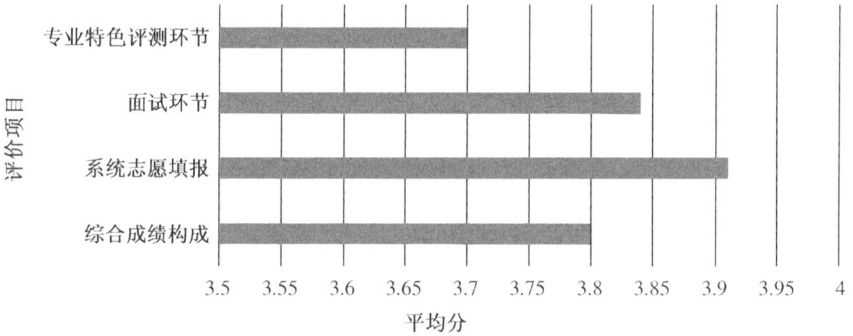

图 4　主修专业实施办法的合理性

书馆资源与师生关系得分较高，都高于 4 分；教学空间和硬件设施、班级氛围、学院管理得分一般，但也都高于 3.9 分；得分最低的是课程设计和教学安排，不足 3.9 分。对于建院的专业学习，学生较为满意的是教师资源和知识资源，仍有待提高的是硬件设施和同学关系，相对不满的集中在课程设置和教学安排。

二、大类培养主要存在的问题

（一）大类培养导致竞争压力加剧

在主修专业确认环节，大一第一学期的成绩占比 60%，学生为了进入理想的专业，往往采用努力提高绩点这一最直接的方式。因此，刷绩点在大一盛行，素质教育很难得到重视。过大的竞争压力也容易引起学生情绪焦虑和过度紧张，问卷显示超过一半的学生认为竞争激烈导致精神压力过大，需要进行心理疏导。主修专业确认后，未能如愿进入理想专业的部分学生，信心受到不同程度的打击，感到自卑，情绪低落，少数学生会出现抑郁症状，严重影响身心健康。[1]

（二）非热门专业人才培养质量下滑

90%以上的大类学生是非第一志愿进入风景园林专业和历史建筑保护工程专业，说明这两个专业的学生综合成绩在大类中排名靠后，志趣并不在此，成绩普遍不理想。从专业教师的反馈获悉，大类的学生进入非热门专业学习后，学习积极性下降，整体培养质量出现明显的下滑，学生的综合素质评价不及热门专业，给学科评估带来比较负面的影响。

(三) 班级凝聚力不强

由于新生院组建的是为期一年的临时行政班级，大二确认专业后临时行政班级解散，进入各自专业重新编班。在这种临时班级，学生很难有机会与班级同学培养感情。超过一半的学生认为大类培养模式缺乏归属感，导致学生集体意识不强，缺乏凝聚力。

(四) 专业认同感不太理想

大一的专业基础课程基本以建筑学内容为主，其他专业内容涉及很少，导致学生对专业领域认识不足。新生院虽然组织了大师讲坛、云听讲座等活动，但学生普遍认为对专业了解实际帮助不大。因此，虽然有将近80%的学生进入了第一志愿的专业学习，但仍有约45%的学生想转专业，专业认同感偏低，认为难以胜任专业学习，对专业不感兴趣，或者认为就业前景不好(图5)。

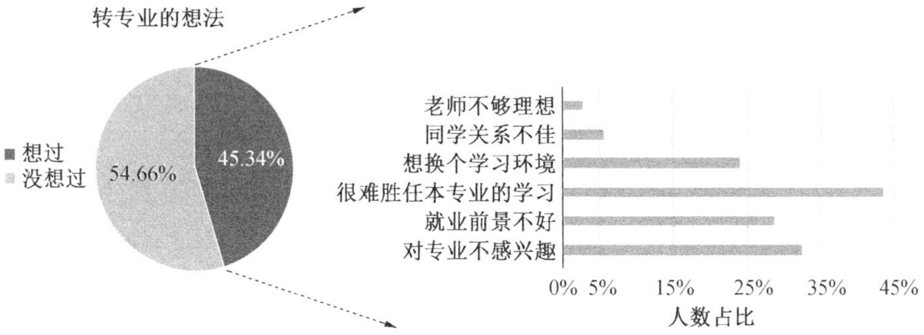

图5　转专业想法及原因

(五) 跨类转专业学习效果不佳

建院为跨类平行转入的学生提供了为期三周的暑期课程包，用于修读大一的4门大类核心课程。由于课程内容多，学习强度大，时间压缩过多，超过70%的学生认为授课效果不理想，容易导致专业基础不扎实；超过一半的学生觉得暑期课程作业量太大来不及完成，学习吃力(图6)。问卷显示73.5%的跨类转专业学生更愿意降级，希望把专业基础学得更扎实。

三、思考与建议

(一) 进一步优化大类培养方案

参与问卷调查的一半以上的学生认为大一的大类培养重在提高绩点，

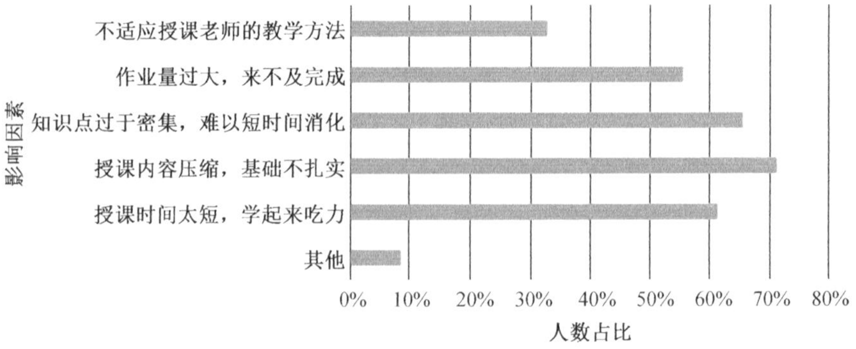

图 6　暑期课程包教学效果影响因素

对专业的接触和了解十分有限，不利于在专业选择时进行准确的判断。建议修订大类培养方案时，注重倾听学生的反馈意见，增加专业认知课程，增强学生的专业归属感。在课程设置上，应完全打通建院和设计创意学院的大类基础课程，两院教师共同承担同一门设计基础课的教学任务，实现大类课程的真正融合，真正实现学生的素质教育，减轻大一学生的竞争压力。

(二) 进一步发挥新生导师的积极作用

建院选派了副教授及以上职称的专业教师担任新生导师，新生院也出台了有关新生导师工作的管理办法，提出了具体的规定和考核办法。问卷显示73.4%的学生对新生导师的指导感到满意，但仅有 3.5%的学生会主动联系导师。建议新生导师可以固定与学生见面的时间或次数，每次围绕一个主题开展活动，通过面对面的交流、参观调研、举办读书会、组织摄影活动、城市阅读、专业认知讲座等多元化的活动形式，在思想、学业、职业规划等方面对新生进行个性化的指导，发挥专业引领和启蒙作用。加大对新生导师重要影响力的宣传力度，动员广大优秀的专业教师积极投身新生导师队伍，通过言传身教和人格魅力，吸引更多优秀的学生真正热爱选择的专业。

(三) 加强专业引导，提升专业认同感

建筑类专业虽然学科内涵不同，但在学科的发展中需要相互依赖，相互补充，相互配合，夯实共同的知识基础。大一的大类培养可以进一步加强多学科专业交叉，使教师团队更加多元，加深学生对专业的了解和兴趣。

低年级学生在自我认知和生涯规划方面普遍较为薄弱[3]，在进行专业选择时仍然存在盲从地随大流的问题。因此，需要进一步地加强专业引导，使学生树立专业信念，比如举办针对专业培养方案的介绍；组织职业生涯规

划讲座，介绍专业的就业前景和就业方向，邀请校友与学生分享自己的成长经历和工作状态，发挥校友资源在生涯规划方面的积极作用[3]；举办朋辈交流会，邀请学院高年级学生与新生面对面交流。

（四）充分尊重学生的降转意愿

以往跨类转入建筑类专业的学生，需要降级一年学习，这些学生往往是班级里的佼佼者，他们的专业目标明确，学习积极性高，对良性班风树立有积极影响。2019 级第一次实行跨类不降级学习，暑期课程包的开设，给任课教师带来了额外的工作量。暑期持续上课，打乱了老师的实习调研安排，影响了教师参与的积极性。学生则普遍认为暑期课程包教学效果不够理想，时间过短，知识密集，来不及吸收和消化，导致该类学生基础不扎实，课业压力大，与其他学生在课业上差距较大。因此，建议充分尊重学生和老师的意愿，对跨类学生重新恢复到降转一年的学习模式。同时，为跨类转专业的学生提供一些政策措施，让学生获得有效的专业指导，比如对有转专业想法的学生进行专业潜能测试，为转专业学生提供转入专业的旁听或试读机会。[2]

大类招生培养，是高校人才培养模式的一次重大改革，也是一项系统工程。只有学生、新生院、指导教师、专业学院、管理部门各方协调配合，充分尊重学生个性化选择，实现学生多样化发展，才能更有利于复合型创新人才的培养，才能有利于学生将来步入社会之后综合能力的展现。

参考文献

[1] 肖桃李，曹辉，张万强.大类培养模式下学生专业分流的现状及对策——以长江大学土木类学生为例[J].产业与科技论坛，2018，17(19)：144-145.

[2] 郇秀红.大类招生背景下的大学生专业选择现状及机制研究[D].北京：北京理工大学，2016.

[3] 胡昱东，陈劲，李明坤.研究型大学大类培养模式下学生专业选择影响因素分析[J].清华大学教育研究，2016，37(4)：46-51.

高校大类招生培养改革的问题、影响因素及建议

聂　薇
同济大学经济与管理学院

摘要　大类招生培养是高校对传统专业招生培养模式的改革，对人才培养模式的创新，在扩宽专业口径、培养复合型人才方面起到了很好的作用，但在具体实施过程中仍面临许多问题。本文通过探索高校实行大类招生培养的影响因素，以期高校能结合自身特点，科学选择大类招生培养模式，同时针对高校在教育模式改革中所面临的困境提出一些建议，为大类招生培养改革提供一些新的思路。
关键词　大类招生培养　高校　人才培养

创新人才是我国创新驱动发展的重要主体，培养创新型、复合型人才是高等教育的重要任务，当前，不少高校采取“大类招生培养”模式探索创新人才培养的新道路。大类招生培养，是指高校在本科招生中按学科大类或院系招生，入学后对学生实施一至两年的基础通识教育，然后综合考虑学生的专业志趣、学业成绩及社会需求，将学生分流到各具体专业进行学习。对学生而言，在大类招生培养模式下，通过前期的公共基础教育和专业认知教育，一方面有利于提升自身综合素质，另一方面能够增强专业认识，培养专业兴趣，有利于未来专业选择和职业生涯规划。对高校而言，实行大类招生大类培养有利于学科专业之间的交叉融合和创新，有利于培养出具备扎实学科基础、具有创新创造潜力的复合型人才。

大类招生培养为高校人才培养模式改革提供了一种新的方法，相关理论的研究对于我国高校大类招生培养的高质量发展十分必要。目前国内外有关高校大类招生培养的学术研究主要集中在以下几个方面：大类招生培养的概念内涵[1]和发展历程[2,3]；大类招生培养的理论体系研究，如培养模式的分类[3,4]、构建环节[5]；大类招生培养的影响研究，涉及教学改革[1]、专

业分流[6,7]、学生管理[8]等问题。大多数研究是基于大类招生培养背景下讨论高校教育各环节的改革并提出改革建议,然而在高校实施大类招生培养的影响因素方面的研究有待补充。因此,本文通过整理大类招生培养改革发展面临的问题,探索实施大类招生培养的影响因素,进而提出相关的改革建议。

一、高校大类招生培养改革的发展现状与存在问题

我国关于大类招生培养模式的实践探索以2001年北京大学的“元培计划”为开端,北京大学以培养创新人才为目标启动“元培计划实验班”,在低年级实行通识教育,在高年级实行专业教育。随后清华大学、南开大学、复旦大学等一批“985工程”高校也相继实行了本科生大类招生培养。目前,我国开展大类招生培养的“双一流”建设高校已有100多所,大类招生培养已成为高校人才培养模式改革的主流。

我国大类招生培养改革历经了二十多年,虽然在高校人才培养中取得了一定成果,但也存在一些问题。

(一)高校对大类招生培养方案的宣传力度不够

我国高校长期实行按专业招生,加上缺乏对大类招生培养相关政策的宣传解读,因此考生及家长对大类招生培养模式还比较陌生。尤其是在对专业分流机制不了解的情况下,当考生看到大类中包含冷门专业时,就可能会选择填报其他专业,导致大类招生的招生数量不足,长此以往将导致生源质量下降[9]。同时,也存在部分有明确专业意向的学生因不了解大类招生而误选了大类专业,又无法确定在将来的专业分流环节是否能进入意向专业学习,未来规划有了更多的不确定性。

(二)通识教育没有受到重视

传统的专业教育模式让高校忽视了通识教育课程体系的建设,而大类招生培养的改革虽然让高校增加了通识教育课程的比重,但在大多数学生和教师的潜意识里,通识教育仍然是流于形式的存在。在大类招生培养模式下,通识教育主要包含两方面:一是通识课程,包含英语、政治、高等数学、计算机等领域的公共基础课;二是大类课程,即招生专业门类下包含的所有专业的基础认知课程。通识课程和大类课程的教学通常由不同学院的专业教师负责,教务处来协调和组织课程安排,没有专门从事通识教育的师资队伍,课程教学质量无法得到保证。同时,通识教育课程通常是大班教学,教学效果较差。由于大类课程包含多个专业基础课程,都需要在通识教育阶

段完成，因此课程内容往往浮于表面，学生只能学到一些皮毛，不能完全了解专业内容，没有为后期的专业教育打牢基础。

（三）专业分流机制不完善

在专业分流环节，学生除了考虑自身的兴趣爱好，也会受专业冷热程度的影响，因此在专业分流中，一些冷门专业依然处于劣势。现如今大多数高校采用“学生志愿＋绩点排名”双向选择的专业分流原则，首先学校为招生专业门类下的各专业分配一定的招生人数，根据志愿优先原则，由学生依次填报专业分流志愿，在专业可容纳人数的限度下，尽量满足学生的专业志愿，当填报志愿的人数超出该专业可容纳人数时，再根据学生第一学年的成绩，对填报相同专业的学生进行绩点排序。这样的专业分流机制虽然保证了冷门专业可以招到一定数量的学生，但使优质生源集中在热门优势专业，而偏弱、偏冷门的专业就只能分到“挑剩”的学生，形成恶性循环，这样不仅会增大学科之间的差异，也会导致部分学生无法分流到自己的意向专业[10]。

（四）高校疏于对分流后学生的专业管理

专业分流让学生有了二次选择专业的权利，但也存在潜在的风险。学生进入专业学习阶段后，可能会发现自己并不适合这个专业，尤其是没有进入意向专业的学生，可能会排斥专业学习，甚至影响其他学生的学习积极性。同时，从通识教育阶段进入专业教育阶段，学生需要适应学习模式的转变，在学习适应和心理适应方面都面临着更大的挑战。高校缺乏对专业分流后学生学习情况的追踪，没有全程深入参与学生的培养和管理，就无法充分发挥大类招生培养的改革优势，无法保证人才培养质量。

二、高校大类招生培养改革的影响因素分析

不同的高校分属不同的类型，人才培养目标，教学水平和师资力量都不同，因此教育模式也不能一味地追随“厚基础、宽口径”的大类招生培养模式。高校开展大类招生培养需要考虑以下三个因素。

（一）人才培养目标

按照国家教育标准分类，我国高等院校可划分为三种类型：学术型大学、应用型本科院校和职业技能型高校。不同类型的高校对于人才培养的目标不同[11]，在这三类高校中，学术型大学以学习基础学科和应用学科的基本理论为主，培养学术研究人才，对于学生的创新思维和广泛的学科认识有较高的要求，因此适合宽口径的大类招生培养模式。而应用型和职业技能

型高校专注于专业人才培养，特别是单科性院校，对学生的专业要求较高，更加适合专业招生专业培养的教育模式。同一高校的不同专业的人才培养目标也不尽相同，例如工商管理类专业更希望培养出适应市场快速发展的复合型人才，而艺术类专业更关注某一领域的专业人才培养，显然前者的人才培养目标与大类招生培养的初衷更相符。调查显示，在开展大类招生培养的高校中，综合类和理工类高校占比较高，而其中大类招生专业集中在工商管理类、经济学类和理工科类，实践证明人才培养目标是高校开展大类招生培养的关键影响因素。

（二）教学资源

大类招生培养打破了传统的教育教学模式，高校需要重新调整学科专业结构、制订教学计划、设置课程内容、配置教学设备，面对这些改变，如果学校的教学资源不足以支持大类培养的教学实践，那么大类招生培养就不能充分发挥其优势。因此，高校在推行大类招生培养之前，需要考虑学校的教学资源是否充足，是否有完备的师资力量，是否有充足的教育改革资金，是否有较为齐全的学科专业课程，是否有足够的教学设备。并且在选择大类招生培养模式时，不能一味追随大流，要结合本校的实际情况，量力而行。如果教学资源较为匮乏，可以先在一定范围内开展，如开展学院内大类招生培养或者开设实验班大类招生培养，先试点再推广，更有利于学校的稳步发展。

（三）学生规模

目前高校大类招生培养模式根据覆盖的学生规模可分为三种：一是覆盖较少学生的模式，即开设实验班大类招生培养；二是覆盖部分学生的模式，即学院内或跨学院大类招生培养；三是覆盖大部分学生的模式，即设立本科生院大类招生培养[12]。高校在选择大类招生培养模式时，应该考虑学生规模，合理利用教学资源。对于考生报考热度较低、学生规模较小的高校而言，如果设立本科生院进行大类招生培养，即在小部分学生身上投入大量的教学资源，不利于学校的长远发展。而对于学生规模较大的高校，对全校新生进行统一的通识教育培养，有利于教学资源的整合。因此，高校在选择大类招生培养的模式时，需要考虑学生规模，选择适合自己的教育模式。

三、高校大类招生培养改革建议

大类招生培养并不是简单地将各相关专业课程“打包”，然后“售卖”给学生，而是涉及人才选拔和人才培养的彻底改革。为了更好地开展大类招

生培养,高校要围绕“招生—培养—分流”各环节实施针对性改革措施,从而实现人才培养和专业发展的共赢。

(一) 加强对大类招生培养方案的宣传

大类招生培养在我国高校中尚未得到普及,国家层面也并没有制定相关的招生政策,同时各高校的大类招生培养模式也各不相同,分流机制各异,致使大部分考生及家长对于大类招生知之甚少。因此,高校应该加强各阶段的大类招生宣传。一是在招生环节,可以成立专门的大类招生宣传小组,举办大类招生宣传讲座,详细介绍大类招生培养模式的具体内容及专业分流机制,及时解答考生及家长的问题。同时,高校的招生专业指南也应该对大类招生专业门类进行特别标注,确保考生了解自己报考的是大类专业。二是在新生入学教育期间[13],可集中开展关于大类培养方案的专题讲座,让班主任、辅导员与新生进行“一对一,面对面”的答疑交流,从而加深学生对自己未来培养方向的认识。

(二) 合理设置课程体系

相较于传统的专业招生培养,大类招生培养加大了通识教育的比重。在通识教育阶段,学生要完成通识课程和大类课程的学习,更重要的是通过前期的学习,为后期的专业课程学习夯实基础。因此,高校不应简单地将专业课程叠加,而是要对课程设置和培养计划进行全面修订、调整,要构建“通识课程、大类课程和专业课程”相互联动的新体系。尤其是大类课程的设置,不仅要确保专业基础课涵盖学科大类下的各专业,而且要达到专业人才培养的要求。因此,学校要从教学模式、教学内容和教学方法三方面着手,在教学模式上,尽量以小班模式进行授课,加强教师与学生的互动,激发学生对专业课程的兴趣;在教学内容上,可由大类中各专业方向教师协同确定教学内容和教材,确保大类课程的综合性;在教学方法上,以多媒体授课为主,结合实验、研讨、视频教学等方法,加强学生对专业的认识。可结合创新创业教育,在通识课程中加入创新创业的理论与实践教学,更有针对性地培养具备创新思维和创业精神的创新型人才。除了重视通识课程和大类课程的设置,还要建立完整的课程选修体系,一方面给予学生较大的自主选择权,调动学生在学习方面的主观能动性,另一方面增强教师之间的竞争意识,从而提高教学质量。

(三) 建设高素质专业化的教师队伍

“实现教育高质量发展,关键还是靠教师”。教育改革是否能有效推行,极大程度上取决于教师教学水平。大类招生培养改革对教师的综合素养和专业素质提出了更高的要求,尤其是在通识教育阶段,亟须组建一支由多学

科教师组成的高素质、专业化的教师队伍。高校要为教师提供专业发展机会，通过定期培训、对外交流、开设前沿领域讲座等形式，及时更新教师的知识结构和理论体系，让教师对相近学科的知识有一定了解[14]，适应通识教育不断发展的需求，从而为学生提供更高质量的课程内容。除了提高专业水平，教师还需要相应地转变教育理念，增强通识教育意识。因此，高校需要完善教师保障和考核机制，通过制定通识教育教师考核和激励政策等手段，适度提升通识教育教师的地位待遇[15]，从而提高教师对于通识教育的重视程度。

（四）科学制定专业分流机制

在进行专业分流之前，高校应充分调研相关学院及学生意见，统筹往年各专业报考情况及教学资源情况，然后决定分流的时间和各专业分流规模。对于偏冷门的专业，可以在考虑就业需求的基础上，通过适当提高专业分流人数的下限来进行扶持，同时根据分流结果实施一定比例的动态调整[16]。目前大多数高校采用的是“一次分流”的分流模式，即学生选定专业后无法再进行调整，这样的分流机制过于刚性，可以考虑适度放宽专业分流政策，允许部分综合素质较高的学生在专业分流之后再次申请转专业。面对专业分流的激烈竞争，大部分高校以学习成绩为分流依据，致使学生唯成绩论，不利于学生的全面发展，影响通识教育效果，与大类招生培养的初衷相背离。因此，高校在以成绩为专业分流考评指标时，应综合考评学生德智体美劳各方面素质，形成最终的综合成绩，不能只看学习成绩，而忽视了学生的特质和潜能。

（五）加强分流前的专业引导和分流后的专业管理

大类招生培养是一种“以学生为中心”的人才培养模式，因此高校应该全程深入参与学生培养和发展过程，尤其是在分流前的专业引导阶段和分流后的专业管理阶段。专业“冷热不均”现象的加剧很大程度上是因为学生缺乏专业认识，盲目追求热门专业，因此高校应加强对学生的专业引导。除了提高大类课程的质量，帮助学生更好地了解专业内容，激发其专业兴趣，还应该加强学生职业生涯规划教育，从学生需求出发，引导学生从未来职业发展的角度认识专业、选择专业。专业分流后，部分未进入理想专业的学生可能会出现情绪波动，这个时候需要对学生进行及时的心理疏导。高校可通过完善本科生导师制、开展朋辈经验分享等手段，帮助学生解决专业分流前后遇到的困难。

大类招生培养作为一种新的高校人才培养模式，符合社会发展对创新型、复合型人才的需求，但目前没有统一的高校大类招生和培养方案，因此各高校要结合自身特点来决策是否开展大类招生培养。在实施大类招生培

养的过程中,高校还需要加快推进与大类招生培养相匹配的教育教学改革,精细设计“招生—培养—分流”方案,充分发挥大类招生培养的优势,从而促进高校人才培养体系和相关学科专业的健康发展。

参考文献

[1] 陈士夫,王瑛.关于地方高校大类招生培养模式的思考[J].中国大学教学,2008(1):64-65.

[2] 吴勋,聂亦慧.对高等教育大类招生培养模式的思考——以“双一流”建设高校为例[J].教育探索,2019(5):50-54.

[3] 赵菊梅.传统与变革:我国本科院校大类招生培养模式与分类体系[J].现代教育管理,2020(8):43-52.

[4] 黄晓波.高校“大类招生培养”改革反思[J].华南师范大学学报(社会科学版),2013,(6),43-48.

[5] 黄兆信.大学本科大类培养模式之构建[J].教育评论,2005(2):11-13.

[6] 崔成优,顾红,姜毅.基于大类招生培养模式下民族高校专业分流问题——以Y大学经济管理学院为例[J].延边大学学报(社会科学版),2020,53(2):100-107+144.

[7] 刘占柱,梁春花,戴海燕,等.大类招生模式下专业分流的研究[J].中国林业教育,2020,38(2):16-19.

[8] 郑晓宁,高静,刘森淼.大类招生与培养背景下大学新生适应问题探析[J].学校党建与思想教育,2018(14):70-72.

[9] 尹苗苗.高校“大类招生、分流培养”模式探析[J].合作经济与科技,2019(16):140-141.

[10] 尹兆华.我国高校大类招生的困局与解困[J].中国考试,2021(1):47-51.

[11] 潘懋元,董立平.关于高等学校分类、定位、特色发展的探讨[J].教育研究,2009,30(2):33-38.

[12] 赵婷婷,秦己媛.大类模式:我国研究型大学本土专业教育模式改革探索[J].苏州大学学报(教育科学版),2021,9(1):9-18.

[13] 冯杰梅.高校实施大类招生模式存在的问题及优化研究[J].北京教育(高教),2019(6):29-32.

[14] 冯永刚,师欢欢.英国高校通识教育的发展历程、经验及启示[J].河北师范大学学报(教育科学版),2021,23(1):96-102.

[15] 杨风翔,商丽,王祥林.高职院校通识教育保障体系的研究[J].成人教育,2020,40(10):71-74.

[16] 刘小芳,桑楠,秦国华.跨院系大类培养背景下的教学管理模式探讨[J].科技与创新,2020(24):121-123.

“工程造价”慕课(MOOC)课程在大类培养中应用的探讨

刘　匀　金瑞珺　刘　海
同济大学土木工程学院

摘要　“工程造价”慕课(MOOC)课程是同济大学土木工程学院专业课“工程造价”课程的辅助教学资源。学生通过MOOC课程加深对课程关键知识点的理解，老师充分利用在线讨论、课后测验等灵活的教学方式，加强与学生的沟通交流，从而有效地提升教学质量。在“大类招生、大类培养和大类管理”的大类人才培养改革中，“工程造价”慕课(MOOC)课程符合大类培养的要求，能够激发学生对工程造价技术或领域的学习兴趣，成为通识选修和个性课程的一个重要选项。

关键词　工程造价　慕课(MOOC)　大类培养　通识选修课　个性课程

一、“大类招生、大类培养、大类管理”联动的人才培养体系

2018年9月，同济大学以“工科试验班”为实体实施大类联动人才培养模式改革试点。2019年，同济大学搭建了10个大类平台，分别是经济管理试验班、工科试验班(智能化制造类)、工科试验班(土木与环境类)、理科试验班、医学试验班、人文科学试验班、社会科学试验班、工科试验班(信息类)、工科试验班(建筑规划景观与设计类)、工科试验班(智能交通与车辆类)，覆盖了全校70个本科专业，开启了同济大学实施“大类招生、大类培养和大类管理”的大类人才培养改革，实行“1+3”为主的人才培养模式。“1+3”为主的人才培养模式，即大一学生均进入新生院接受大类培养和管理，第二学年开始进入专业学院。新生院在第一学年将通过课内外多种形式对新生进行专业引导，第一学年结束前，根据“兴趣驱动、志愿优先、学业先导、综合评价”的基本原则，组织大类学生进行主修专业确认，充分尊重学生意愿，给予学生自主选择专业的权利。新生院以通专融合、因材施教为理念，尊重学生的个

性化发展，为培养“德智体美劳”全面发展的社会栋梁和专业精英奠定基础。

经过2020年新冠肺炎疫情期间的教学实践，“工程造价”教学团队通过慕课所在的线上平台，采用在线讨论、课后测验、微信答疑、视频会议等方式对理论教学部分进行了补充，利用SPOC班级，结合学校的Canvas系统组合应用，取得了良好教学效果。

二、土木工程专业基础课“工程造价”慕课(MOOC)课程建设

慕课(Massive Open Online Course，以下简称MOOC)作为一种互联网在线教育形式，不同于普通的网络视频课程，具有资源多元化、课程受众面广、教学内容丰富、课程自主参与性强、能够终身学习的特点[1,2]。MOOC通过优化教育资源的分配与整合，实现了在网络上直接进行课程学习、问题答疑、课后测评、提交作业等环节，突破了传统网络视频课程的单向知识传播形式，体现了人机交互的理念[3,4]。

“工程造价”是土木工程专业的专业基础课之一，课程安排在第六学期。课程的教学目标是使学生在学习“房屋建筑学”“工程机电”“混凝土基本原理”“钢结构基本原理”和“土木工程施工基本原理”等课程的基础上掌握工程造价的基本原理，熟悉工程招投标、工程合同等相关知识，掌握土木工程造价编制的基本方法并将工程造价知识的应用贯穿于土木工程项目建设的全过程，帮助学生从工程造价的角度理解设计、施工的工作内容，也为将来从事编审工程造价及相关工作打下基础。

MOOC的线上、线下结合的教学模式可以充分满足“大类招生、大类培养、大类管理”联动的人才培养要求，线上教学是通识性的、基础性的、理论性的，而线下教学可以结合专业特点和要求，实现针对性强、实践性强、精细化程度高的教学。

随着新一代信息技术的发展，“互联网＋”时代使教与学可以不受时间、空间和资源条件的限制，为学生的个性化培养提供了有效途径与广阔的空间。“工程造价”MOOC课程是“工程造价”课程的辅助教学资源。一方面，学生通过平台加深对关键知识点的理解，教师充分利用在线讨论、课后测验等灵活的教学方式，加强与学生的沟通交流，从而有效地提升教学质量；另一方面，在土木工程学院“共性基础＋个性培养”的人才培养总体框架下，MOOC课程的建设服务于复合人才培养平台的建设，激发在校学生、工程界同行对新兴技术或领域的学习兴趣，成为“个性培养”中的一个重要选项。

三、"工程造价"MOOC课程在大类培养中应用的探讨

(一)"工程造价"MOOC课程建设的目标符合大类培养的培养目标

同济大学土木工程学院在人才培养上构建了"共性基础+个性发展"的土木工程卓越人才培养体系,以课堂教学、实践创新、交流合作三个链条为横向培养轴,以本、硕、博一体化为纵向培养轴,夯实学生的共性发展基础,增强个性化指导,提升学生的个性发展空间。"工程造价"MOOC课程建设的目标之一就是服务于学生的"个性培养",在立德树人的前提下,激发在校学生、工程界同行对新兴技术或领域的学习兴趣,这完全符合同济大学实施的"大类招生、大类培养和大类管理"联动的大类人才培养改革目标。"1+3"为主的人才培养模式就是在大类人才培养的基础上,充分尊重学生意愿,给予学生自主选择专业的权利。

(二)"工程造价"MOOC课程建设符合大类培养的要求

1."工程造价"MOOC课程的内容着眼于工程造价基本原理知识点梳理与讲解

(1)"工程造价"课程的内容

"工程造价"是土木工程专业的专业基础课,学分1.5,在第六学期针对土木工程学院全体本科生开设,每年选课人数480～500人,开设5～6个平行班级,每班的选课人数在80～100人。在课程教学过程中,由于客观条件的限制,"工程造价"课程教学的主要问题是课时少(课内教学时数为26课时,上机6课时),内容多,师生比小导致课余师生人均交流不够充分。

"工程造价"课程的内容包括工程造价基本原理与工程计价两个板块(表1)。工程造价基本原理部分偏重基本知识点讲述,包括工程造价的概念和构成、工程经济基础知识、工程定额等知识单元;工程计价则偏重理论和实践的结合,包括工程计量,工程计价和工程造价文件在各个阶段的应用等知识单元。

表1 "工程造价"课程内容设置

知识板块	知识单元	知识点	教学手段	课内学时	课外学时
工程造价基本原理	概论	建筑门类与作用	课堂讲授 自主学习	2	2
		工程造价的概念			
		工程造价管理			

（续表）

知识板块	知识单元	知识点	教学手段	课内学时	课外学时
工程造价基本原理	工程造价相关知识	基础知识	课堂讲授 自主学习	1	4
		项目决策与评价			
	建设工程造价的构成	建设工程造价的构成	课堂讲授 专题讨论 自主学习	3	6
		建筑安装工程费用			
		设备及工器具购置费用			
		工程建设其他费用			
	工程定额	定额体系	课堂讲授 专题讨论 自主学习	4	8
		基础定额			
		预算定额			
		概算定额			
		其他定额			
工程计价	工程计量	工程计量基本概念	课堂讲授 自主学习 课程设计	7	21
		分项工程内容与主要项目计算规则			
		建筑面积计算规则			
	工程量清单计价	工程量清单计价基础知识	课堂讲授 自主学习 课程设计	5	15
		工程量清单计价基本过程和方法			
		招标控制价和投标控制价			
		投标报价的程序与策略分项			
	工程造价文件	各阶段工程造价文件	课堂讲授 自主学习	2	4
	施工阶段工程价款的结算	工程价款结算	课堂讲授 自主学习	2	4
		工程变更和索赔			
合计				26	64

（2）“工程造价”MOOC 课程内容特点

为了解决课时少、师生比小等问题，提升课外辅助教学质量，土木工程学院于 2019 年建设了“工程造价”MOOC 课程。“工程造价”MOOC 课程是

"工程造价"课程的辅助教学资源,解决了课程课堂教学时间紧、师生沟通交流少等问题。学生通过平台加强对关键知识点的学习,教师充分利用在线讨论、课后测验等灵活的教学方式,加强与学生的沟通交流,从而有效地提升教学质量。"工程造价"MOOC 课程内容着眼于工程造价基本原理知识点梳理与讲解(表 2),对于工程造价基本原理部分力求讲解透彻,对于涉及实际应用的工程计价部分则讲解基本概念,偏重讲清楚解决问题的方法和流程。

表 2 "工程造价"MOOC 课程的内容设置

知识板块	知识单元	知识点	MOOC 建设内容 (每个内容 1 个视频)	课内学时
工程造价基本原理	概论	建筑门类与作用	—	2
		工程造价的概念	工程造价概念	
		工程造价管理	工程造价管理	
	工程造价相关知识	基础知识	资金的时间价值的概念	1
			资金时间价值相关计算	
			财务评价指标	
		项目决策与评价	方案评价	
	建设工程造价的构成	建设工程造价的构成	建设工程造价构成基础知识	3
		建筑安装工程费用	建筑安装工程费用	
		设备及工器具购置费用	设备及工器具购置费用	
		工程建设其他费用	工程建设其他费用	
			预备费和工程建设期贷款利息	
	工程定额	定额体系	定额体系	4
		基础定额	基础定额	
		预算定额	预算定额	
		概算定额	概算定额	
		其他定额	—	
工程计价	工程计量	工程计量基本概念	工程计量基本概念	7
		分部分项工程内容与主要项目计算规则	(此部分专业性强,对前期课程和预备知识要求高,故留出以后单独建设)	

（续表）

知识板块	知识单元	知识点	MOOC 建设内容 （每个内容 1 个视频）	课内学时
工程计价	工程计量	建筑面积计算规则	建造面积计算规则（一）	7
			建筑面积计算规则（二）	
	工程量清单计价	工程量清单计价基础知识	工程量清单计价基础知	5
		工程量清单计价过程和方法	工程量清单计价过程和方法	
		招标控制价和投标控制价	招标控制价的编制	
		投标报价的程序与策略	投标报价的程序	
			投标报价的策略	
	工程造价文件	各阶段工程造价文件	各阶段工程造价文件概述	2
			投资估算文件	
			设计概算文件	
			施工图预算文件	
			工程招标控制价与报价	
	施工阶段工程价款的结算	工程价款结算	竣工结算与决算	2
		工程变更和索赔	—	
合计			29 个视频	26

2. “工程造价”MOOC 课程成为大类培养中通识选修课或个性课程的重要选项

“大类招生、大类培养和大类管理”联动的大类人才培养以通专融合、因材施教为理念，尊重学生的个性化发展，培养“德智体美劳”全面发展的社会栋梁和专业精英。工程造价是建设项目投资决策和控制的重要依据之一，掌握工程造价的基本原理对工程类学生来说，无论是拓展知识构成，还是激发对工程造价技术领域的学习兴趣都有着重要的意义。

大类培养 10 个大类平台中的经济管理试验班、工科试验班 5 个大类，在未来的工作工程领域都涉及工程造价的相关知识（表 3），因此，“工程造价”

MOOC 课程成为通识选修课或个性课程的重要选项。

表 3 大类培养中“工程造价”相关知识需求分析

招生专业(类)名	专业	学院	相关知识需求
工科试验班(建筑规划景观与设计类)	建筑学	建筑与城市规划学院	* * *
	历史建筑保护工程		* * *
	城乡规划		* * *
	风景园林		* * *
	城市设计		* * *
	工业设计	设计创意学院	* * *
工科试验班(土木与环境类)	土木工程	土木工程学院	* * *
	地质工程		*
	港口航道与海岸		* * *
	智能建造		* * *
	环境工程	环境科学与工程学院	* * *
	给排水科学与工程		* * *
	环境科学		*
	建筑环境与能源应用工程	机械与能源工程学院	* * *
工科试验班(智能交通与车辆类)	交通工程等四个专业	交通运输学院等三个学院	* *
工科试验班(智能化制造类)	工业工程等七个专业	机械与能源工程学院等三个学院	* *
经济管理试验班	工程管理等八个专业	经济管理学院	* * *

注:“* * *”指经常涉及相关知识,“* *”指一般涉及相关知识,“*”指偶尔涉及相关知识。

“工程造价”MOOC 课程内容着眼于工程造价基本原理知识点梳理与讲解,内容相对于实践性强、综合性强的计量、计价分析部分,更偏重概念讲解,指导学生建立工程投资与控制的思维方式,适合通识教育和个性化教育。另外,通过 MOOC 平台学习,学生可以充分利用碎片时间,弹性学习,分组讨论,在线沟通,达到良好的学习效果。

四、结论

“工程造价”慕课(MOOC)课程和土木学院专业课“工程造价”相比,更侧重于基础知识的把握和基本概念的讲解。MOOC课程作为专业课程的辅助教学资源,在大类培养中可作为通识选修和个性课程的一个重要选项。学生通过MOOC课程学习关键知识点,充分利用在线讨论、课后测验等灵活的教学方式,能高效实现“工程造价”课程的学习目标。

参考文献

[1] 孟勋.MOOC课程教学的特点和影响[J].教育教学论坛,2019(4):219-220.

[2] 丁度坤.关于慕课教学的几点思考[J].教育教学论坛,2019(1):214-215.

[3] 时慧.普通高校军事理论课慕课教学研究[D].南京:东南大学,2017.

[4] 杜世纯.MOOC背景下混合式学习的实现路径与效果评价研究[D].北京:中国农业大学,2017.

[5] 柴博森,项玥,王顺,等.机械设计“MOOC+SPOC”混合教学模式创新与实践研究[J].吉林省教育学院学报,2019(1):56-59.

[6] 徐小洲,叶映华.创业教育课程设计及其有效性评价——以浙江大学《创业基础》MOOC课程为样本[J].华东师范大学学报(教育科学版),2019(1):16-22+164.

[7] 亓晋,裴玉青,许斌,等.面向新工科建设的MOOC模块化教学模式研究与实践——以“计算机网络”课程为例[J].中国多媒体与网络教学学报(上旬刊),2019(1):15-16.

[8] 张研,虞爱平,蒙剑坪.土建类在线慕课建设探讨——以《土木工程材料》课程为例[J].科技视界,2018(23):125-126.

[9] 李立.慕课及翻转课堂在“工程地质”教学中的应用[J].黑龙江工程学院学报,2016,30(6):71-75.

[10] 刘丽娜.慕课教学模式构建与效果评价研究——以Access数据库技术与应用课程为例[J].吉林省教育学院学报,2019(1):60-63.

基于产出导向理念的“建设工程法规”通识课程教学改革

鲁　正　周映旻
同济大学土木工程学院

摘要　在同济大学“大类招生、大类培养、大类管理”联动的人才培养体系建设背景下，同济大学土木工程学院开展了一系列的教学改革研究。“建设工程法规”是土木工程专业本科阶段的一门通识课程，旨在使学生了解我国建设工程领域现行法律法规，培养学生运用法律知识解决工程相关问题的能力。“产出导向”是工程教育专业认证理念下的教学规划理念，基于产出导向理念对“建设工程法规”课程进行教学改革，采取增加基于工程背景的教学内容、采用以学生为中心的教学模式、增加学生在课程中的实践机会等措施，培养学生成为能利用所学知识解决实际问题的高素质复合型人才，有力支撑土木工程专业大类人才培养机制的建设。

关键词　建设工程法规　工程教育　课程改革

自2019年以来，在同济大学开启的“大类招生、大类培养、大类管理”联动（简称“三联动”）的人才培养体系建设背景下，土木工程学院开展了一系列教学改革研究，从“三联动”机制的体制建设、专业教育与通识教育的融合，到本科生导师制工作和创新实践活动，学院结合自身专业特色和院系资源，力图打造具有广度和深度的土木工程人才培养模式，为培养“厚基础、宽口径、强能力、高素质”的土木工程专业学生打好基础。作为土木工程专业宽口径培养目标下通识教学中的重要一环，“建筑工程法规”课程以我国建设工程相关法律法规为主，国际建设工程领域重要协议为辅，对建设工程法律法规内容及其在工程中的应用进行阐述与演绎。打造好“建设工程法规”课程，是“三联动”机制建设落实到教学环节的具体要求，也是土木工程专业大类人才培养成果的重要保障。

成果产出是衡量学生毕业时具备的知识、能力、素质是否达标的重要标

准，课程教学设计应以成果产出为指导目标[1]，该教学设计思路被称为“产出导向”理念。美国工程技术认证委员会、美国职业发展委员会、英国高等教育质量保障局、英国工程委员会等都已将成果产出作为工程专业认证的主要手段[2]。“产出导向”是针对教师教学方法改革的直接指导要求，服务于高素质工程教育对毕业生毕业时的能力基础和毕业五年左右的能力发展要求，强调工程教育应关注“教育产出”而非“教育输出”。美国高等教育评估范式已经从注重质量保障向关注学生学习产出结果转变[3]。

本文基于产出导向理念，结合“建设工程法规”课程的内容和特点，从教学内容、教学方式、课程考核等环节对课程改革优化提出建议，打造符合“三联动”机制下的大类人才培养模式的专业通识课程。课程改革以认知规律为导向，加强学生对法律法规条文由来的理解，深化学生对法律体系的认识，提高学生对法律问题的分析能力；以实践教育的方式，让学生在问题的探索中，灵活运用所学法律知识，将知识转化为解决问题的有效工具；以探讨交流为特点，培养学生良好的表达能力；以土木工程大类人才培养为背景，引导学生树立社会责任意识和工程职业道德观，成为兼具专业能力和社会责任感的高素质工程技术人才。

一、基于产出导向理念的课程设计优化

在本科教育大类人才培养模式的发展趋势下，培养学生兼具专业能力和多岗位适应能力成为各专业课群规划的重要原则[4]。“建设工程法规”是土木工程专业课群下培养土木工程专业学生法律素养和处理工程纠纷能力的课程，以引导学生了解工程生产、设计与开发的相关法律法规为课程目标，强调教学活动应有利于学生对理论知识的掌握，培养学生发现问题、分析问题、解决问题的能力，为学生专业沟通能力、项目管理能力的形成提供有效支撑[5]。落实到具体，有以下三方面的考虑。

（一）建设工程全流程的把握

建设工程行业与国计民生息息相关，其对社会资源的占用及对社会造成的影响都是十分显著的。行业的稳定运转，需要相关法律对行业流程中每一个环节进行严格约束。建设工程法律法规建立在从建筑许可到建筑工程质量保修的建设工程全流程的工程经验总结之上，其法律体系与建设工程的各个环节密切相关。因此，对建设工程的全流程进行有计划的讲授，有助于学生理解建设工程法律法规体系。“建设工程法规”课程以实际工程的

流程为逻辑，将课程内容规划为“建设工程法规综述”“工程立项”“工程管理”和“竣工验收”四个部分，对建设工程法规的条文进行介绍及分析。通过建设工程全流程的教学，期望学生了解建设工程法律法规形成的背景，从而对建设工程法律法规体系形成的内在逻辑有初步的掌握。同时，在学习建设工程全流程的各个环节的过程中，学生也能初步搭建起以建设工程流程框架为表现形式的建设工程法律法规体系知识，为后续课程中知识体系的完善和巩固打下基础。

（二）工程项目争端的解决

在实际工程中，合同纠纷是常见的法务问题。能否在争端中利用法律手段维护我方的权益，避免合同漏洞或对方的违约对我方造成损失，是判断法务工作者对法律条文的把握程度和对法律操作的认识程度的直接依据。因此，在掌握法律知识的基础上，能够利用法律手段解决工程项目争端，是产出导向教学规划的重要考虑。在进行教学设计时，不应囿于法律框架的搭建和法律条文的阐释，而应给予法律知识的“用武之地”以足够的比重，使法律知识的应用在课堂中得到呈现。将经过总结凝练的法律知识置于具有代表性的个体案件中，既能加深学生对知识的把握，又有利于培养其对法律手段的应用能力。特别是以合同纠纷为代表的项目争端问题，不仅是工程项目中的常见问题，也往往涵盖了常见的法律知识及其应用手段，设置这类案例的讲授内容，对提升学生的实用法务能力具有实际意义。

（三）建设工程合同的起草

在实际工程中，合同与法律法规一样，是工程法律纠纷中的重要参考。建设工程合同是指由承包人进行工程建设，发包人支付价款的合同。行业内基于以往的实践经验，已经形成了具有一定标准化程度的建设工程合同范本，范本的拟定与建设工程全流程和建设工程法规体系环环相扣，常见合同的起草就是在范本的基础上结合工程具体情况的填充和细化。掌握建设工程合同的起草，能让学生在熟悉建设工程合同的结构的同时，将所学建设工程流程、建设工程法律体系进行类比，加深对各个模块的理解认识。在教学实践中，任课教师可基于某一具体的工程案例，给出一份工程合同，其中部分内容空缺，由学生自主完成空缺部分的填充，一方面是形成课程教学效果的考查和反馈机制，另一方面让学生在自主完成合同起草的过程中熟悉常见合同内容，为对后续章节的合同纠纷等问题的理解形成认知铺垫。

二、基于产出导向理念的教学内容调整

法律条文是以往的工程经验的总结，又应用到未来工程法律问题的解决当中，法律与工程实践互相依存，没有法律约束的工程乱象丛生，反之，没有实际应用的法律条文也仅是一句单薄的陈述。因此，基于“建设工程法规”课程较强的应用性，课程的讲授应将法律法规与实际工程密切结合。

（一）“案例＋理论＋案例”的内容组合

国内高校以往的授课内容大多依据苏联的授课逻辑进行规划：从对某个知识点的理论定义到对该部分知识的具体应用。这样的内容规划以“教育输出”为指导思想，虽然涵盖全面，但其内容的顺序安排一定程度上有悖于人的认知顺序，以往的经验已经表明，这样的内容规划对学生的理解认知能力和思维发散能力要求是较高的。然而，无论是工程法律法规的起草还是“建设工程法规”课程的建设，都是基于“发现、总结、研究、解决问题”的逻辑进行的。在如今对教育产出提出更高要求的情况下，教学内容安排应该向学生的接受能力倾斜，通过符合认知逻辑的教学内容组织，让学生每一块知识学得扎实，为知识应用打下坚实的基础。另外，“建设工程法规”作为一门在土木工程专业课群下应用型的社会性课程，其课程内容应用价值高于理论价值。因此，“案例＋理论＋案例”的授课模式就具有较高的尝试价值。

（二）章节综合的复盘巩固

建设工程在时间上是连续的，各个流程之间有机结合又互相区别，相应地，建设工程法规的各个模块之间亦是相互关联的。但是，建设工程法规各个模块知识众多，内容丰富，按照课程的课时安排，难以做到将整个章节的知识在一次课内保质保量地完成讲授。对于某些模块，如建设工程的发包与承包等，其章节内的知识前后紧密联系，形成一个有机的整体，若仅仅按照章节顺序讲授内容，则教学仅停留在初步的大框架和分散的知识点上，不能形成连续的知识体系。章节复盘是一个能较好解决这个问题的方法。利用丰富的工程和教学经验，教师对整个章节知识提纲挈领的复盘对学生后期的复习反思具有指导性意义。更重要的是，教师的知识框架会潜移默化地影响学生，使学生在对知识体系进行消化时少走弯路。同时，基于对知识应用性的考虑，案例型的章节复盘形式会更有价值，让学生在案例的训练中对知识进行有效的把握。

三、以学生为中心的教学模式改变

如今国内的课程仍较多采用较单调的讲授式教学。案例教学在一定程度上丰富了教学模式,但普遍来说教师仍是课程的中心,学生绝大部分时间扮演着知识接受者的角色。学生通过上课虽然能获取可观的知识量,但缺少将知识转化为解决问题能力的机会。以学生为中心的教学模式改革,就是要在知识扩充到一定的阶段时,让学生做课堂的主人,完成从知识接收者到知识利用者的角色转变,让学生在课堂上充分试错,让错误得到改正,让不足得到指点,帮助学生跳出课本上的条条框框,将知识转化为真实的生产力。

(一) 情景教学

情景教学是充分发挥学生主动性,让学生在情景准备、情景演绎中掌握、巩固和深化知识的教学方式。情景教学通过预设一个与课程内容相关的情景,让学生能够在课程内容的基础上进行充分的挖掘和拓展。该教学模式要求学生在情景中串联课程主要内容,或以大的视角进行概括,或以小的方向进行挖掘,能突出体现学生对所选情景的工程实例的独立理解和思考。

(二) 实践教学

实践出真知。实践教学就是让学生参与到实际工作中,以此达到学以致用、用以正学的目的。不论是理论教学、案例教学还是情景教学,都以学生能够在实际工程中解决法律问题为目标。在实际工程中,针对同一个问题的解决方案可能与课堂教学中颇有差异,但在实践应用中的办法往往是最直接有效的。让学生在实际工程法务问题中尝试应用法律知识的教学方法,能提高学生对法律知识的理解和运用能力[6]。实践教学可分为两种方式,一种是指派学生跟随专业人员,学生主要通过学习观摩完成学习;一种是指派专业人员跟随学生,学生作为主要参与者解决问题,接受专业人员的指导。两种方法的学生实践参与度不同,学习效果各有优势。教师可以综合课程的具体要求、学生的学习情况、学生的实践意愿,采取适合的实践教学模式。

(三) 问题教学

问题教学是国外许多课程采用的新型教学模式[7],以学生为主体,以课程进展为导向,覆盖课程的主要知识点。选取一个或几个大型的实际问题,如“某地产商在A区域的开发规划”“某建设集团关于参与B项目竞标的项目计划”等问题,让学生在学习的过程中开展问题的研究。问题的研究应与

课程的授课顺序相呼应，并在研究过程中对知识点进行阶段性总结提炼。问题教学能有效地将知识付诸应用，对于“建设工程法规”这样的应用型学科课程而言具有很大的应用价值。

四、基于工程应用能力考察的课程考核设计

课程考核是检验教学成果的直接方式，课程考核设计是否合理，决定了课程考核成绩能否客观反映教学成果，也影响着考核成绩能否为后续教学改革提供有效的参考。“建设工程法规”作为一门法律类通识课程，其实践性和理论性并重，因此，课程考核设计应涵盖理论能力，如对基本法规的记忆、常见法规的理解；以及实践能力，如法规的实际应用能力、案例分析的表述能力等。

（一）必要的理论考查

工程合同的拟定需要合法依法，工程法务的纠纷需要据理力争，在工程法务问题上，法律法规是基础。对基本法律法规知识的掌握，是调用法律知识解决法务问题的必要条件。同时，如今科学技术发达，大大方便了法律条文的检索，法律应用能力主要体现在对法律的常识、管辖范畴和法律的框架体系的理解。因此，理论考试是课程考核中不可或缺的一部分，并应着重在框架和理解层面进行考核。利用选择题和判断题，考查学生对于法律常识、法律框架的理解，利用简答题、论述题，考查学生对工程与法律联系的理解。在理论考核量缩减的情况下完成对学生知识理解的全方位考核。

（二）案例分析与讲解

从产出导向理念出发，课程的考核应该对学生的知识应用能力提出要求。法律法规的应用是多维度的，因此对学生的应用能力考核也应该从多个层面进行考虑。案例考核是考查学生知识掌握程度和知识应用能力的综合考核方式。从案例的选题、案例的分析、提出解决方案，到案例总结报告，将学生的理论功底、应用能力、表达能力都纳入到考核指标中。教师可以根据课程的具体要求，以及学生的学习情况对考核维度进行调整，从而提升或降低难度。案例分析作为学生的期末大作业，由教师提供案例的参考选题，学生选取案例主题的范围自由决定，考核要求体现其独立思考的成果，展示学期内所学习的法律应用手段。案例的总结报告应该以课堂汇报的形式展开，在检验学生学习效果的同时对学生的口头表述能力提出要求，避免形成以往部分学生只会写不会说的能力短板。

五、“建设工程法规”通识课程教学改革实例

基于产出导向理念的教学改革方法是贯穿课程教学全过程的，“建设工程法规”授课团队在实际授课班级中对各项改革措施进行了试点，主要内容有高度融合工程案例的课程设计优化、“案例＋理论＋案例”的教学内容组合、以情景教学为代表的教学模式创新、以应用能力为考查目标的考核设计。

（一）工程纠纷部分的课程设计优化

课程在编排过程中注重理论在应工程案例中的应用。以《建设工程法规》教材的第四篇“竣工验收”部分为例，该部分中针对建设工程纠纷的专题讲解，首先汇总整理了建设工程纠纷的主要类型及常见引起各类工程纠纷的原因，而后逐一分析了适用于各类建设工程纠纷的法律途径，包括法律途径的定义、基本特征、适用条件及范围，从理论层面对建设工程纠纷问题进行了梳理。教材第五篇“建设工程实例分析”包含“挂靠经营合同纠纷”和“工程质量纠纷”两个工程纠纷案例，与第四章的工程纠纷理论讲解形成前后呼应。该部分依照定义详解、主要法律依据、案例详解、案例分析的顺序，将理论依据与实例逐步融合起来，力图在内容的推进中提高学生对工程法务问题及相关纠纷的理解深度和对适用法律依据的应用能力。

（二）招标投标内容的“案例＋理论＋案例”教学内容组合

本课程在备课讲义中注重以案例推动进程，以理论挖掘深度，融合理论与实际。以建设工程的招标投标相关内容讲解为例，首先通过某国有资金控股的依法必须招标的工程建设项目的招标代理过程实例，引出建设工程中的招标投标问题，引导学生思考招标投标过程中需要注意的问题以及可能出现的漏洞，将招标投标概念体系的主要部分在案例中直观地呈现一遍，并引导学生评价案例中的招标投标行为。而后教师带领学生复盘该案例，并在复盘过程中逐步引出招标投标的定义、原则、权利与义务等概念。基于上述的概念讲解，再续以某市商业地块建设的招投标案例，引导学生利用前述的招投标相关知识较独立地进行案例分析，巩固对招投标板块内容的印象，提高学生对所学内容的应用能力。总结起来，可呈现为感性认知—理性认知—实践应用的教学流程，三个阶段的感知与学习，尽量让学生将知识在课堂上消化，并初步形成理论与实际对应的知识框架。

（三）招标投标等内容的情景教学模式

本课程在授课时设立了招标会、工程合同纠纷等多种工程实践中典型

的多方沟通场景，在模拟招标会中，学生可选择扮演招标人、投标人、评标委员会成员等。模拟招标会设立开标、评标和中标等环节，在课堂演练中实现学生对开标程序、评标程序和原则、评标委员会的组成及其权利与义务以及中标的法定条件等招标投标问题的了解，形成概念和流程的直观认知。在模拟工程合同纠纷场景中，基于不同类型的建设工程纠纷，如建设工程民事纠纷和建设工程行政纠纷，采取不同的法律解决途径，如调解、仲裁、民事诉讼、行政复议、行政诉讼等，学生主动寻找相关案例，了解各类纠纷的不同解决方案的过程和特征，在情景实践中实现概念的巩固和应用。

(四) 以应用能力为考查目标的考核设计

课程考查成绩的一部分由案例分析大作业＋汇报的分数组成。任课教师根据各章节的内容，设定若干可供选择的案例分析题目供学生选择，如“某 BT 项目的法律问题”“某建设公司用地转让的阴阳合同”“某工程中建设单位垫资承包的法律问题”等。设定的题目皆以课程讲解中的内容为基础，学生根据兴趣自行组成若干研究小组，选定一个案例分析题目，利用课程所学知识对案例中存在的法律问题进行梳理，提出针对其中法律问题的解决方案，并在此基础上拓展此问题可能反映出的政策法规问题和可行的建议。除小组大作业，课程还要求小组进行课堂汇报，并鼓励研究小组以多样化的形式展示、交流学习成果。

(五) 改革方法在教学实践中的成效评估

从“建设工程法规”课程实施产出导向教学改革三年以来，授课团队收集整理了各届学生的考试成绩、大作业报告，并组织各届学生在结课时完成针对本课程的调查问卷。总体来看，收到了良好的教学效果，主要体现在如下四个方面：

(1) 通过案例与理论融合的课程设计和授课形式改革，学生对课程的认可度逐渐提高，普遍反映“对书本上的概念了解得更清楚了”“应用案例很有实际意义”。从数据上看，学生对课程的认可度相比教学改革以前提升了15％，达到 92％，同时课程参与度从 73％提升到 95％。

(2) 学生对设立了情景教学模块的相关内容掌握程度有较明显的提升。分析各届学生的期末试卷可发现，课程中设置情景案例较多的发包承包、招标投标以及工程纠纷内容的相关题目的分数有较大提升，由此带来学生均分 5～8 分的提高(百分制)，最高均分达到 84 分。

(3) 增强了学生的自主研究和团队研究能力。问卷调查结果显示，75％

的学生认同小组作业的形式，认为“能从身边同学身上学到很多”“查资料的过程可以看到很多有价值的案例”。此外，任课教师发现学生的口头汇报水平也在逐年提升。

(4) 提升了学生对“建设工程法规”课程的兴趣。学生对“你是否愿意向同学推荐这门课”问题的反馈统计显示，有94%的学生表示会向同学推荐这门课。

六、结语

“建设工程法规”课程经过不断地改革优化，逐渐向成熟化和系统化靠近。如今，“三联动”的人才培养体系改革对“建设工程法规”课程的教学提出了更高的要求。本文从教学设计优化、教学内容改革、教学模式转变等方面，结合作者开展“建设工程法规”课程教学改革的实践经验，具体阐述了产出导向理念指导下的课程改革方法。首先，通过对建设工程全流程的把握，加深学生对工程背景下法律体系的认识；其次，通过“案例＋理论＋案例”和多模块复盘的授课方法，巩固学生对各个模块知识的掌握；再次，通过情景教学、实践教学、问题教学等新型教学方式，提升学生的应用能力；最后，以科学化设计的考核方式，对学生学习成果进行有效检验，并为课程的持续改进提供有效的参考。期望在“产出导向”理念的持续指导下，“建设工程法规”课程能为土木工程专业学生法学素养的形成提供更有力的支持，从而为“三联动”机制下的土木工程专业人才培养建设作出贡献。

参考文献

[1] 戴波，刘建东，纪文刚，等.基于实现矩阵的课程体系及课程教学改革控制模型构建[J].高等工程教育研究，2014(1)：149-158.

[2] 孙超.对美国大学生学习产出研究的反思[J].高教发展与评估，2009，25(6)：81-84＋112.

[3] 我国工程教育实现国际多边互认[N].中国教育报，2016-06-03(1).

[4] 康全礼.我国大学本科教育理念与教学改革研究[D].武汉：华中科技大学，2005.

[5] 梁利喜.工程教育专业认证促进下的“石油工程岩石力学”课程考核探索[J].高教学刊，2019(18)：189-191.

[6] 易红.加大教改力度 切实提高本科人才培养质量[J].中国高等教育，2007(2)：43-45.

[7] 鲁正，陆墨达.中外建设工程法规课程比较研究[J].高等建筑教育，2018，27(3)：42-46.

大类培养模式下理论力学课堂教学探索

温建明
同济大学航空航天与力学学院

摘要 大类培养模式是高校人才培养模式改革的主要方向，在顺应大类培养模式的基础上，本文以工科大类中的基础课“理论力学”教学改革为方向，从理论力学的课程特点出发，分析大类培养模式下“理论力学”课程遇到的挑战，探索大类培养模式下的课堂教与学，目标在于提升理论力学课堂教学中学生的学习效果和质量，为培养学生创新思维和能力创造条件。

关键词 大类培养 理论力学 教与学

一、引言

大类招生人才培养模式是国内高校教学改革的主要方向，是本科人才培养的发展趋势[1,2]，我国高等教育大类招生培养模式与“创新型、应用型、复合型”的人才培养目标相契合[3]。目前，国内高校开展的大类招生培养模式可分为学院内大类招生培养、跨学院大类招生培养、开设实验班大类招生培养、成立本科生院大类招生培养四种模式。大类招生培养已成为“双一流”建设高校人才培养模式改革的主流[4,5]。同济大学自 2018 年 9 月起以“工科试验班”为实体探索大类招生和大类人才培养模式改革，2019 年 5 月，正式成立本科生新生院，实行“1＋3”为主的人才培养模式，正式开启我校“大类招生、大类培养、大类管理”联动的人才培养体系。新生统一由新生院管理，在相应大类下进行分类培养，实现通识教育和专业大类教育相融合。“理论力学”课程作为工科专业的大类基础课，在大类培养的模式下，课程教学方式呈现了多样化，但在教学过程中也发现存在一些具体的问题。本文从分析“理论力学”课程特点出发，根据“理论力学”课程的教学安排，探讨课程教学中遇到的挑战以及如何进行教与学，从而保证大类培养模式下理论力学课程的教学效果和质量。

二、“理论力学”课程的特点

（一）逻辑性强

“理论力学”是一门逻辑性很强的课程，课程编排非常严谨，各部分内容相互衔接，环环紧扣，内容层层递进，包括静力学、运动学、动力学和分析力学四大板块。课程的逻辑性强调知识、能力和思维方式的有机融合，对学生的学习要求比较高，要求学生一步一个脚印，踏踏实实学习好每一部分的内容，并且能够前后贯通，把所学的知识联系在一起，演绎和归纳总结的思维方式得到锻炼，分析问题和解决问题的能力也得到相应提高。“理论力学”课程的核心思想是分析思维，对复杂的工程问题进行分析与求解，包括力学模型的抽象和简化，力学问题的建模和分析以及工程问题的解决和应用。逻辑性强要求课程除了介绍基本原理和基本方法以外，还要进一步将其应用到工程实际中，因此教师在教学过程中要尽可能引导学生掌握内在的逻辑，学会透过现象看本质。

（二）理论联系实际

理论力学属于经典力学，“理论力学”课程是工科专业大类从通识教育课程向专业课程过渡的一门衔接课程，所研究的对象是从工程实际中抽象出来的力学模型，源于实际又高于实际，是一门理论联系实际的课程，理论联系实际的思想贯穿于整个课程。理论力学课程的研究对象是力学模型，如果直接从力学模型出发，采用数学的手段建立力学模型的方程，这样就很容易陷入枯燥的理论中，致使课程缺乏趣味性和探索性，理论联系实际在课程中就失去了意义。例如，曲柄连杆机构是理论力学课程中最常见的机构模型，学生第一次接触到的时候并不了解其实际结构是怎样的，这种机构存在于哪里。利用新媒体手段，可以通过视频动画让学生很直观地看到这种机构，并展示其简化的过程，学生就可以切切实实体会到工程实际与课程之间的关系，体会理论与实际联系的课程特点。

（三）课程学习具有挑战性

理论力学课程内容非常系统，学习的时候一定要有全局思维。经常有学生说“一听就会，一做就错”。这其实是因为没有真正理解课程的基本概念，没有掌握课程内在的科学思考方法。理论力学课程学习的挑战性在于，不仅要知道还要会做，要动手实践。课程学习要在掌握基本概念和方法的基础上，能够分析问题，全局思考、调整思路、综合运用所学知识、与同

学进行讨论和交流等，达到融会贯通。实际的工程问题，需要分析和考虑的内容千变万化、复杂繁琐，并没有一成不变的套路和方法，只有在学习的过程中，接受过挑战思维的训练，才能具备解决复杂工程实际问题的能力。这也是这门课程在知识传授基础上，能够培养学生挑战性思维的一个特色。

三、大类培养模式下“理论力学”课程遇到的挑战

（一）教学安排面临的挑战

“理论力学”课程是工科专业的专业基础课，是从自然科学学习过渡到专业学习的桥梁，教学安排通常是大一第二学期和大二第二学期。但是也并不是所有的工科专业都要完整地学习理论力学的全部内容，如环境建筑专业，只要掌握其中静力学部分的内容即可；如交通运输专业，对理论力学的内容深度要求比较低，学时相对比较少；如汽车、机械、力学、航空等专业，对理论力学要求高，学时也较多。还有如土木工程专业，将理论力学和材料力学的知识点融合在一起，形成工程力学课程。大类培养模式下，在大一的时候，学生是不分专业的，但是我校在工科试验班的平台上有几个大类，因此，理论力学课程的教学安排也要根据大类进行，同一门课程出现了多个课程类别：理论力学 1(2 学时)、理论力学 2(2 学时)、理论力学 B(4 学时)、理论力学 C(3 学时)、工程力学 1(含 1 学时理论力学内容)和工程力学 2(3 学时)。教学安排的多样性对教师授课提出了新的要求，不仅要考虑学生对知识点的学习，还要考虑学生对知识点更为广泛的应用和理解，隐藏在知识点背后的学习能力的培养更为重要。

（二）教师教学面临的挑战

在大类培养模式下，理论力学课程的教学内容被分成了两部分，一部分放在通识教育阶段，一部分放在专业教育阶段。在通识教育阶段，课程教学除了讲授基本知识点以外，还需要提升课程的趣味性，激发学生的学习兴趣。另外，教学还面临着知识面拓展，学生逻辑演绎思维的培养以及从全局分析问题、解决问题能力的培养等方面的挑战。在专业教育阶段，理论力学课程的教学更加侧重于理论联系实际，具体工程问题的简化与建模，建模方法的选择，系统完整地讲授整个课程内容，使学生的课程知识前后衔接，融会贯通。因此，不同教育阶段的理论力学课程教学面临着不同的挑战，如何积极应对这些挑战，也是授课教师面临的课题。

（三）学生学习面临的挑战

大类培养模式下，我校学生是在大二进入所选专业学习的，专业的选择以学生志愿为主，同时考虑大一学习成绩、面试成绩和综合评价等多种因素。一些热门专业总成为学生追求的目标，为了能进入自己理想的专业，学生的学习积极性很高。但是，大二进入所选专业后课程难度、课程门类增加，学生的学习面临着多方面的挑战。有的学生习惯于中学时代的题海战术，结果发现在理论力学课程中疲于做题却收效不佳；有的学生习惯于归纳总结，却受困于特殊问题；有的学生在中学时参加过物理竞赛，在理论力学课堂中总感觉没有新知识出现，却忽视了深入理解课程的内在逻辑关系和解决实际问题能力的提高。还有学生来自一些特殊省份，中学学习内容比较浅显，数学和物理基础比较薄弱，跟不上理论力学课程的授课进度，以至于随着课程的进展陷入越学越难的困境，有的学生甚至干脆放弃。总之，在学习理论力学课程中，学生遇到了不一样的挑战。

四、大类培养模式下“理论力学”课程的教与学

（一）大类培养模式下“理论力学”如何教

大类培养模式下，理论力学的课程内容要求变化较多，如何在有限的学时内使学生具备服务于专业的扎实理论基础是具有挑战性的。大类培养，旨在培养“基础扎实、知识面宽、能力强且素质高”的复合创新型人才[6]。理论力学对学生将来能否顺利学习专业课程是非常重要的，但是由于该课程理论性强，抽象概念比较多，内容繁杂，因此在教学的过程中如何实现大类培养模式下的教学效果和教学质量是教师必须面对的问题。

1. 把握课程教学主线，优化教学内容

“理论力学”课程知识点多，内容前后逻辑性强，因此在教学过程中把握好课程教学主线是非常必要的。该课程的主要研究对象是从工程实际中抽象出来的各种力学系统，分析该系统上所受的力、系统中物体的运动量以及力与运动之间的关系，因此在教学的过程中必须要把握好力学系统的受力和运动分析，然后再寻求解决二者之间关系的方法，建立数学方程。循着这样一条主线，整个课程教学内容可以进行模块化教学，先掌握好力的分析，再学习运动学关系，然后再将二者通过基本定理建立关系，其中，建立二者关系的方法由于数学手段处理的不同，可分为矢量动力学方法和分析力学方法。

教学主线就是课程的树干，模块化的教学内容就是树枝，要想使树长得枝繁叶茂，还需要教学内容充实有趣。因此，在优化教学内容的过程中，要结合理论力学课程的特点，其中，理论联系实际的课程特点最能够提高学生学习积极性。例如，工地上使用的圆柱形破碎机械[7]，在石子中放置钢球进行破碎，为使石块破碎效率最佳，应使转动圆柱中的钢球达到最高位置再落下，那么要如何调整转速？这样一个具体的问题，有了理论力学的课程主线，我们就有了思路，通过对钢球进行受力分析和运动分析，利用力和运动量之间的关系，建立钢球在转动圆柱中的运动微分方程，求解微分方程可以得到圆柱的转速和钢球所受的圆柱法向约束力的关系，钢球落下时法向约束力等于零，进而求得钢球在最高位置落下时圆柱的转速。从结果中可以看出圆柱的最佳转速只和圆柱的半径有关，而与钢球的质量无关，这样我们在提高石子破碎效率时就不会盲目调整转速。通过这些具体的应用问题教学，不仅让课堂教学内容变得丰富，同时也提升了学生学以致用的能力。

2. 采用多样化的教学方式，改变教学手段

大类培养模式强调学生素质和能力的培养，强调以学生为中心的教学方式。在理论力学课程的教学中，多样化的教学方式可以激发学生的学习兴趣。将课堂教学、课外拓展、共享资源课程等融合，形成线上线下融合的教学方式。教学资源的开放性使得学生的学习渠道不再单一，多样化的教学方式为学生提供了自主学习的机会。学生的学习方式、接受程度以及理解能力的不同，决定了学生不可能通过统一的课堂教学获得同样的效果，尤其是理论力学这门逻辑性强又有挑战性的课程，更是需要为学生提供多样化的学习渠道，构建立体的学习环境。

3. 建立全面合理的过程考核评价方法

全面合理的考核评价方法不仅可以反映出学生对基础知识的掌握情况，还能考查学生在学习过程中各种能力的提升，这是符合大类培养模式宗旨的。因此，建立全面合理的过程评价方法是理论力学课程教学必不可少的环节。理论力学课程在对学生考核的时候，除了考虑一般课程中的主要环节，如学生平时课堂表现、阶段性的作业成果、实验成绩、中期考核以及期末总测试以外，还设置了开放性学生自创作业、课程小论文以及论文交流等多个环节，最后采用加权平均的方法对学生的学习效果进行评价。这种从始至终、由点到面的全面评价，能够帮助学生注重课程内容的学习以及全方位能力的提升，有助于培养学生自主学习的能力。

（二）大类培养模式下理论力学如何学

理论力学课程既具有基础性，又具有应用性，它是基础和应用之间的桥梁。学生在学习的过程中，需要针对课程性质，结合教师的授课，因人而异地投入学习。在大类培养模式下，理论力学学习的侧重点也发生了一些变化。

1. 注重能力的提升而非知识点的娴熟

理论力学的知识点虽然很多，但是其内在是有一定联系的，物理量有明确的定义，物理量之间的关系可以通过严格的数学推导获得。在学习的过程中，不应该仅仅知道一个知识点，而应该把精力放在知识点是怎么来的，知识点有什么作用上，深层次理解这些内容，提升自己的认知能力。另外，通过这种寻根究底的学习方式，可以获得更高层次的演绎推理能力和分析问题、解决问题能力，并在这种能力提升的过程中获得成就感与学习的动力，这种能力的提升对将来的学术研究也是非常有帮助的。

2. 注重创新思维方式的培养而非仅仅是知识的应用

理论力学课程具备完善的课程体系，课程中的各种定理都是历经百年验证而得的，是成熟的理论。但是在学习的过程中，依然要善于发现其中蕴藏的创新思维方式。比如物理量的定义，动量是表征物体运动能力大小的量，为什么是质量和速度的乘积，在定义的时候是如何想到的？它启发我们去观察和思考：一颗小小的子弹虽然质量很小，但是当速度很快的时候，它能穿透障碍物；一艘货船慢慢靠近码头，虽然它的速度非常慢但是质量很大，也有可能撞坏码头。这样就很容易理解动量的定义。这种观察和思考就是创新思维的源头。另外，随着学习的深入、知识和方法的累积，创新思维也会不断产生。在理论力学课程中，达朗贝尔原理采用解决静力学问题的方法求解动力学，虚位移原理则采用动力学中功的概念求解静力学问题，这种“以静论动”和“以动论静”的交叉思维创新方式也是理论力学课程倡导的。

五、总结

大类培养是高校人才培养的必然趋势，随着大类培养模式的不断成熟和大类工科专业的发展，理论力学这门工科大类基础课的教与学也要随之进行改革与发展。组织好教学工作中的各个环节，理顺教与学之间的内在关系，将大类培养模式的教学理念渗透到课程的教学中，以学生为主体，在

教与学的过程中，提升学生的各种能力，培养学生的创新思维方式，为学生终身学习奠定基础。

参考文献

[1] 周鹃.高校人才培养改革与学生党建工作转变——基于大类招生、分类培养背景的分析[J].学理论，2017(7)：156-158.

[2] 禹奇才，蔡忠兵，苗琰.推进高校大类招生改革若干问题的探讨[J].高教探索，2014(1)：136-139.

[3] 吴勋，聂亦慧.对高等教育大类招生培养模式的思考——以“双一流”建设高校为例[J].教育探索，2019(5)：50-54.

[4] 赵菊梅.传统与变革：我国本科院校大类招生培养模式与分类体系[J].现代教育管理.2020(8)：43-52.

[5] 安守超，郑七振，华俊，等.高校实施大类招生低年级集中培养模式的探索——以上海理工大学为例[J].上海理工大学学报(社会科学版)，2017，39(1)：91-95.

[6] 常冠军，杨莉，任先艳.大类培养模式下《高分子物理》课程教学改革研究初探[J].才智，2019(12)：82.

大理科培养模式下的实验类通识课教学实践*

——以"理科开放实验"为例

王晓岗[1]　郑　凤[1]　王　丽[1]　樊雅娟[2]

[1]同济大学化学科学与工程学院　[2]同济大学研究生院

摘要　"理科开放实验"是同济大学针对理科类本科新生开设的一门素质课程，由数学、物理、化学、海洋科学、航空航天5个专业的教师共同授课。本文介绍了课程的开设背景、教学内容及教学方式。以其中化学实验的教学为例，分析了课程在展示不同学科的特点，拓展学生知识面，培养学生实验安全意识、动手实践能力、团队合作精神及"大学科"学习理念等方面取得的教学效果，对教学中暴露出的问题进行了归纳和总结，并就如何进一步提高教学效果提出了建议。

关键词　大类培养　理科开放实验　教学改革

随着高校招生工作的重大改革[1-4]，同济大学于2019年在国内率先推出理、工、医、人文等十大特色试验班，正式设立新生院，实施"大类招生、大类培养和大类管理"联动。在这种联动体系下，新生入学后由新生院进行统一管理和培养。第一学年以通识教育、大类基础教育及专业引导为主，第一学年末，学生根据自己的兴趣、爱好和能力，确定主修专业及专业方向，自大二起进入各专业学院进行专业学习。

同济特色试验班中的理科试验班由数学、物理、化学、海洋科学、航空航天5个专业组合而来，每年招生300余人。"理科开放实验"是针对理科试验班学生开设的一门实践类通识课程，该课程在数学、物理、化学、海洋、航空

* 本文为同济大学第十五期实验教学改革专项基金项目"'理科开放实验'课程中化学实验项目建设"研究成果。

5 个学科方向开设 8 个实验项目，共 34 学时，由来自这些学科的教师联合授课。课程的教学目的是向学生展示不同学科的内涵与特点，让学生了解不同学科的常用实验技术以及思考问题、分析问题的方式方法，拓展知识面，在动手实践能力、科学报告撰写能力、团队合作精神等方面得到锻炼和提升。

融合多个学科，开设素质类实验课程"理科开放实验"，实施大类培养是同济大学教学改革新的尝试。目前，课程已进行了一个轮次的教学，受到了学生的欢迎。本文从任课教师的角度对课程的教学情况做总结，分析取得的成绩和存在的不足，并针对存在的问题提出改进的建议和措施。

一、实验内容的设计

"理科开放实验"课程共在 5 个学科方向开设 8 个实验项目，其中有 2 个是化学实验，以下以化学实验为例进行探讨。关于教学内容的设计，我们有如下三方面的设想。

1. 实验需展示学科的特色

作为大一学生的素质类通识课程，实验内容的设计要体现化学学科的特色[5]，让学生了解化学是干什么的，与现代生活有什么关系，其实验技术和研究方法有什么特点，化学学科的思维方式有什么独到之处，对自己将来的学习有何帮助等。

2. 内容具有综合性

试验班的学生来自全国各地，背景各不相同，化学基础也参差不齐。一些学生基础很好，主修过化学，还参加过多种化学类竞赛，但也有一批学生基础较薄弱，不仅没有做过化学实验，甚至高中阶段就没有学过化学。因此，在实验内容设计上要综合考量，留有较大的弹性空间，定性与定量相结合，让不同基础的学生通过学习均有收获。

3. 适用大规模教学

作为一门素质类通识课程，修习课程的学生人数众多，每届有 300 余人，因而除了实验内容之外，还要考虑仪器设备、实验场地、教学环境等诸多因素，使之能满足学生的学习要求。

基于以上思路，我们从无机化学、分析化学和物理化学中选取素材，编写了 2 个综合性实验项目"纳米硫酸钡的化学合成及其溶度积测定"[6,7]和"多种光源及典型原子发射光谱、红宝石等样品荧光光谱的测量"。

实验一"纳米硫酸钡的化学合成及其溶度积测定"包括以下 4 个方面的内容：物质制备、提练、溶液配制及测定溶液比电导。首先由氯化钡溶液与稀硫酸在快速搅拌条件下反应制备硫酸钡粗产物，然后在加热条件下用蒸馏水浸泡粗产物，反复多次搅拌洗涤，对产物提纯得到纯化的硫酸钡。再用纯化的硫酸钡配制饱和溶液，最后利用电导率仪测定溶液的比电导，并由此计算饱和溶液的浓度及硫酸钡难溶盐的溶度积。实验涉及称量、溶液配制、移液管使用、加热、洗涤等基本实验操作以及现代电分析技术，定性与定量测量相结合，把"化学合成"这一化学学科中最具魅力的内容展现给了学生。

实验二"多种光源及典型原子发射光谱、红宝石等样品荧光光谱的测量"包括 3 个方面的内容，一是学习并掌握便携式光谱仪的软件安装及操作使用；二是使用便携式光谱仪测量荧光增白剂、红宝石等样品的荧光发射光谱及钠、钾等元素的原子发射光谱，从分子结构层面了解这些物质发光的原因，探讨荧光剂的增白原理，分析光的波长与视觉颜色的对应关系；三是测量手机屏幕、手电等多种光源的光谱，由此体会同色异谱现象，了解该现象产生的原因。实验的内容贴近生活实际，兼具科学性与趣味性，把物质的宏观现象与其结构组成联系起来，体现了化学学科的特点。

确立了实验内容后，教学团队编写了实验讲义，并制作了相关教学微视频[8]。

二、教学过程

"理科开放实验"课程授课周数 17 周，周学时 2 学时，共 34 学时。为保证教学质量，除主讲教师外，课程还配备了多名研究生助教，并按学科分类建立了相应的实验微信群。课程的教学具有两个特点：一是采用班级轮转制。理科试验班又称同和学堂，约 300 人，分为 8 个小班，编为同和 1～8 班。课程共开设 8 个实验，教学中 8 个实验同时进行，学生以班级为单位进行轮转，每轮次做一个实验，一学期下来，学生完成全部 8 个实验的学习。二是采取"操作＋讨论"形式，即每个实验分为两次教学（两周）：一次原理讲解和实验操作，一次课堂报告讨论。以化学实验的教学为例介绍如下。

1. 实验操作

课前要求学生做好实验各项准备工作，包括阅读实验讲义，观看相关教学视频（http://cal.tongji.edu.cn/chemweb/index.jsp）[8]，安装并熟悉便携式光谱仪的操作软件（实验二），了解实验操作要点及实验室安全方面的基

本知识，以便对实验内容做到心中有数。实验课开始后，教师首先简要介绍实验的目标、要求、主要内容及注意事项，助教演示基本操作技术，如实验一中的煤气灯使用、移液管量取、倾析法、过滤、电导率仪使用等；实验二中的样品制备、光谱仪使用、txt 数据保存、作图等。随后学生按照事先安排，2～3 人一组进行实验操作。其间，学生分工明确，相互配合、相互协调，发挥团队作用共同完成实验内容。实验过程中，教师细致耐心回答学生提出的问题，及时指出学生不正确的操作并给予纠正，引导学生对实验的可能误差进行分析。实验完成后，学生将实验记录交给教师签字，并将仪器试剂归位后离开实验室。

2. 课堂讨论

课堂讨论是教学的一个特色环节，安排在学生实验完成之后的一周或数周，主要结合实验过程、实验报告进行点评交流，开展拓展性教学。由于学生已有做实验的经验和体会，因此交流有针对性，颇具深度。比如，实验中学生测定的溶度积普遍偏高，比理论值高 1～2 个数量级，教师引导学生分析原因，认为可能是合成过程中产物生成速度过快，沉淀颗粒偏大，部分杂质被包覆在颗粒中难以在纯化时洗干净，导致测定的溶度积偏高。建议改进合成方法，在加热并快速搅拌条件下，用滴管将氯化钡逐滴滴加到稀硫酸溶液中，以生成较小颗粒的沉淀。受到启发，一些学生课后主动申请重做实验，采用改进的方法，最终获得了满意的实验结果，又重新撰写了实验报告。此外，教师结合实验报告完成情况，讲解数据处理、作图及各类文献的规范性写法等拓展性内容，受到了学生的欢迎。

三、教学效果分析

实验“纳米硫酸钡的化学合成及其溶度积测定”及“多种光源及典型原子发射光谱、红宝石等样品荧光光谱的测量”作为理科开放实验课程的主要内容，用于 2019 届理科班 300 人的实验教学，得到了学生的认同，教学效果良好。

1. 培养了学生对化学学科的兴趣

一些学生以前没学过化学，对该学科存有一丝偏见，认为化学整日拨弄瓶瓶罐罐，和易燃、易爆、有毒、有害物质打交道，存在一定的危险。通过本课程学习，学生获得了对化学的感性认识，明白了化学是做什么的，和日常生活有什么关系。学生在实验报告中写道：“化学是一个非常奇妙的学科，

实验技术先进,物质的宏观现象与其内在结构联系紧密,内容丰富多彩,有吸引力。化学实验也含有很多哲理和思想,有些操作看起来简单,但要做到位很不容易,稍一疏忽,结果便会差得很多,可谓失之毫厘,谬以千里。"理科开放实验课程逐步改变了学生对化学的看法,培养了他们学习化学的兴趣。

2. 提升了学生动手能力及综合素养

在校学生绝大多数为独生子女,思想独立,对新生事物接受快,计算机、外语基础好,但他们往往动手能力偏弱,团队合作精神较差。实验过程中的许多步骤如称量、加热、溶液配制、溶液移取、洗涤、过滤、样品制备、测量等都需要学生独立操作,碰到困难时要想方设法解决,还要与队友密切配合,协同作战,才能得到实验结果。学生的动手能力、责任心、团队合作精神等均在实验过程中得到锻炼和提升。

3. 建立了"大理科"理念

"理科开放实验"打破了学科之间的隔阂,将数学、物理、化学、海洋科学、航空航天5个专业方向的实验项目纳入同一门课程,通过实验操作、实验报告及课堂讨论等多个环节的教学,形成不同学科的交叉融合及相互渗透,开阔了学生视野,拓展了学生知识面,培养了其"大学科"的学习理念。部分学生通过课程学习,逐步养成良好的学习习惯。比如,一些学生实验测定的硫酸钡溶度积偏高,经课堂讨论分析原因后,自发地在课后进行改进,重新实验并撰写实验报告,这种一丝不苟、精益求精的治学态度和探究精神,对学生将来从事任何一门学科的学习和研究都有极大帮助,可以说是受益终身。

四、存在问题及改进建议

经一个轮次的教学,"理科开放实验"在展示不同学科的特点,培养学生学习兴趣、动手实践能力及"大学科"学习理念等方面取得良好教学效果。但该课程在教学中也暴露出不少问题,主要体现在以下三方面:

(1) 不同专业开出的实验项目难易程度不均衡,部分实验难度偏高,课程内容的整体设计上有缺憾,实验项目之间缺少有效衔接,未能产生"$1+1>2$"的效果。

(2) 每个教学实验安排2学时操作,2学时课堂讨论,实验操作时间偏少,拖堂现象时有发生。

(3) 各实验由任课教师单独打分,课程缺乏统一的评分标准。

针对上述问题，笔者建议来自不同专业的任课教师多多沟通交流，对部分实验内容作适当调整，理顺各实验项目之间的关系，做到优势互补，发挥教学的协同效应。在学时安排上将操作改为 3 学时，讨论改为 1 学时。同时，制定课程统一的评分标准，并用于每一个实验项目。通过以上举措改进课程教学，在一定程度上可以达到提高教学质量，提升教学效果的目的。

参考文献

[1] 赵菊梅.传统与变革：我国本科院校大类招生培养模式与分类体系[J]，现代教育管理，2020(8)：43-52.

[2] 韩莉，陈虹锦，马荔，等.大类招生下基础化学实验教学管理模式的探索和实践[J]，实验室研究与探索，2019，38(10)：232-234.

[3] 梁循.大类招生模式下新生研讨课教学实践与思考[J]，教育教学论坛，2020(50)：203-205.

[4] 刘雅婧，席景会，王英，等.研究型大学农学专业“大类招生，分流培养”模式探索与实践[J]，高教学刊，2020(19)：150-152.

[5] 王晓岗，李原芃，张星，等.开展“趣味化学实验”通识课程的教学实践[J]，实验室科学，2012，15(6)：10-12.

[6] 陈焕章，孙朝利，张悦，等.纳米硫酸钡改性及其应用的研究进展[J]，无机盐工业，2019，51(11)：6-12.

[7] 黄洁芳，刘俊康.粒度及分布可控的亚微米级硫酸钡的制备研究[J]，应用化工，2015，44(3)：423-427+430.

[8] 柴晓兰，丛培盛，朱仲良.学生自制微视频的仪器分析实验教学模式研究[J]，实验技术与管理，2018，35(12)：29-31.

汽车新能源技术方向本研互助教学模式探究

林　瑞　刘　鑫　钟　迪
同济大学汽车学院

摘要　教学改革的核心是改变原有的单纯接受式的学习方式，旨在充分调动和发挥学生主体性，帮助学生树立明确的学习目标；同时给予学生及时的科学学习策略指导，结合其真实的学习反馈，实现民主平等、积极反馈的学习。本文探究了汽车新能源技术方向本研互助的教学模式，即通过研究生与本科生配对成组，研究生对本科生进行适当的课业、心理辅导，带领本科生完成一定的科研实操。最终的教学成果表明，本研互助教学模式一方面培养了学生对学习和科研的兴趣，另一方面减轻了学生的课业和生活压力，利于把学生培养成为名副其实的新能源方向创新性实践型卓越汽车预备工程师。

关键词　本研互助　教学改革　积极性

一、引言

在全世界碳达峰、碳中和的热潮下，我国能源转型和节能减排战略的开展需要大量新能源领域的储备人才。而新能源汽车作为推动能源转型的重要一环，也对应届本科毕业生提出了越来越高的要求。为此，在理论教学的基础上，提高学生动手能力和综合素质的实验室实操是很有必要的，这对毕业生走出校园、实现就业具有很大帮助。当然，考虑到新能源汽车技术实操难度较大，同时又是理论与实践结合比较强的领域，故改变以往一对多的授课模式，采用互助教学模式，将本科生与研究生一一配对，本科生全程都能获得研究生悉心、有针对性的指导，同时研究生也能抽出时间去探寻新的科研方向，进而提高科研热情。而在国内高校的教学工作中，一些公共课程尝试过互助式教学，收效良好。赵彬仿等[1]和张明东等[2]分别在高校计算机教学中采用了互助式教学模式。将互助教学模式

运用在计算机教学的过程中，有效地确立了学生学习的主体地位，并帮助学生培养良好的计算机学习的态度和基础习惯，有效提升了高校计算机课程的教学效果。

黄文艳[3]在高校思想政治理论课中，实践探索了“师师互助合作研究模式探索、师生互助合作研究模式探索、生生互助合作研究模式探索、实践教学环节中的互助合作研究模式探索”四种互助合作研究性教学模式，取得了较好的教学效果，受到学生的欢迎。

李辉光[4]采取互助式团体教学法，在普通高校篮球技术教学中很好地帮助学生掌握篮球技能，对学生的自学、实践、创新能力的培养也发挥了很好的作用，同时还增强了学生的信心和团结合作的精神。

因此，“车用新能源技术”专业方向的学生培养可吸取这些宝贵经验，探究本研互助式的教学模式。

二、互助教学模式的含义及特征

(一) 互助教学模式的含义

互助教学模式是指将教学模式建立在小组合作学习基础上的教学方法。在这种教学模式中，学生相互学习，合作探究，以达到取长补短的学习目的，进而提高教学效果。互助教学模式与传统教学模式最大的不同在于通过互助式学习方式，学生不但能较好地克服学习中的困难，而且可以促进学生之间的沟通、交流，激发学生的学习兴趣及探知欲，使学生能主动地参与学习探讨。总之，在高校开展互助教学，能提高学生的学习竞争意识，培养学生的学习习惯，同时也能使学生认识到自学的价值，提高其专业能力及综合素质[5]。

(二) 互助教学模式的特征

在互助教学模式中，教师是教学中的引导者，构建宽松、灵活、开放的教学氛围，通过学生之间的互助合作学习和互助交流，实现资源共享，提高了学生自主学习的能力。具体来说主要有以下特征：

(1) 互动性，即要求学生之间必须增强学习默契，加强交流沟通。在本研互助教学模式中，当研究生对本科生的学习情况有更多的了解之后，便能更好地将学习交流开展下去，实现资源共享；对本科生而言，加强与研究生的沟通可建立起良好的学习关系，打破交流沟通障碍，提高学习质量，这是开展本研互助教学模式的前提，同时也是一个重要的基础。

(2) 多样化评价，即互助教学模式实现了对学生的多样化评价。在本研互助教学模式中，教师既是教学的组织者，同时也是教学的评价者，对学生进行多方位评价，能更好地衡量与评估学生的学习情况。

(3) 教学的多样化，互助教学模式最大的特点便是多样化。在本研互助教学模式中，教师转变教学身份，更多的是为本科生指导学习方向，在具体的教学过程中，不过多干涉本科生与研究生的学习交流，这使得本科生能真正没有心理负担地开展学习活动，使本科生在增强学习热情的同时，又明显提高了自身学习效率。

三、本研互助教学模式的合理性及开展方法

(一) 本研互助教学模式的合理性

以“车用新能源技术”专业方向1名研究生对应1～2名本科生的方式进行配对，组建互助小组。目前，“车用新能源技术”专业方向每届约有20名本科学生，以该比例配对是合理可行的；研究生的专业知识储备与科研素养要普遍高于本科生，能为互助小组内的本科生在课程学习和日常生活中遇到的疑问和困难提供帮助；研究生具备较为丰富的实验实操经验，熟悉科研方法，能细心传授本科生实验仪器的操作方法和科研工作开展的基本要领；本科生在与研究生科研工作的沟通交流中，既可完成其本科毕业设计实验流程的构思，也可凭借助研工作申请创新学分。

(二) 本研互助教学模式的开展方法

本研互助教学模式中研究生和本科生的分工安排如图1所示，具体如下：(1)以“车用新能源技术”专业方向1名研究生对应1～2名本科生的方式进行配对，组建互助小组；(2)在为期一学年的时间内，研究生需要对本科生进行适当的学业课程和心理辅导，并带领本科生完成适量的科研任务；(3)互助期间内本科生需要配合研究生开展适量的科研工作，协助研究生完成一定实验；(4)互助小组的成果以每学期汇报1次，一学年共2次汇报的形式进行总结交流。

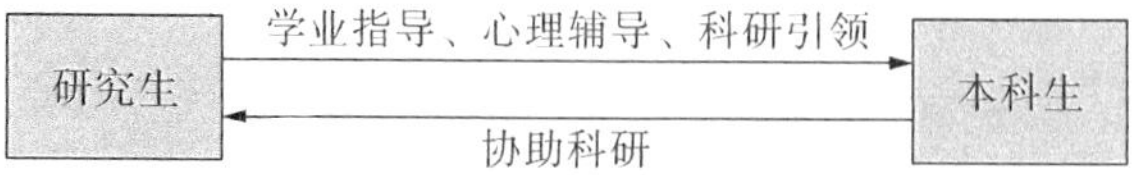

图1　本研双方的工作安排

四、本研互助教学模式实践

(一)本研互助教学模式开展

在教学模式探索初期,首先完成了本研互助小组的配对,确定了各小组的科研内容,并完成各小组的第一次汇报,接着着手准备第二阶段的互助模式尝试。

受2020年新冠肺炎疫情影响,教学模式研究工作多以线上视频讨论的方式开展,按时完成了第二阶段互助模式尝试和第二次汇报,并针对部分2020年毕业的本科生制订了其本科毕业设计的安排计划:(1)韩立行硕士与配对的本科生马云阳就车载工况下燃料电池耐久性研究进行了互助模式尝试。在此期间,韩立行硕士通过MATLAB软件搭建了汽车行驶工况与燃料电池运行工况的转换模型,并将模型的搭建原理、方法教授给本科生马云阳;相对地,原本欠缺仿真模拟知识的本科生马云阳完善了自身的基础知识体系,并进一步在韩立行硕士的鼓励下,从已有的转换模型出发,借助经验公式,模拟了车载工况下燃料电池的耐久性变化,顺利寻找到本科毕业论文设计的思路。(2)陈亮博士、唐圣豪硕士与配对的本科生娄明宇就燃料电池催化层浆料分散性及孔隙率分布研究进行了互助模式尝试。前期,陈亮博士和唐圣豪硕士向本科生娄明宇演示了若干次催化层的具体制备流程,本科生娄明宇得以运用自身扎实的仿真软件基础,实现了燃料电池催化层浆料分散性及孔隙率分布可视化;后期,陈亮博士、唐圣豪硕士协助本科生娄明宇分析了仿真结果,本科生娄明宇得以顺利完成本科毕业设计的工作。(3)钟迪博士与配对的本科生师存阳就燃料电池低温启动特性研究进行了互助模式尝试。钟迪博士分享给本科生师存阳新的实验思路、方法和技巧,二人协作具体的仿真工作;一方面钟迪博士得以分流原本繁重的仿真工作,省下时间和精力探索其他研究方向,并顺利发表SCI一区论文1篇[6];另一方面,本科生师存阳熟练地掌握了燃料电池相关仿真方法,以燃料电池低温启动温度分布及启动策略仿真作为毕业设计方向,明晰了原本模糊的科研工作安排。

第二阶段互助模式尝试和第二次汇报期间多次组织课业辅导和心理辅导。课业辅导主要针对“燃料电池技术和原理”课程,其中包括研究生对本科生的作业疑难点解答、书本重点的再分析和考前针对性复习,学期结束,3名本科生皆获得了优异的成绩。心理辅导主要针对本科生对毕业设计态

度消极散漫的问题，研究生从科研应用端出发，阐明科研工作的实用性，并赋予了本科生更多的社会责任感和科研参与感，由此 3 名本科生的科研热情大幅提高，实验室的科研氛围更浓。

本研互助教学基本结束后举办了经验分享研讨会，研究生和本科生分享了各自的收获。本科生得到研究生的辅导后，巩固了自身专业知识，一定程度上提高了其课业成绩；本科生获得更多的实操机会，在实验过程中有大量与研究生讨论的机会，增进了其对课本知识的理解，将晦涩难懂的抽象公式转化为有实际意义的实物实验现象，学生普遍反映其学习热情比以往更高涨；本科生提前进入实验室，熟悉实验平台仪器和实验操作流程，协助研究生进行的部分研究成果可启发其毕业设计，大大减轻了其在毕业设计中的工作压力。研究生则有更多时间和精力探寻新的科研方向，同时按教学模式工作量得到适量的助教酬金，其科研动力得到提高，生活压力也小了很多。

（二）本研互助教学模式的收获

短暂的一年时间，本研双方关系从陌生到熟悉再到融洽，学业上的进步值得肯定，而学会为人处世、端正了良好的生活与学习态度才是关键，这是传统师生教学中难以实现的效果。

具体总结如下：学业指导中，研究生向本科生输出专业知识，前者的学术理论基础得到巩固，后者完善了自身的知识体系框架；心理辅导中，研究生正确的价值观与积极向上的学习态度影响着本科生，其表达沟通能力也得到锻炼，本科生则培养了求知和探索精神；科研工作中，本科生协助研究生完成一部分科研任务，使得研究生能够从一些重复性的科研任务中解脱，有时间和精力去探寻新的科研方向，同时本科生深入科研一线，提前了解科研流程，为其今后科研生涯打下基础(图 2)。

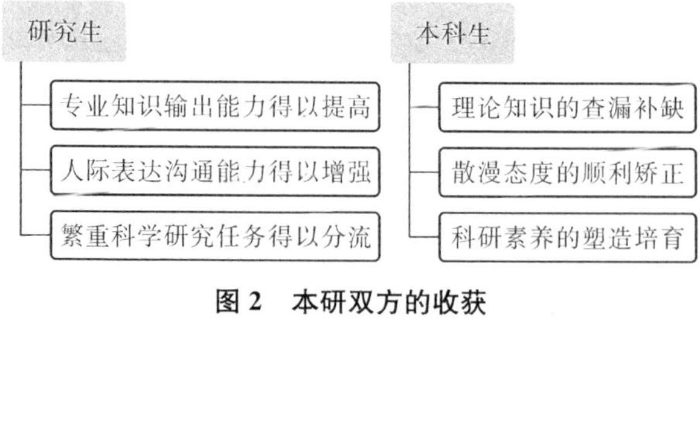

图 2　本研双方的收获

教学应以学生为本，最能为学生接受的教学模式才是好的教学模式。本研双方最后良好的反馈验证了该互助教学模式的合理性。

五、结论及展望

本研互助模式采用跨学历的互助形式，尝试本科生与研究生间的互助学习与科研，更加合理高效地帮助学生在实践中学习，培养了学生自主学习和严谨科研的品质。该培养模式一方面增加了学生对学习和科研的兴趣，另一方面减轻了学生的课业和生活压力，利于把学生培养成为名副其实的新能源方向创新性实践型卓越汽车预备工程师。

推进教学改革，本研互助教学模式不失为一种好的方法。本研互助教学模式本质上是一种双赢的教育教学培养方法，本科生和研究生在互助工作中都能够获益：本科生在研究生的指导下学到了更贴合实际的科学知识，提高了动手能力和科学素养；研究生在本科生的协助下减轻了自身的科研工作负担和生活压力。而且相比老师机械填鸭式的教育，本研互助模式还有着原生的优势，即本科生和研究生同样身为学生，年龄差距小，代沟小，共同话题多；在互助工作开展过程中，气氛轻松融洽，能有效提高两方学生完成科研任务的积极性。

结合一学年中取得的教学模式成果，这种教学模式的可行性得到了验证，虽然具体实施过程中遇到了一些问题，但通过对模式的调整优化及相关学生的谈话交流，这些问题都得到了顺利解决。而且由于新冠肺炎疫情影响，教学模式开展过程中意外进行了线上的互助尝试，线下与线上互助相结合能让学生的学习科研安排更加自由，进一步调动学生的积极性，从而取得良好的互助效果，说明本研互助的形式有更大的拓展空间。

参考文献

[1] 赵彬仿，刘田月.互助教学模式在高校计算机教学中的应用研究[J].发现，2018(4)：117.

[2] 张明东，戴丹丹.互助教学在高校计算机教学中的应用研究[J].宿州教育学院学报，2014，17(5)：170-171.

[3] 黄文艳.高校思想政治理论课“互助合作研究性教学模式”的探索与实践[J].高教论坛，2015(3)：67-70.

[4] 李辉光.互助式团体教学法在普通高校篮球技术教学中的实验研究[J].当代体育科技，2017，7(8)：113-114.

[5] 郝兵.互助教学模式在高校计算机教学中的实践思考[J].科技展望,2016,26(16):202.

[6] Zhong D, Lin R, Jiang Z, et al. Low temperature durability and consistency analysis of proton exchange membrane fuel cell stack based on comprehensive characterizations[J]. Applied Energy, 2020(264): 114626.

文化遗产在通识教育中的资源价值与利用分析*

黄　松
同济大学人文学院

摘要　文化遗产包括物质和非物质两大类，是人类在历史中创造出来并被联合国教科文组织认可的文明成就与共同财富。通过梳理文化遗产的资源价值，选择优秀的案例应用于通识课程建设，对于培养当代大学生的眼光与格局，增强其人文意识与社会担当，提升其审美和文化认知能力具有重要的作用。在大学通识教育中，将文化遗产作为教学资源进行开发和利用的方式包括：组建多学科教学团队，利用网络平台建构案例库，以及编写教材、教参等。在我国高等教育大类招生教学改革中，在不同的认知应用场景下，可将文化遗产的资源配置贯穿于不同层级和维度的课程链，提升学生的人文素养和跨学科思辨能力，并形成有效的教化机制和推广模式。

关键词　文化遗产　通识教育　跨学科　课程链

世界各国的文化遗产以其独特性、不可再生性以及对人类历史、现实和未来的重要意义，近年来受到社会各界的广泛重视，对相关资源的保护及相应的教育工作不仅是一项全球性事业，同时也成为一个社会文明程度的标志。新时期的大学通识教育在经济全球化和文化多元化并存的背景下走向了更加开放、自主、融通的阶段。文化遗产作为一种整体性的教育资源，不仅具有现实和长远的课程开发价值，也可以结合其跨学科的专业属性，形成线上、线下的教学应用场景，提升人才培养的维度。

一、文化遗产及其教化作用

文化遗产是一个现代概念，最初是指联合国教育、科学及文化组织

* 本文为2020年上海市重点课程“世界遗产艺术鉴赏”建设项目成果。

(UNESCO)于1976年成立的世界遗产委员会，根据《保护世界文化和自然遗产公约》的规定，通过一系列程序，在全世界范围内确认的、具有突出意义和普遍价值的文物、古迹与景观。作为全人类共同的财富，这些分布在世界各地的遗产项目，可在历史、科技、艺术、社会和经济等不同层面，为学生学习知识、获取灵感、提升审美、增强凝聚力等各个方面，带来不同维度的体验与效用。

2003年，联合国教科文组织第32届大会又通过了《保护非物质文化遗产公约》，使得文化遗产的内涵进一步深化和延展，不仅包括了口述传统和语言表达、表演艺术、社会实践、宗教仪式、节日等民间传统文化，还涉及有关自然和宇宙的知识和实践以及与传统手工艺相关的技术等更为多样的文化遗产类别。由此，在经历了一个较长的认识过程——由古董到文物，从古建筑到历史城区，由文化遗产到自然景观，从物质遗产到非物质遗产，最终在国际层面形成了全面而科学的文化遗产共识。

文化遗产是人类文明的精华所在，是社会不同阶段发展与进步的见证。它所蕴含的历史价值、科学价值和美学价值，决定了它的教育价值。保护和研究各类文化遗产的目的，也是为了让它更好地传承，使不同代际的人们都能因之受益，得到良好的教化。与之相应的是，教育也是人类历史发展的重要文化方式，是社会文化记忆传承的重要途径。分布在世界各地的文化遗产，作为相关民族或文化古老的生命记忆和活态的文化基因库，代表着他们普遍的心理认同和传承需求，是其民族精神和智慧的结晶。

中国自1985年加入《保护世界文化和自然遗产公约》，1987年首批6大项目入选《世界遗产名录》以来，在过去的三十多年间，开展了一系列的遗产教育行动，尤其是21世纪以来，在全国范围内推广的“文化遗产进校园”活动，迄今收到了显著的成效。此外，根据联合国教科文组织的《宣布人类口头与非物质文化遗产代表作条例》，国内许多地方也要求“以适当的方式将人类口头与非物质遗产的学习列入学校的正式课程”[1]。

2005年，国务院在《关于加强文化遗产保护的通知》(国发〔2005〕42号)中指出：“教育部门要将优秀文化遗产内容和文化遗产保护知识纳入教学计划，编入教材，组织参观学习活动，激发青少年热爱祖国优秀传统文化的热情。”根据这一要求，国内不少的高校，如同济大学、厦门大学、山东大学、西北大学等，或成立了与文化遗产相关的研究机构、系所，或开设文化遗产相关课程，同时也相继出版了多部与之相关的教材和教学参考书。

在新时期，在大学中开设形式多样的文化遗产课程，并开展相应的通识

教学活动，不仅能使民族精神、家国情怀在年轻一代中得到有效传承，实现高校立德树人的初衷，同时也能通过学习和借鉴其他民族、国家的优秀文化，增强大学生群体对非本民族文化的尊重、认同和包容力，为更好地提升大学生对“人类命运共同体”的文化价值取向认同奠定良好的基础。

二、通识教育的新要求

随着社会对基础坚实、知识广博、适应性强的复合型人才的需求增大，国内高校开始按大类招生，采取“宽口径、厚基础”的培养方式。这种人才培养方式的变革，也对通识教育提出了新要求，包括人才培养的目标、实施路径以及资源利用的维度等，形成了聚合、融合和整合的“三合一”导向。

（一）教育理念：培养能力聚合型人才

经过不断地探索与实践，我国通识课程的建设不仅呈现出了与时俱进新的特征，而且进一步丰富和完善了相关的教育内涵。

首先，在通识教育的目标上，相比于以往“博雅绅士”的育人方向，现在更强调的是对学生现代公民意识的培养，促进他们的国家认同、社会文明认同以及道德责任感的提升，目的是“使学生成为负责任的个人和社会公民”[2]。

其次，在教化方式上，更注重对学生理性思维的训练，或称理智养成。通过分阶段、有效果的教学手段，提升学生的感知力、专注力、辨析力、判断力、想象力和记忆力，由此使学生在思维结构和习惯上得到提升，并形成独立的判断力[3]。

最后，在教育成效方面，要培养出具备广博的学识和深厚的文化修养的人才，即所谓“受过教育的人”——能从容应对社会发展过程中出现的各类挑战。英国教育家彼得斯认为，这些人不局限于某种专门训练，而应当学会用历史的、美学的观点来认识世界[4]。也有学者认为，通识教育是为学生日常生活做更优化的准备，包括给予他们一定环境条件下的知识、信仰、语言和思维习惯的训练[5]。

（二）实施路径：采取通专融合的方式

基于通识教育在目标导向上的新要求，在相关课程建设上，各高校也呈现出文理工交融的新趋向，并采用了更加复合化的培养路径，包括思想方法的多元化，教学体验的场景化，以及通过跨学科集成培养学生的创新意识等。对文化遗产的教化资源进行梳理，对其蕴含的多维价值进行挖掘，则可以有效满足相应的人才培养需求。

首先，为了让学生在有限的大学时光里，了解人类文化中最精粹、最重要的思想和知识，需要在培养的思路与方法上有所改变，采取多元模块化的课程体系。例如哈佛、MIT、斯坦福，以及北大、南开、中科大等著名高校，要求学生须按模块选修规定学分的通识课程，并注重课程内容、结构在人文学科、社会科学以及自然科学等学科领域的优化与平衡。如哈佛大学 2007 年通过的通识教育方案，就大比例压缩了原先人文课程的数量，扩展了自然科学的课程模块，以弥合人文学科与“硬”学科或定量科学之间的差距[6]。

其次，传统的通识课程往往采取“教师讲、学生听”的“漏斗式”教学，不仅学生的积极性与主动性不高，课程内容也很难向深层次延伸。因此，越来越多的通识课程的教学方式，改为“对话式”“情景式”“竞合式”“书院制”等不同形式的互动场景教学，包括师生之间的互动、学生之间的互动、人与环境之间的互动等。在课程互动中让大家生成新的认识与理解，“仿佛是一种流淌于人们之间的意义溪流，它使所有参与者都能够体会和分享这一过程”[7]。

最后，高校的通识教育在新的阶段承担了整合不同专业知识体系，培养学生“跨学科”创新意识的新使命。以往所界定的通识教育是相对于专业教育而言的，如李泽民认为，“通识教育与专业教育相对，是一种广泛的，非专业性的，非功利性的基本知识、技能和态度的教育”[8]，但从另一角度来看，按照现有的大学学科制度，知识的传授与创造仍是由不同的分支所构成，实际上处于一种“被割裂”的状态——“仅仅涉及事物的一些方面，尽管它们各自的理念以及各自所追求的目标是完满的，但就其自身与各自事物的关系来看，它们各自又是不完善的。鉴于这两个原因，它们既相互需要又相互推动”[9]。这使得通识教育在面对人类知识建构日益“精专化”的趋势下，能有效弥合“盲人摸象”所造成的割裂状态。

（三）资源利用：实现多维整合

鉴于上述通识教育的新需求，文化遗产因其多维价值特征并涉及不同学科的知识体系，而具有较好的课程建设应用前景。例如 2019 年列入世界遗产的浙江良渚古城遗址，不仅标志着中华五千年的文明史得到了国际认可，而且持续多年的考古发掘和相关的研究使世人认识到，这是一个包含诸多特点和丰富内涵的文明综合体，涉及聚落规划、夯土建筑、稻作农耕、水利管控、玉器制作、原始宗教、礼制社会、宗教仪式、丧葬祭祀以及原始文字等不同学科的研究对象。同样，作为人类的共同财富，分布于世界各地的文化遗产具有不同维度的属性——多样性、原真性、完整性、稀缺性、不可替代性

等,可以较好地满足通识课程的目标导向要求。

此外,通过多层次、多维度的课程链建设,还可以针对每处遗产所涉及的历史事件,体现的美学价值、科技成就以及产生的社会影响等不同深度的内容进行启发式介绍和针对性解读,以提升不同专业的学生对各类文化遗产的了解和认知程度,培养他们的跨学科思维能力以及尊重历史文化、和谐发展的社会意识,并以此构筑一个从“裂变”走向“聚变”的新培养格局。

所谓的“三合一”,就是通识教育的目标、路径以及资源,都是围绕学生的成长“归一”。

三、文化遗产类通识课程建设的新策略

在高等教育发展的新阶段,高质量通识课程建设仍是国内外各个大学十分关心的议题。这不仅涉及教学理念,也包括教学策略,还有具体的政策与管理要求,尤其是有关课程建设的方法与路径,都会因为不同的课程目标而存在多种多样的组织形式和体系。经过多年的探索与实践,围绕理工科大学通识教育的新要求,相关文化遗产类的课程建设也逐步形成了共性化的新策略。

(一) 建设跨专业教学团队

毫无疑问,通识教育的效果好坏,归根结底取决于教师队伍。以往高校强调教师的学历、学位、职称等显性任职要求,但由于通识类的教学日益专业化、复合化,在品格垂范、知识驾驭、教育心理以及网络技术等方面,也都形成了对教师的更高的隐性要求。此外,针对文化遗产类的通识课程建设还有另外三点表现:

其一,在同一所大学的课程建设上,围绕文化遗产丰富的品相和类型,需要加强不同专业和学科之间的交流,在师资、课程资源和教学手段等方面开展合作,共建共享。

其二,强化针对性的主题课程教学团队。文化遗产包括物质和非物质两大类,因此相应的教学需要不同专业背景的教师来分担。例如在跨学科通识课程的建设过程中,就需要结合非遗项目的认知需求,邀请戏剧戏曲、古琴、瑜伽、太极以及园林等不同专业的教师组成跨专业教学团队实施课程教学。通过增加体验性的环节,增强同学们的感悟力和认同效应。

其三,大学通识教育自产生起,其理念、教学内容和课程模块以及教学方法与手段等,都一直处于变化和改革中,课程的主体——教师和学生的组

成也在不断发生变化，因此，为了避免一门跨学科通识课程的活力、育人目标因时间的流逝而受到侵蚀、变得陈旧，要求教学团队的建设能够“以不变应万变”，不断满足遗产课程可持续发展的建设要求。

（二）增强在场的遗产体验

文化遗产是一种空间形态的存在，尤其是与建筑、城市、文化活动相关的内容，更需要现场学习与体验，因此在课程建设中，除了通过文献、网络收集资料，并采用多媒体方式在课堂教学环节加以呈现外，另外一种重要的途径是创造适合的机会，由相关的指导老师带领学生参加现场的体验。具体分为两种形式：一是结合物质文化遗产的特点，包括结合上海地区分布广泛、品类丰富的优秀历史建筑以及城市文化风貌保护区，在课程中或者课后调研、实践环节，带领学生分组开展文化遗产的现场参观与考察。二是可以针对非物质文化遗产传承项目的特点，结合校园内外可拓展的各类资源，为学生创造现场模仿的条件与机会。

从另外一个角度看，移动互联网普及，多种形式的表现手段和平台层出不穷，手机、电脑等上网设备在课堂上普遍使用，使得学生在课堂上注意力分散，抬头率不高。通过增加现场调研与体验的环节，可以很好地实现文化遗产教学过程中的互动效果，当然，这样的课程运作也对任课老师提出了更高的要求。

（三）小班与线上授课相结合

小班化教学是众多高校尤其是高水平大学在教学实践中广泛采用、行之有效的一种重要的教学组织形式。一般班级规模设为 20～30 人，也有较大选课范围的课程，将人数限定在 50 人以下。从多年的课程教学实践来看，人数在 30 人左右的小班能取得较好的教学成效，学生也可根据自己的能力和学习体会，在课堂上展示自己的调研或现场体会的学习结果，并能获得较好的互动。但是，由于大多数高校的通识课是面向不同专业开放的选修课程，常常会受限于班级规模过大、教师人数不足、课堂内学习时间有限等因素，难以达到小班教学的效果。

随着网络技术的迅速进步，以及移动互联网教育平台的发展，越来越多的高校也在近几年兴建了数量和质量俱佳的智慧教室，这样的物质和技术条件进一步为通识课程的线上授课与线下教学创造了新的机遇。学生可以利用网络录播的课程提前预习、课后复习，形成相关的问题后，可以在线下的课堂与小班讨论环节分析和解决问题，进一步巩固课程学习的知识点，提升学习成效。

(四) 建构专题化课程链体系

通识教育的提出，一方面是因为大学学科分科制度所造成的学生学习偏狭，在全素质养成教育方面“营养不良”，需要在课程体系及相关内容方面注重相关知识的广博效应。然而另一方面，即便仅仅是文化遗产类的教学内容，也随着知识更新和遗产规模的快速扩展而变得越来越庞杂，使得教学团队在课程内容设计上形成选择性困难。此外，学生用于选修通识课程的学习时间十分有限，因此希冀用 1～2 门课将所有文化遗产的内容都能讲述清楚，是不现实也不必要的。

为了加强相关课程体系的建设，使相应的知识体系更加清晰，满足学生多维的选课需求，可以结合校内相关课程，在导论的基础上形成不同大类和层次的课程链，同时，在通识教育的平台上形成进阶式的培养路径。

四、通识教育的资源配置

(一) 资源利用贯穿全过程的教学环节

由于文化遗产类课程所研究的对象庞杂，其所处时空广博，而通识课程的教学时间又往往有限，无法达到专业类课程教学的纵向精深效果，这就要求教学团队在课程建设时有所取舍，有所凸显，充分利用课堂教学的空间载体，以及网络平台的时效性，采用不同的专题组合来丰富和驾驭课堂，并使不同的文化遗产资源能贯穿于全过程的教学环节，力求做到水乳交融，并实现教学方法上的创新与突破。

在每一次课程的“前、中、后”不同阶段，教师都要通过仔细地备课，从各个文化遗产的历史背景、时下的使用状况以及未来的发展预测等维度，梳理出其与相关知识点的密切关联。此外，在课程设计中，还要找寻与学生相关的“共情点”，尤其是大学生来自五湖四海，各地的人文风情和文化遗产故事都是非常丰富的资源挖掘点，可以提供与其本土文化相关的知识链接，引导学生阅读相关材料，撰写学术小论文，进行思维拓展训练。此外，在运用文化遗产教学资源的过程中，还要处理好资源与主题、思想表达与文化遗产特色之间的关系，实现更高层级的知识与意义、价值与情感的融通式教学建构。

(二) 建构网络案例库

近年来，国内外高校就在通识教育中采用新技术、新手段来提高相关资源的配置效应的有关问题，已有了广泛的探讨与应用，包括建设 MOOC、SPOC 线上线下课程平台，采用微信、QQ 等移动社交软件，以及充分利用网

上海量的知识库、数据库和电子图书馆等各类信息资源等。就文化遗产类通识课建设而言，上述技术和平台的应用也是在日常教学中必不可少的手段，但更有针对性的策略是应用互联网平台和日益便捷的自建数据库，来筛选和沉淀相应的文化遗产案例库，使学生的学习更加便捷高效。此外，在建构这样的案例库时，要注意多渠道、分类别加以设计，包括使用联合国教科文组织世界遗产中心的实时更新数据，也可以链接超星数字图书馆的相关资料，同时，还可以发动选课的学生共建，尤其是可以将他们完成的学期作业作为“课程遗产”加以有效利用。这样，不仅可以有效地提升学生的课程认同感和参与度，而且一届又一届优秀的文化遗产课程作业和展示材料也是学生相互跨界、跨专业学习的好方法和好途径。

（三）编写通识教材、教参

目前，国内有关文化遗产的书籍或教材通常是以介绍性或专业性为着眼点，较少能够满足通识课的教学需要，尤其是满足大学不同专业背景选课学生的学习需要。因此，需要结合课程建设的需要，组织相关教师一起参与教材或教参的编写工作。

随着网络上获取各类知识越来越便捷，教学团队在教材和教参的编撰过程中，对文化遗产资源的采集应该注意既要有区别，也要有联系。有区别，是指文化遗产的知识体系纷繁复杂，要发挥教材、教参的框架性、专题化的引导作用，并且要结合通识课程的建设突出相应的重点；有联系，是指加强文化遗产保护与管理的关联，并可利用网络资源，形成文化遗产知识点的超链接，使相关的教化功能发挥最大的效应。此外，通识教材、教参的资源筛选和具体应用，还要以联合国教科文组织的官方材料为主要依据，并兼顾学生的学习需要。

（四）强化本土化、专题化研究

以前，国内对通识教育的定位多为专业教育的补充，有些高校虽意识到通识教育的重要性，并在管理上加以强化，但在本土化、专题化研究方面，还是有些“心有余而力不足”，实施效果欠佳。这个问题一方面是由于“我国的通识教育，无论是理念引进、理论研究，还是课程设置、教学模式，基本都是借鉴美国大学的经验，许多高校都存在课程内容缺乏本土特色、课程体系缺乏科学论证、教学局限于基本知识等问题”[10]。而另一方面，有关通识教育课程的题材和内容缺乏系统的专项研究，使得大多数师生只是将通识教育课程看作是可有可无的“选择项”，缺少与专业课程“齐头并进”的底气和作

为。尤其像文化遗产这样的课程资源，在很多方面，如题材选择、场景营造、教学互动以及多维考核等，都需要进一步强化本土化、专题化研究，强调特色化研究与教学，以弥合通识理论与实际操作的差距。

五、结论

人类不同时期、不同文明的文化遗产在通识教育中得到广泛的开发与应用，不仅对新时期高校开展大类招生的课程改革、提高跨学科教学的质量与水平具有重要的价值与作用，而且对于贯彻落实“一带一路”倡议、增强学生构建“人类命运共同体”的社会责任意识也具有特定的意义，尤其是对于传承不同文明的优秀文化、弘扬尊重不同文化，追求“天下大同”的理念，也能起到十分重要的促进作用。

在社会各界越来越重视文化遗产保护与利用的氛围下，以通识教育步入新阶段为契机，针对高校大学生群体，通过构建不同层次、不同专题的文化遗产课程链，并利用新的信息技术和网络平台，结合以理工科为特色的学科集群，不断探索优秀文化进校园、进课堂、进头脑的新方法和新路径，建设各类文化遗产通识课程，将为培养新时期德智体美劳全面发展的“社会栋梁、专业精英”做出新的贡献。

参考文献

[1] 郑宏尖.青少年世界遗产教育[M].杭州：中国美术学院出版社，2006.
[2] 顾明远.中国教育大百科全书：第三卷[M].上海：上海教育出版社，2012.
[3] 纽曼 J H.大学的理念[M].高师宁，何可人，何克勇，等，译.贵阳：贵州教育出版社，2006.
[4] 朱镜人.英国教育思想之演进[M].北京：人民教育出版社，2014.
[5] 李曼丽，汪永铨.关于“通识教育”概念内涵的讨论[J].清华大学教育研究，1990(1)：96-101.
[6] 曹盛盛，王晓阳.哈佛大学通识课程改革及其运行管理服务体系研究[J].中国高教研究，2015(5)：33-40.
[7] 张琼，张广君.走向“关系本体论”——对话教学的基础重构与应然取向[J].高等教育研究，2015，36(7)：75-80.
[8] 李泽民.大学开展通识教育的困境与思考[J].广东教育学院学报，2007(2)：47-51.
[9] 苗文利.中国大学通识教育二十年的理性反思[J].南通大学学报(教育科学版)，2007(2)：23-26.

美育通识课程“当代影像艺术”的建设与实践

于幸泽
同济大学建筑与城市规划学院

摘要　时代更迭与科技进步使艺术在形式和方法上不断拓展创新，被称为“当代影像”或“观念影像”的影像艺术挣脱了影像表达原有的束缚，探寻艺术在不同维度和手段中的可能性，追求人类及其生存空间更精深的内容。影像艺术可以提升学生的当代艺术审美能力，影像实践也是学生最便捷的记录生活、表达情感和思想的艺术实践方式。因此，当代影像艺术是研究和推进美育课程必须关注的重要内容。

关键词　影像　课程　实践　美育

一、影像与美育

美育通识课程不仅提供了艺术知识、多样化的课程内容和丰富多彩的课外活动，还通过不同的艺术表达方式、艺术创新理念的解析、艺术作品的评价和艺术史知识的讲授，激发学生的创造潜能和创新意识，拓展学生的艺术基础知识。基于中国义务教育乡镇和城市等地域环境的差别，当代大学生的人文艺术素养参差不齐，个性化的人格魅力、情感表达方式和独特的审美趣味无法得到良好的释放和培养。当代美育通识课程就是通过有效的课程内容和教学手段，加强对学生的人格培养、情感教育，促进学生审美能力的提升，帮助学生塑造积极的人生态度，完整的心理结构，端正的审美趣味，使其走进社会后能充分地发挥自己的个性才能，运用自己最擅长的技能和掌握的专业知识，以自由的创造精神去服务社会。

影像艺术课程在美育课程体系中具有不可替代的作用，能够激发学生探索图像的兴趣，学生可以运用计算机技术进行具有当代感的艺术实践。在影像课程中，如果单纯以影像技术方面的知识为课程重点，那么培养的学生只会使用摄影、摄像设备，学生的艺术修养、艺术感悟力和艺术表达力无

法得到提升，课程也没有真正地完成美育的教学任务，因此影像实践才应是课程的重点。影像艺术实践过程或展陈表现形式，必须借助数字科技将人的现存的感性思维和未知的理性思维结合起来，因而影像艺术的教学侧重于利用数字技术激发学生的想象力，而不是新工具和媒体技术操作本身。在中国高等教育新发展时期，作为美育教学的重要内容，如何适应全球视觉艺术发展趋势和社会日益增长的创意文化需求，如何进一步推动艺术教学和创意(新)媒体艺术的发展，影像艺术教学无疑承担了重要的教学任务和学术研究任务。

二、影像与课程

思想是现当代艺术的本质，艺术信念诉求是现当代艺术的生命力。古希腊思想家柏拉图曾说，艺术家不应该模仿现实世界中的可感实物，现实世界中的实物不是本质，不是真理，而是理念世界的复制品。早在魏晋时代，大画家顾恺之就提出“以形写神”；唐代诗人王昌龄和皎然提出了“取境”“缘境”和境象有虚实的论述，阐述了主观和客观的统一，尤其强调主观在文艺创作中的地位；唐宋时期，司空图[①]的《二十四诗品·雄浑》中提出了“超以象外，得其环中”，“超以象外”开启了传统艺术研究事物的内在本质的大门，倡导人作为主体的艺术表现方法，传统艺术由此开始注重人的自由意识和精神觉醒的“象外之象”。经过不断的融汇、锤炼和积淀，日愈鲜明、精纯独到的中国传统艺术思维模式和表现形式逐渐形成。我们可以看到，古人早就意识到艺术应该揭示真理而不是模仿自然。艺术是人们对世界理解的物化结果，艺术创作过程是反映社会和生活内在本质的实践。

当代影像艺术由观念摄影、流动影像和新媒体艺术三种形式构成，它是艺术表现、社会文化与科技三者一体的产物，较之于传统艺术发生了天翻地覆的变化，其表现力是其他门类艺术无法比拟的。在艺术形式方面，如叙事、构成、真实和互动等，更加注重观念内容与形式结合的方法，鲜明地表达了当代社会的形态和人的思想特征。影像艺术也是构成当代视觉文化的最重要元素，学习影像艺术要有创作影像作品的欲望，要对以往的影像作品进行深入的分析与研究，防止创作时在观念表达上与过往的作品趋同。对所

---

① 司空图(837—907)，字表圣，自号知非子，又号耐辱居士。河中虞乡(今山西运城永济)人，晚唐诗人、诗论家。唐懿宗咸通十年(869年)应试，擢进士上第，曾被召为殿中侍御史。著有名作《二十四诗品》。

要表现的物象或者物像关系，有了直接面对真实对象的经历后，便可以通过“内容”和“镜头”来表现。为此，“当代影像艺术”课程采取以实践为主、讨论为辅的课程模式，目的是让学生有展示个人影像作品的机会，获得属于自己的个性化的影像艺术审美体验。

在教学中采取互动教学方式，主要针对学生作品进行启发式对话，激发学生独立自主的创新意识，培养学生对主题深入研究的耐心，使其养成敏锐观察客观世界的习惯，从而创造出个人的影像世界。在教学中鼓励学生独立思考，让他们主动进入生活空间，形成自觉分析问题的习惯，最后拥有积极的影像创作和实践表达欲望。只有进行创作实践，才能将所知的影像艺术知识应用在实践的过程中，真正地将感受充分地释放出来，形成个人对生活独特的认知。课程实践主要包括两个部分，即观念摄影解析与实践、流动影像解析与实践(图 1)。

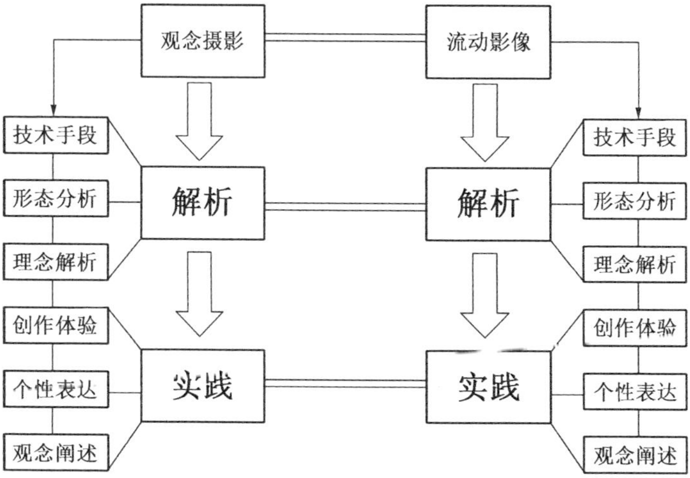

图 1 “当代影像艺术”解析与实践课程结构

影像是艺术思想及观念表达的载体，而技术只是提供了一种快捷便利的手段，镜头要透过生活形态表象挖掘生活内部空间的本质问题。本课程界定了学生的影像拍摄范围，让他们明确自己的拍摄目的和表达思路。课程要求全部采用纪实性拍摄手法，用观念摄影和流动影像的形式表现当下社会群体及其自身的生活状态。学生的影像实践是从艺术的视角反映对当下生活和社会文化的思考，这与社会学和人类学的理念不谋而合。影像运用特殊视角和镜头语言追求影像作品的个性化效果。课程强调利用镜头捕

捉个体对生活的真实感受，关注社会本体，从现象到本质，从人性、道德、伦理等社会生存空间要素中挖掘灵感；同时，也可以站在镜头主人公的角度对自我内心所想所感所悟进行剖析，或站在旁观者的角度，提出问题并寻求解决问题的出口。

三、实践与认知

“当代影像艺术”课程如何让学生在影像实践中创建自己的艺术视角，如何使自己的影像作品脱离普通摄影和录像（视频）而具有艺术语言表达和思想内容传播的功能？这是“当代影像艺术”理论部分的核心内容。课程围绕“客观世界”和“创造世界”两个方面启发学生尝试建立影像艺术的观念表达体系。

第一，建议学生梳理自己的影像实践创作思路，把客观景象进行划分。区别出客观世界与创造世界，明确客观世界包含的内容，明确创造世界和客观世界之间的关系，重点指出创造世界是创作者自己的影像观念建立的主观设想和计划。创造世界是客观世界的一部分，从属于客观世界；影像实践想法来源于客观世界，是对客观景象世界的整理，进而形成主观计划的创造表达。在从客观世界到创造世界的影像观念建立过程中，还要明确自然世界、视觉世界和思考世界三个空间要素。客观世界里包含着所有非我的景象，而自然世界并非仅指大自然的景象，还包括我们生活的自然环境中的任意景象内容；视觉世界是从属于自然世界的，包含自然世界的可视部分，也包含着不可视的部分，用眼睛不能直接看到的部分也可以作为我们观念表达的内容，这一切都为思考世界提供了丰富的资源景象。当然，思考世界还需要我们理性地整理出思考主题及表现的主题。只有明确个人以外的景象世界顺序，才能构建个人的创造世界（图 2）。

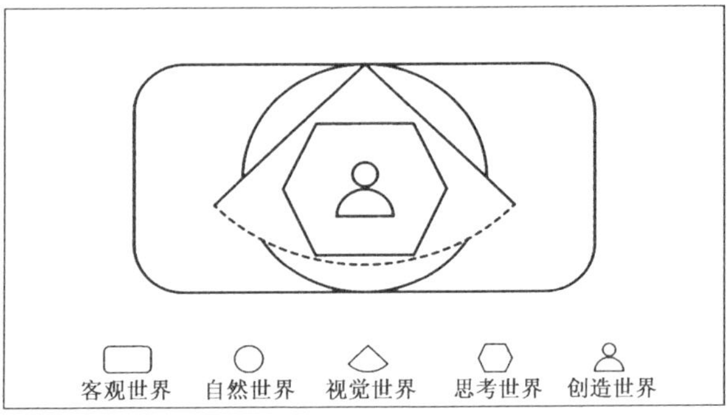

图 2 “客观世界”和“创造世界”的关系

第二,个人创造的影像世界,就是学生的影像作品,如何鲜明呈现个人的艺术观点,这需要我们作具体的分析。创造世界的代表就是人的作品,它是创作者个人对客观世界的理解和态度,任何立场角度都是在思考世界范围内的视觉世界中建立的,而自然世界是视觉世界对客观世界提炼和感悟的部分,客观世界和自然世界将逐渐退居到创造世界的后面。在这个环节中,创造世界作为主角,是人的自我意识对客观世界的加工、改进和建议,它使自然世界的轮廓逐渐模糊,进而进入视觉世界中;但是视觉世界以直觉为先导,是无意识的第一感受,这种感受在某种意义上弥足珍贵,它具有鲜活的特征,一切思考修正和概念加工均不能破坏这种感受,所以我们应当在影像实践中努力将直觉感受保持到作品结束(图 3)。

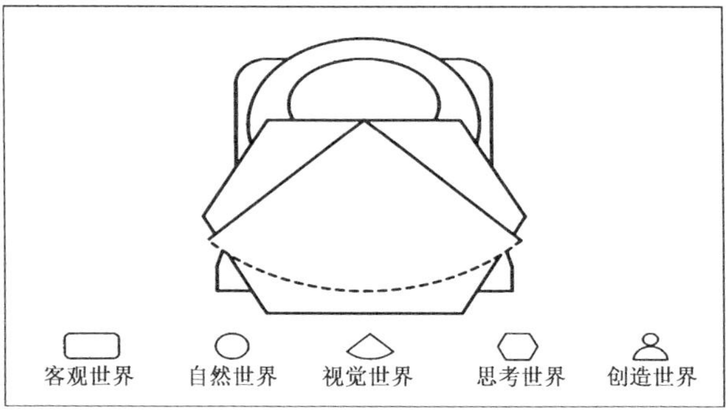

图 3　观念影像语言形成的环节

创造世界的影像作品的产生基于以下几个环节。首先,思考世界梳理的理想秩序及创造世界的坚定信念。其次,视觉世界内的影像要素及给创造世界提供理性判断的物像依据。再次,自然世界内感性挑选的结果及对结果物像的体验认知。最后,客观世界内的直接取像行为及持久的影像实践。四个环节共同构建了创造世界的观念语言(图 4)。

影像课程的解析部分加深了学生对影像艺术观念表达的认识,但如何真正地脱离普通照片和录像,区别于普通人的拍摄行为而具有艺术语言和观念立场,学生要避免陷入下面三个误区。

一是非主观意识拍摄。拍摄者仅对客观世界中的特殊场景进行抓取,仅来源于瞬间的好奇或者突发事件,不是主观意识形成的艺术理念且有计划的拍摄实践。虽然拍摄的个别图像具有主观意识倾向,经过了主观选择和截取,但这并不能代表拍摄者的主观艺术理念。另外,艺术本身具有偶发

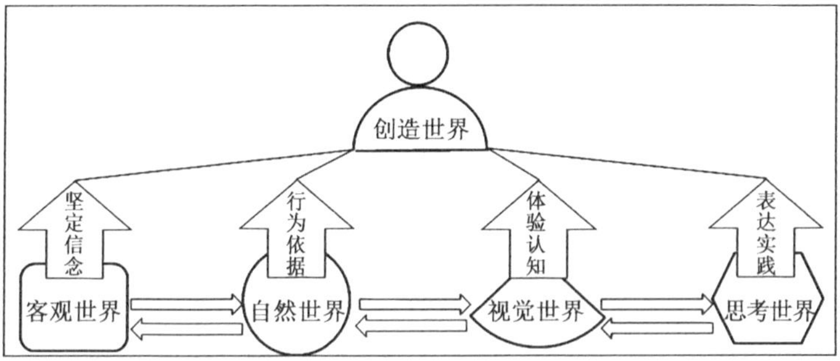

图 4　创造世界形成环节的关系

性，由于影像作品仅是器械和手指间的碰触动作而形成的图像，这样简单的行为将会制造出大量的影像信息，观者很难从中识别其艺术性和观念性。数码技术的发展及操作上的便利，导致影像作品已经泛滥。因而要识别作品的主观意识和艺术目的，需要了解作者完整的影像艺术创作计划和实践理念。

二是第三者客观记录。拍摄者仅对已有的艺术化物像和动态场景进行拍摄，不具有主观营造场域或物像的行为，只是呈现他人创作的艺术成果。这种作品在观念所有权上一直备受争议，如果当事人即被拍摄的行为者（制造者）主观要求记录和拍摄，其作品的观念和其行为具有内在统一的逻辑性和思维特征、艺术观念特征，则作品归属于当事行为者本人，可以定义为观念影像作品。如果仅是第三者客观记录，并以自己的理解角度和拍摄方法进行拍摄记录，严格意义上不能归属于观念影像作品，如对工业产品的拍摄、对艺术品的拍摄和对行为艺术的拍摄等。

三是主观非持久拍摄。当代影像艺术是以实验性先于美感性的艺术创作来打破艺术和日常生活的界限。因而在突破了艺术性和美感性等传统艺术规则的前提下，影像呈现了多元化的格局，换言之，任何一种图像内容，如果是主观设置且持久深入地进行研究和表达，均会产生视觉和观念的震慑力。但如果只是出于一时的好奇和兴趣，仅对客观世界表象做出拍摄行为，其不能形成完整的艺术语言，更不能达到观念的高度。在当代艺术的语境中，个人化和观念化是作品的灵魂，有生命力的作品需要长久的实践，深化作品的主题，加强作品的内涵，让形式逐渐转化成个人的影像艺术语言。

"当代影像艺术"课程中学生的实践作品充分表达了作者的艺术观点，如图 5 至图 8 所示。

图 5 为“客观世界”运用“类型学”的实践手法对社会不同职业人群进行拍摄，通过劳动状态和制服来体现他们的不同身份。作品让观者更加深切地感受到当代社会人民生活的流光溢彩。作者对此主题拍摄了上千张的图像，从中选出有代表性的作品，形成了主题明确且生动鲜明的“创造世界”。

图 5 《职业》观念摄影(2017 年)

图 6 作者的“视觉世界”聚焦在一辆“共享单车”，在此它不再是代步的工具，而是成了被赋予了生命的隐喻。画面的视觉张力和动人的细腻情绪，似乎都揉进了这台“受伤”的自行车里，部件破损和车漆脱落以及被久置在角落中呈现出被遗忘和被丢弃的悲伤情绪，黑白图像更加凸显作者的“思考世界”与“自然世界”双向呼应与互动。

图 6 《自行车》(2020 年)

图 7 是 3 分 30 秒的流动影像，内容折射出具有批判和讽刺意味的主题“支配权”。画什么不是手的主人思考所得而是由他人手的给予。因此，我们可以分析得出作者的“思考世界”与“创造”有关，被支配和支配权都是创造力的天敌，创造力不能被埋没，需要独立自主的实践。作者的“创造世界”显露出清晰的观念语言。

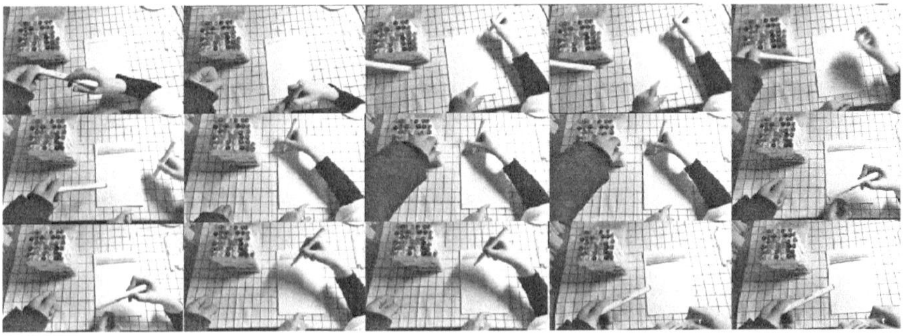

图 7 《支配权》流动影像(2020 年)

图 8 是 5 分 45 秒的流动影像，作者的“客观世界”只有重复的向上的楼梯，影片从头至尾伴随的喘气声反映出作者的“思考世界”，声音与画面提供给了观众广阔的视域和想象的空间，螺旋上升的楼梯被一步步踩在脚下，最后“创造世界”含蓄表达了美好的生命应该充满期待、惊喜和感激。

图 8 《爬》流动影像(2020 年)

四、结语

美育是传授学生对生活形成信念的知识的集合，它不但在美学的领域中，还在心理学、文化学、互动美学等新的领域中对学生人格进行塑造，因此在通识教育中占有重要地位。大学的艺术教学以培养学生在具体实践中不断推进思考能力为目的，只有这样才能使学生在艺术美抽象分析与创作实践中得到平衡发展。当代大学生是极具个性的群体，思维活跃、个性张扬、自我意识突出，影像课堂教学从学生擅长的感性思维入手，关注学生个性发挥，引导学生通过影像方式全方位进行艺术实践感知和体验，唤起他们内心的情感需求，从而启发他们的联想意识，激发他们的想象能力，在影像艺术实践教学的过程中达到培养和塑造人的教育目的。另外，课程并不是要把所有学生都培养成为艺术家和观念影像创作者，而是要培养他们树立正确的价值观和世界观，锻炼他们独立观看和分析世界的能力，使学生能透过复杂的表现世界接近真实。当代影像艺术教学是现代大学实施美育的主要途径，也是素质教育的有机组成部分。

当下大学美育教学框架中，影像艺术课程暂时还不是主要内容，但我们相信随着科技的发展，未来将有更多的人参与影像艺术创作实践，在未来的艺术发展趋势中，影像艺术将成为思想表达和观念传播的主流手段，影像课程将是美育课程的核心内容。

参考文献

[1] 陈旭光.影像当代中国：艺术批评与文化研究[M].北京：北京大学出版社，2011.
[2] 燕晓山.数码影像艺术与设计[M].长沙：中南大学出版社，2012.
[3] 林路.观念摄影[M].上海：上海人民美术出版社，2016.
[4] 张仲年，厉震林.影像艺术论[M].北京：中国戏剧出版社，2005.
[5] A. 阿恩海姆，艺术与视知觉[M].成都：四川人民出版社，2019.

同济大学文科优势专业在大类招生中的困境与机遇*

——以德语专业为例

黄崇岭

同济大学外国语学院

摘要 2019—2020学年，同济大学德语专业正式纳入全校“大类招生、大类培养、大类管理”联动的人才培养体系，这在全国德语专业的培养模式上是前所未有的创新。小语种专业的培养有很大的特殊性，在筹备阶段，教师们充满了困惑和迟疑。经过一年多的实践，专业团队以教学改革去适应新形势下的招生和培养改革，虽然困难重重，但无论是在“教”还是在“学”方面，师生都取得了较大的突破。改革才刚刚开始，德语专业在探索中求发展，力争将此轮改革打造成“双一流”专业建设的优秀范例。

关键词 文科专业 德语专业 困境与机遇

2019—2020学年，同济大学德语专业正式纳入全校“大类招生、大类培养、大类管理”联动的人才培养体系，这在同济德语专业的发展史上是革命性的变革，在全国德语专业的培养模式上也是前所未有的创新。从改革筹备，大类招生，到一年后主修专业确认，再到进入专业后的培养，本文在此探讨这两年来的改革历程。

一、对德语专业纳入大类招生的困惑

与绝大多数的理工类专业和其他文科专业不同，外语小语种专业的培养有很大的特殊性。德语是一门难度较大的语言，大学四年的时间要把一

* 本文为同济大学第十五期实验教学改革专项基金项目——《德语视听(3)、(4)》教材建设研究成果。

个零基础的学生培养成能胜任听、说、读、写、译多种工作，且具备德语国家国情和文化知识、德语国家文学常识和语言学基础的合格毕业生，对任何一所一流大学来说都是一个不小的挑战。因此，国内所有高校德语专业的培养方案都是在大一安排大量的语言基础课，从语音入手，指导学生学习基础词汇和基本语法，一步步打下语言基础。与大多数理工科专业在基础阶段都要学习数学、物理和计算机不同，德语专业和其他文科专业没有共同的必须学习的基础课程。换言之，一些文科大类的通识课程虽然可以给德语专业的学生带来整体素质上的提升，但对专业培养来说是可有可无的，因而没有实行大类培养的迫切性。在大类招生的筹备阶段，我们调研了部分国内已实施大类招生的"985"高校，没有一所高校的德语专业真正被纳入了大类培养体系。由此可见，摆在面前的困难是现实的也是巨大的，这让德语专业的教师陷入了深深的忧虑。如何在三年之内完成以前四年的培养内容，如何保持历年来同济学生在大二结束时参加全国德语专业四级考试名列前茅的局面，如何保持同济德语国家级"双一流"专业的地位是摆在面前的首要问题。

多年来，同济德语专业一直采取精细化的培养方式，大一、大二坚持小班教学，大三学生在两个学期内轮流去德国交换，依然保持小班教学。良好的培养效果为同济德语在全国范围内赢得了口碑，生源问题从来不在担心之列。因此，此次招生制度的改革带给德语专业更多的是挑战。然而改革的序幕已经拉开，唯有从自身去挖掘潜力才不至于被时代淘汰。

二、德语专业为适应大类招生做出的变革

（一）在新生院开设德语荣誉课程

为同济大学新生院学生开设德语荣誉课程是德语专业在大类招生、大类培养中最大的亮点。荣誉课程面向所有新生院学生，由于报名人数众多，需经过选拔择优录取。报名参加荣誉课程的大多数人为人文大类想进入德语系学习的学生，也有部分对德语感兴趣的理工类学生。我们抓住这个机会，为荣誉课程安排了原德语专业大一上学期的课程内容，希望最终通过专业确认进入德语系的学生都经过荣誉班的学习，或达到同等水平。

（二）全面调整第二学年培养方案，配备业务能力过硬、责任心强的任课教师队伍

由于荣誉课程基本包括大一上学期的专业内容，因此如果将原先大一下、大二上和大二下三个学期的课程整合在整个第二学年完成，此次改革中

德语专业面临的困难在基础阶段就能解决，既不影响学生参加全国德语专业四级考试，原先高年级的培养方案也不必调整，这无疑是最佳方案。事实上，这个最佳方案也成了唯一方案，由于学生在大三要去德国交换一学期，大四下是论文撰写阶段将不再安排课程，剩余的两个学期已无法再容纳更多的教学内容。按照这个设想，德语系增加了第二学年的授课学时，将原先6课时的精读变为10课时，外加2课时的基础训练，其余的技能训练课课时不变。课时的增加为完成教学内容提供了必要保障，但精读课仍然达不到原先3个学期的课时总量，加快课程进度、提高课程强度势在必行。为此，德语系配备了经验丰富、责任心强的教授、副教授为主干课教师，配备了年富力强的副教授、助理教授和外教为副课教师，实现了团队的优质组合。在9名教师的精诚合作下，目前已完成第一届大类招生后进入德语专业学生的第一学年培养，师生对教学状态均感满意。

三、德语专业大类招生带来的机遇

（一）以招生改革促教学改革

纵然德语专业在招生改革之初有很多疑虑，但改革的到来德语系无后退而言，只能是以教学改革去适应新形势下的招生和培养改革，这反而成为教学改革的一次契机。为此，德语系有如下的经验可供借鉴。

1. 加快课程进度，提高课程强度

传统的外语基础课以外语知识的传授和基本技能训练为主。德语的语法虽然比英语复杂，但对于重点大学的学生而言并没有特别的难度，而德语的熟练使用比较困难，传统的教学会花大量的课堂时间去训练学生的听说读写技能，因此在改革的过程中，这部分占用的课时必须削减。为了保持原有的教学水准不降低，上课削减掉的训练应该由学生在课后通过自学补足。这在外语教育发达的欧洲国家早就成为趋势。随着科技的不断进步，人类知识爆炸式的增长，原先精耕细作式的教学已无法适应时代的发展。国际上大学教育也在变革，而国内大学的小语种教学并未跟上这种节奏，从这个层面上来看，同济大学的此次招生改革也把同济德语的教学创新推到了全国的前沿。

2. 加强教材建设，调整教学内容，线上线下课程互动

目前，全国各高校德语专业使用的教材为教育部外指委德分委指导下出版的教材。由于各高校在基础阶段的培养方案大致相同，课时相近，教材

选用比较简单，只需在上海外语教育出版社和外语教学与研究出版社的两套统编教材中选择其一即可。但同济大学的改革打破了这种传统的课时布局，目前市面上没有一套适合本校德语教学的教材。而教材的建设不可能一蹴而就，在改革的初期我们无合适教材可用。由于同济德语是全国范围内唯一实施大类招生、大类培养的专业，可以预计在今后相当长的一段时间内，外指委都不可能专为同济德语专业的培养方案量身定做教材，因此教材建设必须依靠自己的团队。

以"德语视听"这门课为例，德语系申报了实验教改项目，进行教材建设。德语系"德语视听(3)"和"德语视听(4)"两门课程至今一直沿用2007年以前的自编讲义，课程内容较为陈旧。2011年《全国高校德语专业四级考试大纲》做了最近的一次修订，自2013年起德语专业四级考试全面启用新题型。原先的训练方式与新题型脱节，阻碍了德语专业学生四级考试成绩的进一步提升。教材陈旧的原因除去改革动力不足的因素外，主要原因是教材的更新必须文字和音频同时进行，而音频制作需要德国专家参与，制作成本较高。此次大类招生、大类培养改革后，沿用至今的大二"德语视听"自编讲义从内容难度来讲已经完全不适合，教材建设迫在眉睫。为此，德语系首先调整教学内容，通过精选难度适宜的文章，重新确定教学目标，使教学任务更加合理；通过精选符合当今社会生活的时文，扩大学生的知识面，使其全面了解德国社会和德语区国家的文化；通过精选趣味性强的文章，改善听写教学枯燥乏味的状况；通过改变听写朗读的语速和次数、设置新的题型，让学生提前适应四级考试的模式。此外，德语系进行了教学方法和教学手段的更新，利用UMU互动学习平台，将为学生量身打造的补充教学材料放在网上，供学生课后使用，实现线上线下教学相互补充。

(二) 德语专业获得了更加优质的生源

如前文所述，德语专业对这次招生改革原本是不积极的，因为德语系从未对优质生源担心过。那么经过一年大类培养后，如今进入德语系的学生整体状况如何呢？从第一年的实践来看，德语专业依然保持了强劲的势头，根据绩点排名，绝大多数成绩优秀的学生申请了德语专业。如果说原先通过高考的选拔德语系招收的优质生源是基础知识扎实的中学生的话，如今的选拔又经过了一年大学时光的打磨，排名靠前的不仅是基础好，同时也是善于大学学习并且愿意好好学习的学生。换言之，此次选拔类似又进行了二次筛选，能脱颖而出的学生方方面面都很优秀。

一个学期的实践证明，首批通过大类选拔进入德语系的学生学习动力足，而且学习能力很强。大类培养的第一学年刚结束，德语专业就邀请所有学生和家长参加视频会议，介绍德语系大二的培养计划，布置给学生一份厚厚的暑假作业。开学之初进行了摸底考查，学生的德语水平悬殊。教师们首先鼓励大家，并且提出学业要求，指出只要配合和努力就一定能完成学业目标。接下来任课教师加大了学习任务量，学生们都能不折不扣地完成，学生们的出色表现促使教师们也更加努力地教学，教和学形成一种良性循环。除了教师布置的任务外，学生还自己组织早自习，即便是严寒的冬日，他们也会在汇文楼前等待开门，此道亮丽的风景线被学校公众号的小编抓拍到，上了学校“头条”。期末考试前，他们每人一门课将一学期的学习内容编写成复习提纲，与所有同学共享。学生的主动性和求知欲给所有教师留下了深刻的印象。借教学评估之机，德语专业请来复旦大学、上海交通大学、上海外国语大学的专家听课，专家们均高度评价了这批学生。

四、德语专业人才培养在探索中求发展

良好的开端是成功的一半，但改革才刚刚开始，师生们面临的挑战也是巨大的。

（一）学生基础差，教师工作强度大

最终进入德语专业的学生德语基础非常不均衡，有的依靠自学，有的报了培训班，有的经过荣誉班的学习，但所有这些基础都远不及经过德语专业原先一年培养后学生的水平。基础迥异的学生带着各种问题汇聚在一个课堂，任课教师一面要纠正过往的错误，一面要赶进度，工作强度巨大。由于加快了进度，备课量和作业批改量都明显增加。学校对于新生院的发展十分重视，除荣誉班的工作量以 1.5 倍核算外，还有经费支持。就课程难度而言，荣誉班相当于“起点班”；就课程的重要性而言，它不属于培养计划之内，相当于“兴趣班”。荣誉班得到重视是好事，但学校如果能更多地关注大类和专业培养之间的衔接，将有限的经费也用于促进改革后各专业的应对研究，才能为大类招生大类培养带来可持续的发展。人才培养需要同济人共同的努力。

（二）课程体系发生变化，教材建设迫在眉睫

如前文所述，德语专业基础阶段的课程从两年被压缩成一年，原先的课程体系全部被重新调整，全国范围内的统编教材不再适用。如果重新编制

一套新教材，编写人员不足，撰写周期也太长，而且教材的使用率很低(每年仅有同济大学自己的30多名学生使用)，显然不现实。那么摆在面前的另一条路就是整合现有资源，拼接原有教材外加任课教师自编讲义。教材的建设已经迫在眉睫，此方面依然需要学校的大力支持和任课教师的共同努力。

(三) 专四考试是对同济德语的巨大考验

此次大类招生改革对同济德语来说是翻天覆地的，对全国德语专业来说也是前所未有的。2021年夏天，改革后的首批学生参加了全国德语专业四级考试。在本次考试中，同济德语专业2019级学生取得了优异的成绩，通过率继续保持100%，优良率达96%，平均分位居全国第一。这是自2018年以来，同济德语专业再次在全国德语专四考试中摘得桂冠。这一消息在全国德语界引起巨大的反响。在接受祝贺的同时，同济德语系教学团队教师倍感压力，如何保持这种上升势头，将发展优势纳入可持续发展轨道，是师生们接下来面临的硬任务。

五、结语

在困境中寻找机遇，同济大学德语专业在大类招生的改革中找到了一条非通用语种专业招生和培养的创新之路。它打破了传统的四年制专业培养的精耕细作模式，以文科类通识教育夯实学生多学科的知识基础，培养学生跨学科的文化视角，并辅之以高强度的专业训练和课外训练，使学生取得了专业知识及能力和人文素养提升的双丰收。同济德语专业的教学改革不仅是对世界范围内高等教育改革的一个回应，同时也为国内“985”高校德语专业培养的改革提供了一个范例。

参考文献

[1] 全国高校德语专业四、八级考试中心.高等学校德语专业四、八级考试大纲[M].上海：上海外语教育出版社，2013.

[2]《高等学校德语专业基础阶段教学大纲》研订组.高等学校德语专业基础阶段教学大纲[M].北京：北京大学出版社，1992.

大类管理下新生班团一体化育人载体建设研究

丁大增
同济大学新生院

摘要 随着高校人才培养制度的改革，大类管理作为新的模式出现，为此需要严格遵守思想政治教育规律及新生的身心发展特点，并结合高校学生班团协同改革发展，探索提高班团一体化育人效率的举措，切实提升高校共青团工作质量和育人质量。

关键词 大类管理 班团一体化 载体建设

2016年，共青团中央和教育部联合下发《高校共青团改革实施方案》[1]，提到“巩固班级团支部建设”“推行班级团支部与班委会一体化运行机制，探索实行班长兼任团支部副书记或团支部书记兼任班长的制度”等诸多工作要求，给高校育人工作中党团班角色定位及职能分工提出了新的议题。所以，思考高校学生党团班协同发展中存在的主要问题，探索提高党团班一体化育人效率的举措成为了响应高校共青团改革的必然要求，这也是高等院校切实提升高校共青团工作质量和育人质量的重要路径。

党的十八大以来，以习近平同志为核心的党中央把高校思想政治工作摆在重要位置，多次明确指出“高校立身之本在于立德树人”[2]。同济大学新生院自成立以来，就以立德树人为根本任务，着力促进跨学院的大类培养和学科交叉培养。但在新生教育中，目前比较注重院校历史、专业介绍、校规制度等方面，但对新生班级的班团一体化建设指导还较薄弱。这就要求新生院各学堂紧跟新生思想认识动态，在新生入学的关键时期，严格遵守思想政治教育规律及新生的身心发展特点，同时充分凭借大类培养、大类管理的先天优势，树立新生班团一体化育人意识。

一、班团一体化育人的建设现状及问题

调研当代高校大学生班团建设情况等，将有助于了解新时代班团一体

化育人机制的基本情况，对机制的完善也有着重要的实践指导意义。本文采用问卷调查法和访谈法，实际发放1 100份问卷，回收1 092份，其中有效问卷1 080份，问卷有效率为98.9%。问卷填写对象男生与女生比例相近，各年级学生比例大体相近，本科生占比最高。因调查对象集中在同济大学，理工科学生人数占据优势，专业范围覆盖了高校所设专业的各个基本类别。调研发现，目前班团一体化育人机制存在以下三个层面的问题。

（一）物质性认同层面存在的问题

（1）个人成长发展关注不均衡。高校学生对新闻动态关注较高，而对科研动态关注偏低，需要及时培养青年学生群体认知舆论事件的正确价值观，引导其用科学、理性的态度认识问题。

（2）网络平台建设需加强。微信、微博和QQ仍是高校学生网络社交活动的主要平台，需要占据链式社区平台的话语制高点，开展新媒体的党团班一体化育人。

（3）团班一体化育人认知偏低。有76%的被访学生对班团一体化育人机制了解甚少，但有64%的学生认为班团一体化育人有一定作用。学生群体内部尚未形成体系化的认识，但学生从日常学习生活中可以感受到该机制发挥的作用。

（二）形式性认同层面存在的问题

（1）参与度不均衡。班级、团组织是可以对高校青年个体施加影响，发挥育人作用的最基础平台。学生对班级组织活动的参与度相对低，对团活动参与度较高。其中，学生团员群体在团层面参与的活动已经达到了较高水平，反映出团组织活动的吸引力较高。但学生个体对共青团理论知识的了解程度不高。

（2）活动形式需创新。在团组织的活动形式上，教育活动有明显优势，而学生对思想引领类活动的参与积极性不高，说明团组织需要增强思想政治工作的针对性、时代感和亲和力。理论知识学习需要创新形式，如通过微团课、微视频、微讲座等方式开展。在班级组织的活动形式上，学生希望班级能够满足社交需求和生活需求，通过参与文艺活动和实践活动，提升班级凝聚力和个人归属感，而此类活动开展较少，形式单一。

综上，泛娱乐、强功能、弱思想是目前班团一体化育人过程中所面临的关键性问题。

（3）素质提升功能缺乏。本次调研将学生在校园的需求整合为四类需

求。班级层面开展的新媒体活动更好地满足了学生的个人兴趣爱好需求和个人能力发展需求。而团层面开展的活动，则更多用于满足个人精神发展需求。学生普遍认可团组织在个人精神发展方面的作用，但实际参与度较低，因此需要将学生精神发展需要与亲和力活动有机结合。

（4）思想引领功能匮乏。新媒体平台上存在官话多、鲜活语言少等问题，这将导致青年学生对于班团一体化育人产生排斥，因此需要积极了解学生思想动向，进行思想引领，并落实团推优工作，达成理想性认同。

（三）理想性认同层面存在的问题

调研发现学生参与志愿活动的意愿较高，但参与志愿者活动的频率较低，这反映出当代高校学生虽具备一定的奉献意识，但反哺社会的实际行动力仍有提升空间。班团一体化育人机制需将志愿、实践等活动作为一个重要落脚点，以更加有效地培养高校青年群体的家国情怀。

二、新生班团一体化育人建设的内在需求

（一）新生班级凝聚力建设周期需进一步缩短

在新生思想素质形成、专业知识学习、心理素质培养等方面，班集体都发挥着十分重要的作用。一般情况下，每个班集体都会形成独特的班风和学风。但是班风学风的形成需要一定时间周期，而大类管理下，新生班级的存在周期仅为一年，为此，需要重新构建班团建设方案，实现更快、更强、高效建设。精心设计每一期班团活动主题，使新生可以积极交流，深入沟通，渐渐树立自信心，对班级产生归属感，同时基于主题班会，还能够实时了解国家政策与社会信息动态。另外，强调主题班会形式多元，内容丰富，吸引新生的参与兴趣，使其逐步形成健康而正确的班级观念，并进一步强化班级向心力与凝聚力。

（二）新生主题班团教育深度与广度需进一步提升

现阶段，高校都会在新生入学时进行思想政治教育，但是其与学生现实生活缺乏紧密联系，无法较好吸引学生的注意力，而主题班团活动能够调动学生的积极性与主动性。在思想政治教育的基础上开展主题班团活动，学生可以自觉将思想政治理论知识与实际生活相联系。但是，初入大学的新生由于思想境界和知识储备的局限性，其筹划的主题教育深度与广度需进一步提升，为此，需要在顶层设计中进一步拓展教育的广度与深度。

（三）主题班会形式与内容的多元化需进一步丰富

当下新生主体以“00后”学生为主，“网生一代”的他们有自己的特点。为此，主题班会形式和内容需要充分考虑“00后”群体的观念和兴趣，在新生的思想、心理、学习、安全、意识形态等主题方面充分结合他们的话语体系。如此，全面的主题基本覆盖新生在高校生活学习中所遇到的各类问题，为新生解决问题提供了方法建议和提前预警。此外，主题班会形式应多样化，这样才能够有效增强思想政治教育效果，帮助新生树立正确的认知。

三、新生班团一体化育人载体建设策略

美国学者斯潘塞于1993年提出了著名的素质冰山模型[3]，将人员个体素质的不同表现形式划分为表面的“冰山以上部分”和深藏的“冰山以下部分”。其中，“冰山以上部分”包括基本知识、基本技能，属于外在表现，是容易了解与测量的部分，也比较容易通过培训来改变和发展。“冰山以下部分”包括社会角色、自我形象、特质和动机，是人内在的、难以测量的部分，它们不太容易受外界的影响而改变，但却对人员的行为与表现起着关键性作用。而班团活动的开展，本质也是服务立德树人根本任务，依据该模型的理念，从知识培养、能力培养、素养培养的人才培养三个维度对班团活动主题选择进行分析研究，以期探索出大类管理背景下班团一体化建设的新模式。

（一）主题载体建设

1. 将知识主题作为基础载体建设

一般而言，新生的的知识结构应由通用知识、专业知识、党团理论知识三部分组成。其中，通用知识、专业知识是新生学术能力和专业水平的保障，而党团理论知识则直接影响新生的思想政治理论水平。党团理论知识是指新生应系统学习和掌握的马克思列宁主义、毛泽东思想、邓小平理论、“三个代表”重要思想、科学发展观和习近平新时代中国特色社会主义思想等党的基本理论知识的科学内涵和精神实质。

2. 将能力主题作为进阶载体强化

新生的能力结构应由学习能力和领导能力组成。学习能力要求新生善于总结经验，强化自身的学习意识，树立终身学习的理念，不断提升自身的能力素质和文化理论修养。领导能力要求新生具有公信力、号召力、执行力、决策能力、协调能力以及综合管理能力，能有效协助组织各项党团活动，

有较强的工作执行力,具有良好的人际交往和沟通能力,能够积极调动新生的主动性与创造性,提升整体的团队合作能力。

3. 将素质主题作为拓展载体提升

"00后"新生应具备良好的多元化综合素质,其素质结构涵盖政治、思想、业务、知识及身心健康等多个方面。其中,政治素质是新生必须具备的首要素质。2018年全国教育大会强调培养德智体美劳全面发展的社会主义建设者和接班人,提出要"培养一代又一代拥护中国共产党领导和我国社会主义制度、立志为中国特色社会主义奋斗终身的有用人才"的要求[4],这就要求新生具备一定的政治高度和对时政的敏锐度。思想素质要求新生作为担当民族复兴大任的时代新人,必须具备良好的思想素质和行为准则。业务素质要求新生,尤其是提交入党申请书的学生,必须要了解一定的党团理论知识,如党员发展流程和党团常识。知识素质要求新生具有深厚的理论修养,特别是要具有马克思主义的基本观点、党的理论知识以及思想政治工作知识。身心素质要求新生必须具有良好的适应能力、控制力、意识水平以及社会交往能力,能积极应对各种压力。

(二)内容载体建设

1. 纪律管理教育内容

大学新生刚入学时,全新的学习和生活环境,陌生的同学与事物,都会使其产生孤独感,尤其是经过特别紧张的高考后,学习压力减轻且个人可支配时间增多,不少新生开始松懈,用于学习的时间变少。同时,大部分大学新生都是独生子女,在开始大学集体生活后,渐渐就暴露出自理能力较差、自我意识较强、人际交往能力较差等问题。

对此,应积极开展以学生守则、规章制度等为内容的主题班会,帮助新生强化纪律观念,明确成为一名合格大学生的具体标准。在主题班会上,还要明确出勤率、宿舍文明、班级纪律等各项规章制度,并将这些及时纳入学生评优选先活动中。同时,引导新生树立自育理念,通过制定和遵守各种自律公约,学生自我管理与自我教育营造良好的管理育人氛围,形成自觉遵守、接受和内化的自育模式。

2. 心理健康教育内容

由中学生变成大学生,角色转换需要一个心理适应的过程。当下大学生群体中"空心病""丧文化""佛系""道系"等现象层出不穷,折射出当前大学生在一定程度上存在消极的心理状态,精神空虚。2018年,习近平总书记

在全国教育大会上强调，教育承担着“塑造灵魂、塑造生命、塑造新人的时代重任”[4]。新生来自全国各地，在刚进入班级时，势必会出现一定的分散性与离散性。尤其是从小学到高中都在父母身边长大的新生，没有经历过太多挫折和困难，在遇到困难时缺乏集体意识，心理承受能力比较差。

大类管理改革背景下，必须大力促进心理育人，通过培养大学生健康的心理素质，促进学生的人格完善和身心健康和谐发展。所以在新生教育管理工作中，安排一次以所有新生心理健康测试与辅导为内容的主题班会，以班级为单位组织集体游戏，对新生进行抗挫教育，促使新生从中体会成功与失败两种不同的感觉，树立良好的团队意识，积极克服各种困难和挫折。针对存在心理障碍和心理问题隐患的新生建立完善的心理档案，实时观察新生的日常行为表现，及时掌握新生的思想动态与心理变化，采取科学合理的方式帮助新生疏导心理问题，贯彻和落实新生心理健康教育工作。

3. 专业认知教育内容

新生进入高校后，就面临着主修专业确认的压力，包括对众多专业的未知迷茫和选择障碍。对此，需要在新生进入高校后，举办一次以专业与就业为主题的班会，可以采用座谈会、交流会、校友专题报告等方式，帮助新生全面了解专业特点、课程体系、师资状况、毕业就业等方面的问题，以稳定学生专业思想。借助专业学院的学科优势与教育资源，与专业学院形成育人合力，以“三全育人”的教育理念，将学科资源、学术资源转化为育人资源，调动学生学习的兴趣与积极性，使其树立良好的、健康的就业观念。

4. 理想信念教育内容

进入大学之后，新生思想与行为的社会性渐渐强化，情绪情感越来越丰富，开始探索人生的意义，但其对于大学和未来缺乏充分了解，经验与实践能力明显不足。尤其“00 后”身处社会快速转型和大发展大变革时期，物质生活需求基本满足，他们更加重视精神层面的需求和个人内心感受，个体主体性发展的需求更加强烈，但面临逐步滑向娱乐化、庸俗化的危险。部分高校新生并不关注时政，甚至还会引发信仰危机。对此，应准确把握当代大学生思想行为发展变化的特点和规律，不断满足学生的成长需求和期待。班团活动中可以定期进行各式体现社会主体核心价值体系的知识竞赛等活动，为理论学习赋予新形式，全面提升新生的政治理论素养，更好促进大学生德智体美劳全面发展。

（三）形式载体建设

1. 以线下班会形式作为基础载体建设

线下班会具有直接交流易共情、传达信息较高效、内容涵盖可丰富等优势，但部分主题班会缺乏设计，流于形式化，内容单一且枯燥，与当代大学生的身心发展特性不相符，对新生思想政治教育效果造成了直接影响，进一步优化主题班会形式势在必行。以说、讲、评为主的会议或讲座报告等主题班会，是新生思想政治教育的主要形式，其重点在于对多数人进行集中教育，主客体之间的信息传达相对直接和便捷。在主题班会中充分利用多媒体资源，通过播放典型的学生日常生活短片，生动直观地预警和提醒学生，让素质教育手段更具吸引力。

2. 以线上会议形式作为灵活载体补充

对于出生和成长于网络化、数字化时代的“00 后”大学生来说，他们处于“无人不网、无时不网、无处不网”的状态中，网络已经全时空、全方位地嵌入他们的学习生活中。对此，需要把大类管理下的班团建设贯穿于大学生的网络学习生活中，可以利用现代化网络手段，建立班团微信群、QQ 群等，借助新生热衷的社交软件，正向引导学生彼此深入进行思想交流，这样不仅可以缩短时空距离，还能够激励学生畅所欲言，从而实现学生的自我教育与管理。

3. 以文体展示形式作为亮点载体打造

新时代大学生身处社会转型和大发展大变革时期，物质生活需求的基本满足使得他们更加重视精神层面的需求，他们的个人才艺和体育特长得到更好培养。通过对比发现，“00 后”新生大部分性格比较开朗活泼，尤其是经过压力巨大的高考之后，进入大学这个轻松自由的环境中，新生都会带有强烈的表现欲。这就需要班团活动建设以此作为前提条件，举办一些文艺体育活动，尤其结合建党百年、五四青年节等主题开展创新活动，以此促使新生从丰富多元的校园文化活动中体会大学生文化生活的多样性，培植爱国主义情怀。

4. 以素拓实践形式作为凝聚载体开展

大学教育以课程教学、校园生活为主要阵地，同时需要组织学生走出教室到室外素拓，参与各类社会实践活动，加强世情、国情、党情和社会责任感教育，引导理论认知与实践体验相结合。以班级破冰素拓为基础，设置具有挑战性和趣味性的素质拓展活动；逐步推进志愿服务和社会实践活动，唤醒

学生的探索意识与团队合作意识，在调动学生积极性与主动性的基础上，促使班级学生共同努力战胜各种考验，使新生快速融入集体，提高班级凝聚力和向心力。

四、新生班团一体化育人载体建设设计与实践

（一）提升理论设计的高度站位

新时代高校思想政治工作肩负培养担当民族复兴大任的时代新人的重任，班团一体化的建设也应处理好“时代”与“新人”的关系，在实现个体价值与社会价值的双重价值诉求中“更好推动人的全面发展、社会全面进步”。主题班团活动应把中国特色社会主义理论教育和党史党情国史国情教育作为重点内容，加强爱国主义、集体主义、社会主义教育，为学生一生健康成长奠定科学的思想基础。从新生入学教育开始，通过积极开展军训、安全教育、校规校纪教育、专业思想教育、心理健康教育、公民道德教育等活动，使大学新生快速适应大学生活与学习，培养良好习惯，养成规范，树立正确的道德观与人生观，为其后续顺利融入大学生活提供有力帮助。

（二）把握班团载体的具体实践

大类管理下的班团一体化建设方案的具体制定，需要主题载体、内容载体、形式载体的素材库中的素材自由搭配组合。以主题班团活动为载体，按照每月至少开展一次主题活动的原则，结合新生特点，与时俱进制订具体详细的主题与活动计划，包括活动目的、活动准备、活动流程、活动方案等。在第一学期，建议依次开展班级内部团建、大类内班级团建、跨大类班级团建；在第二学期可以适当开展跨学堂班级团建。给新生以正确的、积极的引导，使新生能够形成与社会发展需求相符的思想品质，这对新生转变自身角色，实现良性发展有着不可替代的现实作用。

（三）丰富一体化建设的教育主体

班团一体化的建设需要辅导员或班主任等教师群体的参与指导。教师需要积极引导调动学生参与的兴趣与热情，适时总结与点评，丰富主题活动内涵，将全员、全方位、全过程与个性发展相结合，提升学生的综合素养和核心能力。同时，要构建完善的学生自我教育管理模式，进一步满足学生的内在需求，采取科学有效的措施，提高学生的自我教育能力，树立和强化学生自我发展、自觉成才的主动意识，培养德智体美劳全面发展的社会主义建设者和接班人。

五、结语

在共青团改革和高校大类管理背景下，新生班团一体化的建设面临的新形势和新变化在很大程度上为新生的思想政治教育工作开展带来了挑战，尤其是班团一体化建设在主题、内容、形式等各个方面都有待进一步完善。因此，将高校人才改革需求与学生成长成才规律相结合，建立全面、全方位的浸润式教育模式，给新生以正确的、积极的引导，开展科学合理、行之有效的班团一体化建设势在必行。

参考文献

[1] 中华人民共和国教育部，共青团中央 教育部关于印发《高校共青团改革实施方案》的通知[EB/OL].(2016-11-14)[2021-08-20] http://www.moe.gov.cn/jyb_xxgk/moe_1777/moe_1779/201703/t20170320_300172.html.

[2] 习近平.习近平谈治国理政：第二卷[M].北京：外文出版社，2017.

[3] 李继辉.基于核心素质观的我国田径教练员培养体系研究[C]//中国体育科学学会.2015 第十届全国体育科学大会，2015.

[4] 吴晶，胡浩.培养德智体美劳全面发展的社会主义建设者和接班人[N].中国青年报，2018-9-11(1).

新时代基于大类培养的本科新生网络思政教育路径研究

李文迪　李疏贝　张天骄
同济大学新生院

摘要　随着信息技术的快速发展和教育教学改革中大类招生与大类培养改革的推进，新时代面向本科新生的网络思政教育主要矛盾已发生深刻变化。高校在网络思政教育开展过程中应充分把握新时代大类培养的本科新生特点，辨析新时代网络环境对学生思政工作的影响，从建设网络教育区块链、构建网络协同育人链条、以立体化内容构建网络育人平行空间、做好队伍建设和舆情把控等路径入手，提升网络思政教育工作实效。

关键词　大类培养　本科新生　网络思政教育

高等教育在新时代承担着目标更高、任务更重、需要更迫切的新使命[1]，思想政治教育作为贯穿高等教育全过程的重要工作，对落实立德树人根本任务有重大作用。在新时代，随着信息技术的发展，网络思政教育与传统思政教育共筑同心圆，形成平行育人空间。本文通过受众群体特点分析、现实问题辨析，提出针对性的对策和工作路径，为新时代面向大类培养的本科新生开展网络思政教育提供新的思路与方法。

一、新时代大类培养的本科新生特点

习近平总书记在北京大学师生座谈会上讲到，当代青年是同新时代共同前进的一代。我们面临的新时代，既是近代以来中华民族发展的最好时代，也是实现中华民族伟大复兴的最关键时代。广大青年既拥有广阔发展空间，也承载着伟大时代使命。目前，新时代的新青年“00后”已成为高校本科新生的主要群体，他们成长于我国改革开放后快速发展、社会发生深刻变革、世界处于百年未有之大变局并频繁交流碰撞的时代，正处于世界观、价值观、人生观形成的重要阶段和感受时代脉搏、培养理想信念、探索未来路

径、塑造健全人格的关键时期，呈现出思想认识多元化、思维模式新兴化、外在表现差异化、转变更迭快速化等特点。

随着教育教学改革中大类招生与大类培养改革的推进，为适应当前“宽口径、厚基础”的拔尖人才培养需求，高校普遍开始推动构建“大类招生、大类培养和大类管理”联动的高水平人才培养新体系。大类培养的本科新生在各方面因素的影响下表现出诸多共同特点。

（一）学习动力更加充足但存在认识单一问题

不同于确定专业招生的新生，大类招生的新生在入学后首先进行大类培养，再根据高校的具体规则完成专业分流。学业成绩在专业分流过程中的重要性会激励新生形成清晰的学习目标，并具有积极的学习态度。据统计，同所高校大类培养的本科新生相较确定专业招生的本科新生，每日学习时间期望值和每日学习总时长都有显著提升。但是，新生在内在驱动力增强的同时，也存在学业认识单一化的问题，部分新生以进入目标专业为唯一追求，在学习生活中存在着唯分数论、应试型学习、期待教师主导式教学、不重视实践课程、排斥第二课堂活动等问题。在新生适应阶段，大类招生的新生更倾向于维持高中学习模式，学习方式、学习观念未能快速调整，学业规划、学习思索缺乏整体的布局、长远的目光和面向未来的意识。

（二）专业分流“冷热”分化加剧导致综合压力进一步增加

在构建“大类招生、大类培养和大类管理”联动的高水平人才培养新体系过程中，专业分流安排在新生入校后。虽然新生经过大类通识教育和专业基础课程的学习，在专业选择中具有一定的自我认识，但仍然存在片面性，加之部分大类所含专业强弱不均和新生的趋众心理，专业分流过程中“热门专业”更热、“冷门专业”更冷，让新生的综合压力和焦虑感进一步增加，“分分必争”成为新生的常态。新生面对专业分流时，在充分认识专业特点、冷静分析自身条件、合理疏导自我压力、理性选择主修专业、统筹规划未来发展等方面的能力相对欠缺。

（三）自我认同感的需求增加但存在知行脱节问题

相较确定专业招生的本科新生，大类培养的本科新生由于未来选择更加多样、评价维度更加丰富，他们的自我认同感需求更加明显，具体体现在自我了解和自我实现两个方面。在自我了解方面，新生需要花费更多的时间在全新的培养模式中找到自己的定位和特长，结合社会、家庭和个人等多方面因素找到适合自己的专业选择和成长路径。在自我实现方面，由于目

标的清晰、维度的多样、压力的转介等影响，新生更加竭尽所能、处处发力，希望能在方方面面充分体现自我价值。在这种背景下，部分新生未能较好完成从高中评价体系到大学评价体系的过渡，缺乏对自身优势的把握，因而导致知行脱节，缺乏有的放矢的规划，容易在自我认识与外界评价的冲突中进入到“自我否定—渴望认同—认同缺位—自我否定”的恶性循环。

（四）原生家庭的影响复杂

原生家庭是与新生家庭相对应的社会学概念，在教育领域通常指学生在成长过程中与父母等亲人共同生活的家庭。原生家庭的成长经历、父母认知、教育方式、家庭氛围、社会地位、经济情况、重大家庭事件等都会影响新生进入大学时的心理状态、思想认识、自我期许和生涯规划。大类培养的本科新生在专业选择时，原生家庭的影响与本人的志趣会发生更多的“化学反应”。在确定专业招生的方式下，专业选择在高考志愿填报时完成，学生的未来规划、职业认识处于萌芽阶段，志愿的填报通常以家庭决策的形式完成，父母的意见往往在其中起到了绝对主导的作用，学生本人的意见通常仅供参考。大类培养的本科新生的专业确认通常在第一学年第二学期或第一学年结束时完成，由于专业导论课、专业实践课等大类通识教育课程和专业基础课程的开设，加之信息渠道更加多样化、自我意识更加强烈，新生已经有相对确定的专业意向，并能够在一定程度上有理有据地表达自我观点和具体想法，这些观点和想法未必和原生家庭的意见一致，此时新生父母与子女在择业观上的矛盾集中爆发，容易导致新生出现心理问题。

二、新时代网络环境对本科新生思政教育的影响

新时代意识形态话语权确立的最直接方式就是最大限度实现话语的高效传播，打造主流话语体系[2]。高校作为培养社会主义建设者和接班人的重要阵地，应当牢牢把握中国共产党在高校意识形态工作中的领导权[2]，担当意识形态教育使命，在相关工作领域强化习近平新时代中国特色社会主义思想的引领，提高学生思想政治素养，培育社会主义核心价值观。新时代网络环境带来的信息交互方式剧烈变化、思潮多样化加剧以及网络思政教育主要矛盾变化，对面向本科新生开展思政教育造成了影响。

（一）信息交互方式发生剧烈变化导致工作聚合力缺乏、实效隐性化

21 世纪是信息技术飞速发展的时代，随着网络在社群交往中的广泛应用，新时代的网络环境已不再是虚拟空间，而是一个现实性与虚拟性辩证统

一、虚拟环境与现实环境平行且互联互通的社会空间。

在网络环境中，网络参与者既是信息的接受者，也是信息的发布者，信息从过去的主线传播、慢速传播变成了当前的互联传播、快速传播，致使学生处于信息传递快速化、信息来源复杂化、信息实质多样化的环境中。专业知识教育工作者、思想政治教育工作者不再是学生知识输入的唯一渠道，一元化知识权威向多元化权威转向，教育的内容和载体日益丰富的同时也让教育者的知识权威不断消解[3]，传统的第一课堂和第二课堂教学已不能够充分满足学生的成长需求。“00 后”成长于当前的融媒体网络时代，他们在科学文化知识学习、思想认识形成、价值观培育、兴趣爱好培养、人际沟通与交往和日常生活方式等各方面均受到网络环境的影响，并依托网络平台形成了新的生活模式和社交生态。上海市儿童发展研究中心主任杨雄在第十三届新东方家庭教育高峰论坛中指出，“‘00 后’才是真正的中国第一代的网络原住民”。

随着“00 后”进入大学，网络环境对新生的影响表现得尤为显著。新生在进入大学校园时已对大学的思政教育工作有较强主观预设，加之常用网络平台种类多、数量多，导致网络思政教育工作的聚合力缺乏、实效隐性化。据 2020 级新生的数据统计显示，新生在不同终端的每日常用平台超过 10 个，超过 80%的新生所关注的校内微信公众号、B 站账号等超过 15 个，并在跨平台使用中呈现大集中、小分散的特点，部分新生也会因为校内网络平台缺乏整合而缺少信息渠道；超过 70%的微信公众号文章阅读完成率不足 80%，面向新生开展的已阅读文章的内容抽查复述率不足 70%，因此阅读量等统计数据虽可作为直观反馈，但不能充分证明网络思政工作是否入眼入脑入心，工作实效仍需时间检验。

（二）社会思潮多样化加剧导致认知碰撞激烈化、阵地坚守难度大

习近平总书记指出，当今世界正经历百年未有之大变局，我国发展的内部条件和外部环境正在发生深刻复杂变化。党的十九届五中全会通过的《中共中央关于制定国民经济和社会发展第十四个五年规划和二〇三五年远景目标的建议》更是提出要加快构建以国内大循环为主体、国内国际双循环相互促进的新发展格局。在形势重大变化、世界重大变局与发展全新格局中，交织着新矛盾、新风险、新机遇，网络环境为社会快速发展注入了新动能，但让社会思潮的多样性加剧，也成为影响本科新生思想认识的根本原因。

首先，一方面，新时代、新产业、新技术的发展催生了新业态、新模式和新就业，不同行业在成长速度、迭代周期、发展势头等方面的差异更加显著。新兴行业的快速发展与传统行业的疲态形成鲜明对比，给本就缺乏社会阅历的新生增加了更多的不确定性，也在主修专业确认、生涯规划、职业观养成等方面让新生的焦虑不知所因、迷茫不知所解、困惑不知所措。另一方面，市场经济鲜明的逐利性、竞争意识和效率意识让学生极易缺乏远大理想信念、社会理想与责任感、集体主义观念[3]；同时，市场经济下不同的社会思潮、多元的社会文化在网络环境发生激烈碰撞，挑战着新生作为网络参与者的理性判断力和自控力。

其次，新冠肺炎疫情加速了变局的步伐，它不仅直接影响政治、经济，也影响着社会思潮，如放大镜般暴露出社会现实矛盾、反映出严峻而复杂的国际关系形势，并通过网络快速传播，加剧了社会思潮分化。新生本质上缺乏逻辑自洽的认识，更易因此出现思维发散化、问题认识片面化、问题分析表象化、结论陈述绝对化等特点，伴随而来的是容易在自身观点受到驳斥的时候出现自我怀疑、自我否定等消极情绪。

最后，网络环境在为高校开展具有意识形态性质的思想政治教育提供了良好的育人环境和工作抓手的同时，也让资本主义思想、分裂祖国思想等违规信息、非法低俗信息在网络环境的土壤中输出与培植，给意识形态教育工作带来了危机和挑战。

（三）网络思政教育主要矛盾发生深刻变化导致思政教育内容质量要求更高、队伍建设要求更高

新时代面向新生的网络思政教育主要矛盾发生深刻变化，已经从师生日益增长的网络使用需要与落后的校园网络条件、新生网络使用水平之间的矛盾转化为师生日益增长的高品质云端校园文化建设需要与不平衡不充分的网络文化发展之间的矛盾。

内容质量方面，高校的网络思政教育平台在内容设计上缺乏核心吸引力，已无法应对新时代的新矛盾。以微信公众号平台建设为例，部分平台因循守旧，将其定位与网站同质化，内容设计以辅助日常工作开展为核心，集中于新闻稿、通知、公告等事务性内容；部分平台矫枉过正，热衷于借助热点话题、高频词汇制造流量，但缺乏核心立场、思想内核和精准定位，在内容设计的精准性、话题切入的巧妙性等方面把握不足，常出现“老师搞得热闹、学生视若无睹”的现象。这方面问题究其本质，在于教育者在工作着力点上对

主要矛盾变化把握得不够准确,在内容设计上对学生成长需求分析得不够透彻,在核心吸引力塑造上对原则立场、思想内涵、话语体系和先锋引领四个维度兼顾得不够充分。

队伍建设方面,目前,高校在不同条线、不同层级、不同媒介建设的网络思政教育平台数量众多、形式多样。以同济大学为例,将学生作为受众群体之一的融媒体平台超过50个,包括但不限于校院两级官方平台、学工和教学事务平台、校园事务办理和后勤服务平台等,主要运营模式为主管网络思政教育工作的教师负责指导、学生新媒体团队具体管理,队伍建设有待加强。首先,指导教师、学生新媒体团队成员在充分调动育人力量、全面整合育人资源方面力量薄弱;团队成员专业化水平参差不齐,投入力度强弱不一;在坚持核心立场、把握工作动向、设计精品内容等方面未尽人意。其次,网络思政教育工作团队本位主义突出、平台之间缺乏有效联动、工作缺乏向心力,最终未能形成跨平台联动的网络思政育人共同体。最后,新生参与网络平台建设的热情与本身的业务能力存在矛盾,在充分挖掘新生工作潜力、提升新媒体团队可持续发展能力等方面的工作落后于实际需要。

三、新时代大类培养语境下本科新生网络思政教育工作路径

新时代、新环境、新模式、新体系带来了新挑战、新矛盾,思政教育工作者需要顺势而为,充分把握大类培养本科新生的基本特点,瞄准网络环境对思政教育的具体影响,关注网络舆情动向、把握网络环境特点、创新思政教育模式、提高网络思政工作能力,搭建内容立体化的网络育人空间,将思想政治教育渗透到学生培养的各个环节,做好新时代学生教育培养工作。

(一)瞄准工作靶心,把握网络环境特性,建设网络教育区块链,构建网络协同育人链条

1. 以人为本,博采众长,建设网络教育区块

信息交互方式发生剧烈变化导致网络思政教育工作聚合力缺乏、实效隐性化,对此,思想政治教育应当充分遵循以人为本原则,每年面向新生开展针对性调研,并系统分析新生的思想动态、内在需求和网络使用习惯变化。基于对新生基本情况的充分掌握和成长矛盾的系统分析,可调动专业学院、职能部门的育人力量,将通识教育、专业教育、思政教育和新生适应性教育融为立体多元的教育整体,在横向上形成各有定位、各具特色、双向多对多映射的网络教育区块;同时,针对大类培养的本科新生特点,参照分层

架构模式，在纵向上按学校、学院、班级、个人“大V”等层级将网络教育区块进行梳理并进行具体分工，将宏观引领、中观调控、微观补救相结合，构建全互联的区块化网络育人空间。

2. 向新而生，以疏代堵，构建网络协同育人链条

社会思潮多样化加剧导致认知碰撞激烈化，加之大类培养的本科新生在特定的培养模式下对信息的获取数量、全面性和准确度等方面都有着更高的需求，根据期望理论的基本原理，思想政治教育应充分把握网络信息的内在联系，聚焦新生在主修专业确认、职业生涯教育、新生适应等方面的核心诉求，构建网络协同育人链条，环绕式、全方位地形成有效教育合力。以同济大学新生院济美学堂为例，他们瞄准新生成长需求，把握新生成长动态，打造“同济新生院济美学堂”微信公众号，协同专业学院育人队伍开设“济美闻说”栏目指导新生明确未来规划，减轻学生的专业选择和生涯规划压力；协同心理健康教育工作队伍开设“济美解忧铺”栏目打造心理小课堂，引导新生理性看待自我情绪，并进行科学的自我疏导；协同团工委开设“济美青年谈”栏目树立朋辈榜样力量，使学生进一步明确自我发展方向；协同教学管理队伍开设“济美云课堂”栏目拓宽学生视野，缩小学生入学前拉开的学习差距。立足网络平台的协同育人链条打造了全员育人、有效联动的第二课堂，微信公众平台建设取得较好工作实效，在新生群体中有较好反响。

（二）常态化“五育”并举深化纵向内容设计，阶段性工作加强横向有效串联，以立体化内容构建网络育人平行空间

1. 立足网络育人平行空间观，“五育”并举深化纵向内容设计

基于面向新生的网络思政教育主要矛盾发生的深刻变化，应将网络思政教育平台重新定位，摒弃传统的辅助性育人平台观，树立适应新时代、面向新未来的网络育人平行空间观，并围绕立德树人根本任务、把握大类培养的本科新生特点，“五育”并举深化思政教育内容设计。

以修身立“德”为基，立足学生党建、基层班团组织建设、社区思政、朋辈教育等思想政治教育核心模块，把握意识形态教育工作要点，以学生党建为核心筑牢思想阵地、高扬信念旗帜、加强思想引领；以明辨笃“智”为核，建设适应新生成长的云端课堂，通过与教学部门联动营造网络思政教育平台的学术氛围，分享相关学科的专业之美，介绍相关领域的发展趋势，凝聚相关学科的思政教育内涵，搭建云端的课程思政平台，分享科学文化知识和相关

专家学者的最新观点和行业动态，打造云端的思"享"盛宴；以炼志健"体"为要，打造网络空间的心理健康教育文化模式，营造健康心理氛围，增强网络空间互动，把握学生痛点，为工作研判奠定基础，加强线上线下联动的体育文化教育，通过推出云端体育锻炼教程、校内外体育赛事播报等内容，让强身健体文化和体育精神在云端弘扬；以寓教于"美"为翼，打造网络美育新平台，推出名家名作推荐、云端摄影展、优秀作品展播、线上展览资源整合等内容，引导新生树立正确而高尚的审美观，培养感知美、鉴赏美、创造美的审美能力[4]；以践行勤"劳"为实，通过分享劳动教育科学知识、联动劳动教育活动开展、报道优秀志愿者事迹等形式，引导新生从劳动实践中学习新知识、新技术、新工艺、新方法的运用，在动手实践的过程中创造有价值的物化劳动成果。

2. 立足阶段性工作重点，加强横向有效串联

在搭建内容立体化的网络育人空间的过程中，需瞄准阶段性重点工作，将思政教育条线横纵相连，扣好新生的第一粒扣子。例如将弘扬抗疫精神、伟大建党精神等与新生适应性教育、入党启蒙教育、专业分流等重点工作充分结合，打好思政教育组合拳，点亮网络思政教育高光时刻。落实云端思想引领，通过打造"互联网＋四史学习""互联网＋抗疫精神"等相关内容，引导新生以青年之决心响应国家的号召，让入党启蒙教育工作顺势而行、因时而新。把握学生具体诉求，充分聚焦新生在大类通识教育、专业基础教育和专业分流等方面的需求，可立足云端，协同专业学院形成育人合力，在迎新、期中期末、专业分流等重要阶段打造共享式云端学术盛宴，引导新生充分利用线上大类通识及专业教育资源，以兴趣导向为原则，有选择地进行学习与了解专业，拓宽视野，拓展知识面。引导学生生涯发展，在专业分流等重要阶段，应结合大类通识教育做好学生职业生涯引导工作，可立足云端介绍职业生涯规划工具、推出常用技能学习教程，缓解新生职业规划焦虑。

（三）抓好队伍建设，注重舆情把控，保障网络思政教育可持续稳定发展

1. 抓好队伍建设，树立网络品牌，扩大思政教育影响

队伍建设应把握核心、以点带面，网络思政教育工作队伍与学生新媒体工作队伍双管齐下、交叉联动、互促互进、可持续发展。一方面，抓好以网络思政教师为核心的全员育人队伍，充分引导全体教职工立足网络育人空间，树立网络育人意识，提升网络育人能力，挖掘主管工作育人资源，凝练主管工作中的思政教育内涵，为新生成长提供全方位的支持，在主管工作块面打

造相应网络品牌，提升网络平台影响力。另一反面，基于吸引力法则，搭建以学生新媒体工作队伍为核心、联动全体学生干部、辐射所有新生的影响力网络，以交叉影响拓宽网络思政教育格局，通过组建学生新媒体工作队伍，设置学生主编、栏目负责人、学生记者等岗位或组建专项工作组，调动学生主观能动性，挖掘学生诉求，把握学生动态，聆听学生反响，让网络思政教育平台发声从学生中来、到学生中去，并以此为基础，建立学生新媒体队伍新老生联动机制，形成可持续发展、适合传帮带的新生网络思政教育平台，让网络思政教育学生队伍培养始于新生但不止于新生。

2. 注重舆情把控，健全监管机制，坚定思政教育立场

大类培养的本科新生由于专业的不确定性会产生潜在的生涯规划焦虑，并对信息敏感度极高，但同时由于其本身在信息甄别等方面能力缺乏，舆情易引起新生的群体恐慌和突发事件，因此，新媒体工作队伍需着力提升舆情监测能力、舆情控制能力、舆情处理能力、舆情影响能力。在新时代，全员育人队伍均应充分提升把握网络消息传播特点的能力，一是培养高度自觉的习惯，把关注舆情、关心学生反馈贯穿工作始终，对负面观点引起足够重视，对属实问题积极解决、失实问题及时澄清；二是树立短平快意识，注重同步处理、同步沟通、同步公开，把握第一时间、第一行动、第一态度、第一反馈，避免因时间拖延导致谣言发酵，用信息透明的方式赢得理解，掌握主动；三是秉承科学开展工作的观念，大类培养的新生由于专业分流、接续培养等工作，会在大学阶段面临更多的变化，并存在更多的潜在矛盾，扬汤止沸不如釜底抽薪，高校育人队伍应秉承更加科学严谨的态度对工作进行研判，将工作预案做在前、将潜在矛盾解决在前，帮助新生平稳度过大类培养阶段，让新生带着更加积极的心态、丰富的知识储备、良好的学习习惯进入到下一阶段的大学生活。

参考文献

[1] 吴岩.新时代高等教育面临新形势[N].光明日报，2017-12-19(13).

[2] 吴爽.网络社群视角下高校思想政治教育模式重构[J].邢台学院学报，2020，35(4)：178-181+192.

[3] 闫树.新时代高校新生思想行为特点及正向引导[J].武汉理工大学学报(社会科学版)，2020，33(4)：138-143.

[4] 李疏贝，张天骄.新时代高校美育的问题辨析与发展路径[J].高校辅导员学刊，2020，12(4)：30-35+40.

大类培养背景下高校大美育培养体系建构与创新实践

李疏贝　张天骄　李文迪　丁大增
同济大学新生院

摘要　“大类招生培养”改革成为众多高校本科生培养模式改革的主要趋势，基于全人教育、通才教育的大类培养改革将为通识教育重要组成部分的美育提供绝佳的跃迁发展契机和协同创新平台。通过大类培养的视角，厘清高校美育的价值、机遇、问题与挑战，构建符合当下高等教育改革趋势和人才培养价值导向的“五大圈层”高校大美育培养体系，在此基础上依托大类培养平台开展美育创新实践，促进新时代高校美育工作的创新发展，为高校人才培养方案的制定提供理论支撑与决策依据。
关键词　大类培养　高校美育　培养体系　创新实践

人类对美的追求古而有之，进行关于“美”的教育是人类文明传承的重要方式之一。18 世纪 90 年代，德国哲学家席勒在《美育书简》中首次提出“美育”的概念，他认为美育是实现自由的“性格的高尚化的工具”。中国的美育在两千多年前便初现雏形，孔子、荀子倡导“诗教”“乐教”的儒家美育思想，强调美育对人的感化作用以及对人的性情的外在规范、塑造作用。20 世纪初，以蔡元培、王国维为代表的知识分子借鉴西方哲学思想，结合中华优秀传统文化，逐步建立了中国近代美育观。蔡元培如此定义美育：“美育者，应用美学之理论于教育，以陶养感情为目的者也。”当代学者对美育有多种不同的见解，比较有代表性的有“艺术教育说”“美学理论教育说”“情感教育说”等。随着时代的发展，当代中国美育观在不断演进，并被赋予了新的时代内涵。

在高等教育领域，欧美高校普遍将美育作为通识教育的重要组成部分，重视以美育促进人的全面发展。然而长期以来，美育却是中国高等教育中较为薄弱的环节，在教育体系中缺位现象严重，在教育理念、顶层设计、课程

设置、审美实践等多个方面均存在诸多问题。随着习近平总书记关于做好美育工作、弘扬中华美育精神的重要指示以及中央相关文件的出台，美育逐渐成为国家教育方针中不可缺少的重要组成部分和具体载体。高校美育的价值导向已从单纯的艺术教育，转变为具有整体性、系统性、人本性、协同性特征的全面育人导向的“大美育”，高等教育领域陆续开始对美育工作进行实质性改革。

近年来，随着高等教育改革的深入推进，“大类招生培养”改革成为众多高校本科生培养模式改革的主要趋势。基于全人教育、通才教育的本科生大类培养改革以培养“宽口径、厚基础、通专融合的复合型人才”为目标，具有交叉性、人本性、协同性等特征，将为通识教育重要组成部分的美育提供绝佳的跃迁发展契机和协同创新平台。通过大类培养的视角，能更好地探索出符合当下高等教育改革趋势和人才培养价值导向的高校美育培养体系和路径，从而促进新时代高校美育工作的创新发展，为高校人才培养方案的制定提供理论支撑与决策依据。

一、大类培养背景下高校美育的价值、机遇与挑战

（一）培根铸魂，立德树人，全面发展——新时代高校美育的三重价值

中国现代美育的发展进程一路伴随革命、建设与改革，以家国为念，以民族振兴为任，始终扎根人民和生活，有着坚实的社会责任和使命[1]。高校美育工作的开展有利于中华优秀传统文化、革命文化的继承和发扬，有利于增强文化自信，更能引导学生自觉践行社会主义核心价值观。2019 年教育部发布的《关于切实加强新时代高等学校美育工作的意见》中指出：“美是纯洁道德、丰富精神的重要源泉。学校美育是培根铸魂的工作，提高学生的审美和人文素养，全面加强和改进美育是高等教育当前和今后一个时期的重要任务。”[2]在新的时代背景下，培文化之根、铸民族之魂成为高校美育的宏观价值所在。

习近平总书记在全国教育大会上指出，要坚持把立德树人作为根本任务，坚持把服务中华民族伟大复兴作为教育的重要使命。“立德”乃立社会主义之德，“树人”乃树社会主义时代新人。立德树人根本任务要求高校不仅要对大学生传授知识、培养能力，更要引导大学生树立正确的世界观、人生观、价值观，使他们成为担当民族复兴大任的社会主义建设者和接班人。美育通过情感和心灵层面潜移默化的影响，实现学生对高尚价值观的认同，

帮助学生跳脱出功利主义和实用主义的局限,有助于学生道德水平的提升、健全人格的塑造和正确价值观的树立。正如蔡元培所说:"纯粹之美育,所以陶养吾人之感情,使有高尚纯洁之习惯,而使人我之见、利己损人之思念,以渐消沮者也。"对于高校落实立德树人的根本任务,美育是一种切实有效的手段,起到化美育德、以美育人的重要作用,因此,落实立德树人根本任务便成为高校美育的核心价值所在。

新时代的中国正面临着全方位的转型升级,高等教育的发展也由外延式增长逐渐向内涵式提升转变。同时,以人为本的社会综合发展的价值导向,使得社会对高等人才培养提出了更为全面而多元的要求。习近平总书记在全国教育大会上强调"培养德智体美劳全面发展的社会主义建设者和接班人"[3],其教育理念旨在"人的全面发展"。随后,时任教育部部长陈宝生在全国学校美育工作会议上指出:"学校美育工作是党的教育方针的具体载体。德智体美劳彼此不是互相分割、机械堆积,是一个辩证的、有主有从、相辅相成的关系,都服务于培养合格的建设者和接班人,培养全面发展的人。"[4]从中不难发现,新时代高校美育不仅肩负着引导学生树立正确的审美观、提升审美能力的职责,还应起到辅翼德育、智育、体育和劳动教育的功能,成为全面育人体系中极为有效的培养路径和载体,对于高校提升全面育人品质将起到至关重要的作用。从教育的本体功能看,美育带给学生的是综合素质的全面提升、核心竞争力的大幅增强,实现全面发展成为高校美育的本体价值。

(二)发展契机,联动机制,创新平台——大类培养改革为高校美育带来的机遇

中华人民共和国成立初期,我国以苏联模式为依托建立高等教育院校体系,确立了典型的以培养专才为目的的专业化教育培养模式。这种崇尚专门化和强调实用主义的教育模式虽然有其时代合理性,却也导致我国高等教育错失了多学科交叉融合跃迁发展的黄金期,出现了学科专业分割化现象,也割裂了学生的知识完整性。

近年来,随着高等教育改革的深入推进,"大类招生培养"改革成为众多高校本科生培养模式改革的主要趋势。据统计,2019年进行大类招生培养的"双一流"建设高校有118所,占"双一流"建设高校总数的78%,许多高校都设置了大类培养的专门化机构。大类招生培养模式是对传统专才教育模式的变革与突破,改变过去按专业招生、按专业培养的做法,按学科大类或

者按照院系进行招生，让学生经过一段时间的大类培养后，根据本人意愿、兴趣和社会对人才的需求情况，进行专业分流，开始专业阶段学习的一种新的人才培养模式[5]。大类培养有别于传统专业教育模式，旨在探索通识教育与专业教育融合发展的路径，其教育重心势必将大幅度向通识教育偏移，这就为作为通识教育重要组成部分的美育提供了极佳的“试验田”。

大类培养教育模式以“三全育人”理念为指导，通过机构设置、队伍建制、教学体系等方面的改革，打破高校院系之间、学科之间的壁垒，整合育人资源和育人队伍，构建“大类招生、大类培养、大类管理”的三联动机制，拓展了协同育人体系的广度和深度。这将为高校进一步深化美育改革提供管理支撑和机制保障，更为美育的创新实践搭建协同育人的广阔平台。

（三）偏失，空心，局限，脱节——高校美育的内生问题与外部挑战

对于新时代的高校人才培养来说，美育的重要性已不言而喻。然而长期以来，美育却是高等教育中较为薄弱的环节，未能与高等教育的发展水平同步，在顶层设计、理念认知、课程设置、审美实践、环境营造等多个方面均存在诸多内生问题与外部挑战。

其一，顶层设计缺失，美育认知偏隘，地位边缘化。一直以来，我国高等教育更注重专业知识传授和能力培养。虽然近年来各高校依托校园艺术文化活动积极开展艺术教育实践，但并未形成系统化的美育教育体系和协同运作机制，缺乏科学的顶层设计。许多高校对于美育的认知更偏向于以艺术教育替代美育的狭义美育观，使得美育在人才培养体系中“孤掌难鸣”，甚至成为育人体系中“锦上添花”的装饰，无法充分发挥其助力全面育人的重要作用。

其二，教学体系不完善，美育课程设置空心化。作为高校美育培养的核心环节，美育课程体系建设长期未得到相应的重视，美育教学体系出现第一课堂空心化现象，课程设置存在不系统、不足量、不完善、不规范等多方面的问题；以美学为核心的基础理论课程建设并未得到应有的重视，且美育与专业教育之间还存在较高的壁垒，对不同学科蕴含的美育素材未能充分利用和挖掘，美育格局较为局限。此外，美育教学存在良莠不齐的问题，教学过程简单“知识化”，流于形式，疏于引导，教学水平与质量堪忧。与此同时，当前国内外文化环境复杂，外来文化灌输式入侵，不断冲击着传统文化体系和国人的文化自信，高校美育在教学内容、教学方法上还面临诸多挑战。高校美育教学体系建设如何做到与时俱进地革新，成为当下高校美育发展所面临的重要命题。

其三，形式范围受限，美育实践活动缺乏人本性和辐射力。目前，社会多元文化使得高校学生对美育实践的内容和形式有了多样性需求。然而，高校提供的美育实践活动形式较为单一、内容较为局限，未建立覆盖全员、分层分类的美育普及机制，且各高校间的美育培养特色不明显，存在同质化现象，“走马观花”式、“打包复制”式的活动居多。同时，审美实践活动多局限于有一定艺术基础的学生群体，与国家提出的公平性和人本性原则不符。此外，目前高校美育实践活动面向社会的辐射力较弱，限制了美育对培养学生社会服务意识的促进作用。基于新时代人才培养对于学生创新能力的迫切要求，美育实践如何更好地延伸至创新教育当中，是美育实践亟待拓展的重要课题。

其四，文化氛围不足，美育环境营造缺乏创新性和渗透力，与新一代大学生的文化语境脱节。随着社会经济的快速发展和生产力水平的不断提高，高校基本硬件环境已有了大幅改善，各高校也开始注重校园公共空间的设计。然而，传统的校园文化环境营造方式较为枯燥生硬，手段缺乏创新，美育环境缺乏时代感和渗透力，很难达到以文化人、以美育人的效果。同时，一些高校在校园景观与设施建设的过程中，缺乏审美意识或审美素养，环境治理能力较弱，使得校园物质环境存在审美水平较低的问题，影响了环境美育的成效。身处信息化时代，网络文化环境也成为校园软环境的重要组成部分。网络环境的开放性对传统校园文化和大学生的审美取向形成较大冲击和挑战，利用好网络媒介和信息化手段，创新美育培养路径，营造健康高雅的网络文化环境，将是新时代高校美育的必由之路。

二、大类培养背景下高校大美育培养体系建构

（一）培养目标的“玫瑰三愿”①

基于新时代德智体美劳全面发展的教育方针和育人语境，本文将高校美育培养目标概括为以下三个层次。

其一，“求真”“求善”“求美”，树立高尚审美观。审美观，是人的审美活动的“总开关”，与时代背景息息相关，是建立在一定社会实践基础之上，随实践的发展而发展的。在多元文化碰撞的高校，美育工作背负了重要的历史使命，而树立和培养学生高尚的审美观应当是高校美育的首要目标和前提。

其二，“养眼”“养心”“养思”，培养感知美、鉴赏美、创造美的三重审美能

---

① 中国经典艺术歌曲《玫瑰三愿》，创作于 1932 年，由龙榆生作词，黄自作曲。

力。审美是人类的高级精神活动。首先，感官审美的培养能使学生对现实中的美进行“发现”，从而与之构成审美关系，产生物我交流中的真挚情感，从而提升审美感知力。其次，通过长期的生活实践、审美实践和丰厚的知识积累，培养学生鉴别美、理解美、欣赏美的能力，并使其在现实生活中正确地辨美丑、分善恶，达到心灵的净化。最后，创造美是审美能力的最高层次。高校美育培养的目的还在于让学生在实践活动中把握和遵循客观事物“美”的内在规律，用创造性思维去美化自身和客观世界。

其三，辅德、启智、益体、助劳，实现人的全面发展。在国家德智体美劳全面发展教育方针的指引下，新时代高校美育的培养目标已不再局限于对审美观与审美能力的培养，而是寓教于“美”，将美育作为载体，以美辅翼德育、智育、体育和劳动教育，陶冶道德情操，提升精神境界，完善人格塑造，有益身心健康，促进学生综合素质的全面提升、核心竞争力的大幅增强，以美的规律培养和造就德智体美劳全面发展的社会主义建设者和接班人。

（二）培养指标的“红、蓝、黄构图”①

对于高校美育培养体系来说，建立科学完善且与培养目标逻辑呼应的指标体系尤为重要，它可为高校美育培养的具体实施提供指标性引导，也可为教育质量的评估与监管提供依据。本文构建了新时代高校美育培养指标体系，共包含 2 个一级指标和 8 个二级指标，见表 1。

表 1　新时代高校美育培养指标体系

一级指标	二级指标	三级阐释
显性审美素质	审美观	从审美的角度表达对世界和人生的看法，是人的世界观、人生观、价值观的重要组成部分，其核心是审美理想和审美标准
	审美感知力	获取美的规律的一种内在能动力、敏锐洞察力，以及应和审美对象所激发的审美情感的能力
	审美鉴赏力	基于审美观和文化修养，对各种现象中美的特征进行鉴别、欣赏、评价的一种认识和理解能力
	审美创造力	在审美中遵循美的本质与规律能动创造美的能力，来自人的社会实践、审美实践和对这些实践经验的总结，是在把握美的规律和学习、借鉴前人审美经验、创造经验的基础上加以概括、提升的结果

① 《红、黄、蓝构图》，系著名画家蒙德里安作于 1930 年的几何抽象风格的代表作之一。

（续表）

一级指标	二级指标	三级阐释
隐性审美素质	以美辅德	用悦耳悦目、悦心悦志的文化艺术形式，让大学生接受生动的思想道德教育，促进其政治素养、道德面貌和思想情感的健康发展，从而使其筑好精神底座，树立正确的世界观、人生观和价值观
	以美启智	通过审美教育和实践活动，促进大学生对客观事物和主观世界的感知、记忆、联想和想象，从而提升观察力、想象力和创造力，促进大学生智力的发展、综合素质和能力的提高
	以美益体	健体怡情，促进大学生对人体形态美和运动美的欣赏和认识，增强体育锻炼的意识，在体育锻炼中享受“美”，并有助于培养大学生积极乐观的心理状态，促进其身心健康发展
	以美助劳	促进培养大学生正确的劳动价值观念、劳动态度、劳动习惯，将健康向上的审美趣味、审美格调和审美理想运用到劳动创造全过程，在其中发现美，并获得身心解放的美感

构建合理有效的高校美育培养指标体系，就如同绘制《红、蓝、黄构图》，需讲究内部结构的平衡，更需考虑个体与集体的协同，即美育在高校育人体系中的角色定位。在这一指标体系中，第一层次的“显性审美素质”是基础标准，包括了审美观、审美感知力、审美鉴赏力和审美创造力。第二层次的“隐性审美素质”则是高校美育的延伸标准，也是新时代中国特色社会主义大美育观的具体体现，强调德智体美劳全面协调发展，以及美育对其他四育的辅助推动作用，要以美辅德，以美启智，以美益体，以美助劳，成就理想的全面发展的人。

（三）大类培养背景下美育培养体系的“五大圈层”框架

中国特色社会主义进入新时代，“全面发展”已成为新时代高校人才培养的价值导向，统筹兼顾的方法论体系被运用到高教领域，“三全育人”“课程思政”等教育理念被渗透到人才培养的全过程，这对高校美育培养框架的顶层构建产生深远影响。大类培养教育改革又为高校美育的跃迁发展提供了良好契机、机制保障和协同创新平台。为应对新时代高校美育在顶层设计、课程设置、审美实践、环境营造等多个方面的问题和挑战，本文基于大类培养的育人平台，构建了多维度、全覆盖的“五大圈层”新时代高校大美育培养框架(图 1)。

基于大类培养模式的新时代高校大美育培养体系可分为第一课堂美

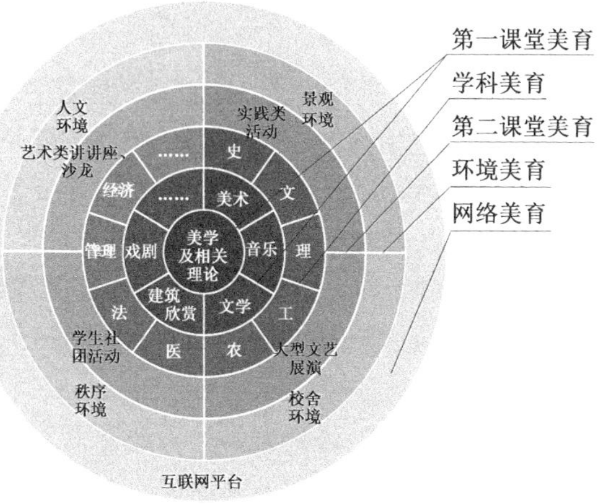

图 1 “五大圈层”新时代高校大美育培养框架

育、第二课堂美育、学科美育、环境美育、网络美育五大层次：

（1）第一课堂美育包含两个范畴，一是通过美学及相关学科的核心理论课教学，让大学生具备基本的美学理论基础；二是依托大类通识教育，开设普及性的美育通识课程，开阔大学生的视野，提高其审美和人文素养。

（2）第二课堂美育，以校园文化活动为载体，以审美实践为主要手段，通过文艺展演、讲座沙龙、文化艺术展览、艺术类社团活动等形式，开展丰富多彩的美育活动，并与社会实践、创新创业教育做有机结合，让大学生在活动中审美，在审美中成长。

（3）学科美育，与“课程思政”有异曲同工之处，是将美育渗透到专业教育当中，基于大类培养的协同育人平台，深入挖掘和整合不同学科所蕴含的美育资源，充分发挥各个学科的美育功能，加强美育与德育、智育、体育和劳动教育的相互融合，形成与第一课堂、第二课堂协同以美育人的合力。

（4）环境美育，指校园环境的美育功能。通过校园软、硬环境的建设与治理，营造具有美感的校园文化氛围，构建浸润式的大美育环境，推动大学审美环境的整体提升和审美文化的整体建设。

（5）网络美育，指充分利用网络平台和信息化手段开展美育工作。结合“互联网＋”的发展形势，扩大优质美育资源的覆盖面，创新高校美育的教育内容与方法，加强基于移动互联网的美育学习和共享平台建设，营造格调高雅、充满朝气的校园网络文化氛围。

三、基于大类培养的高校大美育创新实践——以同济大学新生院济美学堂为例

为构建“大类招生、大类培养、大类管理”联动的人才培养新体系，适应“宽口径、厚基础拔尖人才培养”需求，2019 年同济大学正式成立新生院，对应 10 个专业大类平台，下设九大学堂，创建“新生院—专业学院”融合联动的工作机制，形成多元育人共同体，为美育工作的创新实践提供了制度保障和协同平台，在促进跨学院、跨学科大类培养的同时，也推动了美育与其他学科的交叉融合。根据中共中央、国务院《关于全面加强和改进新时代学校美育工作的意见》的指示精神，以本科生大类培养改革为契机，依托新生院协同育人平台，济美学堂着力推进基于“五大圈层”大美育培养体系的新生美育创新实践，成效卓著。

（一）专业基础课与精品通识课双线并举，依托第一课堂夯实美育根基

新生院根据各大类培养方案开设 10 门大类导论课程，并开展形式多样的教学拓展活动，构建新生通识教育体系。济美学堂包括建筑规划景观与设计类、智能交通与车辆类两个招生大类和设计学类，依托专业特点及跨学科优势，在大类通识导论课的基础上，开设“设计基础”“设计概论”“建筑概论”等专业基础课和“人文哲学基础”“语言与表达”“西方哲学史”等精品通识课，让新生具备审美理论基础和基本人文素养，为新生的美育培养奠定良好的学科基础。

（二）结合新生成长需求，开展分层分类全覆盖的第二课堂美育普及

结合入学适应性教育，组织新生观看校史校情的原创舞台剧、红色经典歌剧，参观校史纪念馆，开展才艺展示、迎新晚会等活动；组织所有学生参与大合唱、美术主题展、红色艺术教育周等活动，让学生在提升审美素养的同时接受思想政治教育；依托“高雅艺术进校园”及其他校内艺术文化活动，并结合校庆等重要时间节点，策划举办文化艺术类活动和大型展览，实现新生审美鉴赏实践全覆盖；针对具有一定审美基础和艺术特长的新生，鼓励其广泛参与才艺展示、晚会演出等艺术实践活动，带领学生共同进行文艺演出、有声电台、实体装置等各种形式的艺术创作和审美实践，以局部带整体，提升学生创造美的能力。

拓展美育实践范畴，将第二课堂美育延伸至城市之中，以展厅展馆、博物馆、艺术中心为校外课堂，将城市建筑、城市历史、城市文化等作为美育内

容，以考察调研、徒步探索等实践方式，引导学生通过手绘、摄影、文字、视频、有声书等形式，了解城市文脉，挖掘建筑文化，在发现美、感受美、创造美的过程中，提升审美素养和人文素养。

济美学堂每年组织新生参加校内各类文化艺术活动共计 150 余人次，至西岸美术馆、余德耀美术馆、上海博物馆等观展 20 余场，还带领新生策划组织了“百年回望 · 建筑回响”上海高校建筑故事主题展系列活动，获得较大反响。2020 年度，济美学堂学生获艺术类奖项共计 46 人次，其中 11 人获省部级奖。

（三）促进交叉融合，大力推动“学科美育”创新实践

《关于全面加强和改进新时代学校美育工作的意见》指出：“把美育纳入各级各类学校人才培养全过程，贯穿学校教育各学段。”只有深入挖掘并充分发挥各个学科的美育功能，才能全面发挥美育立德树人的作用。

在新时代大美育格局下，以“三全育人”教育理念为指导，济美学堂率先推出“济美 · 大师讲坛”学科美育系列讲座，旨在借助专业学院的学科优势与教育资源，通过多层次、多学科的资源整合，加强美育与其他学科的交叉融合，挖掘不同学科所蕴含的美育价值和美育元素，以“学术共同体”的模式，将美育嵌入到人才培养过程中，充分发挥专业教育的美育功能。济美学堂院长郑时龄院士领衔，开设“工程美学”“失落的世界——中华传统建筑审美之六禽戏”“人类移动系统之美”“汽车美学”“当代设计的艺术与思辨”5 个专场，通过专业之美、学科之美、理想信念之美、道德情操之美、人文艺术之美的熏陶，引导新生树立正确而高尚的审美观，培养感知美、鉴赏美、创造美的审美能力。同时，将美育与大类通识教育、思想政治教育有机结合，通过大师垂范，以美辅德、以美启智，促进新生的全面发展。

（四）环境美育、网络美育双管齐下，营造浸润式美育氛围

贯通线上线下平台，充分利用学堂公众号等网络平台和信息化手段，扩大优质美育资源的覆盖面，创新美育的教育内容与方法，加强基于移动互联网的美育学习和共享平台建设，营造格调高雅、充满朝气的校园网络文化氛围；同时，通过校园软、硬环境的建设与治理，营造具有美感的浸润式的大美育环境，推动大学审美环境的整体提升和审美文化的整体建设。学堂公众号推出“济美云课堂|美育篇”版块，包含线上观展、展讯信息、抗疫主题艺术作品展、规划师的跨界摄影展、建筑师跨界谈音乐等内容，营造学堂良好网络美育氛围。同时，学堂重视文化标识系统建设，创设学堂 LOGO，制作院

旗、徽章、书签等文化周边产品，通过微信公众号、学堂办公环境、“文明寝室”评选活动等媒介，将校本文化、社会主义核心价值观等内容通过环境隐性传达，融美于境，“润物细无声”地提升美育渗透性和有效性。

参考文献

[1] 潘鲁生.新时代的美育使命——学习习近平总书记给中央美院8位老教授的回信精神[EB/OL].人民网.(2018-09-10). http://art.people.com.cn/n1/2018/0910/c226026-30283308.html.

[2] 中华人民共和国教育部.教育部关于切实加强新时代高等学校美育工作的意见[EB/OL].(2019-04-02). http://www.moe.gov.cn/srcsite/A17/moe_794/moe_624/201904/t20190411_377523.html.

[3] 吴晶，胡浩.坚持中国特色社会主义教育发展道路　培养德智体美劳全面发展的社会主义建设者和接班人[N].光明日报，2018-09-11(1).

[4] 陈宝生.推动新时代学校美育工作再上新台阶[J].上海教育，2019(15)：1.

[5] 陈士夫，王瑛.关于地方高校大类招生培养模式的思考[J].中国大学教学，2008(1)：64-65.

基于“三圈三全育人”的大类培养新生创新教育研究

——以同济大学新生院为例

王凯文　张南华　臧蓓华

同济大学新生院

摘要　随着社会发展和国家进步，创新教育已成为高校素质人才培养的重要着力点，在大类培养逐渐推行的背景下，寻求可参考、可复制的新生创新教育体系日益迫切。作为“三全育人”综合改革示范区，同济大学新生院经过近两年的探索总结，以“三全育人”理念贯穿创新教育工作核心，提出突破时间、空间范畴的“三圈三全育人”培育体系，构筑内圈第一课堂、中圈第二课堂、外圈校外及线上资源，做到各场域全面覆盖、主体多元参与、资源有效利用，使创新教育的体系更加立体化、科学化、具象化，并在大类培养创新教育工作实践中取得了一定成效。

关键词　大类培养　创新教育　三全育人

2014 年出台的《国务院关于深化考试招生制度改革的实施意见》不仅引发基础教育的一系列变革，也对高等教育教学产生深远影响，其中之一便是越来越多的高校在本科招生环节采用大类招生培养模式。大类培养即按照学科大类、文理科大类，或者把几个学科类似的专业合并到一起，以一个大类统一进行招生，学生进入高校后一般经过一年的基础培养，再根据兴趣和双向选择原则进行专业分流。在大类培养的过程中，基于通识教育的创新教育越发引起各高校关注。

2015 年发布的《国务院办公厅关于深化高等学校创新创业教育改革的实施意见》，作为广大高校创新创业教育工作的纲领性文件，提出了坚持协同推进，汇聚培养合力，集聚创新创业教育要素与资源，统一领导、齐抓共管、开放合作、全员参与。2016 年，中共中央、国务院印发的《国家创新驱动发展战

略纲要》提出，要发展众创空间，鼓励人人创新。2017 年，党的十九大报告提出“创新是引领发展的第一动力”，创新能力也是《关于深化教育体制机制改革的意见》提出的“强化学生关键能力培养”中的一种关键能力。党的十九届五中全会明确提出，坚持创新在我国现代化建设全局中的核心地位。

可见，国家和社会对高校创新教育的期盼与需求日益强烈。在大类培养的教育背景下，高校的新生创新教育急需具有可行性、实效性，打破单一专业学院的教育壁垒，整合校内外各类资源和平台，提升学生通识性创新思维。

一、大类培养背景下创新教育的机遇与挑战

根据《国务院办公厅关于深化高等学校创新创业教育改革的实施意见》指出，全面贯彻党的教育方针，落实立德树人根本任务，坚持创新引领创业、创业带动就业，主动适应经济发展新常态，以推进素质教育为主题，以提高人才培养质量为核心，以创新人才培养机制为重点，以完善条件和政策保障为支撑，促进高等教育与科技、经济、社会紧密结合，加快培养规模宏大、富有创新精神、勇于投身实践的创新创业人才队伍，不断提高高等教育对稳增长促改革调结构惠民生的贡献度，为建设创新型国家、实现“两个一百年”奋斗目标和中华民族伟大复兴的中国梦提供强大的人才智力支撑。大类培养对于高校创新教育既是难得的机遇，同时也是必须面对的挑战。

（一）高校调配协同育人

大类培养注重协同育人新机制的实践。在大类培养的背景下，各高校可以充分调配各类资源，加强专业实验室、虚拟仿真实验室、创业实验室和训练中心建设的联动，促进实验教学平台共享。打破校园局限，各高校充分利用各种大学科技园、大学生创业园、创业孵化基地和小微企业创业基地，加快建设大类培养创业教育实践平台，建好一批大学生校外实践教育基地、创业示范基地、科技创业实习基地和职业院校实训基地，为全方位开展创新教育打下坚实的资源基础。

（二）通识教育课程设置

面对百年未有之大变局，要满足建设创新型国家的人才需求，高校传统的专业人才培养模式面临新的挑战，太细太窄的专业教育不利于大学生综合素质提升，特别是不利于创新能力培养。大类培养较传统培育模式而言，最根本的区别在于第一年通识教育，这种新型模式使学生在高等教育起步

阶段不再局限于某一个专业，有助于培育学生通识性创新思维和创新理念。打通相近学科专业的基础课程，开设跨学科专业的交叉课程，在大类培养背景下探索建立跨院系、跨学科、跨专业交叉培养创新创业人才的新机制，从教学角度全流程促进人才培养由学科专业单一型向多学科融合型转变，从而培养学生成为具备扎实的学科基础、具有创新创造潜力的复合型人才，推进“中国制造”向“中国创造”的转轨。

（三）缺乏专业朋辈带教

学生入学后，因为大类培养而集中在新生院开展学习。因为尚未开展专业分流，所以对于大一学生来讲并没有专业领域的学长学姐带教指导，缺失高年级学生的带教对大一新生的学习生活和创新能力的成长都有一定影响。在人才培养体系的搭建过程中，要充分考虑高校新生创新创业教育存在的现实问题，更要将其作为深化高校创新创业教育改革的着力点，通过丰富课程、创新教法、强化师资、改进帮扶，推进多元带教，突破人才培养薄弱环节，增强学生创新精神、创业意识和创新创业能力。大类培养背景下，联动专业学院开展全员育人，将有效弥补因制度建设而缺失的关键环节，提升带教效果。

（四）先行研究相对匮乏

由于大类培养和创新教育的推广时间都不长，各个高校在大类培养模式下的创新教育经验尚不足，对于创新教育的探索尚在初级阶段。纵览大类培养相关研究可以发现，学界将视域置于专业课程设置、学生管理、分流政策等方面，几乎没有关注到新生的创新教育工作。随着社会对高校学生创新教育的需求日益迫切，在大类培养背景下的创新教育模式探索对高校提出了更高的标准，但目前可参考的先行研究、可借鉴的整合模式都较少。

二、三全育人时空意蕴下的大类培养新生创新教育

大类培养模式下的创新教育需要有章可循，更需要核心指导。习近平总书记曾指出：“要坚持把立德树人作为中心环节，把思想政治工作贯穿教育教学全过程，实现全程育人、全方位育人，努力开创我国高等教育事业发展新局面。”作为高校教育工作的新要求，三全育人的培养理念既契合大类培养的人才培养要求，也可以有效解决人员缺乏、培养体系不完善等问题，实现创新意识、创新思维、创新能力全面覆盖指导。以三全育人理念指导大类培养创新教育，灵活运用大类培养的优势，是当下培养全面发展人才的重

要实践方向。

三全育人融入大类培养新生创新教育，首先需要发挥学校各类人员、校外各界人士的作用，全员参与创新教育。这支队伍不仅包括专业课教师、专兼职辅导员等日常教育主体，更包括新生导师、党政管理干部、教辅人员、朋辈力量以及校外各行各业从业者，各方力量涵养合力育人文化，嵌入式相互配合，形成分工合作、协调有效的大育人团队。其次，重视新生学习成长的每个阶段，全过程融入创新教育。时间维度是培养大学生创新能力的一条主线，新生创新教育需要潜移默化地融入全过程，做好专业分流前的教育融入和分流后与专业学院的培养衔接，为新生筑牢创新思维基础，形成有计划、有针对性、分阶段的全程化教育模式，拓展联动育人平台和育人资源。最后，在新生整体教育过程中，全方位渗透创新教育。从空间维度提出要求，通过第二课堂活动激发学生专业兴趣，通过朋辈引领和榜样示范作用提升学生学习能力，通过各类竞赛提升学生实践能力，通过各类讲座活动拓展学生知识范畴。打破线上线下的界限，实现从校园文化、网络文化到社会文化的全方位覆盖。鼓励原始创新，着力培养创新意识，立足提升创新能力，加强培育创新思维，明确人才培养要面向国家重大战略需求。

基于以上发展目标，新生创新教育在时间上强调大类培养的一体贯通、各个环节的齐头并进、各个节点的有效把握，做到各场域全面覆盖、主体多元参与、资源有效利用，使创新教育的体系更加立体化、科学化、具象化。在空间上内圈聚焦第一课堂育人主渠道，着力培养创新意识；中圈聚焦第二课堂素质教育，立足提升创新能力；外圈聚焦整合社会资源开辟线上第三课堂，加强培育创新思维，将三全育人理念贯穿始终，形成“三圈三全育人”的创新教育工作模型(图1)。这是对新时代大类培养创新教育工作的积极探索。

(一)“内圈”聚焦第一课堂育人主渠道，培养创新意识

打造以通识教育课程为支撑，以创新实践课程为辐射的创新教育体系，推动建设学校、专业学院、新生院联动的“五支育人队伍”，肩负起创新教育的职责，实现创新思维与价值取向的双向教育结合。内圈着重立足于创新基础和逻辑体系教育，对学生在未来创新工作中常用到的知识、逻辑、技能进行全面普及，打开学生进入创新活动的大门，打造内容供给平台，探索、追踪、构建合适的创新初级知识体系，挖掘、实践有效的教学手法，引导师生积极参与各类创新团队的实践训练，及时掌握各类行业前沿动态，培养集体攻关、联合攻坚的团队精神和协作意识，筑牢坚固基础的内圈创新教育。

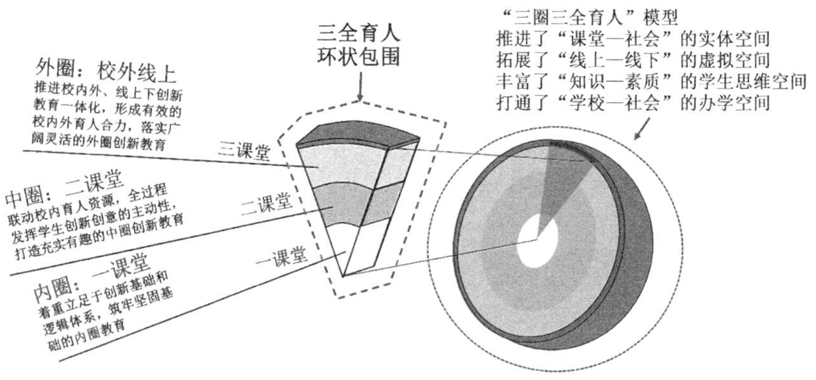

图 1　大类培养“三圈三全育人”创新教育工作模型

（二）“中圈”聚焦第二课堂素质教育，提升创新能力

实现联动育人，积极整合校内育人资源，调动教学、科研、管理、后勤服务等所有环节参与创新教育，将创新教育融入大一新生的校园文化生活、创新实践，以多学科的融合、丰富多彩的校园文化活动等打通校内育人“最后一公里”。进一步深化内圈的课堂教学，实现从进入新生院到专业分流的全过程创新教育，定期在学生中开设有关科学精神、学术诚信、职业教育精神等方面的专题讲座。着力推进大一新生了解、参与各大类研究方向和发展趋势相关的各类创新活动，以实践活动促进教学工作，联动朋辈力量，发挥学生创新创意的主动性，充分利用国家发展前沿的各类校内科技资源，打造充实有趣的中圈创新教育。

（三）外圈聚焦整合社会资源，开辟线上第三课堂，培育创新思维

打开门办创新教育，构建全社会协同开展创新教育的大格局。大力推进校内外创新教育一体化，实现校内工作溢出效应，推动新生深入了解区域化创新建设，调动各行各业专家、学者、校友的积极性，进一步深化产学研协同，有序推进社会场馆资源、人才资源向高校创新教育领域汇聚，有效利用社会资源启发学生创新思维，打破空间、平台、载体等物理区域限制，深入落实全方位育人的有效性，进一步丰富大类培养学生的创新教育社会资源库。准确洞悉“00 后”作为网络原住民的特点，打破线上线下、时间空间的教育壁垒，充分有效运用网络空间，以围绕学科大类研究方向的创新教育为主体，把握新媒体运行的特点和优势，灵活运用各类网络平台开展教育工作，使三全育人真正落实到创新教育的方方面面，形成有效的校内外育人合力，落实

广阔灵活的外圈创新教育。

三、“三圈三全育人”创新教育实践有效路径

2019年5月，同济大学新生院正式成立，实行“1+3”为主的人才培养模式，突破单一学科式设置模式，作为“三全育人”综合改革示范区，正式开启同济大学“大类招生、大类培养、大类管理”联动的人才培养体系建设新篇章。同济大学新生院以“三圈三全育人”为工作导向，依托大类学科专业占据科技前沿的特点和优势，着力培育学生创新能力，集体凝练育人理念，提升人才培养质量，全面提高大类培养模式下新生的创新教育质量。

(一) 内圈做好创新知识普及，搭建权威联动育人团队

对于大类培养模式而言，最重要的是协同各专业学院、创新基地的专业教师共同做好第一课堂的课程教学工作。调动所有人员资源，全面推进专业教师担任新生导师和班主任制度、组建相关专业学长学姐工作组、招聘不同专业兼职辅导员队伍，全覆盖的新生导师制的实施，除了在学业上、生活上关心学生，更使得学生早进实验室、早参与科研成为可能。新生院组织各专业领域优秀的专业教师担任新生导师，联动各专业资源，组成强有力的带教队伍，做好日常学生创新教育工作，并为学生分流至各专业学院、抉择个人专业方向提供有力的参考。大类培养下的创新教育要求工作团队具有与时俱进的教育理念，宽广的视野，先进的信息技术能力，灵活的创意课程设计能力，较强的学习能力、实践操作能力和创新创业能力，新生院联动各领域专业老师，从教学形式和教学内容两方面丰富第一课堂创新教育。

(1) 形式上，开展各种科研领域的科普讲座。其一，专业老师主讲，每期讲座的内容都是从一个贴近生活的议题拓展为一个专业领域的研究方向，讲座将贯穿学生一整年的学习。其二，新生导师主讲，利用多元化知识体系扎实推进创新基础知识的普及，讲其所需，拓宽视野，在新生的内心埋下渴望创新、突破未来的种子。与双创学院联合推出面向大一新生的(大学生创新实践训练计划)(SITP)指导实践项目，在新生导师的指导下，同济大学5名新生在第一学期即已申请专利，所参与的“基于深度学习的多模态图像引导静脉穿刺机器人”课题的科研成果得到了人民网、新华网、光明日报、澎湃新闻等各方媒体的关注和报道，并获得上海市产业青年创新大赛金奖。

(2) 内容上，不仅需要对创新精神、基础知识相关的课程进行介绍，更需要提升学生的思辨能力、创新意识，并提供与创新相关的基本技能的学习机

会与指导。联动信息素养中心的专业教师，围绕学生创新必备的文献检索、论文撰写基本知识技能，开设“本科生研究型写作与文献检索利用”主题课程，弥补大一学生专业课程中没有相关技能教学的漏洞，锤炼学生开展创新研究的基本功。同济大学双创学院“精细”针对双创本身的课程、师资、实践项目进行知识结构再梳理，构建创新创业入门知识（“创新方法与创业基础”“社会创新创业”等课程）、专业知识、拓展知识、交叉知识、实践知识（创业修炼）有机迭代的立体知识结构网络，使每个学生都能在其中找到自身专业需要的创新创业知识学习路径，使创新创业能力得到提升。

（二）中圈丰富创新活动，构筑理论实践结合的教学模式

中圈的创新活动追求理论与实践结合。在理论层面应加强分享与交流，高校双创学院需要发挥更广泛的联动作用，结合各大类培养的方向，定制化举办创新思维交流沙龙，邀请优秀的高年级创新达人分享经验，提升朋辈教育的有效性。联动专业学院院士、领导，走近学生群体，以大师讲堂、“院长萌新午间沙龙”、读书会等形式，与学生从多角度交流创新领域前沿发展动态。学生不仅需要听到创新指导，更需要看到创新现场，新生院联动专业学院，首创“创新迎新，未来擎济”学生创新成果展示专场活动，以诸如足球机器人、VEX小车等各类屡获佳绩的创新作品与学生沉浸互动，实体化启发、引导学生培育创新思维。

实践层面，学院以丰富的创新活动激发学生创造力，举办创新设计大赛，涵盖图文、H5页面、表情包设计等各项学生喜闻乐见的比赛内容，主题设定围绕献礼建党百年、创新创意等内容，软性引导学生打开思路，提升个人创新能力。在与双创学院、各专业学院创新基地平台的合作中，新生院强调“以赛促学”，结合新生的创新能力水平，单独开辟新生专有比赛赛道，策划面向新生群体的“无用的创新小物品设计大赛”“新生杯智能小车设计大赛”“新生杯移动程序设计大赛”“新生杯结构设计大赛”等10余项启蒙竞赛。鼓励每一名学生亲身参与创新活动，为专业分流奠定良好的兴趣基础。在备赛过程中，还需将创新教育与思想政治教育、专业教育深度融合，比如，智能小车设计赛的赛道融入党的历史上具有重要意义的布景，以科技创新献礼建党百年。

（三）外圈打破时空局限，协同校内外、线上下资源

创新离不开科学技术的发展，当下的知识传播已不再是校园内的资源垄断，原本的金字塔形教学模式也将转变为“纺锤形”，这使得信息时代的创

新教育需要打破时间和空间的局限，处于外圈的校园内外、线上线下都将同时成为学生获取信息、提升创新思维的重要领域。在外圈的教育中，一方面，要打破时间的局限，有效利用网络媒体的教育方式，丰富创新教育资源、拓展教育的传播途径。巧妙利用诸如公众号、B 站、抖音等各类学生群体关注的融媒体平台，联动展示学生自创的短视频、H5 页面、编程创新作品，突破校园内的平台和信息局限，联动社会化创新、科普平台，打造联合出品的新媒体创新作品，丰富学生的创新知识储备，创建随时随地可回顾各类创新知识的线上平台。高校可以邀请各行各业的骨干和精英校友加入创新教育队伍，打破物理距离和时间局限，为学生开展线上系列讲座，将理论知识和实践经验一并分享给学生，使更多学生能够聆听各类创新前沿内容，拓展个人逻辑和思路架构。

另一方面，打破空间的局限，走出校园体验前沿科技力量。帮助学生亲历前沿创新领域，增强民族自信和科技自信，策划深入民企、国企、科研院所等机构的参观调研活动，使学生感受前沿创新力量，明确个人作为青年一代的创新兴国大任，强化新生思想引领。对于理工科学生来说，与企业校友的现场交流更有利于深入了解各类科技产品的诞生、困境，在感叹我国科技领域发展迅猛的同时，开拓学生个人创新思路，将创新落地并融入今后的学习生活。

自同济大学新生院成立以来，以“三圈三全育人”为工作体系指导实践，已分流结束的 2019 级新生参加各类竞赛热情高涨，参赛规模为历届之最，详见表 1。

表 1　2019 级新生院学生参加创新活动统计表

类目	统计数据
全国及省部级以上奖项	104 项
国际级奖项	4 项
参加校级学科竞赛、创新竞赛等	>2 000 人
参加大学生创新体验竞赛	151 人
立项 SITP 创新项目	230 余项(同比增 79.5%)

四、总结与展望

“三圈三全育人”的大类培养创新教育，推进了“课堂—社会”的实体空

间，拓展了“线上—线下”的虚拟空间，丰富了“知识—素质”的学生思维空间，打通了“学校—社会”的办学空间，有效推动高校创新教育的基础化、立体化，促进各个场域有效覆盖，各类资源有效利用，各种主体有力参与。在学术、学科发展上，弘扬奋发图强的精神传统，坚持一流标准、追求卓越，瞄准学术前沿，促进学科交叉，孕育创新方向、创新成果，形成新的学术优势。在人才培养上，将创新精神和创新能力作为提高教育质量的核心，转变思想观念，跟上高层次创新性人才培养的发展趋势，着重培养学生的创新精神和风险意识，培养其对科技发展和社会发展的预见性以及创新能力。

在未来面向大类培养新生的创新教育过程中，工作重点还应包括更完善的体系化建设，更全面的专业学院联动策略，以及更丰富的创新活动形式。以上内容仍需教育者们在接下来的工作中探索、挖掘，保持高校育人初心，培养拥护中国共产党领导和中国特色社会主义制度、立志为中国特色社会主义事业奋斗终身的有用人才，满足形成更高水平的人才培养体系的基本要求。

参考文献

[1] 国务院.国务院关于深化考试招生制度改革的实施意见[EB/OL].(2014-09-04)[2021-06-28]. www.gov.cn/zhengce/content/2014-09/04/content_9065.htm.

[2] 国务院.国务院办公厅关于深化高等学校创新创业教育改革的实施意见[EB/OL].(2015-05-13)[2021-06-28]. www.gov.cn/zhengce/content/2015-05/13/content_9740.htm.

[3] 中共中央、国务院.中共中央 国务院印发《国家创新驱动发展战略纲要》[EB/OL].(2016-05-19)[2021-06-28]. https://www.gov.cn/zhengce/2016-05/19/content_5074812.htm.

[4] 仲雯，孙明娟.高校创新创业教育生态系统的构建策略研究[J].创新创业理论研究与实践，2021，4(10)：194-195+198.

[5] 高向杰，朱鹏举.新工科背景下创新型工程科技人才通识教育培养研究[J].河北大学成人教育学院学报，2021，23(2)：92-98.

[6] 哈伊莎.新时期高校创新创业教育课程体系构建研究[J].大学教育，2021(7)：179-181.

[7] 李仁炳，熊晓莉，李宁."大类招生，分流培养"模式的若干问题及对策[J].中国多媒体与网络教学学报(上旬刊)，2018(9)：72-73.

[8] 吕思雅，吴方.独立学院实施“大类招生、分流培养”模式的若干问题及对策探析[J].教育与教学研究，2018，32(9)：31-36+125.

大类培养视域下高校招生与学生指导和服务体系建设

——以同济大学人文科学试验班为例*

邓　军
同济大学人文学院

摘要　人文科学试验班是同济大学探索大类招生和大类人才培养模式改革的产物，新的培养模式必然要求建立与之相适应的学生指导和服务体系。人文学院与学校、新生院协同育人，探索大类招生和大类人才培养模式改革，吸引优秀生源，全过程开展思想政治指导、学业指导、就业创业指导以及心理健康指导，有效支持和促进学生发展，满足学生多样化需求。

关键词　人文科学试验班　大类培养　大类招生　学生指导和服务

一、引言

大类培养是我国高等教育积极主动地适应国家战略发展新需求和世界高等教育发展新趋势而进行的改革，如何建立和完善与之相适应的招生管理制度与学生指导和服务体系是摆在高等学校面前的重要课题。同济大学人文科学试验班自2012年成立，实行人文学院管理的“2+2”人才培养模式，2019年划归新生院，纳入同济大学“大类招生、大类培养、大类管理”联动（以下简称“三联动”）的人才培养体系，实行“1+3”人才培养模式。人文学院在招生与学生指导和服务体系建设上积极探索建立学校—新生院—院—系多级协同工作机制，进一步推进大类招生培养管理联动改革。本文就此做一番梳理，为“三联动”的人才培养体系建设提供参考。

* 本文为同济大学教改项目汉语言文学专业课程体系建设（2019—2020）的阶段性研究成果。

二、人文科学试验班招生制度与措施

（一）生源基本状况

2012年同济大学52个本科招生专业按25个专业大类招生，其中人文学院下属汉语言文学、哲学、文化产业管理三个本科专业组成人文科学试验班（人文社科类），实行“2＋2”人才培养模式；2013年改为社会科学试验班（人文社科类）；2014年改为人文科学试验班。2019年同济大学推行“三联动”改革，按照人文科学试验班实行大类招生，采用“1＋3”人才培养模式，新生入学时进入由人文学院、外语学院、艺术与传媒学院组成的、隶属于新生院的济世学堂学习，实施新生院大类培养和管理，进行人文通识教育。第一学年结束，根据学生意愿和专业实际情况，通过双向选择进入专业学习。

基于同济大学良好的声誉、悠久的办学历史、独特的办学特色，人文科学试验班生源质量非常稳定，生源遍布全国20多个省份。2017—2019年招生情况见表1。

根据高考成绩统计，同济大学招生录取分数一直稳居全国高校的前列，第一志愿专业录取率逐年提高，报到率接近100%。学校还开设了转专业通道，每年会有一定数量的其他学科的学生通过转专业考试进入人文科学试验班学习，从而保证了生源的多样性。

（二）吸引优秀生源的相应制度与措施

1. 招生组织机构与制度建设

同济大学不断深化考试招生制度改革，探索实践多元评价、多元录取和多元培养的新机制。为保证招生质量，吸引更多的优秀高中生报考同济大学，学校设立招生工作办公室，全面负责全校招生工作。学院成立了招生工作小组，成员包括学院分管学生工作副书记、主管教学工作副院长、各系教学系主任和其他骨干教师，设有招生专员，组建更加强有力的招生宣传队伍在学校招办的统一领导下，开展招生宣传、咨询工作。

2. 吸引优秀生源的措施

（1）参与“苗圃计划”，开展教授进中学活动

同济大学于2011年年底开始探索实施“苗圃计划”[1]，各学院教授进入“苗圃基地”，从学生高一开始“育苗”，举办各类讲座，指导中学生开展研究性学习，引导其兴趣特长发展。中学生利用假期来到同济大学，参加“苗圃夏令

表 1　2017—2019 年人文科学试验班招生情况

招生省份	招生数			学校分数线			本专业(类)分数线			第一志愿录取比例		
	2017	2018	2019	2017	2018	2019	2017	2018	2019	2017	2018	2019
天津	2	2	5	610	639	618	618	642	618	0.00%	50.00%	60.00%
山西	1	2	5	583	612	601	595	616	601	100.00%	50.00%	60.00%
内蒙古	4	3	10	582	609	631	583	613	632	75.00%	100.00%	100.00%
辽宁	4	4	9	608	620	636	608	621	636	25.00%	75.00%	55.56%
吉林	4		4	601		615	601		615	0.00%	—	50.00%
上海	14	10	41	560	566	568	560	568	659	35.71%	50.00%	100.00%
江苏	2	2	11	381	390	394	385	395	394	33.33%	50.00%	27.27%
浙江	4		10	648		665	650		667	100.00%	—	100.00%
安徽	2	2	10	614	638	629	614	639	629	0.00%	50.00%	70.00%
福建	2	2	4	583	634	624	583	635	624	50.00%	50.00%	25.00%
江西	4	4	10	606	631	617	606	632	617	0.00%	25.00%	40.00%
山东	4	3	10	618	640	622	618	640	622	50.00%	33.33%	70.00%
河南	4	4	10	612	642	620	613	642	620	75.00%	75.00%	40.00%
湖南	4	3	9	630	651	630	632	652	630	50.00%	33.33%	22.22%
广东	2	2	6	596	621	620	601	631	622	50.00%	100.00%	33.33%
海南	1	2	3	786	787	797	786	789	798	100.00%	100.00%	100.00%
重庆	3	2	10	611	601	626	611	603	626	100.00%	50.00%	40.00%
四川	4	4	14	613	618	626	615	619	626	100.00%	50.00%	57.14%
贵州	3	3	9	642	662	640	642	662	640	66.67%	33.33%	44.44%
云南	2	2	11	634	646	641	634	649	641	100.00%	50.00%	54.55%
陕西	3	3	9	627	635	643	634	640	643	100.00%	66.67%	66.67%
新疆	2	3	6	594	605	614	596	608	614	100.00%	100.00%	50.00%

注：数据来源于同济大学本科生院招生办。

营”等各类学科活动。经过为期两年半的培养,对每一名苗圃学生进行“过程+结果”的全面评价。本专业积极参与到这一计划中来,安排专家学者深入相关中学举办讲座,有效提升了生源质量。

(2) 举办人文素养邀请赛

2017 年以来同济大学连续举办中学生人文素养邀请赛[2],人文学院承办该邀请赛。比赛由文艺评论个人赛、创意写作团体赛组成,重在考查中学生的阅读、概括分析、逻辑思维和写作能力。汉语言文学专业还安排学者教授为学生做文学赏析的讲座。邀请高中生来校参加学科竞赛,便于学生近距离了解学科和专业特色,促进大学教育与中学教育的有效衔接。

(3) 加强高考咨询和招生宣传工作力度

高考咨询和招生宣传是展示学科优势、专业特色的窗口,可为高考考生与家长提供有效的报考参考。学院由教学院长、学生副书记牵头,系教学主任和骨干教师配合,积极参加高考专场咨询活动。除开展线下招生宣传,学院还利用线上社交平台开展招生宣传工作,拓宽招生宣传途径、丰富招生宣传形式,加强与生源高中联动,提升生源质量。如加强学院网站招生宣传;制作招生宣传视频;配合本科生院做好“招生专业概览”的编写。为保障新冠肺炎疫情防控期间本科招生宣传工作的顺利开展,学院积极参与本科生院招生办举办的 2020 年度“院长在线——招生大类介绍”与“专业解密”活动。院长为全国高三学子做了以“选择人文,与思想同行”为题的招生宣讲会;在“院长在线”的基础上,各专业教学主任录制“专业解密”视频,进一步介绍学科优势、专业特色,解答考生和家长关切的现实问题,吸引更多优质生源报考,为今后本科招生工作打下坚实基础。

三、人文科学试验班学生指导和服务体系

(一) 思想政治指导

如何加强和改进大学生思想政治指导工作,探索适应当前形势的思想政治工作的新方法,是高等教育迫切需要研究的重要课题。学院把握高等教育基本规律和人才成长规律,围绕立德树人的根本任务,按照《同济大学贯彻落实〈中共中央 国务院关于加强和改进新形势下高校思想政治工作的意见〉实施细则》,坚持“以文化人、以文育人”的育人理念,强化机制建设,聚焦主题,搭建平台,创新形式,融入思想道德教育、文化知识教育、社会实践教育各环节,开展了丰富多样的思想政治指导工作。

1. 思政育人

结合新生入院、党团活动、主题班会等创新开展内容丰富的主题教育活动,使思政教育更有温度,引领更有力度,立德树人更有效度。

(1) 立德树人教育活动

一是新生入学教育周活动。学院党委、学工办、分团委从五个方面开展为期十天的新生周教育活动[3]:培育社会主义核心价值观,如学院教学副院长做学术道德教育讲座,学、研工部组织"新生第一课",组织参观校园、图书馆和校史馆,跟随艺术中心的志愿者学唱校歌。学习习近平总书记讲话,如学院党委副书记为新生开设"中国道路和国内外的机遇与挑战——学习习近平总书记讲话精神的体会"专题讲座,集中学习习近平总书记对青年寄语读本。入党启蒙教育,如学院党委副书记以"从严治党永远在路上"为题做入党启蒙教育,组织人事员讲解申请入党条件、党员标准、如何撰写入党申请书、入党流程等入党基本知识,旨在吸纳新生中的优秀骨干分子积极向党组织靠拢。树立规矩意识,如学院党委副书记开展校规校纪教育,组织《学生手册》的学习与测试,检测新生对学校规章制度的学习成果,帮助学生牢固树立规矩意识、纪律意识。建设优良学风,如学院开展新生家长见面会、各班各系班会、培养方案和政策解读会、导师见面会等,旨在增进学院与家长之间的沟通交流,帮助新生更好地了解专业、合理规划学术科研与实习实践,为新生接下来的学习和生活提供指导方向。

二是开展"以文化成,以诚立身""以诚立身,以信树人"等系列主题教育活动,为构建大学生诚信教育长效机制打下良好基础。

(2) 党团日主题活动

结合党日、团日等,以支部为单位以支部民主生活会和组织生活、新生入党教育等形式开展主题活动,如"学'习'用典志高昂""放飞青春激扬梦,勇做时代弄潮儿""时代青年,铭记历史,砥砺前行""清明寄哀思,诗信传英雄"等,扎实开展理想信念教育,引导学生坚定道路自信、理论自信、制度自信、文化自信。

2. 文化育人

学院积极响应中宣部"实施中华优秀传统文化传承发展工程"号召,搭建"以文育人"平台,扩大"以文化人"覆盖面。学院联合校团委、设计创意学院主办二十四节气传统文化教育之"清明雅集"活动[4],联合上海市茶叶学会主办上海"全民饮茶周"暨同济大学"名茶进名校"传统文化品鉴活动与茶

艺培训活动[5,6]，发挥中华优秀传统文化在大学文化建设中的导向、熏陶和激励作用，增强师生爱国爱院意识和对学院的价值认同。

3. 实践育人

参观红色教育基地，如“拜访红色殿堂，追忆峥嵘岁月”“参观思南书局《共产党宣言》170周年主题展”等。组织社会实践，如关爱儿童“满天星”活动，学生赴安徽阜南县对“双失”儿童进行心理关爱，邀请“双失”儿童走进同济校园，激起他们学习和生活热情，传递人文情怀，彰显人文温度；开展“用脚步丈量祖国——人文徒步”活动，让学生走访家乡，用影像和文字记录家乡变化。

（二）学业指导

自新生进入学院进行本科学习，学院根据大学生成长、成才的特点，统筹规划，对学生的学习进行全方位的指导。

1. 新生入学教育

在新生进入大学后第一周开展新生入学教育，教育和引导新生适应大学学习与生活。在专业思想教育和学习上，学院通过召开新生开学典礼，邀请学院教学院长为新生介绍专业培养方案和培养模式；教务管理人员和本科生导师对新生进行学习计划制订和选课指导，并组织学校相关管理制度的学习。

2. 学业、选课指导

学工办、教务科、班主任、本科生导师采用学生咨询、事件启动、班会等方式，每学期开展学生学习指导，系统向学生介绍专业培养方案、知识体系，引导学生了解本专业的学习重点、难点以及今后的发展方向。

3. 课程引领

为大一新生开设“人文科学通论”“中外文学经典”“中国哲学导论”“西方哲学导论”“西方艺术史”课程，专业资深教授与教师参与讲授，引导新生学习本专业基础知识，更好地了解本专业内涵，提高新生对专业和学院的认同感。

4. 实行导师制

同济大学探索建立本科生全程化、全覆盖、个性化的学业指导机制，制定并修订了《同济大学本科生导师制实施办法》(征求意见稿)自2017年9月起在2017级新生中全面试行本科生导师制，使其在本科生的思想引领、学业指导、专业引导、职业规划与人生规划指引等方面发挥特定作用，从而实现

学生综合素质的全面提升，进一步提升本科生培养质量。人文学院启动实施本科生导师制，成立了导师制工作领导小组，制定了导师制方案（草案），明确导师职责，包括思想引领、专业指导、学业引导、职业规划与人生规划、解惑答疑等五个方面，为学生提供专业认知、课外训练、排忧解难的平台与渠道。

（三）学生职业规划与创新创业训练指导

《教育部关于大力推进高等学校创新创业教育和大学生自主创业工作的意见》（教办〔2010〕3 号）指出[7]，在高等学校开展创新创业教育，是深化高等教育教学改革，培养学生创新精神和实践能力的重要途径，对于促进高等教育科学发展，深化教育教学改革，提高人才培养质量具有重大的现实意义和长远的战略意义。职业规划与创新创业训练指导应从新生抓起。针对人文学科就业趋势与特点，学院以定期宣讲、创新创业项目申请等方式帮助学生规划未来发展，培养职业素质，科学选择职业发展道路，助力学生在未来的职业生涯中获得成功。

1. 职业规划教育

着眼于学生的生涯发展，从大一新生到大四学生全过程跟踪提供高质量职业规划与发展教育。每年针对新生开设“生涯规划起步走”专题讲座，引导新生明确生涯规划的重要性和意义；充分利用学校资源，引导学生选修由学校就业指导中心开设的“大学生职业生涯规划”“职业指导”“职业发展与自我管理”“大学生创业基础”“创业案例分析与研究”“职业心理学”等课程，引导学生树立职业规划意识，提高大学生职业规划能力，为个人可持续发展的职业生涯奠定良好的基础。

2. 创新创业训练

为保证学生科技创新活动规范化，有序化，学院依据同济大学《关于印发〈本科生创新创业成果记录及课程认定管理办法〉的通知》，考虑到人文学科对创新能力的特殊要求，结合本学院的专业设置，制定了《人文学院本科生〈创新创业能力拓展项目〉课程认定细则》；由学工办、班主任与本科生导师负责指导学生开展创新创业活动；为促使学生积极参与科创项目，在专业培养方案调整中，要求每个学生必须参加创新能力拓展项目，以获得 2 个学分。

3. 实践环节教学

人文科学试验班具有较为完善的实践教学体系，包括社会调查、教学实

习、学年论文等环节，2020级增设知识与实践竞赛，并纳入了本科培养方案。实践环节全过程协同培养学生实践能力、创新创业能力及综合应用所学知识解决实际问题能力。以2019级培养方案为例，实践教学体系的内容要求与教学方式、学分要求、考核与成绩判定方式以及形成的结果见表2。

表2 人文科学试验班实践教学体系

环节名称	内容要求与教学方式	学分要求	学期	周数	考核与成绩判定	形成结果
社会调查	线上课程学习和线下调查研究实践相结合。线下调查研究实践自行组合，确定选题；小组完成调研报告，个人完成暑期实习小结	2	3	2	线上课程学习记录10%；个人实习小结6篇；课程学习小结50%；小组调研报告中的个人完成部分40%	实习报告，实习鉴定表
教学实习	学生到由院系联系的相关单位（实习基地）参加实习，采用集中与分散、校内与校外、市内与市外、实习与教学、科研、竞赛相结合等多种组织形式进行	4	4	4	考核形式可多样化，如撰写实习报告、调研报告、科研报告、笔试、口试、现场操作与讨论、设计、完成作业等，由院系相关部门组织评阅	实习报告
学年论文	第一阶段：学生确定指导教师和论文选题及题目；第二阶段：论文资料的搜集及写作准备；第三阶段：完成初稿；第四阶段：写作论文二稿，定稿	4	3/4/5/6	8/8/8/8	撰写一篇3000字以上的有一定水平的专题论文	学年论文

学院各专业制定相关方案，为实践环节教学的开展提供支持和保障。如汉语言文学专业出台《同济大学中文系培养本科生科研创新与实践能力的方案》，在社会实践、创办社团、学术研讨等四方面制定了激励措施：

一、社会实践

鼓励学生开展独立自主的社会调查与实践活动，并在选题、框架拟定和理论方面予以指导。比如到媒体、学校、培训机构进行实习，撰写调查报告。系里给予相关经费补助。

二、创办读书会、文学社、剧社、国学社

鼓励并组织学生开展读书小组的活动。若干人集体阅读经典名著，教师可指定书目，也可由学生自主选择。阅读时，可由教师参加，并且鼓励学

生积极讨论，撰写读书报告。

此外，鼓励学生社团的创办，诸如文学社、剧社、国学社目前在我系都开展活动，系里将提供场地和活动指导。

三、鼓励学生进行学术研讨，撰写小论文写作

要求教师在相关课程上，布置小论文作为作业，鼓励学生撰写论文，教师予以指导。

（四）学生心理健康指导

心理健康教育是大学生德育工作的重要组成部分。中共中央、国务院印发的《关于进一步加强和改进大学生思想政治教育的意见》[8]，将心理健康教育列为推进素质教育的重要举措，指出健康的心理素质是一切的基础。2004年，学校成立了心理健康教育工作指导委员会，由分管校领导牵头，多部门共同参与，制定了《心理健康教育实施纲要》。学院统筹资源，与学校联动，全方位开展心理健康教育。

1. 建议学生根据需要选修心理健康教育课程，参加相关讲座和活动

全校开设了10多门心理健康教育课程供学生选修，如“大学生心理健康与调试”“成功心理训练”“大学生心理健康导论”“精神分析入门”“社会心理学”“青年心理探索”“女性心理素质提升”等。学院定期开办专题心理健康教育讲座，大学生心理发展协会每学期都要开展诸如现场心理咨询会、心理沙龙活动、户外拓展团体训练、征文比赛、心理讲座、体验游戏等形式多样的普及性教育活动，为学生提供心理咨询、心理治疗等方面的保障[9]。

2. 配合学校组织新生进行心理健康状况普查

新生入学要进行心理健康普查，学院组织学生配合学校心理健康教育与咨询中心开展此项工作，并根据普查结果对学生进行跟踪指导。

3. 配合学校开展心理健康网络建设

学院注重发展院、系专业的心理志愿者队伍，配合学校打造校、院、级三级工作网络。在新生班委中设立班级心理委员，开展心理健康朋辈教育与互助工作，组织他们参加学校的岗前培训和素质提升训练，使他们成为学生的朋辈辅导员和突发事件的第一信息源。

4. 个性化心理健康教育指导

针对个别存在突发心理问题或危机情况的重点学生，学院专门组建由分管副书记、辅导员、班主任及学生心理委员组成的工作小组，按照重点学生评估流程，制订一人一策的处理方案，并对重点学生的辅导进行标准化档

案记录,形成《人文学院重点关注学生摸排表》,及时报备学生处和学校心理健康教育中心。对于学业困难的重点学生,学院学工办、辅导员、班主任特别给予关注和关心,及时将学生在校情况与家长进行沟通和交流,共同帮助重点学生进入正常的学习轨道。

四、对大类培养学生指导和服务体系的进一步思考

(一) 协同推进“三全育人”体系建设

“三全育人”是一项全校性的系统工作,学校党委统一领导,统筹规划,党政齐抓共管,新生院牵头抓总,相关部门联动,院系落实推进,协同配合,形成合力,构建“全校一盘棋、横向全覆盖、纵向全链接”的协同育人格局。

1. 新生院与专业学院相协同

同济大学构建“三联动”的人才培养新体系,2019 年 5 月正式设立新生院,着力打破现有院系之间和学科之间的壁垒,促进跨学院的大类培养和学科交叉培养。新生院制定实施方案,明确任务清单,将“三全育人”工作融入教学各环节,内化到管理诸方面。专业学院压实责任,教职员工联动,系统梳理各岗位的育人元素,并作为岗位职责和考核指标融入日常工作,打通“三全育人”的最后一公里。

2. 导师队伍与学生工作队伍协同

构建以导师、辅导员、班主任、学生干部为主的管理队伍体系,增强“三全育人”人力和体系支撑。鼓励和引领中青年高层次人才、管理干部等担任新生班主任或学业导师,通过凝聚教师智力资源和管理资源助力学生成长成才。加强新生党团支部、班委会等组织建设,选强配齐学生干部,鼓励和支持学生实施“自我管理、自我服务、自我教育、自我监督”。

3. “思政课程”与“课程思政”协同

新生院从 2019 级起编制大类培养方案(一年级),人文科学试验班 2019 级第一学年总学分为 41,其中思政类课程占 18 学分;2020 级第一学年总学分改为 39,其中思政类改为 20 学分。思政课程要发挥主渠道作用,而非思政课程所占学分比重大,要在“价值引领”和“育德功能”上发挥好协同效应,打造协同育人课程体系。

(二) 协同推进学业指导服务体系建设

1. 学业发展与指导中心与专业学院协同

新生进入大学后会不同程度出现学业适应问题,同时还会引发各种学

业行为问题及心理问题。校学业发展与指导中心与专业学院相协同，为新生导航，帮助学生尽快适应大学学习。校学业发展与指导中心发挥主渠道作用，整合全校学业发展与指导资源，培育跨学科、跨学院、跨校区的学习共同体，与专业学院形成合力，打造“校—院—社区”三级体系[10]，编制学业指导手册。各专业学院建立学业发展与指导分中心，成立学业辅导员队伍，开展面向全校的基础课程如高等数学、计算机、外语等以及专业课程的学业精准帮扶，打通学业指导全链条，实现全过程育人。

2. 导师引导与朋辈互助协同

协调资源，打造一支诲人不倦的专业导师、成长导师、发展导师、朋辈导师协同工作队伍，统筹联动，引导“爱学”，促进“会学”。鼓励和支持同辈互助，搭建有效平台，助力“共学”，促进学生的自我学习和自我成长。

3. 专业教师与新生院督导协同

第一课堂是学业指导的主阵地，尤其是大类培养方案中设置的专业课程、大类基础课程对于新生激发专业兴趣、夯实专业基础、学习学科基础知识与理论、培养学科学术潜力具有筑基、赋能、引领的作用，专业教师要充分发挥以课堂为中心的学业指导作用，引导学生自主规划、自主学习。加强新生院督导队伍建设，发挥督导督教、导教作用，及时向教师反馈教学效果，引导教师改进教学，助力学业指导。

（三）协同推进以学生为主体的创新创业训练指导服务体系建设

1. 优化教育课程体系与强化实践协同

《国务院办公厅关于深化高等学校创新创业教育改革的实施意见》提出[11]，把高校创新创业教育融入人才培养体系，丰富课程、创新教法、强化师资、改进帮扶，推进教学、科研、实践紧密结合，突破人才培养薄弱环节，增强学生的创新精神、创业意识和创新创业能力。《教育部关于加快建设高水平本科教育全面提高人才培养能力的意见》（教高〔2018〕2 号）提出，构建全方位全过程深融合的协同育人新机制，加强实践育人平台建设，强化科教协同育人[12]。创新创业教育要从大一新生抓起，本科各阶段制订相应的创新创业教育目标要求，细化创新创业素质能力要求，构建循序渐进、有机衔接的创新创业教育专门课程群，提供不同的创新创业指导服务。为此，大类培养方案（一年级）可以有效纳入创新创业教育，一是在通识选修课或个性课程中设置有关创新创业教育的入门课程，使学生了解和学习创新方法、创业基础、就业创业指导等基础知识，并纳入学分管理；二是在专业课中有机融入

专业创新创业教育元素，如创新案例、创新精神、创新思维、创新方法等。

创新创业实践是创新创业教育的重要延伸。综合运用校内外资源，建设满足创新创业实践教学需要的实验实习实训平台，推动新生“早进课题、早进实验室、早进团队”[13]。针对不同学堂新生特点，适当开放实验实习实训平台，如专业实验室、虚拟仿真实验室、校外实践教育基地、创业示范基地、科技创业实习基地等；举办创新创业讲座、论坛、模拟实践等；针对人文、社会科学试验班的学生可以通过论文报告、文学创作、社会调研、学科竞赛等方式，丰富学生的创新创业知识和体验，提升学生的创新和科研能力。

2. 学生创新创业指导与服务协同

构建专业化的创新创业指导服务体系。健全学生创新创业指导信息服务制度，完善学校信息服务平台，为学生提供政策、市场动向等信息，发布创新创业项目指南；编制创新创业指导手册；建设创新创业网络培训平台，研发适合学生尤其是新生的在线创新创业培训课程，对学生实行全程指导与精准帮扶；聘请各专业教师、各行各业优秀人才如企业家、创业成功者等担任创新创业授课或指导教师，尤其是鼓励新生导师将自己的科研与国创、上创、SITP 等大学生创新创业训练计划项目以及相关学科竞赛相结合，指导学生以小组形式开展科研训练，实现创新指导全覆盖。

3. 创新科研资金支持和政策保障协同

研究制定相关政策，完善机制，强化支持保障。针对新生设立创新科研项目培育扶持资金，制定相关管理办法，用以支持具有较强科研潜质的新生在导师指导下开展创新科研。

（四）协同推进学生心理指导服务体系建设

健全“学校—新生院—专业院系—学堂—宿舍”联动工作机制，构建心理健康教育全链条责任体系，为心理健康教育和危机预警干预工作有效开展提供保障；将心理健康教育纳入大类培养方案（一年级），在通识选修课或个性课程中设置心理健康教育课程，着力做好新生心理危机识别与规范处置、心理健康意识与观念等方面的教育，发挥课堂教学的主渠道作用。

五、结语

《国家中长期教育改革和发展规划纲要（2010—2020 年）》明确提出，“建立学生发展指导制度，加强对学生的理想、心理、学业等多方面指导”，强调学校应新增服务和支持学生发展的新时代职能[14]。这为大类人才培养学生

指导和服务体系建设指明了方向。切实落实立德树人根本任务，坚持“以学生为中心”办学理念，借鉴兄弟院校和国外高校成功经验，完善“学校—新生院—专业学院”协同育人机制，协同推进“三全育人”、学业指导、创新创业训练指导以及心理指导服务体系建设，不断提高人才培养质量，不断提升人才核心竞争力。

参考文献

[1] 同济大学新闻中心.同济大学推出“苗圃计划 2.0”，探索大中小学贯通培养新模式[EB/OL].(2019-11-19). https://news.tongji.edu.cn/info/1003/71629.htm.

[2] 同济大学新闻中心.我校举办首届中学生智能系统、人文素养邀请赛[EB/OL].(2017-03-20). https://news.tongji.edu.cn/info/1003/52035.htm.

[3] 同济大学人文学院.立德树人/人文学院新生入学教育周专项行动顺利完成[EB/OL].(2017-09-28). https://sal.tongji.edu.cn/info/1002/2427.htm.

[4] 同济大学人文学院.同济大学二十四节气传统文化教育之“清明雅集”[EB/OL].(2019-04-03). https://sal.tongji.edu.cn/info/1002/2377.htm.

[5] 同济大学人文学院.2019 第六届上海全民饮茶周 暨同济大学“名茶进名校——传统文化品鉴活动”圆满落幕[EB/OL].(2019-04-16). https://sal.tongji.edu.cn/info/1002/2376.htm.

[6] 同济大学人文学院.泡好一杯中国茶/“全民饮茶周”之“茗茶进名校”茶艺培训活动正式启幕[EB/OL].(2019-03-12). https://sal.tongji.edu.cn/info/1002/2385.htm.

[7] 中华人民共和国教育部.教育部关于大力推进高等学校创新创业教育和大学生自主创业工作的意见[EB/OL].(2010-05-13). http://www.moe.gov.cn/srcsite/A08/s5672/201005/t20100513_120174.html.

[8] 中华人民共和国教育部.中共中央国务院发出《关于进一步加强和改进大学生思想政治教育的意见》[EB/OL].(2004-10-15). http://www.moe.gov.cn/jyb_xwfb/gzdt_gzdt/moe_1485/tnull_3939.html.

[9] 中华人民共和国教育部.同济大学构建全方位心理健康教育体系促进高素质人才培养[EB/OL].(2010-07-20). http://www.moe.gov.cn/jyb_sjzl/s3165/201008/t20100825_96457.html.

[10] 同济大学学业发展与指导介绍[EB/OL].(2020-08-05). http://hello.tongji.edu.cn/? classid=8591&newsid=12031&t=show.

[11] 国务院办公厅.国务院办公厅关于深化高等学校创新创业教育改革的实施意见[EB/OL].(2015-05-04). http://www.gov.cn/zhengce/content/2015-05/13/content_9740.htm.

[12] 中华人民共和国教育部.教育部关于加快建设高水平本科教育全面提高人才培养能力的意见[EB/OL].（2018-10-08）. http://www.moe.gov.cn/srcsite/A08/s7056/201810/t20181017_351887.html.

[13] 国家中长期教育改革和发展规划纲要工作小组办公室.国家中长期教育改革和发展规划纲要（2010—2020 年）[EB/OL].（2010-07-29）. http://www.moe.gov.cn/srcsite/A01/s7048/201007/t20100729_171904.html.

本科生导师制下高质量人才培养的实践探索

——基于经济与管理学院的分析

胡　靖　柳雨心

同济大学经济与管理学院

摘要　同济大学自2017年9月起全面试行本科生导师制，此创新形式在经济学类专业学生培养上发挥出重要制度优势，取得一定成效：导师言传身教，培养学生理想信念；进行专业引领，拓宽学生知识广度；通过科研训练，提升学生创新意识。与此同时，该制度因处于起步和探索阶段，在实施过程中也面临一些问题，如导师投入精力不足，职业角色模糊，学生参与意愿消极，缺乏激励机制等。为进一步落实和强化本科生导师制的实施效果，可以减轻导师压力，加强院系层面对本科生导师工作的重视，明确职责定位，激发学生兴趣，放宽考核机制，落实激励机制等，不断完善制度。

关键词　经济学类专业　本科生导师制　人才培养

本科生导师制起源于14世纪的牛津大学和剑桥大学，是由担任导师的大学教师定期对本科生的学业与品行进行个别指导的教育教学制度，并发展成为两校一项独特而卓越的本科教育教学制度。随着教育部2005年在《关于进一步加强高等学校本科教学工作的若干意见》中提出"有条件的高校要积极推行导师制"，本科生导师制在高校中逐步推行。自2017年9月起，为了推动同济大学关于"大类招生、大类培养、大类管理"联动的人才培养体系改革研究，同济大学全面试行本科生导师制，旨在充分发挥本科生导师在本科生的思想引领、学业指导、专业引导、职业规划与人生规划指引等方面特有的作用，建立本科生全程化、全覆盖、个性化的学业指导机制，从而实现学生综合素质的全面提升。

笔者作为本科新生导师积极参与本科生导师制的实践，经过三年的实践对该制度的实施有一些体会。本文结合经济学类专业学生培养分析本科生导师制的作用和实施情况。

一、从专业特点看本科生导师制的必要性

如今，我国的社会主义市场经济体制随着日新月异的世界经济格局和社会发展亟需不断完善，我国经济发展面临转变发展方式、优化经济结构、挖掘增长动力、控制系统性风险等一系列理论和现实问题。在这一时代背景下，培养经济学类专业高质量人才迫在眉睫。所谓经济学类专业高质量人才，不仅要具备扎实的经济专业理论知识体系基础，具有胜任具体工作的能力，同时还需要全面了解与掌握经济类相关专业的原理性知识，具有较高的外语、数理及信息技术应用水平，具备一定的市场经济意识、敏锐的洞察能力以及创新精神与创新能力，通晓国际经济运行规律和国际规则。这就要求经济学类专业人才的培养要更为严格，学校要培养出真正能满足社会多元化需求的高素质、实用型、创新型人才，需要导师的及早介入，积极发挥导师在提升学生综合能力方面的作用，高效培养具有观察经济现象、调查经济运行、分析经济问题、研究经济对策综合能力的创新型、高素质经济学类专业人才。

从目前大学入学新生的实际情况来看，不利于专业培养的问题有很多，例如：学生缺乏对专业的基本认识，专业学习的主动意识和行动力有限，学习的概念仅仅停留在上课层面。教师在与学生的交流过程中发现，学生往往对自己要学什么、怎么学、看什么书、做什么、对什么感兴趣等一系列最基本的问题都是“不了解、不知道”的回答，更谈不上合理规划学习与提升学习效率了。受传统应试教育根深蒂固的影响，学生只关心如何把考试考好，从而导致学生普遍知识面狭窄，缺乏拓展阅读和学习的动力，而这种积累和能力恰恰是大学专业培养最为关键的要素。以经济类专业为例，如果学生不能主动读书看报，关注经济新闻及报道，必然缺乏对现实经济发展、经济政策和经济现象的基本了解，也就很难真正理解微观经济学、宏观经济学等经济学课程基础知识的核心本质，更难以做到学以致用。因此，及时地引导和带领有助于解决大一新生的专业入门困境。

同济大学实施大类招生后，大一新生先进入新生院设立的济世学堂进行学习，由新生院统一进行教学管理和培养，在第一学年主要以通识教育和专业引导为主。本科生导师制的引入有助于解决大一新生专业学习方面的问题。例如，通过与导师的交流切实了解专业概况；通过参与导师安排的活动逐渐融入专业学习；通过小组交流表达自己对专业的理解和认识，逐渐发

掘自己的兴趣和专业特长等。这些问题的解决不仅有利于学生后续专业课程的学习，使其逐渐夯实理论功底，而且有助于学术研究的启蒙和体验，逐渐培养学生综合运用所学知识的能力。当然，也有助于学生运用经济学理性思维去理解、辨析身边事，真正做到对经济、社会现象的去粗取精、去伪存真，逐渐学会从现实经济活动中理解经济学知识的真谛。

二、从导师作用看本科生导师制的重要性

本科生导师具有丰富的专业知识、科研活动经验和人生阅历，尤其是在专业相关领域，他们既是学生学习和未来发展的榜样示范，也是学生进行学习规划、解决问题和做出发展决策时最重要的咨询、请教对象。导师可以发挥自身优势，采取各种形式指导学生发现自我优势、挖掘兴趣志向，满足学生个性化发展需求，对学生因材施教，不断加强专业指导和学术引导，增强学生的专业认知。

（一）言传身教，培育理想信念

本科生导师在培养指导学生的过程中，与学生形成了联系密切的“一对一”或者“一对多”的言传身教师徒式指导关系。同时，本科生导师作为学生学习生涯中的行为示范者，对学生的影响最为直接，导师以自身的人格魅力和科研作风潜移默化地影响学生，学生以导师为榜样从言传身教中汲取经验不断成长。本科生导师能够从大一入学至大四毕业为学生提供全程配套的指导和培养，充分显示出本科生导师制在“全员育人”中的角色优势。本科生导师工作贯穿学生整个人才培养计划过程的始终，在对学生四年连续且稳定的指导过程中，了解学生群体及个人的特质，在尊重教书育人规律、学生成长规律、思政教育规律的基础上合理制订学生的个性化培养计划，结合学生个人需求帮助其确立大学学习目标和职业生涯目标，做好人生规划，充分挖掘学生个人潜能，实现学生个人成长目标和学校人才培养目标。

（二）专业引领，拓宽知识广度

本科生导师可以其对专业发展前沿的精准把握及对行业未来发展的分析预测，引导学生认识专业、热爱专业、学习专业、投身专业。导师在指导学生的过程中，如果能够让学生参与到感兴趣的科研课题当中，并根据情况下达适当的学习任务，那么学生在参与科研课题研究的过程中，就可以大量阅读相关文献资料，也可以在与老师探讨问题的过程中养成思考问题的习惯。导师定期开展的组会的内容丰富多彩，例如国家经济政策的解读，经济现象

的探析，或是主流文化的传播等，包罗经济万象，囊括经济理论，让学生在导师的引领下学会从专业角度重新思考他们所熟知的经济、社会问题，了解国际形势，逐渐形成对专业的理解。可以说，本科生导师是学生步入专业领域的引路人，更是帮助他们把课堂上学到的专业知识运用到实际生活中，真正实现学以致用、以用促学的桥梁。

（三）科研训练，提升学术与创新意识

本科生导师通过引导学生参与创新训练计划和大学生学科竞赛，培养学生的创新精神和创新思维，可以实现专业高质量人才培养的目的。导师在思路上给予引导，让学生自己动手分析和解决问题，可以促进学生自主思考和科研创新能力的养成，强化学生解决实际问题的能力，锻炼与培养学生学以致用、学有所用的能力，培养与提高学生的沟通交流能力、团队合作研究能力，提升学生的学术素养，培养学生严谨认真、求真务实的科研精神。导师通过推荐学生阅读学术权威的期刊专著，组织安排学生参加创新实践学术会议、讲座等，让学生在此过程中体会到科研的乐趣，变被动为主动，激发学生对科研的热情，拓展学生思维，营造浓郁的学术氛围。

大学生创新实践训练计划（Students Innovation Training Program，SITP）旨在丰富大学生的第二课堂使本科生及早接受科研训练，掌握基本的科学研究方法和手段，提高综合实践和项目管理能力，培养创新意识和团队合作精神。经济与管理学院“SEM-SITP”项目从2014年11月启动，2020年学生创新项目中教师立项来源如图1所示，其中来自国家社科基金重大项目、教育部人文社科基金项目、上海社科项目、纵向课题等共有14项，占比达41%。其中，钟宁桦教授提供的课题项目《基础设施投资对我国各省经济的拉动作用——基于政府采购数据的分析》来源于国家社科基金重大项目“新

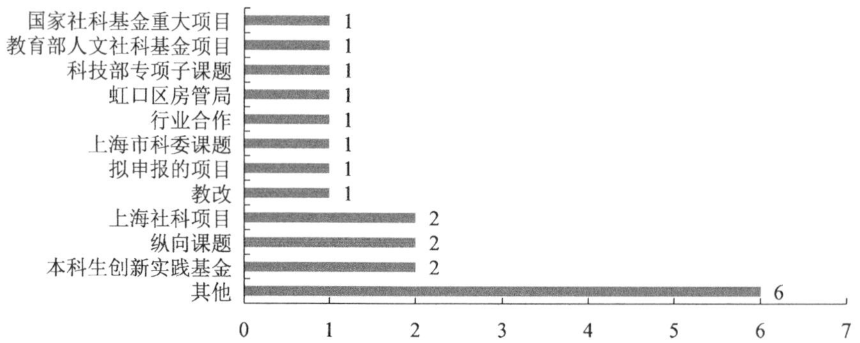

图1 经济与管理学院2020年SITP项目来源

形势下地方债务风险管控的目标、难点与实现路径研究”；刘惠敏教授提供的课题项目《基于信号分解的空气质量指数时空分异研究》来源于教育部人文社科基金项目。经济与管理学院“SEM-SITP”项目，通过支持师生共同开展科研、实验发明等创新活动，探索并建立以问题和课题为核心的教学模式，倡导以教师和本科学生为主体的创新性实验改革和科学研究，调动师生的主动性、积极性和创造性，激发师生的创新思维和创新意识，逐渐帮助学生掌握思考问题、解决问题的方法，提高其创新实践能力。

三、从现实问题看本科生导师制实施过程中的低效性

本科生全程导师制在人才培养过程中具有一定优势，为导师与学生搭建了一个新的交流平台，充分发挥了导师在本科学生培养过程中的作用，能践行因材施教的教育理念，更能在专业引导、学术素养及创新训练上给予学生很好的指导。然而，在具体实施过程中也显现出不少问题，导致本科生导师制的优越性无法充分发挥。

（一）导师投入时间精力不足

本科生全程导师制能否很好地发挥作用，很大程度上取决于导师的付出，包括时间付出和精力付出。众所周知，高校教师不仅要承担本科、研究生甚至博士生和专业学位等各种类型的教学任务，同时还要开展课题学术研究、论文撰写、学术会议交流，也要培养研究生和专业学位学生，当然系里和学院相关行政事务也要完成。目前高校在教学科研制度上并没有给本科生导师这一工作一定时间与空间。松散的指导机制、屈指可数的互动机会以及紧张的时间安排，显然只会让本科生导师制的实施流于形式。因此，单靠导师的责任心和主动付出来保证全程导师制的效果目前来看还存在很大的困难。由于精力和时间有限，导师心有余而力不足的现象必然存在，在导师与学生之间的交流缺乏必要规范和保障的情况下，将无法保证每一个学生都得到应有的指导，本科生全程导师制的效果也就大打折扣。

（二）学生参与意愿消极

由于长期应试教育的影响，师教生学的传统观念根深蒂固，学生大都习惯于被动接受知识，而非主动学习思考，因此与导师交流的意愿并不强烈。同时，受传统思想的影响，学生对老师天然有一种距离感，不敢表达自己的真实意愿，更怕老师安排任务。而导师的精力和时间又非常有限，这样导师和学生之间很难在短期内建立起教学相长的双向互动关系。特别是对于大

一学生而言，由于对大学学习各方面情况都不熟悉，加上对导师的畏惧，在参与导师指导的过程中往往非常被动，无法表达或者不愿表达，常常出现只有导师分享的尴尬局面。另外，由于低年级学生课程比较多，而且每个学生课程时间安排不同，高年级学生则安排了诸多实习和社会活动，所以很难保障导师的统一指导时间，经常存在开组会无法统一时间，或者学生由于各种原因请假的现象。目前的指导大多数表现为导师主动联系学生，学生只是被动完成导师布置的任务，即使是导师布置了任务，学生完成质量也参差不齐。其实只要学生有意愿，积极与导师保持沟通，相信大多数导师都愿意付出时间和精力为学生答疑解惑。

（三）职业角色模糊

在实行本科生导师制之前，大学基本实行的是辅导员管理体制，但在实施本科生导师制之后，关于导师与辅导员的职业角色问题日趋突出，很多学生甚至导师都分不清各自的角色定位到底是什么。事实上，导师与辅导员的职业责任是有相对严格的区分的，导师应更注重学生专业学习和科研能力水平的提高，更注重对学生自学能力、知识转化能力的引导，并在专业发展、职业选择等方面给予指导，与学生课堂学习形成互补，丰富学生知识结构体系，拓展学生科研视野。辅导员在某种意义上则更倾向于思想政治辅导工作，重点工作放在生活关心、服务与协调、情感沟通、生活交流等方面，重点保障学生日常事务性工作和生活等有序进行。但在本科生导师制实施过程中，既存在学生经常问导师一些行政性规定及问题的现象，也存在导师仅仅关心学生生活情况而忽略学生专业知识积累的问题。因此，进一步明确导师与辅导员之间的职业角色定位是深入推进本科生导师制的关键所在。

（四）激励机制不足

本科生导师制是一种课外指导制度，如果要做好本科生指导工作，担任导师的教师在时间、精力上的投入并不少于课堂教学与科学研究，因此本科生导师制需要设计同等的制度激励。从目前的实际情况来看，学校对导师的考核与评价重点体现在教学和科研成果，而很少将导师对学生的指导纳入评价机制中，使得针对本科生导师制的考核、评价、监督、激励难以推进和落实。并且本科生导师制无法与导师职称评定、职级晋升以及工作量核算有效衔接，本科生指导工作仅仅被视为老师的本职工作，对担任本科生导师的激励也就只能寄希望于导师自身的奉献精神和职业道德。外在激励机制

的不足再加上导师时间精力有限,很容易导致该项制度的执行流于形式。

四、从对策建议看本科生导师制实施的完善创新

本科生导师制是大学贯彻因材施教原则,培养个性化创新人才的制度保证,是高校教书育人的重要载体,也是充分发挥导师的指导作用,体现以学生为本的教育理念的具体措施。本科生导师制是有计划、有组织、有抓手、有考核的导学模式,它突破了传统教学的单向传授模式,实现了教书育人理念与学生反馈的有机融合,但在实践的过程中面临着来自导师、学生、制度等多方面的现实问题,只有在不断地探索与实践中认真反思,积极总结经验,大胆进行改革创新,才能进一步发展与完善。

(一) 适当减轻压力,认可本科生导师工作

高校导师所从事的是一种创造性的脑力劳动,他们的劳动表现出很强的主动性、学术性、创新性和独立性,其工作任务是培养学生、开展科研活动以及帮助高校完成社会服务的职能。高校导师必须同时扮演许多不同的角色,承担多种类型的工作,高度的职业压力使高校导师长期处于一种紧张状态中,不仅影响其身心健康,也直接关系到高等教育的人才培养质量。落实本科生导师制,应适当减轻导师相应的教学和科研压力,将担任导师这一工作纳入年终工作量的考核,特别是院系层面要重视本科生导师工作,给予肯定和认可,以达到本科生导师制的预期效果。

(二) 明确职责定位,加强协调与配合

在职责定位上,应当着重强调导师的指导内容集中在专业学习和知识积累方面的答疑解惑、研究领域的专业指导、学业或职业生涯发展经验分享等,而对于思想教育、生活指导方面则只应当是协助辅导员、班主任工作而非专门承担职责;在与课程教学制度、科研管理制度融合方面,应当将本科生导师制视为与前两者相匹配并享有同等地位的教学指导制度,因而在课程安排和科研管理上应当给予充足的时间、空间、设施以及经费支持。

(三) 强化导师作用,提升学生积极性

“以学为本”已成为人才培养和教学改革的重要理念,本科生导师制的顺利实施不仅要加强高校制度建设和导师指导工作,更重要的是要让学生了解并接受本科生导师制,积极参与,自觉将它作为学习中的重要组成部分。要做到这点,首先应在学生中宣传本科生全程导师制,公布本科生导师制的基本信息、实施动态,以及本科生导师的角色和定位、导师开展指导工

作的渠道和方法以及实施的成果，让学生了解和掌握本科生导师制的目的、意义。其次，要明确学生在本科生导师制中的主体地位和应做的工作。最后，要树立学生通过本科生导师制成才的榜样，吸引学生主动寻师问道，主动将本科生导师作为学业发展的导师、职业规划的导师。

（四）放宽考核机制，落实激励机制

对本科生导师的指导工作进行一定的监督和考核是必要的，但是本科生导师制作为一种师生课外交流互动机制，其活力和创造性也恰恰来源于师生非正式的、平等的和无拘束的互动以及导师有针对性的指导，不适合采取程式化的过程监督和结果考核。可以采取保底奖优的策略，注重从学生的反馈评价老师的指导，对指导有方、产生卓越成效、投入时间较多的指导教师可以进行物质和精神奖励。

支付合理的报酬既是一种重要的物质激励措施，也是对高校本科生指导工作的尊重和肯定。另外，导师制应与导师职称评定、职级晋升有效衔接，以更好地推动本科生导师制的有效实施和长期发展。

参考文献

[1] 闫瑞祥.我国本科生导师制存在的问题及其改革[J].教育发展研究，2013，33(21)：73-76.

[2] 杜智萍.牛津大学导师制的历史演进[M].北京：科学出版社，2015.

[3] 帕尔菲曼.高等教育何以为“高”：牛津导师制教学反思[M].冯青来，译.北京：北京大学出版社，2011.

[4] 唐汉琦.我国高校实施本科生导师制的成效、问题与出路[J].重庆高教研究，2019，7(4)：98-109.

[5] 王艳平.高校“三全育人”的特征及其实施路径[J].思想理论教育，2019(9)：103-106.

[6] 李国仓.应然与实然的距离：牛津大学导师制在我国的发展与困境[J].中国高教研究，2013(8)：55-59.

[7] 赵晓灿.新时代背景下经济学专业应用型人才培养的研究[J].智库时代，2020(12)：40-41.

[8] 杨璐溢，汤程桑.新时代背景下经济学专业创新型人才培养体系探究[J].智库时代，2020(7)：51-52.

[9] 李勇刚.财经类院校高年级本科生科研能力培养模式研究[J].经济研究导刊，2015(15)：226-228.

[10] 中华人民共和国教育部.同济大学开展“立德树人”专项行动[EB/OL].（2017-12-14）. http://www. moe. gov. cn/jyb _ xwfb/s6192/s133/s165/201712/t20171214 _ 321324.html.
[11] 中华人民共和国教育部.教育部关于深化本科教育教学改革全面提高人才培养质量的意见[EB/OL].中华人民共和国教育部，http://www. moe. gov. cn/srcsite/A08/s7056/201910/t20191011_402759.html.

中华优秀传统文化在新时代课程思政中的和谐育人践行

宋善威
同济大学设计创意学院

摘要 中华优秀传统文化是与时代相适、和谐并行的，是青年人文化自信的基因和根源。本文提出以立德树人为根本任务的和谐观教育理念，主张营造适合“当下”青年人兴趣导向的具有“时尚感”的新媒体语境、具有“温度感”的新时代话语语境、具有“动态感”的具身教育语境进行课程思政教学。以“非遗走进现代生活”课程为例，倡导结合课程思政的和谐育人理念，结合课程思政的和谐育人内涵以及结合“当下”语境的和谐育人实践在新时代课程思政教学中的和谐教育践行。

关键词 中华优秀传统文化　新时代　课程思政　和谐教育　语境

中华优秀传统文化经过几千年的传承，有着深厚的底蕴，是中华民族生生不息的精神动力，是中华民族独特的精神标识；中华优秀传统文化具有共时性的特征，随着社会发展而不断地被传承和创新。厘清中华优秀传统文化与思想政治教育的关系，运用和谐教育的理念，利用当代网络技术和信息技术，不断创设符合青年人“当下”话语的学习语境，将中华优秀传统文化融入课程思政教育中，有助于提升高校思政教学质量，助力传承中华优秀传统文化。本文结合“非遗走进现代生活”课程在思政教学中的和谐育人教学实践，让当代大学生关注中华优秀传统文化，并逐渐对其产生浓厚的兴趣，同时对我国非物质文化遗产所蕴含的中华民族特有的精神价值、思维方式和文化意识进行深度探讨，培植学生的爱国主义情怀，引导学生从文化自觉走向文化自信。

一、中华优秀传统文化是文化自信的根源

中华优秀传统文化是青年大学生文化自信的根基和源泉，是中国发展

坚实的支撑力量和深厚的软实力。2014年，习近平总书记在北京大学师生座谈会上的"青年要自觉践行社会主义核心价值观"的讲话中提到："中华文明绵延数千年，有其独特的价值体系。中华优秀传统文化已经成为中华民族的基因，植根在中国人内心，潜移默化影响着中国人的思想方式和行为方式。"要深入挖掘中华优秀传统文化蕴含的思想观念、人文精神、道德规范，结合时代要求继承创新，让中华文化展现出永久魅力和时代风采。

文化自信植根于文化传承和创新发展。习近平总书记在党的十九大报告中指出："文化自信是一个国家、一个民族发展中更基本、更深沉、更持久的力量。必须坚持马克思主义，牢固树立共产主义远大理想和中国特色社会主义共同理想，培育和践行社会主义核心价值观，不断增强意识形态领域主导权和话语权，推动中华优秀传统文化创造性转化、创新性发展，继承革命文化，发展社会主义先进文化，不忘本来、吸收外来、面向未来，更好构筑中国精神、中国价值、中国力量，为人民提供精神指引。"这一重要论述充分体现了党对中华优秀传统文化重要地位和特殊作用的理性认识。在固本、外拓和面向未来的方向指引下，只有坚持创造性转化和创新性发展，创建和谐的学习语境，才能更好地培养和造就担当民族复兴大任的时代新人。

文化影响着人们世界观、人生观和价值观的形成，在人们的全面发展过程中有着积极的意义。因此，结合中国特色社会主义发展理念，将中华民族优秀传统文化继续传承下去，是增强文化自信的重要途径。[3]

二、以立德树人为根本任务的中华优秀传统文化和谐教育观

（一）传统文化与新时代的共时性

文化包含两部分：作为文化活动的结果的一部分是传统文化；作为对传统文化进行修正、补充、更新的另一部分就是现代文化。它们作为文化的一体两面，以共时态形式存在于个人、社会当下的生存活动的方方面面。[4]正如兰德曼所说："尽管文化只是源于人类，而且为了保存文化的生命力，人作为承担者使用文化，并用文化来充实自己。但文化并非附属于人，而是外在于人的独立存在。事实上，文化可以与承担者分开，并可以由一个承担者向另一个承担者转化。在一定程度上，文化与我们分离，如同自然先予的世界与我们分离一样。我们无法逃脱地站立在我们创造的文化世界中，也就像我们站在自然世界中一样。"[5]人类文明的历史长河是在不断更替和迭代的过程中发展演变而来的，文化是在不断地被人类创造和改变，并适应当下而存在的，

因此,传统文化不是与新时代割裂的存在,而是与时代相适、和谐并行的。

(二)高校立德树人教育中的和谐教育观

“和谐教育”是指教育要以满足社会发展需要与受教育者身心素质发展需要的统一实现为出发点,调控教育场中诸教育要素的关系,使教育的节奏符合受教育者的发展规律,进而使“教”与“学”产生谐振效应,以促进学生基本素质获得全面和谐充分发展的一种教育模式。它主要包括:第一,以师生关系为主的学校人际关系的和谐,这是构建“和谐教育”模式的前提;第二,以教学关系为主的学校诸教育活动与学生发展的和谐,这是“和谐教育”的核心;第三,以学生个体发展为主的德、智、体、美、劳各方面素质的和谐发展,这是“和谐教育”的目的;第四,以学校教育与家庭教育关系为主的学校、家庭和社会三方面关系的和谐,这是“和谐教育”的基础。[6]

和谐是一切事物的原则,工作、学习、生活,它们内在必须是和谐的,和其他事物的关系必须是和谐的。正如黑格尔所说:“存在的就是合理的。”如果不和谐就不可能存在,一点的变化必然引起其他的变化,因为它们有内在的联系。当今时代是一个追求人性解放和个性自由,追求人的价值最大化实现的时代,夸美纽斯的人性观体现的教育思想为现代教育提供了很好的借鉴和启迪。[7]

三、中华优秀传统文化在“当下”语境中的和谐教育思考

(一)增强新媒体时代语境下课程思政的“时尚感”

新媒体时代背景下,应运用新媒体思维,创新高校课程思政教育工作,切实提高思想政治教育的实效性。习近平总书记指出:“要运用新媒体新技术使工作活起来,推动思想政治工作传统优势同信息技术高度融合,增强时代感和吸引力。”使用智能终端是新时代青年人的一种生活方式,是一种时尚。学生利用智能终端上网学习更加方便快捷,移动互联网塑造了全新的社会生活形态,也将塑造全新的教育和学习模式。逐步融合传统手段和新媒体的优势,合理将新媒体技术与教学结合,有助于解决当代大学生对传统文化教育的逆反心理,提升广大学生对中华优秀传统文化的兴趣和认知。

事实表明,教育语境亦已呈现多元化、平面化、即时化、碎片化等“微”特征。高校思想政治工作中的许多新情况新任务,很大程度上是因“网”而生、因“网”而应。必须看到,今天的思想政治教育内容,决不能满足于课堂使用,而要善于网上推送、全媒体化呈现。要适应高校思想政治教育的新形

势，积极借力互联网，加强内容制作，创新呈现方式，更多运用微信、微视频、VR 等易于接受的手段，吸引学生主动靠近、自动连接，让网络思想政治教育成为大学生喜欢“吃”、能吸收的“营养大餐”。

（二）增强时代话语语境下课程思政的“温度感”

陶赋雯认为，高校课程思政要感染广大学生，必须运用青年学生喜爱并接受的话语方式。近年来，每到开学季或毕业季就能在微信中看到诸多高校领导的发言和寄语。这些质朴而真挚，优雅而睿智的语词，引发了学生的思想共鸣与心理认同，也给我们做好当下课程思政教学工作提供有益示范。话语表达要接地气，要有亲和力，要有温度感。要将冰冷的原理、术语、教材变成道理，并让道理变成生动有趣的故事。陶赋雯还认为：“一个故事胜过一打道理。善讲故事是古今中外著名政治家、思想家的共同特点。习近平总书记是善讲故事、活用话语的典范，无论是会议上的发言、调研时的谈话，还是出访时的演讲、报刊上的文章，他都善于用故事来传达深意，感染他人。”[8]

（三）增强具身教育语境下课程思政的“动态感”

传统的教学情景是“一本教材、一支粉笔、一块黑板；老师一直讲，学生坐着听”，学生只要带上耳朵和大脑，认真做笔记就行。这种一味地灌输和给予的传统教学方法，让学生一直处于“静态”的学习状态中，缺乏互动体验的具身学习环境，缺少观摩讨论的思想交流机会，缺少“动”与“静”结合的学习场景变换，不能发挥学生的主观能动性，不能起到理想的教学效果。理应结合当下，顺应时代，创设具身学习环境和条件，要在新时代青年人的生活学习语境下应时施教，改变方法和思路，采用科学化、多元化、人性化、多模态的方法进行教学，让学生在设定的情景中参与、感知、行动，融入学习，从而产生认知和思考，获得经验和知识。具身认知环境的创设，使学生从形象的感知到抽象的理解和感悟，同时激发学生的学习热情和兴趣，启迪学生的思维，使学生潜移默化地接受教育、获取知识。学生沉浸于“忘我”的学习环境体验后生成的结果，是具身环境下交互生成的学习成果，也就是课程思政教学所要达到的目的。

四、“非遗走进现代生活”课程在思政教学中的和谐育人践行

（一）结合课程内容的课程思政和谐育人理念

“非遗走进现代生活”课程主要讲授非物质文化遗产概念认知、项目分

类、非遗保护与传承等方面内容，让学生了解民间文化、民间艺术、民间技艺等人类文化记忆；了解非遗保护的相关政策和法规；了解非遗创新性传承的现状。

非物质文化遗产是人类创造力、想象力、智慧和劳动的结晶，是人类文化多样性与独特性的生动展示，是珍贵的、具有重要价值的文化信息资源，也是历史的真实见证。非物质文化遗产强调的不是物质层面的载体与表现形式，而是蕴藏在其背后的精湛的技艺、独到的思维方式、丰富的精神蕴含等非物质形态的内容。学习非物质文化遗产及其保护的各种基本理论，了解非物质文化遗产源于生活回归于生活的活态化传承规律，探讨我国非物质文化遗产所蕴含的中华民族特有的精神价值、思维方式、想象力和文化意识是本课程的主要目的和意义。

课程侧重于传统美术及传统手工技艺类非物质文化遗产项目内容的学习，邀请相关非遗项目传承人及行业专家授课及示范，让学生近距离接触非遗大师，聆听大师讲授非遗的文化内涵和精神价值，并亲身体验非遗技艺。除了在固定课堂学习外，课程还将非遗集市和非遗展览的观摩内容设定为移动课堂进行现场教学，让学生走出校园，学习状态由静态的“坐着学”变成动态的“移动学”，来到与教室完全不同的具身环境之中进行学习。运用并探讨“微语境”下非物质文化遗产如何走进现代生活的案例解析，使本课程更为和谐生动地呈现于师生面前。

（二）结合课程内涵的课程思政和谐育人方式

首先，以育人为目标导向。以立德树人为根本目标，教育学生掌握科学理论知识，坚定理想信念，树立正确的世界观、人生观和价值观，厚植爱国主义情怀，培养具有担当民族复兴大任时代新人的使命。课程以与国家非物质文化遗产相关联的实际案例展开学习，传承中华优秀传统文化，让学生了解非物质文化遗产源于生活回归于生活的活态化传承规律，引导学生对中华优秀传统文化的反思、反省和审视，旨在培养大学生从文化自觉到文化自信，对中华优秀传统文化的高度认同感。

其次，以育人逻辑为路径。围绕立德树人根本任务，发掘专业课程所蕴含的思想政治教育元素和承载的思想政治教育功能。以“文化”和社会发展规律的认识为基础，加之“文化＋生活”的价值观教育，再到“文化＋生活＋思想”的世界观、人生观的教育，构成由中华优秀传统文化入手，从价值教育至思想教育不断递进的育人逻辑。通过递进式的课程思政教育，让学生接

受中华优秀传统文化的熏陶，启发学生的自觉认同，产生共鸣与升华，达到潜移默化的教育效果。

再次，以育人元素挖掘为核心。课程内容结合思政教育过程，其育人的核心元素主要包括：其一，中华优秀传统文化元素。将中华优秀传统文化的深度解读融入社会主义核心价值观与文化自信、爱国主义情怀教育中。其二，非遗智慧与精神。将非遗技艺的创作智慧与追求极致的工匠精神融入中国特色社会主义建设教育中；其三，文化创新思维。将中华优秀传统文化的创新转换理念融入中国社会主要矛盾、美丽中国与美好生活、民族复兴中国梦教育中。以上这些内容通过和谐育人有机融合，不仅能提升学生的学习兴趣，促进学生对中华优秀传统文化的认知和理解，还能提升学生的品德涵养。

(三) 结合“当下”语境的课程思政和谐育人实践

在“非遗走进现代生活”课程思政教学过程中，首先，借助新媒体开展课程思政教学。挖掘大量与课程相关的网站及视频、微信公众号及微信文章等资源，梳理我国优秀的传统文化成果，构建互动性较强的信息交流平台，通过微信群进行教学内容的分享。借助这一平台，将每隔一年举办的国家非遗博览会和中国国际非遗节的大量现场图片、媒体报道和现场直播等活动信息分享在微信群里；借助这一平台，将央视非遗公开课的视频，将优酷视频非遗影像、爱奇艺非遗影像、腾讯视频非遗影像，以及哔哩哔哩、抖音短视频、快手短视频、酷狗音乐、西瓜视频非遗影像在微信群里进行分享。视频内容包括专题片《拥抱身边的非遗》系列、《国潮手艺人》系列、《大国匠人》系列、《指尖上的非遗慕课》系列等；借助这一平台，转发分享专业的非遗微信群里的文章；借助这一平台，随时与学生保持联系、交流，讨论有关非遗的热点问题，引导学生树立非遗保护、传承和创新意识。通过大量震撼人心的视频观看，触发学生对中华优秀传统文化的热爱，培植学生的文化自信。

其次，营造融洽的话语语境开展课程思政教学。“非遗走进现代生活”课程的内容主要包括：非遗理论、非遗项目赏析和非遗与现代生活三大模块。其中，非遗理论部分包含了非物质文化遗产的特性、价值，保护理念和原则，以及非遗传承和发展等较为枯燥的知识点。为营造适合大学生的话语语境，将所有的内容案例化和故事化，并及时捕捉学生的思想动态和青年人关心的热点话题，因势利导、顺势而为，把课堂上的“大道理”融入事件中，融入学习和生活的琐事中，将“集美”“奥力给”“带货”“逆行者”“云监工”等

当下网络流行词变成口头禅，让乏味的非遗理论知识通过日常化话语方式来表达，与学生拉近距离，从而消除话语双方在思想政治教育话语及其语境之间的隔阂，助力思想政治教育话语“入耳、入脑、入心”。[9]

最后，创设具身体验的课程思政教学环境。课程采用先进的教学理念，科学地组织教学进程，合理布局教学内容。采用交互式与体验式相结合的教学方式，将以往用“眼、耳、脑、心”感官为主的学习方式，升级为“眼、耳、脑、心、手、口、脚”综合感官融合的学习方式。学生不只是倾听者，还是参与者，让他们与工艺美术大师、非遗传承人和国内外行业专家一起聊非遗与生活；走出校门，去非遗传承人的工作坊学习实践，体验非遗的技艺流程；来到非遗艺术馆观摩和交流，领略非遗的智慧和大师们的佳作。通过创设多维度和多模态的学习场景，通过学生的经验、动作以及情绪感知与环境互动产生认知，是具身认知教学中激发学生对知识快速认知、感悟和理解的核心价值所在。课程将“静态”的学习方式转化为“动态”的学习方式，激发学生的学习兴趣。通过多感官相结合的教学方法，固定课堂与移动课堂结合的教学方式，潜移默化地将中华优秀传统文化和课程思政有机融合。

五、结语

“做好高校思想政治工作，要因事而化、因时而进、因势而新。要遵循思想政治工作规律，遵循教书育人规律，遵循学生成长规律，不断提高工作能力和水平。”习近平总书记高屋建瓴对拓展和创新高校思想政治教育途径指明了方向。[10]中华优秀传统文化在新时代课程思政中需结合“当下”语境，以青年大学生的兴趣为导向，运用新媒体技术与教学结合，构建信息平台，与学生平等沟通。构建具身学习环境，让学生在轻松愉悦的氛围中学习和思考，提升课程思政的时效性。采用和谐教育的原则，结合课程内容和特点，围绕立德树人根本任务，将思政内容有机融入课程各模块之中，使学生领略中华优秀传统文化的精神内涵，培育社会主义核心价值观，增强文化自信，更好地继承和发扬中华优秀传统文化。

参考文献

[1] 史晓宇.新时代中华优秀传统文化的创新发展理路[J].云南社会主义学院学报，2017,19(4)：21-25.

[2] 陈祖武，苏永昕.文化自信植根于文化传承[J].世纪，2018(2)：82-84.

[3] 胡雪松.传统文化视角下中华文化自信的建构[J].智库时代,2019(43):258+260.
[4] 邱红,王雅芬.试论传统文化与现代化的共时性[J].辽宁工学院学报(社会科学版),2005(2):48-50.
[5] 蓝德曼.哲学人类学[M].彭富春,译.北京:工人出版社,1988.
[6] 郭美茹.试论素质教育中的和谐教育观[J].考试周刊,2013(64):141.
[7] 冯海英,汪淑丽.论夸美纽斯的人性和谐观及其现代教育启示:和谐教育[J].中共济南市委党校学报,2008(3):64-66.
[8] 陶赋雯.增强“微语境”下高校思政工作实效性[J].红旗文稿,2017(23):36-38.
[9] 周小李,刘志敏.提升高校思想政治教育话语亲和力的四个着力点[N].光明日报,2019-05-13(6).
[10] 刘曙辉.高校思政工作如何“因事而化、因时而进、因势而新”[N].郑州日报,2019-02-22(15).

基于能力产出的跨学科工程人才培养模式研究

——以智能制造工程专业为例

张文娟　于　颖

同济大学机械与能源工程学院

摘要　为应对新一轮产业革命的冲击，作为连接高等教育研究与工业应用最直接纽带的高等工程教育开始向跨学科、复合型人才培养的模式转变。基于产出的教育模式是目前流行于世界各主要国家的工程教育培养模式，实现了教育范式的转换。本文以注重学生的产出(OBE)为培养理念，以"T"型人才培养、基于项目的学习(PBL)为方法论，以同济大学新工科专业智能制造工程为例，探索"双一流"建设理念下复合型工程人才培养方案的设计和实现。

关键词　OBE　"T"型人才培养　PBL　智能制造工程

一、新工科背景下，传统的工程教育模式遇到挑战

人才培养的质量直接关系到国家核心竞争力的提升和战略目标的实现，故一直受到各国的高度重视。早在2007年，世界银行就在其"建设知识经济"年度报告中指出，在日益关注竞争和创新的社会发展中，教育系统将是最为关键的长期影响因素。作为连接高等教育研究与工业应用最直接的纽带，工程教育承担着培养满足工业需求的各级工程技术人才的重任，在人才培养中占据非常重要的地位。为应对以生产高度数字化、网络化、机器自组织为标志的新一轮工业革命，世界范围内主要发达国家都在积极探索新的工程教育模式，注重跨学科、团队协作等综合能力培养，注重创造性以及国际视野，强调回归工程实践，是美国、欧盟和日韩等国家和地区工程教育改革的共同方向。

我国的高等工程教育目前依然是以学科为导向的，分学科分专业的教学体制，培养出的学生的实践能力、创新能力和团队能力有所欠缺，难以成为具有高技能的复合型人才以及具有创新性的外向型人才。2017 年 2 月 18 日，教育部和相关高校达成了加快建设和发展新工科的"复旦共识"，与传统工程教育相比较，新工科建设更加注重与产业对接，更加注重学科交叉，更加注重创新创业育人体系建设，更加注重以学生为中心，更加注重全球视野，更加注重家国情怀。由此可见，我国的新工科建设总体原则是与国际工程教育发展趋势相契合的。然而如何将该理念用于指导一个具体专业培养目标的确定，课程体系、课程内容的设计以及教学法的选择，尚需要进一步探索。

伴随移动互联网、物联网、大数据和云计算等现代信息技术的广泛应用，传统制造业逐步迈向智能制造，并将在中、美、德等国家的制造业战略升级中处于核心地位。同济大学机械与能源工程学院积极参与我国制造业转型升级的科研和人才培养探索，深刻体会到智能制造的实现离不开系统集成，而现有的高等教育工程专业和培养模式难以为其培养大量具备跨学科能力、集成能力和创新能力的复合型系统级人才。因此拟新设"智能制造工程"本科专业，探索在新工科建设理念下该专业培养方案的选择和实现，希望对我国的高等工程教育改革提供一定借鉴和参考。

二、培养方案确定的主要原则

(一) 注重学生的能力产出

世界著名未来学家和社会思想家阿尔文·托夫勒(Alvin Toffler)曾经说过，21 世纪的文盲不是那些不会读写的人，而是那些不能学习、不能忘记和不能再学习的人。我们正处于一个信息、知识无所不在，而且快速更迭的"流动的现代性的社会"，因此无论是教育者还是受教育者都面临着巨大挑战。世界经济论坛 2016 年 1 月在其报告《工作的未来：面向第四次工业革命的雇佣、技能和劳动力战略》中指出，大学新生入学时所学的知识中，50% 在他或她毕业时已经过时。因此，教育的内涵不再是传道、授业，而应该是关注于培养学生应对未来技术进步、工作挑战所必须具备的能力，使他们能够面对不同层次、不同需求寻求个性化和创造性的解决方案，以帮助他们把握机会迎接未来。尤其是在新工业革命的制造业发展中，从事生产制造的人员将大幅减少，知识密集型产业越来越受到重视，生产技术呈现出合作性的特征，产品生产过程的顺利实施需要各种机械、液压、电子及软件组件之

间复杂的高效协同，从知识管理上来说需要各个学科间极为紧密的配合，要求高校培养出的人才的知识结构具有广延性，更加需要复合性、创造性和可持续学习能力的提升。

（二）注重体现新工科的跨学科特性

美国国家工程学会（National Academy of Engineering, NAE）下属工程教育委员会于 2004 年发布了《工程师 2020：新世纪的工程愿景》研究报告，预测了为应对新时代的到来，未来的工科毕业生应具备的 10 项能力，分别为：较强的分析能力、发现问题解决问题的能力、创新能力、良好的沟通能力、掌握工商管理基本原理、领导力原理、较高的人文素养、强烈的敬业精神、快速的应变和学习能力、终身学习的意识。从与专业的关联度来看，上述 10 项能力中的 9 项不涉及具体专业知识和技能，属于跨学科的综合能力范畴。

美国机械工程师协会（ASME）和德国机械工程师协会（VDI）在 2014 年就未来制造业发展对工厂员工的影响进行了联合研究，认为未来工厂内的技能要求与今天相比将发生巨大变化：从技术角度来看，IT、信息数据处理分析、组织和流程意识、人机交互的技能最为必要；从个人应具备的素养来看，未来将更需要“通”才而非“专”才，也就是说，社交能力、团队合作、适应变化的能力以及自我管理能力对未来员工非常重要，而且具备持续改进和终身学习的思维意识将有助于他们更好地发展。香港工程师学会在工程师的专业认证（professional accreditation）准则中也明确了工程人才必须具有宽广的知识面，以及人际交往能力、较强的灵活应变能力以及团队精神与协作能力，以能够更加灵敏地响应未来需求和应对市场环境的快速变化。

由此可以看出，培养知识面广、知识交融程度高、思维辐射宽、社会适应能力强，掌握两个或两个以上专业或学科领域的基本知识，具有科学分析洞察能力、企业经营管理能力的现代化复合型人才已成为未来高等工程教育的重要内容和方向。

对于制造业来说，伴随着数字化进程不断推进，知识密集型产业越来越受到重视，从事生产制造的人员大幅减少，但与智能制造、信息技术、数据分析、系统集成有关的综合技能岗位却迎来更大需求。尤其对于智能制造业，由于生产技术呈现出合作性的特征，产品生产过程的顺利实施需要各种机械、液压、电子及软件组件之间复杂的高效协同，需要各个学科间更为紧密

地配合，因此未来的智能制造产业需要更多在知识结构上具有广延性、复合性，在能力上具有全局观、创造性和可持续的学习能力等综合能力的“系统架构师和系统工程师”。现行教育模式是为应对工业时代逐步细化的社会分工需求而制定的，培养的毕业生的技术水平与工作能力已不能满足相关企业发展的需求。为此，需要在一个跨学科的平台上培养紧跟时代步伐、满足企业需求、具备职业能力的复合型人才，使得培养人才的素质真正与职业发展需求相匹配。

美国学者杰里米·里夫金在其著名著作《第三次工业革命》中提出了设立“分散式合作课堂”进行“扁平化”教学的理念。实行大类学科培养，设计模块式课程体系，实施学科交叉的教学模式将是未来新工业革命时代培养跨学科人才的重要方式。《国家中长期科学和技术发展规划纲要（2006—2020 年）》中也强调要“加强基础科学和前沿技术研究，特别是交叉学科的研究”。加强交叉学科研究、发展新兴交叉学科已成为我国科教兴国战略的重要组成部分，未来大学的教育培养方向应将重点放在跨学科的研究与教学上。

（三）注重工程实践和创新

工程是一个有整体性质的系统，工程教育的实践性不容置疑，重新加强对实践性的重视是国际高等工程教育的普遍发展趋势。近年来，工程教育的理论研究也不断发现，教室以外、课程以外的安排对工科尤其是本科生个性、社交能力、社会参与意识的开发都很有帮助。美国的“工程师 2020”计划也非常强调课外活动的重要性。这类项目或实践活动虽然发生在课外或校外，独立于正式的学校课程，但是与教学体系、培养计划具有内在关联。德国的工程教育培养出的学生具有较强的实践能力，这一点已被证明是德国制造业持续强大的重要原因，而这又要归功于德国的工程教育具备与工业界合作的悠久传统。因此，校企深度合作将成为提升学生实践能力的重要方式，而且面对未来工业界的多元化需求，过去那种标准化的培训方案可产生的成效已经非常有限，直接与制造业建立对话关系以提供个性化的培训内容，在未来将更加重要。

在注重实践能力培养的同时，尚需要注重创新能力的培养。随着物联网、云计算、大数据、3D 打印等技术的广泛应用，网络化协作的加强，工程领域减少了对创造性的压制，人的创造本能得以释放，未来创新和协同能力将得到更大关注。2012 年，克里斯·安德森在《创客：新工业革命》中指出创

新在新工业革命中居于重要地位。工程师作为主要的技术创新者和创业者，将在推动人类社会迈入技术创新驱动的知识经济新时代中发挥更大作用。

三、培养方案确定依据的主要理论和方法论

（一）基于产出的教育模式

基于产出的教育模式（Outcome-Based Education，以下简称 OBE）是一种注重学生学习能力产出培养的结构与系统。OBE 最早出现在美国、澳大利亚的基础教育改革中，二十世纪八九十年代流行于美国的教育界，目前世界各国的工程教育都在积极采用此种教育模式。在该系统中，教育者必须对学生毕业时应达到的能力及水平有清楚的构想，然后寻求设计适宜的教育结构来保证学生达到预期目标，与传统上内容驱动和重视投入的教育模式形成鲜明对比，被认为实现了教育范式的转换。从本质上讲，OBE 就是围绕“定义预期学习产出—实现预期学习产出—评估学习产出”这条主线而展开，学生产出评估是 OBE 教育模式中十分重视和必不可少的环节。从 20 世纪末开始，欧美各国工程教育认证组织都先后改革认证标准，在国家学位标准、高校教育目标、专业培养计划中都以学习产出为重要质量准则。目前世界范围内设立有六大“国际工程师互认体系”协议，其中最具权威的是《华盛顿协议》，其成员国（或地区）大多数采取“成果导向”的认证标准，即将学生产出作为教学成果的评量依据，并以促进专业持续改进作为认证的最终目标。2016 年 6 月 2 日，中国成为《华盛顿协议》的第 18 位正式会员，这也预示着关注学生能力产出、按照国际标准培养工程师、考核教学质量将在我国未来的高等工程教育改革实践中扮演重要角色。

（二）“T”型人才培养

美国 IBM 公司的斯波勒（Spohrer）和关颖珊（Kwan）早在 2009 年就提出“T”型人才培养理念。他们根据毕业生在解决问题、与其他人员沟通交流中需要具备的不同领域的知识和能力的广度和深度不同，把人才培养类型分为“I”型和“T”型，以培养和加强工科毕业生能力的宽度和广度。“I”型人才，就像该英文字母的形状一样，是指仅仅在一个领域具备较强竞争力而缺乏应对复杂交互问题的跨学科能力的人才；“T”型人才则是指除了具备一个专业方向较深入的技能，尚具备宽广的跨学科能力以帮助他们更好走向职场的人才，其理念如图 1 所示。

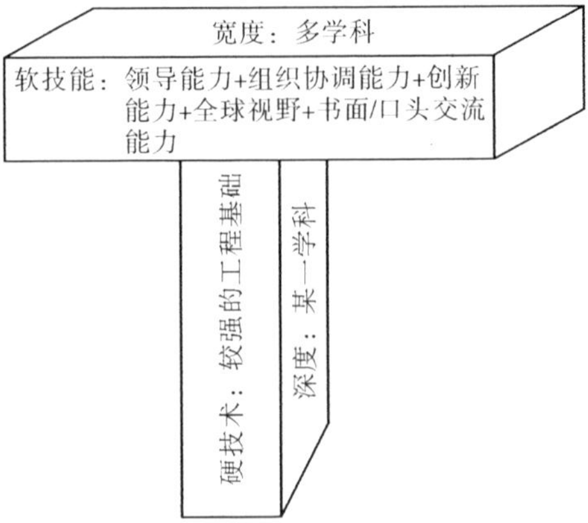

图1 “T”型人才能力架构

（三）基于项目的学习教学法

“基于项目的学习”（Project-Based Learning，以下简称PBL）是一种有效提升学生实践能力和创新能力的教学法。其理论及应用都源于美国，是一种备受国内外教育界推崇的新型研究性学习方法，该方法以学生为中心，以学科的概念和原理为支撑，以一系列相互关联、来源于实际需求的问题为拉动，通过引导学生在一定时间内解决这些真实问题，循序渐进，由局部到整体，实现学生相关知识的学习和获得，聚焦于实践能力、问题解决能力、创新能力、团队协作能力等综合能力的提高，以达到从多个层面促进人的全面发展和能力提升的教学目的。近年来，PBL研究者又进一步开发出以问题（problem）、项目（project）、产品（product）为导向，基于“P立方”的学习方法（P^3BL）。

四、基于产出的培养方案设计

（一）明确专业培养理念

综上研究我们发现，未来的高等工程教育应该是以学生能力为主要产出的，以跨学科或交叉学科模式进行培养，并注重加强课堂外或实践环节的教学比例，这些理念要通过培养方案和课程体系进行固化和实现。本专业拟以智能制造业对系统集成级人才的能力需求为出发点，将OBE模式应用于指导确定毕业生能力要求，在此基础上制订相应的课程体系、教学内容和教学方法。在工程教育理念上回归工程的系统性与实践性，注重人才“T”型

技能的纵向横向能力的平衡，实现动手与动脑的平衡；专业课教学实践教学采用PBL等先进的项目学习教学法，建设“仿工厂”的工程实践环境，注重解决工程实际问题能力的培养；在校企合作方面引进企业的最佳实践，注重与行业领先企业在实验室建设和师资队伍培养上的合作，以企业开设课程、定制教学内容、企业实习等多种形式开展深度合作。将多学科的横向集成与基于项目的纵向集成相结合，实现“以教师为中心”向“学生为中心”的转变，提高学生学习的积极性和主动性，从“要我学”变为“我要学”。在国际合作上，传承同济大学中德合作的传统，发扬对德合作的优势，基于多文化、多学科的环境，培养具有国际视野和创新能力的复合型人才。

（二）确立培养目标和实现路径

OBE的一个重要理念是围绕预期学习产出（Intended Learning Outcomes，以下简称ILOs）开展教学活动。首先，要清晰定义学习能力产出。在专业设立的论证阶段，学院邀请了来自运载火箭技术研究院等科研机构，西门子、博世等知名企业的院士、教授、教学管理专家、企业高管等开展多轮头脑风暴，同时开展大量理论演绎，然后按照岗位群的需要，层层分解以确定毕业生进入行业企业应具备的能力，设计课程结构体系、论证教学方法、明确教学主要内容，以及考核教学结果是否达到能力要求的认证评估方式等。其次，基于该能力产出设计课程体系，确定课程内容、教学法、评估方法以及教学设施设备等外部配套条件。为此，学院组织相关教学管理和专业教学人员“反向设计”培养方案，即将前一步骤分析出的毕业生能力有机地导入到课程体系之中，力图明确各门课程对于实现学生ILOs的贡献，最终形成无缝的匹配矩阵。类似的课程体系确定思路在其他国家工程教育领域也较为普遍。本专业毕业生应具备的能力与课程匹配示例见表1。

表1　毕业生能力与课程匹配示例

课程示例		纵向能力（专业学术能力）	横向能力（跨学科学术能力、软技能）					
			系统集成能力	系统思考能力	实践能力	创新能力	协作交流能力	……
机械制图与CAD	第二学期	■						
控制工程基础	第四学期	■						

（续表）

课程示例		纵向能力（专业学术能力）	横向能力（跨学科学术能力、软技能）					
			系统集成能力	系统思考能力	实践能力	创新能力	协作交流能力	……
系统建模与仿真	第五学期	■	■	■				
生产计划与控制	第六学期	■	■	■	■			
工业软件集成项目设计	第六学期	■	■	■	■	■	■	
智能制造综合设计	第七学期	■	■	■	■	■	■	

（三）"T"型理念指导课程体系结构

本着"T"型人才培养的设计指导思想，培养方案应该是广度和深度的平衡。一方面，考虑学生需要具有宽广的专业知识面，能在不同学科之间进行交流，即具备一定程度的"水平方向"的"软技能"，能快速学习和应对外界随时可能出现的各种变化；另一方面，学生又必须在某一领域有着相当的深度，即"纵向"的专业学术能力。本专业前三年课程体系主要以公共基础课和专业基础课来拓展"宽度"，第四年则主要以专业特色课形式向"深度"推进，本质是要破除各学科之间的壁垒，力求做到学生知识的深度与宽度、理论与实践、知识与能力等方面的有机协调。因此，课程体系设计，乃至具体到一门课程何处讲深，何处仅需泛泛而谈都需要斟酌。如果过于强调"深"，则与传统专业没有明显区别，然而如果过分强调"复合"而忽视"专业"，只有"广"，缺乏深度，则广度的意义也会大为削弱。

（四）国际专业认证标准指导课程类别设计和学分分配

专业认证是一种国际通行的教育质量保障制度，是 OBE 理念获得实现的重要保障步骤和环节，对于引导和促进专业建设与教学改革、保障和提高人才培养质量至关重要。本专业的专业基础课、专业必修课和专业选修课以及不同课程之间的层次结构和学分设计均参考并达到了国际专业认证通用标准的要求，见图 2 和表 2。

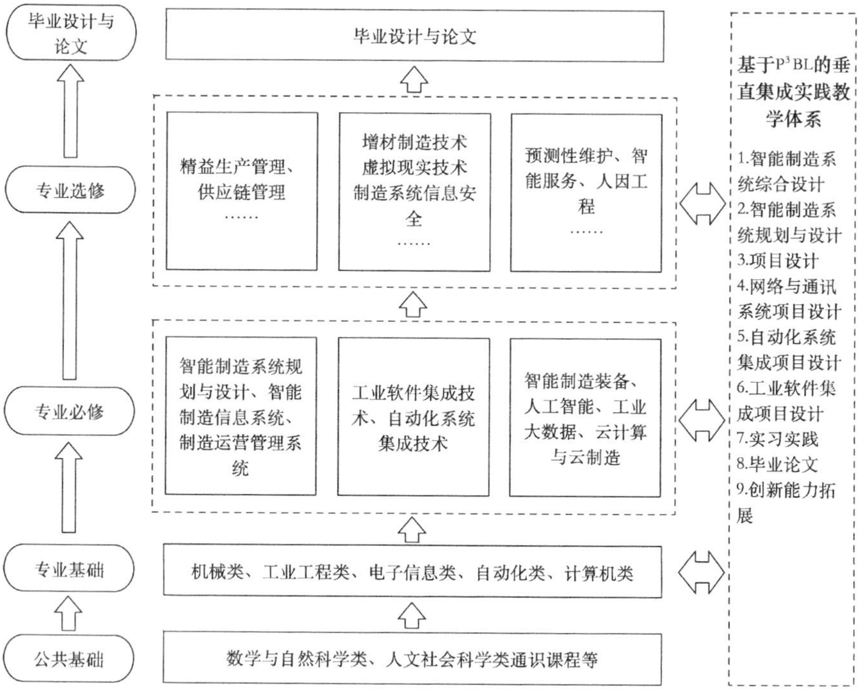

图 2　课程结构及逻辑关系

表 2　专业学分分配与国际认证标准对比

序号	专业认证标准课程类别		通用标准要求	智能制造工程专业				
				学分		占总学分比例		
				必修	选修	必修	选修	小计
1	数学与自然科学		至少 15%	29.5		16.8%		16.8%
2	工程及专业相关	工程基础	至少 30%	13		7.4%		7.4%
		专业基础		36		20.5%		20.5%
		专业课		19	12	10.8%	6.8%	17.6%
		小计		68	12	38.7%	6.8%	45.5%
3	工程实践与毕业设计		至少 20%	37		21.2%		21.2%
4	人文社会科学		至少 15%	29		16.5%		16.5%
5	其他公共选修课							
	小计			163.5	12	93.2%	6.8%	100%
	总计			175.5		100%		

(五) PBL 教学法应用于提升学生的实践能力

本专业基于 PBL 教学法，从内容、活动、情境和结果四要素着手，贯穿学生 2～3 年大学学习阶段，以发现和解决问题的项目式学习为主线，系统提升学生跨学科认知能力、实践能力、集成能力，主要设计思路如图 3 所示。图中一系列“项目”具有内在关联，在初期阶段归属不同课程或学科，但随着学生专业基础课、专业必修课和专业选修课的展开，又互为构成要素，并在毕业设计或论文阶段集成为智能产品或整体解决方案。体现在培养方案中就是实践内容占总教学量的约 30%，内容由浅入深、由单项到全面，贯穿了人才培养全过程。该思路有利于跨越不同学科的壁垒，将跨学科培养集成为一个有机系统，进而完成能够驾驭未来日益复杂的制造业体系的系统工程师的培养，切实提高学生的动手能力及解决实际工程问题的能力。

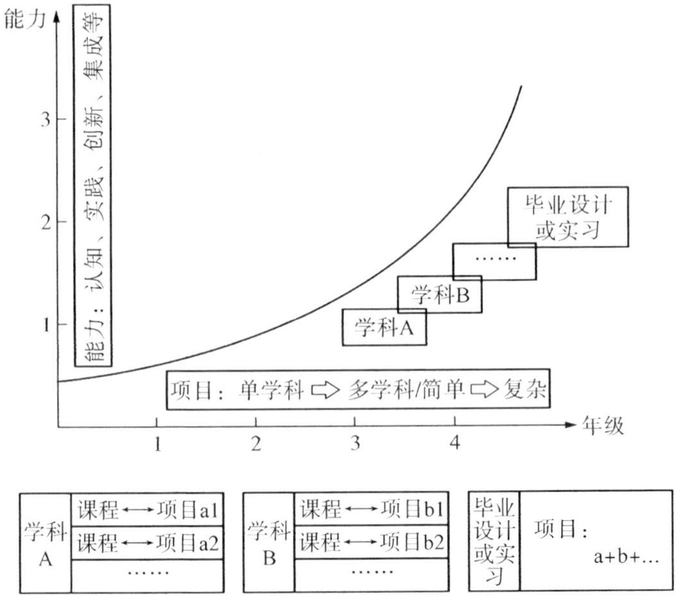

图 3　基于 PBL 的实践活动系统设计思路

四、结语

为应对新工业革命对以培养工程师为己任的工程教育的挑战，跨学科、重实践的工科建设理念已在国内高等工程教育界形成共识。为配合我国制

中国当代文学海外翻译传播研究

摆贵勤　著

同济大学出版社 · 上海
TONGJI UNIVERSITY PRESS · SHANGHAI

图书在版编目（CIP）数据

中国当代文学海外翻译传播研究 / 摆贵勤著 . -- 上海：同济大学出版社，2023.9

ISBN 978-7-5765-0721-8

Ⅰ. ①中… Ⅱ. ①摆… Ⅲ. ①中国文学—当代文学—国际交流—研究 Ⅳ. ① I206.7

中国版本图书馆 CIP 数据核字（2022）第 255672 号

中国当代文学海外翻译传播研究

摆贵勤 著

责任编辑 张 翠 助理编辑 孙铭蔚 责任校对 徐春莲 封面设计 张 微

出版发行 同济大学出版社 www.tongjipress.com.cn

（地址：上海市四平路1239号 邮编：200092 电话：021-65985622）

经 销 全国各地新华书店

印 刷 苏州市古得堡数码印刷有限公司

开 本 710mm × 1000mm 1/16

印 张 18.25

字 数 365 000

版 次 2023年9月第1版

印 次 2023年9月第1次印刷

书 号 ISBN 978-7-5765-0721-8

定 价 82.00元

序

中华优秀文化走出去与讲好中国特色故事

2021年5月31日，习近平总书记在主持中共中央政治局就加强我国国际传播能力建设进行第三十次集体学习时强调，讲好中国故事，传播好中国声音，展示真实、立体、全面的中国，是加强我国国际传播能力建设的重要任务。①

中华优秀文化走出去需要国际传播能力的支撑，同时也能推动国际传播能力的提升，而国际传播能力建设则是推动中华优秀文化走出去的重要途径和手段，也就是说，中华优秀文化走出去与国际传播相辅相成、互为因果。

十八大以来，随着中国综合国力不断增强，中国的国际话语权和影响力显著提升，国际传播影响力、中华文化感召力、中国形象亲和力、中国话语说服力、国际舆论引导力不断提高，中国故事逐渐成为海外刚需。但相对于海外日益增长的“中国需求”，以及消解一些国家出于意识形态偏见对中国的负面认知的迫切需要，我们向世界讲好中国故事的能力仍然偏弱，在内容和方法的精准方面仍存在着很大的差距。

传无定法，真诚为先。要向世界讲好中国故事，我们必须要明确讲什么样的中国故事，怎么才能讲好中国故事，既要有顶层设计之谋，更要有精准落地之策。我们要始终秉承中华优秀文化传统，真诚直面文化冲突。我们要基于中

① 新华社．习近平在中共中央政治局第三十次集体学习时强调 加强和改进国际传播工作 展示真实立体全面的中国[N].人民日报，2021-06-02（1）.

华优秀传统文化和习近平新时代中国特色社会主义思想，有选择、有针对性、有步骤、有目标地将中国故事讲出去，讲进去，以真诚的中国心温暖世界人心。

一、讲好“和而不同”的中华传统　助力世界文化和谐共生

中华文明是以华夏文化为中心、不同民族文化和谐相处的文明综合体。“和而不同”是中华文化的传统，“万国咸宁”是中国古人追求的世界大同理想。中华文化虽然有很多表现形态，但本质都是“以和为贵”。这一中华文化传统已融入了中华儿女的血液，成为中国人的标志和象征。

1. 认识文化的差异性

2014 年 5 月 15 日，习近平总书记在北京出席中国国际友好大会暨中国人民对外友好协会成立 60 周年纪念活动并发表重要讲话，他指出，“中华民族的血液中没有侵略他人、称霸世界的基因，中国人民不接受‘国强必霸’的逻辑，愿意同世界各国人民和睦相处、和谐发展，共谋和平、共护和平、共享和平。”① 中华民族历来追求和平，并致力于为世界创造和平。

国有边界，文明无界。任何民族的文化都属于全人类，是人类共同的精神财富。在中华民族开启向第二个百年奋斗目标进军的新征程之际，世界百年未有之大变局也在加速演变，新冠疫情给人类社会带来的难以预测的影响也前所未有，世界不同文化之间的交流、交融、交锋较以往更加频繁，甚至更加激烈。而中国未来越发展，就必然越要面向世界，也必然要面对越来越激烈复杂的文化冲突。当前，“中国威胁论”不断变换面孔出现，且越来越具有欺骗性，某些国家对中国的崛起充满恐惧，甚至上升到国家安全战略层面加以预防。在这样的背景下，更需要中国智慧协同世界一切追求和平进步的力量，打破人为的阻隔、心灵栅栏，实现不同文明的无障碍交流，完成人类共同的美好追求，建成一个世界各民族同心同德的幸福大家庭，推动中国与世界各国合力构建和谐

---

① 杜尚泽．习近平出席中国国际友好大会暨中国人民对外友好协会成立60周年纪念活动并发表重要讲话[N].人民日报，2014-05-16（1）.

的文化生态，消解各国不同民族文化之间的矛盾，为中国形象的世界性建构营造良好的内外环境，最终推动实现国与国之间一律平等、有尊严，也使他国他人有尊严地生活。

文化因差异而多彩，不同民族文化共同构成了世界文化的花园。中国故事作为一株根深叶茂的民族花，与世界其他民族的故事一起相映成辉，共同装扮了世界的春夏秋冬。正如习近平总书记2021年1月25日在世界经济论坛“达沃斯议程”对话会上的特别致辞中所讲：“世界上没有两片完全相同的树叶，也没有完全相同的历史文化和社会制度。各国历史文化和社会制度各有千秋，没有高低优劣之分。”“各国历史文化和社会制度差异自古就存在，是人类文明的内在属性。没有多样性，就没有人类文明。多样性是客观现实，将长期存在。”[①] 向世界讲好中国故事，首先必须充分认识文化的差异性，并基于差异性对世界上不同民族文化进行细致调研分析，进而确立差异化的讲述手段和方式，做到有的放矢。要主动去“探幽寻微”，以求“曲径通幽”，细致入心，在差异化中寻找中国故事与所在国故事的共同点，以同求同，然后以同传异，最后异同和谐发展。只有这样，才能充分尊重外国受众的欣赏习惯和审美情趣，用他们听得懂的语言和方式，讲述中国故事，实现中国故事的本土化。在条件允许的情况下，中国还应担起责任，主导建立各国故事交流的平台，推动各国故事之间互鉴互学，推动不同“国别故事”之间实现“跨本土”融合，形成相关理论，提炼成熟经验。这样不但能使中国故事的传播效果最大化、泛在化，也能更直接促进不同国家之间的文化交流、经济交流和政治交流。

2. 处理好世界文化与中华优秀文化的关系

中外文化交流的历史经验告诉我们，处理好世界文化与中华优秀文化的关系是能否讲好中国故事的前提。客观世界是交换的世界，有物质文明的交换也有精神文明的交换。我们要讲的中国故事里要包含我们有而别人没有且需要的

---

① 新华社．习近平出席世界经济论坛“达沃斯议程”对话会并发表特别致辞强调解决时代课题，必须维护和践行多边主义，推动构建人类命运共同体[N].人民日报，2021-01-26（1）.

东西。也就是说，我们首先要推动具有中国智慧、中国特色、中国气派的中国故事走出去，这样的故事是世界渴望认知的，是对人类共同发展有益的，是能丰富世界生活和文化的。在这个过程中，我们还要尊重其他民族文化，秉承文化平等态度，以我们的文化自信推动其他民族发掘并坚持本民族的文化自信。

任何有传播价值的文化符号，在重视传播手段的同时，都更应找到自身的文化逻辑、情感逻辑与传播对象之间的合理对应逻辑，让接受对象能感同身受，潜移默化接受并喜爱传播者要传播的文化精神，即所谓“不识庐山真面目，只缘身在此山中”。只有入乡随俗，客观深入地研究融合不同文化的异同，外来文化才能在异质文化中生存，从而成为所在国文化的内在组成成分。这是所有历经沧桑、命运跌宕起伏却依然保持旺盛生命力的文化符号的共同特征。因此，要向世界讲好中国故事，必须在尊重其他文化的基础上加强相互了解，加深相互认识，基于文化多元共生理念传播本民族文化。

在西方意识形态偏见视域内，中华文化是异质文化。为了阻滞中国的崛起，西方一些国家正采取多种手段，宣扬西方所谓的民主自由、普世价值，通过文化全球化推行文化霸权主义。为了消解西方文明自带的这种偏见和傲慢，我们还要有针对性地向世界讲清楚中华文化的世界同质性。我们要让世界知道，在追求美好幸福生活方面，在喜怒哀乐方面，在捍卫民族尊严和个人尊严方面，中华民族和世界上其他任何民族、中国人和世界上其他任何国家的人都没有区别。

二、讲好自强不息的中国故事　普适人类生存发展规律

中国的发展历史，尤其是中国共产党的百年奋斗史，本身就是一部苦难与奋斗的历史，一部不畏艰难险阻、战胜一切困难的历史，本身已经形成中华民族的伟大精神传统，是中国好故事的底本和阐发源。我们向国外民众讲述中国人自强不息的故事，就是在讲述真实的历史中国故事、当代中国故事和未来中国故事。

1. 讲述中国共产党的故事

2021 年 6 月 21 日，习近平总书记在给北京大学留学生的回信中指出：“读

懂今天的中国，必须读懂中国共产党。” 要让世界全面、立体、客观地认识中国，就必须正确了解中国共产党与新时代中国繁荣昌盛的关系。近现代以来，中国从封闭走向开放、从积贫积弱走向富强的历史，就是中国共产党不忘初心、砥砺前行，带领中国人民实现民族自觉—自新—自强—自信—自尊的跨越式发展的历史，尤其是改革开放四十年、十八大以来中华民族伟大复兴运动和十九大以来习近平新时代中国特色社会主义思想对中国发展的核心引领作用，足以令人客观认识到中国共产党是“为中国人民谋幸福的政党，也是为促进人类进步事业而奋斗的政党”。[1]

中国抗击新冠疫情故事是中国苦难和危机故事的最新表现形态。以中国共产党为典型代表的中国人民，在抗“疫”战争中所体现出的“只为苍生不为身”的牺牲精神，就是世界上一切追求正义与和平的国家、民族共同需要的宝贵财富，也是人类命运共同体建设的基础。我们应及时向世界直接讲、反复讲，联系国外同类故事讲，讲全、讲透、讲通这个故事，从而及时消除国际反华势力正在钩织的“疫情偏见”，以正视听。目前，这是全中国人民、全世界人民都渴望听到的声音，可以增强世界对中国的信心，对人类的信心。

世界上一切事物的发展都是在矛盾中的发展，都是在危中求机。因此，任何民族的苦难故事都具有世界普适价值，讲好中国苦难和危机故事，会让世界更客观地认识中国、理解中国、携手中国。

2. 讲述中国百姓的生活故事

中国故事就是中国人的生活故事，是由一个个中国生活细节积累而成的群体故事。江海源于细流，泰山积于细壤。普通人的生活琐事、家长里短、喜怒哀乐等，都具有世界性，都是不同国家、不同民族的人们愿意了解、愿意听的好故事。因此，讲好中国生活中的细节故事、点滴故事、柴米油盐酱醋茶小故事，实际上就是讲好中国大故事。当前，只有向世界客观展示日常化、生活化的当代中国，才能帮助海外听众形成完整的中国观，才能推动世界与时俱进认知和

① 新华社．习近平给北京大学的留学生们回信[N]. 人民日报，2021-06-23（1）.

研究历史中国、未来中国，并助力中国向世界表达中国。

“美美与共”是中国自古以来的日常生活和文化传统，也是向世界讲中国故事的本质目的。郑和下西洋故事，中国抗“疫”故事、“一带一路”故事、绿水青山故事、人类命运共同体故事、大象迁徙故事等，都是这种源于日常生活的中国最真实的生存观和世界观的日常表现形态，是日用而不觉的中华文化传统和现实的真实面貌。

中国生活故事就是中国人的梦想故事。中国梦是每一个中国人的梦。我们向世界所讲的中国人民对幸福美好生活的向往与不懈追求的一个个小故事，共同组成了中国人民追求中华民族伟大复兴的大故事。任何一种文化都融汇在这种文化所养育的人的血液中，文化养人，人载文化。正因如此，博大精深的中华优秀文化，就在中国人的日常生活之中，就在中国人的一举一动之中。从这个角度看，向世界讲中国故事的起点，仍在中国国内，就是中国故事的一个个载体，即每一个中国人。我们既需要从娃娃抓起，培养中国人在国际视野下讲好自己的故事的意识和能力；也要通过有效的方式，让外国人习惯于讲中国人的故事，进而发现生活细节中的中国，有血有肉的中国。

3. 外国人讲述的中国故事

外国人讲中国故事将成为中国故事走向世界的重要途径。中国梦想故事要成为世界梦想故事系列中的重要篇章，需要越来越多的外国人主动加入讲中国故事的行列。但要保证他们讲好中国故事，主动推动世界塑造真实的中国形象，我们首先需要帮助他们掌握中华文化的精髓和向世界讲中国故事的方法，引导他们客观、准确地认识中国。

在华留学生是将来向世界讲中国故事的重要力量。他们既有海外成长经历，又有中国生活体验，还有国际人际关系和跨文化交流经验；既是中国故事的承载者，也是中国故事的传播者。实践证明，在国际传播中“讲故事”是传播中国文化最有效的手段之一，而来华留学生可以成长为“中国故事”最好的讲述者。目前，在华留学生教育还基本上属于相对封闭的“象牙塔”教育，我们要通过生动活泼的组织形式，吸引他们主动走进最真实的中国生活语境和社会环境，

融入中国当代生活的海洋，与中国老百姓一起生活，贴近中国的心脏感受中国的心跳，感悟中国国情，思考中国胸怀，从而获得真实的中国生活体验，并能以所在国乐于接受和理解的方式向世界讲中国故事，实现中国故事落地无音，润物无声。

事实证明，借“洋眼”“洋嘴”向世界讲中国故事是一条创新有效的途径，这样可以使得中国丰富的文化和当代巨大的发展成就为世界同步感知、所认知、所理解。留学生们将像一颗颗星星，在世界各地共同闪烁着中国之光。他们是中国故事走出去的一道道门、一座座桥，将与中国人民一道，向世界描绘一个真实的中国、发展的中国、负责任的中国、世界的中国。

三、讲好休戚与共的人类故事　共推人类命运共同体

每一种文化既是其他文化发展的外力，也是内力；既是借力者，也是助力者，从而构成一个生命同一体。全球化时代，也是文化一体化时代。任何民族文化都是世界文化的一部分，世界文化既是民族文化的入口，也是出口；是果，也是因。世界一体化态势下，任何民族文化的传承、创新和交流都不再囿于一个或数个国家或地区，而是全球文化自成一个生态循环，实现调协运动和发展。中华优秀文化有胸怀也有能力弃坦途就荒径，辟不毛为沃野，真正发挥民心互通功能，让中华优秀文化在融入世界的过程中成为世界文化生态体系中一个“熟视无睹”的常态存在，使中国的发展切实畅通地施惠于世界的美好未来。

1. 讲好人类命运共同体与中华优秀传统文化的关系

“人类命运共同体”的观念是中华文化为世界发展贡献的中国智慧，是中国故事的核心。人类命运共同体理念植根于中华优秀传统文化，因此中国能提出人类命运共同体理念。国有国界，人心无界。人类命运共同体是推动世界不同民族文化共同服务于人类的命运共同体，为此，全世界要形成共识：人类命运休戚与共，彼此不可分离。我们要能够担起重任，负起责任，要敢于牺牲，借力中国发展，共同努力把人类对美好世界的向往变成现实。

"千人同心，则得千人力；万人异心，则无一人之用。"[1] 习近平总书记审时度势，中国人民以天下为己任，总揽世界大局，顺应世界发展大势，提出共建人类命运共同体，就是要让世界人民同心同力，使天堑变通途，推动世界不同文明互鉴、互通。2019 年 9 月 27 日，国务院新闻办发布的《新时代的中国与世界》白皮书指出："推动构建人类命运共同体，不是倡导每个国家必须遵循统一的价值标准，不是推进一种或少数文明的单方主张，也不是谋求在全球范围内建设统一的行为体，更不是一种制度替代另一种制度、一种文明替代另一种文明，而是主张不同社会制度、不同意识形态、不同历史文明、不同发展水平的国家，在国际活动中目标一致、利益共生、权利共享、责任共担，从而促进人类社会整体发展。"[2] 人类命运共同体观主张不同国家在掌握独立命运基础上为共同命运奋斗，在独立发展的前提下实现共同发展，在自尊基础上实现相互尊重。历史与事实证明，任何国家都不可能孤立发展，只有彼此尊重，命运与共，协同发展，国家的命运才会融入人类共同的命运，才会真正形成命运相连相依的共同体。

2. 讲好人类命运共同体与世界未来的关系

中华民族历经列强欺凌，备受屈辱，更加懂得民族尊严的可贵与和平的珍贵，这也是中国提出构建人类命运共同体并一定会为之竭心尽力的历史基础和未来承诺。中国人民希望中国封建时期的历史悲剧再也不要在其他民族身上重演，同时也将中国人对中国梦的美好期盼变成全人类的共同期盼，推动各个国家、地区"各美其美"的同时，相互支持，共同为同一个和谐美满的幸福未来而奋斗。人类命运共同体是新时代中国推动"天下太平"的誓言，也是历经五千年仍生机勃勃的中华文明自古就有的使命担当和责任的自然延续，也必能为当前暂时处于多极化发展的世界带来团结和谐的新局面。

---

① 刘安．淮南子[M]．长沙：岳麓书社，2015：153.

② 中华人民共和国国务院新闻办公室．新时代的中国与世界[EB/OL]．(2019-09-27)[2022-12-10]. http://www.scio.gov.cn/ztk/dtzt/39912/41838/index.htm.

未来的世界仍将一如既往地在风险与动荡中发展，世界多元文化仍将伴随着碰撞和摩擦持续交流，中国故事走出去所面对的阻力和障碍也必将长期存在且复杂多变，其中既有文化的因素、经济的因素，也有政治的因素。目前，我们对世界“中国热”的判断与世界对“中国热”的直接感知并不一致，还有较大的落差。要向世界讲好中国故事，首先要找到这些落差，并推动消除这些落差，包括因我们长期疏于向世界主动表达而形成的误解，在此基础上不断加大加深中国故事在世界的融入广度和深度，加快世界从历史中国到当代中国的了解和理解进程。在这个过程中，我们既要坚持以我为主，更要秉承世界文化一律平等的原则，异中求同，同中存异，科学分析，综合平衡，扎根大地、脚踏实地推动，做到内外兼工、粗中有细、细中有异，精准对接海外接受群体，形成给即所需、所愿能给的中国故事精准落地新局面，从而让中国故事润泽世界心灵，让中国智慧惠及世界发展。

孙宜学

2022 年 12 月

前言

文学与民族的忧患和欢欣血肉相连，是民族精神的载体、文化之水的泉源，是跨国界的人类精神寄托之所，是构建“人类命运共同体”的精神桥梁和纽带。

随着中国综合国力的增强，中华文化国际影响力大幅提升，世界各国对中华文化了解的需求日益迫切，中国的全球大国形象也需要文化辨认[①]。中国当代文学作为中华文化的重要组成部分，向世界传递中华民族的文化尊严，传达积极的中华民族文化内涵，体现中华民族对历史和现实的思考，是世界认识中国、了解中国和理解中国的最主要途径之一。让中国当代文学中蕴含的中国思想和中国精神走向世界，让中国思想和中国精神在走向世界的过程中找到海外知音，进而推动世界所了解和理解的中国文学更接近中国思想的实质，并借以消除世界上负面的中国形象，是中国当代文学海外之旅的神圣使命，对建构世界中的中国形象至关重要。

近年来，中国当代作家有意识地持续创作有时代记忆的作品，与世界文学保持密切的互动，为以习近平新时代中国特色社会主义思想为基础的中国文化优秀成果走出去提供了聚焦点和发力点。在“一带一路”倡议的牵引和推动下，中国当代文学的海外出版持续快速增长，不但涉及语种多、国家 / 地区分布广，而且译作数量大、文学种类多，当代文学海外影响力不断增长并形成一定的地域接受特征。然而，与中国作为全球性大国的形象相比，中国当代文学的国际影响力仍是弱的、小的。从文学走出去的角度看，“一带一路”无疑为中国当

① 王岳川．大国形象需要文化辨认[J]. 公关世界，2010，（11）：16.

代文学的海外翻译传播提供了有效途径和合作方式。因此，有必要认真总结“一带一路”倡议提出以来中国当代文学的海外翻译传播经验，从传播主体、传播内容、传播媒介、传播受众、创新传播机制与能力提升等多角度观照世界文学版图中的中国当代文学的地位和影响力，并针对面临的困境探寻出路。

本书重点关注2014—2020年中国当代文学作品的海外翻译传播情况，从文学自身的世界性与民族性、海外接受语境异同等多维度出发，总结经验的同时，重点分析问题、考查原因、聚焦对策。从中国的全球发展战略高度规划中国当代文学的“节能型”海外翻译传播路径，强化顶层设计、系统规划、系列化出版，促进译界、作家、经纪人、出版机构等传播链上的各环节形成传播合力，推动中国文学与世界各国文学的交流互动，努力实现中国文学承载的中华文化、中国精神和中国思想“走出去”并“融进去”，实现中国价值、中国智慧的当代国际表达。

本书研究结论主要包括以下三点：

在国家政策引领与区域经济发展共同作用的背景下，中国当代文学的海外翻译传播呈现出：①从数量的蓬勃过渡到质量的攀升，②从中国主导过渡到海外主动，③从欧美大国是文化传播重镇过渡到“一带一路”共建国家集聚效应初现的阶段性特征，态势喜人。

当然，事物在矛盾中发展进步，中国当代文学的海外翻译传播之路既有经验，也有教训。中国政府为推动中国当代文学海外翻译传播主导采取的各种积极举措成效明显，但传播能力提升机制建设还处于摸索阶段。中国当代文学在西方主流文学体系中影响力还不强，在世界文学中的地位还处于弱势；具有国际视野和对外交流能力的优秀当代作家数量还不多、作家秉承文学创作兼具文学性和世界性宗旨的意识还不高；外译出版的选材一厢情愿居多、供需矛盾突出、中外文化和谐共生的理念和胸怀还不够；译本质量问题突出、小语种译者严重匮乏等突出问题正阻碍着中国当代文学的海外翻译传播。

实践证明，中国当代文学海外翻译传播需要打破“挑得篮里便是菜”的局面，应基于文化外交的亲疏关系、围绕“节能型”传播理念提出规划建议，分阶段科学设定传播目标，形成国家重点引领和带动、重点资助、重点培养的新格局，

推动形成既符合中国当代文学实际又具有国别针对性的海外翻译传播联动机制。

本书秉持高度自觉的战略意识，以服务中国形象的国际建构为出发点，基于中外人文交流史，梳理“一带一路”倡议提出以来中国当代文学海外翻译传播的新变化、新现象和新问题，据以创新中国当代文学国际传播的路径与模式，为中国当代文学传播提供切实可行的实践范式，助力中国当代文学传播实现更高更远的目标。

笔者将在中国当代文学海外翻译传播研究方面多下功夫，希望能多出成果，出好成果。

摆贵勤

2022 年 12 月

目录

第1章 绪 论

中国当代文学的海外翻译传播不仅是中国文学走向世界的内在需求，也是世界对中国智慧走出国门的主动诉求。文学是智慧和知识的载体，是人类认识世界的特殊方式之一，而作为中国文化走向世界的名片之一，中国当代文学海外翻译传播的最终目的是立足其所蕴含的中国精神，既向世界“传”中国智慧、中国声音，寻找世界不同民族精神的共鸣，同时也能更好地将世界优秀文学“引进来”进行互动交流，从而形成人类精神的共鸣。这也是文学之于“人类命运共同体”的价值所在。

1.1 研究背景与意义

2013 年 9 月和 10 月，中国国家主席习近平分别提出了“丝绸之路经济带”和“21 世纪海上丝绸之路”，简称“一带一路”（The Belt and Road，B&R）。多年来，中国对“一带一路”多个共建国家的经济支持和援建使当地人民感到久旱逢甘霖，“一带一路”以开放育新机、开新局，对中国当代文学作品海外翻译传播持续产生着巨大的牵引力。然而，“一带一路”倡议在推动中国经济和文学、文化走进共建国家的进程中，经济与文化不同步的问题日益明显，对“一带一路”建设的推进产生了一定的阻滞作用。

“千人同心，则得千人之力；万人异心，则无一人之用。”2015 年，习近平主席顺应全球命运休戚与共的新时代发展大势，提出构建人类命运共同体的重要思想；2018 年，习近平主席在中非合作论坛北京峰会开幕式上指出，“当今世界正在经历百年未有之大变局。世界多极化、经济全球化、社会信息化、

文化多样化深入发展，全球治理体系和国际秩序变革加速推进，新兴市场国家和发展中国家快速崛起，国际力量对比更趋均衡，世界各国人民的命运从未像今天这样紧紧相连”[①]。与全世界一道改变整个人类社会的生存环境、建立人类命运共同体的理念，激发了中国当代作家站在国家、民族甚至世界大局的高度进行文学书写的世界性意识，为进入当代中国正在进行的伟大的社会实践现场、创造兼具中国性与世界性的文学作品占据了有利“地形”。“文章合为时而著”，作家是紧跟时代、围绕文学本体、用写作实践反映社会巨大变革和现实生活的群体。当前正是“好风凭借力，送我上青云”的时候，“好风”是新时代的东风，这个“我”是小我，是每一位具备与世界对接的文学思考能力的中国当代作家，更是大我，是人类命运共同体的全部。

为对接共建人类命运共同体和开放的“一带一路”目标，把中国当代文学作品的海外翻译传播情况放到不同国家的文化语境中进行考察，揭示中外文学、文化关系，体现中国文学、比较文学、翻译学、出版学和传播学的跨学科对话精神，可以从三个层面展开讨论。首先，揭示中国当代作家与海外各国的文学、文化事实关系，如译介、接受、影响关系等；其次，把中国当代作家及其创作放到目的语国家的文化语境中予以考察、审视，对海外译介主体跨国别、跨语境的中国当代文学研究给予学术观照和解读，发现在中国语境下难以发现或感知的维度；最后，认识中国当代文学进入世界文学语境的基本规律和凸显的根本问题，以解决新时代中国当代文学海外翻译传播过程中遇到的问题为导向，科学规划并有效提升中国当代文学海外翻译传播能力的路径、策略和抓手。

中国当代文学海外翻译传播研究领域的众多学者已经从多维度、多学科、多层次针对当代文学作品的传播效果展开讨论。学术观点兼具宽度和厚度，研究成果空前繁荣。但是也应该看到在中华文化走出去的进程中，在主动对接国家战略助力共建人类命运共同体、借力“一带一路”倡议突出新时代中华文化特色、证明新时代中华文化更能代表中国综合实力且更具有世界价值和永恒价

① 习近平．携手共命运　同心促发展——在2018年中非合作论坛北京峰会开幕式上的主旨讲话[EB/OL].（2018-09-03）[2022-12-01]. https://www.gov.cn/xinwen/2018-09/03/content_5318979.htm.

值及对新时代中国当代文学作品海外翻译传播遇到的问题提出对策等方面，学界尚缺乏整体观性质的研究。

因此，本书的学术价值主要体现在：第一，在共建人类命运共同体视域下拓展中国当代文学海外翻译传播的研究领域。首先，尝试开辟“以‘一带一路’为中心的中国当代文学翻译传播机制与能力提升”这一新的研究领域，为中国当代文学的“一带一路化”研究奠定阶段性基础；其次，为海外汉学开辟新的研究领域，促使海外汉学研究与中国当代文学海外翻译传播形成互动；最后，为中华优秀文化的海外读者认知研究提供有力补充。第二，有助于传播学的学理发展。针对中国当代文学海外翻译传播遭遇的困境，构建体现新时代特征、服务共建人类命运共同体、具有“一带一路”特色的中国当代文学海外翻译传播机制与翻译传播能力提升理论体系，将有助于提升中国当代文学跨文化传播的学理价值，丰富中华文化海外翻译传播研究的内涵，为解决新时代中国当代文学海外翻译传播过程中的诸多问题提供科学依据。第三，从文学角度以可见的方式助力人类命运共同体的构建和共同体角度的“一带一路”当代文学史的书写。

本书的应用价值主要体现在：第一，首次尝试梳理中国当代文学在共建国家的翻译传播现状。本书以高度自觉的战略意识，以服务中国国家形象的国际建构为出发点，基于中国与共建国家的人文交流，梳理“一带一路”倡议提出以来中国当代文学海外翻译传播的新变化、新现象和新问题，据以提出应对策略，创新中国当代文学国际传播的路径与模式。第二，为中国当代文学海外翻译传播能力提升研究的可持续或深化提供实践分析参照。在国家政策引领与区域经济发展“时差”共同作用的背景下，中国当代文学的海外翻译传播呈现动态与非线性、层次复杂的特征，传播效果不尽如人意。本书能为中国当代文学海外翻译传播能力提升提供切实可行的实践范式，助力中国当代文学翻译传播实现更高远的目标。第三，为顶层设计制定精准传播方略提供依据。为国家层面科学设计并实现中国当代文学的海外精准传播，即创造“节能型”文学走出去模式，提供因国施策的应用性策略参考。

1.2 研究现状述评

在国内学界，“对海外中国文学的研究是最为繁荣的研究领域”（张西平，2020）。中国当代文学的海外翻译传播研究是涉及中国文学、比较文学、翻译学、出版学和传播学的跨学科研究，多学科融入带来中国当代文学海外翻译传播研究的多样性、丰富性和复杂性，以及在中国经济迅速发展的巨大推动作用下，中国当代文学获得了广阔的海外翻译传播空间。中外学术界中国当代文学海外译介与传播研究的成绩主要表现在中国当代文学海外译介研究、中国当代文学海外翻译传播能力研究和未来导向研究三个方面。

1.2.1 中国当代文学海外译介研究

在跨文化对话中，文学系统和传播系统因翻译而产生千丝万缕的联系，学界据此展开了以翻译为基点、辐射多学科向度的深度思考。一批批更具中国特色、世界视野的中国当代文学研究成果强调海外译介的重要性，为中国当代文学海外翻译传播的困境与出路研究奠定了基础。

1.2.1.1 整体观研究

（1）中外学者对中国当代文学海外译介整体观研究的成果（Jeffrey C. Kinkley，1980；Michael Duke，1983、1991；张寅德，2000；铁凝等，2009；王宁，2010；高方等，2010、2016；胡安江，2010；纪海龙，2010；吕敏宏，2011；王侃，2012；刘洪涛等，2012；程光炜，2012；吴赟等，2012、2013、2015、2019；谢淼，2012、2017；何明星，2013；马会娟，2013；张元，2013；张清华，2013、2015；姜智芹，2013、2017；姜智芹，2013、2017；许钧，2013、2018；杨四平，2014；曹丹红，2014；单昕，2014；黄立，2016；姚建彬，2016、2017、2019；孙宜学等，2017；孙国亮等，2017；臧小艳，2017；冯小兵等，2017；孙鹤云，2018；陈立峰，2018；马千铃，2018；刘江凯，2019）[①] 不断丰富。这些整体观性质的研究文本，历时与共时探索、宏观与个案研究相

① 括号中的文献仅为部分举例。

结合，既是两条并行不悖的研究主线，又互为补充，具有历史价值与当代价值、理论价值与实践价值，形成推动中国当代文学海外译介与传播的合力，展现了中外学者对中国当代文学海外译介研究的了解日益全面、整体观不断增强，学界已逐步实现了中外中国当代文学研究的同步、互通，并在指导和培养年轻学者方面发挥了积极作用。其中，《中国文学（一九四九——一九九九）的英译本出版情况述评》[金介甫（Jeffrey C. Kinkley）著、查明建译，2006]系统考察评述了五十年间中国现当代文学英译本出版与研究的情况，资料翔实，至今仍是这一领域青年学者的必读文献。中国当代文学海外译介与传播整体观研究最新成果之一出自具有深厚的文学、史学功底和卓越文识、史识的姚建彬教授（2016、2017、2019），他持续关注新世纪以来中国当代文学海外翻译传播研究的理论探索、海外传播与中国形象、海外传播的译介与出版以及海外传播个案等研究面向的进展情况，对中国学术界积累的丰硕的中国当代文学海外发展研究成果做了高屋建瓴的总结并提出了殷切的期望，立足中西视野和当代高度总结并分析了海外译介与传播研究取得的成绩与不足。

由于当代文学海外翻译传播跨学科、跨语种、跨文化、跨思维、跨国别的学术属性，加之许多目的语国家的中国当代文学重要译本尚未有学者研究，中国当代文学国别传播史研究也才刚刚展开，尤其是“一带一路”国家中国当代文学海外译介情况仍然缺乏全面、系统、深入、整体性的史学梳理，至今中国学术界还没有从整体上对全球的中国当代文学海外翻译传播情况做通史性研究的著作。

（2）从翻译选集的维度考察中国文学的海外翻译传播状况，是对整体观研究的有益补充。其中，何敏和吴赟（2019）以1990—2016年间在美国出版的中国现当代小说（文学）选集为研究对象，考察编者在不同时期的文本选择和阐释框架的演变，认为具有政治性、文学性等多样风格的编选译介格局已形成。

随着当代文学海外翻译传播研究历史进程的不断推进，目前有关翻译选集研究的成果亟待更新。一方面，现有研究主要从中国古典文学（陈橙，2010）或现代文学作品（陈橙，2010；李刚、谢燕红，2016）翻译选集的整体，或选集中的某作家作品（顾钧，2010）切入，而遍及全球的中国当代文学编选工作

正在悄然展开，如墨西哥等国家的表现令人瞩目；另一方面，过去的研究对象主要集中在美国出版的中国文学翻译选集，但以俄罗斯、法国、西班牙为代表的欧洲国家，以日本为代表的中国周边国家，特别是“一带一路”共建国家的中国当代文学编选工作开始兴起，而相关研究却相对滞后。

1.2.1.2 理论思考

在译介学、文化翻译、跨文化传播学等理论框架下，对作品译介传播模式进行理论阐释（姜智芹，2011、2014；刘江凯，2012；胡安江，2012；孟祥春，2015；鲍晓英，2015；潘震，2015；周晓梅，2015、2016；曹丹红等，2016；韩子满，2016；许多，2017；许钧等，2019；冯全功，2019；汪宝荣等，2019）。许钧（2018）认为高方（2016）对中国现代文学在法国的译介与接受研究是“将文学译介的根本理论问题作为思考的起点展开研究与探讨”，为学界的中国文学海外翻译传播理论研究树立了典范，并指出中国文学的海外译介与接受“从目前的研究状况看，研究的方法比较单一，很多个案的研究出现了程式化的重复现象，缺乏理论思考的厚度”。

1.2.1.3 个案研究

（1）对具体作家、作品及地域性作家群作品的“个案”切入研究或比较研究（如对莫言作品和贾平凹作品的海外接受比较）渐呈井喷之势，此类研究多以阐释国内外文学声名或相称或不同温的现象以及传播效果均是复杂原因的集成为着力点，辐射其他，成果蔚为大观。“万山磅礴，必有主峰”，一方面，莫言是赢得国际文坛认可的一座高峰，相关研究著述也最丰富[尚德兰(Chantal)，1989；王德威，1993、2006；杜迈可（Michael Duke），1990、1993；柏佑铭（Yomi Braester），2003；黄诗芸（Alexander C. Y. Huang），2009；M. 托马斯·英奇（M. Thomas Inge），2000；刘江凯，2011；陈颖（Shelley W. Chan），2011；邵璐，2011；王建开，2012；桑禀华（Sabina Knight），2013；周新凯等，2013；杨明明，2013；安吉利克·杜（Angelica Duran），2014；杨一铎等，2014；鲍晓英，2015、2019；林敏洁，2015；崔涛涛，2017；王汝蕙，2018；周领顺，2019；

宁明，2019；孙宇，2020］。例如，安吉利克·杜等（2014）编著的论文集《语境中的莫言：诺贝尔奖得主和全球说书人》（*Mo Yan in Context: Nobel Laureate and Global Storyteller*）共收录14篇中外学者的相关成果，跨学科、跨语境的学术观点中既有微观莫言，又有景深透视，译介与接受、深度与广度、中心与外围、个案分析与比较研究、本土情怀与国际视野兼具，是对莫言作品跨文化的广角凝视。宁明（2019）通过对莫言作品的海外译介、研究和接受情况的分析，认为莫言文学作品自身的艺术价值、社会文化因素和读者的知识架构对其海外翻译传播和接受产生了重要影响。另一方面，对其他作家和诗人的作品译介探究百花齐放、百家争鸣，主要包括王蒙［高立希（Ulrich Kautz），1991］、翟永明［凌静怡（Andrea Lingenfelter），1998］、苏童（桑禀华，1998；杭零等，2010；陈民，2014）、韩少功［蓝诗玲（Julia Lovell），2011；吴天楚等，2016；艾喜（Astrid Møller-Olsen），2017；张立友，2018］、余华（杭零等，2010；雷勤风等，2012；张乃禹，2013；刘江凯，2014；袁森叙，2017；邵璐等，2020）、贾平凹（吴赟，2013；乔艳，2014；张世胜，2017；季进等，2018；冯丽君，2019）、毕飞宇（赵坤，2016）、铁凝（宋丹，2017）、阎连科（胡安江，2013；汪宝荣，2016；齐艺青等，2017；黄可以等，2019）、刘震云（胡安江等，2017；王天宇等，2018；刘诗宇，2020）、浩然（曹霞，2017）、王安忆（孙国亮，2018；刘堃，2019）、迟子建（褚云侠，2018；王德威，2020）、张洁（孙国亮等，2019），及江苏作家群（李巍，2018）和陕西当代小说（王宏印，2019）等；诗人吉狄马加（潘震，2015；周永涛，2019）、王家新（罗伯特·哈斯等，2015）、北岛（顾文艳，2019）、欧阳江河（温侯廷等，2018）等。从小说、诗歌到散文，从欧洲、美洲到亚洲，从场域、资本到惯习，从译介、传播到接受，从作家个体、作家群到区域文学，从作家创作经验、作家与译者和出版机构建立合作关系到海外推广的经验与不足等，这些研究均对它们展开了多维时空和历史叙事。

（2）类型文学研究。解密科幻、谍战、网络、儿童等类型文学海外“热”现象并思考其经典化历程［吴岩，2015；张伟劼，2015；季进等，2016；廖紫薇等，2016；吴赟，2016、2019；关首奇（Gwennaël Gaffric），2017；白鸽，2018；

刘舸等，2018；何明星，2019］。

（3）媒介研究。中外期刊、经纪人（朱波，2014）、主流媒体（陈大亮，2018）、出版机构（祝一舒，2014；李清柳等，2016；汪宝荣，2020）的主动发力和倾力合作，已形成中国当代文学国际传播的前沿矩阵，辅以海外著名学者的加持，合力提高作家作品海外认知度，为海外读者寻求阅读经验适配提供参照，助推中国当代文学进入世界视野、获得认知和欣赏。中外书刊，如英文版《中国文学》（金介甫著、查明建译，2006；李舫，2011；郑晔，2012、2017）、“熊猫丛书”（耿强，2014、2019；李清柳等，2017）、《人民文学》英文版 *Pathlight*（王祥兵，2014）、《纸托邦》（*Paper Republic*）（Andrea Lingenfelter 等，2014）、中国香港《译丛》（葛文峰，2016）、德国《东亚文学杂志》（*Hefte für ostasiatische Literatur*）（孙国亮等，2019）等。具有代表性的是《今日中国文学》（*Chinese Literature Today*）刊物探索传播媒介的“当代文学 +”国际合作译介与出版模式（姚建彬，2019；刘毅等，2019）得到了海外知名汉学家的肯定，Charles A. Laughlin（2013）对《今日中国文学》、《路灯》（*Pathlight*）和《天南》（*Chutzpah!*）三本文学刊物的译者及刊物在中国当代文学海外推介中作出的贡献给予了积极评价。

（4）“他者”视域观照。中国文化要走出去，必须具有全球视野（张西平，2017），中华文化只有走出去，才能体现世界价值和永恒机制。从中华文化国际传播的实践经验来看，汉学家由于在地优势，可以推动中国当代文学实现更好的传播效果，能让所在国受众相对容易认同中华文化。而对汉学家在当代文学国际传播过程中的重要作用的梳理与总结，目前开始受到学界关注。学界通过访谈、研究著译述［葛浩文（Howard Goldblatt），1990、2009、2014；杜博妮（Bonnie McDougall），1991；杜特莱（Noël Dutrait），1998；阿多尼斯，2004、2015；Jincai Fang，2004；杜迈克等，2006；陶忘机（John Balcom），2005；王岫庐，2018；陆敬思（Christopher Lupke），2011；车前子等，2011；蓝诗玲，2011；顾彬（Wolfgang Kubin），2011；季进，2011；刘江凯，2011；金炅南，2013；张柠等，2013；吴赟，2014；弗·罗伊，2015；李素，2016；阮秋贤，2016；刘云虹，2016、2019；陶建（Eric Abrahamsen），2017；张进，

2017；许诗焱等，2017；张元，2017；曲鹏，2018；周领顺，2018；易彬，2018；马会娟等，2019；刘成才，2019；泉京鹿，2019；孙成平等，2019］等形式对具有深厚的汉语与中华文化修养、了解中国历史与当代国情的海外汉学家、翻译家、学者、自由译者等海外译介主体跨国别、跨语境的中国当代文学观给予学术观照和解读。如德国汉学家顾彬在中国文学翻译领域的成就斐然，并且见解独到。他在《全球视野下的中国文学与翻译》（2016）一文中，梳理了中国现当代文学在海外的翻译传播现状，并从德语国家在20世纪60年代至20世纪90年代对中国现当代文学的译介角度来看待中国文学，进而强调了翻译的重要性，以及翻译过程中的增删改问题。借力这些研究，深入中国当代文学海外译介与传播的发生现场、文学审美和评判视角，我们可以更清晰地了解海外汉学家在中国当代文学在世界各国传播过程中的作用与价值，看清中国当代文学之于世界各民族文学的坐标，汲取经验，为未来的中国当代文学国际传播制定更具针对性的策略，推动中国当代文学作品在他者与自我之间、世界性与本土经验之间，建立一种互识、互补、互照、互证的关系，这是与世界跨文化对话的有效方式。总体上看，目前对相关汉学家的访谈著作还很有限。

1.2.2 中国当代文学海外翻译传播能力提升研究

“中国文化走出去迈出更大步伐”催生的中国当代文学海外传播能力提升概念，可谓发人类命运共同体之先声，是人类命运共同体建设的题中应有之义。

传播力决定影响力。中国当代文学海外传播经历了从寂静无声到众声喧哗，再到护航共建人类命运共同体的蓬勃发展阶段，与世界中的中国形象建构、中华文化软实力国际传播等关系密切，已成为跨文化传播学和中国当代文学海外译介的共同关切。

中国当代文学海外翻译传播研究基于多维视角观照中国当代文学的海外影响力，阐发了适切的传播理念和进路。首先，庞杂与精细命题研究并重。聚焦译本、传播范围（海外馆藏量）、文学类型（科幻、儿童）、读者评价、海外媒体报道、中国出版机构进入世界出版等维度，探索中国当代文学获得世界影响力的基本概况，评估中国当代文学传播效果，衡量其海外影响力（何明星，2013、

2014、2016、2018、2019；谢丹凌，2019）。其次，影响力因素分析研究（熊修雨，2013；于瑞华，2016；张岩等，2017）。最后，引发海外汉学研究热（杨鸥，2017）。研究者普遍认为，中国当代文学的整体影响力不断增强，为以习近平新时代中国特色社会主义思想为基础的中华文化走出去提供了聚焦点和发力点。

但是也应当看到，中国当代文学海外影响力整体虽不断增长并形成特定的地域接受特征，但仍处于欧美主流文学边缘、弱势。当前中国经济发展的速度与中华文化的海外影响力仍然存在严重的“不对称”现象（孙宜学，2018；刘江凯，2018），提升中国当代文学国际传播能力，摆脱中国文化资源丰富但海外认知逆差严重的困境，其形势十分紧迫。

1.2.3 未来导向研究

尽管关于中国当代文学海外译介与传播研究的文献比较丰富，但正如刘江凯所说“复制性、平面化等问题却也值得警惕”，这些问题客观上造成了对中国当代文学翻译传播研究的“遮蔽”与“离散”，进而引发了学界对新的研究增长点的探讨。如文学价值推介是中国当代文学海外译介的新方向（查明建，2019），以及呼吁中国当代文学海外译介的跨学科交叉研究（邵璐，2020）。此外，还缺少具有主动服务国家重大战略的现实价值，兼具跨学科理论观照下研究中国当代文学海外翻译传播机制与能力提升的学术成果（孙宜学，2019），尤其是在建构中国当代文学海外翻译传播能力提升与“一带一路”倡议和共建人类命运共同体共进机制方面，目前还缺乏系统性归纳和理论总结。本书主题正是基于这个认识确定的。

1.3 研究内容与思路

中国当代文学海外翻译传播担负着世界各国认知中国当代文学主体印象和助力共建人类命运共同体的时代使命，“一带一路”倡议的实施为中国当代文学的海外翻译传播提供了历史机遇，也对其传播能力提出了新要求。目前，中国当代文学在共建国家的总体传播效果与中国经济发展对共建国家的推动力并不相称，与护航共建人类命运共同体、营造民心相通人文环境的目标还有差距；

中国当代文学作品日益强烈的国际化需求尚未得到满足。本书研究内容最终指向并回答一个核心问题：如何提升中国当代文学的海外翻译传播能力？主要聚焦以下三个维度：

第一，基于中国当代文学作品的海外译介、出版事实和传播发生轨迹，观察并描述2014—2020年中国当代文学作品的海外翻译传播现状。

第二，梳理并分析中国当代文学作品的海外翻译传播内外不同温、外外不同温现象及落地适应症[①]不广等问题的成因，为中国当代文学摆脱海外翻译传播能力不足与传播效果不理想的两难境地提供事实参考与借鉴。

第三，基于跨文化传播学研究视角，针对中国当代文学海外翻译传播未来发展面临的多重挑战，建构中国当代文学海外翻译传播能力提升与“一带一路”倡议和共建人类命运共同体共进机制，为切实提升中国当代文学海外翻译传播能力提供科学的实践范式。

本书以“一带一路”倡议提出以来海外出版的中国当代文学译作为具体研究对象，基于传播现状与困境研讨中国当代文学作品的国际传播能力提升策略，提炼出新时代中华文化与人类命运共同体倡议目标相一致并与世界各国文化和谐互动的要素，将中国当代文学海外翻译传播的分散个案研究提升至中国当代文学现象的聚合研究并形成前瞻性分析。

本书的研究内容包括以下四个方面：

第一，通过对中国当代作家与海外译者、汉学家、评论家、文学代理人、出版机构等的文学文化交流的梳理，深入思考文学对话、碰撞、借鉴、共生等深层次问题。

第二，基于经济、文化等多重因素考量，本书选择以下国家为重点研究对象，兼及探讨其他国家相关现象：首先，“一带一路”共建国家[②]11个，具体包括哈萨克斯坦（中亚）、蒙古国（东亚）、俄罗斯（东欧）、新加坡（东南亚）、

① 适应症，又称指征，在医学上指药物、手术等方法适合运用的范围、标准。此处借指当代文学作品海外传播的适应的范围等。

② 本书中的共建国家基于学者王辉等（2006）的“一带一路”共建国家划分标准，增加了意大利。

印度（南亚）、埃及（北非）、意大利（南欧），及波兰、匈牙利、保加利亚、塞尔维亚（中东欧4国）。其次，支持“一带一路”倡议，与中国一苇可航、文化紧密相连的日本和韩国；与中国友谊源远流长，与“一带一路”开放、多元的文化理念追求高度契合的瑞典（北欧）、荷兰（西欧）、西班牙（南欧）和澳大利亚（大洋洲）。最后，他国镜鉴：鉴于“只要在英、法、德语种获得成功的作品，也很容易在其他语种获得更大范围的传播”①，本书将美国、英国、法国、德国纳入研究视野，为中国当代文学成功迈进国际化之路提供思路和方法上的借鉴。

第三，重点将2014—2020年公开出版发行的中国当代文学资源纳入研究视域，优先关注活跃在当今中国文坛上的著名作家、诗人在对象国的译作信息（包括但不限于译本种类、销量、馆藏量），及相关学者和研究人员参加中外文学交流活动的情况；汉学家、翻译家的译介情况和海外中国当代文学的研究成果，包括报纸、文学期刊、专著及译著、论文（集）、学术研讨会等；在目的语国家引起反响的中国当代文学作品的媒体推介和读者评价情况；享有盛誉的经纪人、出版机构、经销商形成的出版流通渠道等。

第四，研究的关键命题在于辨识目前传播效果较为薄弱的对象国，描述其研究现状、发现问题并提出对策。通过研究中外文化交流与传播战略，系统总结“一带一路”倡议提出以来中国当代文学海外翻译传播的经验和教训；系统研究目的语国家中国当代文学传播现状，中国当代文学传播与文化外交、文化生态建设、文化安全、国家形象等方面的关系；提出新时代中国当代文学的传播内涵与目标、路径与方法、问题与对策（研究重点在于创新传播机制，助力打通传播堵点，助力传播链各环节协同共鸣，以保障传播效果、推动传播能力的稳步提升）。

本书的研究方法可分为以下几点。

首先，文献研究法。基于相关跨学科文献，阐发对“中国经验”的世界性、文学性和当下性思考，阐明中国当代文学的跨文化传播基础，分析目的语国家

① 刘江凯．中国当代作家的海外传播[J].社会科学文摘，2018（10）:114.

的文学文化生态、人文规约，并对传播趋势进行预测研究。

其次，跨学科研究。运用跨文化传播学、中国文学、翻译学、比较文学的适切性概念阐释传播学理论与中国当代文学海外翻译传播实例的对接。

最后，定性分析。结合目的语国家经济、文化等文本外因素与文学性等文本内因素，对中国当代文学传播过程中重要的文学事件、翻译事件、目的语国家的中国当代文学重要研究活动等进行深入探讨，由点及面，由点成面，探寻中国当代文学海外翻译传播的规律。

本书以向世界传播中华文化精髓、护航共建人类命运共同体伟大构想、发现中国当代文学海外翻译传播效果薄弱的对象国存在的问题、提出精准提升传播能力建设方略和基于可持续调研维度、为中国当代文学海外翻译传播效果的后续研究节约时间和空间为主要研究目标，科学设计和制定传播的阶段及阶段性目标、质量标准、实施方案、路径规划与方法、对策、效果评估和动态监测体系，创新建构中国当代文学海外翻译传播体系和运行机制，为具有普遍适用价值的中国当代文学海外翻译传播效果保障机制和能力提升机制的制定与实施，提供一定的理论支持和实践经验。

在共建人类命运共同体语境下阐释中国当代文学在共建国家的传播能力提升问题，不仅可透视中国当代文学自身国际化之路的复杂性并提供解决对策，也可探索世界文学交流的规律性。本书主动对接国家战略，采用文献梳理与文本细读相结合、理论研究与传播实践相结合、问题解决与决策分析相结合的研究思路，基于传播事实绘制中国当代文学在共建国家的传播能力图景，聚焦传播效果薄弱的对象国，创新构建科学、系统的中国当代文学翻译传播机制，提出中国当代文学海外翻译传播能力的可持续提升方略，论证其可行性。

本书的研究思路包括以下五个方面。

第一，甄别筛选、诠释阐发中国当代文学译介、出版、海外翻译传播领域的相关文献。通过文献回溯与前期调研发现中国当代文学作品在共建国家的传播能力总体来看与“一带一路”的整体推动效率和民心相通目标还不相符、与中国的综合国力和国际影响力很不相称，甚至成为阻滞“一带一路”进程的因素。

第二，梳理中国与共建国家文学文化交流史，反观历史、着眼当下，为依

托中国当代文学讲好中国故事提供思想动力和方法支持。

第三，追踪中国当代文学在共建国家的翻译传播生态、轨迹、实践和特征，客观绘制中国当代文学传播图谱。

第四，中国当代文学海外翻译传播肩负与“一带一路”共建国家分享中国经济腾飞带来的中国经验红利的使命，因此，探究中国当代文学在推动“一带一路”建设上的地位具有现实意义。

第五，辨识传播效果薄弱的对象国，总结其特征及问题生成机制，发现问题。以中外合作出版模式面临的挑战为例，中国主导合作的一流出版机构居多，而共建国家出版机构的非官方特征醒目，中外对出版机构的认知差异客观上造成了中外合作出版机构地位不对等、翻译和出版质量难以保证或达到规范、图书出版信息难以出现在主流销售渠道等挑战。

最后，传播能力事关中国当代文学的传播范围和影响深度。本书以传播效果薄弱的事实为基础、以传播效果的提升为旨归，提出中国当代文学国际传播的“‘一带一路’模式”中国方案，探明提升中国当代文学翻译传播能力的路径，并进行深入的研究论证。

本书以共建人类命运共同体为中国当代文学打造国际化语境为背景，以实现助力提升中国当代文学的海外翻译传播能力为旨归，以科学挖掘、梳理中外文学交流史和关注“事实材料”的获取与阐释为基础，以充分客观了解目的语国家的国情、舆情、民情、书情等为前提，以公开出版的中国当代文学资源等为研究对象，以找出传播效果薄弱的对象国并以创新构建翻译传播机制为手段，以推动建立中国当代文学传播能力效果评估体系和动态监测体系为支撑，着眼文学作品的世界性、文学性与当下性，立足长远，从战略和具体实施层面，探讨建立中国当代文学的海外翻译传播能力提升机制，从而更好地聚焦、服务提升传播能力的总目标。

本书共分为五章，总体框架为：

第 1 章为绪论，包括研究背景与意义、研究现状的述评和研究内容与思路。

第 2 章为中国当代文学海外翻译传播现状研究。重点关注中国政府主导推动的图书出版资助项目、中外官方主流渠道通力合作、纸媒与新媒体形成推介

合力、中外文学会议和文学节、国际诗歌节、国际书展等传播方式和传播手段，围绕主流文学和类型文学分布的地域特征、不同社会阶层传播受众的阅读趣味与审美及传播效果与反馈维度的评价指标，着力多方位、全视角呈现中国当代文学的海外翻译传播形态，绘制中国当代文学海外翻译传播现状图景。

第 3 章为中国当代文学海外翻译传播困境。探究中国当代文学传播效果的掣肘因素，包括作家的国际视野不够广、外语能力不够高和自我宣传意识不强，译者群体专业化不足，传播内容的供需矛盾突出，传播方式受到多重因素制约，传播效果的产出与投入还不成正比等，为聚焦最大限度地扬长避短、培育中国当代文学海外翻译传播肥沃的土壤，因势利导、激发其向好因子的聚合效应提供事实依据，探索延伸和扩展传播能力提升的边界。

第 4 章为中国当代文学海外翻译传播新路径。针对中国当代文学海外翻译传播遇到的问题，科学设定融入与传播路径、阶段和阶段性目标，经验与创新并举，边破边立，构建海外翻译传播能力提升机制，为增强高效传播能力提供保障。构建差序传播模式，中外官方、官方与民间、作家与媒体、国外评论家与国外媒体、文学网站和网上书城等各方力量统筹协同，建立海外译介主体、版权经纪人和编辑沟通机制，建立外译质量评估体系和监管机制，建立传播能力国别化、层级化差异评估体系和效果动态跟踪监测机制，共建中外文学信息共享走廊，推动产生中国当代文学品牌效应，形成中国主题出版的国际面貌等多维生长、联动机制，不断提升中国当代文学海外翻译传播能力。

第 5 章为结论与展望。基于前几章的梳理、分析与论证，总结海外翻译传播链上各环节的特点、优势、不足，并提出解决对策。此外，还讨论了未来的研究方向。

第 2 章　中国当代文学海外翻译传播现状

中国当代文学的海外翻译传播之路，是随着时代变化而不断更迭的实践探索之路，这条路在摸索中越走越宽。从中华人民共和国成立到“一带一路”倡议提出的历史发展的线性过程来看，中国当代文学海外翻译传播主要经历并完成了从“政府出版”到政府主导并依托高度市场化的媒体出版、从外文局主导到多部委联动、从中国译者居多到中外译者合作成效显著、从意识形态色彩浓厚的对外输出到中外文化精髓的交融互鉴、从以欧美等发达国家受众为重点到借力“一带一路”对接全球文化价值认同、从以国内出版机构为主体到中外出版机构合作、从西方对中国的身份认同到人类命运共同体融通中外的共同价值观的转变。

中国政府的全方位支持、引导和资金投入对中国当代文学的海外译介有举足轻重的作用，经济发展起来的中国更需要文化的繁荣，生活上富裕起来的中国人民也更加追求精神富足，中国人民对中外文化交流产生了更高的要求，中国自身也已有能力融入中外文化交流。在此背景下，中国政府充分发挥自身的组织优势和经济优势，规划、设计、举办和实施一系列相关活动或项目，以中国为舞台，推动中国与世界各国加强思想文化交流、推动中外文化合作互鉴、拓宽中外文化交流渠道与内容，主动引导和推动中国当代文学与中国民众的精神需要和世界对中国文化的客观需要相结合。

中国当代文学的海外翻译传播活动并非线性的、单向的，而是复杂的、相互作用的，当代文学海外翻译传播研究既要考虑传播主体、传播内容、传播媒介、传播受众和传播效果各因素间的角力，如传播者的传播目的受其社会文化环境

背景的制约、传播内容的所给与所需间的供需矛盾关系；又要利用好五要素形成的合力，如文学作品从生产到传播链上每一个要素的环环相扣、互为因果。鉴于此，拉斯韦尔传播模式[①]对中国当代文学海外翻译传播现状的梳理、困境分析及传播效果提升具有积极的阐发和指导意义。

2.1　翻译传播主体

传播主体可以是个体译者，也可以是政府机构、民间团体、出版商等，既掌握对传播内容的控制权，也受制并服从于意识形态、文化、教育背景等多重因素。

2.1.1　译介主体

译介主体是中国当代文学海外翻译传播链上的重要一环，文学作品的译者是人类优秀文化的传播者，是世界精神力量的接力者，是使作品获得新生的创造者，在某种程度上，译者直接决定着中国当代文学海外翻译传播的成功与否。当然，也并不是所有的译者都能成功地将中国当代文学推介到目的语国家。不同国家的文学有各自独特的书写经验，文学审美的差异会阻碍阅读传递美感。只有具有深厚的汉语与中华文化修养，了解中国历史和当代国情的“中国通”译者、汉学家和翻译家才能有针对性地研究不同语言文化背景下中国当代文学国际传播的方法和手段，采取差别化传播手段，从而在翻译中有机缩小文学、文化差异，协调作家与目的语读者的文学经验适配关系，处理好不同语言的容纳能力差异导致的言语张力问题。此外，优秀的译者还应以“和而不同”为宗旨，根据不同国家、不同民族、不同宗教信仰、不同地区受众的特点和不同时期对中国当代文学的需求，使当地受众听得进、看得懂、感兴趣，且不失文学精髓的本土化语言和文学形式，传播中国文学蕴含的中华优秀文化内涵和精髓。

当代中国文学作品的译者队伍强大，既有译作等身的功勋翻译家，也有才华出众的年轻译者；既有学院派译者，也有创新派译者；既有国内外独立译者，

① 郑北渭．传播学简介（四）：传播的社会功能和效果（上）[J]. 新闻战线，1983(8)：43.

也有中外合作译介团队。他们进取心强、才华横溢，为中国文学作品走出国门、走进海外读者的视野立下了汗马功劳。

目前，比较成熟的译介模式主要包括：海外译者译介、中国译者译介和中外合作译介。

2.1.1.1 海外译者译介

翻译中国当代文学的最佳译者应是精通汉语、热爱中华文化、了解中国的海外汉学家、优秀的翻译家、出色的语言专家、作家/诗人及目的国母语者等，通常具有双重或多重身份。谢天振教授曾说，“世界上绝大多数的国家和民族接受外来文学和文化主要都是通过本国和本民族翻译家的翻译来实现的，这是文学、文化跨语言、跨国界译介的一条基本规律”。① 心理学家也发现人们对有着共同信仰、价值观、语言、种族、文化、宗教背景的人所说的话往往更信赖、更容易接受；社会心理学家西奥多·纽卡姆（Theodore Mead Newcomb）也在一项实验中证实，彼此间态度和价值观越是相似的人，相互之间的吸引力也会越大，这是“自己人效应”②。“自己人效应”是一个普遍存在的现象，就翻译而言，译介主体中如果有目的语读者的“自己人”，即其本土译者或出版发行机构参与翻译出版，译介的作品更容易被目的语读者信赖和接受。

在目的语读者需求的牵引下，中国当代文学的海外译介主体虽然包括中国译者，但越来越多的海外译者/翻译家加入翻译队伍。这些队伍主要由自由译者、学院派译者（如汉学家等）、研究员等构成，他们都以严谨的态度和出色的翻译，推动了中国当代文学的海外翻译传播，其中作家译作、诗人译诗是保证文学翻译质量的重要前提，译本的可靠性促使中国当代文学作品翻译正在逐渐形成现代翻译的传统，此处仅从海外译者的万花园中采撷几枝，以飨读者。

阿尔巴尼亚翻译家依利亚兹·斯巴修（Iljaz Spahiu）翻译莫言《蛙》《红高粱家族》等。

---

① 谢天振．中国文学走出去：问题与实质[J]．中国比较文学，2014(1)：4.

② 贾云晞，周俊全，周振明．应用心理学词典[M]．南宁：广西人民出版社，1993：515.

阿根廷著名汉学家明雷（Miguel Ángel Petrecca）翻译西川《夕阳中的蝙蝠》、于坚《卡他出塔的石头》，及诗选《精神的国度：中国诗歌 100 首》等。

埃及著名汉学家阿齐兹（Abd Elaziz Hamdi），在中国生活了二十多年，是地道的“中国通”，翻译了中国现当代文学作品二十余部，包括余华《活着》，曹禺、老舍、郭沫若的剧作，及鲁迅、沈从文的作品；汉学家、自由文学翻译家米拉·艾哈迈德（Mira Ahmed）翻译鲁迅《狂人日记》《伤逝》，毕飞宇《推拿》，魏微《化妆》，劳马《说心里话》，石一枫《世间已无陈金芳》，王蒙《这边风景》，李昂《杀夫》，杨克诗集《我在一颗石榴里看见了我的祖国》，熊育群诗集《我的一生在我之外》，冉仲景诗集等；埃及汉学家穆赫森·法尔加尼（Mohsen Fergani）翻译莫言《牛》《梦境与杂种》，马原《冈底斯的诱惑》，榴红《榴红幽默讽刺小说》，残雪《残雪短篇小说选》等。

保加利亚青年汉学家、翻译家韩裴（Petko Hinov）翻译《三十六计》《围炉夜话》《七侠五义》《红楼梦》《生死疲劳》等作品，开创了将中国古典文学作品从汉语译成保加利亚语的先河。

比利时译者麦约翰（Jan De Meyer）翻译余华《活着》《兄弟》，及多多、于坚、杨炼等诗人的诗作。

波兰译者 Sarek Katarzyna 翻译余华作品 2 部、鲁迅作品 1 部；华沙大学汉学系主任 Religa Małgorzata 教授翻译《治国之道：墨子、孟子、荀子、韩非子》、吉狄马加诗选《火焰与词语》等。

德国著名汉学家、翻译家高立希是迄今向德国读者译介中国当代文学作品数量最多的译者之一，主要译有王朔、李准、王蒙、邓友梅、陆文夫、李国文、余华、皮皮、阎连科、王刚、冯丽等作家的中篇和长篇小说 30 余部；汉学家顾彬翻译王家新诗集《晚来的献诗》，欧阳江河诗集《凤凰》《快餐馆》《玻璃工厂》等；郝慕天（Martina Hasse）翻译莫言《变》、熊育群《己卯年雨雪》。

俄罗斯译者 Оксана Родионова 翻译刘震云《一句顶一万句》《手机》《我不是潘金莲》《我叫刘跃进》等；汉学家罗子毅（Р. Г. Шапиро /Roman Shapiro）翻译余华《十个词汇里的中国》《活着》《许三观卖血记》，贾平凹《商州初录》和王安忆《小东西》等；俄罗斯科学院远东所中国社会经济研究中心

研究员亚历山大·弗拉基米洛维奇·皮卡维尔翻译周梅森《人民的名义》。

法国翻译家尚德兰（Chantal Chen-Andro）独立或合译莫言作品10余部，此外还翻译了格非、翟永明、于坚、欧阳江河、北岛、王寅、西川、柏桦、多多、宇向、张枣、韩东、顾城等众多作家和诗人的诗集；Hervé Denès翻译池莉《你以为你是谁》《有了快感你就喊》《生活秀》等；杜碧姬（Brigitte Duzan）翻译鲍鲸鲸《等风来》、盛可以《弥留之际》、史铁生《命若琴弦》、苏童《告诉他们我乘白鹤去了》等，与Françoise Robin合译完成万玛才旦的法语版*Neige*；杜特莱翻译莫言作品4部；伊冯娜·安德烈和斯特凡·勒维克合作或独立翻译迟子建小说3部；作为法国汉学界著名的“夫妻档”翻译家，何碧玉（Isabelle Rabut）与安必诺（Angel Pino）合作或独立翻译中国文学作品多部，包括沈从文、巴金、艾青、杨绛、废名、林徽因、凌叔华、刘呐鸥、穆时英、施蛰存、萧乾、徐訏、叶灵凤等，以及余华、池莉、毕飞宇、贾平凹、何立伟、谌容等的作品。还有中国台湾作家黄春明、朱西宁、朱天文、朱天心、白先勇、赖和、林海音、杨逵、郑清文、杨牧等的作品。例如余华《第七天》《地主之死及其他短篇小说》《十个词里的中国》《兄弟》，池莉《云破处》《你是一条河》《太阳出世》，毕飞宇《雨天的棉花糖》。

韩国译者崔容晚（최용만）翻译余华《许三观卖血记》《在细雨中呼喊》《兄弟1、2、3》《我们生活在巨大的差距里》等，均多次再版。

荷兰自由职业译者、汉学家施露（Annelous Stiggelbout）翻译尹丽川诗集《玫瑰与痒》、中国香港作家陈浩基《13·67》、中国台湾作家三毛《撒哈拉沙漠的故事》，及棉棉、西西、陈村、伊沙、颜峻、孙文波、阿城、朱文、盛可以、韩寒、徐则臣、岳韬、毕飞宇、刘震云等诸多作家作品；哥舒玺思（Anne Sytske Keijser）翻译聂华苓《桑青与桃红》、叶兆言《南京1937：一个爱情故事》，及白先勇、张贤亮、陈村、残雪、苏童、格非、毕飞宇等作家的作品；汉学家柯雷翻译了王家新、西川、多多等人的诗作。

加拿大译者石岱仑（Darryl Sterk）翻译张瀛太《熊儿悄悄对我说》，薛忆沩《深圳人》《白求恩的孩子们》《村姑》《父亲》《剧作家》《两妹妹》《母亲》《神童》《物理老师》《小贩》《出租车司机》，蔡东《布衣之诗》，颜讷《当背

叛无须沉重以对的时候》，胡学文《自行车》，中国台湾作家何致和《外岛书》《花街树屋》，师琼瑜《秋天的婚礼》，卧斧《碎梦大道》，伊格言《零地点》，张嘉骅《月光三部曲》，及金庸等作家的作品。

罗马尼亚译者白罗米（Luminița Bălan）翻译莫言《天堂蒜薹之歌》《酒国》《怀抱鲜花的女人》，余华《许三观卖血记》，刘震云《我不是潘金莲》，与弗洛伦蒂娜·维珊（Florentin Vişan）合译阿城《棋王、树王、孩子王》；迪努·路加（Dinu Luca）翻译苏童《米》，莫言《红高粱》《生死疲劳》；鲁贝安（Andrian Lupeanu）翻译张炜《九月寓言》；汉学家鲁博安（Constantin Lupeanu）翻译张炜《归旅船》。

美国译者白亚仁（Allan H. Barr）翻译余华《在细雨中呼喊》《十个词汇里的中国》《黄昏里的男孩》《第七天》，孔亚雷《UFL》《如果我在即将坠机的班机上睡着了》等；翻译家白睿文（Michael Berry）主要翻译王安忆《长恨歌》，余华《活着》，叶兆言《一九三七年的爱情》，张大春《我妹妹》《野孩子》，舞鹤《余生》等作品。安道（Andrew Jones）翻译余华《许三观卖血记》《往事与刑罚》《一九八六年》，张爱玲《流言》等；翻译家陶建翻译王小波、苏童、毕飞宇、阿乙、盛可以、徐泽臣、鲁羊等多位作家作品；翻译家白雪丽（Shelly Bryant）翻译盛可以《鱼刺》《白草地》《北妹》《死亡赋格》，范小青《生于黄昏或清晨》，叶兆言《凶杀之都》，尤今《寸寸土地皆故事》，范稳《悲悯大地》，叶辛《孽债》等；罗鹏（Carlos Rojas）主要译有阎连科《受活》《日熄》《四书》《耙耧天歌》《年月日》《炸裂志》，贾平凹《带灯》，及董启章、王晋康等作家的作品；美国汉学家韩南（Patrick Hanan）翻译中国古典小说《肉蒲团》、《无声戏》选本、《恨海：世纪之交的中国言情小说》、《十二楼》选本、《黄金祟》、《蜃楼志》、《醒世恒言》等；葛凯伦（Karen Gernant）翻译残雪《影族》《鬼屋》等；顾爱玲（Eleanor Goodman）翻译许立志诗选《铁月亮》，臧棣诗选《慧根》，洛枫《飞天棺材》《自我纸盒藏尸的日子》，此外，参加了中英双语诗集《归巢与启程：中澳当代诗选》的翻译工作，翻译的《郑小琼的诗》即将出版；凌静怡翻译李碧华《霸王别姬》《川岛芳子》，棉棉《糖》《失踪表演》，王安忆《弄堂里的白马》《骄傲的皮匠》，韩丽珠《风筝家族》

等，翻译散文等包括王安忆《相逢俄克拉荷马》《南陌复东阡》，翟永明《黑夜意识》，杨东平《城市季风》节选；翻译翟永明诗《更衣室》；参与诗集《中国当代诗歌前浪》英译工作；正在翻译王安忆《天香》、安妮宝贝《莲花》、董启章 *Floating Life*、王寅诗选 *Sea*，*City*，*Shades*、翟永明 *Hapless Youth*，此外，还翻译了 5 部电影的字幕；费正华（Jennifer Feeley）翻译中国香港作家西西诗集《不是文字》，中国台湾作家杨佳娴《信物》，陈佳同儿童小说《白狐迪拉》，正在翻译西西《哀悼乳房》、史铁生《史铁生作品选》；徐贞敏（Jami Proctor-Xu）翻译吉狄马加诗集《火焰与词语》、宋琳诗集《星期天的麻雀》；汉学家徐穆实（Bruce Humes）翻译卫慧《棉棉》、迟子建《额尔古纳河右岸》；翻译家陶忘机（John Balcom）翻译金宇澄《繁花》、李锐《无风之树》、曹乃谦《到黑夜想你没办法》，及齐邦媛等众多中国台湾作家的作品，他还和夫人 Yingtsih Balcom 合译杨牧自传散文集《奇莱前书：青年诗人的成长教育》、编译《原住民文学》等；柯夏智（Lucas Klein）翻译西川诗集《墙角之歌》《小老儿及其他诗篇》《蚊子志》，及欧阳江河、芒克等多位诗人诗作。

墨西哥汉学家、翻译家莉亚娜·阿尔索夫斯卡（Lilijana Arsovska）曾多次作为墨西哥总统与中国国家领导人的翻译。翻译王蒙《坚硬的稀粥》，刘震云《我不是潘金莲》《一句顶一万句》《我叫刘跃进》等；她组织翻译的《生命·中国当代短篇小说集》，一年之内在墨西哥加印了两次，非常受读者欢迎；汉学家拉嫡娜是丽莉亚娜·阿尔索夫斯卡的学生，保加利亚人，从事中文与西班牙语间的文学翻译工作，将一系列中文作品译为西班牙语、保加利亚语，包括白朴、洪昇、蒲松龄、冯梦龙、蒋韵、北岛、郭敬明、许立志、姜琍敏等作家的作品。

日本译者吉田富夫翻译莫言《生死疲劳》《白狗秋千架——莫言自选短篇集》《蛙》《师傅越来越幽默》《天堂蒜薹之歌》《丰乳肥臀》《莫言神髓》《四十一炮》《檀香刑》；谷川毅翻译阎连科《受活》《丁庄梦》《为人民服务》《想念父亲》《炸裂志》《年月日》《坚硬如水》，劳马《海对面的狂想曲》；饭塚容翻译余华《活着》《十个词汇里的中国》《许三观卖血记》《第七天》《兄弟》《世事如烟》，铁凝《大浴女》《伊琳娜的礼帽》，苏童《河岸》，此外，还译有

王安忆《富萍》、李冯《另一个孙悟空》、韩东《扎根》等；著名推理小说译者稻村文吾翻译御手洗熊猫《人体博物馆谋杀案》，水天一色《我这样的人》，冷言《风吹来的尸体》，鸡丁《憎恶之锤》，江离《愚者们的盛宴》，蓝霄《自杀的尸体》，陈嘉振《血染的傀儡》，江成《飘血祝融》，中国香港作家陈浩基《隐身的 X》和文善《逆向诱拐》，中国台湾作家林斯谚《羽球场的亡灵》、宠物先生《犯罪红线》和胡杰《我是漫画大王》，旅日中国作家陆秋槎《元年春之祭》等。

瑞典翻译家陈安娜（Anan Gustafsson Chen），曾是汉学家、诺贝尔文学奖评委马悦然（Goran Malmqvist）的学生，长期以来从事中国文学作品的翻译工作，翻译了 10 余位中国作家的 20 多部中文小说，包括贾平凹《高兴》《秦腔》，苏童《妻妾成群》《碧奴》，莫言《红高粱家族》《天堂蒜薹之歌》《生死疲劳》，虹影《背叛之夏》《饥饿的女儿》《英国情人》，卫慧《上海宝贝》，春树《北京娃娃》，余华《活着》《许三观卖血记》《十个词汇里的中国》，韩少功《马桥词典》，殷健灵《夏日和声》，陈染《私人生活》，马建《红尘》《拉面者》，阎连科《丁庄梦》等；瑞典籍英国译者郝玉青（安娜·霍姆伍德，Anna Holmwood）旅居中国多年，翻译了艾米《山楂树之恋》，阿乙《下面我该干些什么》《早上九点叫醒我》，金庸《射雕英雄传》等。

塞尔维亚译者佐兰（Zoran Skrobanović）翻译莫言《生死疲劳》，余华《活着》《许三观卖血记》《第七天》《十个词汇里的中国》，张炜《秋天的愤怒》，韩少功《马桥词典》等；Mirjana Pavlović 翻译苏童《碧奴》《妻妾成群》等。

泰国公主诗琳通（Maha Chakri Sirindhorn）翻译池莉《她的城》和铁凝小说《永远有多远》等。

土耳其译者 Erdem Kurtuldu 翻译莫言《丰乳肥臀》《生死疲劳》《变》《红高粱家族》《透明的红萝卜》等。

西班牙译者 Blas Piñero Martínez 翻译莫言作品 6 部；董琳娜（Irene Tor Carroggio）独立或合译三毛 3 部作品的 4 个版本；Anne-Hélène Suárez Girard 翻译余华 3 部作品。

匈牙利青年翻译家宗博莉·克拉拉（Zombory Klára）翻译了莫言《红高粱》

《蛙》，余华《世事如烟》，刘震云《我不是潘金莲》，苏童《米》，姜戎《狼图腾》，张炜《蘑菇七种》，于丹《于丹心得》，颜歌《我们家》，吴帆《二月花》等，此外，还翻译了《大红灯笼高高挂》等中国电影剧本；翻译家姑兰（Kalmár Éva）已 80 多岁，翻译了莫言《酒国》；知名青年翻译家 Yu Erika 翻译了莫言、白先勇和吉狄马加等作家的作品。

意大利译者 Patrizia Liberati 翻译莫言作品 3 部；马建作品的意大利语版几乎都由译者 Katia Bagnoli 完成；余华的意大利语作品主要由 M. R. Masci（3 部 4 个版本）、Silvia Pozzi（5 部 6 个版本）、N. Pesaro（2 部 3 个版本）三位译者完成。

英国翻译家韩斌（Nicky Harman）翻译了虹影《K》，韩东《扎根》《古杰明传》，严歌苓《金陵十三钗》，曹锦清《黄河边的中国》，张翎《金山》《中国母亲》，陈希我《冒犯书》，安妮宝贝 *The Road of Others*，颜歌《钟腻哥》《我们家》，徐小斌《水晶婚》，贾平凹《高兴》，陈贯中《裸命》，巫昂《比尔盖茨的礼物》，叶尔克西·胡尔曼别克《永生羊》，及棉棉、梓人、谢晓虹等作家的作品，此外，与蓝诗玲和 Esther Tyldesley 合译旅英作家欣然《见证中国》，与 Yvette Zhu 合译王梆《谁偷了罗马尼亚人的钱包？》；狄敏霞（Michelle Deeter）是“纸托邦”翻译团队的自由译者，翻译冯唐长篇小说《北京北京》、推理作家紫金陈《无证之罪》、宋阿曼短篇小说《四十九度中》、阿乙《您好》、吕新《石灰窑》等，与 Killiana Liu，Juliet Vine 和汪海岚（Helen Wang）合译石康《冬日之光》；郭玫媞（Mathilda Banfield）翻译了苏童、韩寒、毕飞宇、刘震云、陈浩基等众多作家的作品；汉学家霍布恩（Brian Holton）翻译了杨炼《叙事诗》《庞大的单数》《大海停止之处》，与 Agnes Hung-Chong Chan 合译杨炼《同心圆》《骑乘双鱼座——五诗集选》等，还翻译了芒克、多多、顾城、海子、张枣、翟永明、柏桦、欧阳江河、于坚、西川等众多诗人的作品。

2.1.1.2　华人译者译介

值得欣喜的是，在中国文化世界化的大背景下，不但外国译者翻译中国文学的广度与力度普遍提升，很多中国译者也开始积极主动翻译中国文学，从而打破了以往西方译者“风景这边独好”的翻译格局。无论是译出语译者，抑或

目的语译者，只要翻译的作品能为目的语读者接受、喜爱，有益于实现中国当代文学“走出去”，就是好译者。

海外华人译者和中国本土译者是中国译者群的一体两翼。

美籍华人刘宇昆英译刘慈欣《三体》《死神永生》，郝景芳《流浪苍穹》，宝树《观想之宙》，陈楸帆《荒潮》，及韩松、程婧波、马伯庸、顾适、王侃瑜、阿缺、飞氘、夏笳、张冉、糖匪、吴霜等众多科幻作家的作品；美籍华人明迪英译刘霞和臧棣诗选各一部；法美华人菲奥娜·施·罗琳（Fiona Sze-lorrain）英译零雨《种在夏天的一棵树》、柏桦《风在说》、蓝蓝《身体里的峡谷》、娜夜《睡前书》、伊路《海中的山峰》、阿芒《女战车》、张枣《镜中》及宇向《我几乎看到滚滚红尘》等多位中国诗人诗集；法籍华人邵宝庆翻译池莉法文版《烦恼人生》；法籍华人黄晓敏翻译格非法文版《傻瓜的诗篇》《蚌壳》，孙惠芬《孙惠芬乡村小说》；旅居德国的翻译家吕龙霈翻译周大新德文版《安魂》《湖光山色》《曲终人在》；新西兰籍华人梁余晶翻译戴潍娜等诸多诗人诗作。

中国本土译者徐颖丰翻译曹保印的西班牙文版《快跑！妈妈牛》；姚云青翻译韩少功的西班牙文版《爸爸爸》；Li Qisheng 和 Li Ping 翻译劳马英文版《个别人》；张同让翻译王海的英文版《城市门》；姜亚军翻译那多英文版《一路去死》、姚鄂梅《白话雾落》和朱晓琳《白金护照》；邱伟平翻译中国香港作家董启章的英文版《天工开物栩栩如真》；刘浚英译葛翠琳儿童绘本《小山羊》《柳条绿了》《枫叶红了》，宋怀芝《井底之蛙》，杨莹莹《龟兔赛跑》等；李正栓和王密卿教授共同完成英汉双语版《仓央嘉措诗集》的英文部分；孙新堂西译瑞箫诗集《春被》；钱坤强英译吉狄马加诗集《身份》；李英男、李雅兰俄译吉狄马加诗集《黑色狂想曲》；张智中完成黄亚洲英汉双语诗选《我的北美，我的南美》中的英文部分。

2.1.1.3　中外合作译介

中外合作译介主要分为两类：中外搭档合作和中外夫妻档合作。

英国汉学家、译者霍布恩认为：“要想提高汉英文学翻译的质量，唯有依靠英汉本族语译者之间的小范围合作。汉语不是我的母语，我永远无法彻底理

解汉语文本的微妙与深奥；反之，非英语本族语的译者，要想将此类内涵丰富的文本翻译成富有文学价值的英语，且达到惟妙惟肖的程度，绝非一件容易的事。可一旦同心协力，何患而不成？”[①]

可以证实这一规律的例证颇为丰富。极具代表性的中、西译者搭档是中国诗人史春波与美国翻译家乔治·欧康奈尔（George O'Connell），他们自 2006 年以来就合译中国当代文学作品。他们共同编辑美国《亚特兰大评论》（*Atlanta Review*）的 2008 年中国诗歌专刊，合译王家新诗选及 6 次翻译王家新组诗在美国及加拿大多种诗刊发表，合译阿芒诗集，编译《渡·香港当代诗人十家》（收录梁秉钧、曹疏影、陈灭、钟国强、黄灿然、饮江、廖伟棠、杜家祁、王良和、胡燕青等 10 位诗人的诗作），编译蓝蓝诗集《从这里，到这里》。乔治·欧康奈尔认为每个人对文学之美的界定差异很大，诗歌翻译并非对原作绝对忠实，还应根据目的语文学趣味、语言风格和诗意选择合适的翻译方法，需要一位以英语为母语的诗人译者把中文诗歌的精神和技巧原汁原味地带给英语读者。他对搭档史春波的翻译工作给予了高度评价，认为她有很强的英语语言能力，熟悉中国当代诗歌和美国诗歌审美趣味，对中美文化差异具有高度敏感性，他认为在自己的中国当代诗歌翻译过程中，史春波发挥着不可或缺的作用。二人合译中国当代诗歌取得了骄人成就，主要采用的方法是先由史春波将每一行中文诗句按照拼音、汉字和英文直译（按照中文字序）的顺序标成三行，再根据英文句法进行粗略处理，然后详细讨论诗歌描写的意境、景色、语义的细微差别、语调、内涵及习语的适用范围，主张既要忠实于诗歌原作，又要体现美国诗学风格。当乔治·欧康奈尔开始逐行建构英文诗句时，翻译问题和文化冲突问题显现，随着对原文理解的加深，他反复修改，直到译诗成形。这个过程类似诗歌的创作过程，其间对词语的选择要求精准并能产生共鸣、隐喻流畅、节奏感强，要避免文化上的傲慢和模棱两可的表达。此外，不恰当的押韵、头韵和半押韵问题出现的频率比读者想象的要高。翻译中需要协商之处还有很多，如译文措

---

① 霍布恩．驶向天堂的码头——杨炼长诗《同心圆》译后记[C]// 海岸，中西文学翻译百年论集．上海：上海外语教育出版社，2007：638.

辞的语气、目的语的断行可能与原文不同，有时中文长句中一个标点符号也没有，而英文则要用一两个逗号把句子隔开或用句号将其断成两句。中外译者的真诚合作对于文学作品在海外获得新生至关重要。

此外，美国葛凯伦教授和陈泽平合译残雪《边疆》《天空里的蓝光》《垂直的阅读》《五香街》，阿来《西藏的灵魂》，张抗抗《白罂粟（张抗抗短篇小说选）》，郑小驴《鬼节》，史铁生《我与地坛》，及编译 *Eleven Contemporary Chinese Writers* 等 10 余位作家的 50 多部中国现当代文学作品；明迪与尼尔·艾特肯（Neil Aitken）合译臧棣英文版诗选《仙鹤丛书》；布莱特·斯巴林（Bret Sparliing）和殷驰合译李劼人英文版《死水微澜》；张洪凌和 Jason Sommer 合译铁凝英文版《大浴女》；刘欣和周华（Joel Martinsen）合作编译韩寒英文版散文集《自己的问题：关于在当今中国制造麻烦的杂文》；柯夏智与宋子江合译英文版周耀辉诗集《雌雄同体》。马丁·梅兹（Martin Merz）和潘·简（Jane Weizhen Pan）合译李洱英文版《1919 年的魔术师》、张爱玲《小团圆》、王刚《英格力士》、苏童《红粉》；徐穆实和刘浚合译维吾尔族作家阿拉提·阿斯木英文版《时间悄悄的嘴脸》；美国诗人梅丹理、巢圣（Chao），澳大利亚汉学家、翻译家西敏（Simon Patton），澳大利亚著名华人作家、诗人、翻译家欧阳昱和杨宁等合译杨克诗选《地球苹果的两半》。孙新堂和哈维尔（Javier Martin Rios）合译史铁生西班牙文版《我与地坛》，和墨西哥诗人劳尔（Raúl Jaime）合译西班牙文版《蔡天新诗选》。李英男、李雅兰、顾宇、谢尔盖·托洛普采夫、阿列克谢·菲利莫诺夫合译吉狄马加俄文版诗集《不朽者》。徐杉、荣秀芳与夏尔科塞·雅克（Jacques Charcosset）合译翟永明法文版诗集《黑夜的意识》；阿根廷译者明雷、黎妮、孙新堂、杨红和赵自鹏合译西班牙文诗集《五个中国诗人：新诗掠影》（收录于坚、周瑟瑟、健如风、梅尔、李成恩五位诗人的诗歌）。黄晓敏与 Marie-Claude Cantournet-Jacquet 合译格非法文版《雨季的感觉》、何家弘 5 部作品；邵宝庆与安必诺合译池莉《看卖娘》《预谋杀人》，与何碧玉合译池莉《云破处》，与 Hervé Denès 和何碧玉合译《池莉》，和 Solange Cruveille 合译陈忠实《白鹿原》；杭零和 Vanessa Teilhet 合译池莉《她的城》；杜碧姬和张晓秋合译曹寇《挖下去就是美国》、盛可以《福地》；卡

特琳·沙尔芒（Catherine Charmant）和邓欣南合译中国台湾诗人刘克襄法文版《刘克襄散文集》；Fu Jie 和 Claude Mouchard 合译于坚法文版诗集《小镇》；Fanny Fontalne 和张如凌合译法文版赵丽宏诗集《疼痛》；Li Hong 和 Gilles Moraton 合译黄蓓佳法文版《亲亲我的妈妈》；安妮·居里安（Annie Bergeret Curien）和徐爽合译张炜《古船》；Grégoire Läubli 和钟正凤合译刘震云《塔铺》；Hervé Denès 和贾春娟合译慕容雪村《中国，少了一味药》、刘震云《手机》和徐则臣《啊，北京》；旅法华人郑鹿年、卡特琳·沙尔芒、邓欣南和 Félix Torres 合译申赋渔《匠人》。

随着越来越多的海外汉学家进入中国当代文学的研究视野，学界发现，海外汉学家的中国情结随着他们对中国文化情感的加深而日益浓烈，中外夫妻档翻译家不遗余力地将中国文学作品介绍到海外，在译介传为佳话，为中国当代文学海外翻译传播作出了重要贡献。

莫言获得诺贝尔文学奖，汉学家葛浩文当居首功。莫言作品英文世界的御用译者葛浩文和妻子林丽君（Sylvia Li-chun Lin）合译毕飞宇《玉米》《推拿》，阿来《尘埃落定》，李昂《迷园》，施叔青《香港三部曲》，李永平《吉陵春秋》，朱天文《荒人手记》，贝拉《魔咒钢琴》，刘震云《温故一九四二》《我不是潘金莲》《一句顶一万句》，松鹰的犯罪题材小说《杏烧红》等一批作品；旅英作家马建作品英文版均由其妻子 Flora Drew 翻译，如《北京植物人》《亮出你的舌苔或空空荡荡》等；美国翻译家罗鹏和夫人周成荫合译余华《兄弟》。

2.1.2 出版主体

中国当代文学的海外出版经历了从政府出版为主体到多轮驱动的强劲出版体系的转变。

中华人民共和国成立后，《中国文学》杂志于 1951 年创刊，拥有英文、法文两版，是第一个依托政府出版的重要对外文学刊物，标志着中国文学作品海外译介的良好开端并走向有序。[①]《中国文学》曾一度成为世界了解中国现当代

① 吴旸.《中国文学》的诞生 [J]. 对外大传播，1999（6）：24-25.

文学的唯一窗口，肩负向世界介绍新中国、树立良好中国形象的文化外交使命，为世界了解中国、中外文学交流作出了重要贡献。然而，政府对文学翻译活动的计划性管制导致这一时期的《中国文学》翻译出版了很多政治色彩浓厚的文章，内容呈单一化特点，极大地影响了中国文学作品的海外传播效果。改革开放以后，1981 年开始出版的“熊猫丛书”率先承担起借力文学柔性修复中国国家形象的使命。随着改革开放取得日益丰硕的成果，为顺应海外对中国改革开放成果关注的大潮，中国政府逐步策划并实施了一系列中国文学文化“走出去”工程，1995 年，“大中华文库”应运而生。改革开放以后，虽然政府外宣工作的重点是“祛魅”改革开放以前近三十年被西方媒体妖魔化的中国形象，文学译介杂志也有意识地疏离意识形态的输出，然而，《中国文学》杂志、“熊猫丛书”和“大中华文库”项目都没能逃脱停刊的命运。研究发现，他们的最大共同点是传播主体虽然包括海外出版社和译者，但译本主要是由中国政府在国内出版社出版，这样的发行方式加上海外传播场域等因素的限制决定了其海外发行数量和传播效果均不理想，如“熊猫丛书”主要出现在海外图书馆和专业学术领域，很难进入大众读者的视野，西方对中国的误解仍在继续，对中国的刻板印象并未得到明显改善。

21 世纪以来，“国内出版社已经注意到这一问题，开始积极开展与国外出版社的合作”①。2004 年 3 月，中国作为主宾国参加了中法文化年系列活动之第 24 届法国图书沙龙。由国务院新闻办公室提供资助，法国出版机构翻译出版的 70 种法文版中国图书在沙龙上展出并销售，6 天内售出约三分之一。受此启发，2004 年下半年，国务院新闻办公室与新闻出版总署正式启动“中国图书对外推广计划”，推广范围主要包括反映中国当代社会政治、经济、文化等各个方面发展变化，有助于国外读者了解中国、传播中华文化的作品；反映国家自然科学、社会科学重大研究成果的著作；介绍中国传统文化、文学、艺术等具有文化积累价值的作品。“中国图书对外推广计划”工作小组每年都出版“中国图书对外推广计划”推荐书目》，充分运用书展、媒体、网站、杂志等渠道向国内外

① 谢天振．中国文学走出去：问题与实质[J]．中国比较文学，2014（1）：4．

出版机构介绍推荐图书。而入选图书一旦与国外出版机构或版权代理机构谈妥版权转让事宜，就可与购买版权的国外出版机构协商确定一方负责资助申请，若符合资助条件，国务院新闻办公室将与申请单位签订“资助协议书”。

中国和法国通过主流渠道合作推介中国图书模式获得了成功，这是中国政府以图书为媒介向世界介绍中国所采取的积极行动，拓宽了中国文学海外传播渠道和外国读者认识中国的视野。随后，中国政府与英国、日本、美国、澳大利亚、新加坡等国的出版机构先后签署了资助出版协议，越来越多的中外出版机构参与到计划之中。

在此基础上，中国政府相关机构秉承“向世界说明中国，让世界各国人民更完整、更真实地了解中国”的宗旨，与民间机构合力，不断开疆拓土，积极建立中国与世界文化连通的纽带，如“中国当代文学百部精品对外译介工程”（2006）、“中国文学海外传播工程”（2009）、“国家社会科学基金中华学术外译项目”（2010）、《人民文学》英文版《路灯》（2011）等，越来越多的中国当代优秀文学作品也得以走到世界读者的面前。

2.1.2.1 政府资助出版空前繁荣

“一带一路”倡议提出以来，中国政府高度重视以中国文学为载体，与共建国家共同分享中国经济腾飞带来的中国故事、中国文学经验红利。中国故事、中国文学经验，归根结底属于世界。为此，中国共产党中央委员会宣传部、国家广播电视总局（原国家新闻出版广电总局）、国务院新闻办、中国作协、国家外文局等部门都已颁布实施相关政策，有序、有重心地加大支持力度、扩大资助规模，其中尤以国家广播电视总局（原国家新闻出版广播电视总局）统筹实施的“走出去三大工程”（“经典中国国际出版工程”“丝路书香工程”“中国当代作品翻译工程”）项目的集群效应最明显，是中国政府主动回应海外对中国当代文学关切的生动体现，更是加强中国国际传播能力建设总体框架中的重要组成部分，有效加大了中国文学的海外传播力度。

根据2018年原国家新闻出版广电总局就申报“经典中国国际出版工程”“丝路书香工程重点翻译资助项目”“中国当代作品翻译工程项目”所发布的通知，

三类项目的基本要求是：“经典中国国际出版工程”重点支持国内出版单位向世界主要国家和地区输出当代中国题材图书，增进海外读者对当代中国的认知和理解，并且优先对国内出版单位与国际大型出版机构签署版权输出或合作出版的项目立项，立项语种侧重英语等大语种；“丝路书香工程重点翻译资助项目”着力推动当代中国题材图书在周边国家和“一带一路”共建国家翻译出版，促进民心相通，并且优先对国内出版单位与周边国家和“一带一路”共建国家知名出版机构签署版权输出或合作出版的项目立项，立项语种侧重周边国家语种、“一带一路”共建国家通用语种；“中国当代作品翻译工程”精选思想精深、艺术精湛、制作精良的现实题材文学作品，对其翻译出版和海外推广进行资助。

（1）经典中国国际出版工程

“经典中国国际出版工程”是原新闻出版总署于2009年为鼓励和支持适合国外市场需求的外向型优秀图书选题的出版、有效推动中国图书“走出去”的一项重点骨干工程。

2014—2020年，该项目支持出版的中国当代文学作品主要有：① 2014年，刘震云西班牙文版《我叫刘跃进》；② 2015年，梁衡散文集英文版《觅渡》、莫言英文版《白狗秋千架》、劳马英文版《巴赫金的狂欢：劳马剧作三种》；③ 2016年，莫言英文版《师傅越来越幽默》和《生死疲劳》、劳马日文版《一个人的聚会》和韩文版《非常采访》、安妮宝贝日文版《蔷薇岛屿》；④ 2017年，刘震云西班牙文版《一句顶一万句》、周大新德文版《曲终人在》等。

作家作品的翻译出版及海外推广宣传费用较高，对于出版社来说是很重的负担，成为掣肘国内知名作家海外影响力提升的重要原因。《三体》三部曲的英文版、德文版、西班牙文版、土耳其文版、匈牙利文版、泰文版、波兰文版等诸多语种的出版都得到了“经典中国国际出版工程”的大力资助。正是依托政府主导和鼎力资助，中国与目的语国家之间的空间距离产生的阻隔得到有效消除，以《三体》为代表的中国当代文学作品才漂洋过海抵达诸多共建国家，回声嘹亮。《三体》目前已有25个语种的海外译本，它多次荣获国际大奖，与政府支持也不无关系。

（2）丝路书香工程重点翻译资助项目

为服务“一带一路”倡议，原国家新闻出版广电总局于 2014 年 12 月正式实施“丝路书香工程”，规划实施至 2020 年，涵盖重点翻译资助项目、丝路国家图书互译项目、汉语教材推广项目、境外参展项目、出版物数据库推广项目等，旨在根据在“一带一路”共建国家实施中华文化传播需要和共建国家的具体国情、民情及与“一带一路”的合作关系，有计划、有重点地翻译出版中国主题图书，加快中国精品图书、汉语教材在“一带一路”国家的出版发行，搭建中国与共建国家的图书版权交易平台、出版信息资讯平台，实现与共建国家的出版资源互联互通、渠道共享。其中重点资助翻译丝路文化精品图书、中国主题图书、传统文化图书、优秀文学图书和原创少儿图书；同时推动与共建国家图书互译，按市场化运作方式，遴选一批经典图书和优秀当代图书互相译介到目的语国家出版发行，首批互译项目重点推动与沙特阿拉伯、科威特、哈萨克斯坦、蒙古国、斯里兰卡、摩洛哥建立互译机制。

“丝路书香工程”的重中之重是“重点翻译资助项目”，尤其重视资助小语种翻译作品，包括越南语、土耳其语、马来西亚语、塞尔维亚语、印地语、印尼语等，覆盖率高，影响范围广。经数年建设，“重点翻译资助项目”重点资助翻译出版了一批能更好地讲出中国故事、更顺畅地传播中国声音、更客观地阐释中国特色的外向型图书，包括备受“一带一路”共建国家欢迎的儿童文学、网络文学，充分发挥了新闻出版在“一带一路”倡议中的特殊纽带和桥梁作用，让共建国家读者借以更全面地认识中国、了解中国、理解中国，成为了中国文化软实力提升和中华文化传播的有效途径，也是“一带一路”民心相通的品牌。

以 2017 年和 2018 年“重点翻译资助项目”中的部分中国当代文学作品为例，2017 年，北京师范大学出版社：《中国当代文学名家系列——海子诗选》（阿拉伯文）、《中国当代文学名家系列——陆文夫小说选》（阿拉伯文），《中国当代先锋小说思潮论》（阿拉伯文）；北京大学出版社：《中国当代文学史》（越南文）；中国人民大学出版社：《无边的挑战——中国先锋小说的后现代性》（英文）、《盗墓笔记》（英文）、《花千骨》（英文）；中国漫传奇文化传播有限公司：《三体》（俄文）；中国图书进出口（集团）总公司：《活着》（罗

马尼亚文)、《穆斯林的葬礼》(土耳其文)、《棋王 树王 孩子王》(土耳其文);北京出版集团:《平凡的世界》(马来西亚文);译林出版社:《在细雨中呐喊》(土耳其文);上海文艺出版社:《繁花》(越南文);浙江文艺出版社:《我叫刘跃进》(希伯来文)。2018年,北京师范大学出版社:《中国当代文学名家系列:劳马小说选》(法文)、《中国当代文学名家系列:韩少功小说》(葡萄牙文)、《中国当代文学名家系列:李洱小说选》(葡萄牙文)、《中国当代文学史的历史叙事:海德堡讲稿》(葡萄牙文)、《中国当代先锋小说思潮论》(葡萄牙文);人民文学出版社:《"一带一路"中国当代文学土语译丛——"老生"》(土耳其文)、《"一带一路"中国当代文学土语译丛——"天黑得很慢"》(土耳其文)、《人面桃花》(西班牙文)、《石榴树上结樱桃》(阿拉伯文);外语教学与研究出版社:《命若琴弦》(阿拉伯文)、《哦,香雪》(阿拉伯文)、《受戒》(阿拉伯文)、《火焰与词语:吉狄马加诗集》(匈牙利文);中国图书进出口(集团)总公司:《私人生活》(西班牙文)、《九月寓言》(阿拉伯文,哈萨克文)、《棋王 树王 孩子王》(塞尔维亚文);北京出版集团:《平凡的世界》(越南文);五洲传播出版社:《暗算》(波斯文)、《跑步穿过中关村》(波斯文)。

此外,"丝路书香工程"的子项目"外国人写作中国计划"于2017年3月启动,秘书处设在北京语言大学,由中国文化译研网(CCTSS)执行落实,主要面向"一带一路"共建国家的汉学家、作家、媒体人、学者和社会知名人士。项目首批约请了国内外150家出版企业、1000余名海外汉学家、翻译家,最后选出65家海内外机构和7名汉学家、作家,申报选题72个,涵盖语种19个,其中英语图书48种,俄语图书5种,法语图书4种,德语图书4种,阿拉伯语图书4种,韩语图书2种,西班牙语图书2种,波兰语2种,哈萨克语1种,乌克兰语1种,土耳其语1种,印地语1种,格鲁吉亚语1种,越南语1种,马来西亚语1种,孟加拉语1种,希伯来语1种,阿尔巴尼亚语1种,塞尔维亚语1种,部分作品为多语种出版。

首批签约的外国作家深入体验中国生活和文化、中国国情,"洋眼看中国",亲身感受中国、思考中国,并以海外读者容易理解和接受的表达方式,向世界

讲自己的中国故事，客观介绍中国。事实证明，这是中国文学“走出去”的一条创新途径。美国汉学家葛浩文、法国汉学家白乐桑以及诺贝尔文学奖评委、瑞典汉学家马悦然等著名汉学家都签署了写作出版协议。

“丝路书香工程”紧扣“一带一路”主题，切合出版产业规律和国际合作规律，创造了“一带一路”共建国家中国国际出版品牌，形成了中国出版产业的协同创新机制，提升了中国和共建国家出版合作的实力，对加强中华文化的国际传播能力、提高中国文化软实力、构建人类命运共同体都具有历史性意义。

（3）中国当代作品翻译工程

“中国当代作品翻译工程”于2012年正式启动，包括“中国当代作家及作品海外推广（西班牙语地区）项目”等多个项目，是为了满足海外读者对中国当代文学作品的客观需求而实施的一项政府资助工程。翻译工程项目第1期工作由原国家新闻出版广电总局、中国作家协会、五洲传播出版社等机构承担，成果于2014年陆续出版；第2期于2015年由中国出版集团等机构承担；2017至今，每年均可申报。

“中国当代作品翻译工程”项目资助出版的部分当代作家作品有麦家英文版《解密》，毕飞宇英文版《推拿》，曹文轩俄文版《草房子》和《红瓦》，周大新阿拉伯文版《安魂》，格非法文版《隐身衣》，贾平凹瑞典文版《高兴》，韩文版《韩少功中短篇小说集》，迟子建西班牙文版《额尔古纳河右岸》，刘震云西班牙文版《手机》《温故1942》，张悦然西班牙文版《十爱》，麦家西班牙文版《暗算》，西班牙文版《陕西作家短篇小说集》，王丽萍斯瓦希里文版《媳妇的美好时代》，徐则臣英文版《跑步穿过中关村》等。

中国当代文学作品是认识和释读中国改革开放40余年发展历程、加深海外读者全面了解中国社会现状的重要窗口，也是极具吸引力的文学文化传播载体。翻译工程项目旨在整合这些优秀的中国当代文学作品资源，出版机构精选海外对中华文化认同感较强的地区，具体推动国内出版译本的同时实现版权输出，逐步在海外树立中国当代文学品牌，有系统、成体系进而成规模地推出中国作家（群）及其作品。

2.1.2.2 单方与合作出版齐头并进

出版行业对引领和促使中国优秀文学作品规模化进入目的语国家文学市场有巨大的推动力。“一带一路”倡议提出以来，政府更加重视和推行中外合作，中外出版社实际上也敏锐地抓住了这一历史机遇并采取了积极行动，以官方出版与民间出版、中国出版与海外出版、商业出版与学术出版、主流出版与小众/独立出版、自力出版与合力出版等多种模式呈现了各显其能的喜人局面，中外合作开拓了多元化的文学出版形式。

2018 年 8 月 23 日，“中国—中东欧国家出版联盟”（16+1 出版联盟）在北京启动，这是中国与中东欧国家出版机构的一次成功合作。联盟首批成员单位包括外语教学与研究出版社、中国出版集团、五洲传播出版社、安徽出版集团、浙江出版联合集团、山东教育出版社、南京大学出版社、中国文化译研网等中方出版和文化机构，以及阿尔巴尼亚奥努弗里出版社、保加利亚东西方出版社、波黑读书俱乐部出版社、克罗地亚桑多夫出版社、拉脱维亚詹尼斯·洛奇出版社、匈牙利科苏特出版集团、罗马尼亚利博思出版社、马其顿文学出版社、波兰时代马尔沙维克出版集团、塞尔维亚德拉斯拉出版社、斯洛文尼亚索多诺斯特国际出版公司等中东欧国家的出版机构。出版联盟是在中国—中东欧国家合作框架下，以落实《中国—中东欧国家合作布达佩斯纲要》和《中国—中东欧国家合作索非亚纲要》精神为宗旨，由中国和中东欧国家的相关出版机构和文化机构共同推动成立的，目的是推动中国与中东欧国家出版文化机构之间的双向交流，资源共享，互学互鉴、互利共赢，并在版权贸易、图书营销、翻译人才培养等方面建立沟通协调机制，增进彼此之间的人文交流，最终推动实现“一带一路”民心相通目标，繁荣世界文化，构建文化多样性人文生态环境。

（1）中国出版社当仁不让

“一带一路”倡议为中国出版社的体制改革和国际拓展提供了新的机遇，中国当代文学与出版社的合作也借以获得了新的发展空间和上升空间，双方因“一带一路”倡议的顺利实施加快了双向互动，实现了双赢。

① 北京出版集团

要健全文学互译与出版的合作机制，首先要有优秀的原创文学作品，其次

是要建立确实行之有效的翻译和传播机制，另外还需要有沟通中外信息的渠道，确保海外译者和出版机构能尽快获知中国当代作家作品信息。目前，致力于推动中国文学外译的北京出版集团在这些方面作出了有益的尝试。

北京出版集团已有 70 年的历史，迄今已发展成为一个拥有 8 家专业出版社、5 家杂志社和 15 家子公司的综合型文化企业。近几年，该集团加大中国优秀原创文学作品的翻译、宣传推介和输出渠道疏通力度，加强了与国外出版业同行的交流与合作，并以其深厚的文化积淀和丰富的出版资源在中国原创文学作品的版权输出和对外合作出版领域获得丰硕的成果，如张翎英文版《金山》已由加拿大企鹅出版社旗下维京（Viking）出版社出版，意大利语版已由意大利皮尔米（Edizioni Piemme）出版社出版，法文版已由法国 Place des éditeurs 出版社出版，西班牙文版已由西班牙 Ediciones Destino，S.A 出版社出版；迟子建英文版《额尔古纳河右岸》已由英国 Vintage 旗下的哈维尔·塞柯（Harvill Secker）出版社出版；徐则臣英文版《跑步穿过中关村》已由美国双行出版社（Two Lines Press）出版，德文版已由德国波利纳（Bvt Berliner Taschenbuch Verlags Gmbh）出版社出版，意大利版已由意大利塞莱里奥出版社出版，法文版已由法国菲利普·雷出版社出版，荷兰语版已由荷兰德盖斯特出版社出版。

② 人民文学出版社

人民文学出版社在 2009 年成立了对外合作部，并成功输出了一些中国当代作家作品的海外版权，主要包括将艾米《山楂树之恋》输出到 18 个语种国家，格非《隐身衣》输出到英、法、西语世界知名文学出版社，铁凝《永远有多远》输出到泰国，阿乙《鸟，看见我了》《下面，我该干些什么》等作品输出到英语、西班牙语、瑞典语、意大利语、韩语、阿拉伯语国家和地区等。

③ 上海世纪出版集团

2008 年，隶属上海世纪出版集团的“文化中国”工作室与美国《读者文摘》合作，联合推出了英文版“上海当代作家故事”（Stories by Contemporary Writers from Shanghai）系列文学作品，相继推出的作品主要有：2010 年，王晓玉《正宫娘娘》，赵长天《再见许鹊》，李潇《民歌》《大象》，王小鹰《一路风尘》；2013 年，陈丹燕《上海的红颜知己》；王小鹰《假面吟》、张怡微

《旧时迷宫》、苏德《没有如果的事》、彭瑞高《叫魂》、朱晓琳《白金护照》、小白《局点》、潘向黎《缅桂花》、王周生《生死遗忘》；2015年，马原《西海无帆船》、朱立群纸艺馆编《手工时光：纸浮雕》、沈善增《正常人》、殷慧芬《屋檐下的河流》、姚鄂梅《白话雾落》、孙未《熊的自白书》、陈丹燕《和平饭店》；2016年，路内《少年巴比伦》、阮海彪《沉香阁》、金宇澄《轻寒》、孙甘露《呼吸》、秦文君《小香草》；2017年，那多《一路去死》、赵丽宏诗集《疼痛》等。

④ 外文出版社

外文出版社始终将把中国文学介绍到海外作为主要工作之一。2007年，鉴于海外了解中国当代文学的需求加大，而国内面向海外读者的中国当代文学的选题不多，外文社策划了“21世纪中国当代文学书库”系列，其总序由王蒙撰写。2008年完成了丛书第一辑中的三卷本《化妆》（城市卷）、《永远有多远》（女性卷）、《梅雨》（青春卷）；2009年完成第一辑中的五卷本《俗世奇人》（民俗卷）、《一片落叶》（微型小说卷）、《到城里去》（乡土卷）、《淡绿色的月亮》（情感卷）、《一双泥靴的婚礼》，此后文库一直延续至今。

文库所收录作品都与中国社会发展紧密相连，能反映当下中国民众的日常生活与情感，可帮助海外读者了解真实的中国、当下中国人的真实状况。作者则多为活跃于中国当代文坛的知名作家，如王蒙、蒋子龙、铁凝、迟子建、冯骥才、王安忆、池莉、苏童、贾平凹、张炜、麦家、李敬泽、周大新、庆山（安妮宝贝）、格非、阿乙、邓一光、晓航、王手、韩松、张怡微、徐则臣、陈谦、毕飞宇、蒋韵、李浩、阿乙、任晓雯、路内、鲁敏、阿来等。而每卷主编也都是国内主流文学刊物的主编、文学评论家、知名作家和资深图书策划人，如李敬泽、何向阳、谢有顺、张颐武等。

丛书集中反映了中国当代文学的群像，具有动态性、生动性、时代敏锐性特征，是关乎中国当代新思想、新作家与新作品的集大成之作。

⑤ 五洲传播出版社

五洲传播出版社是集中有效地向海外推介中国当代文学的代表之一。自1994年正式运营以来，五洲传播出版社一直致力于向世界传播中华优秀文化，

尤其是在向西班牙语国家和地区推广传播中国文学方面发挥了重要作用。自2004年出版第一本西班牙语出版物到2014年，五洲传播出版社10年间共出版了100多种西班牙文版中国主题图书，其中包括约20本中国当代小说，输出了70多项图书版权，成为中国图书、中国文学开拓西班牙语市场的中坚力量，已成为西语国家及地区输出中国当代文学作品第二大图书出版商。

“一带一路”倡议实施以来，五洲传播出版社加大加快在共建国家推介中国当代文学的力度和速度，并凭借小语种出版形成了“一带一路”国家出版优势，先后将莫言、刘震云、麦家、周大新、迟子建等十几位茅盾文学奖得主的作品翻译并出版了32种西语版，并于2014年出版了第一本中国当代诗作《顾城诗选》西语版，于2015年出版了两部西班牙文版诗选《卡塔出它的石头：于坚诗选》和《蔡天新诗选》。

2017年1月4日，出版社官网发布消息，该社“中国当代作家及作品对外推广（西班牙语地区）”项目入选国家首批35个新闻出版产业示范项目，该项目共包括了32部中国当代文学作品。在中宣部、原国家新闻出版广电总局、中国作家协会等机构的帮助和指导下，五洲传播出版社一方面联系国内作家，整合其代表作的西语版权，在国内翻译出版这些诗作的西语版；另一方面积极在拉美地区和西班牙推广这些作品，打造出“中国当代文学精选”（Joyas de Literatura Contemporánea China）品牌，在西语国家和地区形成了一定的规模和影响。

“中国当代文学精选丛书”是五洲传播出版社自2013年至今精心打造的中国当代文学西班牙文版系列丛书，已在西语世界成功地树立起中国文学品牌，包括32部文学作品，其中诗选3部、小说26部、中短篇小说选集3部，如刘震云《温故1942》《手机》，张悦然《十爱》，刘庆邦《黄花绣》，麦家《暗算》《解密》，蒋韵等编《中国当代中篇小说选》收录蒋韵《心爱的树》、晓航《师兄的透镜》、王十月《国家订单》等3部中篇小说，均为2007年第四届鲁迅文学奖获奖作品；陕西省作家协会编《陕西作家短篇小说选》，收录了陈忠实、贾平凹、路遥、叶广岑等20位陕西作家短篇小说；王安忆的西班牙文版小说3部，即《小城之恋》《荒山之恋》《锦绣谷之恋》，徐则臣《跑步穿过中关村》，《中国当代短篇小说集》收录王蒙、毕飞宇、苏童、张抗抗、阿来等作家作品，

迟子建《额尔古纳河右岸》，史铁生《我与地坛》，《顾城诗选》，毕飞宇《青衣》，韩少功《爸爸爸》，周大新《安魂》《银饰》，刘震云《我不是潘金莲》，莫言《师傅越来越幽默》，于坚《卡塔出它的石头》，蔡天新《蔡天新诗选》和张炜《古船》等。

西班牙语出版界是世界第二大出版市场，是全世界最大的翻译图书出版市场。五洲传播出版社在以拉美为主并涉及欧、非、拉 3 大洲 20 多个国家和地区的对中国文学的译介、推广和传播方面立下了赫赫之功。

“中国当代作家及作品海外推广（西语地区）”项目还包括推动中国作家的海外交流活动。为此，五洲传播出版社与西语世界最大的出版集团——普拉内塔出版集团、墨西哥国立自治大学孔子学院合作开展了“中国作家拉美行”系列活动，先后邀请刘震云、麦家、何家弘、周大新、徐则臣等作家，在西班牙、墨西哥、古巴、阿根廷、智利、哥伦比亚、哥斯达黎加等国，通过新书发布对谈、朗诵会、文学讲座等多种形式，与当地读者、作家、文学评论家及研究者进行深入交流，充分发挥了文学沟通心灵的强大媒介功能，有力促进了中国当代作家作品在西语地区的传播，成为受拉美读者、汉学界和出版界欢迎的中国文学对外传播与交流的盛事。

⑥ 新世界出版社

中国外文局所属新世界出版社是“一带一路”图书出版的先行者，该社出版《中国关键词：“一带一路”篇》以英、法、俄、西、阿、德、葡、意、日、韩、越南语、印尼语、土耳其语、哈萨克斯坦语等多语种形式对外发布，中国外文局、中国翻译研究院、中国翻译协会共同编撰、编译，向世界准确描绘了“一带一路”全景，主导了对“一带一路”倡议的对外定义权和解释权。

新世界出版社积极参加国内、国际上主要的图书展览会，如北京国际图书博览会、法兰克福书展、新加坡书展等，并与海外出版公司、版权代理机构开展版权贸易和合作出版业务，通过版权贸易方式将很多优秀图书传播到共建国家（地区）。“一带一路”倡议提出以来，出版社积极拓展共建国家和地区的图书市场，与印度 GBD 图书公司和埃及日出出版社分别在印度和阿拉伯地区成立了中国图书编辑部，围绕“一带一路”共同策划、编辑、翻译、印刷、发行、

推广宣传相关图书。

让中国当代文学走出去是新世界出版社的重点工作之一，其中的代表是2016年出版《中国文学（陕西卷）》4个语种版本，即英文版、俄文版、法文版和西班牙文版。陕西作家协会精选了陕西籍和长期在陕西生活、工作的作家在1954—2014年间创作的13部短篇小说和3部中篇小说，这些作品主要反映了中华人民共和国成立后各时期中国普通百姓的故事，包括路遥《姐姐》、陈忠实《信任》、贾平凹《满月儿》、叶广岑《本是同根生》、红柯《美丽奴羊》、京夫《手杖》、吴克敬《油菜地》、邹志安《支书下台唱大戏》、杨争光《公羊串门》、程海《三颗枸杞豆》、黄建国《较劲》、阎道勇《银子放光的故事》、和军校《卖羊》、柳青《狠透铁》、高建群《遥远的白房子》、张虹《小芹的郎河》。

2019年4月，新世界出版社以云签约的形式与4家海外出版社签署46项国际合作出版协议，包括奥地利索纳塔图书国际出版社奥地利德文版“幼学启蒙”系列图书40种、瑞典万之书屋出版社瑞典文版当代小说4部、韩国耕智出版社韩文版《大国工匠》和俄罗斯尚斯国际出版集团俄文版《大国工匠》。

⑦ 中国人民大学出版社

中国人民大学出版社一直致力于搭建国际文学、文化交流平台。迄今为止，已经与30多个国家和地区的百余家出版机构建立了相对稳定的合作伙伴关系，成为中国国际出版的一张名片。2015—2020年6月，中国人民大学出版社与“一带一路”共建国家合作出版劳马作品25个版本，覆盖20多个共建国家的20多个小语种，是国内出版社向“一带一路”共建国家推介当代优秀作品的典范。

近年来，中国人民大学出版社已与“一带一路”共建国家30多个出版社合作出版了中国当代文学作品36部，分别是：2015年，莫言英文版《白狗秋千架》、梁衡英文版《觅渡》，劳马俄文版和英文版《巴赫金的狂欢：劳马剧作三种》；2016年，安妮宝贝日文版《蔷薇岛屿》，莫言英文版《师傅越来越幽默》《生死疲劳》，丰子恺日文版散文集《华瞻的日记》；劳马日文版、格鲁吉亚文版、阿塞拜疆文版、亚美尼亚文版《一个人的聚会》，瑞典文版《巴赫金的狂欢》，韩文版和俄文版《非常采访》；2017年，何家弘英文版《性之罪》《X之罪》，梁衡韩文版《觅渡》，劳马乌兹别克文版《巴赫金的狂欢：劳马剧作三种》、

英文版《非常采访》、英文版和罗马尼亚文版《一个人的聚会》；2018 年，劳马吉尔吉斯文版《巴赫金的狂欢：劳马剧作三种》，希伯来文版《巴赫金的狂欢：劳马剧作三种》，尼泊尔文版、缅甸文版、波兰文版和西班牙文版《一个人的聚会》；2019 年，劳马越南文版《非常采访》，印地文版、土耳其文版《一个人的聚会》；2020 年，劳马希伯来文版《非常采访》、柬埔寨文版和法文版《巴赫金的狂欢：劳马剧作三种》、葡萄牙文版和德文版《一个人的聚会》；2021 年劳马泰文版和荷兰文版《一个人的聚会》，朱洪志英文版《盘龙》，王晋康英文版《天父地母》，劳马尼泊尔文版《非常采访》。

⑧ 中译出版社

中译出版社原名中国对外翻译出版公司，秉承“跨越语言障碍，讲述中国故事”的宗旨，已成为中国出版行业中中华文化“走出去”的重要品牌力量，其策划的“外国人写作中国计划”“中国少数民族作家海外推广计划”“中国百年儿童文学精品外译书系”等项目，很多成果已经实现了多语种落地，语种涵盖英、印地、俄、西班牙、德、日、法、印度尼西亚和阿拉伯语等。“一带一路”倡议提出以来，该出版社先后与共建国家重要出版社合作签约成立了 16 家中国主题国际编辑部，聚集海内外翻译家、汉学家集中向海外输出中国优秀文学作品，得到共建国家读者的普遍认可。

中译出版社在推进中国多民族文学走出去方面已形成了特色，其中“阅读中国·五彩丛书”英文版为“一带一路”共建国家了解中国少数民族的历史与风情提供了一个全新的视角，包括朝鲜族作家金仁顺《僧舞》（2015）、满族诗人娜夜诗集《睡前书》（2016）、哈萨克族女作家叶尔克西·胡尔曼别克《永生羊》（2016）、土家族作家叶梅短篇小说集《歌棒》（2016）、藏族作家丹增《小沙弥》（2017）、彝族诗人吉狄马加诗集《身份》（2017）、胡东林《狐狸的微笑》（2017）、云南普米族作家鲁若迪基《没有比泪水更干净的水》（2017）、张碧竹《最后的土司》（2017）、满族作家赵玫《叙述者说》（2017）。

除此之外，中译出版社还推出了英文版“中国当代经典系列”丛书，主要包括阿来《空山》（第一部）（2017）、李佩甫《生命册》（2017）、刘醒龙《天行者》（2017）、张悦然《誓鸟》（2017）、周大新《湖光山色》（2017）。

（2）海外出版社遥遥呼应

图书出版作为“一带一路”沟通的桥梁和媒介，目前已成为中国与共建国家文化交流的主要形式之一。中国每年向国外输出中国主题的图书大约 8000 种，受限于语言障碍，这些图书大多需要翻译成目的语国家语言才能发挥更好的作用，但“一带一路”共建国家语言多属于小语种，翻译出版人才极其匮乏。要有效推动中国和共建国家的文化互译和双边出版交流，中外出版社应发挥各自优势，凝聚并培养这方面的专业人才，更要加强合作，“遥相呼应”，加快优秀资源的整合和互动，从现有资源中挖潜，提高现有资源的使用效率，多元立体开展翻译出版、媒体合作、版权贸易合作，不断增进感情，促进互利共赢，传播中华优秀文化，提升文化交流质量，弘扬“一带一路”友好合作精神。

“一带一路”倡议中国主导，属于世界，给海外朋友圈带去了实实在在的益处，逐步得到了共建国家的深度认可和支持，引起了海外出版机构对倡议相关项目中中国当代文学作品的关注和主动推介。

① 澳大利亚出版社

澳大利亚企鹅出版社（Penguin Books Australia）出版了近百本“Penguin Specials”系列丛书，其中的“中国主题”（China Specials）子系列约占 80 本，选题全部和“中国题材”相关，一部分是外国作家所著有关中国的作品，还有一部分是中国作家作品的英文译本，如盛可以《白草地》（2014）、何家弘《亡者归来》（2014）、阎连科《耙耧天歌》（2016）、格非《褐色鸟群》（2016）、莫言《透明的红萝卜》（2016）、苏童《红粉》（2018）等。

2017 年，该子系列丛书还出版了一套“中国香港系列”（The Hong Kong Series），包括董启章《〈梦华录〉选编：二十五个城市片段》、许素细《亲爱的香港》等。

澳大利亚 Text Publishing 出版社出版了阎连科《四书》（2015）、《炸裂志》（2016）、《年月日》（2017）、《日熄》（2018）等 7 部作品，还出版了余华《第七天》（2015）、苏童《碧奴》（2008）、王维克《来电》（2018）等。

此外，Vagabond 出版社推出了《虹影、翟永明和杨炼诗精选集》及姚风、臧棣和零雨等当代作家的诗集。

② 波兰出版社

波兰时代马尔沙维克出版集团（Time Marszałek Group）是安徽出版集团在波兰设立的出版机构，由波兰青年出版家约安娜·马尔沙维克·卡瓦（Joanna Marszałek-Kawa）领衔，是中国出版开辟东欧及国际市场的向导，其与中国人民大学出版社、外语教学与研究出版社等中国多家出版单位保持着合作关系，与时代出版传媒股份有限公司签署了共建“一带一路”国际出版联盟战略合作协议，另外还协助中国出版机构在波兰开设分支机构。主要出版波兰语版的文化、教育、哲学、社会科学等“中国主题”的图书，其中“丝绸之路”是重点。

莫言的“波兰热”与该出版集团的努力密不可分，目前该集团已经出版了莫言《酒国》《丰乳肥臀》等小说 8 部，及劳马《一个人的聚会》、史铁生《命若琴弦》等。

③ 德国出版社

慕尼黑 Wilhelm Heyne Verlag 出版社，已出版刘慈欣作品德文版 6 部，是刘慈欣“德国热”的炭火；S. Fischer、Klette-Cotta 和 Btb 共 3 家出版公司出版发行余华 6 部德文版作品的 8 个版本；OSTASIEN Verlag 的“Reihe Phönixfeder”系列主要出版亚洲文学作品，如王刚德文版《英格力士》（2014）、沈起风《谐铎》（2015）等多部中国当代文学作品。

④ 俄罗斯出版社

新时代的中俄文化交流日益丰富、特色明显，双方的相互需求和支持明显增大，两国政府顺势而为，积极推动。2013 年 5 月，中国原国家新闻出版广电总局和俄罗斯联邦出版与大众传媒署签署了《“中俄经典与现当代文学作品互译出版项目”合作备忘录》，实施“中俄文库”项目，即中国出版 50 本俄罗斯文学作品，俄罗斯出版 50 本中国文学作品，其中重点翻译出版各国的现当代文学作品，书目由俄罗斯著名汉学家组织审定，积极参与出版工作的俄罗斯出版社有东方文学出版社（莫斯科）、海波龙出版社（圣彼得堡）、科学出版社（圣彼得堡）、彼得堡东方学出版社（圣彼得堡）、课文出版社（莫斯科）、双耳罐出版社（莫斯科）等，并且组织了当代俄罗斯优秀翻译家来翻译中国现当代作家的作品。

2014年，包括莫言《生死疲劳》在内的第1批共5部中国当代文学作品率先与俄语世界读者见面。

2015年6月，在圣彼得堡俄中媒体论坛上，中国原国家新闻出版广电总局与俄罗斯联邦出版与大众传媒署签署了《〈“中俄经典与现当代文学作品互译出版项目”合作备忘录〉补充议定书》，计划将中俄互译书目扩容一倍，并围绕书目遴选组织了中俄作家论坛，在北京和莫斯科轮流举办，两国代表围绕当代文学的社会价值和全球化背景下的命运，探讨当代文学中的民族性和道德根源、文学中的生态意识等问题。

乘此东风，俄罗斯的出版社也八仙过海，各自发力，致力于将高质量的中国当代文学作品推介给俄语世界的读者。据悉，截至2022年12月，俄罗斯海波龙出版社翻译出版“中国文库”系列作品50余部，其中出版中国当代文学作品20余部，主要包括《时间》《张贤亮作品选》《我不是潘金莲》《北妹》《推拿》《暗算》《手机》《一句顶一万句》《我叫刘跃进》《古船》《二十至二十一世纪中国戏剧选》和《爸爸爸 中国当代故事》《吃瓜时代的儿女们》《一日三秋》《家犬往事》等；此外，该出版社的“新世纪中国文学丛书”（Новый век китайской литературы）系列包括《篡改的命》《天等山》《没有语言的生活：广西作家散文集》《广西现代诗选》《黑白之间：广东作家散文与诗歌集》《时代与风俗：广东作家散文集》《张学东中篇小说选集——蛇吻》共7本。俄罗斯十大出版集团之一的埃克斯摩（Эксмо）出版社出版《变》及《三体》系列等多部作品。俄罗斯东方文学出版社（Издательство восточной литературы）的“中国文学”（Библиотека китайской литературы）俄文版系列包括中国当代文学作品《笨花》《活动变人形》《棋王 树王 孩子王》《我要做好孩子》《落泪是金》《一个人的一百年》《长恨歌》《秦腔》《风景》等，及古典文学名著和现代文学作品近20部。俄罗斯课文（Текст）出版社出版《活着》《兄弟》和《许三观卖血记》。

这些图书现在已经是俄罗斯出版社和文学界的宠儿，有的长销，有的畅销，辐射广、影响大。中俄两个文学大国，借“一带一路”重新实现了交汇、互动、互通。

⑤ 法国出版社

“一带一路”倡议提出以来，法国从反应平淡到逐渐对接，中法文化交流围绕“一带一路”合作的深入而不断扩大。2017 年 9 月，博鳌亚洲论坛 2017 巴黎会议主题定为“‘一带一路’：亚欧战略对接”。马克龙表态将积极参与“一带一路”建设。2017 年 11 月 29 日，中国驻法国大使馆与法国国际关系与战略研究院联合举办了“一带一路”巴黎论坛首届会议，建立了中国驻外使领馆和欧洲一流智库联合以“一带一路”为主题的合作交流机制，推进了法国社会各界对“一带一路”的广泛关注。2018 年 1 月 8 日至 10 日，马克龙访华，表示法国支持“一带一路”，《费加罗报》《世界报》《观点》杂志等主流媒体开始正面报道“一带一路”，法国社会对“一带一路”的认知开始变得主动、积极。

法国出版社对中国当代文学作品的翻译出版也基本上围绕法国对“一带一路”态度的变化，经历了从平淡到热情的过程。

作为法国最大的文学类出版社，伽利玛出版社（Éditions Gallimard）主要出版文学艺术、人文社科等方面的图书和期刊，在全世界都有巨大影响。该出版社多年来一直在陆续出版中国当代作家作品，主要包括王蒙作品 1 部、苏童作品 1 部、格非作品 1 部、刘庆邦作品 1 部、周梅森作品 1 部、北北作品 1 部、黄春明作品 1 部、于坚作品 1 部、刘心武作品 3 部、韩寒作品 2 部、慕容雪村作品 2 部、刘震云作品 4 部等，共计 50 余部。

隶属于伽利玛出版社的中国蓝（Bleu de Chine）出版社所出版的中国当代文学作品在法国引人注目。中国蓝出版社是由法国女汉学家、翻译家安博兰（Genevieve Imbot-Bichet）与当时在巴黎高等社会科学院师从米兰·昆德拉（Milan Kundera）攻读博士学位的董强共同于 1994 年创建的一个小型独立出版社，后来由安博兰独自承办，并于 2010 年加入伽利玛出版社。“中国蓝”的译者队伍中很多是法国著名汉学家，保证了翻译质量。中国蓝出版社出版的第一本书是王蒙的中短篇小说，目前对中国当代著名作家的代表作品均有涉猎，以小说居多。安博兰与贾平凹、刘震云、刘心武等都建立了稳定的联系，同时也很关注中国文学界的新生力量，对以石舒清、李进祥为代表的回族作家群也很关注，并推动将二人的作品翻译成法文出版。“一带一路”倡议提出以来，“中国蓝”出

版社出版的中国当代作家作品主要有慕容雪村《红尘颠倒》（2013）、《中国少了一味药》（2015），小说选《风筝飘带》（2014），曹寇《挖下去就是美国》（2015），周梅森《中国制造》（2016），及刘震云的作品《一句顶一万句》（2013）、《温故一九四二》（2013）、《我不是潘金莲》（2015）、《手机》（2017）等。经安博兰之手，一部部中国作家的作品，在法国泛出“中国蓝光”。

瑟伊出版社（Éditions du Seuil）是法国著名的文学出版社，自 1950 年以来已出版中国文学作品 50 余部（不含儿童文学作品及对中国作家、作品的评论），其中 2013 年以来出版的中国当代作家作品主要包括莫言《爆炸》（2013）、《红高粱家族》（2014）、《幽默与趣味·金发婴儿》（2015）、《超越故乡》（2015）、《食草家族》（2016）、《战友重逢》（2017）、《白狗秋千架》（2018）等，及张炜《古船》（2014）和苏童《黄雀记》（2016）等。

作为一家法国大型综合出版社，南方文献出版社（Actes Sud）长期重视对中国当代文学作品的出版，如“中国文学丛书”（Collection：Lettres chinoises）系列，陆续把王小波《未来世界》（2013）、余华《第七天》（2014）《一个地主的死》（2018）以及张辛欣、莫言、池莉、毕飞宇、马建、李昂、黄春明、扎西达娃等十几位作家的 50 余部作品带入法国读者的视野，促进了中国当代文学在法国的传播，也因此跻身法语世界出版中国文学的重要出版社之列。

菲利普·毕基耶（Philippe Picquier）出版社是法国最有影响的中国文学作品出版社之一，已经成为中国文学走向世界的桥头堡。它选择中国当代文学作品的眼光和水准已是公认，当之无愧是法语世界翻译中国当代文学作品市场中的领跑者、中国文学走向法语世界的加速器。目前，该社已出版了 30 余位中国作家 70 余部作品的 100 多个版本，很多中国当代重要作家，如莫言、王安忆、苏童、阎连科、迟子建、李洱、毕飞宇、欣然的代表作几乎都经该社进入法国，随后即有德语和英语世界的多版本出版，极大提升了中国当代文学作品在西方国家文学市场的影响力。

巴黎友丰出版社（Éditions You Feng de Paris）与巴黎大学隔街相望，其出版严肃性在业界享有盛誉。该社近年来以出版中国新武侠小说闻名，包括金庸作品《神雕侠侣 1、2》（2013）、《神雕侠侣 3、4》（2014）、《天龙八部 1》（2016）、

《侠客行》（2卷本）（2017）、《天龙八部2》（2017）、《天龙八部3》（2018）等。此外，还曾出版古龙作品《大沙漠2》（2010）、《画眉鸟3》（2013）等。

法国文字出版社从2004年起就开始陆续推出中国当代作家“Collection: Planètes”系列个人诗集13部，包括翟永明《最委婉的词》（2014）、于坚《被暗示的玫瑰》（2014）、欧阳江河《谁去谁留》（2015）、王寅《说多了就是威胁》（2015）、柏桦《在清朝》（2016）、西川《巨兽》（2016）、多多《追问》（2016）、宇向《其他的事情》（2016）、张枣《鹤之眼》（2016）、韩东《黝黑的太阳》（2016）。此外，还出版了王寅摄影诗集《无声的城市》（2014）。

法国MEET出版社也出版了不少中国文学作品，如2008年出版多多法文版诗集《桑那在尔的诗》，2015年出版王寅法文版诗集《因为》。

⑥ 罗马尼亚出版社

罗马尼亚出版数量最大的是文学和翻译作品，但图书印刷质量一般。关于中国的翻译作品基本转译自法国、英国，如《道家学说》《中国智慧》等。

“一带一路”给罗马尼亚出版业带去了繁荣。2015年，中、罗两国签署了《关于在两国经济联委会框架下推进“一带一路”建设的谅解备忘录》，罗马尼亚出版业搭上“一带一路”快车，与中国的出版社合作出版了一系列中国当代文学作品，如莫言《生死疲劳》《红高粱家族》《蛙》《酒国》的罗马尼亚文版。2016年5月，中国—罗马尼亚学术出版合作中心在位于布加勒斯特的罗马尼亚文化院总部挂牌，双方出版业合作有了机制保证。2016年11月，中国作为主宾国参加了罗马尼亚高迪亚姆斯国际图书与教育展，并共同举办了“中罗出版发展高峰论坛”，主题是“16+1”合作与中罗出版发展新蓝图，强化了中罗两国以出版促进人文交流的机制。罗马尼亚出版业开始生机勃勃，展露出巨大的潜力，成为“民心相通”的“软基础设施”。

Editura Humanitas出版社是罗马尼亚出版中国当代文学的代表性机构，2013年以来，该社出版的罗马尼亚文版中国当代作家作品主要有莫言《天堂蒜薹之歌》（2013）、《酒国》（2014），苏童《米》（2015），余华《活着》（2016），《许三观卖血记》（2017），《十个词汇里的中国》（2018），阿城《棋王 树王 孩子王》（2018）等。

⑦ 墨西哥出版社

二十一世纪出版社（Siglo XXI Editores）在墨西哥颇有影响，主要出版社科、人文和文化图书。“一带一路”以来，该社与中国出版机构合作，服务中国“一带一路”倡议，利用自身的翻译出版优势，陆续出版了一系列中国当代著名作家的小说，实现了双方共同发展和互利共赢。主要有刘震云《我叫刘跃进》（2017）、《一句顶一万句》（2017）等。

⑧ 瑞典出版社

瑞典政府和社会对“一带一路”倡议反应不一，政府高度重视，民众意见分歧，但瑞典出版机构对中国当代文学的翻译出版却一直只增不减。

万之书屋（Bokförlaget Wanzhi）创始人为旅居瑞典的华人翻译家陈迈平，笔名万之，其妻子为译者陈安娜。万之书屋自 2014 年开始用瑞典语翻译出版中国文学作品，2015 年 4 月，瑞典学院授予陈迈平“翻译奖”。迄今为止，万之书屋翻译并出版了刘震云《我不是潘金莲》(2014)、《一句顶一万句》(2015)、《温故一九四二》(2017)、《吃瓜时代的儿女们》(2019)，贾平凹《高兴》(2014)、《秦腔》（2017）、《极花》（2019），林海音《城南旧事》（2015），任晓雯《岛上》（2015），苏童《米》（2016），劳马《巴赫金的狂欢：劳马剧作三种》（2016），余华《兄弟》（2016）、《第七天》（2017）、《在细雨中呼喊》（2017），薛忆沩《空巢》（2017），鄂温克族作家芭拉杰依·柯拉丹姆《驯鹿角的彩带》（2017），凡一平《上岭村的谋杀案》（2017），毕飞宇《玉米》（2018），迟子建《额尔古纳河右岸》（2018）、《晚安，玫瑰》（2020），杨炼诗集《同心圆》（2018）、《叙事诗》（2020），盛可以《死亡赋格》（2019），东西《篡改的命》(2019)，文盲《人类末日来临》(2019)，杨志鹏《世事天机》(2019)，阎连科《发现小说》（2019）、《年月日》（2020），秦文君《十六岁少女》（2020），陈楸帆《鼠年》（2020）20 位作家的 30 部中国当代文学作品。2020 年 4 月，万之书屋与新世界出版社以云签约的形式签订了迟子建《候鸟的勇敢》，毕飞宇《推拿》，苏童《我的帝王生涯》《黄雀记》的瑞典文版出版协议。

Chin Lit 出版社由瑞典翻译家伊爱娃（Eva Ekeroth）创办，她曾任瑞典驻华文化参赞，热爱中国文化和艺术，长期从事瑞典与中国的文化交流工作，也

是一位优秀的儿童文学作家。出版社致力于将优秀的中国当代文学作品和儿童文学作品带到瑞典语世界的读者面前，丰富瑞典读者对中国当代文学的认知。2015 年，Chin Lit 出版社开始出版瑞典文版中国当代小说和儿童文学作品，如阿乙、娜彧、李师江、任晓雯、虹影、林白、曹寇、韩松、苏童、郝景芳、赵志明的作品，目前已经成为中国文学作品走入瑞典出版市场一道靓丽的风景。儿童绘本包括郭婧《独生小孩》、韩煦《走出森林的小红帽》、鲁风《老鼠嫁女》、王晓明《花生米样的狗》等。

⑨ 西班牙出版社

拉丁美洲是 21 世纪海上丝绸之路的自然延伸，“一带一路”建设的重要参与方。2013 年，“一带一路”倡议一提出便引起西班牙的关注。2015 年，西班牙理论界开始系统研究“新丝绸之路”以为西班牙各界释疑解惑。2017 年 6 月，西班牙国王费利佩六世（Felipe Juan Pablo Alfonso）在阿斯塔纳与习近平总书记会面，明确肯定西班牙积极参与共建“一带一路”，使西班牙国内掀起“‘一带一路’热”。

贸易、旅游与人文交流、基础设施建设是西班牙对“一带一路”倡议的三种主要诉求，中、西两国在文化领域的合作也不断加强，已形成互惠互利战略伙伴关系，西班牙出版业也借此东风，将越来越多的中国当代文学作品介绍给对中国充满热情的西班牙民众。

在出版中国当代文学图书方面，西班牙出版社在整个西语地区都名列前茅，而若论出版中国当代文学作品西语版的经验，凯伊拉斯（Kailas Editorial）出版社排名第一，出版了莫言、韩少功、王安忆、贾平凹及慕容雪村等作家的作品。2012 年莫言荣获诺贝尔文学奖后，网站设置的“莫言图书馆”模块包括莫言作品 18 部：《丰乳肥臀》（2007）、《天堂蒜薹之歌》（2008）、《生死疲劳》（2009）、《酒国》（2010）、《蛙》（2011）、《师傅越来越幽默》（2011）[①]、《四十一炮》（2013）、《檀香刑》（2014）、《十三步》（2015）、《红树林》

① 《天堂蒜薹之歌》《生死疲劳》《酒国》《蛙》《师傅越来越幽默》均于 2013 年再版，第 2 版封面标注“2012 年诺贝尔文学奖”字样。

（2016）、《透明的胡萝卜》（2017）、《藏宝图》（2017）、《食草家族》（2018）、《筑路》（2019）、《欢乐》（2020）、《牛》（2021）、《晚熟的人》（2022）、《红高粱家族》（2023）。其中《蛙》是凯伊拉斯出版社直接从中文译为西班牙文的第一部作品，此前译本均由英文等语种转译为西班牙文。

⑩ 英国出版社

在西方大国中，英国是当之无愧的响应"一带一路"倡议的"领头羊"，英国政府多次明确表示支持"一带一路"倡议，英国前首相特雷莎·梅（Theresa Mary May）积极推动中英"一带一路"合作，肯定"一带一路"倡议对世界具有深远的积极影响。英国知名学府和高端智库已将"一带一路"研究作为重要课题；彼得·弗兰科潘（Peter Frankopan）2015 年出版的著作《丝绸之路：一部全新的世界史》已成畅销书；越来越多的英国企业从"一带一路"中开拓着商机。2018 年 9 月 10 日，英国议会跨党派"一带一路"和中巴经济走廊小组正式成立，目的之一，就是为英国企业界提供平台，积极寻求机会，包括英国自己的出版企业。

宙斯之首出版社（Head of Zeus）以出版当代科幻文学作品、悬疑作品为主，包括刘慈欣《三体》（2015）、《三体 II：黑暗森林》（2015）、《三体 III：死神永生》（2016）、《地球往事》（2017）、《流浪地球》（2017）、《球状闪电》（2017）、《超新星纪元》（2019）、《白垩纪往事》（2020）、《擎天》（2020），周浩晖《死亡通知单》（2018）、《死亡通知单 2·宿命》（2020），许知远《纸老虎》（2015），刘宇昆主编的中国科幻作品选《看不见的星球》（2016、2017），宝树《时间之墟》（2019），陈楸帆《荒潮》（2019）。另外，该社还在 2018 年法兰克福国际书展上竞得麦家第三部长篇小说《风声》的英译版发行权，并于 2020 年 3 月完成出版。

查斯（亚洲）出版有限公司（Alain Charles Asia）致力于出版优秀的中国文学作品，以增进英国读者对中国文学的了解，促进中英文化沟通。近几年出版了小说宗璞《南渡记》（2017）、王宏甲《宋慈大传》第 1 卷（2017）和第 2 卷（2018）、谢文纬《那年那月人马情》（2018）、杨志军《藏獒》（2018）、马平来《满树榆钱儿》（第 1 卷）（2018）、蒋子龙《农民帝国》（2019）、

贾平凹《极花》（2020），及张雅文长篇报告文学《与魔鬼博弈》（2018）、周尔鎏传记文学《我的七爸周恩来》（2018）等。

⑪ 其他

吉狄马加受到诸多海外著名出版社的青睐。2013—2014 年，哥伦比亚 Corporation of Art and Poetry Prometeo 出版社出版了吉狄马加诗集和演讲集各 1 部。2014 年，南非乌卢鲁设计出版公司出版了吉狄马加诗集和演讲集各 1 部。2014—2015 年，加拿大 Memoire D' encrier Inc. 出版社出版了吉狄马加诗集和演讲集各 1 部。2015 年，奥地利 Löcker Verlag 出版社出版吉狄马加诗集和演讲集各 1 部。2014 年、2017 年，俄罗斯联合人文出版社各出版吉狄马加诗集 1 部。

（3）中外出版社精诚合作

出版机构是文学“走出去”的桥梁，从职业和行业角度看，出版机构对海外市场需求具有特殊的感知力和敏锐的判断力。在助力中国当代文学“海外行”工作中，中国的出版社积极与国外出版机构共同选题策划、共同出版发行，取得了明显成效。

“一带一路”倡议提出以来，从发挥中国当代文学沟通民心、增进理解的作用出发，中国出版机构和共建国家诸多出版社就选题策划、翻译出版、版权共享、宣传推介、可持续合作等方面深入交流，合作范围不断扩大，共赢机制不断深入，达成很多共识，合作亮点频现，惊喜不断。中方出版社加强主题和内容引导，与外国出版社务实高效地翻译并出版了很多优秀中国文学作品，为中国与共建国家文学交流的长期、良性发展营造了友好的氛围，使中国文学“走出去”工作迈上新台阶。

中外出版社围绕中华文化“走出去”，形成了迄今为止从未有过的中外出版合作的默契。

① 北京出版集团与巴黎友丰等出版社

北京出版集团与巴黎友丰等多家海外出版社合作，大力向海外推介中国当代文学。截至 2017 年 9 月，该社出版的周梅森的反腐题材小说《人民的名义》已向法国、西班牙、日本、韩国、俄罗斯、黎巴嫩、越南、马来西亚、吉尔吉斯斯坦、哈萨克斯坦、土耳其等国家和地区的出版机构输出了版权，助推中国

当代文学在共建国家出版市场的强势发展。

② 人民文学出版社与尼泊尔白莲花等出版社

2016年，人民文学出版社与尼泊尔白莲花出版社签约，合作出版劳马的小说《非常采访》、“爱智书系”等当代中国文学作品。“爱智书系”是一套自称“愚蠢的哲学家”写给聪明的孩子看的哲学书，包括朱正琳《哲学就是爱智慧》，周国平《精神的故乡》《我们对世界的认识》，何光沪《信仰之间》等。

2017年以来，人民文学出版社与韩国The BOM出版社合作出版“中国文学丛书”系列，整体介绍中国优秀当代文学，主要出版茅盾文学奖获奖作家的作品。目前，该系列已出版苏童《黄雀记》（2018）、格非《望春风》（2018）和冯骥才《三寸金莲》（2018），还将继续推出王旭烽《茶人三部曲》、贾平凹《秦腔》和格非《江南三部曲》等作品。

2017年开始，人民文学出版社与韩国书坛子出版社合作出版“猫步说林”系列，聚焦中国当代年轻作家的小说作品。目前，该系列已出版3部作品：麦家《解密》（2017）、路内《慈悲》（2017）、阿乙《下面，我该干些什么》（2018）。还将陆续出版张悦然《茧》、冯唐《十八岁给我一个姑娘》和苗炜《面包会有的》等作品。

2017年4月，人民文学出版社与英国查斯（亚洲）出版有限公司签约合作出版的宗璞四卷本长篇小说《野葫芦引》第1卷《南渡记》英文版亮相伦敦书展，其余3卷的英译工作正在进行。2018年4月，在第47届伦敦书展期间，双方又签署了贾平凹新作《山本》、苏童《黄雀记》的英文版合约，其中，《黄雀记》于2020年5月出版。

2017年11月，人民文学出版社与黎巴嫩文学出版社、黎巴嫩雪松出版社等机构签订了出版阿拉伯文版《废都》《带灯》《古船》《独药师》《隐身衣》《石榴树上结樱桃》《少年巴比伦》《奔月》《七根孔雀羽毛》等9部作品的合同。

另外，人民文学出版社还与黎巴嫩文学出版社合作出版阿拉伯语版阿乙《下面，我该干些什么》、徐小斌《羽蛇》，并与黎巴嫩雪松出版社合作出版阿拉伯语版铁凝《永远有多远》、路内《慈悲》、阿乙《五百万汉字》。2018年8月，

双方签署了贾平凹《老生》的阿拉伯文版版权输出协议。黎巴嫩雪松出版社国际化程度高，从诸多国际知名出版机构引进畅销书的版权，在阿拉伯世界文学图书市场有很强的影响力。

③ 陕西翻译协会与英国峡谷出版社

2017 年，陕西翻译协会与英国峡谷出版社合作推出了 3 部英文版陕西籍作家作品《老旦是一棵树》《山地故事》《土门》。另外还陆续推出红柯的中篇小说《故乡》、长篇小说《百鸟朝凤》和《西去的骑手》，吴克敬作品选《血太阳》，方英文作品选《太阳语》和叶广芩作品《太阳宫》等，推动了陕西作家作品集体“走出去”。

④ 外语教学与研究出版社与罗马尼亚欧洲思想文化出版社

2016 年，外语教学与研究出版社和罗马尼亚欧洲思想文化出版社合作推出吉狄马加的罗马尼亚语版诗集《天堂的色彩》，诗集以独特的中华民族视角、用文学的方式向罗马尼亚读者倾诉中华文化，其卓越的文学写作技巧和杰出的文学贡献赢得了罗马尼亚读者的青睐，获得了罗马尼亚《当代人》杂志“卓越诗人奖”和布加勒斯特作家协会“诗歌创作奖”。这是继吉狄马加诗集《火焰与词语》和演讲集《为土地和生命而写作》后双方共同出版的第三部作品。同年 11 月 16 日，中国首次以主宾国身份参加在布加勒斯特国际展览中心举办的第 23 届罗马尼亚高迪亚姆斯国际书展。书展始办于 1994 年，由罗马尼亚国家广播电台主办，是罗马尼亚规模最大的书展，在中东欧地区极具影响力。两家出版社共同在中国主宾国展台举行吉狄马加罗马尼亚语版诗集新书发布会，其中包括新书《天堂的色彩》和经典代表诗作《我，雪豹》《致马雅可夫斯基》等。经由外语教学与研究出版社努力，2013—2016 年，吉狄马加诗集、演讲集实现了多语种输出，与海外近 40 家出版机构签署了授权协议，包括西班牙语等 25 个语种。

⑤ 译林出版社与土耳其出版社

译林出版社搭上“一带一路”倡议的高铁，深挖“一带一路”共建国家的出版资源，将输出语种向阿拉伯语、土耳其语、塞尔维亚语等转向，开辟了埃及、塞尔维亚、土耳其等多个版权输出市场。

2016年8月，译林出版社向土耳其卡努特出版社（Canut Publishers）输出了4位中国当代作家的8部作品版权，包括余华《在细雨中呼喊》，叶兆言《花影》《别人的爱情》《我们的心多么顽固》，苏童《另一种妇女生活》，鲁敏《六人晚餐》《此情无法投递》《墙上的父亲》，并已出版余华《在细雨中呼喊》（2018）等作品。此前，该出版社曾出版铁凝作品《永远有多远》。

⑥ 中国香港中文大学出版社与美国和风出版社

出版行业对中国当代文学作品规模化进入目的语国家图书市场有巨大的推动力。美国和风出版社（Zephry Press）创办40年来，专注出版亚洲、俄罗斯、东欧地区的当代诗歌和散文等翻译文学作品，长期举办双语读书会、研讨会及其他跨文化交流活动，为中国当代文学在英语国家的落地作出了重要贡献。

“今天”（“Jintian”）系列是和风出版社、中国香港文学基金会、中国香港中文大学联合推出的第三代诗人中英双语诗集系列，名称由北岛、刘禾（Lydia H. Liu）和Christopher Mattison商议确定，2013年至今已出版12部，包括：中国台湾诗人哑石《花的低语》、张枣《镜中》、宋琳《星期天的麻雀》、芒克《十月的献诗》、欧阳江河《重影》、韩东《来自大连的电话》、翟永明《更衣室》、于坚《便条集》、宇向《我几乎看到滚滚尘埃》、蓝蓝《身体里的峡谷》、柏桦《风在说》。其中，大部分是相应诗人在英语世界出版的第一本诗集，标志着他们及作品开始得到海外读者关注、开启个人诗歌创作的国际化旅程。

除“今天”系列之外，和风出版社还英译出版了许多中国当代诗人的个人诗集，近几年主要包括：臧棣《慧根》、台湾省诗人吴晟《吾乡印象》和哑石《深渊》、香港特别行政区诗人洛枫《自我纸盒藏尸的日子》和西西《不是文字》等。

双语诗集一方面精选中国一流的诗人诗作，每一个标题都蕴含着丰富的社会、文化信息，为海外诗歌爱好者的中国阅读经验开启崭新的视角和维度，点燃了他们认知，亲近中国的热情；另一方面考虑到美国单语读者群队伍的庞大，双语诗集迎合受众阅读趣味，既可以规避图书市场风险，为读者提供更多阅读选择，又可以为诗歌爱好者们学习原汁原味的汉语、领略中华文化之美提供便捷。

2.1.2.3 其他

据不完全统计，仅 2017 年，依托全球孔子学院[①]这个平台而开展的中国文学海外传播活动，就多达 60 余场次[②]。全球孔子学院依托地缘优势开展中国文学传播活动，调动和激活了中国文学海外传播的多种、多重社会资源，极大地拓展、延伸和改善了中国文学的海外生存空间，丰富甚至创新了中国文学的海外传播方法和路径，为中国文学“走出去”搭建了融入平台和后勤保障。

走进新时代的中国以传承和传播中华优秀文化的世界胸怀，立足中国文学当下，着眼多元文化共荣共兴的未来，在世界各地建立孔子学院。以用精诚的态度与孔子学院目的语国家相关机构合作为前提，以为对象国优秀文化的可持续发展提供中国优质文学文化资源为动力，不仅推动了中国和孔子学院目的语国家文学、文化间的生存资源和空间优化、更合理的世界优秀文化资源再分配，而且顺应中国文学的国际化需求，让全球各地的孔子学院在实现中华优秀文化魅力和中国文学“走出去”达到新高度的通途中形成一道风景。

孔子学院有在地优势，在 18 年的发展历程中，不断改变中华文化国际传播的方式，从最初以汉语教学为主逐步过渡到汉语教学与文化交流并重的运行模式，而中国文学在其中发挥的作用也越来越大，其中中国当代文学占比最大，类型最全，小说、诗歌、戏剧、童话、寓言等皆有涉及，而且相关活动的形式也越来越灵活，除了传统的作家演讲、作品分享、作家签名售书之外，还有意识地组织研讨会、新书发布会，创办译介中国文学的杂志和网站等。可以说，孔子学院以文学疏通中外情感沟通之流，成效明显。

孔子学院还积极资助外文版中国当代文学作品出版，成为中国文学走向海外的靠岸港口。孔子学院近年资助出版的外文版中国当代作家作品主要有：史铁生英文版《命若琴弦》、刘震云英文版《一地鸡毛》、王蒙英文版《蝴蝶》、铁凝英文版《麦秸垛》、迟子建英文版《原野上的羊群》、俄文版《红鞋——中国青年作家小说集》、俄文版《重瞳——安徽作家小说选集》、俄文版《时

---

① “孔子学院”总部于 2020 年 6 月 24 日正式更名为“教育部中外语言交流合作中心”。

② 姚建彬．孔子学院助推中国文学海外传播 [N]. 人民日报（海外版），2018-03-28.

代与习俗——广东作家小说选集》、麦家俄文版《暗算》、盛可以俄文版《北妹》、刘震云俄文版《一句顶一万句》。

为加强中外文学互动，使外国读者能直面中国当代文学实貌，国家汉办还资助在国外出版外文版中国当代文学杂志，为国外的中国文学爱好者、研究者及对中国文化、文学感兴趣的各界人士提供一个了解和品鉴中国当代文学景观的窗口，其中最具代表性的是北京师范大学与美国俄克拉荷马大学通过孔子学院实施的“中国文学海外传播工程”。

“中国文学海外传播工程”于2009年9月获批立项，并由国家汉办全额资助，由俄克拉荷马大学孔子学院负责具体实施。具体内容包括三个方面：首先，在美国创办全英语杂志《今日中国文学》（半年刊），目前已出版16期。其次，定期、不定期在中、美两国召开“中国文学海外传播”学术研讨会多次。最后，在美国出版10卷本“今日中国文学”英译丛书。目前已出版8卷：第1卷，食指诗集《冬天的太阳》（2012），石江山译；第2卷，莫言《檀香刑》（2012），葛浩文译；第3卷，吉狄马加诗集《黑色狂想曲》（2014），梅丹理（Denis Mair）译；第4卷，《中国当代短篇小说选——“天南”》（2015），收录了12篇能够代表《天南》杂志特点的短篇小说，编者为欧宁和温侯廷（Austin Woerner），选材主要由温侯廷决定，收录小说包括徐则臣《时间简史》、盛可以《没有炊烟的村庄》、任晓雯《阳台上》、朱岳《原路追踪》、鲁敏《西天寺》、沈苇《新疆词典》、哈萨克族作家艾多斯·阿曼泰《失败者》、陈雪《尘埃》、阿乙《杨村的一则诅咒》、黎紫书《未完·待续》、何袜皮《闺房哲学》、野夫《残忍教育》、张惠菁《虫阵》、路内《妖怪打排球》、王梆《谁偷走了罗马尼亚人的钱包》、李娟《九个短章》；第5卷，贾平凹《废都》（2016），葛浩文译；第6卷，《中国当代中篇小说选——“河边”》（2016）由美国弗吉尼亚大学东亚语言文学系教授、东亚中心主任罗福林（Charles A. Laughlin）、刘洪涛和俄克拉荷马大学文学教授石江山共同负责编辑，选材由刘洪涛确定，收录徐则臣《苍声》、李铁《安全简报》、蒋韵《心爱的树》、韩少功《山歌天上来》、迟子建《福翩翩》和王安忆《骄傲的皮匠》；第7卷，东西《后悔录》（2018），Dylan Levi King译；第8卷，李洱《花腔》（2019），新加坡译者程异（Jeremy

Tiang）译。据悉，罗福林正在编辑中国当代诗歌卷、当代戏剧卷等，选材均由中国学者确定，将陆续推出。

孔子学院还根据国外读者对中国当代文学的需要，有选择性地邀请中国当代作家在海外孔子学院进行系列活动，为当代作家走出国门、真正实现为自己（的作品）代言创造机会。2010 年 5 月 3 日至 6 日，在国家汉办支持下，同济大学和德国汉诺威孔子学院合作，邀请王安忆携《启蒙时代》在德国的纽伦堡—爱尔兰根大学孔子学院、沃尔夫斯堡、奥登堡大学、柏林自由大学孔子学院举行巡回朗读与讨论会，并分别用中文和德文朗读了三个章节，即“姐妹”“高医生”和“父与子”，每次活动都坐满德国学者、学生和读者，听众踊跃提问。王安忆的回答幽默睿智，陈思和教授的解读准确到位，这次合作成为中国当代作家德国传播的典范案例。王安忆在接受新华社记者采访时表示：“在这里，欧洲主流文化占主导，人们对中国文学的关心程度普遍不高，而我们不能去强迫别人关注我们。作为作者，我们能做的就是做好自己的事情，而我能做的，就是尽量写好自己的小说。”①

2017 年 3 月至 4 月，孔子学院总部 / 国家汉办组织策划了“刘震云文学电影欧洲行系列活动”，刘震云足迹遍及荷兰、捷克、奥地利、意大利、法国和德国多所孔子学院，开创了孔子学院文化传播新模式。另外如塞尔维亚诺维萨德大学孔子学院举办了“‘一带一路’· 我和汉语的故事”征文比赛和目前已成为孔子学院普及性文化活动的中国诗歌朗诵会等，也是中国当代文学亲近当地民众的有益方式。

2017 年 10 月，孔子学院总部资助，哥伦比亚麦德林孔子学院与孔子学院拉美中心联合编译的西班牙文诗集《五个中国诗人：新诗掠影》由哥伦比亚麦德林伊菲特大学出版社出版，内收于坚、周瑟瑟、健如风、梅尔、李成恩五位在拉美多国具有较大影响力的中国作家的作品，这也是首部西班牙文版本中国当代多人诗选，被拉美十几个西班牙语国家大学图书馆、孔子学院收藏。

罗马尼亚布加勒斯特孔子学院、拉丁美洲孔子学院中心、古巴哈瓦那大学

---

① 王安忆．王安忆德国谈“启蒙”[N]. 文汇读书周报，2010-08-20.

孔子学院、意大利米兰国立大学孔子学院、荷兰莱顿大学孔子学院等在传播中国当代文学方面，也都有不俗表现。其中布加勒斯特大学孔子学院与中国图书进出口（集团）总公司共同推动翻译和出版了罗马尼亚文版余华作品《活着》《许三观卖血记》及《十个词汇里的中国》（2018），译者就是布加勒斯特大学孔子学院罗方院长白罗米（Luminita Rodica Balan）；莱顿大学孔子学院与德赫斯出版社（De Geus）合译出版了荷兰文版毕飞宇作品《蛐蛐，蛐蛐》（2015）、徐则臣《跑步穿过中关村》（2016）。2018 年 3 月下旬，在成功翻译出版了荷兰文版余华作品《活着》《许三观卖血记》《兄弟》和《第七天》四部长篇小说后，莱顿孔子学院联合经验丰富的比利时翻译家麦约翰带领的莱顿大学汉学院翻译团队，首次尝试翻译出版了荷兰文版余华短篇小说集《空中爆炸》，精选了余华 1986—1998 年创作的 21 篇最具代表性的短篇小说。

2.2 翻译传播内容

文学是支撑民族和国家的精神制度。中国当代文学蕴含的个体、民族、国家与文学精神的海外传播是探索人类生存和生活状态的共性与差异的平台和连接当代中国与世界中国的桥梁。

优秀的作家都是民族的触角，通过探索人物的心灵叙事把跃然纸上的人物形象烙在读者脑海，同时又讲出现实中国的故事和行动；优秀的文学能见证时代和社会的变化，在精神和思想上具有超越地域性和民族性的特点，从而具有全人类意义，激发海外读者的阅读兴趣。

2.2.1 主流文学

主流文学是主流社会意识形态在文学上的投射，应该是“趣味高尚、品质高贵的文学。在文学的物化形态上，具有严谨、典雅、厚重、纯正等色彩。在题材选择与主题开掘上，应该具备与主流意志相合拍的精神诉求。”[①] 在形式上，

① 王世朝．中国古代主流文学思想论 [M]. 合肥： 安徽人民出版社，2016：1.

包括单行本、选集和期刊[1]等；在内容上，以传播主流价值观为文学创作的基石，是新时代作家担当精神的具体体现。

2.2.1.1　单行本

“一带一路”倡议提出以来，中国当代文学海外译介目的语的“‘一带一路’化”态势极其明显，除英文外，阿拉伯文、波兰文、丹麦文、德文、俄文、法文、芬兰文、韩文、荷兰文、克罗地亚文、捷克文、罗马尼亚文、蒙古文、葡萄牙文、日文、瑞典文、塞尔维亚文、泰文、土耳其文、西班牙文、匈牙利文、意大利文、印度多语种等语种的译本数量较 2014 年以前有大幅增加。当然，在实际传播过程中，由于各种偶然的机缘或因果相循，中国当代文学探索海外传播的脚步远未止于上述列举的语种的国家或地区。这些当代主流文学的海外出版形态主要包括单行本及个人代表作集萃，具体如下：

阿尔巴尼亚阿尔巴尼亚文：2018 年出版余华《活着》。

阿根廷西班牙文：2016 年出版格非《隐身衣》。

阿塞拜疆阿塞拜疆文：2014 年和 2016 年分别出版劳马《一个人的聚会》和话剧剧本《巴赫金的狂欢》。

埃及、科威特、黎巴嫩、摩洛哥、阿尔及利亚、突尼斯、伊拉克、阿联酋等阿拉伯语世界出版的中国当代文学单行本主要包括：2015 年，刘震云《手机》《一句顶一万句》，余华《活着》。2016 年，刘震云《一句顶一万句》，徐则臣《跑步穿过中关村》，余华《第七天》《许三观卖血记》。2017 年，刘震云《温故 1942》，铁凝《永远有多远》，徐则臣《跑步穿过中关村》，余华《余华短篇小说选 1》，叶梅《歌棒》，阿乙《五百万汉字》。2018 年，迟子建《额尔古纳河右岸》，余华《余华短篇小说选 2》《在细雨中呼喊》。2019 年，熊育群诗集《我的一生在我之外》。2020 年，王蒙《这边风景》。

---

① 近年来，随着网络技术的崛起，文学网刊对文学作品超越时空的聚合为全球读者提供了极大便利，肩负传播形式与传播媒介的双重功能。考虑到章节平衡的需要，本章将期刊部分的内容置于传播媒介框架下讨论。

爱沙尼亚爱沙尼亚文：2014 年出版莫言《红高粱家族》。

保加利亚保加利亚文：2015 年和 2016 年分别出版莫言《生死疲劳》和《檀香刑》；2018 年出版余华《兄弟》。

澳大利亚英文：2014 年，莫言《蛙》，盛可以《死亡赋格》，臧棣诗选《仙鹤丛书》。2015 年，毕飞宇《推拿》，莫言《透明的红萝卜》，阎连科《耙耧天歌》《四书》，余华《第七天》，虹影诗集《我也叫萨朗波》。2016 年，格非《褐色鸟群》，莫言《透明的红萝卜》、《生死疲劳》、《酒国》（再版），阎连科《炸裂志》，叶辛《经典知青作品文集》。2017 年，中国香港董启章《梦华录选编：二十五个城市片段》，阎连科《年月日》，姚风诗选《一爱至死》。2018 年，迟子建《晚安，玫瑰》，盛可以《野蛮生长》，苏童《红粉》，王维克《来电》，阎连科《日熄》。2019 年，浙江作家专辑包括东君《苏静安教授晚年谈话录》、艾伟《回故乡之路》、畀愚《邮递员》、哲贵《跑路》、王手《斧头剁了自己的柄》共 5 册。

波兰波兰文：2014 年，莫言《蛙》、余华《十个词汇里的中国》。2015 年，麦家《暗算》、吉狄马加诗集《火焰与词语》。2016 年，莫言《丰乳肥臀 I、II》、铁凝《大浴女》、吉狄马加诗集《不朽者》。2017 年，史铁生《命若琴弦》。2018 年，劳马《一个人的聚会》，余华《许三观卖血记》《活着》。2019 年，张炜《古船》。

丹麦丹麦文：2014 年，阎连科《受活》。2016 年，麦家《解密》、莫言《红高粱》、余华《活着》。2017 年，余华《许三观卖血记》《活着》《第七天》。2018 年，莫言《生死疲劳》、余华《第七天》和有声读物《活着》。

德国德文：2014 年，姜戎《狼图腾》、刘震云《温故一九四二》、莫言《变》《蛙》、王刚《英格力士》。2015 年，欧阳江河德中双语诗集《凤凰》、彝族作家冯良散文集《彝娘汉老子》、姜戎《狼图腾》、麦家《解密》、阎连科《受活》。2016 年，北岛《波动》、毕飞宇《推拿》、刘震云《我不是潘金莲》、莫言《变》、周大新《安魂》。2017 年，卞之琳诗集《音尘》，郭小橹《恋人版中英词典》《昔日东方》，阎连科《四书》，余华《第七天》，周大新《曲终人在》。2018 年，徐志摩诗集《猛虎》、颜歌《我们家》、余华《在细雨中呼喊》。2019 年，熊育群《己卯年雨雪》等。

俄罗斯俄文：2014 年，冯骥才诗画集《灵性》，吉狄马加诗集《时间》，毕飞宇《青衣》，何建明《落泪是金》，劳马《一个人的聚会》《个别人》，刘震云《温故一九四二》，莫言《生死疲劳》《变》，铁凝《笨花》，王蒙《活动变人形》，余华《活着》，张贤亮《张贤亮作品选》。2015 年，冯骥才非虚构文学《一百个人的十年》、劳马《巴赫金的狂欢：劳马剧作三种》、刘震云《我不是潘金莲》、盛可以《北妹》、王安忆《长恨歌》、余华《兄弟》。2016 年，阿城《棋王 树王 孩子王》、毕飞宇《推拿》、劳马《非常采访》、刘震云《手机》、麦家《暗算》、余华《许三观卖血记》。2017 年，黄蓓佳《我要做好孩子》，刘震云《一句顶一万句》《我叫刘跃进》，张炜《古船》，《黑白之间：广东作家散文诗歌选》，《广东作家散文选》。2018 年，东西等编诗集《广西当代诗歌选》、东西《篡改的命》、壮族作家凡一平《天等山》、古华《芙蓉镇》、贾平凹《秦腔》、莫言《红高粱》、张洁《沉重的翅膀》。

法国法文：2014 年，毕飞宇《青衣》《平原》，莫言《红高粱家族》《丰乳肥臀》《冰雪美人》，阎连科《年月日》，余华《第七天》，张炜《古船》，王寅《无声的城市》《因为》，于坚《被暗示的玫瑰》，翟永明《最委婉的词》。2015 年，曹寇《挖下去就是美国》，杜连义《昆仑瑶池》，范稳《水乳大地》，格非《隐身衣》，韩寒《他的国》，金仁顺《松树镇》，劳马《一切都将改变》，刘大任《散形》，刘庆邦《信》，刘震云《我不是潘金莲》《塔铺》，麦家《解密》，莫言《幽默与趣味 & 金发婴儿》《超越故乡》《欢乐》，慕容雪村《中国少了一味药》，苏童《自行车之歌》，阎连科《炸裂志》《四书》，周云蓬《歌者夜行》，刘克襄《刘克襄散文集》，中国台湾作家朱天文《悲情城市》和纪大伟《膜》；多多诗集《追问》，欧阳江河诗集《谁去谁留》，王寅诗集《说多了都是威胁》，于坚诗集《小镇》，中国台湾诗人零雨英文版诗集《种在夏天的一棵树》。2016 年，毕飞宇《苏北少年“堂吉诃德”》，陈染《私人生活》，迟子建《额尔古纳河右岸》《世界上所有的夜晚》，李洱《花腔》《喑哑的声音》，李兰妮《旷野无人》，莫言《食草家族》，苏童《黄雀记》，藏族作家万玛才旦《不下雪的冬天》，小白《租界》，徐则臣《跑步穿过中关村》，哈萨克族女作家叶尔克西·胡尔曼别克《永生羊》，周梅森《中国制造》，柏桦诗集《在清朝》，韩东诗集《黝

黑的太阳》，西川诗集《巨兽》，宇向诗集《其它的事情》，张枣诗集《鹤之眼》。2017年，娜夜诗集《睡前书》，阿乙《下面，我该干些什么》，迟子建《树下》，贾平凹《古炉》，李娟《阿尔泰的角落》，梁鸿《中国的梁庄》，刘震云《手机》，莫言《战友重逢》，饶平如《我俩的故事》，王安忆《桃之夭夭》《月色撩人》，徐则臣《啊，北京》，颜歌《我们家》，阎连科《想念父亲》《耙耧天歌》《发现小说》，叶梅《歌棒》，中国台湾作家高翊峰《泡沫战争》。2018年，池莉《她的城》，迟子建《晚安玫瑰》，贾平凹《带灯》，林白《一个人的战争》，莫言《白狗秋千架》，盛可以《福地》，申赋渔《匠人》，吴凡《漂亮的连衣裙》，徐则臣《跑步穿过中关村》《耶路撒冷》，阎连科《为人民服务》《日光流年》及绘本《为人民服务》，余华《一个地主的死》《第七天》，赵丽宏诗集《疼痛》。2020年，迟子建《白雪乌鸦》。

芬兰芬兰文：2014年，莫言《酒国》。2016年，莫言《红高粱》《生死疲劳》，余华《活着》。2017年，麦家《解密》《暗算》，余华《许三观卖血记》。

格鲁吉亚格鲁吉亚文：2014年，莫言《酒国》。2015年，莫言《丰乳肥臀》。2016年，劳马《个别人》。

哈萨克斯坦哈萨克文：2018年，劳马《非常采访》。

韩国韩文：2014年，莫言《红高粱家族》、降边嘉措《格萨尔王》、吴伟《十三世喇嘛》。2015年，刘震云《我不是潘金莲》。2016年，冯骥才《一百个人的十年》、韩少功长篇随笔《革命后记》、劳马《非常采访》、莫言《莫言中短篇选》、余华《我们生活在巨大的差距里》、商震诗集《隐身术》。2017年，梁衡散文集《觅渡》、路内《慈悲》、余华《兄》和《弟》、郭敬明《幻城》、杨克诗集《杨克的当下状态》。2018年，冯骥才《三寸金莲》、格非《望春风》、苏童《黄雀记》、王旭峰《茶人1》和《茶人2》、余华散文集《我只知道人是什么》。2019年，饶平如《我俩的故事》，格非《人面桃花》《山河入梦》《春尽江南》。

荷兰荷兰文：2015年，毕飞宇《蛐蛐，蛐蛐》，刘震云《我不是潘金莲》，麦家《解密》，莫言《红高粱家族》《檀香刑》，岳韬《红蟋蟀》。2016年，徐则臣《跑步穿过中关村》、余华《第七天》。2018年，余华《空中爆炸》。

2019 年，饶平如《我俩的故事》等。

吉尔吉斯斯坦吉尔吉斯文：2018 年，劳马《巴赫金的狂欢：劳马剧作三种》。

加拿大多语种：2015 年，莫言英文版《白狗秋千架》、张炜西班牙文版《古船》。2016 年，莫言英文版《师傅越来越幽默》《生死疲劳》，薛忆沩英文版《深圳人》，张爱玲英文版《半生缘》。2017 年，劳马英文版《非常采访》《一个人的聚会》，薛忆沩英文版《白求恩的孩子们》。

捷克捷克文：2014 年，麦家《解密》、余华《活着》。2015 年，莫言《酒国》。2016 年，刘震云《我不是潘金莲》、余华《第七天》。2019 年，余华《兄弟》、东西《篡改的命》。

克罗地亚克罗地亚文：2013 年和 2016 年分别出版莫言《变》和《蛙》。

罗马尼亚罗马尼亚文：2014 年，麦家《解密》，莫言《酒国》《蛙》。2015 年，苏童《米》、阎连科《丁庄梦》。2016 年，莫言《怀抱鲜花的女人》、余华《活着》。2017 年，劳马《幸福百分百》《一个人的聚会》，余华《许三观卖血记》。2018 年，阿城《棋王　树王　孩子王》，余华《十个词汇里的中国》，张炜《九月寓言》《归旅记》。

马来西亚马来西亚文：2016 年，莫言《变》。

美国英文：2014 年，残雪《最后的情人》，高建群《统万城》，李劼人《死水微澜》，麦家《解密》，莫言《蛙》《师傅越来越幽默》，中国台湾邱妙津《蒙马特遗书》，铁凝《大浴女》，王芫《北京女人》，徐则臣《跑步穿过中关村》，余华《黄昏里的男孩》《第七天》；诗集有吉狄马加《黑色奏鸣曲》、蓝蓝《身体里的峡谷》、欧阳江河《凤凰》、中国台湾夏宇《SALSA》和向阳《草根》、小海《影子之歌》、雪迪《音湖》、宇向《我几乎看到滚滚尘埃》。2015 年，冯唐《北京，北京》，韩寒《1988：我想和这个世界谈谈》，中国台湾李昂《迷园》，刘震云《我叫刘跃进》，路内《少年巴比伦》，麦家《解密》，莫言《蛙》（2 个出版社出版），小白《租界》，杨牧散文集《奇来前书》，余华《第七天》，余秋雨《文化苦旅》《山河之书》《中国文脉》，张爱玲《赤地之恋》，张剑峰《寻访终南隐士》；诗集有海子《熟了麦子》，刘霞《空椅子》。2016 年，刘震云《温故一九四二》《我不是潘金莲》，鲁敏《此情无法

传递》，莫言《蛙》，苏童《另一种妇女生活和三盏灯》，阎连科《炸裂志》《四书》，叶兆言《花影》《别人的爱情》《我们的心多么顽固》，余华《第七天》，张爱玲《半生缘》，朱文《媒人，学徒，球迷》，旅居中国台湾的马来西亚华人黄锦树（Ng Kim Chew）《开往中国的慢船等故事集》，贝拉《魔咒钢琴》，北同《北京故事》，方棋《最后的巫歌》，格非《隐身衣》，姜启德中文版《山魂》；诗集有吉狄马加《我，雪豹》，中国香港廖伟棠《和幽灵一起在香港漫游》，王家新《变暗的镜子：王家新诗选》，中国香港西西《不是文字》，痖弦《深渊》，伊路《海中的山峰》。2017 年，北岛传记《城门开》，残雪《边疆》，韩寒散文集《自己的问题：关于在当今中国制造麻烦的杂文》，贾平凹《带灯》《高兴》，姜启德《山魂》，路内《花街往事》，邱妙津《鳄鱼手记》，中国台湾舞鹤《余生》，阎连科《年月日》，余华《活着》，吉狄马加作品集《从雪豹到马雅可夫斯基》；诗集有蔡天新《每一片云都有它的名字》、杨克《地球，苹果的两半》、臧棣《慧根》、赵丽宏《疼痛》。2018 年，残雪《新世纪爱情故事》、成龙回忆录《成龙：还没长大就老了》、刘震云《一句顶一万句》、中国台湾齐邦媛《巨流河》、饶平如《我俩的故事》、王蒙《王蒙自传》、阎连科《日熄》、余华《四月三日事件》、张爱玲《小团圆》；诗集有段光安《段光安诗选》、多多《词如谷粒》、吉狄马加《火焰与词语》、李少君《碧玉》、中国香港洛枫《自我纸盒藏尸的日子》、芒克《十月的献歌》、王彻之《诗十九首》、中国台湾杨牧《心之鹰：杨牧诗选》、张耳《山缘》、张枣《镜中》、朱朱《野长城》。2019 年，次仁顿珠《英俊和尚》、金宇澄《繁花》、王安忆《富萍》；宋琳诗集《星期天的麻雀》、哑石诗集《花的低语》等。

蒙古国多语种：2014 年，劳马蒙古文版《劳马荒诞幽默小说》。2015 年，阎连科蒙古文版《受活》。2016 年，莫言蒙古文版《变》、杨克西里尔蒙古文版《杨克诗选》。2018 年，劳马缅甸文版《一个人的聚会》、余华蒙古文版《活着》。2020 年，莫言蒙古文版《蛙》。

墨西哥西班牙文：2018 年，贾平凹《极花》。

南非英文：2014 年，吉狄马加演讲集《诗歌——见证和推动中国文化复兴的工具》和诗集《群山的倒影——吉狄马加诗集》。

尼泊尔尼泊尔—英文双语：2017 年，汪曾祺《受戒》。

挪威挪威文：2014 年和 2016 年分别出版了莫言《天堂蒜薹之歌》、余华《第七天》。

葡萄牙葡萄牙文：2014 年，莫言《变》。2015 年，麦家《解密》、莫言《蛙》。2017 年，余华《许三观卖血记》《活着》，华人英国作家欣然《给我买片天》，系英译本转译。2018 年，阎连科《受活》，余华《在细雨中呼喊》《十个词汇里的中国》。

日本日文：2014 年，中国台湾作家陈柔缙《人人身上都是一个时代》、迟子建《额尔古纳河右岸》、劳马《海对面的狂想曲》、莫言《莫言中短篇小说选 疫病神》、阎连科《受活》、余华《第七天》。2015 年，池莉《口红》、刘震云《我叫刘跃进》、莫言演讲集《莫言思想文学——与世界对话》、裘山山《春草花开》，中国台湾作家甘耀明《神秘列车》、胡淑雯《太阳的血是黑的：台湾文学集 2》、唐捐诗集《誰かが家から吐きすてられた－唐捐詩集》。2016 年，安妮宝贝《蔷薇岛屿》，毕飞宇《推拿》，贾平凹《老生》，姜戎《狼图腾（上）》，劳马《一个人的聚会》，刘震云《温故一九四二》《我不是潘金莲》，莫言演讲集《莫言文学精神》，彭学明长篇纪实散文《娘》，阎连科《我与父辈》《炸裂志》《年月日》，中国台湾作家苏伟贞《沉默之岛》和郑鸿生《母亲的六十年洋裁岁月》。2017 年，刘震云《一句顶一万句》，阎连科《坚硬如水》，余华《十个词汇里的中国》《世事如烟》，中国台湾作家伊格言《零地点》，张爱玲《爱——短篇小说选》。2018 年，鲸向海诗集《A 梦》、杨克《杨克诗集》、刘震云《吃瓜时代的儿女们》、张爱玲《倾城之恋》，中国台湾作家甘耀明《冬将军来的夏天》、王聪威《生之静物》、郭强生《惑乡之人》。2019 年，金宇澄《繁花》。

瑞典瑞典文：2014 年，贾平凹《高兴》、刘震云《我不是潘金莲》、莫言《透明的红萝卜》、余华《活着》、张炜《九月寓言》。2015 年，阿乙《先知》、刘震云《一句顶一万句》、莫言《蛙》、任晓雯《我是鱼》、苏童《天堂》、阎连科《受活》、张炜《丑行或浪漫》、赵志明《我们都是长痔疮的人》、娜彧《开门》。2016 年，曹寇《一天到晚在村里》，劳马《巴赫金的狂欢》，莫

言《四十一炮》，余华《许三观卖血记》《兄弟》。2017 年，阿乙《下面，我该干些什么》《咒语》，凡一平《上岭村的谋杀》，格非《隐身衣》，贾平凹《秦腔》，刘震云《温故一九四二》，阎连科《四书》，余华《第七天》《在细雨中呼喊》。2018 年，迟子建《额尔古纳河右岸》，王小波《王小波时代三部曲》、杨炼诗集《同心圆》。2019 年，刘震云《吃瓜时代的儿女们》、盛可以《死亡赋格》。

塞尔维亚塞尔维亚文：2014 年，阿来《尘埃落定》，麦家《解密》，莫言《红高粱家族》《天堂蒜薹之歌》《生死疲劳》，王安忆《长恨歌》，余华《许三观卖血记》，张炜《蘑菇七种》，张爱玲《倾城之恋》。2016 年，陈丹燕《上海的金枝玉叶》、刘震云《温故一九四二》、莫言《檀香刑》。2017 年，余华《第七天》、张炜《秋天的愤怒》。2018 年，韩少功《马桥词典》，余华《在细雨中呼喊》《十个词汇里的中国》。

斯洛伐克斯洛伐克文：2016 年，余华《第七天》。

斯洛文尼亚斯洛文尼亚文：2016 年，余华《活着》。

泰国泰文：2014 年，二月河《康熙大帝 · 夺宫初政 1、2》，莫言《红高粱》《天堂蒜薹之歌》，铁凝《永远有多远》，余华《第七天》《在细雨中呼喊》。2017 年，二月河《雍正皇帝 1–3》。2018 年，刘震云《我不是潘金莲》。

土耳其土耳其文：2014 年，麦家《解密》《暗算》《风声》。2015 年，莫言《丰乳肥臀》《生死疲劳》，阎连科《受活》。2016 年，莫言《变》，余华《活着》《第七天》。2017 年，莫言《红高粱家族》《透明的红萝卜》，余华《许三观卖血记》，张炜《古船》。2018 年，余华《在细雨中呼喊》。

乌克兰乌克兰文：2015 年，莫言《红高粱家族》。

乌兹别克斯坦乌兹别克文：2017 年，劳马《巴赫金的狂欢：劳马剧作三种》。

西班牙多语种：2014 年，迟子建《额尔古纳河右岸》，蒋光慈《少年漂泊者》，麦家《暗算》《解密》及加泰罗尼亚文版《解密》，莫言《檀香刑》，慕容雪村《成都，今夜请将我遗忘》，余华《许三观卖血记》，吉狄马加诗集《火焰与词语》，骆英诗集《拒绝忧郁 小兔子及其他》。2015 年，麦家《解密》、莫言《十三步》、阎连科《受活》。2016 年，麦家《暗算》，莫言《红树林》《红高粱家族》，阎连科《四书》，余华《在细雨中呼喊》，张爱玲《倾城之恋》，

周大新《向上的台阶》《银饰》，三毛加泰罗尼亚语版《撒哈拉的故事》，吉狄马加加利西亚语版诗集《黑色狂想曲》。2017 年，莫言《透明的胡萝卜》《藏宝图》，阎连科《丁庄梦》，中国香港作家谢晓虹《头》，三毛西班牙语版和加泰罗尼亚语版《加那利的故事》。2018 年，贾平凹《废都》，莫言《食草家族》，中国台湾作家邱妙津《蒙马特遗书》，饶平如《我俩的故事》，苏童《三盏灯》，阎连科《炸裂志》和巴斯克文版《耙耧天歌》，杨克诗集《地球苹果的两半》。2019 年，王维克加泰罗尼亚文《来电》。

新加坡英文：2015 年，劳马英文话剧《巴赫金的狂欢》、梁衡《觅渡》；2018 年，中国香港何丽明 *Her Name upon the Strand*。

新西兰中英双语：2018 年，戴潍娜诗集《用蜗牛周游世界的速度爱你》[①]。

匈牙利匈牙利文：2014 年，莫言《蛙》。2017 年，刘震云《我不是潘金莲》、余华《十个词汇里的中国》、吉狄马加诗集《我，雪豹……》。2018 年，余华《活着》《许三观卖血记》。2019 年，张炜《蘑菇七种》。

亚美尼亚亚美尼亚文：2014 年，劳马《一个人的聚会》；2016 年，劳马《巴赫金的狂欢》。

意大利意大利文：2014 年，毕飞宇《玉米》，莫言《蛙》《红高粱家族》，徐则臣《跑步穿过中关村》。2015 年，莫言《酒国》《天堂蒜薹之歌》，姜戎《狼图腾》，刘震云《我叫刘跃进》，余华《十个词汇里的中国》，中国台湾作家李昂《杀夫》。2016 年，刘震云《我不是潘金莲》，麦家《解密》，铁凝《无雨之城》，莫言《天堂蒜薹之歌》《酒国》。2017 年，范稳《碧色寨》，贾平凹《带灯》，莫言《四十一炮》（2 个出版社出版），余华《第七天》《兄弟》。2018 年，阿城《棋王　树王　孩子王》、劳马《柔软的一团》、铁凝《无雨之城》、熊育群长篇纪实作品《西藏的感动》、阎连科《四书》和小说选《柳乡长和其他故事》、余华《许三观卖血记》、张炜《古船》。2019 年，贾平凹《老生》、饶平如《我俩的故事》、冯唐《天下卵》。

伊朗波斯文：2015 年，莫言《师傅越来越幽默》《生死疲劳》《牛和三十

① 面向新西兰、英国、澳大利亚三国发行。

年前的一次长跑比赛》。2016年，《红高粱》。2018年，余华《活着》。

以色列希伯来文：2015年，劳马《一个人的聚会》、麦家《解密》、莫言《蛙》。

印度多语种：2014年，余华泰米尔文《活着》。2015年，吉狄马加孟加拉文诗集《火焰与词语》。2016年，何建明印地文《根本利益》。2017年，娜夜印地文《睡前书》，阿来印地文《尘埃落定》《空山1》，白玛娜珍印地文《拉萨红尘》，党益民印地文《用胸膛行走西藏》，金仁顺印地文《僧舞》，莫言印地文和马拉雅拉姆文《变》，王朔印地文《看上去很美》，叶尔克西·胡尔曼别克印地文《远离严寒》，叶梅印地文《歌棒》，余华印地文《活着》，赵玫印地文《叙述者说》。2018年，张炜印地文和泰米尔文《古船》。

印度尼西亚印度尼西亚文：2014年，毕飞宇《玉米》、莫言《红高粱家族》。2015年，余华《活着》。2017年，余华《许三观卖血记》。2018年，余华《兄弟》。

英国英文：2014年，迟子建《额尔古纳河右岸》、麦家《解密》、莫言《蛙》《四十一炮》、颜歌《白马》。2015年，刁斗《出处》，丁捷《依偎》，麦家《解密》《暗算》，莫言《丰乳肥臀》《师傅越来越幽默》《天堂蒜薹之歌》《蛙》，许知远《纸老虎》，严歌苓《小姨多鹤》，阎连科《四书》、岳韬英文创作《红蟋蟀》。2016年，阿来《空山（第一部）》、韩东《花花传奇》、中国台湾师琼瑜《假面娃娃》、徐小斌《水晶婚》、阎连科《四书》、张爱玲《色·戒》、中国台湾李潼《再见天人菊》、娜夜诗集《睡前书》。2017年，北岛《城门开》、迟子建《金山》、中国台湾何致和《花街树屋》、贾平凹《土门》、王宏甲《宋慈大传》（第一卷）、阎连科《炸裂志》、叶广芩《山地故事》、张天翼《洋奇侠》、中国台湾张瀛太《千手玫瑰》。2018年，维吾尔族作家阿拉提·阿斯木《时间悄悄的嘴脸》，中国台湾黄春明《没有时刻的月台》《把瓶子开上去》和张瀛太《古国琴人》，马平来《满树榆钱儿》（第一部），饶平如《我俩的故事》，中国台湾师琼瑜《秋天的婚礼》，王宏甲《宋慈大传 第二卷》，谢文纬《那年那月人马情》，徐小斌《蜂后》，颜歌《我们家》，阎连科《年月日》《日熄》《炸裂志》，杨志军《藏獒》，张雅文《与魔鬼博弈》，周尔鎏《我的七爸周恩来》，宗璞《南渡记》。2018年，杨争光《老旦是一棵树》。2019年，

李国文《冬天里的春天》（第一卷）、马金莲《长河》、麦家《风声》、冯骥才《俗世奇人》、红柯《狼嗥》、蒋子龙《农民帝国》、史铁生《我的丁一之旅》、王定国《敌人的樱花》、王雨《填四川》、颜歌《白马》、安於《红烧肉》。

越南越南文：2014年，莫言《变》、刘震云《我不是潘金莲》。2016年，东西《篡改的命》《没有语言的生活》。2017年，莫言《蛙》。

智利西班牙文：2018年，李敬泽《青鸟故事集》。

笔者发现，目的语种的"'一带一路'化"并没有削弱英语在中国当代文学海外传播中的地位，这一时期的中国当代文学译介作品仍以英语为主，并发挥着极其重要的中国当代文学、文化海外传播作用。此外，在西方话语体系即国际话语体系的禁锢中，英语语言能力和西学背景等利好因素为中国台湾和香港作家作品的海外传播提供了便利。

2.2.1.2 选集[①]

中国当代文学海外翻译传播选集形式多样，风格多元，主要按文学流派、主题、年代/时期、性别、地域等划分，兼有文学价值和史料价值；其收选内容、收选标准、译本标准、编辑体例、装帧要求等各有特色，丰富了中国当代文学的宝库。目的语国家出版的选集内容体现各国对中国当代文学的选择态度与评价标准，其历史嬗变的基本特征是中国当代文学海外翻译传播风向的重要参考依据，掌握选集体现的受众阅读审美是推动中国当代文学海外翻译传播实践展开的关键，能够根据海外读者的身份认同、自我想象和情感表达取向，认清中外文化交流的逻辑、历史和条件，以培养、建立和发展与海外读者的情感为基础，进而发展成为读者的共情，最终推动海外读者更好地认知、接受中国当代文学作品。近几年在海外出版传播的中国当代文学选集主要有：

澳大利亚英文：2014年，《虹影、翟永明和杨炼诗精选集》《伊沙、树才、杨邪的诗》；2016年，《中国当代女诗人三人集》，收录吴素贞、乐宣、清水的诗作。

---

① 此处指收录不同作家作品的选集。

俄罗斯俄文：2017年出版中俄双语《诗歌的纽带——中俄诗选》，收录卞之琳、余光中、李瑛、叶延滨、郁葱、李肇星等诗人诗作。2018年，中篇小说选《没有语言的生活》收录凡一平、张柱林、东西、田耳等作家作品；《爸爸爸 中国当代小说选》收录韩少功《爸爸爸》、莫言《透明的红萝卜》、阎连科《年月日》、邓一光《父亲是个兵》、刘恒《贫嘴张大民的幸福生活》。

法国法文：2014年法国伽利玛出版社为庆祝中法建交50周年（1964—2014年）出版作品选《风筝飘带》，以每10年为一个节点选取2部代表性的优秀作品，共收入10位作家作品的节选，主要包括韩寒三部曲、盛可以《弥留之际》、陆文夫《二遇周泰》、雷锋《日记选》、蒋子龙《找“帽子”》、王蒙《风筝飘带》、宗璞《泥沼中的头颅》、铁凝《马路动作》、刘醒龙《冒牌城市》、于坚《0档案》。2015年，在中国新诗诞生百年之际，伽利玛出版社“七星文库”丛书推出了巨著《中国诗选》，共1600页，分8个单元介绍该部分诗歌的主要特点，其中收录夏宇、北岛、芒克、多多、于坚、翟永明、杨炼、顾城和海子等当代诗人诗作。2016年，小说选《月光斩和其他中国当代小说》，收录邓一光《狼行成双》、金仁顺《松树镇》、李洱《喑哑的声音》、刘震云《塔铺》、莫言《月光斩》，及王祥夫、刘庆邦的作品。2018年，《台湾短篇小说选集》收录中国台湾作家甘耀明《面线婆的电影院》、柯裕棻《冰箱》、蔡素芬《渔夫》、黄丽群《试菜》、童伟格《放鸽子》、高翊峰《蚊子海》；另有法文《台湾现代短篇小说精选》第3卷《彩妆血祭》和第4卷《四喜夏国》。

荷兰荷兰文：2014年，荷兰文诗选《诗歌博物馆》收录黄礼孩《一些事物被重新安排》；2015年，《当代中国文学：世俗的却有激情》被称为“第一本为荷兰读者绘制现当代中国文学图谱的书”，收录莫言、韩少功等多位作家作品；2017年，《中国文学导论》收录徐则臣、余华、莫言和中国台湾诗人夏宇、商禽等13位作家和诗人的作品，包括11部短篇小说、2首散文诗和1个故事。

美国英文：2014年，《陕西作家短篇小说集》有声书讲述20位陕西著名作家的20个短篇小说故事，包括路遥《姐姐》、陈忠实《李十三推磨》、贾平凹《黑氏》、邹志安《哦！小公马》、京夫《手杖》、高建群《舐犊之旅》、李天芳《爱的未知数》、叶广芩《雨》、晓雷《谁来赴刑场》、赵熙《长城魂》、冯积岐《刀

子》、李康美《先人屋》、红柯《大漠人家》、莫伸《永恒的山林》、王蓬《银秀嫂》、张虹《雷瓶儿》、吴克敬《溅血旗袍》、王观胜《焉支山》、李春光《望星空》和黄卫平《余韵》。2015年，《现代中国文学大红书》收录的中国当代文学作品主要包括北岛《回答》《走吧》《太阳城札记》《红帆船》，顾城《一代人》《无名的小花》《永别了，墓地》《我是一个任性的孩子》，舒婷《致橡树》《路遇》《流水线》《魂之所系》，杨炼《诺日朗》《墓地》《流亡之书》《面具与鳄鱼》，翟永明《预感》《催眠术》《五十年代的语言》，海子《你的手》《面朝大海　春暖花开》《春天，十个海子》，车前子《缺一块的拼贴画》，于坚《0档案》，张枣《星辰般的时刻》《镜中》《哀歌》，西川《在河的那一边》《黑暗》，崔健《一无所有》等；北岛散文集《城门开》（节选）、莫言《红高粱》（节选）、刘索拉《寻找歌王》、残雪《山上的小屋》、王安忆《小城之恋》（节选）、马原《叠纸鹞的三种方法》、迟子建《葫芦街头唱晚》、余华《十八岁出门远行》、苏童《大红灯笼高高挂》（节选）；英文《听盐生长的声音——八零后短篇小说集》收录16位80后知名作家的短篇小说，包括张悦然《家》、笛安《塞纳河不结冰》、颜歌《悲剧剧场》、甫跃辉《巨象》、周嘉宁《密斯特保罗》、马小淘《毛坯夫妻》、苏瓷瓷《李丽妮，快跑！》、手指《我们干点什么吧》、苏德《戒·子》、张怡微《最慢的是追忆》、王威廉《听盐生长的声音》、郑小驴《飞利浦牌剃须刀》、殳俏《厚煎鸡蛋卷》，及飞氘、郝景芳和陈楸帆的3部科幻作品。2016年，中英双语作品选《当代中文小小说汉英对照读本》，每章首先阐述各章主题，中国当代文学双语对照文本紧随其后，接着是与文本内容相关的问题和作者介绍，全书最后附拼音—英文单词表和使用指南等，供国际汉语中高级学习者和中国当代文学专业的学生使用。该选集选取中国文化传统中的9个核心概念将作品分类，包括“礼和仁”：赵新《剃脑袋》、刘震云《“明星”外祖母》、聂鑫森《洗礼》；“孝”：迟子建《灯祭》、韩少功《秀鸭婆》、白旭初《寄钱》、墨中白《过完夏天再去天堂》；“阴阳”：王琼华《心事》、李伶伶《翠兰的爱情》、伍中正《糟糠》；“（统）治”：周波《铺石板》、蔡楠《清潭》、曾平《大红茗》；“身份”（自我特征、认同）：俞胜利《舅母》、周涛《兄弟们长大》、史铁生《恋人》、高怀昌《井不自知水多少》；“脸面”：

吴念真《重逢》、魏永贵《脸面》、陈勇《茶楼》、刘心武《鸡怕鸽破脸》；“情/爱”：赵瑜《小忧伤》，邹静之《伪造的情书》，王奎山《古典爱情》《如果你爱他，就让他心静》；“婚姻”：兴华《张玛丽》、赵瑜《结婚成本》、叶仲健《怀念张美丽》、田双伶《薄荷的邀请》；“易”：王蒙《未来》、格非《不可知的偶然》。《大篷车：当代中国诗选》收录横、典裘、梅老邪、瑞萧、秦菲、指纹、曾宏、余秀华、茉棉、楚雨、臧棣、童蔚、赵俊杰、草钤、西棣、安琪、纳托、宋逖、木头、凡斯、骆家、潇潇、梁平、书香、庞华、金铃子、树才、潘洗尘、金重29位当代诗人诗作。《铁月亮：打工诗歌》收录许立志《我咽下一枚铁做的月亮》《新的一天》，孙海涛《工卡》，谢湘南《一起工伤事故的调查报告》，郑小琼《产品叙事》，阿鲁《斗地主》，及李笙歌、李祚福、邬霞等31位作者的诗作，择取描述21世纪中国工人阶级“劳动”的诗歌，将工人从农村迁往城市及其在全球化进程中所面临的问题等纳入视野。2017年，中英双语《零距离：中国新诗选》收录29位中国诗人的81首诗作，如西娃《画面》、宋雨《情人》，及伊沙、西毒何殇等的诗作。中英双语《中美诗人互译计划》收录西川《出行日记》、娜夜《合影》及欧阳江河、黄梵、蓝蓝、车前子等当代诗人的诗作。2018年，诗集《十三片叶子》收录陈先发、胡弦、毛子、雷平阳、汤养宗、蓝蓝、王家新、李少君、古马、阿信、于坚、潘维、池凌云13位当代诗人的98首优秀诗作，如陈先发《稀粥颂》《菠菜帖》《苍鹭斜飞》《前世》《两种谬误》《柔软的下午》《枯叶蝶素描》《蝴蝶的世界》等。2019年，诗选《鹏程：中国新诗百年》收录胡适等120位现当代诗人的诗作，据悉，其印地语简版和西班牙语简版分别在印度和墨西哥出版。

墨西哥西班牙文：2014年，《生活——当代中国名家短篇小说选》收录阿来《月光下的银匠》（包括《群蜂飞舞》和《桑木旦先生的梦魇》），毕飞宇《哺乳期的女人》，毕淑敏《天衣无缝》，刘庆邦《城市生活》，乔叶《取暖》，史铁生《命若琴弦》，苏童《拾婴记》《已婚男人》，王蒙《冬天的话题》，萧红《手》，张抗抗《富人阿金》；2019年，孙新堂主编的当代诗选《海上的霞光——中国诗人在拉丁美洲》是第一部中国诗人的中西双语合集，收录蔡天新、蓝蓝、于坚、欧阳江河、鲁若迪基、李成恩、周瑟瑟、刘畅、秦菲、龚航

宇、赵丽宏、严力、沈浩波、健如风、臧棣 15 位到访过拉丁美洲的诗人的作品，墨西哥诗人、出版人奎亚尔作序，对收录的每位中国诗人作品做了点评。2022年，中墨 18 位译者合作翻译、由墨西哥学院出版社出版的中国当代文学作品选再谱新篇，《隔离期的阅读——中国短篇小说选》收录王蒙、莫言、王安忆、阿来、苏童、韩少功、冯骥才、毕淑敏、鲁敏、阿乙、郑小驴、朱山坡、董夏青青等 43 位中国当代作家的短篇小说，为墨西哥读者带去了一场中国当代文学盛宴。

日本日文：2014 年，“现代华文推理系列第一辑”收录御手洗熊猫《人体博物馆谋杀案》、水天一色《我这样的人》、林斯谚《羽球场的亡灵》、宠物先生《犯罪红线》。2015 年，“现代华文推理系列第二辑”收录中国台湾冷言《风吹来的尸体》、鸡丁《憎恶之锤》、江离《愚者们的盛宴》、中国香港陈浩基《隐身的 X》。2016 年，“现代华文推理系列第三辑”收录中国台湾蓝霄《自杀的尸体》、陈嘉振《血染的傀儡》、江成《飘血祝融》；日、中、韩三国诗人作品集《一双破鞋留在屋顶》收入西川诗作并以其诗句作为诗集名称。

瑞典瑞典文：2018 年，*7x Chin Lit* 收录阿乙、娜彧、李师江、任晓雯、虹影、林白、曹寇 7 位作家作品。2019 年，出版文盲《人类末日来临》，阎连科《炸裂志》《发现小说》，杨志鹏《世事天机》。

泰国泰文：2015 年，短篇小说集《心中的笑容和眼泪》收录严歌苓《少女小渔》。

西班牙西班牙文：2016 年，新中国诗歌选集《像暴风雨般席卷我们：当代诗人》；2017 年，诗选《精神的国度：中国当代诗歌 100 首》，该书此前分别在阿根廷和智利出版。

新西兰英文：2018 年，诗集英译本《用蜗年周游世界的速度爱你》收入 16 首戴潍娜诗作，面向新西兰、英国、澳大利亚三国发行。

英国英文：2019 年，余幼幼的个人诗集英译本《我空出来的身体》在英国出版。

每一部选集都是一幅描写中国当代文学风景的地图，是编者以文学的独特视角为作品赋予新的灵魂的体现。编选虽无定法，但有定律，即在将中国当代

文学介绍给目的语读者时都会考虑到中外文化差异、目的语读者的阅读期待、阅读审美、阅读习惯等，同时严格遵循文学的艺术标准，将生于斯长于斯的文学巨匠串成一条绚丽的文学风景线，这一共性特点在各国的中国当代文学选集中以不同的形式体现出来。但也应当看到，取材范围包括海峡两岸暨香港、澳门，时间跨度贯穿整个中国当代文学阶段，覆盖诗歌、小说、散文、传记等文体类型，兼顾艺术性和思想性，像这样在文学史上有整体意义、在政治上有积极意义的选集还不多。

2.2.2 类型文学

北京大学张颐武教授指出："类型文学也就是通俗文学，从 20 世纪 80 年代末 90 年代初分化出来，金庸的武侠小说、琼瑶的言情小说、海岩的公安小说是较早的类型小说，类型文学与纯文学、网络小说呈平行发展的格局。"① 类型文学以大众读者为主体，具有范围广、门槛低、内容生动的特点。

鉴于类型文学涵盖门类众多，为避免琐碎，本小节根据海外译本的大类分类，未将选集单列。

2.2.2.1 科幻、奇幻②

中国当代科幻文学作品在德、法、美、日、西、意、英等发达国家得到的译介和好评最多。一方面，刘慈欣的"太空史诗"风格、郝景芳光怪陆离的折叠变幻、陈楸帆的文学实验手法、韩松的卡夫卡式隐喻虽独具特点，自成一体，但他们的共同之处是从各种角度切入现实、反映现实、追问现实，具有警示现实的作用，是时代的启示录；另一方面，科幻文学与科学技术、经济发展有天然的血缘关系，发达国家经历了较长的经济快速增长期，在航天科技和基础科学领域取得了巨大成就，在经济与科技的高速发展中培养了民众对广袤宇宙和

---

① 杨鸥 . 类型文学方兴未艾 [N]. 人民日报（海外版），2015-09-30.

② 鉴于篇幅，本小节重点统计近年来当代科幻文学单行本的海外译本情况和部分海外科幻作品选的中国科幻作品收录情况。

时间尽头的关心及对宇宙冒险的终极向往。

爱沙尼亚爱沙尼亚文：2019 年，刘慈欣《三体》。

保加利亚保加利亚文：2020 年，刘慈欣《三体》。

波兰波兰文：2017 年，刘慈欣《三体Ⅱ・黑暗森林》。2018 年，刘慈欣《死神永生》。2019 年，刘慈欣《超新星纪元》《球状闪电》。2020 年，宝树《观想之宙》。

德国德文：2017 年，刘慈欣《三体》《流浪地球》，刘慈欣作品选《镜子》。2018 年，郝景芳《流浪苍穹》《北京折叠》，刘慈欣《三体Ⅱ・黑暗森林》《死神永生》《吞食者》。2019 年，陈楸帆《荒潮》，刘慈欣《死神永生》，刘慈欣作品选《流浪地球》[①]《中国太阳》《山》《赡养上帝》。

俄罗斯俄文：2017 年，刘慈欣《三体》。2018 年，刘慈欣《三体Ⅱ・黑暗森林》《死神永生》。2019 年，刘慈欣《球状闪电》（再版）。2020 年，刘慈欣《球状闪电》。2020 年，陈楸帆《荒潮》。

法国法文：2016 年，刘慈欣《三体》。2017 年，高翊峰《泡沫战争》、刘慈欣《三体Ⅱ・黑暗森林》。2018 年，郝景芳作品选《孤独深处》、刘慈欣《死神永生》。2019 年，潘海天《我们脚下的土地》、刘慈欣《球状闪电》。2020 年，宝树《观想之宙》、刘慈欣《流浪地球》。

芬兰芬兰文：2018 年，刘慈欣《三体》。2019 年，刘慈欣《三体Ⅱ・黑暗森林》。

韩国韩文：2016 年，刘慈欣《三体Ⅱ・黑暗森林》。2017 年，赵海虹《蜕》。2018 年，郝景芳作品选《孤独深处》。2019 年，刘慈欣《死神永生》《动物园里的救世主》《十亿分之一的文明》《孤独的进化者》《爱因斯坦赤道》《第三次拯救未来世界》。2020 年，郝景芳作品选《人之彼岸》。

捷克捷克文：2017 年，刘慈欣《三体》《三体Ⅱ・黑暗森林》。2018 年，刘慈欣《死神永生》。

罗马尼亚罗马尼亚文：2017 年，刘慈欣《三体》。2018 年，刘慈欣《三体Ⅱ・黑暗森林》。

---

① 收录篇目同 2017 年英国出版作品选《流浪地球》。

美国英文：2014 年，刘慈欣《三体》[1]。2015 年，刘慈欣《三体Ⅱ·黑暗森林》。2016 年，飞氘《一个末世的故事》，郝景芳《看不见的星球》，陈楸帆《G 代表女神》，刘慈欣《死神永生》《人生》，王晋康《四级恐慌》；作品选《听盐生长的声音——八零后短篇小说集》，收录飞氘《一个末世的故事》，郝景芳《看不见的星球》、陈楸帆《G 代表女神》；作品选《看不见的星球》，收录陈楸帆《鼠年》《丽江的鱼儿们》《沙嘴之花》，夏笳《百鬼夜行街》《童童的夏天》《龙马夜行》，马伯庸《寂静之城》，郝景芳《看不见的星球》《北京折叠》，糖匪《黄色故事》，程婧波《萤火虫之墓》，刘慈欣《圆》《赡养上帝》。2018 年，赵海虹《一九二三年科幻故事》、伊格言《噬梦人》，刘慈欣《球状闪电》。2018 年，作品选《转生的巨人：21 世纪中国科幻选集》，收录韩松《再生砖》《乘客与创造者》，刘慈欣《乡村教师》《诗云》，董启章《时间繁史·哑瓷之光（节选）》，中国台湾伊格言《噬梦人（5—7 章）》，夏笳《关妖精的瓶子》，中国澳门骆以军《科幻小说》，陈楸帆《巴鳞》，拉拉《永不消逝的电波》，赵海虹《1923 年科幻故事》，王晋康《转生的巨人》，迟卉《雨林》，飞氘《魔鬼的头颅》，宝树《古老的地球之歌》。2019 年，陈楸帆《荒潮》、宝树《观想之宙》、刘慈欣《超新星纪元》；作品选《碎星星》，收录夏笳《晚安忧郁》，张冉《晋阳三尺雪》，糖匪《碎星星》，韩松《潜艇》《塞林格与朝鲜人》，程婧波《倒悬的天空》，宝树《大时代》，郝景芳《回家专列》，飞氘《爱吹牛的机器人》，刘慈欣《月夜》，吴霜《宇宙尽头的餐馆：腊八粥》，马伯庸《始皇帝的游戏》，顾适《倒影》，王侃瑜《脑匣》，陈楸帆《开光》《未来病史》。2020 年，夏笳作品选《你无法抵达的时间》、郝景芳《流浪苍穹》。2021 年，刘慈欣作品选《擎天》（*To Hold Up the Sky*）。

蒙古国蒙古文：2019 年，刘慈欣《三体》。

挪威挪威文：2019 年，刘慈欣《三体》。

葡萄牙葡萄牙文：2016 年，刘慈欣《三体》。2017 年，刘慈欣《三体Ⅱ·黑暗森林》。2019 年，刘慈欣《死神永生》。

---

① 韩国于 2013 年出版的《三体》是《三体》最早的海外译本。

日本日文：2018 年，作品选《北京折叠》，收录陈楸帆《鼠年》《丽江的鱼儿们》《沙嘴之花》，夏笳《百鬼夜行街》《童童的夏天》《龙马夜行》，马伯庸《寂静之城》，郝景芳《看不见的星球》《北京折叠》，糖匪《黄色故事》、程婧波《萤火虫之墓》，刘慈欣《圆》《赡养上帝》。2019 年，郝景芳作品选《孤独深处》《郝景芳短篇集》，刘慈欣《三体》。2020 年，陈楸帆《荒潮》、刘慈欣《三体Ⅱ·黑暗森林》；日本《文艺》杂志 2020 年春季刊“特集”《中国·SF·革命》以单行本形式出版，其中收录郝景芳《阿房宫》和阎连科《村长死了》；科幻作品选《中国当代科幻精品选》收录江波、何夕、糖匪、昼温、陆秋槎、陈楸帆、王晋康、黄海、梁清散、凌晨、双翅目、韩松、吴霜、潘海天、飞氘、靓灵、腾野等作家的作品。

瑞典瑞典文：2018 年，郝景芳《北京折叠》。2020 年，陈楸帆作品选《鼠年》。

塞尔维亚塞尔维亚文：2019 年，刘慈欣《三体》。

泰国泰文：2015 年，可蕊《捉鬼实习生 1–8》。2016 年，刘慈欣《三体》。2017 年，刘慈欣《三体Ⅱ·黑暗森林》《死神永生》。

土耳其土耳其文：2015 年，刘慈欣《三体》。2018 年，刘慈欣《三体Ⅱ·黑暗森林》。

乌克兰乌克兰文：2017 年，刘慈欣《三体》。2019 年，刘慈欣《三体Ⅱ·黑暗森林》。

西班牙西班牙文：2016 年，刘慈欣《三体》。2017 年，刘慈欣《三体Ⅱ·黑暗森林》；作品选《看不见的星球》①。2018 年，宝树《观想之宙》、刘慈欣《死神永生》。2019 年，陈楸帆《荒潮》《霾》，刘慈欣《球状闪电》及作品选《流浪地球》②。2020 年，郝景芳《流浪苍穹》。

希腊希腊文：2017 年，刘慈欣《三体》。2019 年，刘慈欣《三体Ⅱ·黑暗森林》。

匈牙利匈牙利文：2016 年，刘慈欣《三体》。2018 年，刘慈欣《三体Ⅱ·黑暗森林》。2019 年，刘慈欣《死神永生》。

---

① 收录篇目同 2016 年美国出版作品选《看不见的星球》。

② 收录篇目同 2017 年英国出版作品选《流浪地球》。

意大利多语种：2014年，夏笳英文短篇小说选《2044年春节旧事》。2015年，夏笳意大利文作品选《2044年春节旧事》。2016年，陈楸帆意大利文作品选《无尽的告别》、张冉意大利文《以太》、刘慈欣意大利文《圆圆的肥皂泡》。2017年，刘慈欣意大利文《三体》。2018年，刘慈欣意大利文《三体Ⅱ·黑暗森林》《死神永生》；意大利文作品选《汉字文化圈：中国当代科幻小说选集》收录宝树《留下她的记忆》、韩松《安检》、范轶伦《云端的爱情》、王晋康《转生的巨人》、糖匪《看见鲸鱼座的人》。2019年，陈楸帆《荒潮》、夏笳作品选《2044年春节旧事》、王侃瑜作品选《云雾》。2020年，韩松作品选《再生砖》、陈楸帆《荒潮》。

英国英文：2015年，刘慈欣《三体》《三体Ⅱ·黑暗森林》。2016年，刘慈欣《死神永生》。2017年，刘慈欣《球状闪电》《地球往事》；作品选《看不见的星球》[①]；作品选《流浪地球》，收录《流浪地球》《山》《中国太阳》《赡养人类》《太原之恋》《微纪元》《吞食者》《赡养上帝》《带上她的眼睛》《地球大炮》。2019年，陈楸帆《荒潮》、宝树《观想之宙》、刘慈欣《超新星纪元》。2020年，郝景芳《流浪苍穹》、刘慈欣《当恐龙遇上蚂蚁》。

越南越南文：2016年，刘慈欣《三体》。

2.2.2.2 悬疑推理

谍战、推理、悬疑、盗墓等文学作品的全球化叙事更容易获得西方主流话语的认同，受到韩国、美国、日本、泰国读者的青睐。

阿根廷西班牙文：2017年，阿乙《下面，我该干些什么》。

德国德文：2018年，中国香港陈浩基《13·67》。

法国法文：2016年，陈浩基《13·67》。2018年，蔡骏《生死河》。

韩国韩文：2015年，陈浩基《13·67》。2016年，陈浩基《遗忘·刑警》、张勇《伪装者1、2》。2017年，陈浩基《网内人》、麦家《解密》。2018年，阿乙《下面，我该干些什么》、雷米《心理罪》、马伯庸长篇小说2卷本《长安十二时辰》、陈浩基《气球人》、纪蔚然《私家侦探》。

---

① 收录篇目同2016年美国出版作品选《看不见的星球》。

荷兰荷兰文：2018 年，陈浩基《13・67》。

加拿大英文：2017 年，何家弘英文《性之罪》《血之罪》。

美国英文：2014 年，蔡骏《生死河》、何家弘《血之罪》。2016 年，紫金陈《无证之罪》、刚雪印《犯罪心理档案》、何家弘《性之罪》、秦明《第十一根手指》、松鹰《杏的复仇》。2017 年，周浩晖《恐怖谷》，天下霸唱《鬼吹灯之精绝古城》，陈浩基《13・67》，南派三叔《盗墓笔记（第 5 卷）》《盗墓笔记（第 6 卷）》（此前已出版 1—4 卷）。2018 年，天下霸唱《鬼吹灯之龙岭迷窟》、周浩晖《死亡通知单》。

日本日文：2014 年，中国台湾宠物先生《犯罪红线》、林斯谚《羽球场的亡灵》、水天一色《我这样的人》、御手洗熊猫《人体博物馆谋杀案》。2015 年，中国香港陈浩基《隐身的 X》、鸡丁《憎恶之锤》、江离《愚者们的盛宴》、冷言《风吹来的尸体》。2016 年，陈嘉振《血染的傀儡》、中国台湾甘耀明《杀鬼》（2 卷本）、胡杰《我是漫画大王》、江成《飘血祝融》、蓝霄《自杀的尸体》。2017 年，陈浩基《13・67》、文善《逆向诱拐》。2018 年，陈浩基《网内人》。2019 年，《当且仅当雪是白的》。2020 年，陆秋槎《元年春之祭》。

瑞典瑞典文：2019 年，阿乙《早上九点叫醒我》。

泰国泰文：2014 年，李诣凡《十四年猎鬼人》、蜘蛛《十宗罪 1–3》。2015 年，大烟枪《鬼不语 1》、二十三《凶宅笔记 1》、雷米《心理罪 1》、秦明《失语者 1》《无声的证词 2》、蜘蛛《十宗罪 4》、周德东《冥婚》。2016 年，二十三《凶宅笔记 2》，雷米《心理罪 2》《心理罪 3》，秦明《第十一根手指》，青丘恐怖灵异小说《七人环》，张牧野《鬼吹灯》，蜘蛛《十宗罪》。2017 年，雷米《心理罪 4》、笭菁《都市传说 2：红衣小女孩》、秦明《清道夫》。2018 年，秦明《幸存者 5》。

西班牙西班牙文：2018 年，何家弘《亡者归来》。

意大利意大利文：2016 年，阿乙《下面，我该干些什么》。2017 年，阿乙《早上九点叫醒我》。

英国英文：2015 年，阿乙《下面，我该干些什么》。2017 年，中国香港陈浩基推理小说《13・67》。2018 年，周浩晖《死亡通知单》。

2.2.2.3 儿童文学

儿童文学作品和绘本散发出的国际化气息深深吸引着瑞典、德国、英国和日本的儿童读者们。

德国德文：2014 年，曹文轩《青铜葵花》。2015 年，洪力绘本《姥爷的婚礼》。2016 年，曹文轩《第八号街灯》、“大熊猫”子系列 7 册。2017 年，曹文轩《最后一只豹子》《草房子》。2018 年，保冬妮《咕噜噜涮锅子》、梅子涵中德双语《麻雀》。

法国法文：2014 年，黄蓓佳《亲亲我的妈妈》。2016 年，聂峻《老街的童话》（此前已出版法文《丢丢》《我街》《向日葵男孩》《樱花男孩》）。

美国英文：2015 年，中国台湾方素珍《外婆住的香水村》。2018 年，聂峻漫画小说《老街的童话》。2019 年，曹文轩《夏天》。

日本日文：2016 年，“中华奇趣故事绘本”系列 6 个单行本，包括桂浩俊《笨笨的阿波》、潘雪蓓《陈留遇仙记》、何涛《山里的小屋》《稻草人》、袁颀清《亚东历险记》、刘晓燕《贪心大王的故事》；“自然科学故事绘本”系列 6 个单行本，包括唐池子《爱拥抱的安吉拉》、谢芳群《不一样的夜晚》、流火《花园里的美食》、戚晓磊《魔法男孩》、吕丽娜《稀奇古怪的窝》、俞愉《小猫咪，生日快乐！》。2020 年，曹文轩《青铜葵花》《细米》。

瑞典瑞典文：2015 年，鲁风《老鼠嫁女》。2017 年，郭婧《独生小孩》、王晓明《花生米样的狗》。2018 年，韩旭《小红帽与狼》、张宁《乌龟一家去看海》。

西班牙西班牙文：2017 年，曹文轩《青铜葵花》。

英国英文：2015 年，曹文轩《青铜葵花》、中国台湾张瀛太《熊儿悄声对我说》。2017 年，林满秋《腹语师的女儿》、邬朝祝和向华《晒龙袍的六月六》。2018 年，几米《时光电影院》、孟亚楠《中秋节快乐》。2019 年，曹文轩《青铜葵花》。

2.2.2.4 武侠

以金庸为代表的传统武侠文学作品在法国、韩国和英国培育了庞大的读者群。

法国法文：2014 年，金庸《神雕侠侣 3–4》。2016 年，金庸《天龙八部 1》。2017 年，金庸漫画版《射雕英雄传 1》《射雕英雄传 2–3》《天龙八部 2》《侠客行》（2 卷本）。2018 年，金庸《天龙八部 3》、漫画版《射雕英雄传 4–7》。

韩国韩文：2017 年，古龙《绝代双骄 1–21》。2018 年，古龙《绝代双骄 22–35》、连环画《绝代双骄 1–168》、2 卷本《天涯明月刀》。金庸《笑傲江湖 1–8》。

美国英文：2018 年，金庸《书剑恩仇录》、3 卷本《鹿鼎记》（缩译本）。2020 年，金庸《射雕英雄传》第 1 卷《英雄诞生》和第 2 卷《被取消的誓约》。

英国英文：2018 年，金庸《英雄诞生》。据译者郝玉青在第 1 卷的介绍页中透露，麦克莱霍斯出版社（MacLehose Press）已经买下金庸“射雕三部曲”（即《射雕英雄传》《神雕侠侣》《倚天屠龙记》）的英译本版权，计划将这 3 部作品分成 12 册出版，每年发行 1 册，截至 2021 年 4 月，四卷本《射雕英雄传》已有了正式出版的完整英译本，美国、德国已有译本上市，西班牙、芬兰、巴西、葡萄牙、匈牙利等国家相继买下版权，未来将出现更多语种版本的《射雕英雄传》。2019 年，金庸《未竟盟约》。2020 年，金庸《射雕英雄传》之第 3 卷《蛰伏之蛇》。2021 年，金庸《射雕英雄传》之第 4 卷《心灵困境》。

德国德文：2020 年，金庸《英雄诞生》。

2.2.2.5　其他

玄幻（仙侠、古风、穿越）、言情、电竞小说在泰国和韩国极其畅销。

韩国韩文：2015 年，桐华全 4 册《云中歌》和《大漠谣 1、2》。2016 年，果果全 4 册《花千骨》，海宴全 3 册《琅琊榜》。2017 年，唐七公子《三生三世　十里桃花》。2018 年，八月长安《最好的我们 1、2》，赵乾乾《致我们单纯的小美好 1、2》，顾漫《微微一笑很倾城》，海宴全 4 册《琅琊榜》。

美国英文：2016 年，唐七公子《三生三世　十里桃花》。2018 年，侧侧轻寒《簪中录 1》。

泰国泰文：2014 年，橙意《世子哄妻假道学》、金吉《骗个好人夫君》、湛清《爷儿》、张廉《金夫银父》、桩桩《蔓蔓青萝》。2015 年，璨非《烟波画船》、海宴《琅琊榜》、唐七公子《三生三世枕上书 I–IV》、张晚知《图南志》、瞌睡鱼游走《鱼馆幽话 1–2》。2016 年，艾佟《换个娘子安宅院》、川妮《哪一种爱不疼》、顾漫《杉杉来吃》、蝴蝶《羽仙歌》、绿光《妖夫》、明月听风《三嫁惹君心》、蝴蝶兰《全职高手》、天衣有风《凤求凰》、桐华《云

中歌》、王贻兴《火凤燎原外传 1–6》、巫灵《太子别恋》、张廉《孤月行》。2017 年，顾漫《微微一笑很倾城》、于晴《大兴皇朝》、则幕《公主贵性》、吱吱《花开锦绣 1–7》。2018 年，朵朵舞《红颜乱 1–2》、猫腻《将夜 1–19》、月关《回到明朝当王爷》。

中国当代科幻文学已经成为海外科幻作品选中一道必不可少的风景；泰国读者对中国网络文学（言情小说、古风小说）和悬疑推理小说的推崇和喜爱无他国能及，其次当属韩国读者，对类型小说热情似火。

2.3 翻译传播媒介

传播媒介是指能够向社会大众传播信息的媒介组织和信息载体，包括期刊、网站、文学节、书展等。

近年来，中国文学光谱发生重要变化，世界对中国文学的兴趣空前浓厚。在国外，有不少大学、版权代理公司、学者、译者等出于对中国当代文学的兴趣和对世界一体化的信任，逐渐将中国作家的作品纳入关注的视域，自发创办期刊、网站等，以不同风格、不同方式翻译介绍优秀的中国当代文学作品，成为中国文学海外推介的引路人。

中国作家在国际文学大奖聚光灯下、在国际书展上的频频亮相加速了中国当代文学在世界传播的速度和广度，加快了中国主动创办期刊向海外译介中国当代文学的步伐。其中涌现出的《今日中国文学》《路灯》《天南》等一批优秀的期刊、杂志，几乎涵盖所有中国当代作家的优秀作品，成为中国当代文学国际传播的前沿阵地，成为海外学者研究中国当代文学的案头读物，推动中国当代文学在世界文学长廊呈现出多维立体、五彩斑斓的画面。

2.3.1 期刊、网站

中华文化内涵深厚、多元共生的世界性价值正得到更加广泛的认知，加之海外华侨华人积极发挥民间文化外交影响力，中华文化吸引了更多文学爱好者的关注。中国当代文学蕴含的中国智慧在海外的传播之路正越走越宽，为中国国际形象和地位的提升奠定了坚实的文化基础。

2.3.1.1　国内文学期刊网站

中国期刊发挥主导优势，为共建人类命运共同体的中国文学世界之旅积极呐喊助威。

（1）《路灯》

为扩大中国文学在西方特别是英语世界的影响，2011 年 12 月起，《人民文学》杂志社正式推出了《人民文学》英文版《路灯》，每年 4 期。英文版试刊号卷首语称："它的名字叫 *Pathlight*，我们希望它像一盏灯，在中国文学走出去的路上提供光亮。"创刊号推出后，在西方国家陆续获得了一些读者的好评。为更好地延续海外读者的阅读热情、增加海外读者了解中国文学的渠道，2015 年 4 月起，《路灯》积极推动杂志的落地出版，陆续推出法文版《希望文学》（*Promesses Littéraires*）、德文版《光的轨迹》（*Leuchtspur*）（中国当代文学史上第一本集中向德语世界推介当代作家作品的杂志）、俄文版 Светильник、日文版《灯火》、阿拉伯文版《丝路之灯》、韩文版《灯光》（〈등불〉）、意大利语版《字》（*Caratteri*）和西班牙文版（本土）《纸上丝路》、瑞典文、匈牙利文等 10 个语种版本，还有多个版本在筹备之中。《路灯》英文版可通过"纸托邦"网站直接下载，可在亚马逊网站订购 Kindle 版，也可通过 Facebook、Twitter 和 Tumblr 博客网站阅读，既有中外资源优势，也占有传播优势，线上线下、自媒官媒珠联璧合。

《路灯》的内容按照文学活动或文学主题策划编排，围绕主题精选作品，不忘兼顾受众的阅读期待，将中国当代文学作品分制成不同专刊、主题的富含东方元素的中国名片，专刊如茅盾文学奖专刊、鲁迅文学奖专刊、伦敦书展专刊、美国书展专刊、伊斯坦布尔书展专刊等；主题如"科幻""丢失与找寻""民族文学""女性""80 后""诗歌"等。杂志对中国当代文学不同领域的代表性作品秉承多维、立体择取的原则，力求读者能够从不同风格、题材、体裁、主题的作品中体会到中国文学的世界气质和它对人类共同话题的观照，如 2012 年第 1 辑集中介绍了伦敦书展上受邀的中国作家及作品，2013 年春季号的专题是"未来"，2015 年着重介绍了美国 BEA 书展等。

《路灯》强调随着中国当代文学和时代的发展而发展，其不仅涵盖中国当

下文学作品的方方面面，而且能够拓宽传播路径，推动中国文学与外国文学的对等交流，正努力成为一座坚固、有担当、能担当的中国文学外译之桥，其传播中国当代文学的作用堪比中国作家协会当年的英文刊物《中国文学》。

（2）《天南》

《天南》杂志创刊于2011年，2014年终刊，虽存续时间不长，但是对创办、经营外文版中国当代文学刊物独具借鉴意义。是现代传播集团旗下的文学双月刊，线上与线下同步发行，外观设计与作品定位都打破常规：纸质版拒绝为读者提供快餐式的阅读体验，而是努力提供一种深度阅读的范式，重塑文学阅读体验，这正是杂志取名*Chutzpah!*（源自意第绪语，原意“放肆、拒绝墨守成规”）的初衷。杂志的线上网站则追求时效性，对国内外文学事件、新闻等快速作出反应并搭建编者、作者和读者之间的无障碍交流线上平台。

《天南》每期都有一个特别策划的主题（例如“亚细亚故乡”“诗歌地图”等），发表中外作家的翻译作品。特定主题并不拘泥于某一类型作家的作品（如“亚细亚故乡”主题的文学作品既可以是科幻文学，也可以是乡土文学），而是追求更广泛地反映文学界的图景，这使得每一期《天南》的阅读体验都犹如开启一程新的文学空间旅行。除去特别策划的主题，杂志自由组稿部分既有大众、主流、吸睛的小说，也有小众、偏锋、同样博人眼球的诗歌；既有永远抹不去的记忆，又有超现实的玄幻；既有情感和梦境的捉摸不透，也不乏理智与现实的复杂纠结。它随刊发行精选英文版刊中刊《游隼》（*Peregrine*），亦被称为《寄生》（*Parasite*），因版面稍小而得名，每期均为50页左右的夹刊，译者轮流编辑，此亦为首创。

《天南》在封面上将作者与译者的中文及拼音名并列印出，表明译者与作者地位相当，平分秋色，且杂志对翻译文学持积极支持态度，立场鲜明。

不变一定是末路，求变未必是坦途。作为一本纯文学杂志，《天南》因精美的设计和装帧、文学上的探索获得读者好评，却叫好不叫座，没能换来商业上的成功。2014年，杂志因人力物力匮乏而停刊，寿命仅为3年10个月。《天南》的存亡之路告诉我们：文学杂志生命的延续既要恪守文学传播的基本原则，又要具有圆融的商业张力，二者无痕结合方能为文学杂志之帆的远航保驾护航。

（3）中华人文

《中华人文》（*Chinese Arts and Letters*）杂志是由江苏省对外文化交流协会、江苏省作协、南京师范大学与凤凰出版传媒集团联合创办的全英文期刊，面向英语世界翻译推介中国当代文学与中国当代艺术优秀作品，促进中华文化交流。期刊每年2辑，立足江苏，面向全国，辐射海外。

2014年4月8日，创刊辑在伦敦书展上首发，伦敦书展总监Jacks Thomas、英国文化协会文学总监Cortina Butler、前任BBC中国局长兼著名作家Humphrey Hawksley、英国著名传记作家希拉里·斯珀林（Hilary Spurling）作了演讲，英国青年女演员Sarah Sharp朗读了毕飞宇作品《相爱的日子》。江苏作家周梅森、鲁敏以及部分期刊编辑也出席了活动。

创刊以来，《中华人文》陆续刊登了周梅森、叶弥、毕飞宇、叶兆言、赵翼如、车前子等作家的作品，以及贺绍俊、舒晋瑜、张学昕、金莹等人的评论，成为江苏文学界的一张海外名片。

（4）中国文化译研网

中国文化译研网（Chinese Culture Translation & Studies Support Network，CCTSS）是中外文化互译合作平台，由中国原文化部对外文化联络局与北京语言大学共建的中国文化翻译与传播研究中心负责运营，自2015年开设以来，已与全球60多个国家开展了一对一国别互译合作交流，助力2000余名中外作家、作者、译者达成良好合作，致力于发现、分享和翻译最好的中国文化精品。

与中国当代文学密切相关的“译研库”板块包括项目库、作品库、人才库和机构库四个子板块，主要功能是发布招募中国当代文学作品的不同目的语翻译项目的译者和寻求中外版权合作项目的公告；对中外作家、译者、汉学家的创作、翻译和研究成就做简单梳理；附有意向招募中国当代文学作品合作伙伴的中外出版机构、销售平台的简介和链接；为网站会员提供图书销售数据查询服务。此外，“互译合作”板块突出强调与中国建立合作互译关系的国家、译本和译者数量、中国当代文学海外出版发行情况、在目的语国家最受欢迎的十位中国作家和作品、出版机构的情况，涉及国别多、范围广，为中国当代文学海外翻译传播的研究者提供了译介和出版的基础数据。

2018 年 1 月，CCTSS 联合中国作家协会《小说选刊》杂志社启动“新世纪中国当代作家、作品海外传播数据库”项目，旨在将 100 位中国当代优秀作家的简介、代表作品、作家风采翻译成 10 种共建国家语言并制成视频短片，形成 1000 张“中国当代作家名片”，以集体出海模式，向世界鲜明展示中国当代文学品牌，给世界读者提供中国当代文学阅读的最佳体验形式。该项目极大地充实了“译研库”的内容，但网站的用户体验还不够友好，数据库的数据还不够丰富、翔实，如对译者、汉学家的中国当代文学作品译介和研究成果的收录还不全面，代表性作品未得到突显，视频等内容尚在建设之中，图书的销售数据未对外开放等。

（5）中国诗歌万里行

诗人既是时代的思考者、写作者，也是行动者。

“中国诗歌万里行”是由“全国诗歌报刊网络联盟”主办的大型系列文化传播项目，网站主要推出当代诗歌、诗人思考性文章和参加国内外公益诗歌活动情况介绍。2013 年以来，“中国诗歌万里行”已陆续走进英国、法国、罗马尼亚、津巴布韦、南非、越南、斐济、泰国、老挝、印度、斯里兰卡等十多个国家，践行着走进“一带一路”100 个共建国家和地区的规划理念。

主办方通过诗歌朗诵、座谈交流等多种形式同中外诗人就诗歌创作、文化交流等话题展开专业互动，旨在为诗人们发现自然美、诗路文化采风创作、建立和延续中外诗人友谊等搭建国际平台，扩大中国诗歌的海外“朋友圈”和影响力，建设中国当代诗歌海外推介的窗口。

“中国诗歌万里行”目前已经形成具有国际影响力的诗歌文化品牌。为进一步提升中外交流活动传播效果，满足“一带一路”国家的当代诗歌需求和当代诗歌的“一带一路”认知期待，经各方共同努力，主办方于 2020 年 4 月增开英文网页，成功地实现了从中文网站向中英双语国际网站的身份转变。由于刚刚投入使用，存在一些问题在所难免，如进入英文网页“影音档案”（“Video”）模块，点击“中国诗歌万里行”主题歌，发现视频右上角不仅有腾讯的商标水印，主题歌正式播放之前还有 30 秒广告，用户体验有待提高。英文网页从开发到投入使用，从做好用户体验到赢得良好口碑，从内宣到外宣的意识、内容、风格

转变是一个循序渐进、逐步完善的过程。期待“中国诗歌万里行”早日建成高浏览、体验好的国际水准的诗歌网站，成为中国当代诗歌海外推介的标杆。

2.3.1.2　海外文学期刊网站

海外文学期刊网站对中国当代文学的关注度和热情空前高涨，此处仅按国别或语种大类采撷几枝。

（1）文学报

埃及久负盛名的《文学报》近年大容量、高密度地刊登中国当代文学作品、评论访谈和阿拉伯语译者对中国当代文学的译介信息，如“文学新闻”封面人物推出熊育群专辑、魏微专辑，大篇幅介绍杨克、臧棣、安琪等20位当代作家，多次刊登埃及译者米拉·艾哈迈德的中国当代文学译作等。《文学报》的发行面向整个阿拉伯语国家，作为阿语世界中国当代文学作品译介的一支新秀，其影响力正逐渐形成。

（2）试飞协会

“试飞协会”（Lyrikline）由柏林文学社及其国际合作伙伴联合创建于1999年，是一个有德文、英文、法文、斯洛文尼亚文、阿拉伯文、中文、俄文、西班牙文和葡萄牙文9种语言的诗歌网站。多语种呈现“一带一路”命题，显示了主办方宏阔的国际视野与深邃而沉潜的网站理念，是当代诗歌的卓越阐释平台。截至2020年4月30日，网站收录全球1442位诗人的12954首原创诗歌、诗人母语诗朗诵音频、诗作出版和获奖情况，以及被87种语言翻译的19532首诗歌，每周定期补充、更新诗人和诗歌信息。目前，已有来自全球180多个国家的诗歌爱好者登录过该网站。网站收录了14位中国当代诗人①的诗作，包括北岛（德文、英文、西班牙文、土耳其文、波斯文）、韩博（德文、英文、俄文）、胡续冬（英文、德文）、姜涛（英文、德文）、吕德安（英文）、吕约（德文）、孙文波（英文、德文、西班牙文）、王璞（德文）、西川（德文、英文）、肖

① Lyrikline. Listen to the poet[EB/OL].（2020-04-30）[2022-10-10]. https：//www.lyrikline.org/zh/poems?nav=1&category%5B%5D=112.

开愚（德文、英文、波斯文、法文）、哑石（英文、德文）、颜峻（德文、英文）、臧棣（德文、英文、西班牙文）、郑小琼（德文）。

“试飞协会”是一个多功能档案馆，极具特色的多语种译诗和诗朗诵音频完美阐释了文字与诗歌朗诵的融合之美，为全球诗歌爱好者们提供了一场视听觉盛宴——使人足不出户尽享亲临诗歌朗诵会现场的诵读之妙，令人耳目一新。

（3）诗江湖

俄罗斯青年翻译家尤利娅·德列伊吉斯（Юлия Дрейзис）于2015年创办“стихо(т)ворье·诗江湖”网站，重点翻译和研究中国当代诗歌作品。在俄罗斯出版与大众传媒署的资助下，各地中俄翻译爱好者共同参与中国当代诗歌俄译和传播实践项目启动，主题呼应时代特色、切中肯綮，既为俄罗斯阅读中国、更好地了解中国当代诗歌和诗人提供帮助，又丰富了俄罗斯的中国当代文学研究。近期刊登了周瓒、姜涛、郜筐、杨炼、胡冬、康苏埃拉、明迪和雪迪等诗人的诗作。

《诗江湖》以民间机构运行翻译实践为主体，官方推动建立中国当代文学海外推介平台为主导，将诗歌与中国传统文化中的地理概念结合，寓指不分国度、不分民族的跨国想象力行走于诗歌的江湖，促进中俄情感共通，为译介和潜在读者提供丰富的空间经验和审美感知，推动中国当代诗歌俄译和俄罗斯中国当代诗歌研究，提高当代诗歌在俄语世界的知名度，是当代诗歌俄罗斯译介的先行者。

（4）亚洲之声和当代华文中短篇小说

《亚洲之声》（*Jentayu: Nouvelles voix d' Asie*）是由法国中国台湾文化中心支持建设的杂志，其文学作品的选取视角独特，纸刊网刊并存，设计精美，用户体验度好。2015年上线以来，以“青年与身份”“城市与暴力”“众神与恶魔”“地图与领土”“锅碗瓢盆”“爱与情”“历史的记忆”“动物”“背井离乡”“未来”“在这个不确定的时代”为主题①，聚焦社会问题，呼应时代关切，刊登了

① 作者自译，网站法文主题依次为“Jeunesse et Identité(s)”“Villes et Violence”“Dieux et Démons”“Cartes et Territoires”“Woks et Marmites”“Amours et Sensualités”“Histoire et Mémoire”“Animal”“Exil”“L' Avenir”“En ces temps incertains”。

朱天文、刘克襄、郭松棻、梁秉钧、次仁罗布、苏童、冯骥才、张悦然、曹寇、贾平凹、冯唐、任晓雯、须一瓜、尹玲、高翊峰、白刃、张惠菁、罗青、张辛欣、潘海天、糖匪、夏笳、刁斗、孟浪、沈大成等当代作家作品或对作品的评介，为法国读者了解当代中国、中国当代文学作品打开新窗。

“当代华文中短篇小说”（La nouvelle dans la litérature chinoise contemporaine）是一个兼具介绍当代中国作家作品和推送书评功能的法文网站。“一带一路”倡议提出以来，先后刊登了曹寇、贾平凹、鲍尔吉·原野、蔡楠、北北、林希、盛可以、格非等当代作家的作品；网站中出现的作家作品、译者、译作、书评等信息多有链接为读者和研究者提供可靠的出处。

（5）镜

在中国当代文学“走出去”的浩瀚星辰中，科幻文学是一颗耀眼的明珠。随着诸多中国科幻文学作家获得国际大奖，中国的科幻文学作品无疑已经成为了中国当代文学的新名片。

未来事务管理局[①]与韩国科幻杂志《镜》（*Mirrorzine*）于 2017 年开启交流合作计划。《镜》在平台刊登“中国科幻短篇小说”系列，包括潘海天、糖匪、腾野、赵海虹、郝赫、江波、刘慈欣、万象峰年、王晋康、夏笳、韩松、陈楸帆的 12 部作品，为韩国科幻爱好者们一览中国科幻的整体面貌提供全景视角；合作项目的另一项重要内容是韩国科幻作家的优秀作品得以翻译成中文并在中国新媒体平台《不存在日报》上以系列专题“韩国镜像”的形式来到中国读者面前。

科幻文学作品包含人类对现实危机的异质想象，并把这种想象推进到生存的高度，对人类具有警示作用。人类要想不被毁灭，只有在危机意识中不断进化，才能在不可预知的未来赢得新的生存空间。科幻文学在宏大的文学叙事背后，借力科学的实证功能满足人的精神需求，内蕴着某种人类敬畏和超越科学之后

① 未来事务管理局是一个以“未来”为核心的科技文化品牌，致力于科幻文化传播与科幻生态搭建，创造中国科幻黄金时代。未来事务局拥有新媒体平台“不存在日报”、科幻创作者培育品牌“未来科幻大师工作坊”等。

急切寻求的人文关怀。

人类的未来属于全世界，历时一年多的中韩科幻合作交流项目结束了中韩科幻同源相邻却彼此如黑洞般隔绝的局面，为中韩科幻人了解人类对未来的想象、为展现当代科幻文学的世界价值开辟了一条新的通道。

（6）文学酵母

《文学酵母》（*Levure littéraire*[①]）是欧洲诗人 Rodica Draghincescu[②] 创办的多语种（法、英、德、中、西、土耳其、捷克等 14 种语言）国际信息文化教育季刊，每年 2 期，每期会收录 100~245 位作家的作品，以法语作为刊物网站主要语言，包括文学（诗歌、小说、文学评论）、艺术、哲学、民族学、新闻学、心理语言学等来自社会文化各个领域的主题和有关国际文化活动的信息，刊登了黄梵、王屏、骆英、鸿鸿、李少君、沈苇、黄沛盈、胡弦、周亚平、欧阳昱、田原、海岸、包慧怡、黑丰、余刚（法文）、汪剑钊、霍俊明（西班牙文）、扶桑、张曙光、葛筱强、俞心樵、赵野、商震、黄梵（德文）、高春林、赵四（中、英、德文、阿拉伯文等）、张耳、小海、范静晔、孙文波、梁平、亦来等诗人译作，通过展示不同国家和文化传统的差异性和相似性，满足文化爱好者们的情感、审美和阅读需求，在欧洲诗歌界具有重要影响力。

文学具有情感的普适性，即真善美，但语言之隔限制了不同文化族群的心灵相通，这正是热心文学的《文学酵母》所致力于突破的阻隔。14 种语言为在国际舞台初露头角或尚未成名的作者搭建广阔的诗歌国际交流平台，将持不同观点的作家作品纳入关注视野，助力中国文学的国际化之路越来越宽，越来越长，为中国当代文学的海外之路增添一抹亮丽色彩。

（7）释读和试读中国

西班牙语中国文学网站“释读和试读中国”（china traducida y por traducir），不仅刊登中国传统文学作品和近、现、当代中国作家作品，而且对

---

① 期刊收录的中国当代诗歌多为英文译作，故仅标注非英文译作。

② Rodica Draghincescu 是用罗马尼亚语和法语创作的双语诗人，荣获法国、意大利和罗马尼亚颁发的多项大奖。

已经翻译成西班牙语和待译的中国文学作品也进行了梳理分类；不仅收录小说、戏剧、散文和诗歌作品，而且包括相关评论，旨在为中外作家、译者和潜在读者梳理出清晰的中国文学作品西译脉络，也为译者与作品对接提供丰富的空间体验，以助力中国文学作品在西语世界的传播。目前，该网站已经将迟子建、阿来、艾米、王安忆、蔡天新、刘庆邦、徐星、莫言、阎连科、铁凝、曹文轩、余华、谢晓虹、棉棉、卫慧、余华、顾城、海子、戈麦、骆一禾、慕容雪村、刘震云、刘以鬯、朱文、韩东、狗子、路内、魏巍、鲁敏、盛可以、曹寇、阿乙、曹冠龙、韩少功、张悦然、麦家、毕飞宇、刘慈欣、严歌苓、贾平凹、王朔、虹影、张辛欣、格非、周大新、张贤亮、苏童、西川、吉狄马加、于坚、陈楸帆、夏笳、马伯庸、郝景芳、糖匪、程靖波、冯骥才、蒋韵、晓航、王十月、池莉、李敬泽、毕淑敏、陈染、史铁生、王蒙、张抗抗等当代作家的作品译至西语世界。

（8）利兹大学当代华语文学研究中心

“利兹大学当代华语文学研究中心”（The Leeds Centre for New Chinese Writing）中心成立于2018年7月16日，总部设在英国利兹大学，是英国艺术与人文科学研究理事会（AHRC）通过白玫瑰东亚中心（WREAC）资助的“Writing Chinese：Authors，Authority and Authorship”研究项目，旨在汇聚英国在中国当代文学领域工作的作家、翻译家、出版商、文学代理人和学者，促进更紧密的联系和对话，推动英国中国当代文学、文化研究的发展。

目前，中心与《纸托邦》、伦敦大学教育研究院孔子学院和“企鹅中国”等多家机构建立了合作伙伴关系，共同开发资源，努力为读者提供华语文学作品，其中尤其关注学龄儿童文学作品。

研究中心举办了系列讲座、读书会、工作坊、座谈会及其他活动。其中，读书俱乐部每月都会特邀一位作家开设中国文学培训课程并举行汉英文学翻译比赛；在网站上刊登中国当代文学作品，定期组织博客活动，与作家、译者及相关领域的学人围绕中国当代小说展开讨论，并以互动的方式征求意见和建议。如，2019年9月18—19日，路也、李元胜、娜夜、王家新、杨碧薇、杨克等当代诗人受利兹大学诗歌中心等部门邀请赴利兹大学参加主题为“诗”（“Poetry，A Conversation：China & the UK”）的中英诗人对话活动。

此外，利兹大学的杂志 *Stand* 刊登了不少英译中国文学作品。以第 15 卷第 1 期（总第 213 期）为例，刊登了颜歌、吴亿伟、谢晓虹、池凌云、秦晓宇、徐乡愁、慕容雪村、王友轩等诸多诗人的诗作。

中心目前已经成为英国中国当代文学译介的风向标。

（9）武侠世界和纸托邦

中国武侠小说是雅俗共赏的文学形式，在海内外得到了广泛关注和译介。“武侠世界”（Wuxiaworld）作为国外最大的中国网络文学网站，为英语世界的读者翻译了在中国具有悠久传统的武侠、玄幻、仙侠类作品，涵盖唐家三少、半醉游子、蚕茧里的牛、辰东、耳根、古龙、辛白、弄琴、豆子很忙、冥想石、火星引力、厌笔萧生、平凡魔术师、神见、忘语、萧瑾瑜、八面妖狐、二十四会、道门老九、无罪、我本纯洁、失落叶、茫茫云海、天蚕土豆、文抄公、烟雨江南、我吃西红柿、桑妮、我是多余人等诸多作家的作品。与纯文学作品相较，网络小说的可读性更强，在海外读者群中产生的粉丝效应引起了国内不少学者的关注，其在海外的流行对中华文化海外传播具有启示意义。

2007 年，《纸托邦》（*Paper Republic*）以网络论坛的身份问世。其得名，源于网站所有资源均免费为用户提供：作者免费提供作品版权、译者免费翻译、读者免费阅读，颇有乌托邦之神韵。当前，《纸托邦》已成为向英语世界推介中国文学作品、促进中国文学作品与英语世界文学界交流的重要平台，使中国文学作品在英语世界摆脱“小语种”的身份是其使命之一。《纸托邦》的创立者陶建 2001 年定居中国，2006 年开始从事中国文学翻译，2007 年创立纸托邦的前身——译者们借以讨论翻译问题、作品、翻译基金、会议、工作坊、书展以及中国文学活动的信息交流博客。现在，《纸托邦》已经完成了从兴趣博客网站向非盈利运营项目的转变。为提高中国文学作品在英语世界的接受度，《纸托邦》处处体现出以用户为中心的原则，如检索可基于作者、译者、出版商和作品名分类，也可以按书名、出版社、目的语国家或地区、文类、装帧形式、出版日期等关键词；此外，还可为数据库添加中文原创作品或英文译作的相关信息并发布。2016 年开始，《纸托邦》与北京国际图书博览会和自媒体“做書”（Bookcraft）平台合作，举办一年一度的“北京出版交流周”活动，至 2018 年

已连续举办了 3 届。3 年里，《纸托邦》共邀请了 30 位来自 16 个国家和地区的出版人、资深编辑、版权代理人、书探等来到北京，访问中国出版机构、了解中国文学和出版界。主办方通过组织公共讲座、开设模拟书展工作坊、书目点评等多种方式同中国作家和编辑、中国出版人展开互动，就文学作品选题、实现版权贸易的奥秘、出版、打造畅销书的推广和营销路径等话题进行专业、文化交流。活动旨在提升国内出版人在版权洽谈中的业务水平，同时为中国出版人进入国外图书出版界的“意见领袖”（即，文学杂志或出版社的编辑、文学代理人等）人际网络牵线搭桥，与“影响那些影响读者的人”共同化外力驱动为内因驱动，促使英语世界有导向力量的出版人喜爱上中国文学并愿意出版中国文学作品。

2.3.1.3　中外合作办刊

高校作为中国当代文学的研究中心，为推动中国当代文学的海外之旅也提供了很多智力和人力、翻译与研究方面的支持。

2015 年，复旦大学外文学院联合中文系、历史系、新闻系与科廷大学共同在复旦创立了“中澳创意写作中心”，随后在澳大利亚珀斯和中国上海两地举办了三届国际创意写作年会，就创意写作及学术研究多元化推进两校交流合作。2018 年 4 月，借在上海举办第四届中澳创意写作国际年会之际，中、澳两所大学共同发起当代中澳文学译介计划“归巢与启程”，遴选了一批活跃在当代中澳诗坛的作家与译者，包括40位中国当代作家和40位澳大利亚当代作家的作品，并组建了中澳作家 9 人合译团队，最终将在中国和澳大利亚以中英双语对照的形式出版两部诗集《归巢与启程——中澳当代诗选》。

英文杂志《今日中国文学》是北京师范大学文学院与俄克拉荷马大学合作建设“中国文学海外传播工程”项目的重要组成部分，近 10 年来已公开发行 16 期，每期都和《当代世界文学》一起面向全球发行。杂志紧跟新时代中国特色社会主义步伐，内容采现纳今，节奏张弛有度，主题呼应时代特色、切中肯綮。《今日中国文学》杂志的内容包括中国当代文学研究，如在 2017 年第 6 卷第 2 期为德国汉学家顾彬开设了专栏，2019 年第 8 卷第 2 期为汉学家罗福林开设专栏、

做专访人物报道，丰富了国外的中国当代文学研究。杂志每期重点推出中国当代重要作家，如王安忆、戴锦华、艾伟、韩松、东西、贾平凹、史铁生、郑小琼、韩少功、迟子建、徐则臣、朱天文、哑石、李师江、格非、吉狄马加、杨炼、张枣、王家新、食指、翟永明、西川、车前子、于坚、池凌云等，助推当代作家在英语出版界引起广泛的关注。此外，《今日中国文学》在俄克拉荷马大学还有专人负责收集英语世界对该杂志的反应，反馈到编辑部以便及时调整编辑方案，从而精准地选择更适合海外读者需要的中国文学作品。《今日中国文学》收录作品的作者身份多元，既有中国当代主流作家，也有海外华文作家，栏目设置不拘一格，既有学者专栏，也有学术访谈和对中国文论的翻译；重点突出，既推出新人，也潜心打造自己的读者群。此外，“诗歌特刊”则凸显中国当代诗歌的时代意义、为中国诗人登上国际诗歌舞台搭建扶梯，引起英语出版界的注意，扭转了中国诗歌在世界上未受到应有重视这一局面，如2019年第1期推出的“诗歌特刊”凸显当代诗歌的时代意义，是对中国香港诗人西西[①]获第六届纽曼华语文学奖（诗歌奖）的海外回应，为当代诗人登上国际舞台搭建扶梯，中国当代诗歌在西方世界未受到应有的重视这一局面正在改变；“科幻特刊”则紧跟时代，把握中国当代文学的脉动。正所谓“海纳百川，不拒细流”，《今日中国文学》杂志力图沿着历史的轨迹拓宽中国文学研究的领域、加深学术探讨的深度，既保留中国文学的基因，又照顾受众的阅读审美习惯，兼顾中国文学国际传播的诠释方法和接受效果，以展现中国当代文学的广阔前景，助力中国文学在世界文学格局中勇于担当和有所作为。当前，《今日中国文学》杂志将关注重点逐步向中国文学的海外译介和传播转移，并出版了“今日中国文学英译丛书”，它是中美高校真诚合作，以及大学、诗人、文学界、出版界等多方协作和努力结出的一张中国当代诗歌文学作品在英语世界的传播之网。

---

① 2018年10月，中国香港诗人西西获第六届纽曼华语文学奖（诗歌奖）。纽曼华语文学奖由美国俄克拉荷马大学美中关系研究院于2008年设立，是美国第一个华语文学（诗歌）奖，每两年颁奖一次。

2.3.1.4 华侨华人办刊

海外华侨华人诗人和翻译家是扩大中国当代诗歌海外影响力的重要力量。目前已达数千万的海外华侨华人，日益成为居住国的重要智力资源，他们了解居住国的语言、文化状况，知道如何将中国诗歌译为符合目的语国家诗歌爱好者们阅读审美的作品，独具优势的身份决定了他们能够为中国当代诗歌海外译介和传播提供丰富的人力资源和社会资源。华侨华人诗人和译者既是中国当代诗歌海外翻译传播的设计者，也是践行者，是当代诗歌进入世界文学场域的重要桥梁。

（1）诗天空

“由旅美诗人绿音创办《诗天空》（*Poetry Sky*）双语季刊刊发当代中美原创诗歌及其译文，是全球首家中英双语诗歌网刊，中美当代诗歌交流的专业平台。创刊15年来，始终以发现优秀诗歌、优秀诗人，激励诗人的创造力，促进中美当代诗歌交流为宗旨”，[①] 立足中美、辐射全球，因优秀的原创诗歌和翻译品质被列入美国、澳大利亚、荷兰、德国、西班牙5个国家的9个学术性机构的中国（现）当代文学研究名录，是当代诗歌海外传播天空中的一颗耀眼的星。

（2）穿山甲之屋

美国诗人译者乔治·欧康奈尔和史春波于2012年底创办于美国和中国香港的中英双语诗歌网刊《穿山甲书屋》（*Pangolin House*），每期重点介绍2位中国诗人、1位西方诗人和1位视觉艺术家的作品，旨在译介优秀的当代中英文诗歌，展示当下东西方诗歌取得的卓越成就。

目前网站共编译13期。创刊号（2012—2013年冬季刊）刊登了蓝蓝和梁秉钧的个人介绍及译作；2013年春季刊为黄灿然和王家新；2013年夏秋季刊为王小妮和曹疏影；2013—2014年冬季刊为孙文波和杜家祁；2014年春季刊为鲁西西和陈灭；2014年夏秋季刊为多多和饮江；2014—2015年冬季刊为胡燕青和翟永明；2015年春季刊为韩东和西西；2015年夏秋季刊为寒烟和何福仁；2015—2016年冬季刊为廖伟棠和张曙光；2016年春季刊为树才和王良和；2016—2017

---

① 诗天空．关于诗天空[EB/OL]．[2020-03-20]．http：//www.poetrysky.com/about.html.

年冬季刊刊登池凌云诗 10 首、钟国强诗 11 首；2017—2018 年冬季刊刊登陈育虹诗 12 首、杨键诗 12 首。

乔治·欧康奈尔和史春波自 2006 年开始合译中国当代诗人作品，屡获殊荣，译作见于多种国际文学书刊，在中西优秀译者合译中国当代诗歌的精英团队中，成绩斐然。

2.3.2 文学节、书展

优秀的中国文学作品既能直击人性的重大关切，又能展现中华民族独特的审美品格。然而只有优秀的主题和内容远不足以为作品开启异域之旅，抵达共建国家读者的视野，还需要立体、多元、全面的海外出版、发行、宣传、营销策略和渠道。作为文化外交的具体表现形式，中外文学节和国际书展为中、外多元文学作品的对话、交流与合作提供了重要平台。

2.3.2.1 中外国际文学节

随着国际影响力的提升，中华文化“走出去”借以证明自身国际价值的内驱力不断增强，以中国当代文学为主题的国际会议和文化活动越来越受到国内外关注，也使文学从象牙塔走进更广泛的民间，成为大众生活的一部分。尤其是在中国举办的中外文学会议、文学节等活动能够充分运用国内便利的文学文化资源丰富海外作家、翻译家、学者的中华文化体验，增进他们对中华文化的亲近感，是中华文化海外传播整体工作的内在组成部分，积极推动了中国当代文学“走出去”，实现了中华文化更便捷的国际传播。

（1）中国国际文学节

上海国际文学周、青海湖国际诗歌节、中欧国际文学节、中国诗歌春节联欢晚会等是中外作家开展对话、中国文学与世界文学互鉴的大型国际性文学交流活动，主题突出、疏密有致、有价值、高品质，渐成彼此呼应之势，盛大文学阵容熠熠生辉，在全球文学领域的知名度和影响力逐年提升。

“上海国际文学周”始于 2011 年，由上海市新闻出版局、上海市作家协会联合主办，是上海书展暨“书香中国”上海周活动的重要品牌活动，截至 2021

年已举办 10 届。每届文学周的主题都会围绕全球当下的文学和社会热点策划丰富多元的文学活动，为展开对人类命运的思考、对人类共同忧虑和关切的话题的讨论营造有利的环境和氛围，促使中外作家超越语言的藩篱、产生心灵的共鸣。2018 年文学周活动期间，上海书展与伦敦书展 · 伦敦图书签署协议，双方约定在未来 3 年内互派作家赴两地参加书展活动，为中外作家拓宽全球视野、进行友好文学文化交流搭建国际平台。上海国际文学周已逐渐成为蜚声海外的国际文学嘉年华。

“青海湖国际诗歌节”创办于 2007 年，是中国诗歌学会与青海省人民政府共同打造的文化品牌。迄今，有来自世界五大洲的 800 多位著名诗人参加了诗歌节。它以“人与自然，和谐世界”为主题，以诗歌表现人类历史文化积淀，使诗歌与人民结合，丰富人类的精神文化生活。首届诗歌节设立了“金藏羚羊国际诗歌奖”，来自中国、叙利亚、美国、尼日利亚、法国、罗马尼亚等国家的诗人先后获得此奖。诗歌节借中国新诗筑起中国与“一带一路”共建国家和地区的诗歌交流、互鉴之桥，邀请在世界诗坛享有盛誉的许多重量级诗人莅临诗歌节，如叙利亚诗人阿多尼斯，艾略特诗歌奖和前进诗歌奖得主、英国诗人肖恩·奥布莱恩，墨西哥博普若尔奖等多个诗歌大奖的得主、智利诗人维克托·罗德里格斯 · 努涅斯，印度诗人、印文学院学院奖得主拉蒂 · 萨克希娜；其“一带一路”色彩鲜明，已成为中国诗坛对外开放最重要的窗口，影响力日益扩大，在国内外享有极高的声誉。目前，继波兰华沙之秋国际诗歌节、马其顿斯特鲁加国际诗歌节、荷兰阿姆斯特丹国际诗歌节、德国柏林诗歌节、意大利圣马力诺国际诗歌节、哥伦比亚麦德林国际诗歌节之后，青海湖国际诗歌节位列当今世界最具影响力的七大国际诗歌节之一。

2019 年 5 月，第 4 届“中欧国际文学节” 在北京开幕，来自欧盟和中国的 28 位优秀作家与众多文学爱好者们在 70 多场活动中进行文学交流，揭示世界文化多样性对丰富各民族文化的重要意义、共同体会各民族文化如何在交流中变得更加优秀。中外诗人就当代诗歌创作和翻译问题进行对话交流，也为中外诗歌交流开创了一种新模式。

2015 年，中宣部批准中国屈原研究会和中国诗歌研究中心联合举办第 1 届

中国诗歌春节联欢晚会，此后每年举办1届，中英双语网络直播，旨在弘扬经典中国传统文化、树立中华民族文化自信。2018年，主题是“新丝路，新诗路，文化自信铸脊梁”。2020年，第6届诗歌春晚高潮迭起，艺术家演绎吉狄马加诗歌力作《时间的入口》、朗诵演员在舞台上边诵边舞毕飞宇小说《青衣》，北京与海外会场的诗意互动——在国内外设立的40多个分会场是中外文化交流培育出的璀璨花朵，借此，中国诗歌春节联欢晚会已成为具有国际影响力的诗歌嘉年华。诗歌春晚用诗歌歌颂中国梦想、文化自信，以诗歌解读“一带一路”倡议，以春晚形式搭建中外诗歌交流的舞台，凸显了诗歌无国界的特色，让人们重又听到古代丝绸之路上的驼铃与马蹄声响。

（2）海外国际文学节

海外举办的文学节上，中国当代作家和诗人现在也不缺席。

2018年7月，第28届德国麦德林国际诗歌节[①]拉开帷幕，来自37个国家的100多位诗人和艺术家应邀出席。在孔子学院拉丁美洲中心、哥伦比亚麦德林孔子学院的组织下，中国诗人赵丽宏参加了本届诗歌节。赵丽宏在麦德林市的图书馆、博物馆、剧院等地用中文为当地听众带来近十场朗诵，场场爆满。

2018年7月11日，罗马尼亚第22届“卡提德阿尔杰什诗歌之夜”国际诗歌节举办。共有30个国家的诗人出席，中国诗人杨克应邀出席。开幕式上，举办了罗马尼亚语版杨克诗集《杨克消息》的首发仪式，杨克朗读了诗歌《人民》和《逆光中的那一棵木棉》，诗歌节主席、曾担任罗马尼亚作协主席的国际著名诗人卡罗丽娜和翻译家苏燕分别朗诵了杨克诗歌的英文和罗马尼亚文译作。诗歌节还出版了与会诗人诗选，收录了杨克诗歌《人民》《地球苹果的两半》的英文和罗马尼亚文两种语言译作。

2020年2月，诗人王寅和秦三澍参加了挪威卑尔根国际文学节，在“山海诗”朗诵会上与挪威诗人同台诵诗。主办方精选国际优秀诗人诗作集结成册，并出版（挪威Kinakaal Forlag出版）中挪双语诗集《山海诗》（*Bergen–Shanghai*:

① 麦德林国际诗歌节自1991年起每年举办一次，至2022年已经连续举办了31届，是美洲最大的诗歌盛会，位居国际四大诗歌节之列。

Fjell Hav Poesi），收录中国当代诗人徐芜城、海岸、王寅、胡桑、刘晓萍、包慧怡和秦三澍的诗歌。

中国当代作家、诗人积极参与多种国际会议和文学峰会，是中国当代文学“走出去”的生动体现，是文化自信的有力表现，既为中外作家、诗人交流提供创造了宝贵机会，也增进了中外诗人的友谊，提高了中国当代诗人的世界担当意识和能力，最终将助推中国当代诗歌涵养“一带一路”精神，并借力“一带一路”走向世界。

2.3.2.2　中外国际书展

新时代中国特色文化外交精彩纷呈，需高效发挥大国外交的人文气质，紧密追踪中国当代文学传播的外交推手和助推痕迹，为构建中外双边及多边文学、文化领域交流和互利合作新格局开启新高度。2013 年 10 月，中国国家主席习近平在周边外交工作座谈会上强调，“我国周边外交政策的基本方针，就是坚持与邻为善、以邻为伴，坚持睦邻、安邻、富邻，突出体现亲、诚、惠、容的理念”。2014—2019 年，习近平主席、李克强总理共计 62 次走出国门进行国事访问，足迹遍布亚、非、欧、美、大洋洲 110 多个国家；中国举办主场重要外交活动共计 19 场，在国际、双边和地区层面取得重要人文合作成果，为推动中国当代文学“走出去”拓宽路径、营造氛围，带来诸多利好。

国际书展是国际出版界的交流盛会，中国出版界携中国图书参展，为中国文学作品进入共建国家图书出版市场寻找契机。“一带一路”倡议提出以来，国内出版社大力拓展与“一带一路”共建国家出版界的合作，探索中国文学作品国际出版的多元途径。随着中国各大出版社在共建国家的业务拓展、版权输出、译介推广和影响力不断扩大，中国文学作品出版的国际品牌日益形成。

（1）中国国际书展

北京国际图书博览会由国家新闻出版署、科技部、中国出版协会、中国作家协会主办，中国图书进出口（集团）总公司承办。自 1986 年创办至 2021 年，已成功举办 28 届，版权输出数量较 2013 年及以前有大幅增长，海外参展机构数量保持持续增长态势。2021 年 9 月，第 28 届北京国际图书博览会参展国家和

地区达到105个，展商总数2200多家，其中线下约1600家，展出新近出版图书30多万种，举办各类出版和文化活动1000多场。图博会期间，在官方与民间的合力作用下，“文学沙龙”已逐渐形成风格鲜明、内容丰富、影响力大、好评多的文学品牌活动，为国内外读者献上文学的饕餮盛宴；当代作家分别以开讲、对话汉学家、与翻译家深度交流等缤纷多彩的行业专业交流方式与国际文学界和出版界人士共同建立和经营国际合作关系，推动图博会进入务实、高效的中国图书版权“走出去”的历史新阶段。

随着其规模、质量、知名度和国际影响力的日益提升，目前北京国际图书博览会已成为世界第二大国际书展。

（2）海外国际书展

海外国际书展已成为中国当代文学海外传播的前沿阵地。

2014—2019年，中国出版业应邀在塞尔维亚和斯里兰卡、白俄罗斯、罗马尼亚、阿布扎比、古巴、委内瑞拉和伊朗等重要国际书展上连续担任主宾国。其中，在2017年第27届阿布扎比国际书展上，中国出版在阿拉伯国家集体首秀，在2018年第27届古巴哈瓦那国际书展上，中国出版首次在拉美国家首次举办大型国际出版交流盛会。目前，我国已与83个“一带一路”相关国家开展图书、电子出版物、网络文学等方面的版权贸易，占与我国签署共建“一带一路”合作文件国家总量的近三分之二，对“一带一路”相关国家的版权输出总量增幅明显。随着中国组团参展规模的不断扩大，对对象国文学审美了解的逐步深入，“中国主题馆”及各类文学论坛和作家交流活动对中国当代文学对外交流模式的丰富，国际书展对中国当代文学传播的带动作用逐渐显现，例如，优势利用主宾国活动，追踪参展的中国当代作家活动踪迹与作家作品销量、读者好评等评价指标的良性互动和关联，可为开创中国当代文学“一带一路”特色海外传播新局面注入鲜活力量，在塑造受众阅读品位、助推中国当代文学走向世界、增强中国当代文学传播效果等方面发挥先锋作用。

① 阿布扎比国际书展

2017年4至5月，中国应邀作为第27届阿布扎比国际书展主宾国参加书展，这是中国出版在阿拉伯国家的集体首秀，对于中阿出版文化交流具有重大而深

远的里程碑意义。中国近百家出版单位参展，当代著名作家余华、曹文轩、刘震云、麦家、徐则臣等应邀赴展参加多场文学活动。人民文学出版社向黎巴嫩文学出版社输出版权，签订了《下面，我该干些什么》《羽蛇》的出版合约。

② 法兰克福国际书展

德国法兰克福书展是全球最大的国际图书博览会，近年来已逐渐成为中国出版“走出去”、提升和展示中华文化软实力的重要平台，参展的中国图书品种和质量不断优化。

中国曾于 2009 年担任主宾国。2017 年 10 月，在第 69 届法兰克福书展上，中国书展代表团携约 2000 种图书参展，其中重点图书聚焦当代中国发展的主题，文化类包括“一带一路”系列图书，共 9 个语种。2018 年 10 月，在第 70 届书展上亮相的中国元素较以往更加多元，中国文学成亮点。“麦家之夜”主题活动举行，吸引了来自美国、法国、意大利等 20 多个国家的近百位出版人、翻译家和代理商；《风声》的英文、意大利文、葡萄牙文、土耳其文和芬兰文等版权均在此次活动中名花有主，德文、西班牙文、法文、罗马尼亚文等 10 余个语种的版权输出均达成意向。这是法兰克福书展第一次举办中国作家个人主题活动；此外，刘慈欣也亮相书展，并受邀出席多场关于《三体》的对话和论坛活动。

③ 古巴哈瓦那国际书展

2018 年 2 月，中国应邀作为第 27 届古巴哈瓦那国际书展主宾国参展，这是中国出版首次在拉美国家举办的大型国际出版交流盛会，对于中古文学作品出版交流与互鉴具有重要意义。中国 60 余家出版单位参加，当代著名作家阿来、麦家、余华、赵丽宏、李敬泽、刘震云、徐则臣等携作品参展并参加多场文学交流活动。

更引人瞩目的是，此次书展签约了多项文学作品出版合作项目，包括五洲传播出版社和古巴艺术与文学出版社签订“中国当代文学精选战略合作协议”；新世界出版社和古巴艺术与文学出版社签订“中国文学”丛书出版协议；江苏凤凰文艺出版社与古巴南方出版社、古巴作家与艺术家协会合作签署“中国—古巴文学作品翻译出版工程”战略合作协议；中译出版社与古巴哈瓦那大学出版社、哈瓦那大学孔子学院签署成立国际编辑部协议及版权授权协议等。

书展上，新世界出版社“中国文学”丛书向古巴输出了古巴地区西文版权。丛书分 3 辑收录中国当代作家创作的中短篇小说 14 篇，反映了近十年中国社会的发展变化历程，已完成印地文版、阿文版、奥地利地区德文版、英文版、美国地区西文版的版权输出。除此之外，出版社还将推出王蒙的经典文学作品《这边风景》的土耳其文版、阿拉伯文版和韩文版。

中国人民大学出版社积极探索与共建国家出版机构的合作，此前已取得多项成果。在这次书展上，该社与古巴何塞·马蒂（José Martí）出版社在中国主宾国活动区签署了张炜《古船》的西班牙文版权转让协议，与古巴文艺与文学出版社签署了劳马《一个人的聚会》的西班牙文版出版协议。

江苏凤凰文艺出版社与古巴南方出版社合作“中国—古巴文学作品翻译出版工程”项目完成签约。

浙江出版集团与古巴哈瓦那大学孔子学院达成战略合作框架协议，计划推出西语版《中国文学经典》图书。浙江出版集团依托全球孔子学院的资源开拓共建国家图书市场，与内罗毕大学等的孔子学院建立合作关系，将中国文学作品推向 10 多个共建国家。

五洲传播出版社作为出版西班牙语图书最多、与古巴合作项目最多的中国出版社，在此次书展上合作交流成果丰硕。五洲传播出版社与古巴艺术文学出版社合作“中古经典互译”项目已久，在此基础上，五洲传播出版社适时地将业务拓展到现当代中国文学领域：《手机》《中国当代中篇小说选》《血之罪》已在古巴出版，西语版《手机》也借此良机付梓再版；书展期间，五洲传播出版社还成功签署了“中古当代文学精选合作协议”和“关于中国当代文学西文版出版战略合作协议”，将更全面、系统地在古巴出版“中国当代文学精选丛书”，为中古出版界、中古作家及作家与读者间的文学交流搭建新平台、创造新契机；五洲传播出版社还举办了多场国际研讨会、中拉作家文学交流会、中国文学讲座等宣传推广该系列丛书，并已向西班牙、墨西哥、阿根廷等西语国家输出版权 20 多项。《解密》《手机》《中国当代短篇小说选》等在诸目的语国家读者中激起热烈反响。

西班牙语是“世界第二大国际语言”，西班牙语出版业作为全球最大的翻

译图书出版市场，拥有4亿多潜在读者，覆盖欧、非、拉20多个国家和地区。五洲传播出版社有序、密集地推出中国当代文学作品西班牙文版的这6年，恰恰是“一带一路”倡议在西语国家备受关注的6年，是中拉关系突飞猛进的6年。“中国当代文学精选丛书”正是“中国当代作家及文学作品海外推广（西班牙语地区）”项目结出的累累硕果。该项目得到财政部文化产业发展专项资金的资助，旨在依托国内优秀、丰富的出版资源，向西班牙语国家和地区系统、持续性地推广中国当代作家的优秀文学作品。

④ 黑山国际书展

2018年5月，中国国家新闻出版署（国家版权局）主办的为期4天的中国图书展亮相黑山国际书展，展出了兼具思想性和艺术性的中国当代文学作品以及优秀图画书和儿童文学作品。

⑤ 克罗地亚国际书展

2017年11月，中国图书进出口（集团）总公司参加在克罗地亚首都萨格勒布举行的第40届克罗地亚国际图书与教育展。这是东南欧地区规模最大的书展。作为中国唯一参展商，中国图书进出口（集团）总公司携中国当代文学类英文书籍亮相书展。

⑥ 沙迦国际书展

2014年11月，阿联酋第34届沙迦国际书展期间，五洲传播出版社与多家当地出版机构达成了版权合作、翻译出版、数字传播等方面的合作意向，签订了刘震云《手机》和《我不是潘金莲》阿拉伯文版权输出协议。

2017年11月，第36届沙迦国际书展期间，人民文学出版社与黎巴嫩文学出版社、黎巴嫩雪松出版社等机构签订了《废都》《带灯》《古船》《独药师》《隐身衣》《石榴树上结樱桃》《少年巴比伦》《奔月》《七根孔雀羽毛》9部中国文学作品的阿拉伯文版出版合同。

⑦ 印度新德里国际书展

2016年1月，第24届印度新德里国际书展开幕。曹文轩、刘震云、麦家、舒婷、西川等9位中国知名作家应邀赴新德里和加尔各答两地参加“中印作家交流座谈会”“中印文学翻译研讨会”“中国与印度当代诗歌”等多场文学交流活动。

2.4 翻译传播受众

传播受众指大众媒介的传播对象，通常包括精英读者、大众读者、草根读者[①]，及儿童读者群体。

中国当代文学作品海外译介既是中国崛起的内需之结果，也是海外视角的主动关注的结果，尤其是作为精英读者推崇、解读中国当代文学作品的外国领导人，是向世界推介中国文化、激发海外读者阅读兴趣最有声望的推动者。

德国前总理安格拉·默克尔（Angela Merkel）对李洱作品青睐有加。2008年，默克尔将德文版《石榴树上结樱桃》作为圣诞礼物送给时任总理温家宝，此后，默克尔还在北京见到了李洱，并就中国农村问题与之进行深入对话，增进了对中国的了解。默克尔如此厚爱此书，原因有三：首先，这部作品为增进默克尔对中国乡村卷入全球化进程现状的了解打开了一扇窗；其次，中国乡村面临的机遇与挑战同样是其他国家正在面对或即将面临的共性问题，中国当代文学作品中折射出的中国经验和中国智慧，令海外精英读者的心灵受到巨大撞击的同时又感到如获至宝；最后，默克尔对女主人公治大国若烹小鲜的政治策略产生了共鸣。正是中国当代文学作品中天然的共情性得到了出版社、企业、期刊杂志等多维因子的激发和多元挖掘，赢得了德国政要的正面评析和积极解读与阐发，在德国读书界引起了广泛兴趣和议论。在默克尔的加持下，中德掀起了一股“李洱热”，加深了海外读者对李洱及其作品的了解和认知。《石榴树上结樱桃》的热销激发了德国另一出版社对李洱《花腔》的信心，其德语版权迅速售出。增强共情意识、阐发共情价值、推动共情传播、促进民心相通，是中国当代文学海外译介面临的新机遇和新挑战。《石榴树上结樱桃》和《花腔》在德国的畅销与默克尔将李洱作品的文学价值提升到文化外交层面产生的效用密不可分。

无独有偶，美国前总统奥巴马任期内恰逢《三体》在美国上市，他曾一度沉迷于此书，与白宫首席经济顾问杰森·福尔曼（Jason Furman）在会上多次讨论《三体》宏大的叙事、丰富的想象力和对现实的深刻启示。令福尔曼引以为

① 目前，当代文学海外传播对草根读者阅读需求的认知还很有限，在此不做进一步讨论。

豪的是，他们同步完成《三体Ⅱ·黑暗森林》的阅读后，他在英文版《三体Ⅱ·死神永生》的新书尚未在美国上市时拿到样书，送给奥巴马做生日礼物。2015 年 8 月，《三体》荣获科幻界诺贝尔文学奖“雨果奖”；12 月，《华盛顿邮报》报道了奥巴马在冬季利用度假时间完成了对《三体》的阅读。2017 年 1 月，奥巴马卸任前夕，《纽约时报》首席书评人角谷美智子（Michiko Kakutani）就阅读的意义这一话题采访奥巴马时，她谈到《三体》使她感到人类的渺小。对《三体》的好评在美国大众读者群中取得压倒性优势，与奥巴马多次在公开场合毫不掩饰地赞美《三体》不无关系。

此外，精英读者产生的追星效应往往具有群体性影响，对中国当代文学海外接受和影响能够发挥最大化的价值，明星汉学家同样具有这样的感染力。

诺贝尔文学奖评委马悦然曾多次在公开场合给予山西作家曹乃谦很高的评价：“曹乃谦是中国最一流的作家之一，他和李锐、莫言一样都有希望获得诺贝尔文学奖。”早在 1990 年，马悦然就被曹乃谦的作品吸引并将其五六篇短篇小说译为瑞典语；2005 年，马悦然将曹乃谦小说选《到黑夜想你没办法——温家窑风景》译为瑞典语，该译作荣获 2008 年瑞典皇家科学院年度翻译奖；2012 年 10 月，马悦然在上海书城出席曹乃谦作品发布及签售会。马悦然始终践行着他的承诺：“我的责任，是把中国文学推介到世界文坛上去，让更多的人读到并喜欢。”

中国当代文学海外传播的主要受众群体是大众读者。

凌静怡认为，海外高校的东亚语言文学系是中国当代文学作品的重要根据地。明迪谈到，美国的大学课堂没有统一教材，教授们自行制定教学大纲、选用教材，如果一部文学作品受到几位在高校执教的诗人、作家、学者的青睐，就会绵绵不绝地有读者订购，而在高校执教的教师们的选材标准往往能够代表一个时代的文学精神和文学审美的第一梯队水准。

2016 年，曹文轩获得儿童文学领域最高荣誉“国际安徒生奖”，在某种程度上代表了中国儿童文学的走向，在瑞典、英国、德国和日本掀起了中国儿童文学海外传播的高潮。

培养中国当代文学的海外阅读兴趣可从当代儿童文学的海外翻译传播抓起。

乔治·欧康奈尔回忆，“10 岁左右时在美国一个公共图书馆阅读严肃诗歌的经历激发了我阅读和欣赏诗歌的兴趣”①，他的经历表明儿童也是中国当代诗歌的海外潜在读者。

贝克—泰勒（Baker & Taylor）是美国公共图书馆和中小学校图书的供应商，据坦佩市公立图书馆购书业务的负责人和坦佩市第三学区图书采购负责人介绍，全美的公立图书馆和中小学校购书书单几乎都由贝克—泰勒提供，各图书馆若独自远赴各国选择理想的书目，经济成本太高，因此书单上未提供的作品则不可能出现在馆藏目录中；美国公立小学一年级的阅读课就开始培养学生对诗歌节奏、韵律美感的体悟，并鼓励学生模仿创作诗歌。这些都为拓宽中国当代文学海外传播路径，尤其是中国当代儿童文学作品进入美国中小学教育体系，提供了新的思路。

2.5 翻译传播效果与反馈

传播效果是媒体传播行为所产生的效果，但目前国内关于中国当代文学海外传播的效果尚无统一的质量标准体系；此外，“拉斯韦尔的‘五个 W’模式也有很大缺点，把传播模式看成单向和直线的，忽视了传播的反馈问题，并且过于简单”，②鉴于此，本小节从评价方式和评价指标维度思考中国当代文学海外传播效果的现状，并尝试通过书评、学术研究文章等评价指标弥补拉斯韦尔传播模式的不足之处。

2.5.1 评价方式

作家作品评价方式主要包括进入图书排行榜、获国际文学大奖、编入教科书或文集及进入国外学校课堂等。

---

① National Endowment for the Arts. George Oconnell[EB/OL]. [2020-07-20]. https：//www.arts.gov/art-works/2013/art-talk-nea-literature-translation-fellow-george-oconnell.

② 戴元光，邵培仁，龚伟．传播学原理与应用 [M]. 兰州：兰州大学出版社，1988：10-11.

2.5.1.1　图书排行榜

麦家：2013 年，《解密》被英国“企鹅经典”文库收录，是文库中第一部也是唯一一部中国当代作家作品，2014 年被英国《经济学人》杂志评为“全球年度十佳小说”，2017 年被英国《每日电讯报》评为“全球史上最佳 20 部间谍小说”之一。

莫言：2001 年，《红高粱家族》被世界文学专业重量级期刊《今日世界文学》评为 1927—2001 年间出版的 40 部世界文学佳作之一。

宋明炜编选：2018 年，中国当代科幻选集《转生的巨人》入选美国科技媒体 *Verge* 杂志最佳科幻奇幻“十大好书”。

松鹰：2017 年，《杏的复仇》入选美国《图书馆杂志》最佳推理小说榜。

西西：2017 年，诗集《不是文字》入选《今日世界文学》杂志评选的 2016 年全球出版界 75 部最优秀的翻译作品。

余华：《许三观卖血记》曾入选韩国《中央日报》百部必读书。

2.5.1.2　国际文学奖评选

国际文学奖追踪和呈现世界文学、文化交流和文化外交的最新成果，积极角逐国际文学奖项既是中国当代作家海外之旅的目的之一，也是中国当代文学进入世界文学殿堂的标志。它虽然有自身的局限性，但毕竟代表了某种文学评价标准下的文学的最高成就，是中国文学国际水准的试金石，也影响着中国文学走进世界的途径和步骤，国际影响力大、民间影响深远。

近年来，中国当代文学冲破语言的藩篱，积极主动参与各类国际文学评奖，在国外屡屡斩获大奖。莫言荣获诺贝尔文学奖，刘慈欣和郝景芳先后荣获“科幻界的诺贝尔文学奖”——“雨果奖”，曹文轩荣获“儿童文学的诺贝尔奖”——国际安徒生奖等，一系列世界文学大奖不仅代表了世界对中国文学艺术水平和中国文化内涵的认可，证明了中国当代文学作品已经具备走出去的素质和能力，其饱含世界情愫的主题也已超越民族性、地域性，唤起了世界上愈来愈多国家和地区人民的心灵共振，在表明中国当代文学在某些方面已经可以与世界上任何其他国家的文学进行平等对话的同时，也为中国文学的未来发展持续积累文

化资本。此外，很多中国当代文学的海外翻译家也借助文学翻译获奖，这为译者带来了象征性资本，也能提升译者的国内外知名度，为目的语文学提供获奖主题和文本，进而对中国当代文学融入目的语文学发挥更大的作用，这是中国文学在共建国家国际传播方面的最高目标之一。

白先勇：2017 年，获第 14 届马来西亚“花踪世界华文文学奖”。

毕飞宇：2016 年，获“埃及文化最高荣誉奖”。2017 年，获“法兰西文学艺术骑士勋章”。毕飞宇是第一位获得这两个奖项的中国作家。

残雪：2015 年，获“美国纽斯塔特文学奖”提名。同年，《最后的情人》入围英国伦敦独立报外国小说奖长名单，并获第八届美国最佳翻译图书奖，是中国作家第一次获得该奖项。2019 年，《新世纪爱情故事》入围国际布克奖长名单。

曹文轩：2016 年，获“国际安徒生奖”，是中国作家首次获此殊荣。

格日勒其木格 · 黑鹤：2019 年，《黑焰》荣获中俄合办“比安基国际文学奖”小说大奖，是首次获得此奖的中国作家作品，推进了中俄自然文学的交流。

郝景芳：2016 年，《北京折叠》被评为第 74 届雨果奖最佳中短篇小说。

劳马：2014 年，获“蒙古国最高文学奖”，这是中国作家第一次获得该奖项。

刘慈欣：2014 年，《三体》获美国科幻奇幻协会“星云奖”提名。2015 年，《三体》获第 73 届雨果奖最佳长篇故事奖，是中国作家第一次获得该奖项，也是亚洲人首次获得该奖。2015 年，获第六届全球华语科幻文学最高成就奖，并被授予特级华语科幻星云勋章，同年，《三体》获西班牙语世界第二大幻想文学奖项凯文奖最佳国际科幻小说奖。2017 年，《三体》获伊格诺特斯奖最佳国外长篇小说奖，同年，《三体 Ⅱ · 死神永生》获美国轨迹奖最佳长篇科幻小说奖、雨果奖提名。2018 年，获年度美国克拉克想象力服务社会奖（表彰其在科幻小说创作领域作出的贡献）。

刘先平：2019 年，《孤独麋鹿王》获得中俄合办“比安基国际文学奖”小说荣誉奖。

刘震云：2016 年，获“埃及文化最高荣誉奖”。2017 年，获摩洛哥“国家文化最高荣誉奖”，是首位获此殊荣的中国作家。2018 年获“法兰西文学艺术

骑士勋章”。

麦家：2015年获美国华人图书馆员协会（Chinese American Librarians Association，CALA）最佳图书奖。

苏童：2017年，获美国纽曼华语文学奖。

西西：2017年，诗集《不是文字》荣获美国卢西恩·斯泰克亚洲翻译奖，入围美国国家翻译奖——诗歌组长名单。

徐小斌：2014年，《炼狱之花》获第二届加拿大国际大雅风华语文学奖小说奖首奖。2016年，《水晶婚》获美国奥本海默基金新兴之声奖提名。

阎连科：2014年，《四书》获捷克卡夫卡文学奖。2015年，《受活》获日本国际推特文学奖首奖[①]，系首获该奖项的亚洲作家作品。2016年，《四书》入围英国独立报外国小说奖短名单，入围曼布克国际文学奖短名单。2016年，《四书》获美国奥本海默基金新兴之声奖提名。2017年，《炸裂志》入围曼布克国际文学奖长名单。这是阎连科继2013年的《受活》和2016年的《四书》之后，第三次入围曼布克国际文学奖。2017年，《炸裂志》第三次获曼布克国际文学奖提名。

余华：2014年，获意大利朱塞佩·阿切尔比国际文学奖。2016年，《第七天》获美国奥本海默基金新兴之声奖提名。2018年，《第七天》获意大利Bottari Lattes文学奖。

朱天文：2014年，获第4届美国纽曼华语文学奖。

2.5.1.3 进入教育系统

教育是文学落地的最佳途径。中国当代文学作品中的“仁爱”思想，鲜活的中国优秀文化元素，越来越国际化的表达方式，推动中国当代文学作品开始越来越积极地融入目的语国家教育体系，逐步走进“一带一路”共建国家的教材、课堂、必选书目和经典文库。2014年，张炜法文版《古船》入选法国教育部高

① Twitter文学奖是日本民间发起的文学奖，其特别之处在于，作家和文学评论家不能参加投票，投票的都是文学爱好者。

等教育推荐教材，成为法国大学生研究中国当代文学的经典教材之一；同年，麦家的英文版《解密》被收进英国“企鹅经典”文库，是继鲁迅、钱钟书、张爱玲作品后唯一入选该文库的中国当代作家作品；余华的罗马尼亚文版《活着》的译者是罗马尼亚布加勒斯特大学教师木国烈，为了更好地帮助罗马尼亚学生理解中国文学作品中的内容，他在上课时播放电影《活着》以配合对小说的讲解，在学生中的反响很好；劳马的罗马尼亚语版短篇小说精选集《一个人的聚会》则入选罗马尼亚布加勒斯特孔子学院翻译课教材；2018 年 5 月，铁凝小说《永远有多远》的斯拉夫蒙古文版面世并成为蒙古国高校汉文学课程的教材；夏威夷大学出版的《中美生态诗选》纸刊进入美国惠蒂尔大学、加州大学多个分校的大学课堂；《三体》《荒潮》《盛世》《超新星纪元》《转生的巨人》等多部中国当代科幻文学作品进入美国卫斯理学院的大学课堂。

美国高校中的一门课程可以选定多本书籍作为教材，开课高校的图书馆为减轻学生的购书负担，会配合教师订购多本纸本“教材”供学生、学者借阅或研究，极大地充实了中国当代文学海外图书馆馆藏数据，是很多中国当代文学作品的海外高校图书馆馆藏量远高于社区图书馆的现象产生的原因。

中国当代文学走进目的语国家经典文库、教材、课堂，说明了中国当代文学作品开始国际化、经典化（而经典化一定程度上决定文学史），是中国文学进入世界文学、影响世界的醒目标志。

2.5.2 评价指标

评价指标包括图书销量、海外图书馆馆藏、读者书评、被国外著名学者在重要学术文献上评论、引用和撰写研究文章、专著等。

2.5.2.1 销量、馆藏

文学作品的海外销量和海外图书馆馆藏数据是有效评价中国当代文学进入世界文学场域纵深程度的指标之一，是中国当代文学在海外精彩讲述的晴雨表，是中国当代文学海外影响力的重要评价指标之一，反映当代文学的中国思想、中国精神得到海外认可、觅得海外知音的厚度、宽度和长度的情况，在某种程

度上能够反映文化的资本价值。

李洱：茅盾文学奖得主李洱的主要作品被译成英语、德语、法语、意大利语、韩语、西班牙语、捷克语、罗马尼亚语、越南语等十多个语种在海外出版，主要代表作包括长篇小说《石榴树上结樱桃》《花腔》和《应物兄》。德文版《石榴树上结樱桃》最早于2007年在德国著名的口袋书出版社DTV出版，收藏于世界各地各类图书馆27所，其中德国占20个。德文版《花腔》于2009年在德国出版，收藏于海外各类图书馆35个，其中德国占23个；捷克文版于2015年出版，收藏于捷克国家图书馆；英文版于2019年在美国出版，收藏于8个国家的70个各类图书馆，其中美国占59个。[①]

刘慈欣：2015年2月，英文版《三体》上市3个月，全球销量达到近2万册，在翻译文学市场的表现十分出色；2019年7月4日，日文版《三体》在日本推出的当天，很多书店就售罄，并迅速登上日本亚马逊文艺作品销量榜第一位。上市后第四天，出版社营业部公布消息称即将开始第8次印刷，上市第7天，纸质版和电子版的合计销量突破10万册。

吉狄马加：吉狄马加的诗歌是中国当代诗歌的一面旗帜。2018年，英文诗集《火焰与词语》精选141篇吉狄马加诗歌结集成册，海外收藏图书馆数量达987个，覆盖全球38个国家。这两组重要的数据表明，吉狄马加已成为世界当代诗坛耀眼而珍贵的存在。

莫言：1993年，《红高粱家族》在美国首次发行即达到1万册并登上美国国家图书俱乐部畅销书排行榜。

其他：2020年，《中美生态诗选》的海外收藏图书馆数量是983个，覆盖全球38个国家，这充分表明，诗人们凭借优美的生态书写、厚重深邃的生态思索、壮阔的生态视野，照亮了全球诗歌读者的心；中国“香港国际诗歌之夜”《古老的敌意》诗集套装的收藏图书馆数量达638个，覆盖全球25个国家，推动中国当代诗歌海外出版形成规模，提升当代诗歌的海外地位，成绩骄人；诗集《铁

① 2部作品在海外图书馆的收藏数据均来自联机计算图书馆中心（Online Computer Library Center，OCLC），最后登录日期为2019年8月16日。

月亮》被海外 9 个国家的 91 个图书馆收藏，图书馆类型主要分两类，20% 为公共图书馆和社区图书馆，80% 为高校图书馆，表明学术研究的精英阶层和学生是主要读者。

基于世界图书馆馆藏数据的向度，希望能够发现当代文学的中国智慧与海外认知和接受之间的关联，探索文学译介、出版和文学生产、思想创新的规律，为中国当代文学的译介和出版提供参考，对扩大中国当代文学国际影响力有推助之功。

2.5.2.2 读者评价

读者评价源自读者对文学作品的感悟、洞见和情感的升华等，是读后的接受和反馈行为，是读者群阅读素养和审美趣味的体现，是作家 / 诗人、译者和出版社之间保持良好互动和信息沟通的平台，是市场了解文学爱好者需求的载体，是推荐好书、帮助潜在读者判断文学作品风格、内容、译介质量的途径之一。谢天振教授指出，“只有在读者的接受中，文学翻译才能实现其文学交流的目的”。[①]

秦晓宇主编中文版《我的诗篇：当代工人诗典》于 2015 年 8 月在国内出版，诗选择取许立志等 31 位作者描述 21 世纪中国工人阶级“劳动”的诗歌，将工人从农村迁往城市及在全球化进程中所面临的问题纳入视野，是底层民生对宏大技术主题的消解，“整体既构成一部以工人视角书写的关于当代中国转型的社会史诗，同时亦可视为中国工人的生活史诗与精神史诗”[②]。2017 年 4 月，《我的诗篇》的英译本《铁月亮：中国打工诗选》经顾爱玲翻译，在亚马逊与英语读者见面，这是中国打工诗歌被译成英语的第一次大规模尝试。

综合考量《铁月亮》在 Goodreads 和美国亚马逊（简称“亚马逊”）平台的“星级评分”和“读者评价”情况发现，它的海外影响力在文学领域已具有一定的代表性，讨论读者对它的评价和接受现象对推动中国当代文学海外传播有积极的现实意义。

---

① 谢天振 . 译介学 [M]. 上海：上海外语教育出版社，2005：165.

② 曹华飞 .《我的诗篇》何以应者寥寥 [N]. 光明日报， 2017-01-26（2）.

（1）Goodreads

自媒体为文学书评提供了极大的便利。Goodreads 作为全球最大的图书荐读网站，在中国有美国“豆瓣”之称，2012 年，已有 4 万多名志愿者图书管理员[①]对海量评论和图书信息进行了审核和校对。2013 年并入亚马逊公司后，与美国亚马逊采用相仿的读者评价模式，评论结果均需综合考量“星级评分”和“读者评价”两部分内容。目前，已收录超过 9000 万份读者在线书评，评论全面、可读性强、可信度高。此外，Goodreads 还整合了 OCLC 的 Worldcat 联机联合目录数据库信息，为用户了解该书在当地图书馆的馆藏情况提供便利。

Goodreads 网站共有 18 位读者为《铁月亮》评分，打 5 星的有 12 人，打 4 星的有 6 人，打 1~3 星有 0 人，最终评分星级为 4.67，评价等级高。此外，有 8 人撰写评论，其中英文书评 7 份，4 份评分 5 星、3 份评分 4 星；荷兰语书评 1 份，来自 Goodreads 的志愿者图书管理员，未评分。

经过对 8 位 Goodreads 读者的评论内容进行梳理、评述[②]，发现读者对《铁月亮》的关注集中在工人诗歌主题、文学价值、意象等文本因素和工业社会背景下，经济全球化高歌猛进导致的悲辛、卑微的底层生活状态等非文本因素两个维度，评论人数显示读者对文本因素的关注高于非文本因素（表 1），我们认为，如果评论样本增大，文本因素的比例优势会更明显。

表 1　　《铁月亮》西方读者关注因素情况

<table>
<tr><th colspan="2">读者关注因素 1</th><th>评论人数</th><th colspan="2">读者关注因素 2</th><th>评论人数</th></tr>
<tr><td rowspan="6">文本因素</td><td>工人诗歌主题</td><td>8</td><td rowspan="6">非文本因素</td><td rowspan="2">经济全球化</td><td rowspan="2">5</td></tr>
<tr><td>文学价值</td><td>4</td></tr>
<tr><td>诗歌意象</td><td>3</td><td rowspan="2">阅读体验</td><td rowspan="2">2</td></tr>
<tr><td>翻译文学价值</td><td>1</td></tr>
<tr><td>人性</td><td>1</td><td rowspan="2">诗人国际声誉</td><td rowspan="2">1</td></tr>
<tr><td>陌生化</td><td>1</td></tr>
</table>

① 经读者/用户本人申请，Goodreads 对其阅读量等进行审核，审核通过者即可成为志愿者图书管理员，权限包括变更书目资料、结合不同语言版本合并重复书目和删除部分书籍。

② 笔者将评论内容译成中文。

《铁月亮》使情感和记忆以脱离工人个体经验的形式存在，是对工业社会发展的质疑与反思，它是中国工人诗歌大规模被译成英文的首次尝试，是体现在文字中的鲜活中国的某一个面。中国当代工人诗歌天然的共情能力、成熟的文本魅力与东方审美的陌生感相伴相生，细读，作品中蕴含的“世界性因素”[①]令人珍视，经验与惊艳并置，得到了译者、出版社、媒体、学者等多维因子的激发和多元挖掘，赢得了西方读者的正面评析和积极解读与阐发，在美国读书界引起广泛兴趣和议论。

读者对文本因素的正面评价包括六个方面：其一，工人诗歌主题。《铁月亮》的工人诗歌主题是最受西方读者关注的因素。在远离故乡和亲人、身体漂泊的境遇下，心灵无枝可依、精神世界与现实相去甚远，因此，向社会传递最底层打工生活的艰辛、原初的呐喊、渴望和诉求等生命体验和情感状态，是工人诗歌的突出主题。“……远离故乡和爱人，在危险的条件下机械式地工作，周而复始，直到充满绝望。主编秦晓宇认为创伤文学作品《铁月亮》反映了‘社会关系断裂’和‘蒹葭之思、恋乡之情’两大主题”（Shane）。诗歌表达个人的情感，更表达一个群体的意志，“诗集为工人群体发声。‘多刺的油腻的语言铸铁……螺丝拧紧的语言’（郑小琼《语言》）是对21世纪农民工初次进城的生动刻画，他们失去自主，与机器为伴。‘姓名这一栏好填 / 每次不用考虑 / 就能写上 / 父母用泥土的颜色给我的名字’（泥文《填简历》）。从拥有自己的名字到只有可互换的工位号码的转变，现实充满了不确定性以及人们的精神渴望”。（Foster）符号化和标签化的工人物语、同质同构的工人诗歌力证着面对城市繁华、一颗颗被时代放逐的心灵，孤寂、无奈，却充满渴望，“垃圾如何变成圣洁？”（冰马《清洗婚纱》），“我不大敢看自己的生活 / 它坚硬 / 铉黑”（陈年喜《炸裂志》）。诗歌的主题虽各有侧重、技巧各有差异，但工业文明社会的漂流者们所处的社会环境惊人地相似，很多问题现实而坚硬，“长时间工作而无法思考，会带来严重的个人危机。诗歌没有用自我毁灭束缚黑暗中的表白，

---

① 陈思和．20世纪中外文学关系研究中的“世界性因素”的几点思考[J].中国比较文学，2001（1）：9，17.

有些用朴素的文字蕴含的原始的力抨击现实，‘你永远不会明白我的委屈’（李祚福《马不停蹄》），‘工作后，字迹逐渐模糊/要么化为灰烬’（湖北青蛙《月亮在工厂中的位置》）”。他们在为“中国制造”工作的间隙创作的诗歌，是人生百态，更是灵魂的微微战栗，“许立志对‘铁’带来的工业生活的厌倦在《我咽下一枚铁做的月亮》中得到了最好的诠释：‘我咽下一枚铁做的月亮/他们把它叫做螺丝/我咽下这工业的废水，失业的订单/那些低于机台的青春早早夭亡/我咽下奔波，咽下流离失所/咽下人行天桥，咽下长满水锈的生活/我再咽不下了/所有我曾经咽下的现在都从喉咙汹涌而出/在祖国的领土上铺成一首/耻辱的诗’”（Foster）。工业社会发展的背后是工人们艰难多舛的生活，他们以诗歌斩截、有力地观照现实，看似平淡不惊的叙事，实则表达出心灵永恒的渴求：“每首诗都充满了绝望，但几乎每个诗人又都满怀希望，闪耀光芒，很难说是希望还是绝望占了上风。诗歌见证了现代工业中的不公正，劳动者发出的呐喊是希望被听到的”（Meertens）。《铁月亮》也许不是最富文学性的组诗，但其趋近于直接心灵经验的诗意呈现，是充满工业社会烙印的疼痛：“主题充满阴郁和残酷的气息，字里行间揭露出‘世态’真相”（Sarah），“诗人们每天10~12小时工作在手机及其零部件的生产线上，在恶劣条件下坚持用手机撰写诗作，借诗歌表达对美好生活的向往”（Liz）。工人的手，诗人的心，“诗选精彩地解读了诗人对现实生活的内心感受，疑惑与厌倦、喜悦与不满、渴望与无奈”（Peace），“粗糙、流畅、伤感、苦涩，是每个工人诗人内心的情感”（Alex），“展现了中国/全球劳动者丰富的、震撼人心的情感之旅”（Gobina）。《铁月亮》以世界性文学的主题，唤起了西方读者的共鸣。

其二，文学价值。《铁月亮》有效地承担起工业社会公共话题的责任，是具有社会学意义的诗歌现象，是一种新的地域性写作、群体性和工业时代创作。它“是对中国文学的重要贡献，为主编、译者，尤其是诗人们赢得了赞誉”（Shane）。“这本诗集让我们想起了工业生活的复杂性和工人诗歌中独特的文学价值，是中国工人诗歌代表性佳作诗歌集”（Foster）。“它是现代诗歌爱好者的必备读物”（Liz）。“诗歌内容广阔、形式多样，描写苦难的长诗，及对爱情和深圳的颂歌交替出现；风格简约、丰富、创新，充满文学性”（Gobina）。

其三，意象。《铁月亮》组诗的内容多元、开放，混杂着异质而熟悉的物质意象，内涵意蕴丰富，阐释功能显著。它用“铁”这一最具工业时代象征意义的意象表现对工人命运的思考，“《铁月亮》中的‘铁’融合了冰冷和频繁的意象，它是切割齿轮和动力摩擦时发出的刺耳的尖叫声，是一块沉默的金属。‘冷却的巨铁有着暮色覆盖后 / 发黑的缄默’（孙海涛《机器书》[1]）。铁是销蚀梦想最终令其破灭的冷酷的象征，金属和机器暗示对人的才华和艺术梦想的沉重打击”（Foster）。“……某些诗歌意象多次出现，有许多场景描绘冰冷的铁、影子投影在机台上、四肢和被遗忘的生命、柔美的月光与冰冷的白炽灯之间的对比，及工人们丧失姓名与性别，隐进工卡上的数字中。即便如此，很多人尚没有工卡”（Meertens），读者为“中国诗歌以惊人的意象，偶尔惊艳、常常微妙地表达出全人类共通的情感”（Peace）的艺术表现手法深深叹服。

其四，翻译文学价值。没有译者就没有翻译行为的发生，没有翻译就没有文学交流与传播，好的译者不仅能够精妙地传达原作的风貌，而且使作品精彩绽放第二个春天，“译者顾爱玲对两种语言的转换处理堪称完美。她将翻译技巧与原作的诗学精神相结合，拓展了诗歌美学的维度，促使多层次的艺术表现得以呈现”（Foster）。

其五，人性。中国古诗是世界文学宝库、精神源泉的重要组成部分，世界影响力深远悠长，“自古以来，中国伟大的诗人辈出。当代中国打工诗选富有人性的高度和深度延续了中国的诗歌传统”（Shane）。人性的力量是诗歌创作的另一个中心主题，《铁月亮》是从中国工人内心流淌出来的，具有超越时空藩篱的真诚的力量，为世界深刻地了解中国工人的当下打开了一扇窗，它对人性的探讨得到了西方读者的高度评价，是当代诗歌世界文学价值的体现和旺盛生命力的表现，归根结底，是人性相通的力量。

其六，陌生化。“《一颗花生的死亡报告》是一首伟大的实验诗歌，诗人许立志简单地转录了一罐花生酱的产品信息”（Meertens），借诗歌语言的陌生化，把强烈的情感浓缩到不经意的日常之中：一瓶花生酱的生产报告即一颗被

① 书评中标注此句的出处为郑小琼《献给 C 的哀歌》，有误。

机器压榨的花生的死亡报告，一个电子元件的生产过程即一个被机器压榨的工人的生命凋零报告，还有什么能够比用“生产”来表达“死亡”更奇险、更令人不寒而栗呢?

8 位评论者中，有 1 位对诗句的理解难度高提出批评，认为“诗句美妙但不易读懂”（Sarah）。

分析发现，西方读者对《铁月亮》非文本因素的关注少于文本因素，符合文学作品海外传播的一般规律。

非文本因素包括如下三个方面。

首先是经济全球化。叙事是当下诗歌的一个主流特征，《铁月亮》成功地营造出了具象的叙事场景：发达资本主义国家把跨国公司开到中国，通过采购价格最低廉的原材料、利用成本最低的劳动力，组装、加工产品进而销往全球其他地区，以争取利润最大化。以苹果手机为例，据统计，2017 年全球有近一半的苹果手机是由富士康代加工的。中国拥有快速发展的制造业，在全球已是不争的事实，“众所周知，中国的商品销往世界各地”（Shane），“工人的迁移为城市繁荣作出了贡献，同时也给他们自身带来了巨大的痛苦……”（Meertens）。中国被称为全球工厂，“西方国家在第三世界国家建厂，剥削廉价劳动力，中国工人经历的痛苦正是西方世界将工厂迁出本国之前，工人们苦难经历的再现”（Sarah），中国工人面临的生存困境同样是其他国家正在面对或即将面临的共性问题。《铁月亮》记录当代工人的生活、见证工业社会发展的历史，并引起海外读者和为劳工争取权益的热心人士的关注，“沉浸在诗歌中，我始终在思考两个问题：做一名工人，感觉如何? 我从未炼过钢、从未在苹果公司的工厂工作过，也从不写诗，可是他们在我每天的生活中随处可见”（Alex），“这本诗集促使我思考生产线上的工人们为我所沉迷的苹果手机、平板电脑付出的沉重代价，我想，这会给现代工业革命带来灾难”（Liz）。读者评价不约而同地指向了当今世界以西方为主导的经济全球化是将中国工人推向深渊的始作俑者这一观点。

其次是阅读体验。《铁月亮》表达的苦涩与希冀是组诗的底色，情感、思想和审美是底色上的绘图，“……经诗歌以艺术的手法表现出来，值得倾听和

阅读。这些诗歌并不都是最出色的，但它无疑是一次凄美的阅读体验"(Meertens)。"这是一本很有力量的诗集，……需要细细品味每一位诗人在诗歌中表达的情感"（Liz）。

最后是诗人国际声誉。"中国工人是一个庞大的群体（总数约是德国人口的2.5倍），有些打工诗人每天在装配线上连续工作14个小时，工作之余仍坚持写诗，虽然这部分诗人比例相对较小，但足以给读者留下深刻的印象，正逐渐受到海外关注，例如，去年参加国际诗歌节的郑小琼"（Meertens），其诗歌创作能力和海外影响力在她参加国际诗歌节的过程中得到了提升，反之，海外读者对其认知度也得到了提升。

《铁月亮》在Goodreads平台获得的正面评价远多于负面评价。

（2）亚马逊

亚马逊作为覆盖全球、成熟、成功的网络图书电商，"读者评价"区是作者、出版商、读者三方的即时互动功能区，用户数据丰富，评论对象多基于图书内容本身，评论具有较高的参考价值。

"星级评分"：亚马逊使用机器模型评定星级标准，主要考量书评年份、是否出自本书的实际购买者和发表书评者可信度三个方面的影响因素。5星制评定共分五个等级，1级为5星，评价等级最高，其他四个等级依次降之。笔者对诗集《铁月亮》在亚马逊官网上的评价情况进行检索和梳理，数据显示，5位读者中，将诗集评定为5星等级的人数占比为68%，评3星的占比为32%，星级评分结果为4.4星，与Goodreads星级评价结果临近，评价等级较高。由于样本数量小，我们通过分析"读者评价"来弥补样本不足的缺憾。

"读者评价"：读者可在网站上匿名或实名[①]发布评论信息，包括购书体验、读书心得等，不一而足。评论页面显示，4位读者的评论内容评价等级均为5星，其中3位已购买此诗集的读者拥有良好的阅读体验。书评内容题目自拟，文字数量自行决定，具体如下：

① 亚马逊网站根据读者购书的信用卡账户信息显示书评人的真实姓名。

表 2　《铁月亮》亚马逊书评内容

书评人	标题	读者评价
Shane	《重要的文学贡献》	同 Goodreads
Liv	《唯美·心碎》	每首诗都是高度浓缩的精华，每位诗人都是在繁重、危险的劳作间隙用手机记录下一首首唯美而令人心碎的诗歌。他们是在用灵魂写诗
Craig	《中国工人在诗歌中表达他们的喜悦和梦想》	诗歌中展现的最隐秘的苦闷、喜悦和梦想，读来令人心碎。写诗是有些工人一天中唯一快乐的时光，他们经年累月地在远离家乡的煤矿、服装厂、科技公司工作，生活在幽闭狭小的空间中，没有隐私可言；年迈的父母、挚爱的妻儿完全靠他们养活。字里行间流露出孤独、悲伤、逃避和绝望，仿佛可以听见他们在低声耳语、交谈甚至大声尖叫
匿名	无题	我们需要更多像这样描写文学与社会关系的翻译作品。它用新颖、唯美的方式描述了中国当代诗人的生活

通过对 4 位读者评价内容（如表 2 所示，由笔者译成中文）的梳理和评述，发现读者对《铁月亮》的关注集中在文学创作与审美、诗歌叙事、文学价值和贡献等文本因素和诗人的职业背景、人性、情感、工作和生活环境等非文本因素两个维度，未提及文本的翻译质量。总体来看，全部为正面评价。

与 Goodreads 不同的是，亚马逊书评区可选择提交书评的标题，诗评人自拟的评论标题是评论内容的“文眼”，既能概括评论内容、点明主旨，又能直观反映评价态度、了解诗评人的感情基调。以表 2 为例，3 位诗集购买者的书评标题分别为《重要的文学贡献》《唯美·心碎》和《中国工人在诗歌中表达他们的喜悦和梦想》，他们认为：诗歌的社会学功用在于思考与人的存在紧密相关的社会和历史问题。《铁月亮》以工人诗人的个人命运代表工业社会的工人群体命运，看似表达个人经验的诗歌积累了大量鲜活滚烫的社会变迁烙印和群体记忆，从一颗颗渴望救赎的心灵中喷涌而出，热烈而滚烫。诗评人 Shane 认为《铁月亮》组诗传递出的诗歌现象具有社会学意义和重要的文学价值；诗歌“展现出来的机器世界的坚硬、冰冷、轰鸣，幽闭空间里的苦闷酸楚，流水线上的重复、单调、枯燥，以及个人的渺小、面目模糊，都充满着诗意”①，其中，代入

① 曹华飞.《我的诗篇》何以应者寥寥[N].光明日报，2017-01-26（2）.

感极强的诗歌意象绘制冰冷的阅读体味，兼画面感极强的黑白色调切换与诗人并置和流转的诗思跳跃，大约是 Liv《唯美·心碎》的阅读心境。Craig 表达的“喜悦和梦想”是《铁月亮》组诗的主题之一。超长的工时并不能磨灭工人诗人们诗歌创作的热情，相反，写诗是他们的灵魂与自己的命运际会和对话的方式，Craig 细细咀嚼着在现实生活的挤压下，工人们苦苦挣扎的痛与气势磅礴的梦互搏，此消彼长。

文学是人学。《铁月亮》是对想象之外、现实之中的当代工人的生存境遇和诗歌创作的记录，是对工人诗歌文化现象的呼应。每首诗都是一个社会底层劳动者生存状态的“取景框”，没有形状、没有滤镜，仿佛也没有任何色彩，可这一切并不妨碍它为汗水和理想呐喊；像无数个海浪，拍打出社会变迁的浪花，是动能，铿锵有力；是世界一隅发出的光，虽微弱，却能照亮人生。此外，诗人们有意识地探寻诗歌创作的技巧和独特的个人色彩，清晰的“工人自觉”意识促成了《铁月亮》的社会学价值，使之成为认识工业社会历史和全貌的有力补充。 基于读者接受视角梳理分析 Goodreads 和亚马逊读者对当代诗选《铁月亮》的评论内容，发现《铁月亮》获得的评价数相对较多，星级评分较高，正面评价远多于负面评价，表明《铁月亮》的工人诗歌主题兼具本土性和世界性。一方面，漂泊异乡的工人忙碌于幽深的矿井与轰鸣的流水线，饱经人间冷暖，仍无所归依，将这样的平凡世界化作动人心魄的诗篇——源自社会低微尘埃处，却高耸入云端，满足了西方读者对中国文学的阅读期待；另一方面，经济全球化给劳动者带来的艰辛往往是世界各国历史取景框之外的区域，处于主流视野的虚焦之处，更是没有影调细节的剪影，工人诗选承载的社会价值超越了中西方文化心理差异的鸿沟，成功唤起了西方读者的心理共鸣，具有社会学和文学的双重启示意义。

2.5.2.3 学术研究

具体包括海外汉学家、评论家、专家学者等撰写的中国当代文学评论及研究性专著等评价指标。

莫言是当代文坛巨擘，2012 年获得诺贝尔文学奖是中国当代文学的里程碑

事件，这引发了大量中国当代文学作品的海外刊行，吸引了很多外国读者加入阅读中国当代文学的队伍。读者的阅读与评价过程能够极大拓宽世界文学场域中的中外文学互通、互动与想象的空间，从而将加快中国当代文学海外翻译传播速度的外部动力转化为传播良性循环的内驱力，推动提升传播效果。海外汉学家、学者们对莫言的认识和研究正是对这一关切的积极回应。2013 年 4 月，美国汉学家桑禀华发表文章《莫言微妙的平衡行为》。2014 年，巴黎第三大学 / 新索邦大学比较研究中心中国研究主任张寅德研究莫言的专著《莫言，虚构之地》在法国出版。安吉莉卡・杜兰（Angelica Duran）和黄玉菡主编的研究专著《语境中的莫言：诺贝尔奖得主和全球说书人》收录的葛浩文《作者与译者间互惠却不易甚至脆弱的关系》、唐纳德・米歇尔（Donald Mitchell）和安吉莉卡・杜兰合作撰写的《比较文化研究教学案例》等 14 篇文章基于视觉、文化等领域对莫言进行了多维研究；汉学家罗鹏的文章《透过狗眼看莫言》探讨莫言透过狗的眼睛洞悉叙述者外视角的方方面面；伊朗 Omid Akhavan 在加拿大刊物发表文章《轮回、因果报应和自我启蒙：从佛教视角看莫言的小说〈生死疲劳〉》。芬兰评论家 Riitta Vaismaa 对莫言作品《酒国》撰写书评 *Arvostelu teoksesta Mo Yan*：*Viinamaa*。2015 年，纽约大学 Todd Foley 的博士论文 *Zoological Modernity*：*Human and Animal in Chinese Literature* 对姜戎、莫言和余华作品中人类和动物概念的生成方式、人与动物的关系展开深入探讨。2016 年，柯夏智在文章《不一致的话语：莫言和中国文学研究中的文学理论、意识形态和翻译》中从三个维度回应西方评论界对莫言及其作品文学价值的质疑，认为质疑主要源于对莫言和其他诺奖作家的双重评价标准，如此判断不符合文学的认知规律。2018 年，德国汉学家 Christa Kokotowski 的博士论文 *Identitätssuche*, *Heimatroman oder literarische Sozialkritik? Zwei chinesische Schriftsteller und ihre Darstellung des ländlichen Chinas*：*Jia Pingwa*：浮躁 /„*Fuzao*“/„*Turbulenzen*“*und Mo Yan*：天堂蒜薹之歌 /„*Die Knoblauchrevolte*“. *Eine vergleichende Analyse aus westlicher Sicht* 从跨文化角度对贾平凹《浮躁》和莫言《天堂蒜薹之歌》对中国农村的描绘展开比较研究。

海外汉学家、翻译家是中国文学的海外“接生婆”，中国当代文学能在海

外呱呱坠地，与他们的付出是分不开的。他们对中国当代文学的翻译和介绍，可以说就是中国当代文学在目的语国家的第一声啼哭，嘹亮与否，也与他们提供的环境息息相关。虽然中国当代作家在不同国度的影响力不同，但他们走向海外的第一步，都基本相似。作家王家新的海外之路也是这一现象的准确写照，他的文学作品就是因为得到了德国汉学家和美国著名作家的青睐和推介，才逐渐获得世界认知和欣赏的。王家新作品的德国“接生婆”是顾彬。自1998年起，他公开发表了6篇翻译和介绍王家新诗作的文章，并于2011年和2017年翻译出版了2部王家新的诗集。王家新作品的美国“接生婆”则是著名作家罗伯特·哈斯（Robert Hass），他在《美国诗歌评论》2015年第3期5–6月号上对《王家新诗歌专辑：“反向及其他诗作”》所作的评论《王家新和冬天的精神》，对提高美国乃至英语世界对王家新其人其诗的认知度产生了重要推动效果。顾彬和罗伯特·哈斯均为文学界的“大咖”，经由他们将王家新文学作品翻译介绍到德语世界和英语世界，所产生的影响是不言而喻的。王家新诗作的异域之旅之所以相对平坦并能唤起不同国度的学者和作家心灵上的共鸣，与此关系密切。此外，知名旅美文学评论家王德威曾在1996年撰文《海派文学，又见传人——王安忆的小说》，并在此后多个场合、多次高度评价王安忆在当代文坛的地位。1998年，翻译家凌静怡在其博士论文 *A Marked Category*：*Nine Women of Modern Chinese Poetry*，*1920—1997* 中对西西、翟永明、夏宇等当代诗人及作品均作了专章研究。

中国当代文学作品评论发表在具有国际影响力的海外主流报刊上，以及被改编为电视、电影、话剧等，以多模态样态出现在海外，对于塑造中国当代文学的世界形象至关重要。

2015年，德国《东亚文学杂志》第58期收录德国汉学家高立希为余华作品《第七天》撰写的书评 *Lesebericht – Yu Hua*：*Der Siebte Tag*。此外，2014年以来，余华作品《活着》和《许三观卖血记》被改编为话剧《人生：活着》和《他的名字是父亲》等在韩国剧场上演，多次得到不同导演的改编，得到观众和剧评家的好评。

2015年8月，美国《华盛顿邮报》刊登科幻界著名评论家 Stephen Benedict

Dyson 为刘慈欣《三体》撰写评论《你为什么应该读刘慈欣——中国最火的科幻小说家》（*Why You Should be Reading Liu Cixin*，*China's Hottest Science-fiction Writer*）。2017 年 6 月，*ReS Futurae* 刊登法国译者关首奇（Gwennaël Gaffric）对《三体》三部曲的书评 *La trilogie des Trois corps de Liu Cixin et le statut de la sciencefiction*。关首奇推动了《三体》在法语世界的传播速度。2019 年，《纽约时报》刊登了 Alexandra Alter 撰写的评论《中国科幻小说如何征服了美国》（*How Chinese Sci-fi Conquered America*）。

2016 年，《纽约时报》对黄运特编英文版《现代中国文学大红书》发表整版书评，并用推特宣传该作品选。同年，美国汉学家邓腾克（Kirk Denton）主编的《哥伦比亚中国现代文学指南》收录罗福林、奚密、白睿文、罗鹏、宋明炜、柯雷、陈顺妍（Mabel Lee）、殷海洁（Heather Inwood）、伍湘畹（Daisy S.Y. Ng）、Jonathan Noble 等众多海外知名汉学家、学者对王蒙、金庸、莫言、西西、朱天文、朱天心、王安忆、王朔、余华、阎连科等中国当代作家和诗人及其作品的介绍和评论。

2017 年 2 月，美国杂志《中国现代文学与文化》刊登荷兰汉学家柯雷（Maghiel van Crevel）撰写的对诗选《铁月亮》及依据诗选改编的电影《铁月亮》的评论《铁月亮：当代工人诗歌精选和〈铁月亮〉（电影）》（*Iron Moon*：*An Anthology of Chinese Migrant Worker Poetry* and *Iron Moon*（the Film））。2017 年 9 月，美国《萨默维尔时报》刊登《铁月亮》书评[①]；2018 年，荷兰翻译家柯雷以“铁做的月亮——《我的诗篇》英文版和同名纪录片的书评兼影评”为题在世界各地多次演讲；2020 年 4 月，美国评论家 Mark Nowak 讨论劳工维权的最新专著《社会诗学》（*Social Poetics*）[②] 第八章“Emergent Solidarities”专题讨论《铁月亮》反映的中国工人的生存现状。

---

① KATE HASON FOSTER. ‘Iron moon: an anthology of Chinese migrant worker poetry’[EB/OL].（2017-09-27）[2020-03-20]. https://www.thesomervilletimes.com/archives/78771.

② MARK NOWAK. Social poetics[M]. Minneapolis: Coffee House Press, 2020. 作者荣获 2015 年诗歌与行动主义自由先锋奖（Freedom Plow Award for Poetry & Activism），该奖旨在表彰为改变社会非正义、推动社会变革而努力的诗人。

2018年6月，《纽约客》刊登鲁羊短篇小说《银色老虎》译文。

2.6 小结

许钧教授曾言，“好作家遇上一个好翻译，几乎就是一场艳遇”[①]，蜚声当今国际文坛的当代作家莫言、刘慈欣、麦家等就是这一次次联袂佳话的最大受益者；也正因“艳遇”的可遇不可求，译者都会尽可能地翻译自己最爱的作品，尤其是海外译者的译介内容选择在很大程度上代表了海外读者的阅读审美取向。葛浩文指出，“翻译小说要在美国卖得好，书评固然有所帮助，但出版商愿意投钱展开积极主动的推介和营销才是关键”[②]。目前，由海外出版社发起并由海外汉学家、翻译家翻译的模式传播效果最佳，如《米》《我的帝王生涯》《狼图腾》《兄弟》等；其次是由声誉卓著的海外汉学家、翻译家发起并由海外出版社出版，《红高粱家族》《三体》《长恨歌》等都属于这个范畴；中国本土译介主体问题最多，比如凌静怡曾经谈到外文出版社出版的文学作品译文十分生硬，让西方读者不知所云。域外小说与广大读者的接触必须以翻译家和评论家作为中介，故译本的质量很容易左右读者的阅读趋向。[③]富有经验的翻译家，常常可以避免很多翻译过程中的常识性错误，保证中国当代文学外译具有较高质量。美国翻译家柏艾格英译于坚的诗，翻译家凌静怡英译翟永明、吉狄马加、海子、王寅的译作，都受到普遍好评，没有出现翻译的“硬伤”。

中国当代文学翻译队伍不断壮大，翻译质量不断提升，若能得到中外国家政府的支持，中、外翻译家可以组建文学翻译家协会，以保障文学翻译更具靶向性，也更接地气。中外文学翻译家协会可推动中外文学翻译由自发变成自主，中外合力，共同推动中国文学翻译，加快中国文学“走出去”的步伐。

中国当代文学“走出去”的最终目标是像空气一样融入共建国家的文化精

① 傅雷.傅雷家书[M].南京：江苏凤凰文艺出版社，2017.

② BERRY M. The translator's studio: a dialogue with Howard Goldblatt[J]. Persimmon: Asian Literature, Arts, and Culture, 2002, 3(2): 23.

③ 陈平原.二十世纪中国小说史[M].北京：北京大学出版社，1989: 57.

神之中，隐于无形并无处不在，因此，最适合“走出去”的中国当代文学作品应该是那些包含源于中华文化传统的中国元素，且能与共建国家有机共享的作品。也只有这样的作品，才更易于与目的语国家的文学找到契合点，与异域文化深度融合，并推动目的语国家文学与中国当代文学中的文化元素相结合，最终实现中外文学深度融合，无缝衔接。然而，相对于中国综合国力的提升，中国当代文学的海外影响的广度和深度都还相对有限。

数年来，中国当代文学借“三大工程”和孔子学院的推动力，已经基本覆盖了“一带一路”共建国家通用语以外的小语种国家，推动了中国当代优秀文学作品走进共建国家。在中国当代文学的海外翻译传播过程中，“三大工程”对中国精品图书的海外翻译出版给予资助，并支持中国出版企业自主创新开展“走出去”项目，与孔子学院的海外影响力和海外教育系统资源形成合力：在“一带一路”共建国家已经开设了一批分支机构，建设了一批有分量、有影响的战略支点，凝聚了一批重要合作伙伴，可以保证掌握作品出版的全过程（包括海外出版译本的内容、插图、封面设计、出版发行过程、读者和社会反映等），使作品的海外之路纳入可见、可控视域，出版交流合作取得了丰硕成果，版权贸易量高速增长，为良好的传播效果提供了必要前提；把整个出版环节纳入资助范围，利用国际业务联动效应，逐步形成利于中华文化国际传播的书情、舆情“滚雪球效应”，切实发挥提升中国文化在共建国家认知度和影响力的作用；对中国与共建国家出版机构开展文化交流与合作具有战略性指导意义，对共建人类命运共同体发挥了重要的纽带作用。

在全球化时代，中国当代文学海外翻译传播的政府主导特征明显，政府大力资助与充分挖掘文学价值以主动吸引海外出版界的深度参与，二者互为补充，缺一不可，如此才能呈集中、快速发展趋势，形成合力，持续拓宽、探深中国当代文学的海外覆盖场域。然而，中国当代文学作品的出海路途遥远，在“酒香也怕巷子深”的时代，任何具有传播价值的优秀文化都应重视传播手段，借海外期刊、海外文学会议和文学节、海外国际书展之“船”出海，实现与目的语国家文学的跨本土融合，即变中国主导的中国当代文学跨本土传播为目的语国家主动的跨本土接受，是中国当代文学海外传播的最高目标之一。

“造船”主动顺应中华文化国际化的时代大势、迎合海外读者渴望了解中华文化的需求，“借船”体现中国智慧与时俱进的新时代内涵，将世界一体化内涵发挥得淋漓尽致，在激发海外读者了解和理解中国的热情、加深对中华文化认知的同时，增强他们对本民族文化的认知和自豪，在润物细无声中实现中华文化自身的世界化。传播媒介的“造船”与“借船”皆为出海，二者融合是任何文学文化出海的必由之路，也符合中外文化交流的规律。

“顺水好行舟”，值此世界中华文化热之良机，我们要充分利用和发挥国内外各种传播途径的能动性，有选择、有步骤地根据不同国家文学特点，选择既能更有效地体现中国当代精神，又能与目的语国家文学精神相通相融的中国文学，采取适当的传播途径，通过科学合理的评价方式和评价指标评估与反馈传播效果，旨在努力拓宽夯实中国文学的国际化途径，让中国文学精神成为目的语国家文学精神的有机组成部分。

第 3 章　中国当代文学海外翻译传播困境

世界文学发展史证明，文学的海外影响力与一国综合国力的世界影响力是成正比的，如英美等国进入现代化的过程中，都伴随着其本国文学的国际化热潮。

中国当代文学的海外传播之路，与中国的大国崛起进程也是一致的。在很长一段时间内，中国文学的海外翻译传播，在某种程度上基本处于“自娱自乐”阶段，因为信息传播不畅，长期处于盲人摸象的窘境，也没有出现《浮士德》《战争与和平》那样世界性的作品，国外自然也不会产生翻译中国文学的主动性，中外文学交流存在巨大“逆差”。

从 20 世纪 50 年代发展至今，尤其是近三十年，中国当代文学取得了长足的进步，出现了大批优秀作家，青年作家如春日沃野上的青草不断涌现，与大众、社会、民间实现了更广泛的融合，获得了来自大地的源源不断的养料和水分。

“一带一路”倡议提出以来，中国当代文学的海外之路有了集中的场域和视域，资源得到整合，形成了合力，呈集中、快速发展趋势，但是，在国际形势波谲云诡、各国经济发展水平参差不齐、中外文化差异巨大、传播路径各领风骚、阅读趣味国国有别的社会、经济、文学、媒介、审美等生态融合的大环境下，在推动实现“人类命运共同体”的进程中，中国当代文学海外翻译传播还面临着严峻的挑战与考验。

3.1　翻译传播主体难司其职

作家、译者和出版机构，是中国当代文学的海外翻译传播主体。中国当代

作家作为中国优秀文化的传承者和当代中国的解说人，与“一带一路”共建国家的译者、文学代理人及出版机构等竭诚合作，推动中国当代文学惠泽和润濡不同国家民众，与世界不同国家文学互鉴、共进，彼此融合，繁荣共生，使中国当代文学在共建国家的翻译传播呈现出空前的繁盛，但也应看到，在与之相关的许多方面还有很大的提升空间。

3.1.1 作家、译者各有所短

在传播时代，每个人都是传播者也是被传播者，都是信息的载体和源头。中国当代文学作品要成功译介到海外市场，也离不开作家积极参与宣传。一方面，作家应积极掌握外语技能。葛浩文曾谈到，“中国作家到国外旅行演讲必须完全仰赖口译的协助，因此自行到处走动与当地人接触的机会少之又少，创作的文学作品缺乏国际视野”[①]，不懂外语正严重妨碍着中国当代文坛的重要作家与海外同行、读者进行文学交流。另一方面，当代作家应主动走向国外市场、参与到中国当代文学海外推广的文学交流活动中：共建国家图书节、读书会、研讨会、媒体专访类节目等都有利于海外读者了解中国文学作品，既有利于作家及其作品的传播，也有助于作家掌握海外读者的阅读兴趣和关注的焦点，创作出兼具文学性与世界性的佳作，国内还有不少作家尚未意识到这样做的价值。

不会传播自己的作家，可能会写出优秀的作品，但不会得到应有的广泛关注和认可，为成为世界性的作家增加很多困难。以贾平凹和莫言作品海外翻译传播为例，贾平凹作品先于莫言作品译入西方世界，可是瑞典文学院却先于贾平凹向莫言伸出橄榄枝，原因有二：一方面，贾平凹的许多作品都是海外翻译家、汉学家主动联系他要求翻译介绍到国外的。文学评论家李星认为，“莫言是个具有世界眼光，非常重视对外交流的作家，来陕西都来了十余次，每次都来这边找文学界的朋友，非常有推广意识。相比之下，陕西作家就知道闷头苦干，

① 贾奕帆．汉学家们眼中的“中国文学走出去”[EB/OL].（2017-04-11）[2021-10-10]. http://pop3.cctss.org/article/headlines/2854.

很少主动走出去，就是舍不得家乡的那碗黏面，以前别人叫贾平凹去香港他都不去，陈忠实也是这样。这对我们冲击世界有着很大的拘囿，也是陕西作家必须改进的地方！”[①] 另一方面，莫言能够接受葛浩文依据自己的理解和西方读者阅读趣味进行改译的译本，但贾平凹比较在意译者对文本做出的改动。被称为“中国当代文学首席翻译家”的葛浩文与莫言的愉快合作早已在业界传为佳话，他翻译的莫言作品有 10 余部，翻译的贾平凹作品却只有 2 部。作家只生活在自己的内心世界的时代已经过去了，虽然每个时代的优秀作家都有自己的标准，但文学作品世界化的前提是改写，这一点从获得诺贝尔文学奖的印度诗人泰戈尔和中国作家莫言的国际化之路中都得到了证实。泰戈尔获得诺贝尔文学奖后，在去英国演讲的途中，主动将自己的作品由孟加拉文译为英文，并进行了多处改写，以适应英国听众的审美；葛浩文在翻译《天堂蒜薹之歌》时，出版社要求改写原作的结局，莫言不仅完全重写了故事的结局，而且后来在国内再版该作品时，也沿用了听从葛浩文建议修改后的版本。顺畅的沟通在翻译中的作用举足轻重。若优秀译者 / 翻译家与中国当代作家有长期的沟通合作，译者对作家的语言风格、思想内涵、行文方式就会有充分、准确的把握，译作就更容易符合目的语受众的阅读趣味和期待，成为目的语读者更容易接受和理解的一种异态语言和文化。

此外，中国当代作家在酝酿构思和具体创作阶段就应当具有“一带一路”意识，既要关注精英读者和大众读者，也要下沉到底层，满足“草根”读者的需求，使作品具有“‘一带一路’性”。如，中国政府与“一带一路”国家政府层面的沟通机制已相对完善，但与国外底层民众的沟通渠道还不够畅通。导致国外民众对“一带一路”倡议不理解的主要原因之一是，其仅实现了精英阶层的上传，但并未实现草根阶层的下达，即信息不对称。为此，应密切加强双方民间文学文化合作和交流，关注读者的实际阅读需求，传播有助于解决当地民生问题的文学作品，展现中国的人文关怀，引起底层民众的共鸣。

---

① 李星．诺奖评选主要看翻译　莫言非常有推广意识[EB/OL].（2012-10-22）[2020-07-15].https://www.chinanews.com/cul/2012/10-22/4266386.shtml.

目前，我们对于海外翻译家可以依靠、不可依赖这一点，还没有形成清晰的认识，前例近有葛浩文，远有徐志摩、庞德等。以葛浩文为例，莫言获得诺贝尔文学奖后，葛浩文态度急剧转变，开始言辞犀利、毫不客气地批评中国当代文学和作家，如缺少国际视野、粗制滥造、与国际公认的小说标准（即西方标准或美国标准）脱节等，葛浩文这种文化认同的矛盾反映和代表了海外翻译家对中华文化走向世界的复杂心理态度：外国翻译家虽然客观上的确有助于中国文学走向世界，但其主观动机多出于个人兴趣或谋生需要，一般不会主动承担起将中国文化传播到其母国的使命。

中国当代文学世界化的条件之一是改写，但要始终坚持中国主导，牢牢掌握主动权，不能以牺牲国家、民族、文化尊严为代价满足西方读者的猎奇心理，从而暗合西方读者内心根深蒂固的观念。阎连科的作品《受活》被译为《列宁之吻》，政治气息浓厚，加之与乡土和情爱主题相结合，迎合了西方读者的中国想象和意欲窥视中国的心理，在西方很受欢迎。甚至诺贝尔文学奖作家莫言和翻译家葛浩文为迎合西方读者需求也有过类似的约定，莫言坦言："我和葛浩文教授有约在先，我希望他能在翻译的过程中，弥补我性描写不足的缺陷。因为我知道，一个美国人在性描写方面，总是比一个中国人更有经验。"①

译以致用，没有一个翻译行为是清白无辜或是随性偶发的。凌静怡翻译《糖》的时候，编辑要求删除大概三分之一的译文内容，几番协商之后，删掉了六分之一。编辑要求改译很少是出于文学因素的考量，更多是为了迎合市场的需求。

此外，译者行业还面临许多其他的挑战。以波兰为例，目前从事中国当代文学翻译的波兰译者，首先是汉学家，他们秉承文脉传统，更尊崇中波文化关系，并且常与教学相结合。得到汉学家推介的作品更容易被目的语国家读者接受，可许多译者认为翻译不是给汉学家读的，而是给目的语国家的普通读者读的。此外，凌静怡还认为学院派译者的翻译是为教学服务的，因此她从不读学院派译者的译作，这些观点都置翻译于更加复杂的境地，表明翻译

① 莫言.我在美国出版的三本书[J].小说界，2000（5）：170.

效果的评估之路上存在着许多障碍。另一方面，受市场驱动自发形成的民间翻译队伍，他们有个人兴趣，但更多受雇于出版社或代理人，以谋生为基本目的，所以对所翻译作品缺乏深入研究，质量在一定程度上存在不足。随着中国政府加大对中国文学“走出去”的支持力度，也有一些中国译者参与翻译波兰语版中国当代作品，或做代理人。但总体来说，译者的翻译水平参差不一，也缺乏统一的政府标准或市场标准，随意性大，对作品中所反映的中国历史、文化、社会缺乏必要的了解或了解不深入或不准确，造成了很多误读。专业翻译人才的缺乏，将在很长一段时间内制约着波兰的中国当代文学翻译，应该引起足够重视。

3.1.2　中国主题翻译出版名类繁杂

“一带一路”倡议实施以来，中国不断摸索创新中国当代文学与共建国家人文环境的有机结合方式，逐渐确立了基于共建国家的不同国情、舆情、民情，以中国文学作品为母体的一体二元的文化叙事格局，并在文学交流中明确“以我为主”的叙事主体自觉，确立讲述中国故事的主体地位，兼收并蓄、动态建构，实现中国文化与目的语国家文化之间的叙事平衡。基于此，中国与共建国家不断创新中国当代文学走出去的协作形式，打开了一道道人文交流之门、一扇扇文明互鉴之窗，“中国馆”、“中国书架”、“中国图书中心”、“中国图书”编辑部、“中国主题国际编辑部”、“中国主题图书翻译出版中心”、中国主题图书出版联盟、中国图书编辑部、“中国主题图书”编辑部、“中文书店”、“中国国际出版中心”等形式多样的机构也如雨后春笋般应运而生。例如，“中国馆”是中国国务院新闻办公室与共建国家合作建设的对外介绍中国、促进中外文化交流的品牌项目，于2012年启动，通常设在目的语国家图书馆或知名学府图书馆等地，旨在以优秀图书为媒，向目的语国家展示中国文化等各领域发展现状，借力“中国馆”平台激发目的语国家读者对中国文化的感知，促进中外文化交流；此外，中国人民大学也与土耳其、意大利等国高校合办“中国馆”项目。2015年，在中国国务院新闻办公室的指导下，中国外文局负责与国外相关机构合作建立“中国图书中心”。2017年，成立“中国主题”编辑部，其是原国家新闻出版

广电总局“丝路书香”工程的子项目，也是外语教学与研究出版社在“一带一路”共建国家建立的第一个分支机构，旨在深入挖掘优秀的中国文学作品资源并翻译推介，努力成为中国与共建国家文学交流的纽带，促进中外出版机构交流和国与国的“民心相通”。2017年至今，中国出版集团旗下的多家出版社与海外出版机构已合作成立中国主题国际编辑部25个。2018年，国家新闻出版署主办，中国图书进出口（集团）总公司承办的“中国书架”在共建国家陆续落地，用于长期展销中国图书。

目前，海外中国主题图书国际协作翻译、出版和展出形式呈现百花齐放的特点，国内出版社“各显神通”，然而，也应该看到繁荣背后还有一些问题亟待解决。一方面，由官方牵头的中外文化交流品牌项目，由政府买单，辐射国别多、规模大、推进节奏快、成果丰硕，但“送出去”的多，“走出去”的少，轰轰烈烈地服务于国家战略，却未必符合受众需求，这样的作品缺乏世界性和生命力，影响力虽一时广泛却难以持久。另一方面，不少出版社利用丰富的海外出版资源积极自发地与海外出版机构签订中国主题项目，热情高涨，然而，在新闻媒体大力宣传签订的第一个项目之后，后续推进工作缓慢乏力甚至停滞，续作杳无音讯的情形绝非个例。出现这种现象的成因各有不同。如果说每个出版社个体的出海行为犹如单兵作战、势单力薄，那么打造出版社集群则似组建集团军，要整合和优化资源、形成清晰的海外面貌，使避免出现无章无序现象的能力得到极大提升，让多方因素在中国主题国际面貌的塑造、文学的产业化方面易于形成合力，产生集群出海的协同效应。

政府需从全局出发、启动摸底各出版社成立海外编辑部、签约海外出版项目意愿的工作，围绕中国主题项目展开顶层设计，集中整合中外出版资源并统筹规划，自上而下对各出版社面向的学科领域、目的语国家读者群等做清晰定位，构建有效的保障体系和评价机制，既能够充分调动相关出版社开拓海外出版市场的积极性，又能够避免各出版社重复开拓市场产生的资源浪费，变散兵游勇、各行其是为有的放矢、持续集中发力。

3.2　翻译传播内容供需矛盾

中国当代文学海外翻译传播的内容面临的矛盾和问题，既有供给侧的，也有需求侧的。一方面，当今国内还有许多人认为“一带一路”的目的就是要把中国的文学往外推，是单向输出，这是对“一带一路”的严重误解。中国传统文化的精髓是达人，中国文化“走出去”，不仅是推广中华优秀文化，更要思考我们能为对方提供什么，要成就对方、弘扬对方的优秀文化，实现美美与共，而不是只推广自己的文学作品，这方面我们的理念和胸怀还很不够。孙宜学教授认为，中国当代文学海外翻译传播应当“传”与“引”同步，以不同文化和谐共生为指向，有“美美与共”的理念和胸怀，才能产生中外文学精神的共鸣，实现向世界“传”中国智慧、“引”世界优秀文学的目标。[①] 另一方面，我们对“一带一路”国家受众需求的认知缺口还很大。

3.2.1　所求非所想

“一带一路”倡议提出以来，中国当代文学的海外翻译传播日趋繁荣，但质量问题也日益凸显。

中国目前主要依赖国外译者、出版人和出版机构实现中国当代文学海外翻译传播，中外机构客观上都很难对走出去的中国当代文学译作进行有效的流程管控和质量监管，以致一些译本从封面、插图到内容都存在着对创作主题和中国文化的主观或客观的误读和误解，并且难以及时得到纠正，直接误导国外读者对中国的认知。以封面图像消解中国文学海外形象的正面建构、恶化中国文学的海外生长环境、弱化译本质量的现象为例，一方面，海外出版机构从业人员的文学鉴赏力和对中华文化的认知水平良莠不齐，不少评论者虽有局部性差异思想洞见，但缺乏亲历中国的整体经验和体验，感而不察的漏洞屡见不鲜，“葛浩文本人也曾表示美国一些书评家确实认为中国文学都是对社会黑暗的描写”[②]。通过译作封面的视觉图像改变、改善读者的阅读体验，培养海外读者和

① 孙宜学．“一带一路”与中华文化国际传播[M]．上海：同济大学出版社，2019：30.

② 孙宇．文学图像论视域下莫言小说英译本封面图像内涵解析[J]．当代作家评论，2020（1）：183.

研究者的中华文化品位，是解决中华文化海外建构问题的有效途径。另一方面，图像有文字所不及的象征和暗示作用，含有粗鄙元素的封面构图很大程度上是文学系统之外的权力机构借此吸引读者的商业化手段，系有意为之。封面图像会直接影响译作的畅销程度，为追逐销量、形成“眼球经济”，加上潜意识里有西方文化优越感作祟，出版社等机构竭力通过控制文学因素和非文学因素的关系，以求达到译作与目的语国家主流意识形态的统一、译作服务于权力机构利益的最终目的。在此背景下，如被贴上“中国最成功的作家之一”标签的作者，其含有损国家形象和民族尊严的文学封面在西方国家成为畅销图书，上述两个条件同时具备则将中国文学作品海外传播置于最糟糕、最艰难的境地。目前，海外读者对图像文化的解码主要受非文学系统权力持有者的干预，作品产生的广泛社会影响力不仅不能消除偏见，反而会成倍加深读者对中华文化误解、带来扭曲的异质阅读体验，这样的文学作品走出去远不如没有走出去。

以《为人民服务》为例。目前，这部作品在海外已有很多译本，但从封面和插图来看，很多版本都存在着主观或客观的误读和误解，造成阅读上的误导，影响中国正面形象，主要包括：法国菲利普·毕基耶出版社于 2006 年、2009 年出版的 2 个版本的 *Servir Le Peuple* 的 2 个封面；英国 Little，Brown Book Group 旗下 Constable & Robinson 于 2007 年出版的英文版 *Serve the People* 的封面；澳大利亚墨尔本 Text Publishing Company 于 2007 年出版的英文版 *Serve the People* 的封面；美国格罗夫出版社旗下 Black Cat 分社于 2008 年出版的英文版 *Serve the People* 的封面；西班牙马德里 Ediciones Maeva 出版社于 2008 年出版的西班牙文版 *Servir Al Pueblo* 封面；德国 Ullstein Verlag 出版于 2007 年出版的德文版 *Dem Volke Dienen* 封面；荷兰舞台社（Uitgeverij Podium）于 2007 年出版的荷兰语版 *dien het volk* 封面；及法国 Éditions Sarbacane 出版社于 2018 年出版的绘本 *Servir Le Peuple* 第 84–85 页的插图等，均对中国军人甚至国家领袖尊严有不同程度的损毁。

此外，作为 G7 成员国中唯一的“一带一路”共建国家，意大利是世界汉学研究中心，也是欧洲乃至世界认知中国的策源地和源点之一。因此，“一带一路”背景下中国当代文学的翻译，也是在借鉴意大利汉学传统基础之上的一种新时

代的自然选择。中意建交之后，意大利专门刊登中国文学作品和相关研究的期刊也逐渐多起来了，如《威尼斯大学东方年鉴》（1970）、《诗歌》、《新文选》，都介绍了一些优秀的中国当代文学作品，莫言、王安忆、余华、苏童、格非、叶兆言、韩寒、林白、铁凝、阿乙、海子、于坚、孟京辉、阿城、白先勇、刘恒、刘震云、麦家、曹文轩等人的作品陆续进入意大利读者的视野，只是限于市场较小，除莫言、姜戎的作品比较畅销外，即使如王安忆、余华等优秀作家的作品，在意大利销量都不乐观。目前，意大利汉学家仍是翻译的主体，但中国当代文学的翻译者目前很多是中青年学者，其中一些本人就是作家，有的在中国生活过，这保证了意大利所翻译中国当代文学作品的译本质量较高。但随着意大利对中国文学的需求增加，除汉学家之外，也有一些业余译者参加到翻译队伍中来，包括一些记者，在一定程度上造成了意大利翻译质量的下降。

意大利民众的阅读倾向性导致一些反映中国落后与弊端的作品更容易受到欢迎，加上一些意大利媒体喜欢渲染中国文学作品中的负面因素，出版社也出于商业目的更愿意出版这类作品。所以，即使目前意大利在中国当代文学作品翻译领域的译作数量和质量都有所提升，但与历史上的译介相比，反而不那么纯粹。这需要我们保持冷静的态度，客观分析其中的是非曲直，真真假假，及时消除负面影响，加大对一些反映中国正面形象作品的推介和传播。

中国当代文学作品的海外译介很多借力走出去“三大工程”，但意大利图书市场自由度大，要使中国当代文学作品的输出与被接受实现一致，需要我们主导调研分析意大利读者的客观需要，采取针对性的策略，实现国家、作家、翻译家三家合一，实事求是，找对问题，采取相应对策，推动中国优秀作家作品循序渐进地进入意大利读者视野，改变意大利读者对中国的误读，促使中意两大文明古国真正实现情相知、意相通。

3.2.2 所给非所需

中国对海外不同读者群现实需求的掌握还存在很大缺口，给我想给，而非给人所需的现象还很普遍。

当今世界仍然是一个欧美主导的西方化的世界。“一带一路”很多国家基

础设施还不发达，共建国家民众需要中国改革开放的宝贵经验帮助他们快步富起来。可是目前以“一带一路”为主题创作的文学作品不多，走出去的作品仍以中国传统文化为主，兼有一部分当代题材，“给我想给而非给人所愿”的现象还很普遍，难以满足“一带一路”国家读者的阅读需求。此外，很多共建国家的上层建筑仍然是非此即彼的二元对立意识形态，受西方读者影响，共建国家民众对中国文学同样抱有猎奇心理，尤其在阿拉伯语世界，这一特征更加明显。以北非的摩洛哥为例，精英阶层主要讲法语，普通民众讲阿拉伯语，底层人民用柏柏尔语（一种少数民族语言）交流。因此，如何将符合不同社会阶层阅读趣味、思维方式和语言的中国当代文学作品带到读者面前，如何把中国改革开放的红利推广到世界去而不是为了文学走出去的业绩满足他们的猎奇心理，是我们今后一段时期面临的一个复杂的问题。

韩国是全球最早翻译出版《三体》的国家，但仅卖出400册；日文版于2019年7月发售，第1周就加印了10次，到2019年底销量达19万册。日韩同属亚洲文化圈，销量云泥之别的主要原因是日本经历过长期的经济快速增长期，在航天科技等领域取得的巨大成就开启了民众对广袤宇宙的关心、对宇宙冒险的终极向往、对人类命运的终极关怀之旅。早在2013年，日本民间科幻爱好者千野拓政就开始翻译《三体》，部分译稿的出版时间甚至早于英文译本。而韩国的科技着力点则在电子通信和医疗领域，此外，与中国早期一样，韩国一直将科幻视为儿童文学作品的一部分，民众没有经历过科幻的黄金时代，也很少有科幻巨作问世。调查发现，科幻文学在韩国的市场前景十分惨淡，韩国读者对推理悬疑、玄幻小说的兴趣非常浓厚。

2018年，英国逗号出版社主动向复旦大学戴从容教授发出联合编选篇目的邀请，承担策划约稿、组织翻译并在英国主流渠道推广发行的工作。经过双方的真诚合作和共同努力，2020年4月，英文版《上海故事》在英国亚马逊官网上架，王安忆《阿芳的灯》等10位作家的多元书写汇成了上海的文学名片。“主编戴从容和金理谈到，此前他们想多推介一些描写当代上海都市生活细节的故事，但英方对相似的描写并不感兴趣。……这也从一个侧面反映出，面向海外受众时，如果我们只关注推荐自己感兴趣的东西还不够，不同社会、文化语境

下的读者期待是不一样的。”[①] 这个成功的中外合作案例提示我们，以读者需求为目标的中国当代文学译作才能实现真正意义上的走出去、走进去。

3.3　翻译传播方式多重制约

新时代中国当代文学海外翻译传播中的中外互译平衡和节奏无法把握问题、文学翻译转译的伦理概念不明问题、“三大工程”扶持项目的无法精准和细化问题、中外出版合作的无法落实和落深问题是制约传播方式服务传播效果最优的四重困境。摆脱当前困境，需要客观分析，找准问题，建立完善的中国当代文学海外翻译传播体系，增强传播的有效性。

3.3.1　互译、转译与“三大工程”翻译

随着中国与共建国家围绕“一带一路”合作的深入，中外文化经典互译工作开始有计划、有规划、有规模地提升，如“中外作家同题互译项目”“中俄经典与现代文学作品互译出版项目”，中罗、中印、中白、中科（威特）、中以、中葡等（经典）图书互译项目一一启动，其中仅亚洲国家已达 18 个。以俄罗斯为例，“一带一路”倡议实施之前，中国当代文学在俄罗斯的翻译介绍寥若晨星，很多俄罗斯读者对中国当代文学几乎一无所知，中俄文学翻译严重失衡，中国文学出口逆差竟达 20 倍。1991—2005 年俄罗斯只翻译出版了 8 部中国当代文学作品，2006—2008 年情况略有好转，3 年间翻译出版了 12 部。2009—2010 年为零。2011 年翻译出版了 1 部，发行量为 1000 册；2012 年翻译出版了 2 部，总发行量为 8500 册；莫言获奖推动了俄罗斯社会对中国当代文学的关注热情，2013 年翻译出版了 4 部，总发行量达到 19000 册。“一带一路”倡议带动了俄罗斯了解中国的热情，2014 年俄罗斯翻译出版了 11 部中国当代文学作品，总发行量超过了 27000 册。“一带一路”无疑也是中国当代文学走进俄罗斯的黄金机遇，中俄两国政府鼓励支持文学交流，2013 年签署了《中俄经典与当代文学

---

① 许旸．王安忆、滕肖澜等 10 位作家的《上海故事》在英国出版，汇成何种城市文学拼图？[EB/OL].（2020-06-11）[2022-12-01].https://wenhui.whb.cn/third/baidu/202006/11/353920.html.

作品互译出版项目合作备忘录》，2015 年俄罗斯设立“最佳中国文学翻译”奖。随着中俄关系不断提升，俄罗斯民众了解中国的兴趣逐步提高，中国当代文学作品越来越受到俄罗斯读者的青睐，西方文学一统天下的局面已被打破，中国当代文学将逐渐成为中国文学走进俄罗斯的“生力军”和“主力军”。

但是也要看到，中俄互译出版项目取得丰硕的成果尚属个例，仍需积累更多成功的中外合作出版经验，摸索规律、升华规律，进而深化迁移，为中外互译国际朋友圈的持续扩容升级提供有益的借鉴。目前，中外互译项目盘子大、门类多、受众兴趣点不集中，项目针对中国当代文学作品互译设置的数量有限，整体推进迟缓等问题凸显。此外，“一带一路”小语种国家多，高端翻译人才的匮乏进一步妨碍了中国当代文学译介的质量和速度的提升，已成为中外互译出版项目中突出的共性问题。

其次，“一带一路”共建国家以发展中国家居多，且多有被西方列强殖民的历史，不少国家出版的中国文学作品仍然以英语的转译本为主。由西方资本主导的世界文化格局导致出现了东弱西强的文化输出失衡局面，曾被殖民的共建国家接触到的从其他语种（如英语等）转译的中国文学作品已经经历了西方话语体系的浸染和过滤。这种交流严重阻碍共建国家读者对中国文化精髓和优秀文学作品的认识和理解，无论西方译本是对中国文学信息的放大、缩小抑或痕迹的擦除，这种交流都是伪真实的交流。

2012 年，莫言获得诺贝尔文学奖后，全球掀起了一股莫言作品翻译热潮。德国汉学家郝慕天翻译莫言德文版《变》（2014）的底本是英国伦敦 Seagull Books 出版社 2010 年英译本的转译本。伊朗翻译莫言波斯文版《牛和三十年前的一次长跑比赛》（2015），经法文转译为波斯文。印度尼赫鲁大学普什佩什·潘特（Pushpesh Pant）教授 2018 年完成了《变》的印地文翻译、Sreelatha Nellooli 将《变》译为马拉雅拉姆文出版，均经由英文版转译。

印度倚重中国文学作品的英译本转译现象十分普遍。2017 年，阿来印地文版《尘埃落定》和《空山 1》在印度首都新德里正式出版发行，这两部作品均是印度记者阿南德·斯瓦鲁普·维尔马从英文版转译而来。同年，德文译者 Anne Rademacher 将郭小橹《恋人版中英词典》和《昔日东方》经由英国 Chatto &

Windus 出版社此前出版的英文版转译为德文版。

俄罗斯译者格鲁什科娃（Ольга Глушкова）由于不懂中文，得知《三体》获得“雨果奖”后，参考刘宇昆的英文译本将其转译为俄文。在俄语世界，刘慈欣作品俄译的源文本有一多半都是刘宇昆翻译的英译本。[①] 此外，成龙的自传《成龙，还没长大就老了》（2016）同样经由英文版转译到俄罗斯。

在意大利出版的中国当代文学作品并非全部译自中文，其中很多是从英文版、法文版、德文版转译过去的，与原作隔了几层。即使意大利读者阅读了这类作品，也无法保证是阅读了原汁原味的中国作品。

美国翻译家凌静怡接受采访时曾谈到，美国新诗派代表庞德（Ezra Pound）不懂中文，对中国古典诗歌的翻译工作是由日译本转译生成的，庞德受到俳句和中国古典诗歌的影响，提出了诗歌意象理论，在英美国家引发了“中国热”，为中西方诗歌互鉴作出了重要贡献。在庞德看来，格律是否重要取决于能否服务于他对意象派诗歌的创作目的，既然不符合，那就扔掉。但是也应当看到，庞德不懂中文，无法深入了解中国古典诗歌的结构和思维模式，只利用对古典诗歌中东方的事物、意象等部分形式上的模仿以满足新诗派的创作目的，忽略了诗律，如平仄停顿、对仗、押韵等中国古典诗歌的重要特征，离原文太远，这是对原作的不负责任。美国汉学家金守拙（George Alexander Kennedy）认为庞德《华夏集》（*Cathay*）“毋庸置疑是诗歌佳作，但却是糟糕的翻译。庞德的翻译是形式上的体验，并非对中国古典诗内在经验的认知。他是受人称颂的诗人，却不是一位好的译者”[②③]。有鉴于此，加之中国当代文学作品在海外遭遇的转译现象并非个例，作为中国当代文学海外翻译传播的一面棱镜的转译与文学作品的本真之间的距离，是极其值得深入探讨并解决的问题。

---

① 祝晶．中国文学“走进”俄罗斯的转译之路——以刘慈欣作品的俄传为例[J].出版发行研究，2020(6)：70.

② KENNEDY G A. Selected works of George A. Kennedy[M]. New Haven: Far Eastern Publications, Yale University, 1964: 462.

③ 原文：Undoubtedly this is fine poetry. Undoubtedly it is bad translation. Pound has the practice, but not the learning. He is to be saluted as a poet, but not as a translator.

最后，以“走出去三大工程”为代表的项目实现了与国家重大战略的主动对接，已逐渐形成成熟完善的翻译出版项目经典案例，在国家政策引领下，中央和地方各级政府相继组织实施了多项资助扶持翻译出版项目，但由于区域经济“发展时差”，呈现资助项目密度渐高、层次复杂、种类繁多的特征。近年来各级政府统筹资源优化配置，以避免不同级别、不同名目项目的重复设置导致资金浪费为基本原则，加大对翻译基金项目的投入力度，依托出版基金和翻译基金资助项目两条腿平衡走路，建立严格的中国当代文学翻译、出版基金资助项目质量监管体系和传播效果动态跟踪监测机制。以翻译专项经费为例，它能够缓解海外译者的经济焦虑、增强译者对中国当代文学亲近感、培育高质量的文学作品译本进而增强译本的海外影响力，从而提高政府服务于中华文化“走出去”战略的能力。

3.3.2 中外出版深度合作统筹力度不够

“国之贫于师者远输，远输则百姓贫”。以印度为例，大部分书籍零售商与出版社约定百分之百回收滞销书籍或者严格根据零售商的订单供货，给跨国出版机构和小规模出版商带来了极大的不便和挑战，增加了出版成本上的压力。印度本土大的发行商约三分之一也是出版商，与他们建立密切的合作关系可以有效地解决出版与发行渠道的难题。

中国当代文学作品在海外的落地出版需紧密依托目的语国家的出版业实体，充分利用海外出版社、出版人在当地图书市场及社会的传播力、公信力和影响力，引导和塑造共建国家读者的中国文学审美和认知，提升出版中国文学作品的价值回报，借以反哺海外出版业对出版中国文学作品的信心。

但实际情况是，目前与中方合作的共建国家出版社鱼龙混杂，并非都是所谓的“知名出版社”，有些系刚刚建成，若出版社的知名度不高，所出版图书的信息就难以出现在主流网上书城，读者也就很难获取销售信息。中国当代文学作品如果在这样的出版社出版，就难以得到有效的传播。

实际上，出版资源丰厚的中国当代文学海外出版产业链还不成熟，海外出版行业人才培养机制尚不健全（如国际市场开拓人才紧缺），对市场尊重程度

低（如国别化读者需求调研数据不足），国家和地方政府出版政策扶持体系统筹协调推进乏力等，这些都制约着中国当代文学作品海外出版产业化的发展。即使目前与中方合作的共建国家出版社在数量上有了明显增加，但一些出版社“投机”色彩明显。另外，中外对出版机构的认知不同，客观上导致了中外合作出版机构地位不对等现象，中国主导合作的多是一流出版机构，而共建国家的合作出版社则良莠不齐，很多共建国家出版机构的成立并不是官方行为，而是民间行为、个人行为，甚至有为了与中国合作而匆匆建立起来的出版机构，资质和能力都不足，所谓的“知名出版社”更少。这样的合作不但难以保证规范和质量，而且即使组织翻译出版了中国当代文学作品，也因为这些海外出版社知名度不高，所出版图书的信息就很难出现在主流销售渠道，读者难以获取图书信息，遑论销量和影响了。这种乱象，恰如王安忆在全国人大会议上的发言：“这些年，版权代理公司雨后春笋般冒出来，非常慷慨地签下文学代理版权”，然而，“有的出版社并不能在发行上付出成本，出版几十或一百册书交代完事”，甚至，“版权代理公司签好约后不再进行工作，只留下一个泡沫”。[①] 鉴于此，中方出版社在与共建国家出版社合作出版中国当代文学作品时，应充分做好前期调研和相关准备工作，了解对方的出版资历、出版规模及知名度，避免误导中方对中国当代文学在共建国家的出版、发行和传播情况做出不实判断。为了建立、完善并逐步深化中国与共建国家出版社合作机制，中外双方首先要合作摸清中国当代文学在共建国家的出版、发行信息，在此基础上，研究推动建设中国与目的语国家出版业良性合作体系，强化中外出版深度合作，为中国当代文学在目的语国家落地探路搭桥、铺平前路。

中国当代优秀文学作品之所以能在国外得到关注，甚至产生积极影响，感染国外读者，一方面是因为中国当代文学的世界性主题传达出了具有人类普遍性的价值观，另一方面是因为中国出版业在海外出版领域的各种有益尝试、与共建国家在出版领域不断深化的交流合作，都是加快推动中国当代文学“走出

① 陈熙涵．人大代表王安忆：有些作家号称作品被译成多国文字，可谁也没看见书在哪[EB/OL].(2019-03-05)[2021-12-21]. https://wenhui.whb.cn/third/baidu/201903/05/246795.html.

去”、实现民心相通的人文基础。

中国与共建国家出版社一定要以共赢心态和实际行为为双方出版业提供服务，共同发挥中国与共建国家出版合作优势，形成“一带一路”出版集群，把中国当代文学作品的海外出版工作做好、做异、做细。同时促进共建国家出版业多层次、全方位、有深度地参与中国当代文学的海外推广过程，实现出版信息互联互通，打造“差异化读者需求分析——优秀中国当代文学的选择——中国文学作品国外出版质量标准的制定——本土化营销策略规划——出版流程优化”全生命周期的出版生态链，使共建国家出版业成为推动中国当代文学“走出去”的新增长点。

3.4 翻译传播效果不尽如人意

中国当代文学没有给予传播的反馈问题足够的重视，过高地估计了传播能力的强度和传播效果的延续性。

其一，中国古典文学对西方文坛产生过重要的文学和文化影响，中国当代文学从深厚的中华文化历史底蕴中撷取精髓、汲取精神营养，借世界各国对中国古典文学的关注热情，积聚深沉持久的力量，努力实现中西当代文化互补共鉴，但中国当代文学尚未真正引起海外主流媒体的关注，其经典化过程仍需度关山几重。2008年，葛浩文曾不无悲观地说过，“要想了解中国文学在美国的知名度，只要看看《纽约客》杂志上发表了多少中国作品——迄今为止一篇都没有”①。十几年过去了，至2021年，在《纽约客》上发表作品的当代作家仍屈指可数，仅有莫言（2012）、余华（2013）和鲁羊（2018）3位，可见，中国当代文学海外翻译传播效果提升面临的困境尚未得到明显改善。

其二，美国每年的翻译文学作品仅占图书市场的3%，其中的中国当代文学作品更是少之又少，汉学家白睿文曾谈到，“出版公司也不太愿意把译者的名字放在书面上，好像‘译者’这两个字是书市的毒药。书商认定美国人对外来

---

① 赋格，张健．葛浩文：首席且惟一的“接生婆”[EB/OL]．(2008-04-01)[2020-12-03]．http://www.infzm.com/contents/6709?source=124&source_1=99139.

的作品不感兴趣，就不去做宣传，书的销量就更差，于是陷入恶性循环，更加阻塞了美国人了解外界的途径。”[①] 近年来，美国对中国的关注虽持续升温，可是主要仍停留在政治经济的层面，即使对文学有所关注也是持借文学作品透视当代中国的态度。以诺贝尔文学奖作家莫言作品在美国亚利桑那州立大学主校区坦佩校区和坦佩（市）公立图书馆的馆藏、借阅等情况为例，莫言多数作品的中英文版本在坦佩校区图书馆都有收藏，可是经过近 1 年的查阅发现，中文版大多处于“已借出”状态，英文译本反而很少得到读者青睐。坦佩公立图书馆收藏刘慈欣的《地球往事》三部曲和《球状闪电》共 4 部作品、传统媒体出版的纸质书与新媒体出版的电子书相结合共 10 个版本供读者借阅，仅收藏了莫言的英文版《蛙》和中文版《酒国》各 1 部作品。2020 年 1 月，据图书管理员介绍，刘慈欣作品均有不同次数的借阅记录，如《三体》纸质书在 2019 年 7 月 1 日—2019 年 12 月 31 日就被借出 4 次；《蛙》只有笔者借阅 1 次，《酒国》无人问津；图书馆将《蛙》纳入收藏书目考量的主要因素是它的主题与中国计划生育政策紧密相连。

其三，影视产业的品牌效应是一国综合实力的体现，是文化传播效果鲜活的例子，直接关系到一国价值观的直观呈现，是国家形象的体现。好莱坞的世界化，足以让美国文化影响一个又一个国家，使一代又一代外国人接受并喜爱美国文化。在当前经济全球化、生活信息化、信息数据化的时代，思想和文化日趋产业化，影视产业与文化话语权的关系也越来越密切，各国也越来越重视借力民族影视作品传播本国价值观。影视品牌之争，实际上也就是“话语权”之争。

文学是影视的母体，影视则是文学的催化剂，影视与文学不分家。自中国电影诞生，文学改编电影就是一个重要的文艺现象。电影作为一种大众媒介，其对文学作品的改编直接提升了文学作品所表达的价值观的社会影响力，借力影视传播文学，也是文学与电影结合的初衷。近年来，中国当代文学与影视制作的结合更主动，当代作家也主动参与到影视剧的海外宣介活动之中“现身说

---

① 周飞亚．美国汉学家白睿文“中国的眼界比我们更开阔”[N]. 人民日报，2013-12-19.

法”，与海外出版商、翻译家、文学批评家、读者等交流，接受媒体的采访，与观众面对面谈自己的文学作品、谈自己的作品改编成的影视剧。莫言、苏童、余华、刘恒、叶兆言、刘震云、王安忆等很有影视缘的先锋作家因文学改编成的影视作品而从鲜花之巅走到市井民间，而影视作品也往往同期推出文学读本，文学与影视成为了并蒂莲、连体衣。毕飞宇《推拿》（2014），余华《许三观卖血记》（2014），严歌苓《归来》[改编自《陆犯焉识》（2014）]，刘慈欣《流浪地球》（2019）等，都是文学作品改编而成。

影视文化产业因其行业的特殊性而呈现出复杂的矛盾性和芜杂性。事实证明，并不是说中国当代文学作品改编成电影在海外上映，就意味着中华文化“走出去”了，就一定有助于文学作品的经典化生成，改编电影在海外市场“叫好不叫座”的情况时有发生；并非所有文学作品中的意象化都适合影视化，有些文学作品中对中国历史和当代的描写并不能通过影视以最佳的方式给世界、给观众带去对中国社会现状生动而深切的感知，与文学的留白相反，屏幕的具象功能反而容易给海外观众留下刻板、落后的负面印象；也并非所有的影视作品都有启迪一代又一代世界人的功能，进而沉淀为经典文学作品，在一代又一代观众和读者的再欣赏中获得新的时代价值。中国当代文学作品中的历史叙述营造的苦难、沉重与海外读者对中国历史、文化、社会认知之间巨大的落差为影视和文学的跨界带来了诸多的挑战。

3.5 小结

中国改革开放40余年来，主要以文化输入为主，以翻译他国文化特别是西方文化为主。近年来，特别是在“一带一路”倡议提出之后，中国实际上进入了一个“译过去”——即把中国的东西翻译为外文的时代。当前世界范围内的文学翻译传播话语体系仍基本属于西方话语系统，而且中国当代文学作品在世界舞台上的地位与中国的经济发展、综合国力和国际影响力的不断提升还不相称。随着“一带一路”倡议的顺利实施，中国当代文学有了自己的起航港口，并且获得了很多海外停泊口岸，世界文学传播体系正在悄然发生着结构性调整，独具中国特色的“一带一路”中国当代文学“走出去”话语体系已初现雏形，

且得到共建国家的广泛认同。中国当代文学正逐步从文学“走出去”体系的融入者、参与者向深度合作者、推动者和重塑者转变。但“一带一路”文化交流是以一对多，以中国文化对应共建国家诸多文化，问题复杂，而各国对“一带一路”的阐释更是基于其自身文化，这就要求我们必须主导相关翻译，并且提高翻译质量，实现汉语与共建国家不同语言的一一对应、多义对应，激活差别化传播的一池春水。作为主导者，中国文化翻译机构和译者必须精心选择译什么、谁来译、怎么译、译给谁等核心问题，科学处理语言和文化差异，以中华文化翻译为“一带一路”倡议营造有利的软环境，以“一带一路”带给共建国家的硬实力为中华文化翻译铸造保护墙。

“一带一路”的推进过程，也是各国文化碰撞挤压跌宕起伏的过程，此消彼长。但这种状态恰是机遇潜存的状态，因为正是在旧的规则被打破，新的规则还未建立起来的时候，世界文学处于无名的“战国”语境，中国当代文学才更有机会建立独立的话语体系，只要把握好机遇，科学决策，坦诚合作，相互尊重，就有机会获得世界范围内的文化话语权，借力“一带一路”，树立中国当代文学的世界性话语权。

事实证明，西方文学翻译传播话语体系虽然相对比较成熟，但指导不了“一带一路”中国当代文学“走出去”的特殊实践，中国只有“自力更生”，“自主创新”，创建基于中国经验、具有中国特色的中国当代文学“走出去”的翻译传播话语体系，才能保证中国当代文学的“‘一带一路’化”具有清晰可辨的未来。

中国当代文学“走出去”已经成为国家战略的一部分，共建国家原有的中文翻译市场的默契和平衡已被打破，能量并不守恒，这甚至导致共建国家文学在世界文学生态中的生存角逐更加激烈，始终处于动态博弈与强弱转化过程中，中国文学优势明显。在此背景下，根据不同共建国家的实际人文环境，形成风格明确的中国作家群体，绘制层次分明的中国文学图谱已是当务之急，只有这样，才能让共建国家认清中国文学传播的真正意图，消除误会，形成合力。

中国当代文学能“走出去”，首先是基于中国当代文学与共建国家民族文学的差异性，但更是因为本质上的一致性。优秀的文学都是相通的，优秀的文

学作品都源于生活并高于生活，都聚焦人性的真善美，批判世间的假恶丑，挖掘人间真情的温度，并思考人类和世界的未来。但总的来看，中国当代文学中的东方智慧与共建国家的不同民族智慧的对接过程，是雷电交加、火花四溅的过程，各种噪声、杂音、暗影不断，历时共时时常交错难解，这使得中国当代文学的落地和再生产过程充满复杂性、多变性和不确定性。

世界文学交流史证明，任何国家的文学作品“走出去”都不会一帆风顺，出现非预知、非预设的矛盾、冲突、误解和质疑是常态。为了避免或减少中国当代文学走进共建国家过程中出现不必要的误读误解，首先需要建立科学完整的中国当代文学作品翻译传播话语体系和质量保障体系，以强烈的使命担当，从“始”至“终”做好翻译传播工作。即从作品的选择到翻译到出版到评估，形成一个系统的工程，摸清共建国家中国当代文学翻译传播的家底，中外共同建立翻译传播协同机制，将中国当代文学作品的翻译传播过程始终纳入可控的视域之内，只有这样，才能有助于提升当代优秀文学作品在世界文学空间场域中的量的占比和质的提升，确保走进目的语国家的文学作品的质量和效果。

第 4 章　中国当代文学海外翻译传播新路径

中国当代文学作品的海外翻译传播之路与中国官方的积极推动进程是一致的。中国政府全方位支持、引导和投入资金，同时充分发挥自身的组织优势和经济优势，规划、设计、推动实施了一系列相关活动或项目，例如，借孔子学院（包括孔子学院的更名）、图书外译、基金会等公共外交淡化政府（资助）出版外宣行为与生俱来的政治色彩，积极推动了中国当代文学海外翻译传播的进程。孔子学院从语言入手、用文化交融，聚同存异、开放包容，为世界多元文化搭建互学互鉴平台。以莱顿大学孔子学院组织翻译余华小说为例，在与余华合作前，莱顿大学孔子学院已组织精通汉语和中华文化的荷兰译者翻译了苏童、毕飞宇、徐则臣等中国当代作家的作品。自 2017 年与出版社确定翻译余华小说选后，孔子学院积极举办了多次翻译和学术交流活动，包括与荷兰翻译家林恪对话，研讨余华作品翻译中的细节。此外，翻译团队还邀请余华到访莱顿大学孔子学院交流自己创作中的思考，这些翻译准备和共同研讨活动共同保证了小说翻译的准确性。

王义桅教授主张中国当代文学海外翻译传播要处理好全球中国与当代中国的关系，提出了中国与世界共识、共鸣、共振的“三共主张”[①]。中国当代文学走出去的最高目标是实现与世界各国民众的民心相通，让世界通过文学承载的人类共同关切认识、认可、认同中国，进而形成中国与世界的共识、共鸣、共振。只谈对外传播是不够的、不行的，关键在于如何与世界各国共同传播、如何传

① 王义桅．国之交如何民相亲：新时代中国公共外交之道 [M]. 北京：中国人民大学出版社，2020.

播人类共同关切，回答好这个问题，中国当代文学海外翻译传播的出路就找对了、找准了。

4.1 翻译传播主体结构转变

中国当代文学译作的海外出版和译介的专业人才培养作为中国文化产业的重要组成部分和实现中外民心相通的重要途径，对持续、有序推动实现中国当代文学的国际传播具有强大的驱动作用。

4.1.1 注重中译外人才培养

人才是一切事业的基础。中国经济的飞速发展和“一带一路”倡议的高歌猛进，正在推动世界的中国期待逐渐由以经济为主过渡到中国经济和中国智慧并重，这对当代文学的海外翻译提出了新的要求。翻译是从世界化视角解读中国文学蕴含的中国智慧的最重要途径之一，然而，我国目前的翻译人才储备远远难以满足中国当代文学海外译介的现实需求，“而且其中大多是外译中人才，中译外人才缺乏，高端中译外人才严重不足，翻译质量难以保证，这已成为制约中国文化走出去的瓶颈之一”，[①] 需要逐渐培养出一批专门化、职业化的翻译传播人才，尤其是本土翻译和出版人才，这是中国当代文学能否真正走进目的语国家并获得当地读者认同的关键。

实际上，当前中国当代文学优秀作品面临的“内外不同温”现象和译者群体的专业化不足问题已经引起了中国政府的高度重视。中国文学作品外译已经作为中国声音“走出去”的关键环节，受到中国政府的重视，政府采取了一系列措施，且从国家层面加强了顶层设计和系统的制度整合、机制创新。

随着中国与“一带一路”共建国家的经济合作日益频繁、密切，中国当代文学作品的国际化需求愈发强烈。但事实上，中国经济在共建国家的影响力与中国文学在共建国家的影响力并不相称，共建国家高水平小语种译者的匮乏，已成为制约中国文学国际化与经济影响最大化的主要因素之一。在此背景下，“面

① 孙宜学．“一带一路”与中华文化国际传播[M].上海：同济大学出版社，2019：57.

向东南亚小语种翻译人才培训项目”[1]应运而生，这是专门面向东南亚小语种翻译人才的培训项目，针对缅甸语、泰语、越南语翻译人才进行培训，为中国与东南亚、南亚国家的译者、媒体人、出版人面对面交流与合作建立务实的对接机制，提升小语种翻译人才对中国出版行业的认识，打造出版、影视等领域与东南亚南亚国家多元交流、合作平台，加快推进对外出版交流合作成果有高度、有温度、有亮度。2016 年 5 月，“缅甸语翻译人才培训班”在云南大学开班；2016 年 12 月，“泰语翻译人才培训班”在北京语言大学开班；2018 年 4 月，“尼泊尔翻译人才培训班”在北京印刷学院开班。

“青年汉学家研修计划”项目由中华人民共和国文化和旅游部于 2014 年制定，是中国首个旨在帮助世界各国的青年汉学家及译者来到中国，深入客观了解中国历史和当代中国，通过中外文化交流在世界范围传播和弘扬中国文化及价值观的年度研修项目。研修计划搭建了一个推动国际汉学发展、促进中外学术合作、支持海外青年汉学家开展中国研究的全球性平台，为各国中国学领域的青年人才提供了体验式研究中国的机会，创造了与不同行业的中国杰出学者开展交流合作的机遇，并与中国优秀的对口同行专家学者零距离深度交流观点和意见，加深对中国文化及中国发展道路的理解和认同。截至 2018 年，“青年汉学家研修计划”已成功培养了来自 95 个国家的 360 位青年汉学家。这些未来中外文化交流的桥梁从中国归国后，既像一颗颗星星各安己位，继续在自己的国度传播中国文化及开展对中国的研究，又彼此辉映，形成中国和每位汉学家的祖国、中国和所有共建国家文化交流的一片灿烂的星河，使中国文学精髓在共建国家从星星之火渐成燎原炬火。

“中华图书特殊贡献奖”是中国出版业面向海外的最高奖项，设立于2005年，授予在介绍中国、翻译和出版中国图书、促进中外文化交流等方面作出重大贡献的外国翻译家、作家和出版家。至 2021 年已成功举办了 15 届，共奖励了英国、法国、俄罗斯、德国、美国等 50 多个国家的 153 位作家、翻译家和出版家，我

① 2015 年原国家新闻出版广电总局正式批准云南大学出版社“面向东南亚小语种翻译人才培训项目”入选国家“一带一路”重大工程“丝路书香工程”。

们耳熟能详的有：英国企鹅出版集团北亚地区总经理周海伦、英国翻译家韩斌、土耳其新生出版社社长吉姆·克齐泽、墨西哥翻译家丽莉亚娜、美裔中国籍汉学家沙博、澳大利亚翻译家梅约翰、加拿大旅华作家李莎、法籍华人翻译家程抱一、法国汉学家白乐桑、德国汉学家施寒微、蒙古国翻译家其米德策耶、波兰出版家阿达姆·马尔沙维克、西班牙凯伊拉斯出版社社长安赫尔·费尔南德斯·菲尔默塞耶，匈牙利青年翻译家克拉拉、美国翻译家陶建及倪豪士、罗马尼亚出版家鲁博安、韩国翻译家金泰成、捷克翻译家李素、阿尔巴尼亚翻译家斯巴修、印度作家邵葆丽、罗马尼亚翻译家白罗米、埃及翻译家哈赛宁、英国翻译家米欧敏等，已成为推动中华文化走向世界的重要品牌。

始创于2014年的“中外文学翻译研修班”是“中国当代作品翻译工程”的有机组成部分。2015年10月，北京国际书展期间，文化和旅游部与中国作家协会共同主办了第一期。经历2次更名，现名为“中外文学出版翻译合作研修班”，已举办4届，来自阿根廷、比利时、巴西、保加利亚等以共建国家为主的200多位翻译家、出版人参加研修，内容包括中国文学史及语言发展史学术讲座、国际书展特别活动、中国当代作家作品数据库发布会、国际童书翻译出版研讨会、“一带一路”倡议下汉学家翻译作品交流、跨文化阅读沙龙、民俗体验、京剧观摩等活动。研修班上，格非、余华等近20位当代著名作家和学者与海外学员们进行交流。座谈会上，文化和旅游部、中国作家协会负责人则向客人们介绍中国当代文学创作的现状和未来、“中国当代作品翻译工程”等面向全球翻译家和出版人的文学翻译资助项目，并邀请“一带一路”共建国家驻华使领馆官员分别介绍各国文学翻译资助政策。与会外国学员则交流了自己翻译中国文学的体会，表示将努力推动中国文学在目的语国家找到更多知音，并希望未来邀请中国当代作家更多参与目的语国家文学活动，让更多优秀的中国作品能在目的语国家主流读者中产生更大影响。研修临近结束，主办方向学员推介中国文学作品，学员则向研修班提交有关翻译中国文学作品意向的资助申请表，仅2017年就有来自14个共建国家的20多位学员提交了申请资助表。

面向东南亚小语种翻译人才培训项目、青年汉学家研修计划项目、中华图书特殊贡献奖和中外文学翻译研修班等人才培养协调机制，正是通过对海

外汉学家、翻译家的培养和对出版机构所作贡献的肯定和嘉奖，激发他们对中华文化的高度认同，坚定他们从事中国当代文学海外译介传播事业的决心，既能极大地缓解中国小语种译者严重匮乏的压力，又能促进翻译与中国文学国际传播形成良性互动关系，借力文学翻译提升中国当代文学海外传播的速度和质量，推动实现人类命运共同体伟大事业——这是一项现实、务实且极其必要的工作。

上述工作机制为中外人才、资源对接搭建了平台，以主动的姿态通过多渠道、宽口径，举行形式多样的作家与翻译家面对面的沟通和交流活动，为能够代表中国当代文学水平的作品找到最合适的译者和出版者，从而推进中国文学作品在对象国的传播和品牌化运作，顺应世界对中国文学关注度不断上升的潮流，成为推动中国文学“走出去”长河中的一股股涓涓细流。

“志合者，不以山海为远”。为了切实推动中国文化的国际化，打破目前中国与目的语国家文学交流人才缺乏的瓶颈，中国政府应从宏观政策层面，科学组织，持续培养一批懂华、亲华、友华的汉学家、翻译家、作家、出版人、图书代理人和中国学研究者，借声传音、借笔达志；不但要满足当前中国文化“走出去”的需要，还要储备各年龄段的中华文化海外翻译传播的未来人才。各国学者、汉学家、出版家、评论家等通过研修之旅积累能量，能更好地发挥其在中外文学交流舞台上不可替代的纽带作用，对中国当代文学的对外译介发挥积极作用；同时，可以中国为平台，推动世界各国优秀文学文化共享共进。

此外，面对高端小语种译者紧缺的困境，如果译者的中文水平不能完全满足文学翻译的要求，那么中国当代文学作品的海外多语种译介是否有比较好的英/法/德文等译本，可与中文同时作为母本供其他语种的翻译者参考就显得尤为重要。以中国当代文学的西班牙文译本为例，需要一位有一定中文基础，并精通西英双语的以西班牙语为母语的译者翻译，因为同一语系内不同语言的使用者们在思维习惯和表达方式方面有很多相通之处，所以译者在后期加工、润色时，不仅参照从中文译出的西班牙文译文，还可参照英文译本。如西班牙文版《地球苹果的两半》（2018）由西班牙诗人译者、首届西班牙国家诗歌奖的唯一获得者左迪·多协（Jordi Doce）参考诗集的英文译本完成。再如，顾彬

在翻译《晚来的献诗》时，曾与张冰烨在汕头大学逐页探讨中文诗句的含义；在翻译王家新的作品时，与乔治·欧康奈尔共同探讨王家新诗句的语言风格，在德文初稿成型后，恰逢史春波和乔治·欧康奈尔英译作品《变暗的镜子：王家新诗选》（2016）在美国出版，顾彬多次研读此译本，并参考史春波的意见对德译本不断修改和完善，其海外译介过程是符合中国当代文学海外传播基本翻译规律的另一类范本。好的英文译本对小语种译者或中文水平有限的译者从中文翻译中国当代文学作品具有借鉴意义和参考价值，但仅可作为权宜之计。

4.1.2 建构版权经纪人和编辑沟通机制

“一带一路”共建国家的中国当代文学作品版权代理人一般掌握国际出版潮流趋向，是中国当代文学国外出版的加速器，能帮助中国作家寻找在海外出版作品的机会，推动完成包括寻找出版商、出版合约谈判、市场推广安排等工作，成为中国作家、译者与出版商之间的润滑剂，可提高中国当代文学在国外市场的能见度。另外，在版权经纪人的帮助下，作家也能获得高额版税收入，实现利益回报最大化。

中国台湾的文学代理人谭光磊就走出了一条独具个性的版权运营之路。他于2008年成立了光磊国际版权经济有限公司，对欧美文化差异、语言问题、出版社规模、读者口味等做了细致深入的调查，发掘出了有巨大市场潜力的作者及作品资源，先后将三毛《撒哈拉的故事》、陈浩基《13·67》、华人作家张翎《金山》等作品的海外版权成功卖出。此外，谭光磊作为麦家作品的海外代理人，是《风声》英文版进入美国出版界至关重要的引路人，他从2009年开始向海外推介《解密》，已向20多个国家输出了版权。

王久安是最早将余华的《活着》《许三观卖血记》等力作介绍到海外出版机构的图书版权代理人。她还将松鹰《杏的复仇》推荐给葛浩文夫妇，使之成功地在美国出版，并于2017年入选美国《图书馆杂志》最佳推理小说榜。英国企鹅出版社凭借王久安对王刚《英格力士》的介绍和故事梗概买下了该书的全球版权。她代理的木心的英文版小说集《空房》也在美国出版。

作家贝拉与葛浩文合作，也得益于出版人安波舜的牵线搭桥。安波舜向葛

浩文推荐了《魔咒钢琴》，不遗余力地推动该书的翻译，并接洽好莱坞制片人促成小说拍摄成电影。

法国出版人何碧玉亲自翻译或组织杰出的中国文学作品翻译团队，亲自校对译本、撰写图书介绍和广告传单内容等，用敬业的态度、高水准的译文和务实高效的宣传手段服务中国文学作品在法国的传播。

在西方国家图书市场，文学代理人是出版业链条中重要的一环，他们为文学作品的海外传播之路做出长远规划，周旋于出版机构之间，免去作家与出版社交涉的奔波、劳心之苦，为作家专心于书斋创作营造良好的外部环境，与出版业的其他环节联动，为文学作品“走出去”创造更多可能。但是，与版权制度比较成熟的国家相比，中国出版业的行业分工尚未细化、体制还不完善，译者收入难以支付高额的雇佣成本，文学代理人还不属于主流职业，职业优势没有得到充分重视和开发，中国当代作家在文学创作过程中仍需与出版社交涉繁冗的事务，自然影响专心创作。

随着中国图书市场逐步国际化，中国相关机构逐渐认识到了版权经纪人对中国当代文学“走出去”的重要价值，如北京国际图书博览会每年 8 月举办“中外版权经理人沙龙”“中外出版人 10+10 圆桌会议”等活动，为中外出版界的版权贸易提供平台。

近年来，中外出版行业呈现融合发展的大趋势，出版机构之间、出版人之间虽然存在着竞争关系，但总体上能做到互相扶持，共同热情奉献于中国当代文学外译工作，推动中国当代文学一次又一次踏上域外之旅。为了给版权经纪人创造更便利的工作环境，中外相关机构需要加大宣传力度，加强协作，为中国作家与共建国家版权经纪人的结缘创造更多的机会，搭建更宽的平台，推动越来越多的中外版权经纪人从幕后走向台前，在异域搭台同唱中国当代文学这部大戏。中国文学作品的翻译出版、宣传推广理念要与国际接轨，同时奉行“战战兢兢、如履薄冰”的原则，因为事实证明，坐等国外出版人主动登门伸出译介中国文学作品的橄榄枝，任凭民间团体自发、随机、偶发地对外宣传中国文学作品，效果都是事倍功半、杯水车薪，甚至会出现“骆驼走猴道”的不对称现象。

在英语世界，许多著名出版社的编辑本人就是作家，编辑或出版社给作家提修改意见在英语世界的出版程序中是不可或缺的环节。才华横溢、风格严谨的编辑是文学作品最好的读者，是作家求之不得的好友，翻译家顾爱玲在访谈中介绍，“好的编辑就像一面镜子，映出译本中的有待完善之处并给予译者很大的帮助。……此时编辑读同一首诗所产生的看法可能与我完全不同，常给我带来更多翻译的可能性，我非常欣赏这样的编辑。”[①] 费正华翻译陆忆敏的诗歌时得到网刊《橄榄树》编辑的推荐；翻译陈佳同的儿童系列小说时，兼儿童作家身份的编辑告诉她清晰是儿童写作最重要的品质之一，为便于儿童读者阅读，简洁的译本才能持续吸引他们的注意力；编辑还建议她增加故事中女性人物的比例，因为出版社有很大一部分读者是女性，所以费正华把其中一个角色的性别从男性改成了女性。

在中国，编辑的作用还没有引起传播界足够的重视、在出版界的地位还不够高。受中国古典名著《红楼梦》《西游记》等章回体小说宏大叙事的影响，当代作家的作品基本都存在因细节琐碎影响叙述流畅的特征，容易给人留下构思不够严谨的印象。严谨的编辑能够以客观批判的眼光严格审视作品的构思是否谨慎、结构是否严密，删除小说中偏离主题的冗长叙述，帮助作家解决创作技巧或艺术层面的问题。

“一带一路”共建国家引进中国当代文学作品的出版机构是中国当代文学在共建国家传播的基础力量、中坚力量。当地出版机构具有天然的增信释疑功能，是为中国作家与目的语国家读者牵线搭桥的跨国“红娘”，位居传播中国当代文学作品与创新中国当代文学出版运作机制的关键环节，堪称中国当代文学译作目的语国家“身份证”的签发人和守护者，中国应主动与共建国家出版社建立共赢共生机制。具体工作包括以下六方面。

（1）调研分析共建国家出版机构对出版中国当代作家作品译本的热衷度和原动力。对于那些具有出版和推广宣传中国当代文学作品历史和经验的出版机构和编辑，要积极主动与对方建立长效合作机制，即时告知并解读中国政府针

① 笔者于2020年5月在美国亚利桑那州立大学访学期间通过Zoom平台采访了翻译家顾爱玲。

对中国文学作品外译实施的利好政策、各资助项目具体内容及申请流程，及时跟进出版动态，了解出版过程中遇到的问题，积极协调并提供力所能及的帮助和服务。

（2）“以我为主”与“以我为从”兼顾并进。在任何情况下，中国都应掌握出版中国当代文学作品的主动权，但“以我为主”不是“唯我独尊”，必须兼顾他人、急人所急、帮人所需、用人所长，“到什么山上唱什么歌”，适当改变中国传统的出版理念和思维方式，用对话代替独白。

共建国家出版业总体并不发达，需要中国的财力、智慧支持。但支持若要真正有效，就必须通过内因起作用，决不能拍脑袋、想当然地选择要输出的中国当代文学作品，而是要主动创新中国文学作品“走出去”的思想观念和思维方式，基于对各国受众不同阅读需求、不同社会环境的分析向共建国家译介中国当代文学作品，否则必将发生供需矛盾和不对称现象，造成资源浪费，丧失传播良机。

（3）与目的语国家中国当代文学代理人建立并维持良好的合作关系。中国作品以“陌生者”身份进入异域文化环境，必然需要介绍人和引路人以适应当地图书市场。代理人往往具有一定的市场适应能力和驾驭能力，只要中国出版机构和作家与代理人达成默契，共商、共享“权、利”资源，就能更快、更好地促使中国优秀作品走进目的语读者的视野，不留遗珠之憾。

（4）客观调研目的语国家读者对中国当代文学作家的认知度、对中国当代文学主题、内容、审美等维度的认可度，促使中国当代文学“走出去”的路径创新有据可依。同时，掌握不同国家出版市场对翻译文学的接受度，动态监测中国当代文学作品在出版市场的饱和度占比，作为判断中国当代文学在目的语国家的生存能力和生存现状的重要指征。另外，还要注重海外销售导流，为不同装帧类型的译本匹配不同消费层次和文学修养的读者，力争满足每个国家受众的不同文学偏好。

（5）与目的语国家文学评论家建立通畅合作关系。当地文学评论家也是中国当代文学作品落地的“接生婆”，尤其是目的语国家的主流评论家，他们对中国当代文学作品的立场和态度会直接影响目的语国家的大众读者，甚至决定

了接受导向。中国应就中国当代文学作品的译介与海外文学评论界进行充分交流并赢得后者认可，这对化解海外舆论对中国政府主导的中国当代文学作品的外译的主观误读，客观认知目的语国家对中国文学作品的客观需求，具有直接的引导作用。

（6）分析目的语国家媒体与官方聚焦中国当代文学作品的互动频率，判断两者就推动介绍中国当代文学方面的协同效果，为动态调整传播策略提供依据。

中国当代文学"走出去"的效果具有不确定性、反复性，评估标准不易量化，难以形成广泛认同的统一标准。但只要妥善调研分析中国当代文学"走出去"的显性特征和隐性效果，客观认识中国当代文学在目的语国家传播的广度和深度，我们就能在一定程度上计算出中国当代文学与目的语国家读者的融合度与分离度，为进一步优选最适宜目的语国家读者需要的中国当代文学作品提供分析参数。

4.2 翻译传播内容唤起共鸣

中国当代文学的海外翻译传播兼具偶然性和必然性，我们并不知道文学队伍中的哪一支遇到怎样的机遇就能改变中国当代文学海外翻译传播的整体面貌和海外翻译传播史，比如科幻文学和网络文学的花香海外大都出乎我们的意料。为此，不能只盯着某一个文类，而是要关注每一个文类，对能够唤起海外读者共鸣、致力于时代精神和世界问题的中国表达、有助于中国当代文学海外接受和传播的文类都应给予关注和扶持，不能忘记把每一个文类都慢慢养大。

文学，是人类自由安放灵魂的栖息地，是世界不同国家、不同民族，乃至全人类心灵的吟唱，表现人类最真挚、永恒的情感，满足人类对美好生活的追求，为人类提供语言的韵律之美，揭示普遍人性中真、善、美、诚、信、义等高贵品质，这些具有普适价值的人类思想不指涉任何具体国家和民族，因而赋予了文学天然的世界性。不同民族的文学表现这种世界性的方式和方法各有不同，中国当代文学承担起"人类命运共同体"建设的责任、把握世界的脉动、展现中华文化的"世界性"，在吉狄马加诗歌中得到了很好的诠释。

彝族诗人吉狄马加是中国乃至世界当代诗坛耀眼而珍贵的存在，他的诗歌

代表了中国当代诗歌“走出去”的最高水准[①]，在把中国当代诗歌提升到世界级水平并推广到世界各国中起到了举足轻重的作用。在此过程中，吉狄马加独特的诗歌生产密码——真善美、爱与光明的普适主题，发挥了关键作用。

吉狄马加的诗作迄今已被译成40多种文字，以80余种不同的版本与世界各国读者见面。其中，《我，雪豹……》《从雪豹到马雅可夫斯基》《我们的父亲——献给纳尔逊·曼德拉》《身份》《火焰与词语》等具有国际视野的诗作的国际版权得到海外出版界的争相订购。他获得庄重文文学奖、国际华人诗人笔会“中国诗魂奖”、肖洛霍夫文学纪念奖、南非姆基瓦人道主义奖、欧洲诗歌与艺术荷马奖、罗马尼亚《当代人》杂志卓越诗人奖、布加勒斯特城市诗歌奖、波兰雅尼茨基文学奖、英国剑桥大学国王学院银柳叶诗歌终身成就奖、波兰塔德乌什·米钦斯基表现主义凤凰奖等多项国际诗歌奖项，推动实现中国当代诗歌创作达到“高原”并勇攀“高峰”。

吉狄马加诗歌海外译介和传播的成功，取决于各种因素。其中，最主要的原因是其诗歌关注人类共同的命运，这一主题符合海外受众对中国诗歌的阅读期待。从艺术上讲，则源于其诗歌独具的文化传统与创新的诗性，源于他以诗歌咏爱与光明，并身体力行在社会生活中实践对美与爱的追求，将关于人类尊严的理想和关于诗的理想完美交汇。为了实现自己诗歌的理想，吉狄马加还成为了一位出色的文化活动家，他积极组织国际文化艺术活动，主导创办了青海湖国际诗歌节、金藏羚羊国际诗歌奖、青海国际诗人帐篷圆桌会议、凉山西昌邛海“丝绸之路”国际诗歌周、成都国际诗歌周、达基沙洛国际诗人之家写作计划、诺苏艺术馆暨国际诗人写作中心对话会议、三江源国际摄影节、世界山地纪录片节等大型文化交流活动，中外诗人在这些平台上朗诵诗歌、相互交流，共同在中国的田野民间采风，中国诗歌借以走进了世界，世界诗歌也借以来到了中国；这些活动既是一次次具有国际影响力的诗歌盛事，也是东西、多元、创新的文媒联合文化事件，为中国当代诗歌搭建起不出国门的国际交流平台，在“一带一路”与中国当代诗歌“走出去”的大舞台上筑起一道道绚烂的虹，

① 孙宜学．论吉狄马加诗歌：中国当代文学走出去的最高水准[N]．郑州日报，2019-11-07（3）．

熠熠耀目。在很多国家的读者眼中，吉狄马加已成为中国民族文化的象征之一，也是中国当代文学的代表人物之一。

吉狄马加既将当代世界的诗歌带到中国最偏远的边境，也致力于将当代中国的诗歌带到世界的各个角落，这是他作为民族诗人的理想，也是他作为世界诗人的梦想。为此，他主动与国际著名的文化机构、出版社、著名汉学家、翻译家和诗人译者合作，推动世界优秀诗歌之间的交流互动。这些出版社都有成熟的营销渠道和策略，而其诗歌的译者则多为目的语国家的著名汉学家或诗人，如吉狄马加的罗马尼亚语版诗集《天堂的色彩》由罗马尼亚著名汉学家鲁博安翻译；其俄文版诗集《黑色狂想曲》则由中国和俄罗斯文学翻译名家李英男、李雅兰姐妹翻译，立陶宛著名诗人、学者和翻译家托马斯·温茨洛瓦（Tomas Venclova）[①] 作序，其出版社则是俄罗斯联合人文出版社，其总编辑是著名诗人阿梅林（Максим Альбертович Амелин）。这种阵容的影响力，恰如2014年8月27日吉狄马加在该书的首发仪式上作书面致辞时所说："就书的出版而言，它已经构成了一个最基本的事实，是若干位杰出的翻译家以及俄罗斯当代最重要的几位诗人的参与，我的诗才变成另一种文字，并近乎神奇地进入了另一个语言的世界。毫无疑问，这是我莫大的荣誉，因为这个语言与伟大的诗人普希金、帕斯捷尔纳克、曼德斯尔塔姆、阿赫玛托娃、茨维塔耶娃、布罗茨基的名字联系在了一起。这个语言所构筑起来的诗歌圣殿，无疑是这个地球上最令人肃然起敬的精神高地之一。"

作为当代中国诗坛最有影响力的诗人之一，吉狄马加备受国际诗坛关注。他的诗歌以其思想的张力实现其世界性，既充满中国智慧，又关注人类命运，为人类提供具有中国色彩的普遍性的价值观。俄罗斯诗人叶夫图申科（Евгений Александрович Евтушенко）说吉狄马加的诗歌是"拥抱一切的诗歌"。如《土墙》描写了以色列的西墙，呈现出诗歌的世界性和空间性，其关于和平、隔阂和种族的思考显示出世界诗人的胸怀。《我，雪豹……》集中体现了其诗歌的世界性与生态主义向度。托马斯·温茨洛瓦称吉狄马加是"民族之子，世界公

① 与米沃什、布罗茨基并列"东欧文学三杰"，被称为"欧洲最伟大的在世诗人之一"。

民”。美国当代生态作家、两次获得国家图书奖的巴里·洛佩兹（Barry Lopez）于2016年4月15日在纽约获得终身成就奖，他在自己的致答词中全文朗诵了吉狄马加的诗作《我，雪豹……》。法国诗人达拉斯在文章中称吉狄马加为“一个行动的诗人”，因为他努力推动中外诗歌交流。诗人西川评价吉狄马加：（其）“世界政治、文化、历史视野，在整个当代中国诗歌界都是罕见的”，面向世界成为这位彝族诗人写作中的一个重要的、与众不同的特征。①

全球化正在改变当今世界的一切，吉狄马加对此的态度是诗人要成为所处的无时不在变化的时代的见证者。在资源损耗、环境污染、宗教冲突、恐怖主义以及核战争等人类面临的严峻问题面前，诗人不能缺席，而是要用诗歌义无反顾地见证这个时代，站在人类道德和良心的高地记录当下人类生活。

拉丁美洲当代思想家何塞·曼努埃尔·格雷罗说过：“给我印象最深的是他（吉狄马加）对世界范围内我们时代的重大主题的情感与思考。”② 叙利亚当代杰出诗人阿多尼斯曾这样说：“他（吉狄马加）诗歌的空间，是人，及与人相关的一切，其中有独特的个性，也有普遍的人性……”③ 吉狄马加完成了从个体创作到“世界创作”的升华，完成了从个体人文关怀到当代宏大叙事题材阐释的超越，完成了从诗人到社会文化活动家多重身份的转变。他的诗歌书写根植于强大的中华文化根系、丰繁的汉语语义网络和整全的彝族民族志叙述架构，其理性思考与感性表达混融会通的诗学思维与书写方式，饱含着生态整体观和生态正义观的宏阔视野。

4.3　翻译传播媒介有机融合

与中国古典文学“走出去”的“静待花开”方式不同，在“一带一路”倡议的主动规划和推动大框架下，中国现当代文学的海外翻译传播显得更主动，主导色彩明显。尤其是中国当代文学，在“走出去”的道路上越走越快，越来

① 孙卓，雷晓斐．吉狄马加：写在天空和大地之间[N]. 光明日报，2016-08-25（10）.

② 阿多尼斯．吉狄马加的诗歌与世界[M].成都：四川人民出版社，2017：2.

③ 阿多尼斯．诗歌之路[N].薛庆国，译．光明日报，2014-07-21（13）.

越主动发挥自身的海外推介主体性作用，从而加快了中国文学所代表的东方民族精神的韵律更快更好地跨越语言障碍，在世界不同文化语境中获得了前所未有的场域，扩大了中国文学的朋友圈和国际影响力。

传播途径和手段事关中国当代文学的海外翻译传播范围和影响深度。目前，中国当代文学作品主要通过传统媒介（报纸、刊物、会议、论坛等）与网络等新媒介相结合的方法进行海外翻译传播。国内外相关机构或组织应积极探索媒体与中国当代文学国际传播的合作模式，促使媒体更加有意识地根据不同受众选择介绍中国当代文学，并发挥媒体的传播速度优势，根据不断变化的传播和接受态势及时调整，突破自身的局限，更加有效传播中国当代文学，并借助中国当代文学的影响力提升媒体的国际影响力，形成文学与媒体相互支撑、相互提升的双赢局面，最终提升中国当代文学国际传播的力度和效度。

4.3.1 外媒与作家依存互动

新时代中国当代文学的国际化需求及海外读者对中国当代文学的新期待，都要求中国作家不仅要养好气血——将中华文化精髓融于作品，更要开沟凿渠，为共建国家的读者认知优秀中国文学作品疏通经络，打通作品走进读者的“最后一公里”。气血不足，文学作品难以成为经典；经络不通，文学作品难以得到国外读者的关注和欣赏；走不出去，则如养在深闺人不识的杨家之女，因为酒香也怕巷子深。

只有有效利用新媒体的传播优势和受众优势，顺应自媒体时代大众读者的文学需求，才能加快推动海外读者阅读、了解、欣赏并感知中国当代文学作品的精髓。

当前的传播媒介发生了根本性变化，纸媒传播与互联网传播已经日益结合，新媒体逐渐成为媒介传播的主流渠道。中国文学借力纸媒与互联网，传播广度和深度都获得了新的提升。实际上，中国当代作家已经在这方面有所行动。

中国当代作家积极接受国外媒体采访。如王家新，国外媒体对其进行了多次访谈。2016 年 6 月 13 日，俄罗斯先锋文学网站刊发了题为《王家新访谈与诗》的访谈录，访谈者为邓月娘（Yulia Dreyzis）。2017 年 7 月 11 日，俄罗斯卫星

网刊发了题为《王家新：俄罗斯文学对中国作家具有特殊意义》的文章。2017年9月13日，韩国联合新闻社发表了由姜敏智对王家新所做的采访的实录《参加韩中日作家庆典的王家新》。2017年10月20日，克罗地亚萨格勒布Express文化周刊发表了Sanja Baković对王家新的访谈录《中国作家谈内在与外部的写作自由》。

劳马的小说在蒙古国、格鲁吉亚、阿塞拜疆、亚美尼亚等共建国家的出版，可以说开创了中国当代小说在这些国家出版的先河。2014年，劳马的蒙古语版小说集《劳马幽锐小说精选》和《劳马荒诞幽默小说》在蒙古国举行发布会，劳马受邀参加，并被蒙古国作家联盟授予蒙古国最高文学奖。蒙古国记者在蒙古国知名《世纪新闻报》（2014年9月4日）发表了对劳马的特别专访记录。此外，蒙古国《国家真理报》第172期也对劳马本人进行了专访。2018年5月，劳马应邀在罗马尼亚出席翻译作品研讨会、布加勒斯特大学中文系交流活动并接受了罗马尼亚国家广播电台的采访。这些采访对提升劳马在这些国家的知名度和影响力，无疑是积极有效的。

目前，越来越多的中国当代作家开始主动积极地接受国内外官方和民间的采访、宣传、报道。

2016年10月，刘慈欣受邀到苏格兰的格拉斯哥参加科幻系列文学作品推广活动，之后前往伦敦接受《卫报》《欧洲时报》《现代科幻》及*SFX*、*Starburst and List*等报纸杂志的采访。2018年3月，苏童应邀参加第22届牛津文学节期间举办的中国作家专场活动，并接受了牛津国际出版中心主任费安格（Angus Phillips）的采访。

随着中国国际影响力的提升，国外相关机构也越来越积极主动邀请中国当代作家参与国外的中国文学推广活动，尤其是“一带一路”共建国家举行的中外文学活动。吉狄马加就曾多次率中国作家代表团和中国青年代表团参加国际文化活动。其他中国当代作家的名字也频繁出现在国外的各种报刊、文学节、读书活动上，中国作家的身影也不再让目的语国家的读者感到陌生。

2014年10月，据法国报纸和网站综合报道，于坚应法国文学节邀请，用近一个月的时间在法国巴黎、奥尔良、蒙特利埃、昂热、南特、克里松、雷纳等

地举行了八场文学朗诵会。《法国中部共和国报》这样评论于坚的法国之行："于坚已经在他的祖国播下了肥沃的灵感种子，现在他在扩大他文学的边界。"法国著名电子刊物*apostrophe45*以"根深蒂固的作家于坚"为题，发表了对于坚的专访记录。

中国当代作家积极接受媒体访谈活动是当代作家主动"走出去"的生动体现，是文化自信的有力表现，为海外媒体创造了掌握中国当代文学生产的第一手资料的宝贵机会，提高了中国当代作家的世界担当意识和能力，最终将助推中国当代文学涵养"一带一路"精神，并借力"一带一路"走向世界。

4.3.2 文学信息走廊共建共享

"交得其道，千里同好，固于胶漆，坚于金石"。"一带一路"倡议之所以得到共建国家的积极响应并快速发展，关键在于中国同共建国家找准了合作之道。合作即对话，"一带一路"就是中外对话的国际信息走廊，是中国与共建国家共建的中国当代文学作品的跨疆域信息共享走廊，也是中外文学交汇、相互借力、繁荣共生的信息共享走廊，各国文学也都能在这个信息走廊各自言说、相互交流、美美与共。

中外共建"一带一路"中国当代文学作品信息走廊，作为中国与共建国家文学合作发展的中国方案，能够掌握中国当代文学在共建国家"走出去"的主动权，并以此获得先机。同时，信息走廊的建设能够促成中国与世界各国、世界范围内国与国之间关于文学作品的新型合作关系，可以加速中国与共建国家优秀文学作品共享，并提供平台和"源泉"，使中外各国能充分相互汲取彼此文化的精髓以丰富和完善各自文化。另外，还可通过定期、不定期地开展中外文学交流活动，增进民心相通和人文交流，进而推动中、外文学关系朝着互鉴、平衡、共生的方向发展。

信息共享走廊的主要建设内容是：

（1）中国与共建国家共建中国当代文学作品信息走廊，促进民心相通

文学作品最动人的魅力在于其文学之光感召和照耀人性的能力。共建中国当代文学作品信息走廊，最核心的问题是如何以已出版和规划出版的作品为基

础，努力从共建国家的文学作品中找到与中国当代文学元素相契合的作品，以唤起共建国家读者内心深处最柔软的情感和可引起共鸣的文化元素，实现以文学情感沟通人类情感。

（2）加强“中国智慧”共享共用，推动实现民心相通

“一带一路”共建国家的文学文化发展状况与其经济状况相仿，而中国优秀文学作品则承继了千年的“大浪淘沙”之后的果实，对共建国家的文学具有很高的借鉴价值。中国文化的世界胸怀和大国担当也是自古就有的优秀传统。中国文学“走出去”的动因与世界上任何优秀文学一样，既是自身发展的内需，也与世界各国对中国文学的需求相契合。

文学多元为百花齐放的壮美奇观和民心相通的众望所归提供了可能。中国当代文学的“走出去”并非以世界文学的统一性、同一性和单一性为目的，而是希望通过与共建国家分享中国当代文学的成果，有机推动共建国家民族文学的自觉和发展，使其明确自身的丰富思想和内涵，优化其文学生态，更好地实现中外小说共生。

中国智慧已经广泛应用于中国社会生活的各个领域，中国方案的提出旨在加强与共建国家的人文交流，向世界讲述中国故事，传播中国价值理念和文化精髓，彰显中国文化魅力，赢得共建国家最大限度的信任，并与之共同打造中国当代文学融入共建国家文学的信息服务平台，促进优秀文化和中国智慧的共享共用。

具体地说，在互联网全球化的今天，关于中国文学作品外译的信息在网上堪称铺天盖地，但要追踪信息来源、甄别其可靠性却并非易事；得到准确的出版新闻发布网站的信息也远比想象的难，即便追踪到了发布出版信息的官网，有价值的线索也可能很有限；中国相关网站上的信息，外国受众也很难浏览。

建设方便易用的中国当代文学译介信息网站，中国人民大学出版社官网的“海外合作”专栏为共建文学信息共享走廊提供了一种思路。网页详细公布了该社与“一带一路”共建国家出版社的合作出版信息，包括作者、书籍的中外译名、书号、出版日期、出版社名称、作者简介、内容简介，及获得何种国家项目资助等信息。此外，网页还开辟专栏设置出版社在天猫商城的旗舰店链接。

当然，网页也存在有待改进的空间，如外译书籍网页中没有清晰注明译者信息、没有外语网页、点开天猫商城的旗舰店链接后用户体验也不是非常理想。

“一带一路”共建国家中的发展中国家经济多欠发达，图书市场小，读者消费水平低，与中国文化差异大，出版机构发行中国文学作品难以盈利。中国政府出台的外译资助政策和启动的相关计划、项目，主要是为了资助中国文学作品在“一带一路”非通用语种共建国家出版和推广，对不同语种的选择可谓用心良苦。资助不但解决了共建国家出版机构的成本问题，降低了相关出版机构的商业风险，提高了目的语国家引进中国文学作品版权的积极性；更重要的是，经资助出版的中国文学作品向共建国家的读者打开了了解中国发展现状的文学之窗，对共建国家民众重新认识中国及消除国际文学作品传播的不平衡现象具有十分重要的意义。

然而，这些通过不同渠道得到中国资助出版的中国当代文学作品，在海外的销售却遇到了信息不畅的问题。目前相关出版信息的发布并不及时，且多以单打独斗为主，中外出版社合作出版的文学作品很多只出现在首发式的新闻里，在国内出版社网站上所能搜索到的外译作品的信息可谓一鳞半爪，若要购得译作则更是困难重重。即使是相关新闻，新闻发布方为了凸显自己的贡献，在内容中常多强调和渲染该出版社为版权的输出和最终的出版做出了怎样的努力，很少谈到文学作品受到中国政府的资助，明确提到受资助项目名称的报道十分少见，对出版作品的介绍也是惜字如金。而很多可以在国外出版社官网查询到的已出版的中国文学作品，在国外的主流图书网上商城却难觅踪迹。

单丝不成线，独木不成林。为了集中展现“一带一路”倡议提出以来中国政府启动的各项对外翻译资助项目已有成果，提高作品的阅读率，发挥和延续翻译出版作品的引领作用，推出更多具有代表性的中国当代文学作品，展示中外文学交流互鉴的成果，为共建国家读者全面了解当代中国的最新发展方向提供全新的文学视角，目前亟须中外合力建设“一带一路”中国政府资助外译作品的网上书城。

文学信息共享走廊可聚集中国政府资助项目开发出的中外优势出版资源，展示中外出版成果，搭建资源共享交流平台，分享内容生产、传播渠道建设、

文学资源开发等各个环节的经验，同时，也为中国出版机构的国际合作提供参照，助力中外双方查漏补缺，使中国文学作品以后的外译出版工作更加有效，更有针对性，以便于中外出版社弃“独善其身”姿态，持“兼济天下”情怀。

数字化出版助力文学信息共享效率提高。数字出版融合并超越了传统的纸媒出版，相较于传统出版的优越性已日益明显。网上书城可针对数字出版的传播规律和读者特点，同步开发和传播中国文学作品数字图书内容，即中国文学作品译本的 Kindle 版和 Ebook 应尽力保持与纸质书同时发行，满足共建国家青睐数字图书的读者便捷获取中国文学作品的需求。

文学信息共享走廊是中国与共建国家文学交流互鉴成果的平台，是中国政府资助的文学作品外译项目取得的阶段性成果，记录着中外出版人共绘中国文学“走出去”美好蓝图的足迹，也是中国与共建国家文化交流日益密切的有力例证。

4.4 翻译传播效果提升机制

文学是作家个体生命的折射，但当文学跨越时空进入异域文化空间，与陌生的心灵产生共鸣时，文学的个人性就具有了世界性：陌生人的阅读赋予了文学新的个人性，并丰富了文学的世界性。这是文学国际传播最迷人之处，也是最困难之事。鉴于不同语言和文化所孕育的文学的特殊性，中国当代文学的国际传播之路也必然具有特殊性，而面对的传播对象又千差万别，为此，应该基于中国文学传统和当代文学的特殊性，基于对不同目的语国家人文环境的研究，逐步形成具有一定普遍性的中国当代文学海外传播的“中国模式”，形成具有普遍适用价值的传播机制，从而提高传播的效率、效能和质量。

目前，中国已成为世界第二大经济体，但中华文化海外传播能力与中国经济对世界的影响力还不成正比，不同背景的国际社会利益群体对中华文化的接受范围和程度迥异，建立中国当代文学的海外传播体系有助于改变这种不平衡的现状。主动营造和培植利于中国当代文学海外翻译传播的舆论环境和土壤，细致区分中国当代文学海外传播对象，基于对目的语国家的国情、舆情、民情的详细了解和把握，针对不同国家的文学生态体系、不同民族的文学趣味和审美特点制定差别化传播方案，设置科学的传播路径、方法、质量评估和保障体

系等衡量维度。这样既能表明中国文学作品“走出去”的精诚态度，又能实现中外文学交流的精准对接，在保证中国当代文学在海外传播效果的同时，舒缓针对“一带一路”的一些负面舆情。

4.4.1 科学建构中国当代文学翻译传播联动机制

“文学是为全世界创造美的艺术”，翻译是文学精神互通的桥梁。中国当代文学只有通过翻译才能消除语言、文化上的障碍，实现中国当代文学的内在民族精神与其他民族文学的内在民族精神之间的相互沟通和理解。当然，外译作品的审美功能能否实现取决于译者及其选择的翻译策略。在可能的条件下，应尽量推动作家翻译，这样能在一定程度上弥补翻译之失，并在翻译过程中注重“文化异化，语言归化”二者的辩证统一。

4.4.1.1 构建“同心圆”传播体系

“一带一路”共建国家发展状态和水平不一，对中国的诉求和期待不同，对中国当代文学的观察和接受角度也不同，发达国家希望中国提供文学转换货币的市场，发展中国家需要中国智慧、中国故事和中国经验，第三世界国家欢迎中国的援助。处于不同发展阶段的共建国家对“一带一路”倡议的兴趣点和接受程度存在明显差异，中国当代文学在不同发展水平的共建国家采取的传播策略也应有所区别，并以国别论或以“同心圆”不同环带划分。以莫言为例，莫言作品早期翻译较多的语种按海外出版时间顺序排序依次为法国、英国、德国、日本、韩国、越南等国家，这一海外翻译传播规律与余华、苏童作品的海外翻译传播之路具有相似之处，即从经济发达国家到与中华文化一宗同源的亚洲国家。法国、英国、德国等西方发达国家或把中国文学作为了解中国经济、人民生活状况的窗口，试图嗅到商机；或为满足西方读者希望寻找具有中国特质的异域情调的猎奇心态。中日、中韩一苇可航，同属汉字文化圈，日、韩文学也与中国文学同源，同时中国文化被认为是对越南文化影响最大的外来文化，因此中国当代作家被译介的文学作品易于符合日韩越读者对中国文学的期待，是文化惯性使然。

构建中国当代文学海外译介与传播的“同心圆”体系，是为了实现中国当代文学海外翻译传播的差异化对接目标，即同属同一环带内的国家，传播规律的彼此借鉴价值和意义更大。中国当代文学海外翻译传播的基本结构可用3个同心圆表示，圆心是中国当代文学作品原作，广义上包括已经译出、正在翻译和有译出潜力的所有当代文学作品。基于圆心，以“一带一路”建设布局兼及其他国家为底色，一环环向外扩展：中国当代文学的海外翻译传播是在底色上的绘图。基于对地缘、文化亲缘、经济血缘关系的考量，“同心圆”体系的具体环带划分如下：

第1环为核心国家区，共27国。其中，“一带一路”共建国家25个，包括中亚5国（哈萨克斯坦、吉尔吉斯斯坦、塔吉克斯坦、土库曼斯坦、乌兹别克斯坦）、东亚（蒙古国）、东南亚5国（马来西亚、泰国、新加坡、印度尼西亚、越南）、南亚2国（巴基斯坦、印度）、西亚4国（阿塞拜疆、亚美尼亚、格鲁吉亚、土耳其）、中东欧5国（波兰、匈牙利、保加利亚、罗马尼亚、塞尔维亚）、东欧（俄罗斯）、南欧（意大利）、北非（埃及）。此外，还有与中国一衣带水的东亚文化圈中的日本和韩国。

第二环为重点国家区，共46国。其中，“一带一路”共建国家41个，包括东南亚6国（东帝汶、菲律宾、柬埔寨、老挝、缅甸、文莱）、南亚5国（不丹、马尔代夫、孟加拉国、尼泊尔、斯里兰卡）、西亚16国（阿富汗、阿拉伯联合酋长国、阿曼、巴勒斯坦、巴林、卡塔尔、科威特、黎巴嫩、塞浦路斯、沙特阿拉伯、叙利亚、也门、伊拉克、伊朗、以色列、约旦）、中东欧11国（阿尔巴尼亚、爱沙尼亚、波斯尼亚和黑塞哥维那、黑山、捷克、克罗地亚、拉脱维亚、立陶宛、马其顿、斯洛伐克、斯洛文尼亚）、东欧3国（白俄罗斯、摩尔多瓦、乌克兰）。此外，还有大洋洲（新西兰、澳大利亚）、北欧（瑞典）、西欧（荷兰）和南欧（西班牙）。

第三环为重要国家区，同时也是“一带一路”建设未来的重点合作国家区，具有与中国在更大范围、更高水平和更深层次共同建设“一带一路”的巨大合作潜力和空间，包括“七国集团”（G7）的5个成员国（美国、英国、法国、德国、加拿大），兼及其他国家。

另一方面，在“同心圆”环带内，每一部中国当代文学作品的译作都是一个质点，且各自又以自己为中心形成一个“同心圆”。该作品海外翻译传播的范围和质量，则决定了质点的疏密度，而通过疏密度，则可分析该作品翻译传播过程中的现状和问题并及时进行相应调整。质点是动态的，原作者、译者、赞助人、出版商、译介受众等外力共同作用于同一质点，推动实现译作在某一国家或地区的传播和接受。质点的位移对应译作在不同国家的传播和接受的轨迹和传播速度，同一原作不同译作的质点位置不同，又可以以每一个质点为中心形成同心圆，构成新的影响环带和辐射圈。

中国当代文学译作积极参与目的语国家民族文学的建构，在各国的传播表现行为不一，在“同心圆”体系中的位置有中心与边缘之分，但彼此交叉、时有重叠，相互影响又相互依存，形成中国当代文学海外翻译传播的有机整体。处在不同环带中的国家，位置可以发生变化：中国当代文学传播能力的变化决定了每个国家既可能在不同环带内游走，由“首都”到“边疆”，也可能在同一环带内由“中心”走向“边缘”或由“边缘”地带移向“半中心”地带。

“同心圆”体系实际上构成了一个文学作品翻译传播标准动态体系，只要原始数据准确，就可逐环分析对象国翻译市场的书情和翻译生态，分析并确定哪些中国当代作家的哪些作品符合“同心圆”第几环国家区的外译需求，精细化梳理每一环内与中国文化相近、相通或亲近的“一带一路”国家文化；阶梯化分类每一环内对中国文化有好感，但并未进行充分交流的共建国家文化；在各环内模块化设计并打造中国当代文学外译的品牌项目，差序展开、推进外译工作，进而推动国别化外译的效果提升，带动相关文化产业领域的共同发展。

“同心圆”体系如同一朵花，圆心即花心，由花瓣簇拥，瓣瓣不同，却瓣瓣同心。“同心圆”体系是有序输出、国别化翻译并推送中国当代文学作品的路线图、指路灯，是中国软实力逐步增强的轨迹图；圆套圆、圆连圆，则是中外文化共生的罗经仪。

4.4.1.2　培养并储备专业翻译传播人才

中国当代文学在“一带一路”共建国家的翻译传播是战胜文化差异的“磨合”

的翻译和传播，需要依托专门化、职业化的人才，尤其是目的国本土翻译人才、传播人才处理文化多元性和传播有效性之间的张力效应，这是中国当代文学能否真正“走进去”并融进共建国家的关键。

新时代中国当代文学“走出去”的内需已经要求文学翻译传播进入高质量提升阶段，而现行翻译传播体系仍然处在大规模发展阶段，精准度不够，跟不上新时代中国当代文学翻译传播新阶段的新要求。为了切实推动中国当代文学在共建国家的传播，打破目前中国与共建国家文学交流人才缺乏的瓶颈，中国和共建国家政府、教育机构应着眼于可持续发展，首先从宏观政策层面形成共识，并据以科学组织培养、凝聚一批批懂华、亲华、友华的汉学家、翻译家、作家、出版人、图书代理人和中国学研究者，“揭示文学翻译的社会价值和文化内涵；探讨文学翻译活动的规律和原理”，[①] 建立以译界学界协作为中心的中国当代文学译介传播联动机制。

中国当代文学的翻译传播道阻且长，然行则必至。以享誉全球的《三体》为例，从中国科幻文学问鼎世界大奖到中国科幻作家群集体亮相国际报刊、媒体、科幻出版物，在中国科幻席卷全球、领跑科幻界的进程中，海外华人刘宇昆和宋明炜协作形成的译界学界中国当代文学翻译传播范式为中国当代文学“走出去”“走进去”，进而“融进去”树立了成功典范。

《三体》风靡海外，首功非译作等身的科幻文学译者刘宇昆莫属。“近年间，中国科幻在英语译介方面最重要的发展，无疑是由于刘宇昆的出现。刘宇昆对于翻译中国科幻所付出的心血与热情无人能及。”[②] 刘宇昆还积极推动科幻文学英文翻译事业的发展，培训了朱中宜、言一零、陆秋逸等一批新生代译者，译笔上乘。随着《三体》《北京折叠》在英、德、西班牙语世界陆续斩获大奖，一大批中国科幻作品在欧洲、亚洲国家得到译介，进而与海外学者、评论家的“他者”视域形成合力，以至于中国科幻“热”成为国际现象。

---

① 王洪涛．文学翻译研究：从文本批评到理论思考 [M]. 杭州：浙江大学出版社，2019：6，8.

② 宋明炜．中国科幻小说是否会梦见“新浪潮”——哥伦比亚版《转生的巨人》序言 [J]. 金雪妮，译．书城，2019（4）：74.

然而，在《三体》引起国际文学市场瞩目以前，当科幻文学在国内尚属“小众文学和边缘文学（是否是文学尚有争议，姑且称之）”[①]之时，科幻文学学者宋明炜已凭借自身宽广的文化视野、对中国当代文学深厚的热爱、对科幻文学反映时代命题和困惑的深刻思考和对海外读者阅读审美敏锐的触角，“隐约感觉中国科幻正在形成一次‘新浪潮’”[②]，遂投身于协同当代科幻文学海外翻译传播的事业中，在“学院”沃土上孜孜耕耘。2010年，宋明炜发挥自身在中、外学界的力量，力促科幻文学作家韩松和飞氘参加复旦大学“新世纪十年文学”国际研讨会的成行。发言中，飞氘形容中国科幻“更像是一只寂寞的伏兵，在少有人关心的荒野上默默地埋伏着”[③]，然而，宋明炜对中国科幻的了解程度却改变了韩松的看法，韩松感到吃惊地说：“他（宋明炜）是较早发现中国科幻奇迹的一位学者。”[④]正是在这次会上，宋明炜与科幻作家的“里应外合”为中国科幻赢得了国内外研究者关切的询问，开启了从鲜有主流学者问津到拥抱远方的新征程。

宋明炜认为“中国科幻新浪潮的崛起，与中国梦的兴起，有着一种隐秘的关联”[⑤]。为探索延伸和扩展当代科幻文学国际传播能力提升的边界，搭建中外文化对话、融通的平台，他欣然接受胡志德教授（Theodore Huters）的邀请，负责主编《译丛》特大号科幻特刊（77/78期），特刊历时2年精心编撰，于2012年进入海外读者视野，可称得上是介绍中国科幻时期至“新浪潮”发展的首部特辑，是21世纪中国科幻文学的首部英语选集。英国《泰晤士报》等国外重要媒体报道了科幻特刊，以排头兵角色成为向海外推广中国科幻作品的启航者和领潮者。此外，选集凝聚形成中国科幻磅礴之气的8位当代科幻作家，也已成为当今中国科幻界的中坚力量，是打开中国科幻边界、释放中国科幻潜力的助推器。

---

① 蔡骏，张悦然，韩松，等．新世纪十年文学：现状与未来[J].上海文学，2010（9）：100.

② 宋明炜．中国科幻新浪潮[M].上海：上海文艺出版社，2020：1.

③ 蔡骏，张悦然，韩松，等．新世纪十年文学：现状与未来[J].上海文学，2010（9）：102.

④ 韩松．发现中国科幻的那些闪光点[N].文汇报，2020-03-13.

⑤ 宋明炜．未来有无限的可能[J].人民文学，2015（7）：136-137.

宋明炜与中外科幻界保持密切联系，与知名科幻作家、译者、评论家、专业研究学者、活动家、经纪人、编辑出版界精英汇聚成中国科幻强大的海外翻译传播阵容。他躬身实践，在上海、中国香港、哈佛大学等地组织5场“中国科幻”主题国际会议，积极参加中国科幻界的海外宣传活动、参加与海外读者的对谈活动，接受美国《纽约时报》《美中今日》《外交政策》和澳大利亚ABC电视台、中国《环球时报》、中国香港《信报》、英国《经济学人》及BBC多次专访，接受享有国际声誉的德意志广播电台、中国中央电视台英文频道、美国国际公共广播电台直播采访；组织翻译编选的中国当代科幻选集《转生的巨人》入选2018年度美国科技媒体*Verge*杂志最佳科幻奇幻“十大好书”，被新加坡《南华早报》、英国泰晤士报文学增刊、美国俄亥俄州立大学中国现代文学与文化网络资源中心、《耶鲁新闻》、美国《卫斯理学院校报》等多次报道。他笔耕不辍，撰写研究专著《中国科幻新浪潮》，选编《给孩子的科幻故事》，从《读书》到《人民文学》，从中文、英文、德文、法文到意大利文，发表关于中国科幻的各类文章60余篇，与刘宇昆默契地交替编选中国科幻选集[①]并在海外出版；支持和大力推介海外中国科幻杂志（如德国《胶囊》）和选集（如为意大利语版中国科幻小说选集《汉字文化圈》作序），在海外高校开设《中国科幻文学》课程并受邀于中外学术机构和著名高校举办“中国科幻”主题演讲69场，极大地激发了海内外学者、学子对中国科幻的关注和热情，掀起了阅读与研究当代科幻文学的涟漪、波浪乃至热潮。宋明炜通过各种形式切入科幻文学宏阔的视野、无边的想象力与共建人类命运共同体的深刻内涵、历史责任的内在关联机理，探索中国科幻文学的世界性建构，探索科幻文学以人类命运共同体为出发点的生长与未来，为海外读者寻求阅读经验适配提供参照，是加速中国当代科幻文学海外进程的功勋人物。

中国当代文学作品“走出去”已经成为中国声音“走出去”的关键环节。但实际上，当前中国当代文学优秀作品外译内热外冷现象依然明显，这已引起

① ［美］宋明炜编选《转生的巨人》（2018），［美］刘宇昆编选《看不见的星球》（2017）和《碎星星》（2019）。

中国政府的重视以至于中国政府采取了一系列措施，尤其是就译者群体专业化不足问题，已从国家层面加强了顶层设计和系统的制度整合、机制创新。

为了凝聚和培养海外中国文学翻译力量，文化和旅游部搭建了多种翻译人才培养与合作交流机制。已有数百位来自阿根廷、比利时、巴西、保加利亚、俄罗斯、印度、埃及等共建国家的翻译家、出版人参加了中国当代作家作品数据库建设、国际童书翻译出版研讨会、“一带一路”倡议下汉学家翻译作品交流等活动。

埃及汉学家、自由文学翻译家米拉·艾哈迈德就是中国当代文学“一带一路”之旅中熠熠生辉的明珠。她曾参加由文化和旅游部主办的中外文学出版翻译研修班（2017 年）、上海青年汉学家研修计划（2018 年）、第五次汉学家文学翻译国际研讨会（2018 年）、21 世纪海上丝绸之路文学发展论坛（2018 年），是开罗中国文化中心阿拉伯翻译家与汉学家联谊会的成员（2017 年）。她用阿拉伯语翻译的中国当代小说和诗集包括毕飞宇长篇小说《推拿》、魏微短篇小说集《化妆》、劳马短篇小说选《说心里话》、石一枫中篇小说集《世间已无陈金芳》、杨克诗集《我在一颗石榴里看见了我的祖国》、王蒙长篇小说《这边风景》、熊育群诗集《我的一生在我之外》（阿拉伯文版更名为《如果爱得足够》）。其中，《推拿》获第三届“文学新闻报翻译奖”（2017 年），《世间已无陈金芳》荣获“首届全埃中国当代小说青年翻译大赛一等奖”（2019 年）。此外，她翻译的贾平凹、阿城、王蒙、六六、魏微、杨克等多位作家和诗人的作品，刊登于埃及等多个国家的阿拉伯语杂志和报纸上。

米拉·艾哈迈德以专题思考与整体观译介相结合的方法展开对中国当代文学的考察与翻译实践之旅，为阿语世界的文学爱好者们奉上一场场文学盛宴，匠心独妙。以 2019 年为例，埃及《文学报》于 3 月、4 月和 9 月先后推出“接近熊育群”专辑、“魏微是了不起的文学创造者”专辑和文学报告“中国作家和诗人的爱好”，译者 / 作者为米拉·艾哈迈德。作为文学类权威报刊，《文学报》高密度、大篇幅地报道中国当代文学作家、作品，并不多见。专辑内容以作家访谈、名家评论、作家观点和作品介绍等内容为主，兼及作家参加的重要文学活动、翻译活动，以笔为鉴，为域外读者开启了对中国当代文学的想象之旅，

向阿拉伯语世界读者引中国当代文学之光、送当代作家之亮。文学报告以对王蒙、魏微、鲁敏、李洱、石一枫、付秀莹、欧阳江河、杨克等20位中国当代作家和诗人的采访为基调，以作家的文学创作与生活经验、生活经验对创作的影响为切入点展开讨论，作家与诗人特点鲜明、融洽——报告主题完整一致且层次丰富，起意高、视野宽，由点及面、由点成面，这幅当代作家“微型全景图”在阿拉伯语世界读者面前的集中亮相，赋予当代作品现实的触摸感和亲切感，为中国当代文学作品引起阿语世界读者的共鸣打下重要的人文基础。

米拉·艾哈迈德将中国文学作品直接由中文译为阿拉伯语，避免了经英语、法语等语言转译带来的西方话语体系的浸染和过滤，以最直接、最有效的方式将中国文学丰富、独特、异质的书写经验转换为阿拉伯语创造性文学艺术。

然而，阿拉伯语世界中像米拉·艾哈迈德这样的文学译者屈指可数。据研究，中国当代文学作品在埃及遭遇的译介困境绝非孤例，芬兰仅有两位直接由中文翻译的翻译家，而从中文翻译为芬兰语的小说尚不到20部；很多缅甸出版社都倾向于出版基于英文译本转译的中国文学作品，想找到从中文译为缅甸语的中国文学作品非常困难。转译交流为共建国家读者对中华文化精髓和优秀文学作品的认识和理解增加了一重障碍，文学翻译家的匮乏正极大地影响和制约着“一带一路”共建国家读者的中国文学期待视野。国家应进行顶层设计并制定实施翻译保障机制，针对性培养共建国家中国文学翻译家，保证译入共建国家的文学作品均由中文译出，最大限度地避免多重文化过滤导致的信息流失及其引发的对中华文化理解的偏差。

此外，土耳其新生出版社社长吉姆·克齐泽（Cem Kizilcec），塞尔维亚贝尔格莱德地缘政治出版社社长弗拉蒂斯拉夫·巴亚茨（Vladislav Bajac）等近100位在介绍中国文学、推广中华文化等方面作出突出贡献的外籍及外裔作家、翻译家和出版家获得了“中华图书特殊贡献奖”；而60多个共建国家的200多位专家和140多家中外影视机构则通过参与“影视互译 文化共享”活动，成为推动中外影视译制领域务实合作的专门人才，800多部中国影视作品则借助该渠道实现了多语言译制和合作推广，中国影视作品借以在“一带一路”共建国家打破了“零播映”的局面。通过这些学者、汉学家、出版家、评论家，中国当

代文学的翻译传播对目的语国家的政治、经济、文化、教育已经产生了积极影响。在中国搭建的认知中国的全球性平台上，中国当代文学翻译传播的栋梁和未来人才相互交流、碰撞、合作，通过他们，中国当代文学将会更顺利地在“一带一路”共建国家实现译介传播可持续化和品牌化。

4.4.1.3 精准对焦海外传播受众需求

“一带一路”背景下中国当代文学的传播，犹如荒山探险、夜路寻径，风险多、变数大，很难事先预设路径，更不能一条路走到底，必须一时一地一设，因地制宜，动态调整，以实效为原则，科学设定融入路径，在传播过程中形成文学动态发展资源，惠泽中外文学。

融入路径的设定要切中新时代中国当代文学“走出去”的脉搏，以创新中国与共建国家文学双边合作机制为宗旨，通过作品内容宣传精细化、与目标读者互动化、传播形式多媒化、传统运营机制创新化、营销模式用户友好化、社交媒体运营专业化、自媒体与小说作品出版高度融合化等多个领域的创新，引领中国与共建国家文学创作和交流关系的转型。目前，中国在这些领域已经进行了很多有效的尝试，建立了良好的“端口”。

以古巴的文学市场为例。由于在古巴上网不便，目前，古巴普通民众能接触的网络资源有限，使用既有网络资源的用户也要受到严格的控制。因此，传统的纸媒、报刊、电视等媒介资源就体现出极高的优越性，成为中国文学在古巴的重要传播手段。一方面，中国文学作品通过由古巴政府负责管理的报刊、电台等渠道进行介绍，另一方面，中国当代作家经常亲赴古巴与出版人及读者进行文学对谈、开展文学讲座等，在古巴掀起一波波中国文学作品的阅读潮，引起强烈反响，受到广泛好评。智者，善借力发力，变不利为有利。

中国文学作品走进共建国家并树立“中国”品牌，要依托目的语国家的本土经济、文化、社会环境等提供必要的生存资源，如物理环境等有形条件，并以与共建国家的相关机构友好合作为平台，共同营造利于中国文学作品传播的无形条件，推动实现中国文学作品与目的语国家文学作品的和谐共生。

欲筑室者，先治其基。传播内容是否回应海外读者关切是其能否打动读者

心弦的关键。以中国当代文学在印度的译介和传播为例，发现印度英语小说市场的阅读需求指向高度类型化的文学作品，目前在印度受众中知名度较高的《三体》正是契合了读者的这一特点。

基于印度内部语言的分布情况和语言政策研究，培养小语种译者，有效利用不同语言在印度的区域优势和使用人数比例优势出版多语种印度本土语言译本。印度目前主要使用的语言有 20 多种，其中以精英阶层使用为目的的英语书籍和北印度地区普通民众使用的印地语书籍各约占印度出版业的四分之一，南印度普遍使用的泰米尔语、东印度的孟加拉语等其他语言书籍约占二分之一。莫迪自 2014 年出任印度总理以来，在国际上不遗余力地推动印地语成为联合国第七大语言，比如在联合国大会等诸多重要场合坚持使用印地语发言；在印度国内，立场鲜明地提升印地语的地位，推动实施了一系列强化印地语使用的措施，如 2015 年 1 月，印度政府史无前例地在外交部设立印地语局，负责总理外交事务中的语言翻译以及在全世界范围内推广印地语。

波兰是“一带一路”倡议的中东欧国家合作典范。中波建交后，波兰翻译介绍中国文学已经形成过两次高潮。一是 20 世纪 50 年代中波两国关系黄金期，除了中国古代经典文学作品如《水浒传》，中国现代文学代表作家如鲁迅、茅盾、郭沫若等的作品也被译成了波兰语；后来因中波关系波折，双方文化交流持续低迷，波兰对翻译中国文学也不再感兴趣，直到 20 世纪 80 年代才逐渐好转。进入 21 世纪后，波兰外交走务实路线，中国爆发出的经济活力让波兰惊叹，并预言中国会成为世界上的强国，于是与中国加强了合作，中国文学在波兰的译介和传播随之进入又一次高潮，中国当代优秀作家作品陆续被翻译成波兰语。

波兰读者对发展的中国充满好奇，因此，能够反映中国社会真实和情感生活的作品最受欢迎，尤其是能代表中国文化丰富性和复杂性的作品，如阿来《尘埃落定》，韩少功《马桥词典》，苏童《大红灯笼高高挂》，莫言《丰乳肥臀》《酒国》等。

波兰翻译的中国当代文学作品中，包含一些用英文、法文等写作的海外华人作家的作品，因为对波兰的译者而言，翻译英文、法文等比翻译中文更容易。这也提醒我们，应该更多关注海外华文作家的创作，给予他们适当的支持和帮

助，科学分析他们作品中中国书写的特点，向他们客观说明中国，并借他们之笔，客观向世界说明中国。

2013年，安徽出版集团与波兰马尔沙维克出版社合作，在华沙建成时代·马尔沙维克出版集团，推出了一系列中国当代作家作品，使中国文化“走出去”实现了搭船出海，从而也更容易在目的语国家落地生根，创造了中国当代文学抵达波兰的新路径。波兰作为“一带一路”倡议的中东欧国家合作典范，应该全方位规划并建设中国当代文学在其本国的翻译机制和人才培养体系，并与中国共同努力，推动形成中国当代文学在波兰翻译介绍的第三次高潮。

当今世界，是合作的世界，独行不易，皆需同行。中国正积极建立差别化的中国文学海外交流机制，动态推动现有中外双边文化合作机制进一步优化，发展一个，成熟一个；启动一个，成功一个。如中国目前与海外国家合作举办的“中国文化年”活动，就是成功案例，其中所包含的内容丰富的文学交流活动，也为目的语国家读者带去了独特的文学体验。

4.4.1.4 科学规划文学翻译传播工作

文学无国界，文化传播归根结底要为国家服务，而翻译则是保持和传播本民族优秀文化和塑造国家国际形象的重要手段，也是文学能否顺利“走出去”的关键基础。为此，当我们主动或与他国合作外译中国当代文学作品时，尤其是当对象国是对中国缺乏认知或认知不全面的国家时，我们要借助中国文学的情感互通优势，选择翻译短小精悍、朗朗上口，却能表现人类最普通情感，如爱、家庭、婚姻、社会责任、公平、正义、和平、发展、民主、自由等主题的文学，以共同的人类情感实现民心相知相通，从而唤起这些国家对中国进行客观了解和理解，为两国外交工作提供温暖的软环境。

文学翻译应秉持文学互鉴观，中国可主动搭建文学交互平台，主动与对象国合作，继续推进中外“一对一、多对多”的文学出版互译合作方式，在推动中国当代文学外译的同时，主动把对象国的文学也译入中国，达成中外文学的互动、平衡和对等交流，实现中外文学平行共时交流。

外译不能是单一的翻译行为，而是相互的。即通过中国当代文学的世界化，

吸引世界更多关注中国当代文学，也让世界不同民族的文学得到中国更多的关注，进而推动中外文学的交流与合作。也就是说，我们要通过中国当代文学“走出去”，吸引外国优秀文学“走进来”，只有这样，才能通过中国当代文学“走出去”推动世界文化和谐，发挥中华文化在构建人类命运共同体中的积极作用。

中外译者合译绝不是纯粹的译作拼凑，而是要实现“1+1>2”，通过翻译实现再创作、再丰富。中外译者应坦诚面对并主动消除文化差异，建立动态、高效的协商关系并按照统一的翻译质量标准，保证合译质量。可以从一开始就共同商定翻译对象，然后由外国翻译家翻译初稿，中国翻译家和作家即时审校，或者由中国翻译家翻译初稿，外国翻译家和作家即时审校，保证中外译者、中外作者第一时间共同合作，充分沟通，合作双方不断共同研究改正翻译中的问题，最终获得最佳译本。这样的翻译作品会更符合原作初衷和跨文化转换规律，充分考虑到接受国的语言和文化习惯，相对精准地用“国际表达”向读者表述中外智慧、双方都认同的立场和价值观，并且有助于在翻译过程中丰富被翻译作品的内涵和情感层次，使翻译不再是译者机械的语言转化过程，而是中外语言文化通过碰撞交流而获得一种既不失去原文意蕴而又更适合读者阅读的创造性译本的过程。这样可以尽量减少语言转化过程中的文化隔膜，使译本更容易为外国译者目的语国家的读者接受，也更容易产生影响。

海外汉学家，尤其是华侨华人翻译家是中国文学“走出去”的重要桥梁。在推动中国当代文学“走出去”战略设计和具体实施过程中如何发挥汉学家和海外华侨华人翻译家的作用，并以此为基础和借鉴，逐步培养国内文学翻译人才，直接决定着中国当代文学“走出去”的现在与未来。

翻译是中国文化在“一带一路”共建国家传播的媒介和载体，是推动中华文化润濡世界的坚实路基。中国当代文学以“一带一路”共建国家为对象国所进行的翻译工作应以翻译传播实态调查为基础，以翻译传播战略设计为导向，以翻译传播规划为手段，建立合理的翻译传播规划体系，提出切实可行的翻译传播规划建议，即顶层设计、国家布局、有序输出、差别化推送、分阶段实施和分目标完成。

翻译传播实态调查首先是要清楚调研分析、全面客观了解中国当代文学的

发展状况以及目的语国家的人文生态环境、民众受教育情况、文学发展现状、语言符号指征特有的情感和意义等，并据以制定针对某一对象国的中国当代文学翻译计划，形成翻译传播规划体系，做到有序传播。即以立体外交关系为标准，选择友好国家为切入点，其中优先选择与中国有一定的文化交流基础，但尚未充分开展文化合作的国家，推动实现双向交流；在此基础上，再优先选择意识形态色彩较弱，能表现人类共同价值追求，隐含中华民族对自然的认知的文学作为对外译介的对象，这样容易唤起受众的心灵共鸣，使受众产生情感激荡，促发文化相互认同。

其次，应按主题和类别对中国主动要输出的中国当代文学进行细致分类。具体包括基于对象国的文化和文学语境，结合翻译目的，分析并确定哪些中国当代作家的哪些作品符合外译需求，哪些暂时不适合外译，哪些坚决不能外译，等等，使外译工作有序展开、推进。

再次，应差别化外译中国当代文学。即从外交和文化关系角度分析对象国与中国关系的疏密度，及对中国当代文学的诉求，做到“一环一方案”甚至“一国一方案”，精准聚焦、拾遗补缺。

优秀的文学既具有民族性，也具有世界性。虽然不同共建国家对中国当代文学的需求不同，但只要我们准确了解和把握中国当代文学现状和对象国需求，就能实现中国文学如春雨化物，融入对象国文化和民众生活之中。

4.4.2 创新传播效果跟踪评价体系

中国当代优秀文学作品“走出去”既有向外推广中国文学、汲取他国优秀文学因子、不断提升中国文学的国际地位、向世界贡献中国智慧的内需，又有促进优秀文学能量互动交流、改善共建国家文学生态环境的外在需求。然而，世界文学交流史告诉我们，任何国家的优秀文学作品“走出去”都不会一帆风顺，出现非预知、非预设的矛盾、冲突、误解和质疑是常态。为了避免或减少不必要的误读误解，就需要建立一个科学、完整的文学作品传播体系，从“始”至“终”，即从作品的选择到翻译到出版到评估，形成一个系统的工程，犹如放风筝，风筝线要始终握在手里。在此基础上，基于传播大数据分析和建立传播协同机制，

始终将“走出去”的文学作品的传播过程纳入可见的视域、可控的范围之内，这样才能相对有效避免文学作品走入误区，有助于扩大优秀的中国当代文学在世界文学空间场域中的量的占比和质的提升。

目前，世界文学的国际传播体系仍由英语世界主导，中国当代文学作品在世界舞台上的地位与中国的经济发展水平、综合国力和国际影响力还不相称。但也应该看到，当前世界文学市场的传播体系正在悄然发生结构性变化，尤其是“一带一路”倡议的提出，使中国当代文学扬帆出海有了自己可控的起航港口，并且获得了很多海外停泊的口岸。因为有了诸多国际平台，中国当代文学在共建国家的身份正逐步从文学“走出去”体系的融入者、参与者向深度合作者、推动者和重塑者转变，也推动了共建国家更加积极参与到中国当代文学作品“走出去”传播体系的创建之中。虽然这项工作面对问题新、杂音多，但事业大，影响广。中国主导建立的“一带一路”中国当代文学“走出去”传播体系已初现雏形，正逐步得到共建国家的广泛认同。

历史证明，相对比较成熟的西方文学传播体系指导不了中国当代文学“走出去”的特殊实践，只有“自力更生”，创建具有中国特色、基于中国经验的中国当代文学“走出去”传播体系，形成中国当代文学在共建国家传播体系的“自主创新”，才能保证中国当代文学国际传播具有清晰可辨的未来。

新型中国当代文学传播体系坚持共商、共建、共享、共赏和共生原则，以人类共同人性和对幸福生活的向往为基本标准，打通中外心灵的隔阂，摒弃西方建立的文学霸权传播体系，实现中国和共建国家文学高度依存、和谐共生关系。

4.4.2.1　传播质量评估体系

“一带一路”倡议提出以来，在国家政策支持下，经政府机构、民间力量、作家、译者、文学代理人及出版机构等多方竭诚合作，中国当代文学在共建国家的传播呈现出前所未有的繁盛。以李洱为例，《石榴树上结樱桃》以文本内容赢得了德语译者夏黛丽（Thekla）的青睐，在尚未找到出版社的情况下，译者自费购买了《花腔》的德文版权，原生动力源自对作品纯粹的喜爱，这一点得

益于作品娴熟的小说技巧与散发出的强烈现实精神的完美交织和融合。《石榴树上结樱桃》率先出版后，德国出版社积极推动宣传工作、提升宣传力度，负责李洱在德国出席系列朗诵会、读者见面会、签名售书会等活动的策划和实施工作；奥迪汽车公司为李洱的德国行提供赞助，对提高李洱作品在德国的传播效果产生积极助推作用。此外，《普鲁士报》称赞《石榴树上结樱桃》"配得上它所获得的一切荣誉"。德国的报纸杂志对作品内容的大量介绍和书评成功引起了德国总理默克尔的关注。评论家陈思和指出，只有作家以本土文化经验和独特表达方式回答了人类共同的问题并被世界所认同和接受，才真正具有世界性。①

建立中国当代文学共建国家传播质量评估体系也顺理成章，成为必要工作之一。

然而，中国当代文学在共建国家的传播是一项复杂、繁重的事业，绝非一蹴而就的，只有建立了质量评估体系，才能保证这项工作长期稳定发展。为了保证中国当代文学落地后的有机生长，质量评估体系必须接地气，即要具有一定的精准度和科学性，为此就需建立相应的质量评估指标体系。质量评估指标的设定应基于对目的语国家历史、文学、文化样态的充分、全面调研，经过细致的数据分析，做出合理的推理和判断。同时应调动中国和共建国家一切相关机构的积极主动性，搜集、分析并论证中国当代文学在目的语国家传播的隐形现象和隐性数据，因为只有当显性和隐性评估手段协同发挥作用，才能有效确定和精准把握中国当代文学的传播已经处于哪个阶段、是否处于预期阶段，及实现或未能实现预期目标背后的促成因素或阻碍有哪些，从而保证中国当代文学在目的语国家的传播实现预期效果。

具体参考指标可包括：

（1）中国当代文学译本在目的语国家的馆藏数量，在当地书店的上架品种、类型、数量等。以法国为例，池莉的小说《云破处》和余华《兄弟》在法国图书市场销售比较成功，具体累计销量数据可以通过法国 EDISTAT 畅销榜查询。

---

① 陈思和. 从莫言获奖看中国当代文学的世界性[N]. 中国社会科学报，2013-11-04.

（2）就中国当代文学译本在目的语国家的发行情况可以判断出目的语国家对中国当代文学的需求，以及中国当代文学与目的语国家文学共生环境的生态样貌。具体指标包括：出版机构数量与规模、出版社的知名度与影响力、运行机制、宣传推介的范围与活动形式、出版经费来源、销量、再版情况等。

（3）中国当代作家受邀参加目的语国家文学活动的人数、次数、效果，文学活动的形式与传播效果的正反比关系等。

（4）建立以目的语国家语种翻译中国当代文学作品的译者档案，包括数量、身份、译者本人知名度和社会影响力、译作市场认可度等，及从中文直接翻译为目的语或从其他语种转译为目的语的情况。

（5）与共建国家出版社或相关机构合作调研共建国家图书市场的规模、畅销书类型、定价策略、发行渠道、读者阅读偏好、数字化市场规模等。

4.4.2.2　外译质量监管机制

新媒体时代，信息无国界，也导致中国当代文学作品外译近几年出现了一个独特又普遍的“一作多译”现象，即同一部作品几乎同时被译成不同语种的版本在多个国家和地区出版发行。图书出版属于市场行为，译作追求市场价值最大化也是常态。从影响角度看，不同语种译本的密集出版可以造成群帆竞渡、八方呼应之势，对中国当代文学在目的语国家和地区的规模化传播效应大有裨益，效率高、传播快、影响大。但这种传播方式也容易造成“虚假繁荣”现象，导致“高产”却不“高质”，或只重产量不重质量。因为短时间内密集出版同一作品的不同译本，虽然客观上充实了中国当代文学作品“走出去”的数量，但也会淡化和弱化对译本质量的重视，更会影响中国当代文学不同作品海外翻译的有机协调发展，甚至会在一定程度上消解中国当代文学海外形象的正面建构，影响中国文学海外生长生态环境的健康。

目前，中国当代文学“走出去”还处于“贸易逆差”阶段，追求数量是当然之意，但要逐步从追求“数量”过渡到追求“质量”。为此，相关机构一定要清醒地认识到这个转变的阶段性特点，逐步推动实现这个转变，而不是迷醉于实际上是原地打转的数字增加。换句话说，中国虽然目前主要依赖国外出版社、出版

人实现中国当代文学海外翻译传播，但决不能认为形式上“走出去”就万事大吉了，而是必须从始至终掌握主导整个“走出去”的过程，坚持质量优先原则，宁可不出去，也不能走出去损害中国形象、中国尊严，否则，非但不能消除反而会加深国外读者对中国文学、文化的误解、误读。

中国当代文学译作的封面图像是有力量的。中国自古就有“左图右史”之说，“图”“书”并称，强调书籍的图文互补关系。有学者认为，“人们选择一本杂志到从书架上取走的平均时间是三秒，杂志成也封面，败也封面”①。推而广之，文学爱好者选择是否翻阅、购买一本文学作品，封面图像起到非常重要的作用，时间也不会很长。图像占据封面的主体地位，它的择取所反映与折射的“文化”关系到国家形象和民族尊严，会“对文本的意义生成提供特定的场域，影响读者阅读期待的形成和对文字文本理解的方向”②。

文化有隔，不同国家和地区、不同文化背景的读者对中国文学作品和文化的理解有异，这是客观事实，所以我们并不反对文学作品的不同译本在封面设计、插图等方面呈现目的语国家的美学趣味，对中国文学主题做进一步阐释，但这不等于可以牺牲中国形象和尊严为代价、为迎合低级趣味而主动降低作品的文学品位。一旦出现这种与中国文学作品“走出去”初衷相悖的现象，相关责任方就应从源头上扎紧“走出去”的口子，严把“出口”关，基于质量标准严肃审核原作和译作质量，对于不符合要求或未按质量要求完成的译作，就应及时中止其“走出去”程序。尤其是文学作品的“直系亲属们”，包括原作者、译者和出版方，更不能装聋作哑，视而不见、充耳不闻，要高度重视并主动作为，发挥主体作用来弥合中外文化、时空之隔，及时避免或消除相关负面影响。

译作的封面设计是中华文化与异质文化的交流、互动、较量、挣扎与妥协的过程，是文学系统外部因素作用于封面图像制作机制的结果。封面图像艺术反映海外创作主体的中华文化翻译成果，具有传递中国信息、反映作品内容、与读者交流的多重能力。图像的语境显化功能能够多维度强化作品的说服力，

① 原小平．中国现代文学图像论[M].北京：新华出版社，2016：67.

② 原小平．中国现代文学图像论[M].北京：新华出版社，2016：1.

是进入读者视域以前中西话语博弈的第一重权力场域。身居权力系统重要位置的作家则应充分发挥主体性和优势性，自觉担起作品外译掌门人的职责，严把装帧设计关，对封面图像创作主体的宣传倾向有独立的价值立场，保持警惕和敏锐的道德判断力，利用源语文化资本提倡能够体现典型的中华民族特色、极高的中国文化象征辨识度、深厚的中华文化内涵，并代表良好国家形象、维护民族尊严的封面元素，批判性地接受海外出版机构提出的图书市场营销策略。任何作品的海外翻译传播过程某种意义上都是作家权力意志的实践过程，因此作家要掌握主导作品走出去的全过程，坚持质量优先、正面建构国家形象的原则。这是底线思维，原则问题决不可妥协和退让。要坚决抵制封面图像的荒诞化、低俗化和极端化，避免“挟洋自重”、一味迎合西方话语而低俗化译作品位，确保译作封面走在正确的道路上。译作的海外翻译传播就像花式发球，体现良好、积极国家形象的封面图像是正面进攻，尽管传播中华优秀文化的使命有完不成的可能，但那是推动中国文学与世界不同国家文学互鉴、共进，彼此融合、繁荣共生的重要力量；如果打迎合西方读者低级趣味的擦边球，有海外成名的可能，但讨巧、浅薄，影响中国的正面形象。

市场决定译本的出生，但文化精髓内核决定着译本的寿命。中国当代作家在关注本人作品译本销量的同时，更要关注如何促进译本走在正确的道路上，呼吸清新的空气，畅饮清澈的溪水，汲取正能量，并始终坚持译本质量第一标准，在原则问题上决不妥协和退让。同时要特别重视发挥主体责任意识，全程监管本人作品译本的海外出版和流通过程，主动参与译本的封面设计、插图、宣传推广活动，不允许译本含有伤风败俗的文化元素，不允许出现有损中国国家形象的粗鄙元素，更不允许对中国政治、社会秩序持批判、背离甚至敌对态度的相关宣传画、封面、插图、语言和内容现身国外图书市场，从而保证译本在坚持“方向正确”的基础上做到精致、典雅、温和、脱俗，向共建国家读者传递中国正能量。这是中国文学在海外为中国赢得尊重的前提，也是中国文学作品在中外文学交流中获得世界价值和永恒价值的根基。

中国当代作家作品译到海外市场，呈现在国外读者面前的不仅仅是作家的名片，也是中国文学的名片，更是中国的名片。作家应充分发挥主导意识，主动、

自觉地承担起传播优秀中华文化的历史使命，不为追求海外吸睛度而降低对译本质量的要求，而是应通过参与翻译和出版环节进一步优化而非低俗化本人文学作品。

为提高中国当代文学作品的海外译介质量，提升传播效果，中国可主导建立一个严格的质量监管体系，科学设计、确立海外出版的中国当代文学作品译本的封面、插图和翻译流程、质量审核等测评和监管制度，保证中国文学作品海外译本翻译质量审核和出版统一标准规范，严把译作审核关；同时针对不同国家的出版发行政策法规做出外外有别的系统规划和差别化设计，对海外出版方兼具约束力和参考价值。只有这样，才能促使中国当代文学作品在海外市场获得持续性发展动力，发挥持续性影响，从而确保向海外读者输出能真实反映中国时代特征的积极、正面的当代优秀文学作品译本。

4.4.2.3 凝聚动态监督合力

中国当代文学的海外译介传播过程是动态持续的，传播效果弹性空间大、影响因素广。为了避免中国当代文学作品“走出去”后“石沉大海”，就要捕捉一块块“石头”入水后所泛涟漪的频率和幅度，即积极进行翻译传播效果动态跟踪监测，掌握作品落地后的各种变化，分析其中的原因，从而有助于扬长避短，及时调整翻译内容和策略，保障翻译传播的节奏和质量。

动态跟踪监测机制要与中国领导人出访、中外领导人互访、会晤、共建国家“中国文化年”等相关活动的举办，中国出版机构参加国际书展的规模，中国作为主宾国参加国际书展的情况，中外图书博览会的参展情况，中国当代文学“走出去”的相关资助政策和项目立项结果等诸多影响元素紧密结合，确保中国当代文学的“走出去”之路道道有辙，部部作品有迹可循，有史可溯，抓铁有痕。

以俄罗斯为例。2013 年以来，习近平主席 8 次到访俄罗斯，与普京总统双多边会晤近 30 次。2013 年，中俄出版人启动大型人文项目“中俄经典与现当代文学作品互译出版项目”，总计 100 种图书，6 年内完成。2016 年，中俄元首签署《中华人民共和国和俄罗斯联邦关于发展新时代全面战略协作伙伴关系

的联合声明》，将人文交流作为中俄全面战略协作伙伴关系的重点领域之一。2016年中俄“媒体交流年”期间，中俄主流媒体光明日报社与塔斯社共同举办“中俄互评最有影响的十部文学作品”，两国总理出席揭晓仪式；同年，双方出版人共同决定扩大“中俄经典与现当代文学作品互译出版项目”范围，向两国文库各增加50种图书，共计新增100种俄、汉语图书。2019年6月，习近平主席和普京总统将两国关系提升为“新时代中俄全面战略协作伙伴关系”；10月，两国元首在莫斯科大剧院共同出席“中俄建交70周年”纪念活动。同年，俄罗斯举办“中国文化节”，系《中俄两国文化部2014—2016年合作计划》框架活动之一；光明日报社与塔斯社再度携手，主办“中俄互评人文交流领域十大杰出人物”活动，是推动中俄人文交流的新举措、新亮点。综观新时代中俄人文外交关系，两国元首的高频互动深刻、集中、生动地体现了“亲、诚、惠、容”的中国特色人文外交精髓，有力佐证了中外文学、文化领域合作是推动中国外交关系的内生动力，也是主要动力。

持续关注中国政府资助扶持翻译出版项目和国家社科基金项目成果，深入研究和分析政府投入巨资推动外译、出版对摆脱中华文化资源丰富但文化传播逆差严重这一困境的具体作用，及其对拓展和凝聚中国与共建国家在中国当代文学“走出去”学术领域合作的效果，总结中国当代文学“一带一路”特色翻译传播经验，避免投入多、交叉多、区域不均衡等问题，迫在眉睫。

首先，在“一带一路”倡议推进发展过程中，政府的全方位支持、引导和资金投入对中国当代文学在共建国家的译介与传播举足轻重。以国家广播电视总局统筹实施的“走出去三大工程”（经典中国国际出版工程、丝路书香工程和中国当代作品翻译工程）为例，其既是中国政府主动回应共建国家中国当代文学关切的生动体现，更是加强中国国际传播能力建设总体框架中的重要组成部分，对中国与共建国家出版机构开展文学、文化交流与合作具有战略指导意义，对共建人类命运共同体具有重要积极作用。“走出去三大工程”把整个出版环节纳入资助范围，对中国精品图书的海外翻译出版给予资助并支持中国出版企业自主创新开展“走出去”项目，在共建国家开设了一批分支机构，建设了一批有分量、有影响的战略支点，凝聚了一批共建国家重要合作伙伴，使文

学作品出版交流合作取得了丰硕成果，版权贸易量高速增长。基于此，要合理、科学、高效地利用国际业务联动效应，对中国出版业与上述分支机构、重要合作伙伴形成的出版圈展开中国当代文学作品出版流通动态监测，分层次、分阶段据实调整出版传播策略，逐步形成利于中国当代文学国际传播的书情、舆情"滚雪球效应"，切实保障和提升中国文学、文化在共建国家的认知度和影响力。

其次，文学出版互译项目"引进"与"输出"双措并举，促中外合筑"文学丝路"，拓宽中外文学交流合作前景。随着中国大力推动与世界各国的人文交流，"经典和当代文学作品互译出版项目"已成为促进中国与共建国家人民相互了解、推动中外更多出版项目合作、扩大中华文化"走出去"的重要手段。近年来，我国已陆续与俄罗斯、白俄罗斯、土耳其、塞尔维亚、印度、古巴、伊朗、科威特、阿盟、葡萄牙、罗马尼亚等 60 多个国家和国际组织签订互译经典作品协议，其中亚洲国家 18 个。然而，现有研究"对中国现当代翻译文学在各国传播与接受的成功经验疏于细致分析"[①]。中外文学出版互译项目"朋友圈"的扩大和文学的追星效应，促使共建国家读者对莫言及其代表的中国当代文学充满了解的愿望。借此中国当代文学海外传播的良好时机，要乘势整合中国优秀的当代文学作品资源和出版资源，总结、宣传、推广新时代中外文学互译项目的"一带一路"翻译出版先进经验和有效做法，借力"一带一路"文化发展重点项目库[②]平台建立"一带一路"当代文学发展项目库，借力汉语与中华文化国际传播营造的新的"中国形象"的影响力与中国国力的综合支持能力，推动中外经典和当代文学作品的交流与传播，拓宽与共建国家的人文交流。这些对中国文化"走出去"加强传播力度、优化传播布局均有积极的现实意义。

最后，充分开掘中国当代文学学术成果的推介和传播价值是研究课题获得现实意义的根基。2008—2019 年，国家社科基金资助以中国当代文学"走出去"为主题的课题立项 40 余项，研究成果多以学术专著、研究报告、专报、国际会

---

① 许钧．改革开放以来中国翻译研究概论（1978-2018）[M]．武汉：湖北教育出版社，2018：306.

② 郑通涛，方环海，陈荣岚．"一带一路"视角下的文化交流与传播 [M]．广州：世界图书出版公司，2017：7.

议等形式为推动中国当代文学“走出去”进程发挥作用。然而，深入研究发现，相关成果呈现阶段性特征，存在研究问题的主观性、研究对象的随意性、解释结果的片面性等不足，在相关领域的学术高度尚低于预期。因此，服务国家战略、聚焦现实问题、提出解决方略、论证可行性应当成为提升相关主题研究成果学术影响力的重要支点和着力点。

中国要与“一带一路”共建国家合理分享动态跟踪监测数据，旨在均衡、合理、科学、有序、有效地翻译传播中国当代文学作品的同时，使目的语国家认识到中国当代文学作品在其国内的翻译传播处于双方可控范围，帮助目的语国家认识到接受中国当代文学作品的诸利无害性，消除目的语国家的顾虑，使其自觉地与中国协同翻译传播中国当代文学。

“一带一路”共建国家对中国当代文学的关切差异性大，为了实现中国当代文学与“一带一路”共建国家读者审美习惯精准对焦，应充分利用大数据做系统分析，渐进有序地建立“一带一路”与中国当代文学“走出去”数据库，包括：共建国家汉学家和中国文学翻译家数据库、中国文学作品出版社和出版家数据库、中外出版社合作签署备忘录数据库等。同时做好国别研究工作，力争全面掌握“一带一路”倡议提出以来共建国家中国当代文学的销售情况、畅销作品信息、读者消费趋向、主题偏好、评论反馈等数据。

基于大数据，我们可精准把握共建国家读者的阅读趣味，指导设计和制定基于“一国一策”的中国当代文学走出去路径、方法、保障手段等，打通中国当代文学走出去在共建国家的“最后一公里”。比如，在同属东亚文化圈的在朝鲜、韩国、日本和越南等国，中国当代文学作品占有的出版市场份额和产生的影响力并不一致。在韩国最大的电子书商场 Ridibooks 上，截至 2018 年 7 月，以“모옌、莫言、管谟业”为关键词，仅搜到 2012 年以前出版的 5 部莫言作品的韩文译作，而刘慈欣的《三体》系列在韩国相对更受欢迎。在泰国，读者更推崇中国侦探推理小说。越南读者则对中国经典作品《红楼梦》《西游记》《三国演义》《孙子兵法》及古龙、金庸的武侠作品比较熟悉，莫言、刘震云、邱华栋、安妮宝贝、韩寒等人的作品则刚开始进入越南读者视野。日本读者更关注莫言、阎连科和残雪等，但以刘慈欣《三体》为代表的中国科幻作品也开始

在日本热销。2019 年 7 月 4 日，《三体》第一部日文版正式开售，在日本亚马逊文艺作品销量中排行第一。在欧洲、美洲，情况也类似。法国已翻译出版了 20 多部莫言作品，西班牙的出版社几乎出版了莫言的所有作品；在波兰最大的电子书商城 Empik.com 网站上也能搜到莫言、余华、刘慈欣等几位当代作家的作品。裘小龙的侦探推理小说在西班牙、泰国、美国、英国、法国、意大利均同步被翻译出版，发行时间与在中国的出版时间几乎保持一致。据余华介绍，他的作品在不同国家的接受情况都不一样，“在法国和德国，最受欢迎的是《兄弟》，在韩国是《许三观卖血记》，在美国则是《活着》。其作品的葡萄牙语版则是先在巴西出版的”。

中国当代作家的海外翻译传播的差异性始终客观存在。在中国当代文学海外翻译传播的多模态语境下，要实现中国当代文学与共建国家读者审美传统和习惯精准对焦，中国和共建国家就应渐进有序地合作建立中国当代文学翻译传播系列数据库，具体包括上文提到的：共建国家汉学家和中国文学翻译家数据库、中国文学作品出版社和出版家数据库、中外出版社合作签署备忘录数据库等。数据库的建立必须基于中国当代作家的海外翻译传播差异性发现具体差异，针对不同国家的出版市场环境、阅读习惯、审美传统等方面的差异，详细搜集整理中外出版社合作情况、译者及译作信息，然后分类梳理，并充分利用大数据做好系统分析，检验传播效果，力争全面掌握“一带一路”倡议提出以来共建国家的中国当代文学销售情况、读者文学阅读趣味和审美倾向、主题偏好、评论反馈等数据，总结译介经验，检验传播效果，具体问题具体分析，边破边立，从而有针对性地设计和制定基于中国当代文学“走出去”的路径、方法和保障手段，探索创新传播路径之道，营造良性生态环境，打通中国当代文学走进共建国家的“最后一公里”，形成中国当代文学海外翻译传播的“‘一带一路’模式”和可资世界文学国际传播借鉴的“中国经验”。

4.4.2.4 智库联盟预测与预警

萧伯纳说，“你有一种思想，我有一种思想，彼此交换，各自就会得到两种思想”。智库具有天然的人文交流特性，是人文交流的重要载体。

2015 年 4 月，中共中央对外联络部、联合国务院发展研究中心、中国社会科学院、中国国际经济交流中心、复旦大学共同成立了“一带一路”国际智库合作联盟，汇集了“一带一路”共建国家 137 家高水平的研究机构和高校及 112 家主流智库。

目前，“一带一路”的朋友圈越来越大，而名单越长意味着中国文学“走出去”的任务越重。为了保证传播的效率和效果，中外相关机构可以参照复旦大学智库联盟模式，以“传承中华优秀文化、服务‘一带一路’国家”为宗旨，成立“一带一路”中国当代文学走出去智库联盟，以便运筹帷幄，使朋友圈大而有序，多而不乱。

智库联盟应站在文学作品翻译出版政策研究的前沿，集中外智慧精准理解和阐释中外相关理念的丰富内涵和外延，设计并推动“一国一策”的中国文学节能型走出去规划及实施方案。

智库联盟应敏锐捕捉目前中国文学作品在共建国家传播的现状和问题，深入细致展开分析、论证和充分评估，前瞻性地提供解决方案，预测发展趋势，提出具有真知灼见的对策及建设性的思想。

智库联盟应从各自的角度捕捉中国文学作品在不同国家传播中出现的新趋势，多维、立体地剖析新迹象，百家争鸣，为中国文学“走出去”决策部门提供参考依据。

智库联盟是一个人脉网，每个人都兼汇中、外资源，应利用自身的影响力广泛调动社会资源，加强中国与共建国家同行的专业交流和互鉴，借助各类国际舞台，深入共建国家的文化肌理，拓宽中国文学国际融入路径，提升中国文学作品的国际话语权。

全球化是未来不可逆转的历史趋势。中国综合国力的提升和“一带一路”倡议的提出，表明中国正在融入新一轮的全球化进程并在局部产生了引导作用。在智库联盟中，中国也应主要围绕中国当代文学在共建国家传播的路径和效果开展战略性研究和判断，就中外文学作品翻译政策、中国文学作品外译资助项目评估等工作开展前瞻预警、政策咨询研究，推动中国与共建国家更科学制定中国文学作品外译出版政策，密切落实出版市场贸易合作，共同发展。

成立智库联盟也是中国在欠发达共建国家的“软基础设施”投资，可提升相关国家的人文交流能力，培养共建国家的智库研究人才，使中外双方将中国当代文学的翻译、出版和研究工作，同步提升到更高的水平。

4.5 小结

文学是力与美的陪伴。中国当代文学作品因为体现出了中国文化的态度和温度，才逐渐融入共建国家读者的内心，也因此形成了中国当代文学的品牌效应。

中国当代文学融入目的语国家，并非以挤占对方的人文环境和社会资源空间为目的，而是要为目的语国家的文学创作和文化生活注入中国优质资源，实现中外精神文明的相互融合、共同发展、相互优化和资源共享，拓宽文学的生存空间和交流渠道，形成完善的新型文学交流结构体系。

为了保证中国当代文学在目的语国家的传播效果，就需要充分了解海外各国的文学生态系统，科学制定中国当代文学作品在目的语国家传播的历史阶段、阶段性目标、融入路径、传播方法，并动态监测传播效果，以便及时调整和创新传播方法，做到“一国一策”或“一环一策”的节能型传播，最终实现从“我们给”到“我们给的就是对方要的”，再到“对方主动要的就是我们想给的”这一文化传播的最高阶段转变。

政府主导出版是通过发掘中国当代文学海外出版的产业价值，更全面了解和认识出版业面临的现实挑战及其未来需求——不但有利于中国当代文学在共建国家的落地生根，更有利于优化中华文化产业在海外的整体性布局，形成更加清晰的中国海外出版面貌，推动中国出版业与中国当代文学在共建国家与其相应出版业、文学形成良性双向、多向互动关系，进而实现双向、多向度文学文化传播数量和质量提升。

中国当代文学作品是推动实现人类命运共同体伟大构想的文化桥梁，为了更好地服务“一带一路”倡议的务实推进，中国当代文学作品在共建国家的翻译也应精准对焦，统筹推进，总体布局。在国际形势、国际舆论瞬息万变的新历史语境中，中国政府要加强与共建国家的密切合作，强化监管，努力整合、精简、规范“百家之言”，以受众接受方式为导向，精准选择文学作品翻译底本，

总体谋划翻译过程，深化监督翻译质量，自上而下协调推进不同译作的各关键译介环节，构建外译“同心圆”体系，平衡译作与外交关系、文化关系、文学市场效益和译者水平之间的关系，形成健康翻译新格局，以期淡若无痕地实现中国文学审美与对象国文学审美的有机统一。

第 5 章　结论与展望

中国当代文学海外翻译传播是构建“人类命运共同体”的精神桥梁，它承载着文学创作的时代价值和文学翻译的审美功能，强调中国精神与目的语国家民族精神相通、中华文化与世界文化多元共生才是中国当代文学走向世界应有的姿态。当前，“最能反映中国当代社会发展状况、最能激发海外出版商的出版热情和翻译家的翻译热情的中国文学作品非当代文学莫属”①。

纵观、综观中国当代文学作品的海外译介传播之路，喜悦与遗憾兼而有之，经验与教训不分伯仲。但总体而言，“一带一路”为一直在探索“走出去”之路的中国当代文学提供了出海的港口、心灵的港湾、精神的栖息地，对中国当代文学的海外翻译传播产生了巨大的牵引作用和推动作用。

5.1　研究发现

文学翻译既是一种跨语言、跨文化的生产活动，也是世界各国人民“文化认同结缘”和“情感认知联姻”的有效方式。乔治·欧康奈尔与史春波多次合作，霍布恩、顾彬的翻译实践均表明审美趣味相近的中外优秀译者搭档，经充分沟通翻译的作品更符合原作初衷和跨文化转换规律。因译者搭档充分考虑到接受国的语言和文化习惯，相对精准地用“国际表达”向读者表述中外智慧、双方都认同的立场和价值观，并且有助于在翻译过程中丰富原作的内涵和情感层次，使翻译不再是译者机械的语言转化过程，而是中外语言文化通过碰撞交流而获

① 姚建彬，郭景红．中国文学海外发展报告（2018）[M]．北京：社会科学文献出版社，2019：3.

得一种既不失去原文意蕴而又更适合读者阅读的创造性文本。这样可以尽量减少语言转化过程中的文化隔膜，使译本更容易为外国译者目的语国家的读者接受，也更容易产生影响力。

历史证明，文学在低语境文化国家和语境文化高低程度接近的国家更易于传播。比如，对中国而言，英语国家及大部分北欧文化国家属于“低语境”文化范畴，文化传播对语境的依赖程度较低。“低语境”能够为异域文学作品的国际传播提供天然的生存土壤和发展、创新空间。[①] 正因如此，中国文学在英国、美国和澳大利亚三者中的任何一个国家的主流出版社出版后，通常都会在其他两个国家出版译者相同、内容几乎相同、封面设计略有不同或差异较大的译本。此外，中国文学的译本在英语国家出版后，进入德国、法国、西班牙等欧洲国家文学市场的脚步也会明显加快。

中国当代作家作为中国优秀文化的传承者和当代中国的解说人，在世界上的成功绝非运气或偶然。随着综合国力的不断提升，中国文学与世界文学的交流越来越频繁，中国出现了大批基于民族特性、同时具有世界视野的优秀作家。他们与中国政府主导资助中国当代文学海外出版项目、中外译者和出版机构、中外期刊、网站、文学节等一道，合力推动中国当代文学惠泽和润濡不同国家民众，推动中国当代文学与世界不同国家文学互鉴、共进，彼此融合、繁荣共生，努力形成和谐共生的中外文学生态。

中国元素与世界关注点的有机结合是中国当代文学海外翻译传播研究的生长点。中国当代文学在主题、形式和内容方面都推陈出新、与时俱进，与世界文学的发展越来越同步。广东省作协三年前了解到英国读者对打工、新移民题材，或围绕岭南文化以粤剧、粤菜为主题的文学（诗歌、小说、散文）作品表现出浓厚的兴趣，兼具民族性与世界性的“中国广东省打工主题”系列文学作品便

① 美国学者爱德华·霍尔（Edward Twitchell Hall Jr.）提出高、低语境传播概念。高语境（High-Context，HC）传播指在传播时绝大部分信息或存于物质语境中，或内化在个人身上，极少存在于编码清晰的被传递的信息中，重视间接交流，强调接受者的敏感性与领会话外音的能力以及理解隐含意义的能力变得尤为关键；低语境（Low-Context，LC）与之相反。

应运而生，这也呼应了《铁月亮》在 Goodreads 和亚马逊官网上赢得读者广泛好评的现象。据悉，继“诗歌卷”之后，满足英国读者阅读需求的“短篇小说卷”和“散文卷”也即将在亚马逊英国官网上架。

随着中国经济的快速发展和与“一带一路”共建国家合作关系的巩固，不少共建国家的中国当代文学译介和出版才进入快速发展期。以毗邻国家蒙古国为例，21 世纪的前 10 年主要以出版中国古代文学经典为主。2009 年，内蒙古文学翻译家协会开始组织翻译出版鲁迅文学奖的获奖作品，铁凝、池莉等中国当代作家的作品才开始出现在蒙古国。“一带一路”倡议提出以后，中国政府设立出版基金资助项目，主导向海外翻译推介中国当代文学，包括蒙古国。2016 年，乌兰巴托中国文化中心举办了中国图书巡展，中国当代作家作品开始集体登陆蒙古国，并逐渐产生影响。“一带一路”为中蒙两国文学架起了沟通的桥梁，随着两国文化交流机制的完善，双方文学也将实现更广泛、更深入的交流。

5.2 研究结论

中国当代文学作为中华优秀文化的一部分，正在向世界描绘不断壮大的中国与世界和谐共进的图景。通过探讨“一带一路”倡议提出以来中国当代文学海外翻译传播面临的困境，对于海外翻译传播链上各环节呈现的分布范围世界性和功能集群化特点，从融入路径、途径与方法、体制创新与保障等维度，提出具有积极现实意义的对策与建议，并对可行性展开论证，旨在为最终打造出“节能型”中国当代文学“走出去”品牌、针对目的语国家制定可持续发展的海外翻译传播方略提供依据。

5.2.1 中国当代文学海外翻译传播现状

中国当代文学作品的海外翻译传播呈现显著上升趋势，海外关注的主题正逐渐形成由点到面、多维辐射格局，译介语种稳步增多，对外传播的主体性和自觉性有所提升，中国当代文学涵养的中国精神和中国思想正逐步显现。此外，在“一带一路”倡议的主动规划和推动的大框架下，中国当代文学海外翻译传播之路的“‘一带一路’化”特点日趋明显。主要表现为以下三个方面。

第一，中国在不断摸索创新中国当代文学与目的语国家人文环境的有机结合方式。信息全球化为文学海外传播提供了巨大便利，国际书展、中外文学会议、文学节、中外高校、海外文学网站、华人华侨的民族情感和殷切期望、国内网站等强力黏合，推动形成中国当代文学海外翻译传播中外精细化合作、“国际面貌”“‘一带一路’化”等新特点。

第二，当代中国的纯文学作品在海外的翻译传播势态看好，单行本的长篇小说译介依然得到最多关注，与此同时，中篇小说集和短篇小说集不断走进海外读者的视线。政府层面从“送出去”到“送进去”与国外出版人的“拿过来”并行不悖，官方与民间力量协同努力，合力推动形成中国当代小说在共建国家译介和传播的良好局面。

谍战、科幻和网络文学的对外翻译和传播崛起，已经悄然成为中国文学海外传播的新名片，受关注程度显著提高。科幻将我们的日常体验转化为对我们而言决然陌生的体验，宋明炜教授认为，“科幻小说创造的是一个异托邦，它未必是一个更好的世界，也不一定是一个更坏的世界，但是它其实通过某种危机的方式来把深藏在我们时代中、不为我们在日常经验层面所感知的某种特征、某些力量释放出来了”。[①] 这提示我们现实生活中习焉不察的深层体验，其实能对我们的现实感受产生比较大的撞击。网络文学（仙侠、盗墓等题材的作品）受到英语世界读者的关注和追捧，一是因为它的去严肃化促使写作成为大众读者自我娱乐、自我宣泄的一种方式，故事内容反映的是更活跃的、脱离现实的、乌托邦的中国，作家与读者同为公众；对外传播区域以东南亚、北美为核心，不断向欧洲、日韩、非洲等地辐射扩展；传播方式逐渐规模化，出版授权、线上互动阅读平台和海外原创等方式产生联动效应，实现从文本到模式、文化输出的转变。

中国当代诗歌在共建国家的发展也是可圈可点。与2012—2014年中国当代诗歌主要向英、美、德等传统意义上的文化大国译介不同，2015年以来，中国当代诗歌海外翻译传播的文化版图面积扩大了，主要新增了横跨四大洲的20多个国家和地区，其中包括土耳其、蒙古国、波兰、塞尔维亚、罗马尼亚、孟加

① 刘亚光．专访宋明炜 科幻小说能够包容他者的无限可能[N].新京报，2020-08-01（B08）.

拉国、希腊等。海外译介与传播版图的扩大为当代诗歌提供了进一步延伸的“基地”和更广阔的伸展空间。虽然这一发展势头目前仍处于初级阶段，但对中国文化的海外传播而言，无疑具有重要的战略意义。这也反过来促使中国诗歌从沉寂走向复苏，开始回暖，而且更加具有世界胸怀，与世界不同民族的灵魂可以初步实现共脉动。这也推动了中国当代诗歌能够获得世界性认同和认知，形成目前中国当代诗歌海外译介的新高潮。中国当代诗歌在与中国发展同步的同时，也正在阔步迈向前所未有的广阔地域空间和人文空间。诗歌作为软实力，现在逐步获得硬地基。

第三，在“一带一路”倡议的主动规划和推动大框架下，中国当代文学海外传播之路的“‘一带一路’化”特点日趋明显。2017 年以来，中国当代文学海外翻译传播的不平衡现象较之前有所转变，据 OCLC 数据，图书馆中藏有中国当代文学作品的“一带一路”共建国家名单越来越长，中国当代作家与共建国家的文学互动呈现翻译与传播联动的喜人形势。

中国当代文学传播在共建国家的不断升温的过程，是中国当代文学海外影响力得以养成的过程，为绘制中国当代文学的海外图谱提供了新的构成性要素，加快了中国当代文学所代表的中华优秀文化更好更快地跨越语言障碍，在世界不同文化语境中生成更广泛、更深远、更持久的影响力。

5.2.2 中国当代文学海外翻译传播困境

第一，应当看到，具有人类命运共同体意识、以世界视野书写中国经验、视时代责任与文学审美互为表里的一流当代文学大师还不多。中国当代文学海外翻译传播正经历着“冰与火”的博弈，更多作家和诗人仍徘徊在少有人知的地带，世界文学呼吁更多优秀的中国当代文学大师的涌现。

第二，走出国门的作品、政府与民间协作开展的文学交流活动总量虽有所提升，但中国当代文学作品在世界各国的传播总体上存在地区分布不平衡的现象，传播的重镇依然聚集于美、英等传统意义上的文化大国，在这些大国的出版数量保持领先态势。究其原因，首先，文学代理人行业在国内尚未引起应有的重视，在中国当代文学走进共建国家的过程中没有发挥行业优势。其次，海

外译本的质量问题凸显，一方面，是过于依赖海外翻译家，忽略了译者受意识形态、诗学和赞助人等因素的影响；另一方面，高质量小语种译者匮乏，转译现象严重，导致译作与原作之间存在较大距离。

最后，国家及各级政府资助的翻译出版项目宣传推广力度仍需加大，对中国文学作品的宣传推广理念急需与国际接轨；与共建国家建立的中国主题翻译出版项目头绪繁多，难以采取恰当的营销模式精耕细作，进而形成中国当代文学的品牌和口碑，有好大喜功之嫌；“给我想给，而非给人所需”的现象还很普遍，以及国内不少民众对“一带一路”的误解，阻碍了中国文学海外翻译传播的进程和效果的实现。我们对海外不同读者群现实需求的掌握还存在很大缺口，一些反映中国道路、中国经验、中国智慧、中国梦主题的文学作品走向海外的步伐过于缓慢，无法满足共建国家民众的需求，难以有效推动中国当代文学国际地位的提升。目前，虽然中国当代文学在海外的“能见度”持续走高，但不可否认的是，它正在经历、还将继续经历艰难的经典化历程。例如，网络文学的海外“野蛮生长”现象决定了它的精品化程度不高，最终是否能够经典化、如何经典化，还需要一个时间的淬炼、沉淀和中外读者淘洗的过程。

5.2.3 创新构建中国当代文学海外传播能力提升机制

为应对中国当代文学海外传播的困境，提升中国当代文学海外影响力，可遵循“正—反—合”提升机制：正题坚守“文化自信”，基于对中华文化的深刻理解，找到与世界各民族文化的相通之处，有的放矢，推动中华文化精髓惠泽世界；反题秉持开放、包容的态度和胸怀，并以自身的开放，推动其他文化的开放，进而在更高层次上丰富自己，反哺自身，发展自己；合题突出将中外文化汲取与传播并重的理念进行到底，在世界文学的高度进行反思和重塑，就中国当代文学的文学性、民族性展开丰富而感情充沛的中国言说，进而实现中国智慧的世界述说。

第一，经济外交与文化外交相结合，兼及其他。政府主导的翻译出版项目不可对外雨露均沾，应当基于外交亲疏关系决定对不同的国家给予不同的资助力度和期限，增加透明度，无须隐晦；诗人译诗、作家译作，是保证翻译质量的重

要前提；丰富翻译费用补贴项目的种类，优化翻译出版资助机制的宣传推广路径，以利于独立译者申请外译项目经费的资助；培养中国当代文学的海外阅读兴趣可从当代儿童文学的海外翻译传播抓起；利用好海外文学精英群体引发的文学追星效应和师承效应，进而升华中国当代文学海外传播规律、提升传播效果。

第二，科学设定融入路径、阶段和阶段性目标。中国当代文学的海外译介应当以清楚调研分析、全面客观了解目的语国家的文学发展状况、人文生态环境和读者审美趣味为基础，结合翻译目的，按主题和类别对要主动输出的中国当代文学进行细致分类，以传播规划为手段，分析并确定哪些中国当代作家的哪些作品符合外译需求，提出切实可行的翻译传播规划建议，即顶层设计、官方布局、有序输出、差别化推送、分阶段实施和分目标完成。

第三，推动形成既符合中国当代文学实际又具有国别针对性的海外翻译传播联动机制。为了确保中国当代文学切实借力并助力“一带一路”实施，更好地实现中国当代文学在目的语国家的落地生根，目前迫切需要中国主导建立具有鲜明“一带一路”特色的中国当代文学翻译传播质量保障体系。即以培养专业翻译传播人才为基础，借力国外翻译家、评论家对中国当代文学作品海外翻译传播的加持，以外译质量监管机制为保障，建设“一带一路”中国当代文学翻译传播数据库并形成效果动态跟踪监测机制，加强作品外译质量评估，最终形成中国当代文学“走出去”的“中国模式”。

5.3　未来展望

中国当代文学的海外翻译传播担负着助力共建人类命运共同体、世界各国认知中国形象和中国当代文学主体印象的时代使命。本书仅是“一带一路”中国当代文学海外翻译传播现状、困境与出路研究的一个起点，希望抛砖引玉，引起更多学者的进一步思考并加入到研究的队伍中来。

基于研究发现和结论，后续研究可从以下五方面展开。

第一，随着“一带一路”倡议的推进，中国当代文学在海外翻译传播的主动性越来越明显，当代作家海外推介的主体性发挥得越来越充分，或主动参加国际性文学创作合作活动，或主动参与文学译介，或主动联系海外翻译家和出

版机构、出版人，从而形成中国当代文学海外翻译传播的时代性与个人性、官方主导与作家主动趋于融合的特点。目前，以活跃在当今海内外文坛的知名作家个体为单位，对中国当代文学作品在“一带一路”共建国家的传播状况及影响力进行深入挖掘的研究还不多见，是今后相关研究的新的增长点。

第二，海外译者可进一步分为学院派译者和自由译者，通过群体翻译家访谈深入翻译工作现场，对不同类型译者的翻译过程和风格进行深入考察、研究，发现共有的文化现象，探寻译者的行为规律，并持续升华规律，为充分认识译者在翻译过程中借发挥主观能动作用影响传播效果挖掘第一手资料，揭示翻译与传播的互动关系，实现不断创新的可持续性研究。

第三，研究转译现象要求研究者具备扎实的三语功底，对研究者的语言能力提出了较高的要求。迄今为止，对中国当代文学转译现象经历翻译的双重文化亏损过程的研究还很少见，反向论证中国当代文学经历转译过程遭遇的价值缺失，阐释对人类命运共同体价值的呼唤是有待挖掘的一个研究领域。

第四，“一带一路”倡议提出以来，中国当代文学的海外翻译传播已经发展成为在“文化走出去”战略中占据核心地位的研究视域多元、出版成果丰硕的研究领域。以“三大工程”资助翻译出版中国当代文学作品为例，其已逐渐形成成熟完善的翻译出版项目经典案例，但目前对受资助文学作品的海外传播能力的跟踪评估机制还不完善。今后的研究可以将与中国政府资助翻译出版项目密不可分的作品纳入研究视域，探讨其国际传播能力现状及提升策略，为以“三大工程”为代表的各级政府资助翻译出版项目的书目遴选、译介、出版品质保障、海外传播能力提升等提供思路和方法上的借鉴。

第五，新冠疫情暴发及类似全球性问题的持续涌现，比以往任何时候都更加能够证明人类是相互依存的命运共同体，灾难面前没有任何国家和个人能够独善其身。世界各国应强化人类命运共同体意识，加大协调合作力度，共同参与全球治理，把人类命运共同体的理念构建付诸现实，更好地应对新冠疫情带来的全球信任危机。中国当代文学作为中国参与全球治理的载体之一，其海外传播频率、节奏和效果毫无悬念地在不同程度上受到了疫情的影响，这也反过来激发我们对后疫情时代文学“走出去”肩负的历史使命进行深入思考。

参考文献

[1] AKHAVAN OMID. Samsara, Karma, and self-enlightenment: a Buddhist perspective on Mo Yan's Life and Death Are Wearing Me Out[J]. Studies in Literature and Language, 2015, 10 (2): 11-18.

[2] ASANTE MOLEFI, YOSHITAKA MIIKE, JING YIN, et al. The global intercultural communication reader[M]. New York: Routledge, 2008.

[3] BALCOM JOHN. Indigenous writers of Taiwan: an anthology of stories, essays, and poems[M]. New York: Columbia University Press, 2005.

[4] BONNIE MCDOUGALL. Problems and possibilities in translating contemporary Chinese literature[J]. The Australian Journal of Chinese Affairs, 1991 (25): 37-67.

[5] BRAESTER YOMI. If we could remember everything, we would be able to fly: Taipei's cinematic poetics of demolition[J]. Modern Chinese Literature and Culture, 2003, 15 (1): 29-61.

[6] CHAN SHELLEY W. A subversive voice in China: the fictional world of Mo Yan[M]. New York: Cambria Press, 2011.

[7] CHANTAL CHEN-ANDRO. Le Sorgho rough de Mo Yan[M]//Voir La Littérature chinoise contemporaine: tradition et modernité. Aix-en-Provence: Publications de l'université de Provence, 1989: 29.

[8] CHE QIANZI, DENIS MAIR. Selected poems and paintings by Che Qianzi[J]. Chinese Literature Today, 2011 (2): 1, 69-77.

[9] CHI PANG-YUAN, DAVID DER-WEI WANG. Chinese literature in the second half of a modern century: a critical survey[M]. Bloomington: Indiana University Press, 2000.

[10] CHRISTOPHER LUPKE. Chinese ecocinema: in the age of enviromnental challenge[J]. The Journal of Asian Studies, 2011, 70 (3): 816–817.

[11] MAGHIEL VAN CREVEL, LUCAS KLEIN. Chinese poetry and translation: rights and wrongs[M]. Netherlands: Amsterdam University Press, 2019.

[12] DUKE MICHAEL. A drop of spring rain: the sense of humanity in Pai Hua's Bitter Love (K'u–lien) [J]. Chinese Literature: Essays, Articles, Reviews, 1983, 5 (1/2): 67–89.

[13] DUKE MICHAEL. Worlds apart: recent Chinese writing and audiences [M]. New York: M. E. Sharpe, Inc., 1990.

[14] DUKE MICHAEL. Walking toward the world: a turning point in contemporary Chinese fiction[J]. World Literature Today, 1991, 65 (3): 389–394.

[15] DUKE MICHAEL. Past, present, and future in Mo Yan's fiction of the 1980's[M]//ELLEN WIDMER, DAVID WANG. From May Fourth to June Fourth: fiction and film in Twentith–Century China, MA: Harvard University Press, 1993: 295–326.

[16] DURAN ANGELICA, YUHAN HUANG. Mo Yan in context: nobel laureate and global storyteller[M]. West Lafayette: Purdue University Press, 2014.

[17] DUTRAIT NOËL. Rencontre avec quatre écrivains taiwanais[J]. Perspectives Chinoises, 1998 (46): 44–51.

[18] FANG JINCAI. The crisis of emasculation and the restoration of patriarchy in the fiction of Chinese contemporary male writers Zhang Xianliang, Mo Yan, and Jia Pingwa[D].Vancouver: University of British Columbia, 2004.

[19] FOLEY TODD. Zoological modernity: human and animal in Chinese literature[D]. New York: New York University, 2015.

[20] GAFFRIC GWENNANOËL. La trilogie des Trois corps de Liu Cixin et le statut

de la science–fiction en Chine contemporaine[J]. La science–fiction en Asie de l' Est，2017（9）：1–20.

[21] GAO FANG. La Traduction et la réception de la littérature chinoise modern en France[M]. Paris：Classiques Garnier，2016.

[22] GOLDBLATT HOWARD. Worlds apart：recent Chinese writing and its audiences[C]. Armonk：M. E. Sharpe，1990.

[23] GOLDBLATT HOWARD. Half of man is woman by Zhang XianLiang, Martha Avery[J]. World Literature Today，1990，64（1）：193.

[24] GOLDBLATT HOWARD. Mo Yan' s novels are wearing me out：nominating statement for the 2009 Newman Prize[J]. World Literature Today，2009，83（4）：28–29.

[25] GOLDBLATT HOWARD. A mutually rewarding yet uneasy and sometimes fragile relationship between author and translator[M]//ANGELICA DURAN, YUHAN HUANG. Mo Yan in context：Nobel Laureate and global storyteller. West Lafayette：Purdue University Press，2014：23–39.

[26] HUANG ALEXANDER C Y, HOWARD GOLDBLATT. Mo Yan as humorist[J]. World Literature Today，2009，83（4）：32–37.

[27] INGE M THOMAS. Mo Yan through western eyes[J]. World Literature Today，2000，74（3）：501–506.

[28] KAUTZ ULRICH. Wang Meng und sein Roman Huodong bian renxing[J]. minima sinica，1991，2（S.1）：83–103.

[29] KINKLEY JEFFREY C. Contemporary Chinese literature：new forms of realism?[J]. Modern Chinese Literature Newsletter，1980，6（1）：57–58.

[30] KLEIN LUCAS. A dissonance of discourses：literary theory，ideology，and translation in Mo Yan and Chinese literary studies[J]. Comparative Literature Studies，2016，53（1）：170–197.

[31] KNIGHT SABINA. Decadence，revolution and self–determination in Su Tong' s fiction[J]. Modern Chinese Literature，1998，10（1）：91–111.

[32] KNIGHT SABINA. Chinese literature: a very short introduction[M]. Oxford: Oxford University Press, 2012.

[33] KNIGHT SABINA. Mo Yan's delicate balancing act[J]. The National Interest, 2013 (124): 69–80.

[34] KOKOTOWSKI CHRISTA. Identitätssuche, Heimatroman oder literarische Sozialkritik? Zwei chinesische Schriftsteller und ihre Darstellung des lǎndlichen Chinas: Jia Pingwa: 浮 躁 /„Fuzao "/ „Turbulenzen " und Mo Yan: 天堂蒜薹之歌 /„Die Knoblauchrevolte ". Eine vergleichende Analyse aus westlicher Sicht[D]. Köln: Universität zu Köln, 2018.

[35] KUBIN WOLFGANG. What is good Chinese? Towards the problem of literature in the Chinese Commonwealth[J]. Comparative Literature: East & West, 2011, 15 (1): 1–12.

[36] LAUGHLIN CHARLES A. The new translators and contemporary Chinese literature in English: a review of the journals "Chinese Literature Today, Pathlight", and "Chutzpah!/Peregrine" [J]. Chinese Literature: Essays, Articles, Reviews, 2013 (35): 209–214.

[37] LINGENFELTER ANDREA. A marked category: nine women of modern chinese poetry, 1920–1997[D]. Seattle: University of Washington, 1998.

[38] LINGENFELTER ANDREA, ERIC ABRAHAMSEN. Translating the paper republic: a conversation with Eric Abrahamsen[J]. World Literature Today, 2014, 88 (3–4): 61–65.

[39] LOVELL JULIA. Dropped off the map: Han Shaogong's Maqiao[J]. World Literature Today, 2011, 85 (4): 25–26.

[40] HAN SHAOGONG, LOVELL JULIA, NING YU, et al. "Pointing to New Clarity with New Perplexity" The 2011 Newman Prize Lecture[J]. World Literature Today, 2011, 85 (4): 22–23.

[41] LOVELL JULIA. Finding a place: Mainland Chinese fiction in the 2000s[J]. The Journal of Asian Studies, 2012, 71 (1): 7– 32.

[42] MØLLER-OLSEN ASTRID. Fictional dictionaries：power and philosophy of language in contemporary Chinese fictiont[J]. Modern Chinese Literature and Culture，2017，29（2）：66–108.

[43] ROJAS CARLOS, ANDREA BACHNER. The Oxford handbook of modern Chinese literatures[M]. New York：Oxford University Press，2016.

[44] ROJAS CARLOS. Mo Yan through a dog' s eyes[J]. Public Books，2013（124）：2.

[45] SUN CHENGPING, ALLAN BARR. A conversation with sinologist Allan Barr on his translations of Yu Hua and Han Han[J]. Translation Review，2019（104）：1–7.

[46] WANG DAVID DER-WEI. Imaginary nostalgia：Shen Congwen，Song Zelai，Mo Yan，and Li Yongping[M]//ELLEN WIDMER, DAVID WANG. From May Fourth to June Fourth：fiction and film in Twentieth-Century China. Cambridge：Harvard University Press，1993.

[47] WANG XINYAN. García Márquez' s impact and Mo Yan' s magical realism[J]. Studies in Literature and Language，2014，9（3）：214–217.

[48] 阿多尼斯，薛庆国．诗歌之路——序吉狄马加阿拉伯文版诗选《火焰与词语》[J]. 世界文学，2015（1）：292–296.

[49] 阿多尼斯，杨炼．诗歌将拯救我们——阿多尼斯（A）和杨炼（Y）对谈[J]. 诗探索，2004（Z1）：266–275.

[50] 白鸽．现当代科幻小说的对外译介与中国文化语境构建 [J]. 小说评论，2018（1）：108–113.

[51] 鲍晓英．中国文化“走出去”之译介模式探索——中国外文局副局长兼总编辑黄友义访谈录 [J]. 中国翻译，2013（5）：62–65.

[52] 鲍晓英．中国文学“走出去”译介模式研究——以莫言英译作品译介研究 [M]. 青岛：中国海洋大学出版社，2015.

[53] 鲍晓英．从莫言英译作品译介效果看中国文学“走出去”[J]. 中国翻译，2015（1）：13–17, 126.

[54] 鲍晓英 . 中国现当代文学海外翻译与传播 [J]. 中国社会科学报，2019-08-30.

[55] 曹丹红 . 从风格视角看法国对毕飞宇的翻译和接受 [J]. 小说评论，2014（6）：37–45.

[56] 曹丹红 . 文学的多元诉求与文学接受的多重可能——从诗学观差异看中国文学的外译问题 [J]. 小说评论，2017（4）：59–66.

[57] 曹丹红，许钧 . 关于中国文学对外译介的若干思考 [J]. 小说评论，2016（1）：56–64.

[58] 曹霞 . 作为“动态经典”与“文学文本”的阐释 ——浩然作品的海外传播与研究 [J]. 当代作家评论，2017（1）：177–183.

[59] 陈大亮，许多 . 英国主流媒体对当代中国文学的评价与接受 [J]. 小说评论，2018（4）：153–161.

[60] 陈立峰 . 中国现当代文学在波兰的译介与传播 [J]. 中国比较文学，2018（1）：118–135.

[61] 陈琳 . 论陌生化翻译 [J]. 中国翻译，2010（1）：13–20, 95.

[62] 陈琳 . 从生态译诗论翻译的建构性 [J]. 中国比较文学，2019（2）：122–136.

[63] 陈琳，曹培会 . 诗歌创译的世界文学性——以《竹里馆》英译为例 [J]. 中国翻译，2016（2）：85–90.

[64] 陈民 . 苏童在德国的译介与阐释 [J]. 小说评论，2014（5）：112–117.

[65] 陈思和 . 对中国文学外译的几点看法 [M]. 范若恩，戴从容 . 复旦谈译录（第一辑）. 上海：上海三联书店，2017.

[66] 程曼丽，王维佳 . 对外传播及其效果研究 [M]. 北京：北京大学出版社，2011.

[67] 程光炜 . 当代文学海外传播的几个问题 [J]. 文艺争鸣，2012（8）：121–124.

[68] 崔涛涛 . 德译本《蛙》：莫言在德国的“正名”之作 [J]. 小说评论，2017（1）：109–114.

［69］ 褚云侠 .“神秘”极地的本土性与世界性——迟子建小说的海外传播与接受 [J]. 当代作家评论，2018（6）：174–186.
［70］ 邓萍，马会娟 . 论中国现当代文学在英国的译介和接受：1949—2015[J]. 外国语文，2018（1）：19–26.
［71］ 杜迈克，季进，王娟娟 . 论《天堂蒜薹之歌》[J]. 当代作家评论，2006（6）：55–61.
［72］ 杜迈克 . 杜迈克论中国现当代小说英译的本质问题 [J]. 马会娟，孙志军，译，东方翻译，译，2015（1）：53–56.
［73］ 范若恩，戴从容 . 复旦谈译录（第一辑）[M]. 上海：上海三联书店，2017.
［74］ 范若恩，戴从容 . 复旦谈译录（第二辑）[M]. 上海：上海三联书店，2020.
［75］ 冯丽君 . 贾平凹作品“走出去”之生态译介策略研究 [J]. 小说评论，2019（6）：63–68.
［76］ 冯全功 .《我不是潘金莲》中的文化意象英译研究 [J]. 语言教育，2019（2）：40–46.
［77］ 冯小冰，王建斌 . 中国当代小说在德语国家的译介回顾 [J]. 中国翻译，2017（5）：11–15.
［78］ 弗・罗伊，树才 . 吉狄马加和身份转译——序吉狄马加法文版诗选《火焰与词语》[J]. 世界文学，2015（1）：297–300.
［79］ 高方，许钧 . 现状、问题与建议——关于中国文学走出去的思考 [J]. 中国翻译，2010（6）：5–9.
［80］ 葛文峰 . 香港“《译丛》丛书”与中国当代文学“走向世界”——译介模式及传播启示 [J]. 北京第二外国语学院学报，2016（5）：58–70, 140.
［81］ 耿强 . 中国文学走出去政府译介模式效果探讨——以“熊猫丛书”为个案 [J]. 中国比较文学，2014（1）：66–77, 65.
［82］ 耿强 . 中国文学：新时期的译介与传播——“熊猫丛书”英译中国文学研究 [M]. 天津：南开大学出版社，2019.

[83] 顾彬，潘瑞芳．全球视野下的中国文学与翻译 [J]. 国际汉语学报，2016，6（2）：221–231.

[84] 顾文艳．北岛在德语世界的传播与接受 [J]. 扬子江评论，2019（4）：45–51.

[85] 过婧，刘云虹．中国文学对外译介中的异质性问题 [J]. 小说评论，2015（3）：49–55.

[86] 韩子满．中国文学的“走出去”与“送出去”[J]. 外国语文（双月刊），2016（3）：101–108.

[87] 杭零，许钧．翻译与中国当代文学的接受——从两部苏童小说法译本谈起 [J]. 文艺争鸣，2010（6）：112–117.

[88] 杭零，许钧．《兄弟》的不同诠释与接受——余华在法兰西文化语境中的译介 [J]. 文艺争鸣，2010（7）：131–137.

[89] 何敏，吴赟．美国视野中的中国现当代文学选择与阐释——基于文学选集的考察 [J]. 外语教学与研究，2019（1）：133–144.

[90] 何明星．中国当代文学海外出版传播 60 年 [J]. 出版广角，2013（7）：18–21.

[91] 何明星．“海外馆藏：中国图书世界影响力”报告（2014 版）[N]. 中国出版传媒商报，2014–08–26.

[92] 何明星．中国图书海外馆藏影响力研究报告（2016 版）[EB/OL].（2016–08–23）[2021–12–20]. http://www.wolp.com.cn/mobile_article. action?id=388.

[93] 何明星．从全球图书馆收藏视角看中国童书的世界影响 [EB/OL].（2018–03–26）[2020–12–19]. http://www.chinawriter.com.cn/n1/2017/1017/c404072–29592453.html.

[94] 何明星．中国当代文学的世界影响效果评估研究 [M]. 北京：新华出版社，2018.

[95] 何明星．中国当代文学的世界影响评估研究——以《三体》为例 [J]. 出版广角，2019（14）：6–10.

[96] 胡安江．中国文学“走出去”之译者模式及翻译策略研究 [J]. 中国翻译，

2010（5）：23–28.
［97］胡安江，胡晨飞 . 再论中国文学“走出去”之译者模式及翻译策略——以寒山诗在英语世界的传播为例 [J]. 外语教学理论与实践，2012（4）：55–62.
［98］胡安江，彭红艳 . 从“寂静无声”到“众声喧哗”：刘震云在英语世界的译介与接受 [J]. 外语与外语教学，2017（3）：1–12.
［99］胡安江，祝一舒 . 译介动机与阐释维度——试论阎连科作品法译及其阐释 [J]. 小说评论，2013（5）：75–82.
［100］黄可以 . 阎连科作品在法国的多重阐释 [J]. 小说评论，2019（5）：103–111.
［101］黄立 . 今日东学如何西渐——中国当代文学海外传播体系的建构 [J]. 当代文坛，2016（2）：35–39.
［102］纪海龙 .“我们”视野中的“他者”——冷战期间美英对中国“十七年文学”的解读研究 [D]. 武汉：武汉大学，2010.
［103］季进, 王晓伟 . 论当代文学海外译介的可能与未来 ——以贾平凹《高兴》的英译本为例 [J]. 当代作家评论，2018（6）：165–174.
［104］季进,余夏云 .“我并不尖锐,只是更坦率”——顾彬教授访谈录[J]. 书城，2011（7）：28–39.
［105］季进，臧晴 . 论海外“《解密》热”现象 [J]. 南方文坛，2016（4）：82–85.
［106］姜智芹 . 欧洲人视野中的贾平凹 [J]. 小说评论，2011（4）：103–112.
［107］姜智芹 . 中国新时期文学在国外的传播与研究 [M]. 济南：齐鲁书社，2011.
［108］姜智芹 . 中国当代文学海外传播研究的方法及存在的问题 [J]. 青海社会科学，2013（3）：146–151.
［109］姜智芹 . 中国当代文学海外传播与中国形象塑造 [J]. 小说评论，2014（3）：34–38.
［110］姜智芹 . 当代文学对外传播对于中国形象的延续和重塑 [J]. 山东师范大

学学报（人文社会科学版），2017（1）：24–36.
［111］姜智芹.英语世界中国当代小说的译介与研究[J].国际汉学，2017（4）：41–55.
［112］金介甫.中国文学（一九四九——一九九九）的英译本出版情况述评[J].查明建，译.当代作家评论，2006（3）：67–76.
［113］金介甫.中国文学（一九四九——一九九九）的英译本出版情况述评（续）[J].查明建，译.当代作家评论，2006（4）：137–152.
［114］金炅南.中国当代小说在韩国的译介接受与展望——以余华、苏童小说为中心[J].中国比较文学，2013（1）：97–108.
［115］雷勤风，金文豪.与时代笑成交响乐团：评余华《兄弟》[J].现代中文学刊，2012（3）：99–103.
［116］李舫.中国当代文学点亮走向世界的灯[J].人民日报，2011–12–09.
［117］李清柳，刘国芝.外文社版英译中国现当代小说在美国的传播[J].中国翻译，2016（6）：31–38, 129.
［118］李清柳，刘国芝.英文版“熊猫丛书”在美国的传播[J].世界华文文学论坛，2017（4）：29–37.
［119］李素.学术与市场之间：略谈中国当代文学在捷克的译介[J].南方文坛，2016（3）：61–64.
［120］李巍.从地域性看江苏作家在法国的译介与接受[J].小说评论，2018（3）：129–133.
［121］廖紫薇，毕文君.从译介效果看当代文学的对外传播——以刘慈欣《三体》系列为例[J].对外传播，2016（7）：63–65.
［122］林敏洁.莫言文学在日本的接受与传播[J].文学评论，2015（6）：98–109.
［123］刘成才.日译与中国当代文学的世界性——著名翻译家、日本中央大学饭塚容教授访谈[J].中国翻译，2019（5）：96–102.
［124］刘洪涛，黄承元.新世界国外中国文学译介与研究文情报告（北美卷）[M].北京：中国社会科学出版社，2012.

［125］ 刘堃 . 王安忆作品在美国的译介与阐释 [J]. 江西社会科学，2019（9）：108–114.
［126］ 刘江凯 . 关于中国文学研究与中国当代文学——德国汉学家顾彬教授访谈 [J]. 理论与创作，2011（1）：31–35.
［127］ 刘江凯 . 枳橘之间——顾彬的中国当代文学研究 [J]. 理论与创作，2011（1）：36–39, 115.
［128］ 刘江凯 . 本土性、民族性的世界写作——莫言的海外传播与接受 [J]. 当代作家评论，2011（4）：20–33.
［129］ 刘江凯 . 认同与“延异”——中国当代文学的海外接受 [M]. 北京：北京大学出版社，2012.
［130］ 刘江凯 . 巴别塔上补天——中国当代诗歌的翻译与研究 [J]. 南方文坛，2012（4）：93–99.
［131］ 刘江凯 . 当代文学诧异“风景”的美学统一：余华的海外接受 [J]. 2014（6）：134–135.
［132］ 刘江凯 . 中国当代作家的海外传播 [J]. 社会科学文摘，2018（10）：113–115.
［133］ 刘江凯 . 世界经典化视野下的中国当代文学海外传播研究反思 [J]. 2019（4）：199–208.
［134］ 刘云虹 . 关于中国文学对外译介的对话 [J]. 小说评论，2016（5）：37–43.
［135］ 刘云虹 . 翻译家的选择与坚守——杜特莱译介中国当代文学之路 [J]. 中国翻译，2019（4）：104–110.
［136］ 刘舸，李云 . 从西方解读偏好看中国科幻作品的海外传播——以刘慈欣《三体》在美国的接受为例 [J]. 中国比较文学，2018（1）：111–113.
［137］ 刘诗宇 . 世界经验、政治寓言与叙事形式的中西之辨——刘震云作品海外传播研究 [J]. 当代作家评论，2020（2）：189–197.
［138］ 刘毅，张佐堂 .《今日中国文学》对中国当代文学的译介出版模式研究 [J]. 出版发行研究，2019（10）：63–67.

［139］吕俊．翻译学——传播学的一个特殊领域[J]. 外国语，1997（2）：39-44.

［140］吕敏宏．中国现当代小说在英语世界传播的背景、现状及译介模式[J]. 小说评论，2011（5）：62-68.

［141］罗伯特·哈斯，王家新．冬天的精神[J]. 史春波，译．世界文学，2015(6)：292-307.

［142］马会娟．英语世界中国现当代文学翻译：现状与问题[J]. 2013（1）：64-70.

［143］马会娟等．彼岸的声音——汉学家论中国文学翻译[M]. 天津：南开大学出版社，2019.

［144］马立安·高利克．中西文学关系的里程碑[M]. 伍晓明，张文定，等译．北京：北京大学出版社，1990.

［145］马千钤．中国当代文学在俄译介与传播[N]. 中国社会科学报，2018-06-08.

［146］孟祥春，Glocal Chimerican. 葛浩文英译研究[J]. 外国语，2015（4）：77-87.

［147］宁明．莫言作品的海外传播研究[M]. 南昌：江西教育出版社，2019.

［148］潘震．论中国文学"走出去"之译介模式——以吉狄马加为例[J]. 小说评论，2015（6）：48-52.

［149］齐艺青，华静．中国当代文学走出去译介研究——以阎连科作品《受活》、《四书》在英法语国家接受为例[J]. 戏剧之家，2017（4）：238-242, 250.

［150］乔艳．论贾平凹作品的国外译介与传播——兼论陕西文学"走出去"的现状与问题[J]. 小说评论，2014（1）：75-83.

［151］曲鹏．葛浩文：中国文学如何"走出去"[N]. 齐鲁晚报，2018-09-22（A10-A12）.

［152］泉京鹿．经由文学翻译理解当代中国——日本文学翻译家泉京鹿访谈[J]. 中国文艺评论，2019（8）：105-113.

［153］阮秋贤 . 莫言小说在越南的译介与接受 [J]. 杭州师范大学学报，2016（1）：78–84.
［154］单昕 . 先锋小说与中国当代文学海外传播之转型 [J]. 小说评论，2014（4）：45–49.
［155］邵璐 . 莫言小说英译研究 [J]. 中国比较文学，2011（1）：45–56.
［156］邵璐，王琼 . 余华小说的英语译介及其“中国当代性”重构 [J]. 小说评论，2020（3）：97–104.
［157］邵璐，黄丽敏 . 认知文体学视域中《尘埃落定》的概念隐喻翻译 [J]. 山东外语教学，2020（2）：93–104.
［158］宋丹 . 铁凝作品在日本的译介与阐释 [J]. 小说评论，2017（6）：11–19.
［159］宋炳辉 . 反思历史 探索新路——陈思和教授对比较文学研究的探索与思考 [J]. 中国比较文学，2001（1）：104–117.
［160］宋炳辉 . 王蒙的翻译活动及其语言才华 [J]. 扬子江评论，2011（2）：36–40
［161］宋炳辉 . 视界与方法：中外文学关系研究 [M]. 上海：复旦大学出版社，2013.
［162］宋炳辉 . 外来启迪与本土发生：译介学理论的中国语境及其意义 [J]. 外语学刊，2019（4）：103–107.
［163］孙国亮 . 王安忆在德国的译介与阐释 [J]. 小说评论，2018（5）：101–113.
［164］孙国亮，李斌 . 中国现当代文学在德国的译介研究概述 [J]. 2017（10）：102–109.
［165］孙国亮 . 德国《东亚文学杂志》对中国现当代文学的译介与阐释 [J]. 小说评论，2019（4）：40–50.
［166］孙国亮，沈金秋 . 张洁作品在德国的译介与接受研究 [J]. 当代文坛，2019（6）：195–200.
［167］孙鹤云 . 中国当代小说在韩国的译介与批评 [J]. 2018（2）：234–248.
［168］孙会军 . 葛浩文和他的中国文学译介 [M]. 上海：上海交通大学出版社，

2016.
[169] 孙宜学 . 从葛浩文看汉学家中华文化观的矛盾性 [J]. 同济大学学报（社会科学版），2015（2）：95-99.
[170] 孙宜学 . 中华文化国际传播：途径与方法创新 [M]. 上海：同济大学出版社，2016.
[171] 孙宜学 . “一带一路”国家中国价值观国际传播：机遇与挑战 [N]. 中华时报，2017-12-15.
[172] 孙宜学 . 中华文化国际传播战略：二十个关键问题 [J]. 海外华文教育动态，2017（12）：75-79.
[173] 孙宜学 . 让中华文化热“内外同温”[N]. 解放日报，2018-01-23.
[174] 孙宜学 . “一带一路”中国价值观传播关键问题研究 [J]. 对外传播，2018（3）：51-53.
[175] 孙宜学 . 中华文化“走出去”亟需建立质量评估和保障体系 [N]. 中华时报，2018-05-10.
[176] 孙宜学 . 中华文化“走出去”应重视“后勤保障”[EB/OL].（2018-06-05）[2021-12-20]. http://sino-german-dialogue.tongji.edu.cn/be1981c7116a93848/page.htm.
[177] 孙宜学 . 以新时代中华文化大繁荣推动中国与“一带一路”各国文化共生 [J]. 同济观点，2018（6）：6-8.
[178] 孙宜学 . 中国当代文学“走出去”与翻译机制创新 [J]. 国际传播，2019（2）：49-52.
[179] 孙宜学 . 当代文学“一带一路”翻译传播：内容、途径与策略 [J]. 当代作家评论，2020（1）：25-30.
[180] 孙宜学，摆贵勤 . “一带一路”与中国当代文学走出去 [M]. 上海：同济大学出版社，2019.
[181] 孙宜学，花萌 . 中国文学译介受众特征研究——以中国文学英译在美国的传播为例 [J]. 湖南社会科学，2017（4）：166-175.
[182] 孙宇 . 文学图像论视域下莫言小说英译本封面图像内涵解析 [J]. 当代作

家评论，2020（1）：182–190.
［183］唐润华．中国媒体国际传播能力建设战略[M]. 北京：新华出版社，2015.
［184］唐润华．用共情传播促进民心相通[J]. 新闻与写作，2019（7）：1.
［185］铁凝，大江健三郎，莫言．中日作家鼎谈[J]. 当代作家评论，2009（5）：46–57.
［186］汪宝荣．阎连科小说《受活》在英语世界的评价与接受——基于英文书评的考察[J]. 2016（5）：60–66.
［187］汪宝荣．中国文学译介与传播行动者网络模式——以西方商业出版社为中心[J]. 解放军外国语学院学报，2020（2）：34–42.
［188］汪宝荣，李伟荣．同一译介传播模式下的译作传播影响力差异社会学分析——以《红高粱家族》《酒国》为例[J]. 外国语文，2019（5）：124–129.
［189］王德威．海外中国现代文学研究的历史、现状与未来——“海外中国现代文学译丛”总序[J]. 当代作家评论，2006（4）：132–136.
［190］王德威．当代小说二十家[M]. 北京：生活·读书·新知三联书店，2006.
［191］王德威．我们与鹤的距离——评迟子建《候鸟的勇敢》[J]. 当代文坛，2020（1）：25–31.
［192］王宏印．走出秦地，走向世界——试论陕西当代小说的对外翻译[J]. 燕山大学学报（哲学社会科学版），2019（1）：1–11.
［193］王辉，王亚蓝．“一带一路”共建国家语言状况[J]. 语言战略研究，2016（2）：13–19.
［194］王建开．中国现当代文学作品英译的出版传播及研究方法刍议[J]. 外语教学理论与实践，2012（3）：15–22, 7.
［195］王侃．中国当代小说在北美的译介和批评[J]. 文学评论，2012（5）：166–170.
［196］王宁．中国文学如何有效地走向世界？[N]. 中国艺术报，2010–03–19.

[197] 王汝蕙 . 莫言小说在美国的传播与接受研究 [D]. 长春：吉林大学，2018.

[198] 王天宇，高方 . 法兰西语境下刘震云作品的接受与阐释 [J]. 小说评论，2018（4）：162–169.

[199] 王祥兵 . 中国当代文学的英译与传播——《人民文学》英文版 Pathlight 编辑总监艾瑞克笔访录 [J]. 东方翻译，2014（2）：33–37.

[200] 王岫庐 . 当代中国故事的多元讲述与诗意翻译——罗福林（Charles A. Laughlin）教授访谈录 [J]. 中国翻译，2018（2）：67–71.

[201] 王义桅 . "一带一路"：机遇与挑战 [M]. 北京：人民出版社，2015.

[202] 王义桅 . 世界是通的——"一带一路"的逻辑 [M]. 北京：商务印书馆，2016.

[203] 王义桅 . 王义桅讲"一带一路"故事 [M]. 北京：人民出版社，2018.

[204] 王义桅 . 中国联通世界：如何看"一带一路"[M]. 北京：外文出版社，2019.

[205] 王义桅 . 国之交如何民相亲 [M]. 北京：中国人民大学出版社，2020.

[206] 王义桅 . 回应：关于"一带一路"的十种声音 [M]. 天津：天津人民出版社，2020.

[207] 温侯廷，王岫庐 . 凤为撇，凰为捺：一次中国当代诗歌的跨文化飞行——对欧阳江河《凤凰》英译者温侯廷的访谈 [J]. 东方翻译，2018（2）：49–53.

[208] 吴天楚，高方 . 韩少功在法国的译介与阐释 [J]. 小说评论，2016（2）：24–30.

[209] 吴岩 . 科学与文学结缘的奇葩——百年西方科幻 [J]. 世界文化，2015（2）：4–10.

[210] 吴赟 .《浮躁》之后的沉寂——贾平凹小说在英语世界的翻译研究 [J]. 小说评论，2013（3）：72–78.

[211] 吴赟 . 中国当代文学的翻译、接受与传播——白睿文访谈录 [J]. 南方文坛，2014（6）：48–53.

［212］ 吴赟．译出之路与文本魅力——解读《解密》的英语传播 [J]. 小说评论，2016（6）：114–120.
［213］ 吴赟，顾忆青．困境与出路：中国当代文学译介探讨 [J]. 中国外语，2012（5）：90–95.
［214］ 吴赟，顾忆青．中国网络文学在英语世界的译介：内涵、路径与影响 [J]. 中国比较文学，2019（3）：66–79.
［215］ 吴赟，蒋梦莹．中国当代文学对外传播模式研究——以残雪小说译介为个案 [J]. 外语教学， 2015（6）：104–108.
［216］ 谢丹凌．如何衡量中国文学的海外影响力——评《中国当代文学的世界影响效果评估研究》[N]. 文艺报，2019–09–23（3）.
［217］ 谢淼．新时期文学在德国的传播与德国的中国形象建构 [J]. 中国现代文学研究丛刊，2012（2）：33–42.
［218］ 谢淼．德国汉学视野下中国当代文学的译介与研究 [M]. 南京：南京大学出版社，2017.
［219］ 谢天振．莫言作品“外译”成功的启示 [N]. 文汇读书周报，2012–12–14.
［220］ 谢天振．中国文学走出去——问题与实质 [J]. 中国比较文学，2014（1）：1–10.
［221］ 谢天振，王洪志，宋炳辉．超越文本 超越翻译——当代翻译和翻译研究三人谈 [J]. 东方翻译，2015（1）：4–15.
［222］ 熊修雨．中国当代文学的海外影响力因素分析 [J]. 文学评论，2013（1）：131–180.
［223］ 许多．中国当代文学在西方译介语接受的障碍及其原因探析 [J]. 外国语，2017（4）：97–103.
［224］ 许多．中国文学译介与影响因素——作家看中国当代文学外译 [J]. 小说评论，2017（2）：4–10.
［225］ 许钧．我看中国现当代文学在法国的译介 [J]. 中国外语，2013（5）：11–13.
［226］ 许钧．试论中国文学外译研究的理论思考与探索路径——兼评《中国现

代文学在法国的译介与接受》[J]. 中国比较文学，2018（1）：109–118.
[227] 许钧，苏童，谢天振 . 关于文学创作与译介的对话 [J]. 东方翻译，2019（1）：4–11.
[228] 许诗焱，ERIC ABRAHAMSEN，鲁羊 . 文学译介与作品转世——关于小说译介与创作的对话 [J]. 小说评论，2017（5）：116–183.
[229] 严锋 . 假作真时真亦假：虚拟现实视野下的《红楼梦》[J]. 中国比较文学，2020（2）：2–17.
[230] 杨明明 ."不语者"：莫言的俄罗斯式解读 [J]. 小说评论，2013（6）：45–56.
[231] 杨一铎，禹秀玲，周毅 . 西方对莫言及贾平凹作品的接受比较 [J]. 海外汉学，2014（2）：17–20.
[232] 杨四平 . 跨文化的对话与想象：现代中国文学海外传播与接受 [M]. 上海：东方出版中心，2014.
[233] 杨鸥 . 中国当代文学引发海外汉学研究热 [N]. 人民日报（海外版），2017-09-29.
[234] 姚建彬 . 中国当代文学海外传播研究 [M]. 北京：北京大学出版社，2016.
[235] 姚建彬 . 中国当代文学海外传播的策略转换 [N]. 中国社会科学报，2017-10-23.
[236] 姚建彬 . 中国文学海外发展报告（2018）[M]. 北京：社会科学文献出版社，2019.
[237] 姚建彬 . 什么样的中国文学海外受欢迎 [N/OL]. 中国日报网，2019-06-04[2021-12-20]. https://baijiahao.baidu.com/s?id=1635371623194602942&wfr=spider&for=pc.
[238] 姚建彬 . 当代中国文学的海外传播 [N]. 中国文化报，2019-12-02（3）.
[239] 姚建彬 . 漫谈中国学术海外传播与中国国际形象建构 [N]. 中国社会科学报，2019-10-25.
[240] 姚建彬 . 如何做好中国当代文学海外传播与中国国际形象建构？[N]. 中

国出版传媒商报，2019-09-10.
[241] 易彬 .“中国文学在其他国家的反响比较平淡”——荷兰汉学家林恪先生访谈之一 [J]. 南方文坛，2018（5）：49-55.
[242] 于瑞华，张联 . 文学翻译与作品域外影响力 [J]. 当代作家评论，2016（4）：183-180.
[243] 袁淼叙 . 余华在俄罗斯的译介与阐释 [J]. 小说评论，2017（7）：99-105.
[244] 臧小艳 . 陕西文学的海外传播之路——以贾平凹为例 [J]. 小说评论，2017（3）：135-171.
[245] 查明建 . 还文学以文学：中国当代文学海外译介的新方向 [J]. 外语研究，2019（3）：1.
[246] 张进 . 柯雷：中国诗歌有不可思议的活力 [EB/OL].（2017-01-17）[2021-12-20]. https://www.zgshige.com/c/2017-01-17/2449134.shtml.
[247] 张乃禹 . 韩国文化语境中的余华 [J]. 小说评论，2013（4）：127-134.
[248] 张柠，董外平 . 思想的时差：海外学者论中国当代文学 [M]. 北京：北京大学出版社，2013.
[249] 张立友 . 英语世界的中国故事：韩少功作品英译出版与传播 [J]. 出版发行研究，2018（3）：75-78.
[250] 张世胜 . 贾平凹在德语国家的译介情况 [J]. 小说评论，2017（3）：142-150.
[251] 张清华 . 世界视野、海外传播与中国当代文学 [J]. 文艺争鸣，2013（6）：43-44.
[252] 张清华 . 他者眼光与海外视角：世界视野中的中国当代文学 [M]. 北京：北京大学出版社，2015.
[253] 张寅德 . 中国当代文学近 20 年在法国的翻译与接受 [J]. 中国比较文学，2000（1）：58-73.
[254] 张伟劼 .《解密》的“解密”之旅——麦家作品在西语世界的传播和接受 [J]. 小说评论，2015（2）：110-117.

[255] 张西平 . 编后记：现当代中国文学在海外——一个新的研究方向 [J]. 国际汉学，2017（4）：199.

[256] 张西平 . 中国文化“走出去”研究报告总论（2018）[M]. 北京：社会科学文献出版社，2019.

[257] 张西平 . 改革开放以来中国海外汉学（中国学）研究的进展与展望（1978—2019）[J]. 国外社会科学，2020（1）：68.

[258] 张岩，梁耀丹，何珊 . 中国文学图书的海外影响力研究——以近五年（2012—2016 年）获国际文学奖的作家作品为视角 [J]. 出版科学，2017（3）：107–113.

[259] 张元 . 中国当代小说在日本的译介与传播 [J]. 文艺评论，2013（5）：62–66.

[260] 张元 . “三元共生”：日本的中国当代小说译介整理研究 [J]. 齐齐哈尔大学学报（哲学社会科学版），2017（4）：111–113.

[261] 赵坤 . 泛乡土社会世俗的烟火与存在的深渊——西方语境下的毕飞宇小说海外传播与接受 [J]. 当代作家评论，2016（3）：191–199.

[262] 郑晔 . 国家机构赞助下中国文学的对外译介——以英文版《中国文学》（1951—2000）为个案 [D]. 上海：上海外国语大学，2012.

[263] 郑晔 . 从读者反应看中国文学的译介效果：以英文版《中国文学》为例 [J]. 中国比较文学，2017（1）：70–82.

[264] 周领顺 . 做好汉语乡土语言翻译 展现中国真实风土人情 [N]. 中国社会科学报，2018–12–11.

[265] 周领顺 . 葛浩文乡土风格翻译之论及其行为的倾向性 [J]. 外语教学，2019（4）：77–82.

[266] 周晓梅 . 试论中国文学译介的价值问题 [J]. 小说评论，2015（1）：78–85.

[267] 周晓梅 . 文学外译中译者的文化认同问题 [J]. 小说评论，2016（1）：65–72.

[268] 周新凯，高方 . 莫言作品在法国的译介与解读——基于法国主流媒体对

莫言的评价 [J]. 小说评论，2013（2）：11–17.
［269］周永涛 . 论吉狄马加诗歌外译对彝族文化的传播 [J]. 贵州民族研究，2019（2）：139–144.
［270］朱波 . 小说译介与传播中的经纪人 [J]. 小说评论，2014（3）：12–18.
［271］祝一舒 . 翻译场中的出版者——毕基埃出版社与中国文学在法国的传播 [J]. 小说评论，2014（2）：4–13.

附录 A 访谈

近年来，海外翻译家译介了许多当代中国著名作家的作品，并荣获了具有广泛影响力的文学奖，为传达积极的中华文化内涵、提升中国当代文学的海外关注度、推动中国当代文学在英语世界的传播发挥了重要作用。

1. 翻译家凌静怡访谈录

凌静怡（Andrea Lingenfelter），美国诗人、中国文学翻译家。现任教于美国旧金山大学，教授文学翻译、当代东亚文学电影等课程，兼任旧金山大学亚太研究中心《亚太聚焦》杂志编辑、主任。

（1）翻译小说：李碧华《霸王别姬》（*Farewell My Concubine*）（1993）、《川岛芳子》（*The Last Princess of Manchuria*）（1989），棉棉《糖》（*Candy*）（2003）、《失踪表演》（*Vanishing Act*）（2019），王安忆《弄堂里的白马》（*The White Horse in the Longtang*）（2017）、《骄傲的皮匠》（*The Sanctimonious Cobbler*）（2016），中国香港韩丽珠《风筝家族》（*The Kite Family*）（2015）。

（2）翻译散文：王安忆《相逢俄克拉荷马》（*Coming to Oklahoma*）（2017）、《南陌复东阡》（*Crossed Paths*）（2016），翟永明《黑夜意识》（*Black Night Consciousness*）（2010），杨东平《城市季风》（*Urban Currents*）（2010）节选。

（3）翻译诗集：翟永明《更衣室》（*The Changing Room*）（2012），王寅诗选《幽灵，上海，海洋》（*Ghosts, City, Sea*）（2021）。

（4）翻译诗作：在《路灯》《今日中国文学》《格兰塔》等多种刊物上发

表译作，涉及的诗人有王安忆、韩丽珠、杨牧、曹疏影、陈克华、夏宇、刘克襄、迟凌云、零雨等；参与诗人海岸主持的2008—2009年度《中国当代诗歌前浪》英译工作，翻译了诗人吉狄马加、海子、翟永明、王寅的作品，并为在欧洲出版的诗选作序。

（5）翻译电影字幕等：几米《时光电影院》（*The Rainbow of Time*）（2019），陈凯歌导演《风月》（*Temptress Moon*）（1996）字幕，林子导演《海上城市》（*The Fragile House*）（2018），但杜宇导演《盘丝洞》（*The Cave of the Spider Women*）（2015）字幕，蔡楚生导演《渔光曲》（*Song of the Fishermen*）（2014）。

（6）正在翻译的作品：王安忆《天香》（*Scent of Heaven*），安妮宝贝《莲花》（*Padma*），董启章 *Floating Life*（节选自《爱妻》）。

（7）获奖：美国亨利·鲁斯基金会[①]中国诗歌与翻译奖金（2017，2018）、美国国家艺术基金会文学翻译奖金（2014），英译诗集《更衣室》荣获美国第31届北加州图书奖诗歌翻译类大奖（2012），英译《莲花》荣获笔会/海姆翻译奖（2008）。

摆： Andrea 您好，非常感谢您接受我的采访。近年来，您翻译了许多当代中国著名作家、诗人的作品，荣获了极具影响力的翻译奖，为传递中华文化内涵、提升中国文学海外关注度、推动中国当代文学在英语世界的传播发挥了重要作用。请您谈谈您是如何与中国文学相识、相知的。

凌： 很久以前，我就开始接触中国文学。高中时，英文文学老师开设了创意写作课程，美国的高中老师可以像大学教授一样，自己选择一些书籍作为学生的阅读参考资料。令我印象深刻的是，那位老师的家里有一整面墙的书架，上面摆满了不同国家的国际文学书籍。其中中文古诗和日文古诗的英文译本吸引了我，对我的影响很大。到了大学，我先学了两年的日语，之后换了学校，在大学三年级时开始学汉语。

摆： 创意写作最初源于美国，您在上高中的时候就接触过创意写作，也参

① Luce Foundation Chinese Poetry and Translation Fellowship, Vermont Studio Center.

加过创意写作的国际会议。请您谈谈创意写作在翻译中国文学作品中的作用。

凌：我们讲的创意写作讲究技巧，需要通过阅读大量的诗歌，才能了解如何写好诗歌，需要注意诗歌的音律、押韵、协调。尽管当代诗歌中很少有所谓的押韵，但是某句或者某段里会有一些和押韵很接近的表达，这很重要。这些只有通过阅读诗歌才能有所感悟。此外，还要读英文诗歌。在对葛浩文的采访中，他曾谈到，如果想译好中国当代小说，必须了解当代美国、英国、澳大利亚等英语国家小说的英文风格，对英美文学作品风格没有概念或感觉，是做不好翻译的。

摆：是否可以这样理解，创意写作有助您成为诗人和作家，然后诗人和作家的这个身份又助力您成为一位更好的译者？

凌：我想应该就是这样的，其中的关系很微妙。一般来讲，诗人、作家掌握了一些创意写作或者写作本身的技巧，作为译者翻译文学作品时相对轻松。但是译者不能把自己的东西带进作品的翻译中。换句话说，就是你不能代替作家，这不仅是写作技巧，也是翻译技巧。译者要能够很好地区分作家和译者本人各自的想法。

摆：在翻译中国诗歌的时候，您的诗人经历或者身份对于翻译诗歌的帮助，主要体现在哪些方面？

凌：一方面是技巧，如果你创意写作方面很差，那么你很难把文学翻译做得出彩；另一方面能够帮助我理解原作，文学翻译不能浮于表面，如果不理解原文，翻译就无法进行。

摆：您最初是出于对中国古典诗歌的喜爱而选择学习中文吗？

凌：对中国古典诗歌的喜爱激起了我对中文学习的好奇。我在用英文创作时考虑的是英文语法和功能，很想知道用别的语言写作有什么弹性或硬性的规则，可那时我对中文知之甚少，只能通过别人的分析和解读了解中国诗歌，后来我发现通过这种途径获得的知识并不可靠。尤其是我发现美国新诗派代表庞德（Ezra Pound）丝毫不懂中文，其对中国古典诗歌的翻译工作是通过转译日译本展开的。庞德利用中国古典诗歌中的一部分创立自己的新诗派，我很佩服他在艺术方面取得的成就，可是他无法深入了解中国古典诗歌的结构和思维模式，

忽略押韵等中国古典诗歌的重要特征，但这对庞德来说不重要，因为不符合他创作意象派诗歌的目的的特征，都可以扔掉。于是我决定开始学习汉语，并很快发现汉语学习十分有趣。后来在加州大学圣地亚哥分校读研究生时，有多位教授的授课内容涉及现代文学和古典文学，那段时间我主要学习了与20世纪诗人和作家相关的内容，感觉比较累。随着对中国文学的理解不断加深，我对中国当代文学产生了浓厚的兴趣。我认为做翻译必须回到文本创作的现场，了解作家创作的历史和文化语境，有时还需要二次取证。当代作家与我们同处一个时代，跟他们沟通起来可能不会有障碍，即使遇到问题，也可以和诗人面对面或者通过邮件沟通。此外，我比较喜欢鲜活的东西，中国当代文学与时代相呼应，恰具这样的特质。

摆：与中国古典诗歌相比，中国当代诗歌最吸引您的地方在哪里？

凌：中国古典诗歌含有丰富的意象，语法很有弹性，格律体现了诗歌的音乐性，这几点很重要，我都很喜欢，遗憾的是，译者已经无法跟诗人沟通了。中国当代诗歌的表现形式和写作技巧与用英文创作的诗人采用的方法很接近，翻译起来相对容易些。读研究生时，有一位朋友给了我几页包括翟永明在内的中国当代诗人的诗歌，是复印的，朋友后来回了中国，那时没有网络，彼此也就失去了联系。那时我并不知该如何研究翟永明。第一次读翟永明的诗，就感到一种巨大的力量撞击我的心灵，令我震惊和欣喜，于是我开始尝试翻译她早期创作的这几首诗歌，译作后来在芝加哥的刊物上发表了。后来我读了翟永明创作的所有诗歌，从中了解她毫不掩饰的个性、对事物鲜明的态度和丰富的情感。在华盛顿大学读博士时，我的指导教师是杨牧教授，当时的华盛顿大学比较保守，以康达威教授为代表的学者们对古典文学、甲骨文研究相当重视，我向导师表达了博士论文想写当代诗人或当代与诗人的想法，研究价值得到了杨牧老师和他的好友西敏（Simon）的高度肯定，其中有一章专门探讨翟永明的诗歌特征和价值意义，此后多年的翻译和研究工作都是以我的博士论文为蓝本展开的。两位文学大师的文学品位成就了今天的我。

摆：您既是诗人，又是一位中文功底扎实的翻译家。请您谈谈，和中国当代诗歌相比，中国当代小说吸引您的是哪些方面？

凌：很久以前，我通过一个同学认识了一位在出版社工作的编辑，想通过他出版一部诗集的译本，没有成功。后来那位编辑问我对小说是否感兴趣，我告诉他很感兴趣，于是有了李碧华《川岛芳子》的译本；之后那位编辑又联系我翻译陈凯歌的电影《霸王别姬》。我一直很喜欢香港，觉得那个地方的文化特别，认为这次翻译是了解香港的一次机会，就欣然答应了。

我认为中国男性作家作品已经得到了比较多的翻译，比如葛浩文翻译了莫言的作品。莫言当过兵，他的作品大部分是写北方的农村、男人的世界，还有暴力（我并不欣赏这一点），更容易引起男性译者或有参军经历的读者的共鸣。

中国城市化进程快，社会多样性特征明显，南北方文化差异显著，因此无论是北方农村还是江南水乡都不能完全代表中国文化。我们应该了解更多体现不同地域特征和文学主题的作品，其中，王安忆对都市的写作热情和多变的写作风格吸引着我。她擅长以城市为载体，用独特的视角挖掘城市与女性的关系、家庭中的男女关系、家族关系、家庭和社会的关系、当代和历史的关系，比如《骄傲的皮匠》包罗了上海社会万象，既有对妇女进步现象的描写，也是一部城市发展史。

摆：您翻译了《天香》《启蒙时代》《弄堂里的白马》《骄傲的皮匠》等多部作品，您是如何认识王安忆老师的？

凌：我的一位朋友的朋友在上海出版社工作，10多年前我去上海，告诉他我想翻译一些上海作家的作品，请他推荐，王安忆就是那时认识的。

摆：有些评论家认为王安忆老师的作品对情感的描写十分细腻，给翻译带来了困难。您怎么看？

凌：这个问题并不是很难处理。因为我之前写过一些小说，作为作家，我很熟悉人物的情感、形态、肢体语言等方面的描写技巧和方法。

我了解王安忆作品的思想，因此在翻译中会对文本进行大量的加工、改动。例如，作品中人物的对话都是有目的的，我需要了解并准确判断人物内心的真实想法和希望表达的情绪。译者翻译小说就像一条鱼在游泳，需要完全沉浸、融入原作当中，站在作家的角度来撰写译文，表达出作家的观点和态度。我认为译者发出的是中国作家的英文声音，或者说是作家在英语世界的代言人。

摆：您刚刚提到有位出版社的朋友。您有文学代理人合作伙伴吗？

凌：除了葛浩文外，译者很少有文学代理人，但是我们会通过一些朋友关系来维系与出版社的关系。文学代理人的工资要占出版合同的一部分，没有足够的资金很难聘请到代理人。

摆：您了解中国官方的翻译出版资助基金项目吗？

凌：翻译资助对译者高效高质地完成译本非常重要，如果有经济保障，译者就可以专心地从事翻译工作。但中国官方的资助似乎都是针对中外出版社之间（Institution to Institution）的合作，我曾经申请过一次，没有成功。

我会通过在美国的高校教授课程保障自己的经济收入，但这会分散我的精力、打断我的思路、耽误翻译工作的进度。

摆：葛浩文对莫言作品的改写幅度很大，例如《天堂蒜薹之歌》的结局，这一做法得到了作家莫言的支持。刚才您谈到您的身份是中国作家在英语世界、美国的代言人，那么您会对原作进行改译吗？

凌：改译主要是按照编辑的要求来进行。例如，《川岛芳子》和《霸王别姬》译文的风格不太一样，《川岛芳子》和李碧华的风格比较接近，编辑就要求我用更平淡的语言表达。翻译《糖》的时候，编辑要求删除大概三分之一的译文内容，几番协商之后，删掉了六分之一的内容。通常情况下，编辑要求改译，很少是出于文学因素的考量，更多是为了迎合市场的需求（commercial reason for marketing）。《天香》使用的形容词很多，阅读原文是一种享受，可是英美文学传统中很少用到大量的形容词，全部直译就会给读者留下形容词堆砌、译本质量不高的印象，难以满足读者需求、获得良好的读者评价。

我读过一个《水浒传》的译本，呆板乏味，译文是失语的；相反，霍克斯（David Hawks）译术精湛，他翻译的《红楼梦》是我见过的最佳译本。我认为最理想的状态是目的语恰是译者的母语，极少数的译者甚至懂得目的语中的方言，为翻译工作锦上添花，但这是个例。一般来讲，译者的外语即使不错，也很少能够达到用外语创作的水平，例如，一位中国译者如果不能用英文创作小说，那如何胜任将中文小说、诗歌翻译成英文的工作呢？我曾经读过 Foreign Language Publishing 出版的译本，译文干涩生硬（stiff）。也许有些译者看得懂英文的某

些方言，但是创作时也很少会想到运用这些方言，因为我们认识的词语常比我们写作时用到的词语要多，没有目的语文学特色和风格的译文，读者看不懂，就是失败的。能够做到这一点的优秀译者非常少。

摆：您翻译了很多韩丽珠的作品，请您谈谈这位中国香港作家的作品的特点。

凌：中国香港的当代作家很多，比如西西、谢晓红、韩丽珠、洛枫等。处于后资本主义时代的香港作家曾面对全球经济面临崩溃、资本主义发展受阻的困境，作品大多有超现实主义的色彩，内容常与作品创作的政治背景、历史和社会环境紧密结合。

香港的环境很特殊，韩丽珠的特点就是批判资本主义，这在当今文学作品创作中十分常见。她的作品关注家庭，但更关注社会现实，包括一些具体的问题，比如对待动物的态度。她认为人对待动物的态度能够映射出一个人的人格，怀有一颗仁爱之心、愿意照顾动物的人，精神境界很高；虐待动物的人很可能人格方面有缺陷。她有一部小说叫《飘》，写的是一个人和他的猫如何相处，很好地体现了社会、人与动物之间的关系。

谢晓虹、洛枫也很勇敢，作品也很有趣。

摆：您翻译的翟永明诗集《更衣室》由美国和风出版社出版，并荣获美国第31届北加州图书奖诗歌翻译类大奖（2012）。和风出版社目前已推出中国当代诗人的个人诗集近30部，所取得的成绩令人瞩目。请您谈谈美国和风出版社“今天”系列（“Jintian”Series）的选题标准和译本的传播效果？

凌：和风出版社的一位编辑是我多年的好朋友，在香港定居已有10多年，韩丽珠就是通过她认识的。“今天”系列的选题标准很多元，需要综合考虑。出版界每年都会参加AWP（Association of Writers & Writing Programs）和ALTA（American Literary Translators Association）举办的年度大会和书展。ALTA是美国最大的文学翻译家组织，出版ALTA成员译作的出版社都会参加书展，一两年前我的编辑告诉我，他们出版社在书展上卖出了很多书。AWP每年都会举办全美最盛大的创意写作会议，会为出版社选题提供各种思路。我今年也受到AWP会议主办方的邀请，遗憾的是考虑到新冠疫情的影响，我取消了行程，但此次会议正常举行。

中国诗歌在美国文学中处于特殊地位，古典诗歌仍然源源不断地被翻译过来，当代诗歌也有广泛的阅读者。城市之光书店（City Lights Bookstore）自20世纪50年代经营至今，是旧金山最大、最好、最古老的文学书店，地下、楼上的书架上摆满了各类精美图书，书店的创始人之一、诗人Lawrence Ferlinghetti已是一位百岁老人，仍然精神矍铄。“今天”系列位于二楼的诗歌屋中，供读者翻阅和购买。City Lights Bookstore也销售各种国际诗歌节的诗集，此外，它还有自己的小出版社，每年都会印刷12种新的文学出版物。

摆：据了解，翻译文学作品通常只占美国出版市场的3%。有些中国文学作品的译作获奖后，读者增多了。这些作品在美国的受欢迎程度，和其他国家文学作品，比如英国文学相比，受欢迎程度如何?

凌：在我的印象里，中东欧国家对中国当代文学的了解比较多，其中有历史等多方面的原因。

有些中国当代文学作品对读者掌握中国历史、文化等方面背景知识的要求比较高，比如莫言虽然获得了诺贝尔文学奖，但他写的故事多以20世纪中国历史为背景，许多美国读者并未经历或者学习过这段历史，就很容易对它产生误解，难以产生共鸣。

不同的是，《天香》中的家庭和婚姻冲突、梦想等主题是人类共同关注的普适性话题，女性主义特征比较明显，读者无须了解很多中国历史就能够理解这些内容，这是王安忆的高明之处。所以，我认为《天香》这部作品会受到美国读者的欢迎，这是值得我们共同期待的。当然，我在翻译时也加了一些解释以作补充，但文化方面的解释不能过多。我很谨慎，否则会让读者认为作者或译者在试图教会他们一些东西，这种原文断裂就会影响读者的阅读感受和兴趣。

摆：您参加了2019年的中国香港国际诗歌节。请您谈谈诗歌节在推动中国当代诗歌译介和传播中的作用。

凌：中国香港国际诗歌节是国际诗歌领域的一个高地，去年的效果特别好。诗人的情感丰富、敏感细腻，活跃在世界诗坛的各国诗人们聚在一起，经过深入、生动的思想交流与碰撞便会激发出创新的火花和深邃的观点，进而促进世界各国诗歌创作的繁荣。

摆：请您介绍一下目前正在翻译的作品有哪些。

凌：王安忆的《天香》正在翻译中，出版时间待定，前提是需要签订出版合同，因为长篇小说很长，需要花费大量的时间和精力。安妮宝贝的《莲花》目前只发表了部分章节，这个也没有合同，所以暂时不能进行。

摆：Andrea，再次感谢您接受我的采访！

（访谈时间为2020年5月，访谈内容系根据录音整理，经凌静怡审阅，特表示感谢）

2. 翻译家顾爱玲访谈录

顾爱玲，美国诗人、作家、中国文学翻译家，哈佛大学费正清中国研究中心研究员，北京大学访问学者（美国富布莱特奖学金资助）（2013）。

（1）翻译诗集：《铁月亮》（*Iron Moon*：*An Anthology of Chinese Worker Poetry*）（2017），臧棣诗选《慧根》（*The Roots of Wisdom*）（2017），洛枫《飞天棺材》（*Flying Coffin*：*Poems by Lok Fung*）（2018）和《自我纸盒藏尸的日子：洛枫诗选》（*Days When I Hide My Corpse in a Cardboard Box*）（2018）。

（2）翻译诗作：在多种刊物上发表中国当代文学译作，所涉作家如茱萸、臧棣、韩博、梁平、许立志、马行、魔头贝贝、李进文、张枣、宇向、海子、沈苇等；参加了中英双语诗集《归巢与启程：中澳当代诗选》（中国卷）（*Homings and Departures*：*Selected Poems from Contemporary China and Australia*）（China Volume）的翻译工作。

（3）正在翻译：《在机器的轰鸣间：郑小琼诗选》（*In the Roar of the Machines*：*Selected Poems of Zheng Xiaoqiong*）（2021）。

（4）获奖：沈苇《新疆词典》（*Xinjiang Dictionary*）（2013）的选译内容获 2013 年美国杂志 Ninth Letter 文学奖。

摆：Eleanor 您好，首先感谢您接受我的采访。请您谈谈您是如何与中国文学相识、相知的。

顾：我与中国文学的相识最初是从古诗开始的。中学时代受父亲的影响，开始阅读由 Gary Snyder 等人翻译的古诗，给我印象最深的是中国古诗很有美感，我对中国古诗可以说是一见倾心。

我的父母最初并不喜欢诗歌，也不属于文学圈。父亲是数学家，同时也是老嬉皮士，研究并信仰佛教，通过佛教接触到中国古典诗歌，对李白、王维等中国诗人有了初步认知，家中的几本诗选，都与佛教相关。

大约是 2007 年，我通过朋友认识了一位年轻的中国诗人——王敖，他在耶鲁攻读博士学位。那时我刚刚开始尝试翻译一些中国古诗，毫无翻译技巧可言，

全凭个人兴趣，盲目且缺乏自信。在交流的过程中，王敖建议我尝试翻译中国当代诗歌，因为相较于中国古诗在欧美已有很多著名翻译家译介，当代诗歌还是一个少有译者涉足的领域。当时我从未读过中国当代诗歌，更不了解中国当代诗人的语言风格和思维方式，因此并不敢触碰它。王敖提出我们可以合译——我有英语语言优势，他帮助我解读中文诗歌。王敖毕业于北京大学，有广泛的中国当代诗人朋友圈，2008 年我曾在中国旅居数月，借此机会，他介绍我认识了一些北大的朋友，胡续冬、臧棣、冷霜等都是那时认识的。所以，我主要是从 2007 年开始从事中国当代诗歌的翻译工作。

摆： 美国本土的中国当代文学翻译家对于中国当代诗歌的兴趣，是否是受到中国古诗的影响？

顾： 我认为美国译者对中国当代诗歌不是不感兴趣，而是不敢翻译。一方面，他们可能觉得自己的语言能力不够出色；另一方面，他们可能不知道如何判断好诗，或者哪些诗歌会被反复阅读，值得翻译。对于 20 世纪 60 年代、70 年代或者更早的翻译家，当时的交通工具还不够发达，能够认识诗人的机会很有限，翻译中国当代诗歌时如果因为时空和语言的阻隔而无法顺畅地与诗人沟通和交流，译者的压力就会很大。不同的是，古诗经过时间的沉淀，已得到欧美读者广泛认同，且诗人早已逝世，翻译的过程中无须也无法与诗人协商，翻译起来会感觉更安全。当然也有例外，舒婷诗歌的译者 Carolyn Kizer 可能是最早开始翻译中国当代诗歌的、非常重要的一位美国诗人译者，曾去过中国，认识了一些诗人，我觉得她很勇敢。但正如你所说的，这样的案例其实是比较少的。

摆： 中国当代诗歌最吸引您的地方是什么？

顾： 首先是语言，中国当代诗人的创造力很强，他们完全是通过想象力及语言能力创造出新的诗歌，也在“创造”自己的读者，我很欣赏。其次，在经济全球化的今天，当代诗人对整个人类生存状况的描写和感时忧国的情怀、对诗歌与现实关系的思考，让我为之动容。最后，中华文化底蕴深厚、内容丰富，当代诗人将独具特色的中华文化因子融合于诗歌创作中，他们的才华横溢令我深深叹服。

摆： 您翻译了诗人臧棣的诗选《慧根》及许多其他诗作，请您谈谈臧棣诗

歌的特别之处。

顾：臧棣诗歌语言精准、综合能力强，风格非常特别。

首先是诗歌类型。英国批评家理查兹（I. A. Richards）认为现代诗不再是单一主题的诗，进而提出“包容诗”（“Poetry of Inclusion”）的概念。臧棣的诗歌类型丰富多元，从结构到诗意都呈现出很大的包容性，通过现实与幻想、智性与抒情的彼此渗透和贯穿，实现一种新的综合、新的平衡。

其次是细节能力。英国诗人布莱克（William Blake）说：“一粒沙，就是一个世界。”臧棣正是通过对细小事物的尊重向万物致敬。他写过很多咏物诗，但都不是单纯咏物（包括各种植物和动物），而是努力深入到被吟咏之物的世界，倾听它们自身的话语。

最后是能够把很多不同的方面放在一起的能力。他的诗歌内容极其丰富，能够对完全异质的东西求其内在同一，进而将其焊接在一起，比如把一盆小花变成一个整体的小世界，我很欣赏这种能力。

摆：您十分欣赏关注社会现象的中国当代诗歌，比如由您翻译并获奖的《铁月亮》以及您正在翻译的郑小琼诗集《在机器的轰鸣间：郑小琼诗选》。请您谈谈选择翻译这两部诗集的原因。

顾：我对中国的打工诗歌很感兴趣。我认为《铁月亮》既有文学价值，也具有社会价值，是最令我骄傲的一部作品。

《铁月亮》独具工厂特色的语言令人耳目一新，这个发现对我非常重要。翻译中经常会遇到诗人描写在工厂车间里工作的场景，有时还会涉及使用的工具、机器零件的名称。由于父母都是学者，我从小没有机会接触工厂中的机器，更不了解成千上万个零件的具体名称，即便生活中偶尔用到时，也会用“that thing on the machine or the knob on the machine”来指代。要把打工诗歌中偏重口语化、看似简单却很特别的语言译成英文并非易事。我想，主要原因是我掌握的母语词汇不够丰富，不知如何用英文准确地表达中文诗歌内容。另一方面，《铁月亮》距离现实很近。作为普通消费者，我与工厂里的劳动者、生产工具之间并未产生直接关系，对我而言，那是一个遥远的、全新的世界，然而它又是一个真实且近在咫尺的存在，因为手机、电脑在人类的日常生活中已经无所不在。

我和郑小琼认识很多年了，她的诗歌有一种让我感到震惊的力量。当然，她的写作也非常扎实，对细节的把握和描绘准确而生动，她的创作在世界文学场域中已有一席之地，所以在翻译了《铁月亮》之后，我决定翻译她的作品。

摆：您的选材标准主要包括两方面，首先是作品具有丰富的文学性；其次是诗歌关注当下社会现实，可以这样说吗？

顾：是的，但这并非必要条件。也有一些诗人借诗歌表达自己的内在情感，这是另一个维度的书写，虽然与当代的社会状况没有直接联系，但关注人类情感的作品同样具有很高的文学价值，值得探讨。

摆：您对小说翻译怎么看？

顾：小说翻译与诗歌翻译很不一样，我翻译过一些小说，很喜欢那种感觉。

摆：您年少时的梦想是成为一位翻译家吗？

顾：最初，我并未想过要成为翻译家，而是希望成为一位诗人。

2011 年我在上海生活，1 年后回到美国进入波士顿大学攻读硕士学位，专业是创意写作，当时有一门专业课需要参与翻译实践，考虑到我大学时学过法语，就想翻译波德莱尔等法国诗人的作品。

由于我刚从上海回来，导师就建议我翻译一些中文诗歌。刚开始，我内心很紧张，只抱着试一试的心态去做，幸运的是，哈金老师在创意写作系，他既写小说创作诗歌，当时刚刚出版了个人诗集，我的导师就让我在中诗英译中遇到问题时请教哈金老师。哈金老师很有耐心，每周见我一次，指导我翻译王维的诗歌，这一时期我收获良多。

所以，我是通过写作进入翻译工作的。

摆：创意写作与您的诗歌翻译工作之间是怎样的关系？体现在哪些方面？

顾：硕士阶段的学习使我发现语言是一种奇妙的工具，内涵丰富、充满力量，强大到可以改变世界。尽管每个人都有语言能力，但只有少数人能够发现它、重视它、用好它，充分发挥它的价值。我还认识与我一样尊重语言、尊重文学、热爱读书的学者们，他们对我的翻译工作影响深远。我的老师 Robert Pinsky、哈金、Derek Walcott 和 Rosanna Warren 都是蜚声国际文坛的著名作家，他们的文学创作认真严肃，在教学工作中治学严谨、教学方法各有独到之处，更注重培养学

生发现、书写诗意生活的能力，而不是要求学生严格按照自己的教学思路进行创作。当然，他们对学生唯一的要求是必须专注于自己的文学梦想，我选择的正是这样一条路。

学习创意写作后，我很快发现自己对语言文字的敏感力，但是获得硕士学位之后，我经历了创作的瓶颈期，失去了对事物的敏锐、新鲜感和热情，写作时发现自己每一个字词的表达都不准确，很别扭、很尴尬，那段时间我几乎不再创作。后来我开始翻译工作，尽管会受原文的限制，但用自己的语言表达原作的思想仍会给我带来安全感，事实证明，正是原文对译者的约束帮助我重新开始创作。

摆：您在翻译中国当代文学作品的过程中，如何处理具有中华文化特色的语言？您会选择添加注释帮助英语世界的读者了解中华文化，还是倾向于照顾英语读者的阅读习惯？

顾：我认为要根据翻译目的采用合适的翻译策略，比如要考虑这本书或者这首诗歌在哪里出版或者发表。我个人非常不喜欢在诗歌里面加注脚，会让读者产生在学习课本而非欣赏诗歌的感觉，为避免这种情况，我会很谨慎地加少量的词帮助读者理解原文，比如在人名前加 Emperor 表示身份。Ken Liu 在一次活动上对这个问题的回答对我很有启发，他说，如果读者能够用谷歌搜索到这个词的含义，就无须加注，反之，如果遇到太阳、月亮等在中华文化中内涵丰富、读者难辨其义的词，则应添加注脚。我很欣赏他的这种处理方法。如果读者真的对文本内容感兴趣，好奇心会驱使他们主动查找、研究词义，努力靠近原文。但是 Ken Liu 主要翻译小说，而诗歌在美国文学传统观念中是没有注脚的，除非是一些特殊的诗人，比如 T. S. 艾略特（T. S. Eliot），他会有意地加一些注脚，因为他要营造一种感觉，实际上，这样的注脚原本就是诗歌的一部分。

我认为翻译家常常处于一种焦虑的状态，每当翻译一些东西的时候也在失去，甚至每一次的翻译都是失去。我常常反思，我的诗歌翻译能够创造新的、有文学力量的文本吗？如果答案是肯定的，那么还是很值得继续翻译的；反之，我会觉得自己无法进行下去，因为翻译的过程会失去太多。有时候，我完全沉浸于体味某一首中文诗歌的韵味，却发现翻译成英文后一切都荡然无存，虽然

这种情况比较少见，但还是会发生。出现这种情况可能不是那首诗的问题，而是翻译家的问题，也就是说，是我自己无法翻译，并非所有人都不能翻译。在美国，我算一个介于保守和先锋中间地带的作家、翻译家，如果其他人遇到这种情况，可能会有有效的解决办法。

摆： 您很谦虚，对自己的要求很高。

顾： 是因为面对臧棣、郑小琼等当代诗人的作品时，饱含其中的丰富语言和伟大文化让我感到自己微如尘埃。

摆： 也就是说，您总是抱有一颗敬畏之心从事翻译工作。

顾： 是的，这是必须的。

摆： 刚才您提到自己在翻译一首诗歌的时候，可能会失去很多。这里的“失去”是指那些翻译中没有表达出来或者被您放弃的信息吗？

顾： 我曾在一次会议上说，翻译本身就是失去。当时在场的另一位翻译家反对这种说法。他说自己并不觉得是失去，而是多余。每个人都有不同的看法。

比如说臧棣的诗歌音乐感很强，他对诗歌韵律进行了多方面的探索，因此他的诗歌结构多种多样，每一行都有自己的节奏。他也喜欢玩一些文字游戏，翻译中，有时可以模仿，有时不行。这时，译者必须要创新、创造。我不是臧棣，我的想法与他不同，他的诗歌中的一些语言之外的东西在英文中并不存在，也无法将其挪移过来。当然，我觉得最重要的一部分内容还是可以挪移的。

摆： 也就是说，有些时候，我们是可以在不同文化中找到对等的文化。

顾： 没错，是这样的。

摆： 您是去年中国香港纽曼文学奖翻译奖的评委，能介绍一下这个奖的评审标准吗？

顾： 主要是作品本身的质量。当然，也会考虑到作品在世界文学中的影响力，设立这个奖的初衷就是向世界介绍优秀的中国作家。中国有许多优秀的作家，他们的创作也很有价值，但他们在世界文学中的地位还不高。作为中国文学的译者，提高中国文学的国际地位是我的目标。除此之外，我觉得更重要的是这些作家值得我们去阅读，而且是必须要读。通过文学，我们可以了解那里的人，理解他们的文化、生活习惯和思维方式，激发更多人阅读中国文学的兴趣，进

而通过中国文学了解中国和中国人，这一点很重要。

摆：请您谈谈中国当代诗歌在美国的受众群体。

顾：主要是学习中文的学生，或者是东亚系的学生。至于诗人，在我个人看来，他们并非特别关注中国诗歌，可能有两个原因：一方面是感觉距离太远，这种遥远不只是物理空间上的，更重要的是文化上的。中国诗歌中蕴含的中国文化与美国文化差异太大，很难被美国人读懂和理解。另一方面，以前的部分译本质量不高。在 20、30 年前，甚至 40 年前，美国读者能读到的那些译本，有的非常好，这部分主要是专业翻译家的成果，比如说我谈到的 Gary Snyder，王红公（Kenneth Rexroth），还有 Caroline Kizer 等。但是，大部分译本的质量都不高，有的是学院派服务于教学目的而翻译的文本，有的是文学爱好者的译作。那个年代的普通读者，包括美国的诗人和作家，最早就是通过这些译本认识中国文学的，糟糕的译本严重影响读者的阅读体验，失望的读者就不会再将关注的目光投向中国文学作品。这种残存的陈旧印象的影响依然存在。

当然，现在的情况已经有了很大改观。我 21 岁时在上海生活，自此便频繁往返于中美两国，对中国的认知对我的翻译工作有极大的帮助，与之前那些没有去过中国的翻译家相比，译本效果就有很大不同。我们这个年代的人学习中文、认识和了解中国的机会很多，这与过去由于交通不便、信息不畅造成对中国的认知贫乏完全不同。

摆：您刚才谈到的 20 年前或者 30 年前的译本，请问这些译本主要是由中国译者翻译的吗？

顾：都有。我提到那些译本的原因主要是试图说明学者翻译诗歌与诗人翻译诗歌的效果完全不同。学者按照课本的标准翻译，译本的教材功能决定了它更加关注字词的使用，容易忽略作品的文学性。作为译者，我的目标则是创作一首诗，目的是吸引喜欢读诗的人来欣赏它。这两个目标有直接的冲突，很难在一个优秀的译本中同时实现。因此，我不爱读那些在课堂中作为课本使用的译本。

摆：这个就与您在做翻译的时候不加脚注或者注释相似。

顾：是的。

摆：在翻译一本文学作品之前，您会联系好出版社再动笔翻译，还是会先翻译，边译边联系？

顾：两种情况都有。遇到喜欢的作品，我通常会先动笔翻译，再寻找出版社。中国香港中文大学出版社和美国和风出版社曾有一个合作出版项目，当时是出版方主动联系我翻译香港作家洛枫的诗集，对于译者来说，这是最理想的状态。

摆：您能否介绍一下和风出版社的中国当代诗歌出版状况？

顾：和风出版社是美国出版中国当代诗歌最主要的出版社之一。他们的编辑 Christopher Mattison 现居香港，认识很多中国当代作家，十分了解目前中国当代文学的情况，他本人也从事文学创作。目前，和风出版社的“今天”系列是美国规模最大的中国当代诗歌系列。好像有一个“今天基金会”为这个系列提供出版基金资助。

摆：您了解中国政府资助的翻译出版基金吗？

顾：对于我这样的普通翻译家，资助还是很重要的。我在翻译臧棣诗选时曾获得了一项资助，否则可能无法那么顺利、快速地翻译出来。我对整个项目虽然不是很了解，但它给予翻译家以及小型出版社的资金支持对我来说具有非常大的帮助，尤其是专门出版诗集的小型出版社，面临很大经济压力。我认为中国政府的翻译出版项目非常重要，做得非常好。

此外，美国读者可以借文学了解中美文化和社会的差异，增强中美人民的理解和互信，这是文学非常重要的功能。

摆：您完成翻译工作后，编辑会要求您做出修改吗？如果出现这样的情况，您一般会怎么处理？

顾：这个视情况而定。我非常感激此前与我合作过的每一位编辑。好的编辑就像一面镜子，映出译本中的有待完善之处，并给予我很大的帮助。当我进入一个文本时，刚开始的视野相对宽阔，但随着翻译活动的深入，会逐渐产生个人的理解，进而确定这首诗表达这个主题，或者这个诗行应该是这个意思，意义显现的过程同时也是我对诗歌的理解变窄的过程。每个人的阅读方法都不一样，此时编辑读同一首诗所产生的看法可能与我完全不同，常给我带来更多翻译的可能性，我非常欣赏这样的编辑。和风出版社的编辑都是我的朋友，我

们之间可以非常自由地谈论这些书稿。

摆：这样的关系非常融洽。

顾：我认识的编辑都非常友好，对我也很好。

摆：您待人很真诚，因此大家也都真诚待您。请您谈谈您为中美诗人互译计划撰写的书评。

顾：实际上是《书评》（*A Review of Books*）杂志与我联系，邀请我写的那篇书评。我的第一反应是拒绝，因为我很少批评别人的作品。每个人都有自己独特的创作和阅读方法，文学本身具有开放性和可阐释性的特点，多样性和丰富性才能彰显文学的力量，我并不希望所有的作品都是同一副面孔。

这个译本的问题非常复杂，经过慎重考虑，我觉得自己还是有话要说，希望给予他们有用的反馈。一方面，我认为那本书把译者、诗人和语言专家三者割裂开了，说西川是诗人而不是翻译家，是翻译家但不是语言专家，这样的说法是不对的。我认为翻译家、诗人和语言专家三种身份不是必须要有重合，但可以重合。这是我写书评的主要原因。另一方面，我认真地读了译本，发现有的译作很好，但有的离原文太远。我并不想说译本的好坏，那种非黑即白的标准本身是很有问题的。译文远离原文毫无问题，但是必须能够说清楚自己在做什么，比如把“我喜欢猫”译成“I hate cats”（“我讨厌猫”），可以说这是对原作的阐释，或是模仿，或是创译，总之译者一定要说清楚在做什么，不要让读者产生误解。

摆：您参加了 2018 年 11 月在复旦大学举办的国际创意写作研讨会，主题是“里和外：中心和边缘”。请您进一步谈谈创意写作与诗歌翻译之间的关系。

顾：如果没有学习创意写作，我可能无法胜任现在的翻译工作。创意写作最初是我写作中的障碍，慢慢接受并适应了这种感觉之后，我发现实际上它是一个工具。打工诗歌的风格和语言与我完全不同，翻译这些诗歌时，我用到了很多在创意写作课上学到的知识。我对自己的语言非常敏感，能发现自己在哪些方面对原文进行了大量的改动或者创造，是操控太多还是改写太多，这可以满足我对文学审美的追求，但这种美感与诗人的美感是不同的。因此，我认为这种对语言文字的敏感是一种非常重要的能力，尽管这种能力会让我在作品创

作中感到痛苦。当我再阅读《铁月亮》的译本时，感觉非常陌生，似乎不认识文本中的那些文字了，觉得那完全不是自己的声音。我非常喜欢这种感觉，实现了把原作与我的不同的声音用我的语言表达出来，要做到这一点并非易事。所以，创意写作实际上是教我们：第一，对自己的语言文字保持高度的敏感力。第二，模仿别人的写作手法。还有非常重要的一方面是如何阅读别人的诗歌，这种阅读不是为了欣赏，而是为了重写。我有位好朋友是音乐专家，她告诉我她以前听音乐会很放松，可是自从接受了专业的音乐知识培训后，音乐会对她而言不再是享受，因为头脑中那些关于音乐的专业知识已经开始不断运转，再也不能进行纯粹欣赏。我觉得创意写作课是一样的，它让我们与自己的创作拉开距离。这种距离尽管很痛苦，但非常有用。

摆：您提到在回顾《铁月亮》译本时，觉得不像是自己写的，但很开心。是不是可以理解为您更希望成为中国当代诗人在英语世界的代言人？您是不是觉得英语世界的读者能够通过阅读您的译作来接近中国当代诗人是一件让您很开心的事？

顾：非常对，就是这种感觉，我希望英语世界的读者通过我能与这些诗人接触，这个感觉与我翻译臧棣诗歌时的感觉稍有不同。我认为我的写作手法和翻译风格更接近中国的精英作家，我更了解他们，因此读者通过我（的翻译）与诗人们建立联系时，我没有必要隐身。但是翻译打工诗人的作品，情况不同，他们的生活距离我十分遥远，我希望读者通过我的译本能够更多地了解这个弱势群体的情感和生活状态。当我站在他们面前时，即使必须得存在，也尽量要做到不打扰。

摆：您之前翻译过沈苇的《新疆词典》，您当时是如何想到翻译这部作品的？翻译的是一部分内容，对吗？

顾：对，不是所有的，但我非常希望能够把整本书翻译出来。《天南》杂志的主编欧宁在2012年左右来找我翻译沈苇《新疆词典》中的一部分。我之前去过新疆，一个月的旅行生活使我对新疆有了深刻的印象，我发现作品中描述的每一个细节都很准确，包括食物的味道、多民族的习俗等，我可以借此进入自己想象中的新疆。沈苇的语言非常丰富，作品中涉及种类繁多的食物、植物，

甚至古城的名称，他几乎无所不知。丰富的词汇为我的翻译带来不小的挑战，但不同的古老的因素交融在一起带来的那种维吾尔族的感觉，神秘而壮美，是以往任何作品都做不到的。在我翻译的所有作品中，最让我享受的是《新疆词典》。

这样的翻译项目如果有基金资助就可以做，如果没有，项目所需大量的时间难以得到保证，推进就会变得很困难。

摆：您谈到资金资助，让我想到了美国的文学代理人，您对此了解多少？

顾：这方面我不了解，但我知道只有最著名的大诗人才有文学代理人，比如我的老师 Robert Pinsky 就有一位代理人，诺贝尔奖获得者 Derek Walcott 也有代理人。普通的诗人基本都没有，除非他们有强大的经济基础或来源。

摆：您通过什么途径实现与出版机构、作者之间的认识和沟通？

顾：有的是直接联系，有的是朋友介绍，有的是通过电子邮件等方式主动与他们联系。实际上，对中国诗歌感兴趣的机构比如出版社等可以说是一个圈子，圈内的人基本上都互相认识。

摆：请您谈谈您最近从事的摄影展一类的翻译工作。

顾：这是出版社邀请我做的项目，我很喜欢。除了诗歌之外，我还翻译过学术文章、电影字幕或艺术展览中的文字。有一位新疆的独立电影人叫睢安奇，是《诗人出差了》的导演。我经常与他合作，翻译电影字幕。影片以维吾尔族的传统音乐作为背景音乐，许多场景都选择在新疆拍摄，拍摄风格鲜明。

如果只做诗歌翻译，我的语言会变得单调贫乏，因此，我会借尝试不同文类的翻译工作掌握更多的工具，通过丰富自己的语言提升诗歌翻译的质量。

摆：您翻译了《飞天棺材》《自我纸盒藏尸的日子》等大量的洛枫作品，请您谈谈洛枫的诗歌风格。

顾：洛枫与我们已经谈到的那些诗人有很大不同。她纯粹地从女权主义或者女性主义的角度来创作，当然并非所有的诗歌都与这个话题相关。我认为她主要是书写爱情和城市，如果没有这两个话题，她可能不会从事诗歌创作。这里的城市包括美容、交通工具、高楼大厦等，是很丰富的话题。她的写法接近后现实主义，很少关注自然，这和臧棣相反，但是，她的作品是严肃的。我写过一篇关于洛枫及其创作的文章，谈到她以美容或失败的爱情等这些看似肤浅

的话题或不重要的内容为出发点，探讨非常重要的意涵。

比如一个女人如何面对他人、社会和哲学，这种创作方法让我觉得很新鲜。《我在美白的日子》是一首以美白为主题的诗歌，但却让我从这个话题联想到社会的其他方面：她是一位中国香港作家，中国人素有黄皮肤之称，可是遍布大街小巷的化妆品广告都以白人为主角、以女人变白更好看为导向，这一话题有着很长的历史，东方与西方在此问题上却达成了默契。洛枫通过一些看似平常的视角切入严肃问题的能力，我非常欣赏。

摆：这让我想到了美国“黑人之死”引发的反种族主义浪潮之下，谷歌宣布把 blacklist（黑名单）改为 blocklist（禁用名单）；以黑人为品牌形象的品牌，比如“黑人牙膏”，及强生、联合利华等公司旗下的美白产品均面临即将或已经下架的境地，欧莱雅决定不再使用 whitening（美白）和 fair（白皙）这样的宣传词，强生公司还宣布会生产匹配多种肤色的创可贴以供不同肤色的消费者使用。洛枫看似在谈论日常生活中习焉不察的社会现象，实则值得我们深思。

顾：没错。她同时也是一位学者，在美国加利福尼亚大学洛杉矶分校读博，所以，她是从异托邦的视角来探讨这些问题。但是，她的诗歌还是诗歌，非常纯粹。

摆：Eleanor，再次感谢您接受我的采访！

（访谈时间为 2020 年 7 月，访谈内容系根据录音整理，经顾爱玲审阅，特表示感谢；感谢美国韦尔斯利学院宋明炜教授促成此次翻译家访谈；感谢诗人臧棣对部分观点的斧正）

3. 翻译家费正华访谈录

费正华，美国诗人、中国文学翻译家。耶鲁大学东亚语言文学系博士。

（1）翻译诗集：中国香港作家西西《不是文字》（*Not Written Words*）（2016），中国台湾杨佳娴《信物》（*Keepsake*）（2019）。

（2）翻译小说：陈佳同儿童小说《白狐迪拉》（*White Fox*）（2019）。

（3）翻译作品：翻译西西、吴美筠、黄怡、陈丽娟、邓小桦、朱朱、戴潍娜、陆忆敏、米家路、轩辕轼轲等诗人诗歌，中国台湾阮庆岳、中国香港也斯等作家的作品，在《茶》（*Cha*：*An Asian Literary Journal*），《今日中国文学》，《路灯》，*FIELD*，*Epiphany*，*Tinfish*，《当代台湾文学英译》（*The Taipei Chinese PEN*），*Chinese Writers on Writing*，《华语电影杂志》（*Journal of Chinese Cinemas*，and *Creating Across Cultures*：*Women in the Arts from China*，*Hong Kong*，*Macau and Taiwan*）等多种刊物上发表译作。

（4）即将出版 / 公演：陈佳同儿童小说《白狐迪拉（轮生项圈）》（*Dilah and the Wheel of Reincarnation*）（2021），黄怡改编的粤语歌剧《两个女子》（*Women Like Us*）（2021）。

（5）正在翻译：西西长篇小说《哀悼乳房》（*Mourning a Breast*），《史铁生作品选》（*Selected Works of Shi Tiesheng*）。

（6）获奖：《不是文字》（*Not Written Words*）荣获 2017 年卢西恩 · 斯泰克（Lucien Stryk）亚洲翻译奖、2017 年香港出版双年奖（Hong Kong Publishing Biennial Award）——文学及小说类出版奖，入围 2017 年美国国家翻译奖——诗歌组长名单，入选《今日世界文学》杂志评选的 2016 年全球出版界 75 部最优秀的翻译作品（named one of the 75 notable translations of 2016 by *World Literature Today*）。获得美国亨利 · 鲁斯基金会翻译奖学金（中国香港作家邓小桦）（2016）；《哀悼乳房》（*Mourning a Breast*）荣获 2019 年度美国国家艺术基金会颁发的年度文学翻译奖学金（National Endowment for the Arts Literature Translation Fellowship）。

摆：Jennifer 您好，非常感谢您接受采访。近年来，您翻译了许多当代中国著名作家、诗人的作品，并荣获了影响力广泛的翻译奖，为传达积极的中华文化内涵、提升中国文学的海外关注度、推动中国当代文学在英语世界的传播发挥了重要作用。您曾经谈到第一次翻译的中国当代诗歌，是上海诗人陆忆敏的作品。您可以谈谈您是如何与中国文学相识、相知的吗？中国当代小说和诗歌最吸引您的是什么？

费：我第一次阅读中国文学作品是在高中时期。一次偶然的机会，在学校图书馆读到王红公（Kenneth Rexroth）和大卫·扬（David Young）的中国诗歌译本，就从内心深处爱上了中国古诗，并决定在大学期间学习中文。

在欧柏林学院（Oberlin College）读大学期间，我主修创意写作和东亚研究两个专业，并在后者的专修课程中选择了几门中国文学课程。我至今仍清晰地记得第一门中国文学课程是“中国传统文学中的女性”（Women in Traditional Chinese Literature），我在这门课上阅读了女词人李清照的作品及《红楼梦》《金瓶梅》等男作家写女性的作品，激发了我对女性作家作品的阅读兴趣，启发了我在以后文学创作中的性别意识。在 20 世纪中国小说和电影课程上，我认识了鲁迅、张爱玲、丁玲等作家。之后的《红楼梦》专题课程，为我撰写以《金瓶梅》和《红楼梦》中的才女和不孕为主题的优秀毕业论文打下了良好的基础。此外，在修 20 世纪中国女性研究这门课程的同时，我阅读了大量中国女性作家作品的译本，并对中国现代诗歌翻译展开了独立研究。

创意写作专业在我完成的一个独立文学翻译项目中发挥了重要作用。我对当代女性诗人的诗歌翻译工作很感兴趣，因为我认为当代诗歌受到的关注远不及当代小说，女性作家受到的关注也不及男性作家。我认识了网络诗刊《橄榄树》的编辑，他建议我翻译陆忆敏的诗歌。我喜欢陆忆敏的诗歌语言，她以黑暗为主题反复书写，被称为“死亡诗人”，但她的诗歌的基调并非一定是黑色的，诗歌中的死亡也并不可怕。我依然记得陆忆敏在诗歌《西尔维娅·普拉斯》（*Sylvia Plath*）中对美国天才诗人西尔维娅·普拉斯的描写与其他诗人为纪念普拉斯所写的诗歌非常不同，陆忆敏诗歌中的普拉斯是微笑的、满足的。最初翻译她的几首诗是受到一个翻译项目的邀请，这也成为了我最早发表的翻译作品。为了

研究陆忆敏，我来到上海读书，遗憾的是她那时已不再写诗，也不想见我。翻译陆忆敏诗歌对我产生了很大影响，对当代中国女性诗人浓厚的兴趣是我选择去耶鲁大学东亚语言文学系攻读博士学位的原动力。

摆：欧柏林学院创意写作专业中的文学翻译课程对您从事中国当代文学翻译工作产生了深远的影响，请您谈谈诗歌、小说译介与创意写作的关系。

费：文学翻译是创意写作的表现形式。我在欧柏林学院的第一堂创意写作课内容是《诗人译诗》（*The Poet as Translator*），其间认识了许多从事翻译工作的诗人，阅读并分析诗人创作的诗歌和翻译的作品，对诗人创作中受到译诗的影响（discussing the influences that their translations had on their own poems）展开讨论。那时我 17 岁，已经发现文学翻译与创意写作的关系密切。

翻译工作中选择哪种方式把原作内容呈现给读者取决于译者，也就是说，译本中的语言应尽量贴近自己创作时使用的语言，包括声音、语调、风格、措词、文字游戏等。翻译过程中，唯一不用考虑的是原作，因为它就在那里，比如翻译一本小说，译者不用考虑塑造人物、设置情节，但创作则不同。目前，我正在修改去年创作的一部小说，除了词的选择，我还必须考虑人物和情节。

翻译能够激发我的创作灵感，唤醒鲜活的个人经验；作家身份帮助我提升翻译质量，成为优秀的翻译家，二者是互惠关系。创作可以实现我在翻译中想做又不能做的一些事，因为那样会改变原文的内容，比如，翻译西西诗歌《可不可以说》时，中文用了大量与量词相关的文字游戏，我使用英文中与名词相关的量词创作了一首诗歌作为对西西诗歌的回应。

摆：您认为小说翻译和诗歌翻译最大的区别是什么？您对中国当代诗歌、小说的译本选材标准分别是什么？您喜欢与什么类型的中国诗人、作家合作？如何与诗人、作家就诗作中遇到的问题进行沟通？

费：诗歌翻译重点要考虑声音、节奏、韵律和断行。小说翻译最大的挑战是断句，中文的语句比英文长很多，要把长句切成短句，并不容易；另一个难点是处理对话中人物的语气；当然，小说的篇幅长很多。除此之外，要考虑的就是作家的创作风格各不相同，比如，我翻译过西西的小说和诗歌，尽管文类不同，但西西的创作风格决定了她的作品还是有相似之处的。

我对翻译的作品没有统一的选材标准。获得资金支持的项目，我就会选择翻译自己喜爱的作品，最好是与我的创作风格接近，又能使英语世界的读者从中获益的作品。我对翻译边缘文学作品有浓厚的兴趣，这也是我最喜欢翻译中国当代诗歌、女性文学作品及近来翻译香港作家作品的原因之一。我一直在翻译史铁生的作品，不仅因为他的作品文学地位很高，也因为他是极少数的中国残疾人小说作家之一。我很少翻译经典作家作品，比如鲁迅、莫言等的作品，因为他们的作品已经得到了太多的关注。

有时我也会应出版商、文学代理机构或作者本人之邀，翻译一些其他风格的作品。因为翻译能力已经得到了充分的证明和认可，最近我对要翻译的作品变得更加挑剔了。

翻译中遇到问题时，我并不总是直接与作家联系，比如史铁生已不在世，我无法与他联系；与陈佳同通过微信沟通；西西不使用电子邮件，遇到问题我会把邮件发给她的好友、作家兼评论家何福仁，他把问题打印出来给西西，西西把答案写下来或口述由何福仁执笔记录下来，再发给我。我经常去香港旅行，也有很多机会与西西见面讨论；最近我在翻译香港年轻作家黄怡的小说，我们通过电子邮件或 Facebook Messenger 保持联系，她回复很快。我和黄怡有许多共同的兴趣，比如我们都非常喜爱西西的作品。我翻译了黄怡为香港艺术节创作的一部歌剧，剧本改编自西西的两部短篇小说，由于新冠疫情推后到 2021 年公演。

摆：您在翻译中，遇到过哪些印象深刻的事件或文本之外的难题，比如，会受到赞助人的影响和限制吗？是如何解决的？

费：每个翻译项目都会有不同的挑战。西西喜欢玩文字游戏，这在中文中古已有之，而在英文中对这些文字游戏进行再创作，则需要文学功底和令人寻味的立意。目前，我已经找到了很好的办法处理西西诗歌中的文字游戏，还写了一篇文章专门讨论这个问题。西西的小说中也有很多文字游戏，这是对译者创作能力的挑战，迫使我不断探索英语的可能性，使我更具创作力，这已成为我翻译工作中的乐事。此外，我在西西诗选的尾注中列举并解释了多个中国和中国香港特有的文化现象。脚注会分散读者的注意力，我几乎不用，但尾注不同，

能帮助感兴趣的读者更好地理解文本，当然，我更希望读者在阅读我的译本时不用借助任何补充信息。在期刊或选集中发表文章，我可能不会使用任何注释，但如果有机会撰写简短的引言，我会借此谈谈翻译中遇到的具体文化差异现象，以利于读者理解文本。

最近我遇到的问题是如何翻译黄怡作品中的繁体字“妳”。这是一个女同性恋的故事，认识繁体字的读者清楚这里的“妳”是女性，但英语中没有表示女性性别的第二人称代词，为便于读者理解，在叙述者讨论“妳”与“妳”的妈妈之间的关系时，我增加了“dutiful daughter”明示此处的“妳”的性别。此外，粤语是黄怡作品非常重要的特点，将粤语翻译成英文也是一个难点，为帮助英文读者判断某个词是从普通话翻译而来还是从粤语翻译而来，我的处理方法通常是采用粤语罗马化的方案，比如把“茶餐厅”译成 “cha chaan teng”以保留粤语的风格。如果粤语的功能是为了使人物间的对话通俗易懂，那么我就会采用功能对等的方法，通过再创作让译文也通俗易懂。史铁生的作品中有很多陕西北部的方言，我采用同样的方法处理。

歌剧是表现型文本，黄怡的歌剧将以粤语发音配英文字幕的形式公演，其中有几处涉及中国传统婚礼的习俗，但由于每行字幕限 66 个字符，因此无处添加注释。希望观众们能够通过没有注释的字幕理解这些传统习俗。

翻译陈佳同的文学作品要时刻考虑到读者群是儿童。引进版权的英国鸡舍出版社（Chicken House Books）编辑告诉我“清晰”是儿童写作最重要的品质之一，为便于儿童读者阅读，在编辑译本时有时需要省略文本，有时则需要添加信息。陈佳同和他的代理人与出版社一致认为，让英语世界的青少年读者们读到一本很棒的英文译本是最重要的，所以他们允许编辑和我根据需要做出改写，以满足青少年英文读者的阅读需求。

摆：您如何处理独具中华文化特色的诗句？会一味忠实于中文诗歌的形式而忽略审美吗？形式和审美，您更注重哪个维度？常用到的翻译策略和翻译技巧有哪些？

费：我没有找到能够在诗歌翻译中一劳永逸的解决办法，在翻译每首诗歌之前，我会首先找出文本中最重要的方面并优先处理，有时是形式，有时是审美，

有时二者兼有。如果遇到独具中华文化特色的诗句，我会在引言、尾注中添加解释性的信息，或者完全不解释，具体形式会根据诗歌以何种形式出版或发表决定（比如诗集可以加引言，刊物不可以）。此外，如果读者对中华文化比较了解则无须添加，也会根据此处文化的难以理解程度或完全理解这种文化对欣赏作品的裨益程度判断如何处理。

摆：您在选择翻译一部中国诗选或小说前，首先会考虑是否适合出版、会有多少读者吗?

费：如果我能够决定是否翻译某个文本（不同于受雇于一份工作），一定会考虑英语读者的阅读审美及对文本的接受情况。我不会关心有多少人会阅读译本，就像我谈到我对经典作家作品不感兴趣一样，但我会考虑文本是否符合读者的阅读习惯，以及它能为英语语言带来哪些新生事物。我在努力通过翻译扩大精品的边界。

摆：您在翻译每本诗集或小说之前，都已联系好出版社了吗?通过何种途径与出版社建立并保持良好的伙伴关系?

费：并非每次都在开始翻译作品之前就联系好了出版社，通常情况是已经开始翻译了，再联系出版社，因具体翻译项目而异。比如出版社主动联系我翻译《史铁生作品选》；陈佳同的代理人代替陈与我签署作品的翻译合同，之后，出版社对翻译的样章十分满意，又与我签署了出版合同。

出版西西作品的出版社是在翻译工作开始之后联系的。和风出版社的编辑最初请我翻译另一位诗人的诗集，那时我刚刚开始翻译西西的诗，于是说服编辑出版《不是文字》。目前我正在翻译西西的小说《哀悼乳房》，也还没有确定出版社，但这本书得到了美国国家艺术基金会的翻译奖金资助，所以我不着急，我想出版商在决定出版这本书之前需要确认它的特别之处和价值所在。我认为英国读者会喜欢这本书，但原因并非人们想的那样。《哀悼乳房》取材于西西真实的乳腺癌经历，又远不止于此，这本书承载了大量的信息，包括电影、中国古典文学和世界文学，香港的医疗体系以及中国人对待癌症和疾病的态度。我正在翻译的这一章对比了法国小说《包法利夫人》的多个译本，已经完成的一章中讨论了 18 世纪法国公爵对怪物的分类。我相信，西西之旅会给读者带来

意想不到的阅读体验，他们会喜欢的。这本书非常重要的另一个原因是，它是第一本讨论女性患癌症经历的中文文学作品。

小型翻译项目完成后，我通常会向刊物投稿，被拒后换个刊物再投。我也受雇从事一些其他工作，香港艺术节聘用我翻译西西的歌剧《两个女子》，香港何鸿毅家族基金聘用我翻译香港诗人陈丽娟参加爱荷华大学国际“写作计划”时创作的诗歌。

与出版社保持良好合作关系的秘诀是给出版社提供好的译本，好的译本会为自己代言。一旦得到出版社的认可和信任，就有机会定期参加文学和翻译方面的会议。此外，发表短篇小说和在刊物上发表诗歌尤其是向英语读者介绍一位作家的新作品，也能够提高知名度。

摆：中国当代诗歌和小说在美国的受众群体是哪些，或者说，美国读者更关注中国诗歌、小说中的哪些元素？据您了解，有中国当代诗歌、小说被编入美国的高中、大学教材或成为课堂教学内容吗？请您谈谈中国当代诗歌、小说在世界文学中的地位。

费：翻译文学在英语世界的读者很少。我认为经常阅读翻译文学的读者可能更关注欧洲文学和拉丁美洲文学。走进美国的书店，比起译自中文的翻译文学作品，更容易找到哈金、裘小龙、李翊云等华人作家用英文创作的作品。莫言荣获了诺贝尔文学奖，他的作品已经被英语读者广泛阅读。余华、阎连科等当代中国男性作家以中国农村为背景的作品也得到了更多关注。女性作家的都市小说创作受到的关注最少。太多的西方读者在阅读中国文学作品时还抱着寻找具有中国特质的异域情调的猎奇心态。

当代诗歌中，北岛的作品可能是被阅读得最多的，接下来是西川、多多和杨炼。但美国阅读诗歌的人极少，在这一群体中，阅读英译中国诗歌的人更少；在得到翻译的小说和诗歌中，与女性作家作品的数量相比，男性作家作品的数量更胜一筹，这也是我致力于翻译女性作家作品的原因之一。

我不清楚美国的高中阶段是否开设外译的中国文学作品课，我知道大学是有的，但通常是在中国文学课程而非普通文学课程中开设，偶尔在世界文学课程或东亚文学课上可能会涉及一点。我曾在爱荷华大学任教，讲授了很

多现当代中国文学翻译课程，但我可能是同一时期整所大学中唯一教授这些课程的老师。

摆：您有文学代理人长期合作伙伴吗？如果有，您是如何与文学代理人进行合作的？请您谈谈文学代理人对推动中国文学在海外出版的积极作用。

费：目前我没有文学代理人，大多数的译者都没有。我和一些作家的代理人建立了合作关系，比如陈佳同。坦率地讲，我不确定文学代理人在中国文学的海外出版中是否会产生非常重要的作用。译者常常身兼代理人和作品推广人的角色，当然，这些都是无偿的。我能想到的一个特例是葛浩文有代理人。

摆：请您谈谈您对中国当代文学海外翻译传播的看法。您认为中国政府对中国当代文学海外译介传播的资助效果如何？有哪些建议？

费：我不熟悉中国政府为支持中国当代文学海外译介传播所做的工作，我也没有得到相关项目的资助，我想这说明人们还不了解他们为此付出的努力。

摆：西西是香港文学界举足轻重的诗人、作家。您翻译的西西诗集《不是文字》由美国和风出版社和 MCCM Creations 联合出版，并荣获多项大奖。请您谈谈，您是如何开始翻译西西诗歌的？西西诗歌最吸引您的是什么？

费：当我还是耶鲁大学的研究生时，经别人介绍开始翻译西西的小说。后来，我发现她也写诗，在香港的一家书店偶然发现《西西诗集》，从此对她的诗歌十分喜爱。开始时是为了寻找翻译的乐趣，后来逐渐被她的语言游戏和幽默所吸引，作为一个有创意写作背景的译者，我喜欢翻译西西的诗歌，它能帮助我更好地实现英文创作。和风出版社的编辑决定出版《不是文字》之后，我又翻译了几篇西西的短篇小说，目前正在翻译她的半自传体小说《哀悼乳房》。

摆：西西荣获 2018 年纽曼文学奖（诗歌奖）。您是 2013 年中国香港纽曼文学奖评审专家，您可以介绍一下纽曼文学奖的评审标准等情况吗？

费：2013 年，作为纽曼文学奖（诗歌奖）的评委，我提名中国台湾诗人夏宇，最后是台湾诗人杨牧摘得桂冠。2019 年，何丽明提名西西，西西荣获此奖。这个奖项本身没有标准，我的意思是，文学奖本质上是主观的。评委们每人提名一位作家和一本代表作，然后整个委员会阅读所有推荐书籍，每轮评委投票会中会有一位诗人出局，最终的获奖者是在一次电话交谈中确定的。每位评委都

有不同的文学品位，并优先考虑作品的文学品质。

摆：您曾谈到在儿童小说《白狐迪拉》的出版过程中，您从英国鸡舍出版社的编辑兼作家那里学到了许多知识。能否具体谈谈？

费：我以前从未翻译过儿童文学，也很久都没有读过儿童文学作品，因此，能与这样一支才华横溢的团队合作，我感到十分幸运。我的出版商 Barry Cunningham 出版了“哈利·波特”系列的第一本作品，并与作家 J. K. 罗琳（J. K. Rowling）签约；我的编辑本人是儿童作家兼编辑。他告诉我儿童文学作品最重要的品质之一就是清晰，此外，孩子们好动，容易分心，所以重要的是保持他们的注意力。我和编辑合作使译本更加简洁，删除了编辑认为可能会减缓叙述速度的部分；她还建议增加故事中女性人物的比例，因为出版社有很大一部分读者是女性，所以我们把其中一个角色的性别从男性改成了女性。陈佳同支持所做的这些改编。

摆：Jennifer，再次感谢您接受我的采访！

（访谈时间为 2020 年 4 月，访谈内容经费正华审阅，特表示感谢；同时感谢凌静怡促成此次翻译家访谈）

4. 翻译家徐贞敏访谈录

徐贞敏，美国诗人、翻译家、中国社会科学院文学所访问学者（2008—2010年）。与张清华教授共同组织北京师范大学国际写作中心“中外诗歌互译工作坊”（2016—2018年），自2008年开始参加中国、美国、印度、孟加拉国、哥伦比亚、越南等国家的国际诗歌活动，自2019年开始与南非诗人Zolani Mkiva共同组织一些国际诗歌活动。

（1）翻译诗集：吉狄马加《火焰与词语》（2018）；宋琳《星期天的麻雀》（2019）；收录在岳敏君画册中的欧阳江河的散文诗《笑的口供》（*Confessions of Laughter*）（2012）；李笠的组诗《启蒙的日子》。

翻译完成吉狄马加的长诗《裂开的星球》（2020），待发表。

（2）翻译诗作：在《今日中国文学》，*Left Curve*，*Ambush Review*，*Pathlight*，*Pratik*，*Revolutionary Poets' Brigade Anthology*，*RED INK*，*Poetry Sky* 等刊物和诗选上发表译作（如树才、翟永明、李亚伟、潇潇、陈思安、欧阳江河、李笠、潇潇的作品）和推介当代诗人和艺术家（如欧阳江河、树才、吕约）的文章。

（3）获奖：荣获珠江诗歌节旅华诗歌奖（2013）第一朗读者：最佳诗人奖（2016）；《星期天的麻雀》荣获2020年北加州最佳图书奖诗歌翻译奖（Northern California Book Awards Poetry Translation Award）；*Split-Open Planct by Jidi Majia* 2022年荣获第五届博鳌国际诗歌奖“年度翻译奖”。

摆：Jami您好，首先感谢您接受我的采访。近年来，您翻译了许多著名中国当代诗人的诗作，并荣获了影响力广泛的诗歌奖，为传达积极的中华文化内涵、提升中国当代诗歌的海外关注度、推动当代诗歌在英语世界的传播发挥了重要作用。您可以谈谈您是如何与中国文学相识、相知的吗？中国当代诗歌最吸引您的是什么？

徐：高四，我开始在我老家的一家中国餐厅工作。老板和老板娘，还有厨师和他的夫人都来自中国广东省。我跟他们的关系很近，像家里人一样。他们经常跟我讲一些中国的故事（他们自己的生活、小时候的记忆，等等）。厨师

脾气很坏，经常骂人，但是他很喜欢我，高兴的时候，他会叫我到厨房跟他聊天，他经常给我唱民歌，也会朗诵一些古诗。一开始我听不懂中文，他会让一位台湾省服务员帮他翻译。大二，我自己开始学中文，可以直接用中文同他交流。后来，我在图书馆找到了一本中国当代诗选（英译）。我自己看得懂中文后，就开始读古诗。1994 年我来北京留学，那时我们的教材里就有鲁迅、沈从文、丁玲等作家的作品。朋友也送给我三毛的散文集。我特别喜欢三毛的散文。读硕士的时候，我决定学中国文学。应该说，从 1994 年起我一直在读中国文学，后来也在加利福尼亚大学伯克利分校研究中国文学。我在伯克利读博士的时候，北岛来学校做诗歌朗诵。第一次听他朗诵，我感动得流泪。那时候，我自己也在写诗（从小就爱写作）。大概 2000 年，我拿到研究奖学金，去北京、成都、上海等地，跟一些当代作家见面，也认识了一些当代诗人，比如翟永明、周瓒、小安、唐丹鸿。2008 年我决定搬到北京，就认识了更多的诗人，也跟他们成为好朋友。我从小爱读诗、写诗，喜欢上中国诗歌也是一件很自然的事。

摆：您认为小说翻译和诗歌翻译最大的区别是什么？您对中国当代诗歌的译本选材标准是什么？您喜欢与什么类型的中国诗人合作？如何与诗人就翻译中遇到的问题进行沟通？

徐：我基本上只翻译诗歌，偶尔也翻译一些艺术批评和诗人写的文章。我只翻译过一部中篇小说，不是为了发表，是读硕士时翻译的，是作为一个研究生第一次尝试翻译文学作品。后来我一直没修改译文，也一直没发表，所以不知该如何回答关于翻译小说的问题。我一开始翻译的是翟永明的诗，是我主动询问，经过其同意后开始翻译的。后来我翻译的作品，基本上都是诗人或者艺术家找我翻译的。我不会答应所有的人。我必须欣赏他们的作品，而且他们必须愿意跟我讨论他们的诗。因为时间有限，我拒绝了一些我很想翻译的作品，将来还会再拒绝，因为事太多，除了翻译，我自己也写作，并组织一些国际诗歌活动，偶尔也会教一些诗歌写作课。我翻译诗，喜欢先把初稿译完，再跟诗人交流，问他们诗作的背景或者故事，同时也问他们一些比较细腻的问题（关于词、意象、典故，等等）。在修改初稿的过程中，如果还有问题，我会通过微信、电话或者邮件来问诗人。我非常重视诗人对自己的诗的理解。我希望我

的译作尽可能接近他们对自己的诗的理解。

摆：您在诗歌翻译中，遇到过哪些印象深刻的事件或文本之外的难题，比如，会受到赞助人的影响和限制吗？是如何解决的？

徐：我不会受赞助人的影响，我拒绝给赞助方控制我的翻译的权利。诗歌应该拒绝经济的影响。但我遇到了一些别的问题，比如中国的一些刊物发表别人的译文，却写着我的名字。还有一次，在美国，一位刊物编辑不幸去世，后来他的亲戚替他完成了作品的发表工作，但他最后弄错了，误以为我的诗是李笠写的。我也遇到过一些更麻烦的问题（比如编辑的态度），有的估计要等几年才能讨论。一般遇到问题，我会直接跟编辑说，或者自己想办法解决。有时也不得不放弃一些事，因为一个人必须保护自己的一些观点和做法。

摆：您如何处理独具中华文化特色的诗句？会一味忠实于中文诗歌的形式而忽略审美吗？形式和审美，您更注重哪个维度？常用到的翻译策略和翻译技巧有哪些？

徐：把一首中文诗翻译成英文，最后需要让它在英文里也成为一首诗。每首诗有自己的特点，所以作为译者，需要考虑怎么把诗的特点显示出来。关于中国文化特色，这倒没有统一的答案。有时需要加注，让读者知道某个人或者某个词在中文语境里的意思和重要性。有些有中华文化特色的诗句，直译也能在英文里变成好的诗句。每首诗就像一个孩子，养孩子有一些共同的问题，但是每个孩子的性格不一样，所以在细节上怎么跟孩子交流，就会有所不同。翻译诗也是。

翻译当代诗首先要把初稿译出来，我会译得比较快，有点像在两种语言之间打坐。等我译出了几首诗，会跟诗人讨论。如果能见面，那样最好，可以放松地讨论他们对每首诗的感受，他们会告诉我诗的特殊背景或者故事，他们写一首诗的原因、对一些词的理解，等等。如果不能见面，我一般会通过微信或邮件来讨论（问一些问题）。我尽可能贴近诗人对每首诗的理解。有时需要问一个意象里的动物是单数还是复数，或者问某句话如果在英文需要加主语，诗人希望我加哪个主语。还有一些典故。有的我不一定知道，所以喜欢问。当然也可以查，但自己查就不会知道诗人为什么选用那个典故。直接跟诗人沟通，对一首诗的理解会比较投入。我会反复读译文，看它在英文里的感觉如何，因

为它在英文里也必须是好诗。

摆：您翻译的吉狄马加诗集《火焰与词语》（2018）和梅丹理（Denis Mair）翻译的吉狄马加诗集《黑色狂想曲》（2014）中有部分诗作重合。您在选择吉狄马加诗作时，对诗歌主题有怎样的考量？翻译过程中，是否参照过梅丹理的译本？翻译方法有哪些不同呢？您认为您的译本与梅丹理的译本最大的区别是什么？

徐：当时，吉狄马加跟我说他希望我翻译他的诗。许多诗人的诗有不同的译文，所以我和梅丹理对吉狄马加诗歌的译文有一部分重合，也就不奇怪。他们本来打算在欧洲发表我的译文，后来改成在美国发表，具体原因我也不清楚，最后是由诗集的编辑来决定，因为他不想出太厚的书。有的翻译家喜欢参考别人的译文，我一般不会，因为我想直接跟原文沟通，直接跟诗人交流，我担心读了别人的译文，会跟原文产生一种距离。我从小读书的时候，大脑就好像会复印我读到的东西，所以读完别人的译文，我一定会记得他们的译法，然后我可能会失去自己的语言和表达方式，至少会觉得必须在脑袋里绕开他们用过的词，那样就会影响我跟原文的直接沟通和感受。我只想在原文和白纸之间待着。翻译当代诗人的诗作时，有问题我会直接跟诗人交流。我在翻译吉狄马加的诗的过程中，有幸与作者见面讨论。（当然）也在邮件里讨论。作为译者，我希望能按照诗人对自己的诗的理解来翻译，比如，如果诗里的某个名词（手、老鹰等）是单数的，我不想把它改成复数的，因为会在读者的脑子里产生不同的意象，所以我会问作者该名词是单数还是复数。梅丹理是我的老朋友，我很尊重他对中国文学翻译的贡献，在翻译的过程中，我也多次跟他讨论他对彝族文化的理解，还有他对吉狄马加的整体作品的想法。交稿之前，我也读了他的译文。如果学者或者读者要分析我跟梅丹理翻译方式和译本的区别，我想他们可以自己去比较。

摆：请您谈谈诗人吉狄马加和诗集《火焰与词语》。

徐：吉狄马加的诗，让我想起我老家。虽然我老家是沙漠，但那种开阔感、原住民的文化、传说和故事，在我老家也存在。作为彝族诗人、中国诗人和世界诗人，吉狄马加在他的诗歌中融合了许多不同的元素：古诗和当代诗、世界历史、中国文化、彝族传说、史诗、风俗还有个人经验。他对人类的关心，对

家人的深爱，都呈现在他的诗里。他一直坚持他的彝族身份，同时反复让读者感觉到人类面对的问题和困境。大自然和每个民族的文化都会滋养我们的灵魂，还有我们的身体。在吉狄马加的诗里，我们感到宇宙的光与暗、爱与恨、破坏性与创造性。在最深的痛苦中，人也还会感到希望。作为彝族诗人，他影响了许多国内外的原住民诗人。

吉狄马加问我愿不愿意翻译《火焰与词语》时，我特别感动。他是我的老朋友，也是我很欣赏的诗人。他的一些作品会让我想起几位美国的原住民诗人和小说家，大学毕业后，我最喜欢他们的作品。在翻译的过程中，我有幸多次去往凉山，去了解吉狄马加的故乡，享受彝人的热情和凉山的开阔。在北京的时候，我也有幸认识了吉狄马加的母亲。这本诗集便是献给她的。我在美国参加诗歌朗诵活动，有时也会朗诵吉狄马加的诗，有的听众是第一次听说彝族，大家对他的诗的反应都挺好。诗歌是一座文化的桥梁。

摆：请您谈谈诗人宋琳和其诗集《星期天的麻雀》。

徐：我在《星期天的麻雀》译本的序言中写道："宋琳是诗人、艺术家、漫游者、哲学家和讲故事的人。"这些元素都交织在他的写作和日常生活中。他曾经告诉我："我有时候觉得自己是古人，那么多古人住在我身体里，通过他们的眼睛看世界万物，我看到这么多东西正在消失，我却没有消失，我还存在。"古代、当代、中国和外国的诗歌、哲学、历史、传说、日常生活和意象，在他的诗歌里互相交叉、碰撞。他会注意到某个地方隐藏的历史，也会注意到皇帝和最普通的老百姓的故事。他经常以一种温柔的表达方式说出一些大胆的话，让人重新思考生活、历史，还有内心的痛楚。

宋琳知道西风 / 和风出版社希望出版他的双语诗集后，他就问我愿不愿意翻译。那时，我们已经是好朋友，我又喜欢他的诗，所以毫不犹豫地答应了。那会儿，我们都住在北京，经常在一起讨论他的诗，有时会花一个下午讨论一首诗的各种元素（灵感来源、本事、特殊用语，等等）。我觉得那样翻译诗是最过瘾的，好像不是在干活，而是在跟朋友聊天，聊诗。西风的编辑也特别好，很随和，所以整个过程都比较愉快。由于新冠疫情，买诗集的人还没有收到，但有的人已经在网上读了，反应挺好。我希望将来有机会再翻译宋琳的作品。

摆：您认为诗歌翻译中最难的部分是什么？您如何评价诗歌承载的社会功能及其现实价值？

徐：每个社会都不可缺少滋养灵魂的东西，比如艺术、诗歌、舞蹈。另外，语言也在诗歌里不停地改变，因为诗歌是一个非常灵活的空间。语言需要这种实验性的空间，因为人在内心反复创造自己，反复创造世界。没有语言就没有社会。现在有一些人太看重钱，认为不赚钱的行业与活动就对社会没有价值。这些人误会了“价值”这个词的含义。

摆：您在选择翻译一部中国诗选前，首先会考虑是不是适合出版、会有多少读者吗？

徐：不会。我挺幸运，让我翻译作品的诗人都是比较优秀的，他们的作品都是能够发表的。而且我个人重视的是诗歌本身、诗人之间的交流、诗人和读者之间的交流。在美国朗诵诗时，我一般也会朗诵一些我翻译的中国诗人的作品，把他们介绍给美国听众。同时，从诗人的身份出发，我觉得翻译让一些作品在另一种语境里拥有生命。译诗能够在目的语中产生一些新的可能性。许多人批评庞德的中国古诗的译文，有的批评是客观的，但从另一个方面来看，他的译文在英文诗歌里创造了各种新的可能性。

摆：您在翻译每本诗集之前，都已联系好出版社了吗？您通过何种途径与出版社建立并保持良好的伙伴关系？

徐：没有。我可能比较像一个纯粹的艺术家，不太喜欢一些现实的细节，不过我挺幸运，到目前为止，出版社都是诗人联系好的或者出版社联系我。将来，也许会需要自己找。如果需要自己找，我会询问一些诗友的建议，然后再跟出版社沟通。

摆：中国当代诗歌在美国的受众群体是哪些，或者说，美国读者更关注中国诗歌中的哪些元素？据您了解，有中国当代诗歌被编入美国的高中或大学教材或成为课堂教学内容吗？

徐：美国读诗的人比中国读诗的人少，所以我也不太清楚都有哪些人在读中国当代诗歌。但我认识的美国诗人，包括一些非常有影响的诗人，希望多了解中国当代诗歌，也期待多读到中国诗人的作品。最近，一些美国诗人在网上

推荐了我翻译的《星期天的麻雀》，我也听好几位诗友说他们已经购买。网上看到的，像西川、北岛等诗人的英文诗集，都卖得不错。我认识的美国读者希望读到各种诗歌，多了解当下的各种写作。直到现在，中国古诗在美国还是非常受欢迎。

我不太了解美国大学和高中的教材。我儿子在高中读到几本中国当代小说的英译，但好像没读到当代诗歌。美国高中的语文课本来就缺少诗歌，包括我儿子在学的美国文学课，本来也没有诗歌，后来我给他们的校长写信，要求他们把诗歌加到课程的内容里。美国大学，一般来说，学习中文的人会读中国当代诗歌，但是其余的学生不一定，除非他们对诗歌感兴趣。不过，像我刚才说的，美国诗人对中国当代诗歌很感兴趣。他们尤其希望读到更多的中国女诗人和少数民族诗人的作品。

摆：美国有诗歌代理人吗？如果没有，您认为是什么原因？如果有，能介绍一下美国诗歌代理行业的情况及形成现状的原因吗？

徐：美国有文学代理人，有的诗人会有代理人，但大部分我认识的美国诗人没有。一般来说，翻译诗集不一定需要代理人帮忙找出版社。不过，一部分诗人认为他们需要代理人帮他们联系出版社，邀请他们参加活动。我自己认为，诗人不一定需要代理人。如果一个人特别需要，选代理人的时候，要很小心，因为有的代理人会引起一些不好的影响。比如，我曾经邀请一位美国诗人参加一场中国诗歌活动。那位诗人的代理人回信时，提了好多不合理的要求，让我对那位诗人很失望。那位诗人是我的好朋友的朋友，他们也不相信那位代理人会提那种要求，估计那位诗人自己都不知道。

摆：请您谈谈中国当代诗歌在世界诗歌中的地位？

徐：中国当代诗歌很丰富，有一些很有意思的实验性诗歌，也有各种风格和题材的诗歌。中国当代诗人和其他国家的诗人情况一样，水平参差不齐，有的出了名，但诗不一定写得好。

20 年前，因为中国跟世界上的其他国家缺少文化交流，那时，其他国家的读者很难了解中国当代文学。随着中国改革开放，外国读者对中国当代诗歌的了解也慢慢扩展。我认为中国诗人越是跟其他国家的诗人展开交流，中国诗歌

就越能在世界上有更高的地位。诗歌需要那种不受限制的空间,需要交流的空间。

摆: 请您谈谈您对中国当代文学海外翻译传播的看法?您认为中国政府对中国当代文学海外译介传播的资助,效果如何?有何建议?

徐: 这十年,中国当代文学海外翻译传播比过去有明显的进步和发展。2004 年,我认识的美国诗人和诗歌爱好者,基本上还不了解中国当代诗歌。许多人没听说过任何中国当代诗人,有的只听说过北岛。后来,随着大量的翻译和投资,中国当代诗歌在美国逐渐为人所知。据我所知,中国当代文学在欧洲和南美洲的情况也差不多。也许,欧洲对中国当代诗歌有更早、更多的了解,因为像顾彬那样的翻译家一直在推介中国当代诗歌,但是我不太确定,我只能说美国。我觉得这种政府投资非常重要,因为一般出版社如果不需要自己出钱,就乐意发表中国诗人的作品。美国诗歌出版本来就不怎么挣钱,所以有基金支持出版,这是一件好事。我建议这些基金会、投资方支持更多的优秀女作家和少数民族作家在国外发表他们的作品。中国作家代表团到国外,女性比男性少得多。在国外的诗歌活动,男女都是平等的,人数会一样多。我也建议更多的单位组织翻译活动。因为参加这些活动的外国诗人,会更愿意在他们的国家推介中国诗人的作品。

摆: 请您谈谈北师大国际写作中心“中外诗歌互译工作坊”(2016—2019 年)对中国当代诗歌海外翻译传播的推动作用。

徐: 任何国际诗歌活动都有推动中外诗歌传播的可能性。2016 年,我和张清华共同组织了“中外诗歌互译工作坊”。这个活动包含互译的项目,每次参加的诗人不多,诗人之间的交流相对来说比较深入。有的诗人回到自己的国家后,也会在一些刊物或者诗选里发表一些中国诗人的作品。印度诗人 Biplab Majee 曾经把 20 多位中国诗人的诗作翻译成孟加拉语,在印度发表。孟加拉国诗人 Muhammad Samad 在孟加拉国也发表了一些中国诗人作品的孟加拉语译文。经常有世界各国的诗人让我推荐中国诗人的作品,因此我将中国诗人作品推荐到了哥伦比亚、越南、美国、英国、南非、印度、孟加拉国、乌干达、丹麦等国家。来参加过北师大工作坊的尼泊尔诗人 Yuyutsu Sharma,在文学刊物 *Pratik* 上也发表了一组中国当代诗人的作品的英译版本(中国诗人的作品由我约稿)。美国

原住民诗人也在他主编的刊物 *RED INK* 上发表过吉狄马加诗作的英译版本。

这种活动对中外诗歌交流起到了推动作用，因为诗人有了真正的交流机会。有的活动规模太大，没法提供足够的交流机会。北师大的活动，还有一个优点，是诗人有机会翻译诗。有的活动采用的译文比较差，这样反而会让人产生对中国当代诗歌的误解，差的译文不会让外国诗人重视中国诗歌。

摆：您认为文学的翻译过程需要创作吗？比如，诗歌翻译也是一种诗歌写作吗？

徐：翻译是一种创造。把诗从原文译成第二种语言的同时，也需要在第二种语言里把它写成诗。以前有一些翻译家忽略了这一点，以为把意思译出来就行。翻译不仅仅涉及到每个词的意思，也涉及到诗人自己的表达方式，还有诗的音乐性。中文和英文两种语言的音乐性完全不同，把中文诗翻译成英文时，需要想象每首诗在英文中会有什么样的音乐效果或者什么样的声音。常有人说：诗歌必须由诗人来翻译。我觉得这有道理，或者至少必须是能够找到诗的感觉的人。修改译文的时候，我会反复朗读每首诗，仔细听它在英文里的感觉。因为一首诗被译成另一种语言之后，它就成了那种语言的诗。

摆：您目前正在翻译的、即将发表或即将出版的中国当代文学作品有哪些？

徐：赵野的诗集，潇潇的诗集，树才的诗集，还有吉狄马加的长诗《分裂的地球》。

摆：您有什么要补充的吗？

徐：我也会翻译我自己创作的诗，我会把用英文写的诗翻译成中文，也会把用中文写的诗翻译成英文。

我不太在意自己做过的事，一直忙着带孩子、写诗、翻译诗、安排活动、参加活动，没有准备一个比较完整的简历。

（访谈时间为 2020 年 6 月，访谈内容经徐贞敏审阅，特表示感谢）

5. 翻译家米拉·艾哈迈德访谈录

米拉·艾哈迈德，埃及汉学家、自由文学翻译家，曾参加由中国文化和旅游部主办的中外文学出版翻译研修班（2017 年）、上海青年汉学家研修计划（2018 年）、第五次汉学家文学翻译国际研讨会（2018 年）、21 世纪海上丝绸之路文学发展论坛（2018 年）、第二届广州国际文学周（2019 年），是开罗中国文化中心阿拉伯翻译家与汉学家联谊会成员（2017 年）。

（1）翻译小说（已出版）：鲁迅短篇小说集《狂人日记》《伤逝》，毕飞宇长篇小说《推拿》，魏微短篇小说集《化妆》，劳马短篇小说选《说心里话》（2019），石一枫中篇小说集《世间已无陈金芳》。

（2）翻译文学作品（即将出版）：王蒙长篇小说《这边风景》、杨克诗集《我在一颗石榴里看见了我的祖国》、熊育群诗集《我的一生在我之外》、李昂《杀夫》、冉仲景诗集等。

（3）期刊杂志、主流媒体刊登译作：鲁迅《兄弟》《影的告别》，冰心《三儿》，丁玲《不算情书》，张爱玲《不幸的她》，贾平凹《两代人》，苏童《米》，熊召政《今夜，共和国无眠》，池莉《幸福是什么》，邓一光《狼行成双》，阿城《卧铺》，六六《一袋面》，魏微《化妆》，王小波《描》，安妮宝贝《交换》，张洁《拣麦穗》，李昂等作家作品；雪峰《诗选》，余光中、杨克等诗人诗作，刊登于埃及等多个国家的阿拉伯语杂志和报纸上。

（4）其他：对诗人杨炼的访谈《像鬼魂一样自由》发表于多哈杂志；撰写“接近熊育群”专辑、“魏微是了不起的文学创造”专辑和文学报告“中国作家和诗人的爱好”（对王蒙、魏微、鲁敏、李洱、石一枫、付秀莹、欧阳江河、杨克等 20 位中国当代作家和诗人的采访）刊于《埃及文学报》；报纸《阿拉伯人们》和“Middle East Online”网站分别刊登对阿拉伯语译本《说心里话》的评论。

（3）获奖：《推拿》获第三届“文学新闻报翻译奖”（2017 年）、《世间已无陈金芳》荣获“首届全埃中国当代小说青年翻译大赛一等奖”（2019 年）。

摆：米拉老师，您好，首先感谢您接受我的采访。近年来，您翻译了许多

中国著名作家和诗人的作品，并荣获了影响力广泛的翻译奖，为传达积极的中华文化内涵、提升中国文学的海外关注度、推动中国当代文学在阿拉伯语世界的传播发挥了重要作用。您可以谈谈您是如何与中国文学相识、相知的吗？中国当代文学最吸引您的是什么？

米：我的中国故事很早就开始了。小时候，我就对语言学习很感兴趣。高中毕业以后，我决定去埃及艾因夏姆斯大学语言学院学习外语。考虑了很久之后，我最终决定选择中文专业。到现在我还记得当时有很多朋友并不赞同我的决定，但爸爸和妈妈支持并鼓励我一定要把中文学好。随着汉语学习的逐步深入，我开始迷恋中国文化，决心通过了解中国古老的文化和悠久的历史更好地认识这个伟大的国家。中国文学是中国文化的重要组成部分，我在大学二年级时认识到这一点，于是开始了文学翻译工作，至今我仍清晰地记得翻译的第一部短篇小说是《骆驼祥子》。大学毕业后，我也从事过其他工作，但最吸引我的仍然是文学翻译工作。

摆：您认为小说翻译和诗歌翻译最大的区别是什么？您对中国当代小说、散文、诗歌的译本选材标准是什么？您喜欢与什么类型的中国作家合作？如何与作家就翻译文学作品中遇到的问题进行沟通？

米：我认为诗歌翻译更难一些，因为诗歌翻译需要很高的文学天赋。有人说：诗歌只能由诗人翻译。每种文学类型都散发着其独特的美和魅力，但诗歌翻译对译者的要求更高。如果可能，我愿意和所有创作出出色文学作品的作家和诗人联系，翻译他们的作品；在翻译的过程中，如果遇到模糊不清的信息，我会尽量跟他们联系，请他们帮助我更好地理解原文的意思。

摆：您将中国文学作品直接由中文译为阿拉伯语，避免了经英语、法语等语言转译带来的西方话语体系的浸染和过滤，以最直接、最有效的方式将中国文学丰富、独特、异质的书写经验转换为阿拉伯语文学艺术创造，对于中国当代文学在阿拉伯语世界的传播是难能可贵的。翻译过程中，您都遇到过哪些印象深刻的事件或文本之外的难题，比如，会受到赞助人的影响和限制吗？是如何解决的？

米：坦率地说，翻译的每一部作品都会给我留下难忘的回忆。我还记得在

翻译《狂人日记》时，为能够精准传达鲁迅先生的思想和反映他的艺术特色，我用了很长时间研究创作这部作品的时代背景和文化背景。翻译当代著名作家毕飞宇的《推拿》时，为了了解盲人的心理世界，我看了多部阿拉伯语和英语的盲人电影，观察和感知他们如何生活、如何恋爱、如何工作、如何克服残疾带来的诸多不便，以及社会对待盲人的态度。2017 年，《推拿》的阿拉伯语译本荣获第三届“文学新闻报翻译奖”，那一刻，翻译过程中遇到的种种困难和挑战，经历的所有艰辛都内化为喜悦和力量。在翻译王蒙先生的《这边风景》时，面临文化背景的差异，同样需要付出巨大的努力，但是最难翻译的是李昂的《杀夫》，残酷的故事揭示出人性的黑暗。开心的是，每当完成一部作品，成就感会使我忘记所有的疲劳。

摆：您如何处理独具中华文化特色的文本？常用到的翻译策略和翻译技巧有哪些？

米：通常在翻译之前，我会阅读许多类似主题的作品才动笔，这是很有必要的。翻译没有特定的技巧，采用何种技巧或方法取决于不同译者的不同翻译水平和文采，译者的才华和译作的质量成正比。我认为译者应当秉承忠实的原则，尽量体现原作的风格和写作手法，同时尝试融入自身的翻译表现风格和文学品位，这对译者的翻译水平要求很高。

摆：中国当代小说、散文和诗歌中，您更偏爱翻译哪种文体？为什么？

米：这是一个相对的问题。从一本小说到另一本小说也不同，但通常最难的部分是小说达到高潮时，事件升级，小说人物之间发生冲突等，主要取决于作品对人民生产生活产生的价值、对人类社会产生的影响以及小说所强调的价值观和原则进行评估。

摆：您在选择翻译一部中国文学作品前，首先考虑的问题是什么？会考虑是否适合出版、会有多少读者吗？

米：首先考虑的是作家在中国文学中的地位、作品价值、主题，阿拉伯语世界读者对此主题的兴趣以及是否适合阿拉伯文化。当然，还包括它是否会被出版社接受。这些都是我会考虑的因素。

摆：您在翻译文学作品之前，都已联系好出版社了吗？您通过何种途径与

出版社、报纸杂志建立并保持良好的伙伴关系?

米: 有时候我需要跟阿拉伯语世界的出版社联系。译者提供的译本质量越高，他的影响力就越大，他与出版社和新闻界之间建立的信任就越多，出版社和新闻界就会主动寻求与其长期合作。译者要付出巨大的努力来建立这种信心。

摆: 中国当代文学在埃及的受众群体是哪些，或者说，阿拉伯语世界读者更关注中国当代文学中的哪些元素？据您了解，有中国当代文学作品被编入阿拉伯语国家的高中或大学教材或成为课堂教学内容吗?

米: 阿拉伯语世界仍处于了解中国文学的早期阶段，只认识中国的少数作家，得益于译者专注于翻译特定作家的作品——我认为在阿拉伯语世界传播中国文学是阿语译者的责任。现在还少有中国当代文学作品被编入阿拉伯语国家的高中或大学教材或成为课堂教学内容，但我希望这一状况尽快得到改善。

摆: 您翻译的诸多短篇小说、散文、诗歌都发表在《埃及文学报》及开罗、多哈等阿拉伯语世界的主流媒体和报纸杂志上，其中《埃及文学报》刊登的作品最多，在阿拉伯语世界推广中国当代文学所取得的成绩令人瞩目。此外，听说您还积极为吉林大学访问《埃及文学报》牵线搭桥。请您介绍一下《埃及文学报》的情况。

米: 埃及有几本与世界文学相关的杂志，其中《文学新闻报》是最古老的文学报刊，对出版翻译文学作品有浓厚的兴趣，近几年对中国文学的关注也与日俱增。我翻译的多部作品在《文学新闻报》上刊出，主题丰富、选材多样，并不限于某位作家的作品。我们已多次合作，旨在发掘中国文学世界中最优秀的作品。

摆: 您翻译的《推拿》获第三届“文学新闻报翻译奖”（2017 年）、《世间已无陈金芳》荣获“首届全埃中国当代小说青年翻译大赛一等奖”（2019 年），请您谈谈，是什么样的机缘使您决定翻译这两部作品的？翻译过程中遇到过哪些困难？如何解决的?

米: 《推拿》是埃及总书局指定的翻译作品，这是一部彰显社会责任感和人道主义情怀的作品，译作如果要达到与原文同样的水平需要译者有很高的文学造诣。选择翻译《世间已无陈金芳》是因为我迫切需要通过参加比赛接受新

的挑战来再次证明自己。

摆：请您谈谈中国当代文学在世界文学中的地位？

米：莫言获得诺贝尔文学奖成为世界关注中国文学的重要契机，海外读者对中国文学的需求增加，世界各国出版社开始寻求出版中国文学的翻译作品，以解开这个充满神秘故事的陌生文学世界的秘密。

摆：请您谈谈您对中国当代文学海外翻译传播的看法？您认为中国政府对中国当代文学海外译介传播的强大资助，效果如何？有何建议？

米：中国政府提供了大量的翻译和出版资助项目推动中国文学海外翻译传播，中国当代文学作品译本数量逐年增加，为世界了解这个古老国家的文化和文明开辟了新视野。我的建议是加快审批程序，以便我们更快地完成翻译工作并出版。

摆：请您谈谈“一带一路”倡议对中埃文学文化交流的重大影响和重要作用？

米：中埃两国友谊源远流长，早在古丝绸之路时期，中埃文化交流就随着商贸往来形成并发展。中华人民共和国成立后，埃及是第一个与新中国建交的阿拉伯和非洲国家，此后两国文化关系也逐步加深。中国文化不仅深受埃及人民喜爱，也带给埃及文化界很多启发和借鉴。中国人对文化传统和文化遗产的重视值得学习，中国在文化产业发展方面也积累了有益经验。在“一带一路”建设中，经济社会发展和文化交流是密不可分的，文化年为中埃共建“一带一路”开启了新起点。随着中埃战略关系的不断提升，两国的文化关系也将持续跃上新水平。

（访谈时间为 2020 年 7 月，访谈内容经米拉 · 艾哈迈德审阅，特表示感谢）

附录B 书评

《铁月亮》Goodreads 书评内容	
书评人	读者评价
C. J. Shane	China has had an influential contribution to the world literature of poetry. Every Chinese epoch and dynasty has produced great poets. The Chinese tradition of writing poetry to express the depths and heights of human experience continues to the present day with this important collection of poems written by contemporary Chinese migrant workers. We' re all aware of the factory-sweatshops in China that produce goods to sell on the global market. And we may be vaguely aware of lives spent at construction sites and in mines. But what is it like to live that life? What is it like to live far from home and loved ones, alone, day after day, doing the same thing for hours on end, often in dangerous conditions, until life transforms into a state lacking in hope and instead, becomes full of despair? These poems are what the editor, Qin Xiaoyu, calls a literature of trauma which addresses two themes: an alienated work life, and the misery of leaving loved ones and home for extended periods, sometimes forever. *Iron Moon* is a significant contribution to the literature of China. Admiration and praise goes to the editor Qin Xiaoyu, to the translator Eleanor Goodman, and most especially, to the poets
Kate Hanson Foster	*Iron Moon*, *An Anthology of Chinese Migrant Worker Poetry* originates from the documentary of the same name directed by Qin Xiaoyu and Feiyue Wu. This collection gives voice to the voiceless - unknown names penning a "sharp-edged oiled language of cast iron … language of tightened screws." (Alu, "Language"). To be a migrant worker in the 21st century is a calloused portrayal of rural residents voyaging into the city for the first time, abandoning their autonomy and transforming into human machines: *Iron Moon*: *An Anthology of Chinese Migrant Worker Poetry* Edited by Qin Xiaoyu Translated by Eleanor Goodman White Pine Press 2016 "The name blank is easy to fill, each time there' s no need to think about it. I can write in the color of mud that my parents use for a name." (Ni Wen, *Filling Out Job Applications*)

书评人	读者评价
Kate Hanson Foster	This new reality, the shift from self-sustaining individual to a substratal interchangeable number, renders an uncertainty and spiritual yearning that is exhaustive. "How can trash become holy and pure?" writes, Bing Ma in *Cleaning a Wedding Gown*. Chen Nianxi writes in *Demolitions Mark*, "I don't often dare look at my life/ it's hard and metallic black." To shift from thought to action for extensive amounts of time can bring about a grave personal crisis. The anthology does not bridle the dark confessions of self-destruction, and some poems hit with the brute force of a plain spoken secret: "You will never understand what I have suffered, " writes Li Zuofu in *Like a Horse at Full Gallop*. "After work, the handwriting gets fuzzier/why not just turn to ash?" writes Hubei Quingwa in *Moon's Position in the Factory*. The "iron" in *Iron Moon* is an image that fuses itself coldly and frequently. It is the ear splitting sounds of cutting gears and kinetic friction. Other times, iron is a metal deeply unheard, "Covered by twilight the huge cooling chunk of iron/gives off a darkening silence." (Alu, "An Elegy for C") Iron is an all-consuming crude symbol of broken dreams; the ethos of metal and machinery that is a heavy hit on one's intelligence and artistry. The term *Iron Moon* comes from Xu Lizhi, who was born in 1990 and was an assembly line worker making Apple products up until his suicide in 2014. To Lizhi, suicide was the only inevitable exit to what felt like a vagrant life stuck indefinitely in an assembly line. To end one's life is the ultimate heartsick sacrifice to modern industry. The anguish of "iron" is perhaps best described best Xu Lizhi in I Swallowed an Iron Moon: I swallowed an iron moon They called it a screw I swallowed industrial wastewater and unemployment forms bent over machines, our youth died young I swallowed labor, I swallowed poverty swallowed pedestrian bridges, swallowed this rusted-out life I can't swallow any more everything I have swallowed roils up in my throat I spread across my country a poem of shame The translations by Eleanor Goodman are an impeccable achievement of negotiating two linguistic landscapes. Multiple layers of artistry are at play here, integrating the raw spirit of the original poems while also strategically fitting language into larger aesthetic dimensions. This collection reminds us of the many human complexities of industrial life, and the exceptional literary value in working class poetry. This book should be a staple in every poet's respected collection

书评人	读者评价
Floris Meertens	Ik heb een heel semester lang een vak gevolgd over deze bundel（en alle achtergrond），en ik ben er nog steeds niet klaar mee. Elke bespreking van deze dichters heeft dezelfde inleiding：een beschrijving van het fenomeen ‘Chinese migrant–arbeiders’. Ik zal het zo ook doen，maar eerst wil ik het hebben over de gedichten： De thema's in de bundel komen veel overeen，en zelfs bepaalde poëtische beelden kom je vaak tegen. Talloze scènes vol koud ijzer，talloze schaduwen die vallen op machines，talloze verloren ledematen en vergeten collega's，talloze contrasten tussen de luister van het maanlicht en de kille fluorescerende fabriekslampen，talloze mensen die verminderd worden tot een getal，terwijl ze nog steeds geen ID–kaart hebben. Maar toch is dit een enorm diverse verzameling，zowel in vorm als in inhoud. Stoïcijnse opsommingen，lange dramatische gedichten vol leed，en liefdevolle odes aan Shenzhen wisselen elkaar af. De stijl is soms simpel en zonder enige pretentie，dan weer bloemrijk，innovatief en vol literaire verwijzingen. Een mooi experiment is Obituary for a Peanut，waarbij Xu Lizhi simpel de productinformatie van een pot pindakaas overgeschreven heeft. Het is moeilijk te zeggen wat de overhand heeft：de hoop of de hopeloosheid. Elk gedicht weer lijkt het leven uitzichtloos，maar bij bijna elke dichter is er een vorm van hoop die doorschijnt. Het dichten zelf is het hopen gehoord te worden，te kunnen dienen als getuige van het onrecht. Oké，ik heb het woord onrecht genoemd，dus nu moet ik de sociaal–politieke context wel geven，vrees ik. Dit is poëzie geschreven door ‘dagongren’. Dat zijn arbeiders die van het platteland naar de stad zijn gemigreerd op zoek naar werk. Zij hebben overweldigend vaak geen officiële huisvesting，werken onder mensonterende omstandigheden，en leiden een leven vol onzekerheid. Toch dient deze migratie ook als kans om je omhoog te werken en zo een betere toekomst te garanderen voor je kinderen. Deze groep is gigantisch groot（laten we zeggen，een bevolking van tweeënhalf keer het Duitse taalgebied），en logischerwijs zitten er dus wat dichters onder. Het is een klein percentage，maar het is sowieso al gigantisch indrukwekkend dat iemand na veertien uur onafgebroken werk aan de lopende band nog energie heeft om iets op papier te zetten.
Liz	This is a book you don't read in one sitting. You need to read it one poem at a time and then come back to after you've found time to digest what the poet had to say. It's poetry written on cellphones by the people who build your phones and other gadgets，working 10~12 hour days and living in such horrible conditions yet finding time to find beauty through poetry. This book makes you think – or rather，it makes ME think about the price other people pay for the things I'm addicted to like my iPhone and iPad. It's the bane of the modern industrial revolution，I guess. A must–have for any lover of modern poetry
Sarah	Wonderful poetry，but hard to read，as the theme is so bleak and harsh，and the truth is embedded in every line that the West has things only because it has put the Chinese worker through many hardships that the West experienced only until it off–shored it all to the East

书评人	读者评价
Jerry Peace	Wonderful collection of worker poetry, with all the doubt and boredom, dissatisfaction and joy, yearning and acceptance that all workers feel. The expression is Chinese, but the emotions are universal and exposed sometimes flamboyantly and often with subtlety, with startling imagery
Astrida	A very powerful emotional journey through the hearts of people working for Chinese/global industry
Alex	I suppose I dove into this anthology with two big questions: what is it like to be a worker? and, what is it like to be a poet? I' ve never made steel, or iPods, or poems. But I use them all of the time. I read the volume. I have lots more little questions now, in addition to the big questions I still have. I should watch the companion documentary and maybe I' ll get some answers there. Every poet' s voice comes through as their own: rough, voluble, sentimental, caustic. How should I use these poems

《铁月亮》亚马逊书评内容

书评人	标题	读者评价
C. J. Shane	"A Signficant Literary Contribution"	同 Goodreads
Liv	"Beautiful and heartbreaking"	This book is best taken in small doses like most poetry books often have to. There' s so much to digest in each poem, every one of them written on cell phones during worker's breaks or after they're done from 12 hours days of backbreaking and dangerous work. That they still found the time to compose such beautiful heartbreaking poetry is something only the soul can understand
Pauline Craig	joy and dreams of Chinese workers expressed in their poems ...	This anthology of the most private, raw anguish, joy and dreams of Chinese workers expressed in their poems is so heart-breaking to read. Some workers were writing poems as the only joy of their day, as they worked in an iron mine, dress shop, tec factory, and lived in a company barracks compound with no privacy year after year. The old parents, wives and children they were supporting and who were entirely dependent on these workers, often lived hundreds of miles away. The loneliness, sadness, resignation, sense of hopelessness these workers felt is like listening to them whisper, talk or scream to themselves

书评人	读者评价	
For the Love of Books	We need more translations like this one-works that…	We need more translations like this one-works that have both literary and social relevance. A beautiful, ground-breaking examination of what it is to be a poet in China today

后 记

《中国当代文学海外翻译传播研究》一书基于我的博士学位论文修订而成。在导师孙宜学教授的悉心指导和孜孜不倦的教诲下，从选题、厘清思路到资料收集，从撰写成文到答辩后的修改定稿，历时 4 年之久。若没有导师的无私指导、风里雨里护我前行，这本书的付梓对于跌跌撞撞的我来说是不可能完成之事。

感恩我的导师孙宜学教授。初见恩师是在秋日的午后，倾盆暴雨似乎也有纪念之意，下得更猛烈了。自那一日，老师引我进门，为我指明学术方向，终至助我站在学科前沿，回想在同济求学数载，能够置身师门，亲炙师教，真是有说不尽的欢喜。

老师醉心学问，学贯中西，博古通今，抱朴守拙，儒雅谦和，执着于培养师门弟子养成一种踏实勤动笔的习惯，盼人人能养成将麻雀解剖成大象这般深厚的写作功力。我十分荣幸，在与老师合著《"一带一路"与中国当代文学走出去》期间，恰逢《泰戈尔与中国》（第三辑）工作紧张有序地展开，老师查阅、抄录、校勘、考证并增加大量详细的注语。老师对泰戈尔研究详实的史料收集梳理功夫给了我莫大的启发。

老师学术视域广阔、研究经验丰富、原创见解精辟深刻。平日教弟子做学问有三个法则：一是常自问"我在哪里？"做学术研究万不可拾人牙慧，要从原材料、从前辈学者的成果中跳出来，发现新问题、总结新规律、提出新观点，最终目标是形成自己的学术体系和学术面貌，哪怕就一点点也好；不可做传声筒、二传手，要在扎扎实实做好资料工作的基础上，结合现实需要、理论需要和生活需要提出接地气、有活力的新思路，推动本领域研究往前走一步。二是学术即生活。老师常说，生活好了才有学术，学术之余不忘生活。意即真学问都是

从生活中悟出来的，在日常生活中思考学术问题就像呼吸空气一样自然。三是“学术”与“学问”的关系。学术是学习做文之术，重在技；学问，是能质疑，能提出疑问，重在个人之思。学与思并举，但阅读他人之书的落脚点是要形成自己的思想。老师常教导弟子思考问题要超脱具体问题从多想少、从繁想简，从看山是山到看山又不是山，养成抽象概括的思维习惯。写文章是小道，做学问是大道，要做学问而非止步于做学术（写文章）。

老师爱护学生，从来只是关起门来不厌其烦地教导，在外见不得弟子受半点委屈。

老师不仅教学生读书，更教学生做人。常常叮嘱：“人正文立。学习不是只读书，首先要学会做人，明白自己为什么要读书，从书中找到做人做事的道理，而不是为了找几本参考文献。”老师总说：“做学问的基础，是人要做得扎实；做学问的大小，与胸怀大小、情怀深浅相关。”

老师的谆谆教导远不止这些，都将成为我人生路上取之不尽的宝藏，深深地感染着我、激励着我投身于中国文学海外翻译传播研究的事业中，踔厉奋发，笃行不怠。

本书的完成，还要感谢陈琳、潘卫民、宋炳辉、吴赟、王义桅、姚建彬、耿纪永、宋明炜、Joni Adamson、李立贵、冯晓、严锋、王东风、周领顺、董琇、曲辰和翻译家顾爱玲、凌静怡、徐贞敏、费正华、米拉·艾哈迈德等诸多前辈、学者、师友的帮扶和支持。他们提出的指导性建议启发我对拓宽拓深中国当代文学海外翻译传播研究做出新的思考。

感谢同门之谊。我的师门团结和睦，求学期间，同门师兄弟姐妹们给了我莫大的支持和鼓励，我们相互扶持共同走过这段永生难忘的时光。在我出国访学期间，师姐叶玮玮为我在异国他乡安置好一切，细致周到让我感到不是亲姐妹胜似亲姐妹的温暖；师妹刘怡菲，师兄李军、罗铮在我心情低落时给我鼓励；刘雪梅、丁会欣、张雅琦、石云霞、王丽荣替我分担工作，为我排忧解难。

感激我的家人，你们是我永远的港湾。在新冠疫情汹涌的时期，女儿陪我在异乡共同经历这场对人类的巨大考验，女儿的善良、坚强和对我的宽容是我一生的骄傲和幸福。

深深地感恩影响我人生轨迹的导师、专家、师长、朋友和家人。本书的写作与出版，得到了同济大学、上海电力大学的支持，谨致谢忱。

中国当代文学对于中国文化走向世界以及当代世界理解中国至关重要。如何通过蕴含中国思想、反映社会变迁的中国当代文学实现民心相通，强化各国人民对“一带一路”的支持，增进世界各国对中华文化的尊重，巩固并提升中国国际话语权，推动构建“人类命运共同体”，是新时代赋予中国当代文学的历史责任。

目前，新时代中国当代文学海外译介与传播呈现从数量增加向数量与质量并重、从中国主导到海外主动的积极态势，然而，“译”的质量高、出版种类多、数量大，并不必然会提升中国当代文学的国际地位。海外从意识形态等维度对中国当代文学作品进行解读的偏好导致对中国当代文学作品的文学价值和文化内涵的漠视，使一些海外译本出现故意诋毁或侮辱中国的伤风败俗的文化元素、有损中国国家形象的粗鄙元素，以及对中国政治、社会秩序持批判、背离甚至敌对态度的译本宣传画、封面、插图、语言和内容。这些负面误读和误解中国的文学译本频频现身海外图书市场，并难以得到及时纠正，因而直接且持续误导国外读者，客观造成海外读者对中国的负面认知，消解了对中国国家形象的正面建构，也恶化了中国文学的海外传播环境，严重背离了以文学作品“讲好中国故事，向世界展现可信、可爱、可敬的中国形象”的根本目标。鉴于此，充分发挥中国当代文学译本塑造积极正面国家形象的重要作用，维护国家尊严，具有重要的国家安全价值。

基于现有研究基础，在接下来的很长一段时间里，我将聚焦彻底摆脱海外译本国内外认知不同步、不对等、不透明的被动局面研究。加强译本主体责任建设作为文学海外传播事业的“百年大计”，已是百年未有之大变局下坚定文化自信、维护中国尊严、保护改革开放成果的关键工作，刻不容缓。

书中错漏，期待热心人随时指正补充，不胜感激。

摆贵勤

2022 年 12 月于上海

同济大学“国家创新发展”交叉学科领域一流学科建设资金、
同济大学经济与管理学院资助出版

同济经管
TONGJI SEM

政企合作与创新

王芳杰 于胜标 韦 方 著

同济大学出版社
TONGJI UNIVERSITY PRESS

图书在版编目(CIP)数据

政企合作与创新 / 王芳杰，于胜标，韦方著. 一上海：同济大学出版社，2020.6

ISBN 978-7-5608-9310-5

Ⅰ. ①政… Ⅱ. ①王… ②于… ③韦… Ⅲ. ①政府投资—合作—社会资本—研究 Ⅳ. ①F830.59②F014.39

中国版本图书馆 CIP 数据核字(2020)第 107573 号

政企合作与创新

王芳杰　于胜标　韦　方　**著**

责任编辑 宋　立　**责任校对** 徐春莲　**封面设计** 陈益平

出版发行　同济大学出版社　www.tongjipress.com.cn

(地址:上海市四平路 1239 号　邮编:200092　电话:021-65985622)

经　　销　全国各地新华书店

排　　版　南京文脉图文设计制作有限公司

印　　刷　江苏凤凰数码印务有限公司

开　　本　710 mm×1000 mm　1/16

印　　张　12

字　　数　240 000

版　　次　2020 年 6 月第 1 版　2020 年 6 月第 1 次印刷

书　　号　ISBN 978-7-5608-9310-5

定　　价　58.00 元

前言

FOREWORD

纵观20世纪90年代以来我国经济发展的历史进程，政府与企业紧密合作，已成为发展基础设施、加快科技创新的有效路径。然而，随着市场经济体制改革的深入，一方面，政企合作面临着规范化、制度化的问题，影响着企业的创新动力和创新绩效；另一方面，企业创新的内在动力不足、体制机制不健全等一系列问题也影响着政企双方的合作意愿。因此，如何规范健全政企合作机制，提升合作意愿，用良好的政企合作推动企业创新成为新时代下中国经济发展的重要课题。

本书以“政企合作与创新”为主题，共收录了三篇文章。内容涉及政企合作研发、政府风险投资、PPP模式等多个领域，综合采用一手数据和二手数据，运用多类回归分析模型进行实证研究。

第一篇作者为同济大学经济与管理学院技术经济及管理专业的王芳杰，文章围绕政府支持、合作研发与促进企业研发投入的关系，研究政府支持与合作研发是否有效，以及政府资助与合作研发对企业研发投入增长中的作用。文章以2012—2017年《中国科技统计年鉴》规模以上工业企业的行业面板数据为样本，通过实证研究表明，政府当期及上期资助均能激励企业自筹与自主自筹研发投入的增加；合作研发对于企业自主及自主自

筹研发投入的激励效果与合作对象类型及合作内容有关；当期政府资助与合作研发两种政策工具在激励企业研发投入过程中是相互替代的关系，产生了1+1<2的效果。文章对提高政府资助的针对性、鼓励企业合作开展前沿技术探索性研究，以及对政府资助的合作研发进行科学管理有指导意义。

第二篇作者为同济大学经济与管理学院技术经济及管理专业的于胜标，文章围绕政府风险投资(GVC)对企业创新的作用，梳理了风险投资和技术创新方面的相关研究成果，分析了我国GVC的概况，并选取2009—2018年在创业板上市的信息技术行业的所有企业作为样本，通过多元回归分析发现，无论对于技术创新投入还是产出，我国GVC都有显著的促进作用；而且，在促进技术创新投入方面，GVC明显优于IVC；此外，IVC-GVC联合投资同样能够显著地促进企业技术创新投入和产出。最后，根据理论与实证研究的结果，该文针对性地提出了如何进一步通过政府风险投资促进技术创新的参考建议。

第三篇作者为同济大学经济与管理学院技术经济及管理专业的韦方，文章围绕PPP模式中关系嵌入对民营企业合作意愿产生的影响，深入探索了在机会主义感知和合作风险感知的介入下，该影响的作用机制。通过问卷调查进行了数据采集，并进行了实证分析，结果显示公共部门和民营企业间的关系嵌入性会对合作意愿产生正向促进作用，机会主义感知和合作风险感知作为中介变量在关系嵌入性与合作意愿间存在部分中介作用，以及机会主义感知和合作风险感知在关系嵌入性与合作意愿间存在链式中介作用。最后，文章基于其研究成果，对如何提高民营企业合作意愿提出了建议。

本书各篇内容从政企合作出发，研究了如何完善政企合作机制，以及政企合作中政府行为对企业创新的影响，为政府如何进行科学合理的决策提供了一系列建议，以期在全面深化改革的背景下，为构建良好的政企合作机制及推动企业创新提供参考。

目录

CONTENTS

第一篇

政府资助、合作研发与企业研发投入的关系研究

一、绪　论

（一）研究背景

科学研究与试验发展(Research and Development, R&D)是指以获取知识为目的的系统性和创造性活动(Science & Engineering Indicators, 2018)。企业研发投入(R&D Input)是创新活动的一个重要观察视角，是创新产出的前提。高水平的研发投入对企业创新绩效具有积极影响(王红霞，高山行，2008)，对于科技进步具有重要作用。然而，知识生产活动的正外部性(Externality)意味着企业研发投入的私人边际收益要小于社会收益，导致全社会的研发投入水平低于社会福利最大化状态下的研发投入。针对这种研发投入市场失灵现象，有两种政策工具(Hinloopen, 1997)可以用来调节企业研发投入：第一，政府对企业研发活动进行资助；第二，允许并鼓励开展合作研发活动。

基于上述认知，各国政府都制定了相应措施来促进企业研发投入增加。在过去几年间，我国政府对于企业研发资助额呈现出稳定的增长趋势。2016 年，政府资助水平达到 403 亿元(图 1.1)。自 20 世纪 60 年代，日本政府最早推动建立半导体领域的合作研发联盟后，合作研发活动也逐渐在各国兴起，成为促进企业研发投入和创新产出的重要政策工具之一。我国的合作研发活动起步较晚，产学研合作占较大比例，按照中国统计年鉴中外部支出数据的估计，企业与高校及研究机构合作所涉及的研发支出占总合作外部支出的 60%左右。在实践中，政府资助与合作研发两种政策工具往往相互联系，政府资金可能会用于支持参与合作研发活动的企业，合作研发活动也可能会影响政府获得资金的可能性。因此，除了考虑上述两种政策工具对企业研发投入的影响外，自然会联想到两种政策工具之间的关系，换句话说，本文关心二者共存的情形下是否能够产生 1＋1＞2 的效果，若是如此，本文至少能够为实现政策工具的效率最大化提供启示。

抛开两种政策效果对企业研发投入的影响及二者的关系。在过去的十几年

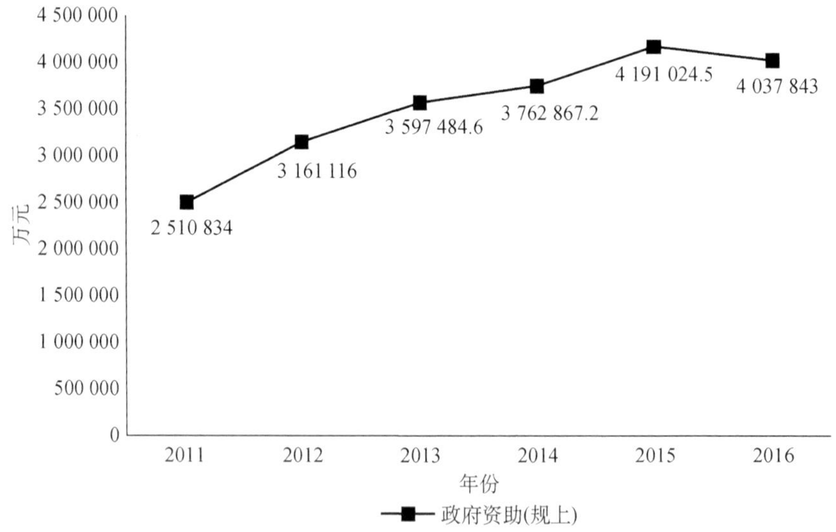

图 1.1 政府资助企业研发投入变化趋势(2011—2016 年)

来源:根据《中国科技统计年鉴》整理。

里,我国研发投入相对其他国家实现了较快的增长(图 1.2),研发投入绝对水平已超过欧盟居世界第二位,仅次于美国。相比而言,从研发强度指标来看,我国与欧美创新发达国家还有不少差距,2015 年仅位于世界第六位。我国私人部门(企业)研发投入也在不断增长,并一直占据研发投入的主体地位(图 1.3),2016 年企业研发投入规模超过了 12 000 亿元,占全社会研发投入的 77%。

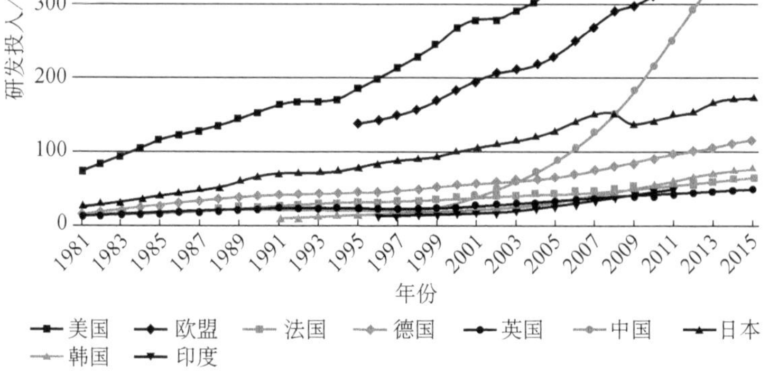

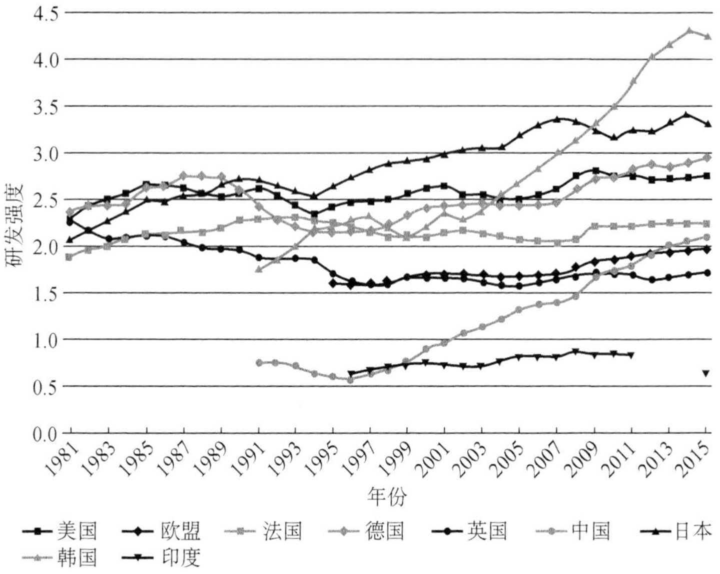

图 1.2　各国研发投入及强度变化趋势

来源：Science & Engineering Indicators，2018。

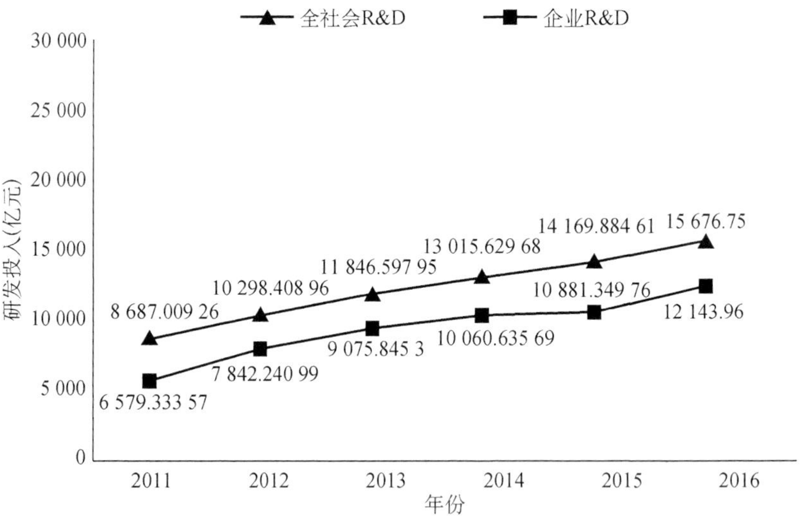

图 1.3　国内研发投入变化趋势

来源：根据《中国科技统计年鉴》整理。

但是,我国研发投入还存在两个突出特征(问题)。第一,基础研究投入占比低,私人研发部门尤甚。2015 年我国基础研究投入占全社会研发投入的 5.2%,远远低于法国(24.4%)、美国(16.9%)、英国(16.9%)、印度(16%)等国家,在列举的 8 个国家中排在最后一位(Science & Engineering Indicators, 2018)。私人研发部门的情形更不容乐观,本文研究对象即规模以上工业企业,其基础研发占比仅为内部研发支出的 0.17%(《中国科技统计年鉴》)。第二,政府资金对私人研发部门的资助强度低。2015 年美国私人研发领域政府投资 270 亿美元,占比为 8%(Science & Engiring Indicators, 2018),对比我国 2015 年的数据,政府资金占企业研发投入的 4.18%,2016 年这一数据下降为 3.68%(图 1.4)。可见我国政府对私人研发部门的支持与创新发达国家还存在差距,有较大进步空间。

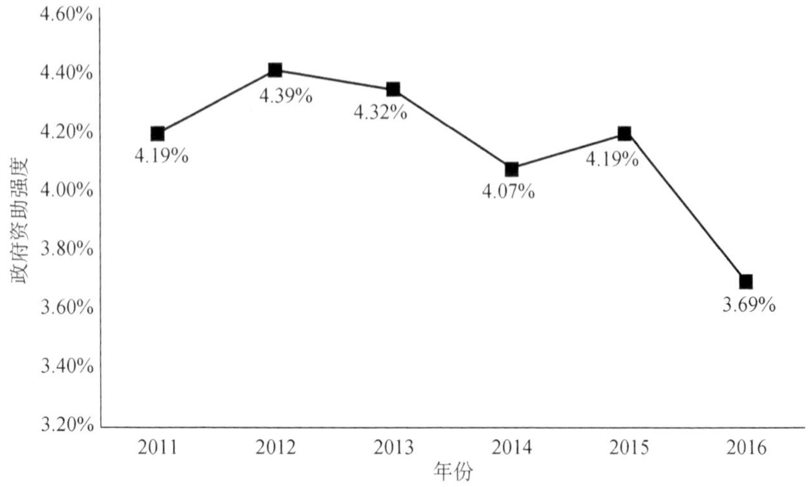

图 1.4 政府资助强度变化趋势图

来源:根据《中国科技统计年鉴》整理。

那么企业的研发投入增长是如何实现的呢?两种政策工具又在多大程度上促进了企业研发投入的增长?它们之间的关系如何?对于当前研发投入存在的问题,我们该如何有效利用两种政策工具来改进?有学者分别对政府资助和合作研发对企业研发投入的影响进行了讨论。其中,政府资助效果的研究目前还存在激励和挤出作用两种分歧,合作研发效果的研究则更多关注其对于创新产出变量的影响,对研发投入影响的研究相对较少且缺乏细化的分类讨论。更重要的是,尽管合作研发与政府资助都是促进企业研发投入的两种重要政策工具,但鲜有学者将二者置于同一框架下讨论,二者对于企业研发投入的共同作用机

制更是很少有研究涉及。因此本文将合作研发与政府资助两种促进企业研发投入的政策工具纳入同一个研究框架下，对比两种政策工具的效果，分析两种政策手段共同作用机制，旨在完善研发投入促进机制的理论框架，补充政府资助即合作研发领域的实证结论，为研发投入激励政策制定者提供参考。

（二）研究问题

政府资助对企业研发投入的效果研究可以从企业、行业（地区）、国家几个不同维度考察。在我国，企业层面的数据对于政府资助的处理标准不一，合作研发的数据通常也不会体现在企业公开的会计报表或年报中。行业数据关于政府资助及合作研发的相关信息更为系统，也容易索取。因此本文通过行业面板数据来探讨影响企业研发投入的两个政策工具。

本文主要探讨以下问题：

第一，政府资助与企业研发投入的关系。研发投入包括企业自筹研发投入、企业自主自筹研发投入两类。讨论政府资助能否促进两类企业研发投入的增加，分析对比政府资助对两类研发投入的激励（挤出）效果，同时考量政府资助的滞后效应。

第二，合作研发与企业研发投入的关系。研发投入变量包括企业自主研发投入、企业自主自筹研发投入两类。讨论合作研发行为是否会对企业的研发投入（自主研发、自主自筹研发）产生影响，企业与不同类型主体（高校、研究机构、企业）合作时对其研发投入的影响效果是否存在差异。

第三，政府资助与合作研发在影响企业研发投入过程中的关系。研发投入变量为企业自主自筹研发投入。将政府资助与合作研发置于同一个研究背景下，首先探讨政府资助与合作研发活动对于企业自主自筹研发投入的影响效果是否存在差异。其次讨论政府资助与合作研发作为两种政策工具的共同作用机制，两者在影响企业研发投入时是互补的、替代的还是独立的关系？这一关系是否与合作研发活动的类型有关？

全文第 1 部分还对研究意义和研究方法进行了阐述；第 2 部分对本文涉及的研究投入概念进行了界定分类，包括两种政策工具涉及的相关理论基础、实践现状及文献综述。第 3 部分针对本文三个研究问题提出相应假设，由于政府资助与合作研发关系研究属于首次探索性的尝试，因此理论假设部分对这一部分进行了着重分析。第 4 部分是研究设计，针对三种研究情境，设置了相应的模

型,对变量定义和相应数据处理作了详细解释。第 5 部分是回归结果分析。第 6 部分总结了研究结论,结合研究结论以及当前我国的研发投入和两种政策的现状提出了政策建议,指出了本文的贡献、局限以及后续研究方向。技术路线如图 1.5 所示。

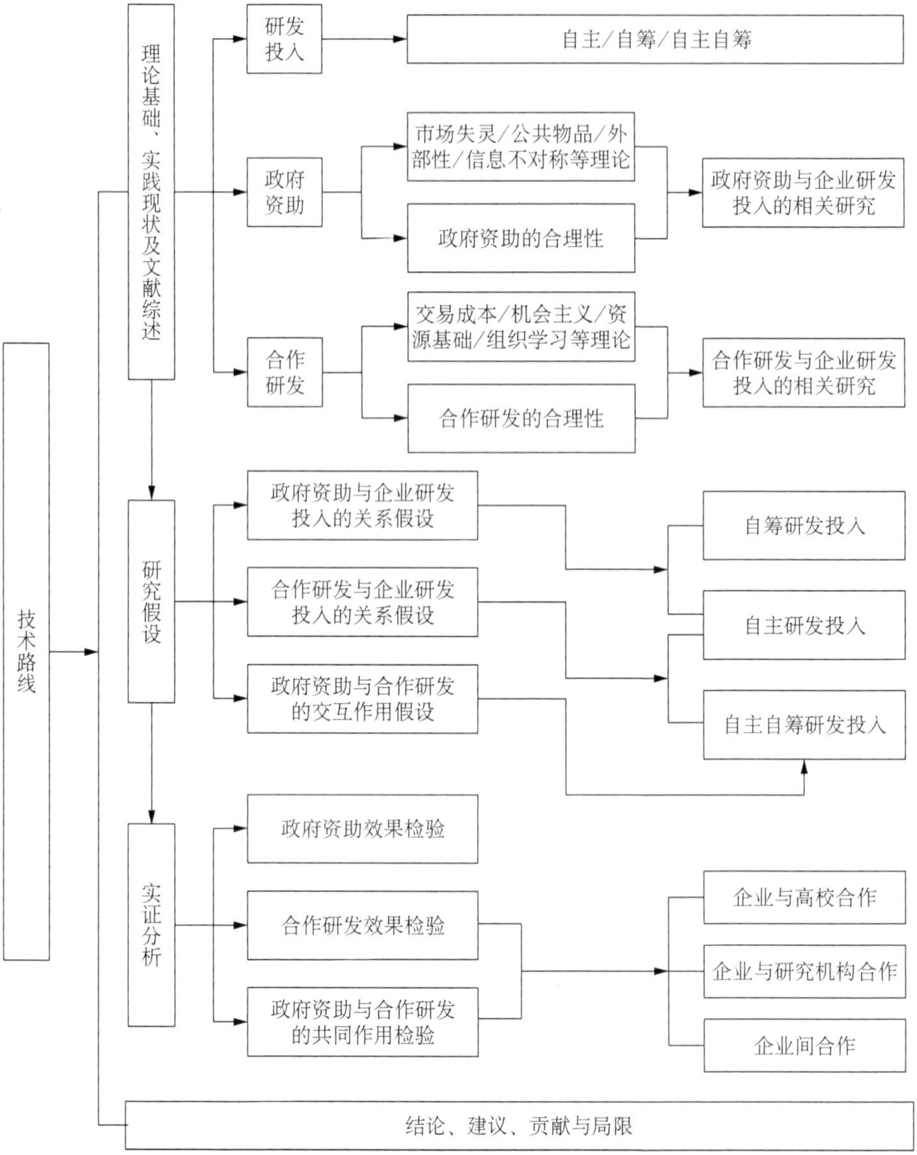

图 1.5　技术路线图

（三）研究意义

政府在不断加大研发资助，鼓励合作创新的同时，亟须对新时期两种政策特征、各自效果以及相互之间的关系进行系统的梳理和评估。本文聚焦政府资助与合作研发对于企业研发投入的影响效果问题，具有三个方面的理论意义。

第一，对不同研究情境下的研发投入变量进行界定分类。政府资助效果与合作研发领域的研究中都涉及“研发投入”这一概念，但是很少有学者对其研究情境下的这一概念作清晰阐述。然而，无论在相同或不同研究情境下，学者们采用的研发投入变量所表征的含义都存在差异。对这一概念清晰地界定和分类有助于在本文中选用恰当的“研发投入”，同时有助于后续不同研究情境对这一变量的科学选择，也有利于对使用不同研发投入的研究成果进行科学比对和分析。

第二，丰富政府资助与合作研发效果研究的理论框架及实证研究结论。目前对政府资助效果的研究还存在激励和挤出两种作用效果的分歧，本文可以补充产业层面的研究结论，同时由于本文使用的是最新数据，也有利于反映政府资助的最新效果状态。由于目前针对合作研发的研究较多关注创新产出变量，对于研发投入的研究比较少，且缺乏对合作研发的分类讨论，因此本文在丰富合作研发对企业研发投入领域的研究上也具有重要意义。

第三，完善政府资助与合作研发对与企业研发投入的影响机制。虽然分别有学者从政府资助与合作研发的视角进行了研究，但是鲜少有对两种政策工具的效果的直接对比，至今未有研究对两种政策工具在促进企业研发投入过程中可能存在的关系进行探讨。本文通过讨论政府资助与合作研发之间的交互作用，弥补了以往研究中的重要不足，将政府资助与合作创新两个领域的研究关联起来，有利于改善当前孤立研究的局面，完善研发投入影响机制。同时本文尝试从合作研发调节作用的角度解释这种交互作用，也为政府资助效果的矛盾结论提供一个新的调和视角。

本文对于研发投入激励政策的效果现状评估、政策制定及后续调整具有重要的实践意义。

第一，为政府资助的后续投入方式选择提供参考。无论是在政府资金宽松或趋紧的情形下，都需要保证其配置的效率和有效性。本文及时了解并判断政府资助研发投入的现状、实施效果，为后续政府资金的科学配置提供参考，以期更好地发挥政府资金对企业研发投入的激励作用。

第二,引导合作研发的正确方向。实践中合作研发有多种不同的分类及特征,因此不同类别的合作研发活动对企业研发投入的影响可能存在差异。通过对合作研发现状、特征的阐述及其效果的检验,有助于深入理解当前合作研发的作用机制,为科学引导、组织合作研发活动,最大化激励研发投入提供借鉴。

第三,科学配合使用合作研发及政府资助两种政策工具。本文重点关注两种政策工具在促进企业研发投入过程中的关系。明确二者的共同作用机制,有利于政策制定者对是否应该同时以及如何使用两种政策工具作出判断。通过理论分析识别出可能影响两种共同效果发挥的因素,对症下药,最大效率地发挥两种政策工具对企业研发投入的促进作用。

(四) 研究方法

本文属于实证研究的范畴,研究中涉及以下方法。

(1) 文献法。背景论述以及文献综述和假设的提出主要基于文献法。为了解当前我国政府资助与合作研发现状,笔者主要参考了国家机构、各地区政府的政策文件以及媒体的相关报道。文献综述以及假设的提出则主要是基于对国内外相关文献的研究,本文的文献搜集、阅读、整理工作主要涉及三个领域:第一,政府资助效果研究的相应文献;第二,合作研发促进企业创新的相关文献;第三,同时涉及政府资助与合作研发活动的相关文献,例如,政府对产学研合作的资助。

(2) 数据收集和定义使用国家统计局发布的最新行业面板数据。文中对企业研发投入数据分类处理属于首次探索性的尝试,而国家统计局相关数据指标的解释说明不够具体准确。为了最精确定义和区分各类研发投入数据和合作研发活动的相关数据,通过电话方式咨询了统计局的专业人员,对于其无法确定的问题,又通过统计局的数据资讯平台留言,并得到了相关数据统计专家的答复。

(3) 实证检验部分。本文的数据是典型的平衡短面板数据,因此数据的处理参照传统的数据处理过程,通过假设检验判断使用合适的回归方法(混合回归/固定效应模型/随机效应模型),最后根据回归数据可能存在的异方差、自相关和截面相关的问题,同时报告 Driscoll 和 Kraay (1998)提出的修正上述数据问题的标准误作为研究的稳健性结论。

二、理论、现状与研究综述

（一）企业研发投入概念的分类界定

政府资助合作研发研究情境下涉及不同的企业研发投入因变量，本节主要对各类研发投入概念及其在特定情境下的使用作界定阐述，为后续研究综述、假设以及研究设计中研发投入变量的选择奠定基础。

企业研发投入(Business R&D)，一般指私人部门即企业开展研发活动投入的资金，又称私人研发投入(Private R&D)。在政府资助对企业研发投入的效果研究中，研究者一般关注企业研发投入中的政府资金与企业资金之间的关系，因而政府资助所影响的企业研发投入，事实上指的是企业自筹研发投入[①](Self-raised R&D)。从这一研究角度看，企业研发投入可以分为自筹研发投入与非自筹研发投入。自筹是就资金来源差异而言的概念，所谓自筹，即来自企业的资金(Self-raised R&D)，与来自政府、其他途径的资金相对应；合作研发对企业研发投入的研究，本质上探讨的是内部研发活动与外部技术来源之间的关系问题，因此学者们关注合作研发活动对企业自主研发活动投入的影响。自主是就技术获取来源而言的，自主研发投入(Independent R&D)，顾名思义是企业自主研发活动涉及的资金投入，与合作研发活动投入的研发资金相对应。图 1.6 表征了按照资金和技术来源划分的四种研发投入类型。

如上所述，政府资助研究中一般使用“企业自筹研发投入”概念，企业的自筹资金也可能用于自主研发或者外部技术获取，因此这部分资金中可能包括企业参与合作研发活动涉及的研发投入。合作研发下的企业研发投入一般指企业开展自主研发活动的投入，其中也可能包括一部分政府资金，因为政府资金可能用于合作研发或者自主研发。因此，我们取两种研究情境下研发投入的交集，在过

---

① 在国外的研究文献中涉及的说法还包括：Business-funded R&D，Private-funded R&D，Company-financed R&D。

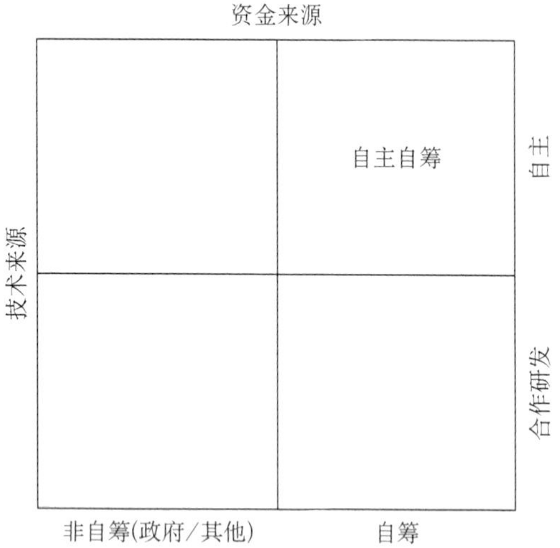

图 1.6　企业研发支出按资金和技术来源划分

去学者单独研究某一因素时使用的因变量中剔除相关因素，即在政府资助效果研究中的自筹 R&D 部分剔除非自主研发部分，在合作研发效果研究中的自主 R&D 部分剔除非自筹的部分，这样得到“自主自筹研发投入”(Self-raised & Independent R&D)概念。企业的自主自筹研发投入，意味着企业使用自筹资金开展自主研发活动的积极性，这是对企业研发投入积极性更加纯粹和严格的表征。

此外，企业研发涉及一系列活动，包括基础研究、应用研究和试验发展，相应的企业研发投入也可以分为基础研究投入、应用研究投入和试验发展投入。与前面研发投入的分类主要用于反映其资金来源与技术来源的差异不同，基于研发内容的分类，可以体现各类研发活动在动机、时间范围、产出方面的多种差异。三种研发活动的定义如下(根据《中国科技统计年鉴》主要统计指标解释)。

基础研究(Basic research)，指为了获得关于现象和可观察事实的基本原理的新知识(揭示客观事物的本质、运动规律，获得新发展、新学说)而进行的实验性或理论性研究，它不以任何专门或特定的应用或使用为目的。

应用研究(Applied research)，指为获得新知识而进行的创造性研究，主要针对某一特定目的或目标。应用研究是为了确定基础研究成果可能的用途，或是为达到预定的目标探索应采取的新方法(原理性)或新途径。

试验发展(Experimental development),指利用从基础研究、应用研究所获得的现有知识,为产生新的产品、材料和装置,建立新的工艺、系统和服务,以及对已产生和已建立的上述各项作实质性的改进而进行的系统性工作。

(二)政府资助

1. 政府资助的相关理论及概念基础

政府资助与合作研发投入关系的研究主要基于以下理论基础。

(1) 市场失灵(Market failure)

市场失灵是指在市场发挥基础资源配置作用的前提下,社会资源的配置无法实现最优状态即社会福利的最大化。导致市场失灵的因素一般有垄断、外部性、公共物品以及不完全信息等。研发投入的市场失灵指研发投入水平低于社会福利最大化水平。

(2) 公共物品(Public goods)

公共物品的存在是市场失灵的原因之一。公共物品与私人物品的区别在于:①具有非竞用性,可以被其他消费者以零成本享用;②具有非排他性,公共物品为社会成员所共享,无法将某个或某群消费者排除在受益范围之外。私人部门往往较少或几乎不从事公共物品的生产活动。现实中大多数产品兼具公共物品和私人物品的特征。研发活动的知识(技术)成果具有一定的非排他性和非竞用性,因而是具有公共物品属性的"产品"。

(3) 外部性(Externality)与知识溢出效应(R&D spillover effects)

外部性的概念最早由 Marshall 和 Pigou 提出,是指一个经济主体自身的活动对旁观者的福利产生了一种有利或不利影响。公共物品所导致的外部性属于正外部性。正外部性使生产者无法专有化其活动带来的全部收益,导致资源配置无法达到帕累托最优,产生市场失灵。研发成果的外部性也称知识的溢出效应(Chen 等, 2013)。知识的溢出效应的一个具体表现为研发主体的研究成果不仅可以降低其自身的生产成本,也同时降低了其他市场主体的生产成本。

(4) 吸收能力(Absorptive capacity)

Cohen 和 Levinthal 在 1990 年提出吸收能力的定义为学者们广泛接受。吸收能力指一个企业能否有效识别外部信息来源的价值,有效对其同化并应用于企业自身产品开发、生产的能力,即有效利用外部知识的能力。吸收能力与企业

的知识基础有关，研发活动能够提高企业的吸收能力。

(5) 信息不对称(Asymmetric information)

信息不对称属于信息经济学中的概念，主要指交易中各方拥有的信息存在差异。一方拥有另一方人员无法获取的信息，使信息贫乏的人员处于不利地位。信息不对称容易导致道德风险问题，简单讲就是“偷懒”行为的发生，例如“搭便车”。

2. 政府资助是解决研发市场失灵的必要手段

技术创新对于经济的推动作用已经成为学界共识，与古典经济理论将技术进步作为经济增长的外生偶然性力量不同，经济增长的内生性理论将技术进步作为经济增长的内生变量，认为技术进步是经济增长的内生动力。代表者Romer提出了“研究与发展部门”的概念，认为技术进步是知识和技术研发的结果，突出研究与开发对经济增长的贡献。现实中，企业的研发投资一般基于获利目的，知识以及在其基础上产生的技术具有公共物品的特征，容易被市场上的企业以较低成本或零成本复制、学习(Romer, 1990; Arrow, 1962)，而研发活动成果的外部性问题会导致社会整体研发投入水平趋低，市场调节的企业研发投入可能低于社会理想水平，影响社会创新活力，因此需要政府政策的干预来促进企业科技投入，从而保护并激励创新。

政府研发资助可以纠正因无法完全专有化研发收益所致的知识生产市场失灵，对于技术的进步及进步方向具有重要的引导作用(Winthrop 等，2002)。其中，政府研发补贴(Government R&D Subsidy)又称公共研发补贴(Public R&D Subsidy)，是被众多国家采用的一种政策措施。政府资助激励社会研发投入可以通过两种途径：一类是对企业的直接投资，另一类则是通过对公共研发部门(高校、研究机构)的投资来间接激励企业研发投入。本文关注第一种政府资助类型，即直接给予企业的资助。事实上，政府对企业的资助也分为直接和间接两种形式。政府直接资助是指对企业研发投入的直接补贴。间接资助则主要是以税收优惠的形式体现，一般指“企业研发费用加计扣除”以及高新技术企业的“所得税优惠”。本文中所讨论的政府补贴除了特别说明外均指政府的直接补贴。

本文讨论的我国政府直接资助的实施途径主要以深圳罗湖区政府的创新投入政策为例。2017 年，为了加快实施创新驱动战略，深化科技体制改革，提升科技创新能力，当地科技创新局主导建立了产业转型专项基金。其中，鼓励社会研发增长的奖励(补贴)措施包括两类：①上级的重大科技计划项目的配套支持；

②对于符合一定标准的高新技术企业，给予研发费用50%的支持。深圳罗湖区政府研发补贴政策反映了当前我国直接研发补贴的两种方式。一种是研发前补助的形式，例如国家、省、市科技项目以及地区政府相关的配套。此种补贴方式有利有弊。好处是更具针对性，政府可以选择对于科技进步和经济发展具有重要作用的项目进行补助，同时也可以更好地引导企业的研发投入方向。弊端在于由于政府一般难以对企业的实际资金使用情况或者配套资金的执行情况进行事实上的严格监管，政府资金容易替代企业原本的研发投入，产生政府资助政策的挤出效应。另一种是研发后补助形式。近几年，政府研发资助政策有了新的调整方向，很多地方政府部门陆续出台了财政科技政策改革措施，实现由"立项补助"到"投后补助"的转变。深圳罗湖区政府对于高新技术企业的研发费用补助便是典型的政府后补助形式。其他例子如湖南省政府在2018年1月出台的最新《湖南省支持企业研发财政奖补办法》，也将政府对研发活动的资助时间由立项环节调整为研发投入后环节；广东省科技厅以及深圳市科创委目前也采用事后奖补的支持方式。事后补助的原则，一般按照企业上一年研发投入的一定比例拨付，这种补助形式虽然易于监督，但是无法解决那些由于资金缺乏而难以启动的研发项目。总而言之，当前我国的研发资助政策呈现出研发投入前和投入后资助政策共存的局面。

3. 政府资助与企业研发投入关系的研究

政府研发资助作为企业研发投入(Business R&D)的一部分，可以直接分担企业的研发成本。同时，政府资助作为企业自筹研发投入的补充，能够发挥对企业研发投入的激励效果，带动企业自筹研发投入的增加。政府直接资助对企业自筹研发投入的激励作用可以从几个角度解释：第一，研发活动外部性(R&D externality)问题，研发活动产生的知识外溢会提高其他企业研发效率，企业无法垄断研发投入的收益，降低了企业研发投入的积极性(Griliches, 1991)，政府资助通过将企业研发活动的边际收益率提升至社会水平，促进企业自有资金的投入(朱平芳，徐伟民，2003)。第二，政府资助的信号作用，当企业被政府列为直接资助对象时，相当于向外部投资者发出信用认证信号，起到了帮助外部融资者识别项目质量或企业技术优势的作用，促使外部投资者进行投资(王刚刚等，2017)。因此，政府背书通过缓解企业外部资金约束，为企业自筹研发投入增加提供了前提。此外，政府的资助也在一定程度上反映了未来市场对特定产品和服务的需求，提高了企业研发此类产品及服务的边际收益率，进而提高企业研发投入的积极性。第三，企业本身的研发活动过程也是一个提高研发效率的过程，

政府资助带来的企业研发效率的提高（往往意味着研发风险和成本的降低），会进一步带动企业开展其他研发项目的积极性，增加企业对后续研发活动的承诺。第四，从行业层面看，政府资助除了能够促进资助企业的研发投入外，还可以通过知识溢出效应降低行业内其他企业的研发门槛，提高其他企业研发活动的边际收益（Levin，Reiss，1984），激励企业的自筹研发投入。这种效应在基础知识和共性技术研发中会更为明显，共性技术研究更能够促进后续应用研发的投入（David，Hall 和 Toole，2000）增加。

但也有学者指出了政府资助对企业自身研发投入的挤出作用因素。第一，从研发资源市场效应和政府资助的信号机制角度考察。政府对某一企业或者项目的投资增加了对行业内相关研发资源的需求，导致研发资源（研发人员、原材料）价格上涨，使行业内的其他企业的研发投入成本增加（David，Hall，2000）。第二，理论上政府资助应该有针对性地资助那些研发社会收益远大于私人收益的部门，如基础研发领域，企业在这些领域低边际收益率（研发难度大、外溢性高）保证了政府资助此类项目时不太可能会挤出企业的研发投入。但是，实践中相关人员可能会因为存在追求“政策实施效果”的压力而选择私人回报本来就很高的项目，在这种条件下，政府的资助就显得多余。第三，企业常常试图以未来的高回报来游说政府资助（David，Hall 和 Toole，2000），尤其是在信息不对称的条件下，企业可以通过释放虚假创新信号（研发的高回报）来获得研发补贴（安同良等，2009），这种情境下的政府资助可能会产生挤出企业研发投入的结果。第四，研发活动风险高于生产活动，而企业存在将自身资金用于较低风险活动的倾向（Grog，Strobl，2007），这也解释了企业在获得政府资金后将减少自身资金在研发活动方面的投入行为的合理性。总而言之，政府资助通过提高企业的研发收益，缓解企业融资约束，培养企业研发能力，以及对行业内其他企业的知识溢出实现对企业自筹研发投入的激励效果。而在政府资助引发研发投入要素价格变化，由于信息不对称和业绩压力所导致政府选择偏差的情形下，政府资助可能会显现出挤出效应。

实证中，学者们应用了不同类型（截面、时间序列、面板）和不同集合程度（企业、行业、国家）的数据对政府资助效果进行了检验，但是关于政府资助与企业自筹研发投入是“互补”还是“替代”的关系，在实证中同样存在分歧。为了研究的可比性，本文对于实证研究的综述重点关注国内宏观特别是行业层面的研究，以及国外发表的使用中国数据的相关研究。笔者发现极少的研究使用了自主自筹研发这一概念，特别是国内至今未有此类的实证研究，因此下文中的研发投入未

经特别说明均指企业的自筹研发投入。国内朱平芳和徐伟民(2003)的研究是比较具有代表性的研究成果，他们使用了上海市32个行业连续8年的大中型工业企业行业面板数据，发现政府资金对当期的企业研发投入的挤出效应(−3.96)，以及滞后一期(1.49)和二期资助(4.45)的激励效应。后有学者白俊红(2011)使用国家范围内的行业面板数据以及双对数模型进行研究，得出的激励弹性高达0.694，即政府资助每增加1%，企业研发支出会增加0.694%，但文中并没有探讨政府资助的滞后效果。另外，李永等(2014)使用了上海市的行业面板数据及对数模型验证了政府直接资助的激励效果，其中OLS混合回归的弹性为0.119，随机效应模型为0.045。Dai和Chen(2015)使用了中国企业层面的制造业数据以及倾向匹配得分法发现了政府资助与企业自筹研发投入的倒U形关系，Hu等(2018)使用了差分倾向匹配得分法(PSM-DID)后得出了激励的结论。Yu等(2016)使用的是能源企业的面板数据和固定效应模型并加入了政府资助的滞后项，得出了政府资助一阶和二阶滞后对于企业自筹研发投入的挤出作用。Choi和Lee(2017)使用了韩国制药行业的企业数据发现政府资金对生物技术类企业的显著激励作用。Zhao等(2018)认为，政府资助同时存在激励和挤出作用，其针对吉林省的企业问卷调查数据的研究得出了净效应为正的结论。

总结政府资助效果的研究：第一，针对国内研究在因变量即企业研发投入的选取上使用的均为政府自筹研发投入概念，并未剔除合作研发活动涉及的经费支出，这是与本文的根本区别；第二，针对研究者们使用的企业自筹研发投入的代理变量也并非一致，其中企业的“科技活动经费”是相对于研发活动经费的更大的范畴，而科技活动经费筹集额所代表的并非企业当年实际的研发投入，本文认为研发活动经费的实际投入额是实证检验的最合适指标；第三，在模型设置上国内外都较少对政府资助的滞后效果进行考量；第四，在数据处理上，很多学者使用了双对数模型，其优点是保证实证结果便于以弹性的形式分析；第五，从结论上看，政府的挤出和激励效应同时存在，非企业层面的研究以激励效应为主。

（三）合作研发

1. 合作研发的相关概念及理论基础

合作研发与企业研发投入关系的研究主要涉及以下理论基础。

(1) 交易成本理论

交易成本理论以交易成本为单位对经济活动进行分析。交易成本泛指为达成一项合同而发生的成本和事后发生的执行成本,区别于生产成本,包括搜寻成本、信息成本、议价成本、决策成本、监督成本以及违约成本等。交易成本产生的原因包括有限理性、机会主义行为、信息不对称等因素,因此交易成本的大小与交易背景(媒介)紧密相关,不同的活动组织方式会带来不同的交易成本。该理论最早用来阐述企业组织存在的合理性,认为企业内部活动的组织相对市场可以有效降低交易成本(Williamson, 1981)。

(2) 机会主义行为

机会主义行为是交易成本存在的一个重要原因(Williamson, 1973)。机会主义行为指行为主体以不道德的手段来寻求自身利益最大化,Williamson 对这一定义的原始描述为"self-interest seeking with guile"。机会主义行为的可能出现在经济活动的各阶段,伴随多种表现形式(Winthne,Heide, 2000):①在初始阶段行动一方可以通过隐瞒或者虚报关键信息,引发逆向选择问题;②在交易关系进行过程中,机会主义行为还表现在规避责任和义务,形成所谓的道德风险问题,典型表现就是"搭便车行为","搭便车"在合作关系中表现为行为主体以"偷懒"的方式获得同样的报酬。当交易关系涉及公共物品时,例如知识生产活动,搭便车现象(一方减少研发投入)尤为严重。

(3) 合谋

合谋可以理解为两个或两个以上的人以欺诈为目的订立协议的行为(Olsen,Torsvik, 1998)。当涉及贿赂时,合谋将导致腐败行为。合谋理论用于解释组织间的合作研发关系时,主要指合作双方为了利润最大化,将合作从研究与开发活动延伸到产品市场、产生价格和产量上的合谋行为,一般导致产量降低和价格上涨。合谋行为不利于社会福利的增加。组织内的合谋研究结合了委托-代理模型,代理人拥有私人信息,委托人赖以信息的透明来实现资源的最优配置。代理人凭借其掌握的信息优势实现合谋(罗建兵,2006)。

(4) 资源基础理论

该理论从资源而非生产活动的视角对企业进行分析,为理解组织的核心竞争优势提供了重要的理论基础。资源基础理论研究的前提假设为企业赖以获得竞争优势的有价值资源都是异质性的资源,异质性的含义包括:①难以流动(Imperfect mobility);②难以模仿(Imperfect imitability);③难以替代(Imperfect substitutability),因此企业资源的积累和交易是一种战略需要(Das, Teng,

2000)。资源基础理论将建立合作联盟视为获取外部资源、实现资源累积以及通过资源的结合最大限度发挥自身资源价值的途径。

(5) 组织学习理论

Argyris 和 Schon(1978)系统地解释了组织学习的概念,认为组织学习是一个发现和改正错误的过程。学习的层次包括个人学习、团队学习、组织学习和组织间学习。Boerner(2011)识别了五种组织学习的类型:①干中学(Learning by doing),这一类学习主要积累关于生产方面的技能以提高生产效率。②科学学习(Scientific learning),对于科学知识的学习主要涉及研究活动尤其是基础研究。知识的积累可以降低企业创新成本,有助于企业科学选择研发方向,提高创新的成功率。③搜寻学习(Learning by searching)。企业通过外部搜索来获取与产品开发活动相关的知识,例如市场中消费者对于某种设计的偏好。④使用学习(Learning by using)。指通过消费者对于产品使用的反馈来获取有关产品设计和使用改进的相关知识。⑤溢出学习(Spillover learning)的主体发生在不同的组织之间。由于部分知识具有公共物品的特征,这类学习可以通过知识的自由流动实现,也可以通过组织与外部的建立的合作实现。

2. 合作研发活动成为自主研发与外部技术购买的中间选择

作为创新经济学的开拓者,Schumpeter 更多关注到了技术创新在提高社会福利和企业竞争优势方面的作用,而并未充分关注创新如何产生。Lynn 把创新分为创意产生和创新实现两个阶段,开始关注创意如何产生和发展(傅家骥,1998)。后继学者围绕创意更多产生,自然关注到什么样的研发组织方式更为有利。特别是在反思贝尔实验室、施乐帕洛阿尔托实验室等著名内部一体化研发组织或封闭式创新(Chesbrough, 2003)存在的弊端以后,理论和实践界萌生出合作创新思想,进而引申出研发和创新合作组织方式。

日本是较早出现合作研发的国家,这主要基于两个背景:一是日本企业在第二次世界大战以后的恢复发展中大量引进先进技术,与技术输出企业的合作是必然选择;二是到了 20 世纪 60 年代,随着很多企业开始重视原创性技术的自主研发,政府推动产学研合作以弥补企业在基础研究上的不足,合作研发在国内快速兴起。1975 年,超大规模集成电路研发是当时日本与美国竞争最激烈的新兴技术领域,日本的半导体公司联合日本政府实验室建立了致力于研发自主芯片的合作研发组织 VLSI。随着 20 世纪 80 年代日本实施“技术立国”战略,很多企业基于减轻巨额研发经费压力、形成研发合力、提高研发速度等目的,在更为广阔的领域开展了更多元更深层次的新技术、新产品研发合作,研发合作成为日本

企业创新的重要特色和半导体领域获得成功的重要原因。相对而言，20 世纪 80 年代之前，美国政府对企业间的合作采取消极的态度，认为企业之间的研发合作会引发在产品市场中的合谋行为，不利于市场的自由竞争。但面对日本在第五代计算机、大规模集成电路领域的竞争，美国政府及学界的认识开始转变。他们在实践中发现，当研发难度增大后，知识和技术成果的外溢性增强，研发的高成本和高风险则会挫伤企业创新活动的积极性。因而，合作研发被认为是促进企业研发投入和创新产出的一种有效机制，有利于实现规模经济和促进建立良好的行业竞争结构。正因如此，1984 年美国国家研究法案（National Cooperative Research Act，NCRA）放松了对合作研发的限制，合作研发活动开始增多（Ouchi，1988）。在我国，合作研发的起步较晚，企业间的合作相对产学研合作占比较低，合作研发的历史可以说是产学研合作的历史，我国关于合作研发尤其是实证方面的研究也较多集中在产学研领域，这种现象主要由国家的长期政策导向所致。产学研领域的实践中最早可以追溯到"两弹一星"时期学术界与军工企业的联合。自 1992 年国家经贸委、教育部、中科院组织了"产学研联合开发工程"后，产学研才逐渐铺展开来。目前，中国科学技术协会举办的产学研合作创新大会已经持续举办了 11 届，每届会议都会发布产学研合作的示范企业、示范基地、新构建的产学研创新联盟以及产学研十大案例。教育部科技发展中心也自 2006 年起每两年举办一次全国高等学校产学研合作优秀案例的征集和评选，目前已经编辑出版了 5 部《中国高校产学研合作优秀案例集》。除了设立专门的产学研创新基金支持外，国家的其他科技计划也体现了对应产学研的支持倾向，例如火炬计划中的产业化示范项目，在申报主体描述中鼓励企业与高校和研究机构联合申报等。党的十九大也继续强调要建立产学研深度融合的技术创新体系。

3. 合作研发与企业研发投入关系的研究

"合作研发"至今还未形成统一定义。在国外研究文献中，与合作研发相关的表述包括"R&D cooperation"，"R&D collaboration"，"Strategic（technology）partnerships（partnering）"等。概括起来，合作研发可以理解为基于一定动机，两个或两个以上机构（包括企业、高校及研究机构等）组织建立的相对稳定的合作关系（苏中锋，2016；Hagedoorn，1993；Hagedoorn，2002）。合作创新是比合作研发更为宽泛的合作方式，其中既包括以创意产生为主要任务的研发环节合作，也包括以创新实现为主要追求的其他环节合作。合作研发可以多种组织形式（Hagedoorn，1990）。例如独立的合作研发企业（Research joint venture），基

于项目的合作研发(Joint R&D),基于合同的研发外包(R&D contract)。本文所研究的合作研发即研发联盟,比国内提到的“合作研发”即狭义上的合作研发[①]包含更多的形式内容。因此,下文所提到的合作研发均指的是广义上的合作研发,包括研发外包(委托研发)[②]的活动形式。

不同理论从各自角度论述了合作研发组织形式的合理性。产业组织理论对于合作研发的分析以成本最小化为出发点,认为通过市场交易涉及较高的交易成本,而内部研发活动可以有效地控制这些成本,但同时也限制了与其他企业研发资源之间的联系。因此,通过建立合作关系,企业得以在低于市场情形下交易成本的基础上,与外部资源建立联系(Oerlemans, Meeus, 2001);资源基础理论(Resource-based view)着重从双方的资源关系的角度分析合作研发,认为创新中的合作特别是研发合作可以结合双方资源,实现资源的最大价值(Das,Teng,2000);组织学习理论角度认为合作研发有利于合作主体间的学习,通过知识转移机制实现创新能力的提升(Tippins, Sohi 等,2010)。此外,合作的有效性及其对企业自主研发意愿的积极影响也受到质疑。首先合作双方,尤其是企业间的合作研发可能在产品市场上形成竞争,容易引致合作双方在产品市场上合谋行为。其次合作研发尤其是大企业间的合作研发可能会提高未来技术市场的准入门槛,影响产业内其他企业研发投入的积极性(Hinloopen, 2001)。最后,当企业间合作研发内容涉及专业技术知识,包括对企业竞争优势具有重要影响的隐性知识时(Spener,Grindley, 1993),或当合作双方之间存在技术的异质性和合作成员间的矛盾(Cabral, 2000)时,以及无法完全实现外溢性内部化[③]等问题(Hinloopen, 2000)时,合作研发的效果发挥受到限制。

实证中仅很少学者将合作研发作为企业的一种创新行为以及一种政策工具进行研究(Czarnitzki, 2007)。在较早的研究中,Veugelers(1997)使用企业层面的数据发现:在具有吸收能力(以是否存在自主研发中心衡量)的企业中,合作研发能够促进企业的研发投入。此外,此研究使用了与本文相同的自主自筹研发投入概念,发现政府资助的激励弹性为 0.14。Kaiser(2002)使用德国服务行业

---

① 国内的合作研发,指研发立项企业通过契约的形式,与其他企业共同对项目的某一个关键领域分别投入资金、技术、人力,共同参与产生智力成果的创作活动,共同完成研发项目。与研发外包形式属于平级的关系(国家统计局)。事实上,委托研发与合作研发均可被视为企业间合作关系的一种,也即是研发联盟/合作研发(R&D alliance)的一种形式。

② 委托研发之所以被视为广义上的合作研发的一种形式,主要是基于最后研发成果知识产权的归属问题。委托研发的最终知识产权归属于委托方,因此是可以被看作区别于技术购买的一种合作研发方式。

③ 例如,合作双方在合作中的利益差距甚大。

的创新调查数据，认为参与合作创新的企业相对于非合作创新的企业有更多的研发投资。后续的研究开始关注合作研发的特征，Sakakibara(2001)利用日本企业层面的数据，仅关注政府资助的合作研发企业，发现合作研发伙伴的多样性和企业研发投入(自筹研发投入)有正向联系。原毅军(2012)同样聚焦产学研合作，认为产学研活动对于企业自主研发投入的影响存在创新能力的门槛，当企业达到一定的创新能力后，产学研与政府资助的互补性得以体现，证实了合作研发活动对企业研发投入的激励作用。

总结当前研究。首先，与政府资助效果丰富的实证研究结论相比，合作研发与企业研发投入之间关系的实证文献较少。其次，对合作研发的特征及分类的细化研究屈指可数，仅有的几个细化研究选择关注某种特定的合作研发情境，例如政府资助的合作、产学研合作，缺少对于合作研发整体以及各类别的系统研究，缺乏各类别的合作研发对于企业研发投入的影响差异分析。最后，关于合作研发情境下的企业研发投入概念，多数采用的是企业自主研发投入的概念，特殊情形即关注重点为研发伙伴的多样性时，学者使用了政府资助研究情境下的企业自筹研发投入概念。由于 Veugelers(1997)的研究中除了合作研发外，同样加入了政府资助的自变量，因此在其研究中使用了与本文提出的“自主自筹”研发投入的一致的概念，这也证明了本文提出企业“自主自筹”研发投入概念的正确性。

三、研究假设

（一）政府资助与企业研发投入的关系假设

本文在重点探讨政府资助与合作研发两种政策工具的关系之外，也关注政府资助的单独作用效果问题。目前针对政府资助效果的研究中，普遍的共识是“激励效应”与“挤出效应”共存。如果检验中净效应为正，那么政府资助与研发投入的关系中激励效应占主导作用；如果净效应为负，那么挤出效应占主导。目前宏观层面研究的净效应以激励效应为主。其次，政府资助的效果发挥不应该只是一个当期的过程（Zúñiga-Vicente 等，2012），政府不仅会对本期的研发投入产生影响，同时也会影响企业下一期的研发投入，政府投资带动企业研发项目的进展会增加组织对于研发活动的承诺，因此自然会进一步增加企业的研发投入，这可以理解为政府资助对于企业研发投入的间接效应。这种间接的滞后的影响可能相对较小，但是依然需要将这一因素纳入假设以及实证模型中，以全面反映政府资助对企业研发投入的影响。

此外，由于本文还关注企业的自主自筹研发投入，即自筹资金中仅用于自主研发的那部分资金，那么一个自然而然的疑问便是：政府资助对于企业自筹研发投入和自主自筹研发投入的影响是否存在差异呢？基于两种研发投入的差异主要体现在合作研发活动所涉及的研发投入，问题又可以表述为：政府资助对于企业研发投入的影响是否依资助的研发活动的不同（自主研发与合作研发）存在差异呢？从挤出效应的角度考察，考虑两种极端的情形，一种情形下政府资助的企业仅开展自主研发活动，另外一种情形下的企业仅开展合作研发活动。本文认为，合作研发相对自主研发涉及第三方参与主体，合作本身存在很大的不确定性，由于合作利益分配机制的复杂性以及合作双方对于自身知识的保护倾向，企业的研发投入意愿可能会降低，相对自主研发活动导致更多的挤出效果。因此有理由认为，政府资助对企业自主自筹研发投入的激励效应，大于企业自筹研发投入。基于文献综述及上述分析，我们提出以下假设。

H1a:政府资助对企业自筹研发投入有激励作用。

H1b:政府资助对企业自主自筹研发投入有激励作用,且大于对企业自筹研发投入的激励效果。

H2a:政府资助滞后项对企业自筹研发投入的有激励作用。

H2b:政府资助的滞后项对企业自主自筹研发投入有激励作用,且大于对企业自筹研发投入的激励效果。

(二)合作研发与企业研发投入的关系假设

合作研发活动中的一个关键问题是:参与合作研发的企业会比自主研发的企业更热衷于研发投资吗?合作研发对企业研发投入的潜在积极影响通常表现在几个方面:第一,合作研发能够直接降低合作参与各方的研发成本(Hagedoorn, 1960),通过资源共享使不同组织之间实现优势互补(Hagedoorn, 1993),提高企业的创新能力和边际收益,降低创新风险,进而促进企业自身研发投入的增加。第二,政府资助虽然能够提高企业的研发积极性,但未从根本上解决知识(技术)成果的外溢问题,而合作研发可以通过合作使外溢性内部化来提高企业研发投资积极性(Veugelers, 1998),减少企业搭便车行为(Hinloopen, 2001)。第三,从组织学习的角度出发。企业消化吸收外部知识的能力即吸收能力(Absorative activities)与企业自身的知识基础有关(Veugelers, 1997),企业的技术外部活动需要考虑与企业现有研发活动的相关性(Cassiman, 2002),吸收和关联外部知识的需求(学习机会)也能促进企业的研发投入。由此,本文提出以下假设。

H3a:合作研发活动对企业自主研发投入具有激励效果。

H3b:合作研发活动对企业自主自筹研发投入具有激励效果。

企业的建立合作关系的对象主要包括企业、研究机构和高校三类,不同合作对象激励效果的差异,主要体现在竞争关系及研发内容差异两个方面。首先,合作双方在产品市场上的竞争关系,会引发产品价格合谋行为,从而降低研发投入水平。在一般认知中,企业与高校及研究机构的合作一般不会产生直接竞争关系,但企业间的合作存在研发后产品市场上竞争的可能,此外与企业的合作方(高校、研究机构、企业)存在联系的第三方企业也会引发间接竞争关系。因此企业与不同对象的合作意味着不同的潜在竞争关系,即可能存在不同程度的挤出作用。其次,与不同对象的合作内容也存在差异。Koze 和 Lewin (1998)根据企业

建立联盟的动机差异将其分为探索性(Explorative)和开发性(Exploitative)两种类型,Faems等(2005)进一步区分了探索性合作(Explorative collaboration)和开发性合作(Exploitative collaboration),并实证检验了两种合作类型对于企业创新战略的影响。通常情况下,从事开发性合作的企业致力于改进现有技术和产品,提高组织现有的核心竞争力,而以探索为导向的合作更倾向于挖掘新的技术机会,建立新的核心竞争力(Koze,lewin, 1998; Faems, 2005)。将合作的概念延伸到合作研发领域,探索性的合作研发活动更多涉及新知识和技术的产生,具有高风险、高成本、高外溢等特性,而这些恰恰都是抑制企业研发活动积极性的重要因素。对于从事探索性研发活动企业,合作研发能够在更大程度上缓解研发风险和成本,也有利于前沿知识的探索和学习,有助于研发经验的积累和研发能力的提升,为企业后续进行“开发性研发”奠定基础,进而促进企业自身研发投入增加。一般而言,与高校和研究机构的合作内容更具探索性,具有更少的竞争性。由此提出以下假设。

H4a:与公共研发机构(高校、研究机构)的合作研发活动对企业自主研发投入的激励效果更强。

H4b:与公共研发机构(高校、研究机构)的合作研发活动对企业自主自筹研发投入的激励效果更强。

(三)政府资助与合作研发的关系假设

政府资助与合作研发是政府激励研发投入的两种政策工具,那么二者的激励效果是否存在差异?学者们很少将二者视为两种对等的研发投入激励机制(Broekel, 2015)。因此,缺乏对两种机制激励效果进行对比的研究成果(Guisado等,2017)。尽管如此,还是有研究同时涉及这两种因素。Hinloopen(1999 & 2000),Petrakis和 Theotokyd(2002)采用博弈论方法,认为政府资助对竞争市场中的非合作企业研发投入[①](自主自筹研发投入)的激励效果,要优于对合作研发企业的激励效果。也就是说,政府资助相比合作研发更能够促进企业研发投入的增加,这一结论有其合理性。首先,政府资助属于第三方资金,而合作研发活动本身已经涉及企业的研发投入,合作研发的激励效果,事实上考

① 无研发活动的企业私人研发投入,也就是本文所指的自主自筹研发投入。

察的是企业合作研发对于创新投入的额外[①]激励。根据边际效应递减原则，政府作为外部的第三方资金支持与企业合作研发活动相比，其在绝对效果上占有优势具有合理性。其次，合作研发对于企业研发投入的激励作用，很大程度上依赖合作伙伴之间的知识溢出程度，以及企业的自身的吸收能力。按照这个逻辑，如果当前我国研发活动质量和企业自身的创新能力没有达到一定门槛，导致双方之间无法实现有效知识溢出，企业就无法有效利用知识溢出开展研发投资活动，合作研发表现出对企业研发投入较低的激励弹性也就更加合理。综上，对于政府资助和合作研发激励效果的对比研究我们提出以下假设。

H5：政府资助对企业自主自筹研发投入的激励水平大于合作研发活动。

由于合作研发具有提高知识溢出水平的优势，政府资助表现出对研发合作企业的资助偏好，那么政府资助与合作研发对企业研发投入的激励是相互独立的吗？如果不是，是互补还是替代的关系？换句话说，合作研发企业接受政府资助所激励的研发投入，会大于企业单独接受政府资助与单独参与合作研发活动的效果之和吗？政府资助合作研发的企业，会比资助非合作研发的企业产生更好的激励效果吗？讨论政府资助与合作研发的共同作用机制具有重要的实践意义。从政府资助效果的角度出发，如果政府资助效果的发挥，受企业合作研发活动状态的影响，并且这种影响是正向的，也就是说合作研发背景更有利于政府资助效果的发挥，那么政府资助合作研发是实现政府资助效果最大化的最优选择。但是，若政府资助效果受到合作研发活动的负向影响，那么就要考虑政府资助合作研发活动的合理性，因为资助此类企业尽管激励了企业的研发投入，但是没有最大化地发挥政府资金的作用。更负面的情况是，若这种负向的替代作用比较大，我们就要考虑负面影响的程度是否最终导致政府资助挤出企业研发投入，在这种情形下，政府资助的合作研发活动明显是不可取的。

基于上述阐述，本文对政府资助和合作研发活动在影响企业自主自筹研发投入过程中的关系进行分析。第一，从政府资助效果发挥的角度考察，政府资助的合作研发对企业来讲，能够在一定程度上解决单独政府资助下的知识成果外溢性问题，减少对非合作伙伴之间的技术溢出，增加从合作伙伴向自身的技术溢出。政府资助合作企业相对于非合作企业来讲，其研发投入积极性相对得以提高，因此合作研发会有利于政府资助效果的发挥。第二，企业开展合作研发，在降低自身研发成本和风险的同时，也从侧面反映了其参与研发活动的积极性（栾

① 相对于合作研发活动本身所涉及的企业研发投入。

强,2016),企业通过合作实现资源共享和能力互补,为政府发挥资助效应奠定良好基础。因此可以合理认为,在企业具有研发积极性、且主动寻求合作研发的情形下,政府的研发资助能够发挥更好的效果,政府资助与合作研发似乎是双赢的举措,即具有互补效应。另一方面,Hinloopen(1997&2000)通过博弈方法指出,政府资助对于合作企业与非合作企业的资助效果没有差异,也就是说政府资助与合作研发并没有互补效应,原因是研发企业双方存在产品市场上的合谋行为。事实上除了产品市场上合谋的可能性,合作研发也为合作双方在申请政府资助中的合谋行为以及机会主义行为提供了温床。其一,合作研发导致企业对企业信息辨别、审核的难度加大,企业与政府间的信息不对称程度增加,因此参与合作研发的企业可以通过合谋(夸大研发人员比例、研发成果的实际价值)来争取政府补贴(Katz,Ordover, 1990)。其二,当合作双方互为竞争者时,企业都希望从对方那里获取尽可能多的资源,同时又希望尽量减少自身研发努力(搭便车)和知识外溢的程度(Czarnitzki 等,2007),政府资助(公共研发资源)的存在可能会加剧此种合作研发下的机会主义行为(Love,Roper, 2001;原毅军等,2012)。总而言之,合作研发中信息不对称以及合作双方之间的竞争关系导致的合谋及机会主义行为,可能阻碍政府资助与合作研发在促进企业研发投入中互补关系的实现。

实证中,作者并未发现针对政府资助与合作研发共同作用机制的检验。但有少量针对其他创新因变量的互补关系检验,例如生产率(Guisado, 2017)。尽管如此,我们尝试通过梳理相关研究(将合作研发与政府资助纳入同一框架下的研究)得出关于两种政策关系的启示。Czarnitzki(2007)利用芬兰企业层面的数据,将政府研发与合作研发作为虚拟变量,使用倾向匹配得分法,分别检验了非合作非政府资助、合作非政府资助、非合作政府资助以及合作政府资助四种情形对企业研发投入的影响,政府资助非合作(系数为 2.224)与非政府资助合作(系数为 2.497)都能够有效激励企业研发投入,政府资助的合作情形下的激励系数[①]为 4.821,大于前面两种激励系数之和(4.721),意味着政府资助和合作研发对企业研发强度存在一定的互补作用,但作者似乎没有意识到这一现象,因而也未对其进行解释。Sakakibara(2001)研究中虽然没有直接检验政府资助与合作研发的互补作用,但作者聚焦政府资助的合作研发企业,并发现了政府资助对企业自筹研发投入的挤出效应。这个结论间接启示我们,政府资助和合作研发二

① 研究中作者并没有使用双对数模型,因此这里并非指弹性指标。

者可能并不存在互补关系，由于没有加入政府资助与合作研发的交乘项，合作研发对于政府资助效果的负向影响可能体现在政府资助的系数的方向上。上述的研究都是基于企业层面的数据，并且合作研发也限制在企业间。Broekel(2015)使用了行业层面的集合数据，探讨了合作研发项目的政府资助（项目数）与非合作研发项目政府资助（项目数）对于地区内创新绩效的影响（专利申请），作者发现政府对于合作研发项目的资助对地区创新绩效能够产生更好的影响，遗憾的是由于创新过程在合作研发和自主研发活动的不同，我们无法根据两种资助方式对创新产出的影响差异，推断出其对企业研发投入也存在相似的差异影响。综上分析，从目前相关领域的研究结论间接来看，政府资助与合作研发对于企业研发投入的影响机制之间是否存在互补效应具有不确定性，作为此效应检验的初探，本文在这里不对数据检验的结论作方向性预设，而认为政府资助与合作研发对企业自主自筹研发投入的影响，可能存在互补、替代和独立三种可能的关系。此外，本文的数据提供了合作研发的各项分类数据，因此对互补关系的研究包括合作研发整体及其分类与政府资助的关系检验，本文认为政府资助与合作研发的关系可能依合作类型的差异而变。

四、研究设计

（一）数据及变量说明

考虑数据可得性①以及避免统计口径差异②对回归结果的影响，本文选取2012—2017年的《中国科技统计年鉴》（以下简称“年鉴”）规模以上工业企业分行业面板数据。由于年鉴中各年行业数据及分类存在差异，故本文对行业的选取是以2017年年鉴中的38个国民经济行业大类为基础，以最终获得平衡的面板数据为原则，剔除“金属制品、机械和设备修理业”“其他制造业”，合并“汽车制造业”及“铁路、船舶、航空航天和其他运输设备制造业”为“交通运输设备制造业”，最终确定了35个行业。

变量的表征均对应年鉴中的原始数据，对变量及数据处理说明如下。

（1）因变量

企业研发投入。本文涉及三类研发投入指标。第一，企业自筹研发投入。根据统计局的相关指标解释，年鉴中R&D经费内部支出的企业资金由两部分构成：本企业的自有资金和合作研发活动涉及的资金。政府资助效果的研究多是基于这一数据指标，因此直接采用R&D经费内部支出中的来自企业资金部分来表征企业自筹研发投入。第二，企业自主研发投入数据使用企业R&D经费内部支出额减去R&D经费外部支出（合作研发活动涉及的研发投入）获得。第三，企业自主自筹研发投入变量。在年鉴中R&D经费内部支出企业资金的基础上，减去R&D外部支出数据，得到企业的自主自筹R&D投入。

企业R&D经费内部支出中，企业资金部分包括企业自有资金、接受其他企

① 由于行业和企业都处在不断发展变化中，故有必要使用最新的数据来反映当前两种政策工具的效果现状，但是《中国科技统计年鉴》2010年前无R&D经费外部支出数据，2011年无规模以上工业企业数据，2011年后大中型企业的数据不再统计。故本文只能选择统计年鉴2012—2017年的规模以上工业企业的统计数据。这一类别的数据目前未发现有其他学者使用。

② 2011年起，规模以上工业企业的统计最低标准，由销售收入500万元调整至2 000万元，规模以上工业企业比大中型工业企业统计口径更为全面。

业委托或合作而获得的经费，以及科研院所、高校等事业单位获得资金的实际支出。在行业层面的数据，包括行业内企业由于外部合作关系涉及的研发支出。为了剔除企业研发投入中由于合作研发活动所引致的研发投资，本文认为，产业层面研发内部支出中与合作研发活动相关的资金，可以由产业内的 R&D 经费外部支出表征，跨产业企业间合作研发活动可能使这一关系产生误差。但是误差的影响极小且可能性极低。理由是：首先，在我国，企业间合作研发在整个合作研发活动中占比很小，这在国家统计局研发投入的指标结构设置上有所体现[①]。以年鉴各年数据平均值为例，企业研发外部支出中，对境内高校和研究机构的支出，占总研发外部支出的 60%左右(其中 2012 年的数据占比最高为 62%)，而企业间的合作研发支出只是剩余 40%中的一部分。产业间的合作研发在我国研发活动中还未成为主流，因此有理由认为产业间合作研发的比例占比更低。其次，产业间合作研发的存在并不是误差产生的充分条件，两种数据产生差异的前提是行业内大部分企业与合作研发活动相关的资金收支不平衡，也就是说，需要行业内大部分企业在研发活动都主要承担资金收入或者支出方的角色。在企业实践中，可能有某个企业存在这种收入和支出的不平衡，但认为其代表行业内大部分企业的特征是不现实的。因此可以合理认为，R&D 经费内部支出中与合作研发有关的部分，可以由 R&D 经费外部支出代替。

(2) 自变量

① 政府资助。政府使用 R&D 经费内部支出中源于政府的部分表征。在政府资助效果的研究文献中，有学者提出政府资助变量的内生性问题，但是在本文情境下，政府资助可以作为外生变量进行处理。政府资助内生，主要是由于政府在选择资助对象时的非随机分配所致，政府在选择资助企业时可能会受企业及项目特点的影响，因此政府资助的外生性假设在企业层面的研究几乎不可接受。但是，在数据有更高的集合性(行业/国家)时，这一因素可以作为外生变量进行处理(Lichtenberg, 1984; Capron, Potterie, 1997;朱平芳，徐伟民，2003)。行业层面的研究中在模型构建时应该更加注重控制技术机会、创新能力等行业的异质性差异因素(David 等, 2000;李永，2014)，因为这些因素可能会对政府资助与企业研发投入产生共同的影响。事实上，控制重要的行业异质性变量以及使用固定效应模型已经在一定程度上解决了潜在的内生

---

① 《中国科技统计年鉴》中，研发经费外部支出的统计二级指标中，仅具体指出了对境内高校和研究机构的研发支出。

问题。

② 合作研发。参照栾强等(2016)的研究用企业 R&D 经费外部支出表征。年鉴中 R&D 外部支出指的是报告年度调查单位委托外单位或与外单位合作进行 R&D 活动而拨给对方的经费。因此,本文使用 R&D 外部支出数据表征企业合作研发活动,R&D 经费外部支出是目前可得数据中的表征合作研发较合理指标(《中国科技统计年鉴》2010 年后才有此类数据的统计),年鉴中针对支出去向的分类统计也有利于后续对不同合作研发的分类讨论。

(3) 控制变量

行业数据研究中,数据的集合性降低了不同企业间的个体差异及其对政府资助与企业自身研发投入关系的影响。因此,进行此类回归主要应该控制的是反映行业差异且共同影响政府资助与企业自身研发投入关系的因素(David, Hall, 2000),其中最重要的就是行业间的技术机会差异,技术机会可以理解为实现技术进步的可能性(Olsson, 2005)。首先,将行业研发强度作为反映行业间技术机会差异的变量进行控制,内部研发强度也在一定程度上反映了行业内企业的吸收能力,吸收能力在政府资助以及合作研发效果研究中是重要的控制变量,因为其决定了行业内企业有效利用政府资助所鼓励的技术溢出开展研发活动的能力,同时也影响企业利用合作中的技术溢出开展自主研发活动的能力,是影响企业研发投入和创新产出的重要变量,因此本文对不同行业的企业平均吸收能力进行控制。其次,政府在不同行业的资助强度存在差异,这样差异会影响政府资助效果的发挥(李永,2014),同时行业政府资助强度差异一定程度上反映了行业内技术机会和专有化收益性的外部条件(Levin, Reiss, 1984),政府可能更愿意将资金投入技术发展空间较大,且知识和技术的溢出效应也较大的行业,但是知识溢出的便利性一般与企业自主研发的积极性相悖,原因是此时企业采取非自主研发(技术购买、并购、合作研发)方式会带来更低研发成本和更高的研发收益。因此,本文同时将行业的政府资助强度作为影响政府资助效果发挥的重要变量以及反映行业知识溢出水平的变量进行控制。最后,参照以往的研究设计,将行业的企业平均主营业务收入的对数作为企业规模控制变量。

(4) 价格因素

为了消除价格因素的影响,本文对涉及研发投入的数据都用 R&D 价格指数平减为 2012 年的不变值,主营业务收入用工业品出厂价格指数平减为 2012 年的不变值。R&D 价格指数的具体处理方法如式(1.1):

$$X = \frac{X^*}{I} \tag{1.1}$$

式中 X—— 实际指标；

X^*—— 名义指标；

I—— 价格指数。

关于R&D价格指数的计算，考虑R&D支出主要用于日常支出（主要包括研发人员工资）和资产性支出（主要包括固定资产投资），因此本研究的R&D指数由消费价格指数（CPI）和固定资产投资价格指数（FAI）加权而成，其中权重的计算使用了研究年份数据中平均日常支出与平均资产性支出的比例确定，R&D价格指数＝0.88CPI＋0.12FAI。主营业务收入同样用工业品出厂价格指数平减为2012年不变值，计算所需的价格指数来自《中国统计年鉴》。此外，为了考察弹性指标并使数据更加平稳，本文对除研发强度和政府资助强度之外的变量都做了对数处理，用变量前缀LN表示。

（二）回归模型

本文包括三个研究情境：①政府资助效果的研究，研发投入使用传统的企业自筹研发投入与本文提出的自主自筹研发投入进行对比回归；②合作研发效果研究，研发投入使用企业自主研发投入与自主自筹研发投入进行对比回归；③政府资助与合作研发在促进企业研发投入时的关系研究。本文由于同时考虑了政府资助与合作研发，因此在因变量选择时取企业自主自筹研发投入的概念，包括两个方面原因。第一，政府资助的对象因不仅包括独立研发的企业，也包括合作研究开发项目。因此当使用自筹研发投入作为解释变量时，由于自筹研发投入中的研发资金未排除合作研发活动的相关投入，合作研发的效果估计会产生偏差。第二，当因变量采用独立研发投入的概念时，政府资助效果的估计是有偏的，因为独立研发活动相关研发支出包括来自政府的部分资金。所以，在将政府资助和合作研发纳入统一框架下考量时，选择使用自主自筹研发投入作为因变量。

回归模型在白俊红（2011）的研究基础上按照本文的研究目的进行改进。包括：因变量（各类研发投入）、关注的解释变量（政府资助/合作研发/政府资助与合作研发）、控制变量cons、随机误差项ε、不随时间变化的个体（行业）效应η、不随个体变化的时间效应μ、常数项c。下面按照研究问题对各个模型的特殊部分

进行重点解释。

（1）政府资助对企业自筹研发投入/自主自筹研发投入的影响(假设 H1—H2)

M1a：

$$LNRDEP_{it} = c + a\ LNRDG_{it} + b\ LAGLNRDG_{it} + cons + \eta_i + \mu_t + \varepsilon_{it}$$

M1b：

$$LNRDEIP_{it} = c + a\ LNRDG_{it} + b\ LAGLNRDG_{it} + cons + \eta_i + \mu_t + \varepsilon_{it}$$

其中，RDEP 为企业自筹研发投入，RDEIP 为企业自主自筹研发投入，RDG 为政府资助，LAG 表示一阶滞后①，LN 表示取对数运算。两个模型的差异主要体现在因变量，二者的差异除了直接体现政府资助对于不同研发投入的影响外，还间接反映了政府资助对企业研发活动(自主/合作)研发活动的作用差异。

（2）合作研发对企业自主研发投入/自主自筹研发投入的影响(假设 H3—H4)

$$M2a：LNRDEI_{it} = c_j + a_j\ LNRDC_{itj} + cons + \eta_i + \mu_t + \varepsilon_{it}$$

$$M2b：LNRDEIP_{it} = c_j + a_j\ LNRDC_{itj} + cons + \eta_i + \mu_t + \varepsilon_{it}$$

其中，RDEI 为企业自主研发投入，变量 j 表示不同类型的合作研发(高校、研究机构、其他自主)。一般认为，与高校和研究机构的合作研发更加具备探索性合作(Explorative collaboration)特征，因为这种合作更加注重进入商业化开发阶段前的相关知识和技术的研究；而与供应商和客户的合作则更倾向于通过"改革"方案来保存、完善现有产品和技术，倾向于以开发性合作(Exploitative collaboration)为导向。企业间的合作研发既可以是基于科学知识和技术的生产，也存在改进现有技术、更新过程、产品等可能性。一般说来，与高校和研究机构相对比，企业的科研能力相对较弱，且具有更明显的短期逐利性。同时，同行企业间往往存在竞争关系。故企业之间的合作研发可能更多集中于对研发资源要求较低，且短期获利可能性较大的开发性研究。

（3）合作研发和政府资助对企业自主自筹研发投入的影响

M3a：

$$LNRDEIP_{it} = c_j + a_j\ LNRDG_{it} + b_j\ LAGLNRDG_{it} + c_j\ LNRDC_{itj} + cons + \eta_i + \mu_t + \varepsilon_{it}$$

① 模型预处理中发现政府资助的二阶滞后项并不显著，遂剔除；LAG 前缀在下文中均表示一阶滞后，不再赘述，LN 同理。

M3b：

$$LNRDEIP_{it}=c_j+a_j\ LNRDG_{it}+b_j\ LAGLNRDG_{it}+c_j\ LNRDC_{itj}+d_j(LNRDG_{it}\cdot LNRDC_{itj})/e_j(LAGRDG_{it}\cdot LNRDC_{itj})+cons+\eta_i+\mu_t+\varepsilon_{it}$$

为检验合作研发、政府资助对企业自主自筹研发投入(RDEIP)的影响，本文在政府资助效果模型(M1)的基础上增加了合作研发及其分类变量。通过对政府资助以及合作研发变量前的系数进行直接对比，可以直观比较两种政策效果的差异。关于互补关系的检验，采用经典的交互项办法。具体操作方法是，将政府资助与合作研发变量的交乘项加入模型中，如果交互项显著为正，那么可以认为政府资助与合作研发两种政策相互补充，可以产生 1+1>2 的互补关系。同样的逻辑，如果交互项系数为负，那么两种研发政策的作用存在相互替代的效果，合作研发活动(政府资助行为)对政府资助(合作研发活动)的激励效果产生负向的影响，二者共同作用效果小于各自独立作用效果之和。

（三）估计策略

本文采用了 35 个行业连续 6 年的数据，属于典型的平衡短面板。估计面板数据的一个极端策略是将其看作截面数据进行回归，即混合回归，这样的回归假设所有的个体(行业)都有完全相同的回归方程，这种情形下忽略了个体间不可观测或者遗漏的差异变量，而一旦该变量与解释变量相关，就会导致估计不一致。但是如果为每个体估计单独的方程需要大量的数据，不合适本文情境，因此本文采用折中的处理办法，假设不同个体(产业)回归具有相同的斜率，允许有不同的截距，因此不同个体的异质性截距项就被加入误差项中。如果异质性截距项与解释变量无关，称为随机效应模型(RE)，但实践中这种假设难以得到满足，也就是说，模型中不可观测或者遗漏的变量可能与解释变量相关，这种情况下需要进行模型转换①，消去异质性截距项来获得一致性估计，也就是所谓的固定效应模型(FE)。尽管如此，以上仅是对本文的主观推断，最后选择混合回归、固定效应还是随机效应模型则基于数据检验的结论(陈强，2014)。模型回归均遵循

① 例如，将个体数据对时间取平均，与原方程作差，可以消去不随时间变化但与解释变量相关的异质性截距项。

以下原则。

第一，检验是否存在个体效应，即个体效应回归是否优于混合回归。

第二，若第一步检验的结果显示应该使用个体效应模型，再次进行数据检验对固定效应或者随机效应模型进行选择。个体效应模型内部的选择要根据数据是否存在异方差而定，如果存在异方差，传统的 Hausman 检验将失效，这时应选择 Wooldridge（2010）提出的辅助回归进行检验，stata 中提供了非官方的 xtoverid 命令（陈强，2014）。

第三，对回归数据进行异方差、自相关以及序列相关的检验，并报告修正异方差-序列相关-截面相关情形的标准误（xtscc）作为实验结果的稳健型检验。根据 Driscoll 和 Kraay（1998）的思想，将 White-Newey 估计扩展到面板数据中，以解决面板数据中存在的异方差、序列相关和截面相关问题。这一检验在短面板数据中仍然适用（Hoechle，2007），Driscoll 和 Kraay 的方法报告的显著性水平，是修正异方差、自相关即序列相关后的显著性水平，因此在数据存在上述问题时更加可靠。

五、回归结果分析

在判断使用混合回归还是固定效应模型时，因采用固定效应模型回归的 F 检验均显著拒绝原假设“个体效应为零”，故只选用个体效应模型。在判断固定效应是否优于随机效应时，由于检验（xttest3 命令）到异方差，故 hausman 失效，随后又选择 Wooldridge(2010)提出的辅助回归检验（xtoveriod 命令），结果都显著拒绝了使用随机效应模型，因此全部回归均报告固定效应模型的回归结果。另外，由于存在异方差，显著性的计算基于修正的异方差的稳健性标准误。但是回归模型本身不仅存在异方差，还同时存在面板自相关和截面相关的问题。固定效应模型的稳健性标准误无法修正上述问题，因此我们同时报告 Driscoll 和 Kraay 稳健性标准误作为回归结论的稳健性检验。变量的描述性统计如表 1.1 所示。

表 1.1 变量的描述性统计

	变量名	平均值	标准差	最小值	中位数	最大值
因变量	LNRDEP	13.667	1.546	9.346	13.69	16.557
	LNRDEI	13.656	1.557	8.998	13.704	16.532
	LNRDEIP	13.604	1.556	8.886	13.664	16.463
自变量	LNRDG	10.007	1.876	4.796	10.181	14.046
	LNRDC	10.466	1.727	6.504	10.698	14.260
	LNRDCU	9.057	1.648	4.620	9.395	11.812
	LNRDCS	9.539	1.730	4.460	9.630	13.892
	LNRDCE	0.007	2.159	1.609	9.316	13.741
控制变量	RDD	0.032	0.005	0.0004	0.005	0.021
	GFD	0.032	0.024	0.001	0.027	0.027
	LNES	10.402	0.982	9.209	10.127	13.694

（一）政府资助效果检验

政府资助效果检验涉及的研发投入包括自筹研发投入和自主自筹研发。

表 1.2 分别列举了政府资助对两种研发投入效果的影响，同时展示了加入政府资助滞后项前后的回归结果。从结果中可以看出：①无论是对自筹研发投入还是自主自筹研发投入来说，加入政府资助的一阶滞后项后，模型的解释力（调整的 R^2）都有所提高，更重要的是政府资助的效果弹性都有所降低，其中对自主研发投入的激励弹性由 0.521 降至 0.371，对自主自筹研发投入的激励弹性由 0.535 降至 0.391，说明忽略政府资助的滞后项会夸大政府资助的效果，支持了政府资助存在滞后性的假设。②从资助弹性大小来看，政府资助前的各项系数均显著为正，表明政府资助对企业研发投入具有正向的影响，政府增加 1%的资助可以促进企业增加 0.391%（0.371%）的自主自筹研发投入（自筹研发投入），上期政府资助每增加 1%，本期企业研发投入增加0.118%（0.107%）的自主自筹（自筹）研发投入。③政府资助对于企业自主自筹研发投入的激励效果（0.391）要大于对企业自筹研发投入的激励效果（0.371），企业自筹研发投入中的“合作研发投入杂质”[①]降低了政府的激励效果，政府资助的一阶段滞后项显示了同样的效果差异（0.118＞0.107）。因此符合本文在假设部分的推断，政府资助对自主研发活动与合作研发活动的激励效果存在差异，对自主研发中的企业投入的激励要大于合作研发中的企业投入。表 1.3 是稳健性检验的结果，显著性水平没有变化，第一部分的假设 H1—H2 全部得到支持。

表 1.2　政府资助效果检验

研发投入类别	自筹 (1)	自筹 (2)	自主自筹 (3)	自主自筹 (4)
LNES	0.619***	0.605***	0.628***	0.588***
	(5.20)	(4.10)	(5.24)	(5.39)
RDD	55.336**	67.298***	57.395**	67.933***
	(2.38)	(3.06)	(2.72)	(3.65)
GFD	−13.619***	−9.688***	−14.903***	−10.452***
	(−5.70)	(−4.56)	(−4.69)	(−5.69)
LNRDG	0.521***	0.371***	0.535***	0.391***
	(8.38)	(6.91)	(8.11)	(7.30)

① 自主自筹研发投入，指自筹研发投入中剔除合作研发活动涉及的研发投入。

续 表

研发投入类别	自筹 (1)	自筹 (2)	自主自筹 (3)	自主自筹 (4)
LAGLNRDG		0.107***		0.118***
		(4.07)		(4.04)
_cons	2.084*	2.473*	1.815	2.299***
	(1.70)	(1.95)	(1.61)	(2.74)
N	210	175	210	175
Within R^2	0.847	0.850	0.834	0.865
adj.R^2	0.844	0.845	0.831	0.861
F	88.525	76.750	97.012	105.482

注：* $p<0.1$，** $p<0.05$，*** $p<0.01$。

表 1.3　政府资助效果的稳健性检验

研发投入类别	自筹 (1)	自筹 (2)	自主自筹 (3)	自主自筹 (4)
LNES	0.619***	0.605***	0.628***	0.588***
	(36.39)	(24.35)	(29.50)	(18.46)
RDD	55.336***	67.298***	57.395***	67.933***
	(3.17)	(5.77)	(3.29)	(8.21)
GFD	−13.619***	−9.688***	−14.903***	−10.452***
	(−11.56)	(−13.84)	(−11.44)	(−14.29)
LNRDG	0.521***	0.371***	0.535***	0.391***
	(6.62)	(8.57)	(7.20)	(8.15)
LAGLNRDG		0.107***		0.118***
		(6.44)		(8.11)
_cons	2.084***	2.473***	1.815***	2.299***
	(3.46)	(6.28)	(2.84)	(5.12)
N	210	175	210	175
Within R^2	0.8474	0.8496	0.8339	0.8646
F	641.292	8 337.072	3 333.099	3.2e+04

注：* $p<0.1$，** $p<0.05$，*** $p<0.01$。

（二）合作研发效果检验

在合作研发活动对企业研发投入效果的检验中，采用企业自主研发投入和自主自筹研发投入概念。表 1.4 的回归结果显示：①合作研发（LNRDC）前的系数虽然为正，但是并不显著，假设 H3a 和 H3b 均未得到支持，但这并不意味着合作研发对企业研发投入没有影响。②考虑造成不显著的原因可能是合作研发活动异质性的影响，因此本文继续将合作研发活动分为与高校的合作研发（LNRDC）、与研究机构的合作研发（LNRDCS）以及与企业的合作研发（LNRDCU）。其中与高校的合作研发对企业自主研发投入（0.158）以及自主自筹研发投入（0.154）都呈现了显著的激励效果；与企业的合作研发也能够激励企业自主研发（0.057）和自筹研发投入（0.056）的增加。与高校合作研发活动的激励弹性约为与企业合作弹性的 2 倍，意味着与高校的合作研发活动能够会发挥更好激励企业研发投入的效果。假设 H4 得到部分支持。③与高校合作或与企业合作，对两种企业研发投入的影响均无显著差别。从侧面考虑，自主研发投入中的“政府资金”杂质并未对合作研发的激励效果产生显著影响。④与研究机构的合作中显示了未预计到的不显著的负向影响，但在稳健性检验（表 1.5）中发现了显著的负向结果，与研发机构的合作对企业研发投入没有正向的激励作用，相反可能产生负面的挤出效应。

表 1.4　合作研发效果检验

研发投入类型	自主 (1)	自主 (2)	自主自筹 (3)	自主自筹 (4)
LNES	0.969***	0.877***	0.982***	0.888***
	(5.64)	(6.80)	(5.66)	(6.79)
RDD	120.286***	135.419***	121.457***	136.459***
	(4.02)	(4.29)	(4.05)	(4.31)
GFD	−6.346***	−6.401***	−7.670***	−7.718***
	(−3.48)	(−3.73)	(−4.16)	(−4.43)
LNRDC	0.079		0.070	
	(0.81)		(0.71)	
LNRDCU		0.158**		0.154**
		(2.22)		(2.14)

续　表

研发投入类型	自主 (1)	自主 (2)	自主自筹 (3)	自主自筹 (4)
LNRDCS		−0.061		−0.066
		(−0.87)		(−0.94)
LNRDCE		0.057**		0.056**
		(2.43)		(2.37)
_cons	2.143	2.455*	2.091	2.421
	(1.34)	(1.71)	(1.29)	(1.66)
Within R^2	0.685	0.724	0.700	0.736
F	34.333	27.401	36.122	28.478

注：* $p<0.1$，** $p<0.05$，*** $p<0.01$。

表 1.5　合作研发效果的稳健性检验

研发投入类型	自主 (1)	自主 (2)	自主自筹 (3)	自主自筹 (4)
LNES	0.969***	0.877***	0.982***	0.888***
	(23.62)	(16.94)	(23.49)	(16.52)
RDD	120.286***	135.419***	121.457***	136.459***
	(7.47)	(10.25)	(7.65)	(10.35)
GFD	−6.346***	−6.401***	−7.670***	−7.718***
	(−3.78)	(−3.38)	(−4.55)	(−4.06)
LNRDC	0.079***		0.070***	
	(7.33)		(6.82)	
LNRDCU		0.158***		0.154***
		(4.36)		(4.20)
LNRDCS		−0.061**		−0.066**
		(−2.16)		(−2.41)
LNRDCE		0.057**		0.056**
		(2.48)		(2.43)
_cons	2.143***	2.455***	2.091***	2.421***
	(6.24)	(7.64)	(5.92)	(7.39)
Within R^2	0.685	0.724	0.700	0.736
F	2 352.064	3.5e+05	2 506.446	8.0e+05

注：* $p<0.1$，** $p<0.05$，*** $p<0.01$。

对研发机构前的系数不显著甚至为负的原因，有以下几点分析：第一，高校和研究机构的研究内容应该主要是基础研究和应用研究，企业与高校及研究机构的合作对于企业研发积极性的影响，主要依赖高校显性或隐性的知识溢出，知识溢出通过降低企业研发成本促进企业增加研发投入。高校对企业研发积极性的影响还体现在企业学习的需要，企业有效利用来自高校的知识溢出的能力，依赖于企业自身的吸收能力，而吸收能力主要通过企业的研发基础体现，因此企业学习和利用高校的知识的需要也会促进企业自身研发投入的增加。但是研究机构与高校相比，其研发活动更多地集中在试验开发阶段，笔者查阅《中国科技统计年鉴》中有关高校和研究机构开展研发活动的基本情况后发现，自 2008 年以来，高校用于试验发展的经费从最初的 25％左右下降到 2016 年的 10％，但是研发机构中的试验发展支出确常年保持在 55％～58％的比例。这意味着，研究机构与企业的技术差距以及知识外溢程度降低，企业吸收和关联外部知识的需要也相应降低。第二，研究机构开发性的研究占比高，处于技术链条末端，企业难以利用合作中的知识溢出开展基础研究或者应用研究工作。研究机构提供的可以直接面向市场的试验发展成果，导致企业更加依赖与研发机构的合作，却缺少自身研发投入的动力，因此与研究机构的合作可能会挤出企业的自主研发投入。第三，研究机构尤其是以共性技术研究为主的研究机构实施企业化运作，在一定程度上形成了与企业的竞争关系，竞争关系下的合作不但进一步阻碍了研究机构到企业的知识溢出，同时也容易引发企业的搭便车行为，导致企业研发投入减少。第四，企业与研究机构合作强度远远小于与高校的合作，同样根据《中国科技统计年鉴》的数据，高校研发支出中有 28％～36％的资金源自企业，而研究机构中的这一比例仅占 2％～3％，这一悬殊的比例差异也可能是造成与研究机构合作对企业研发投入影响不显著甚至产生负向影响的原因之一，也反映了当前我国企业与研究机构之间可能存在较多的竞争关系。余伟婷(2017)在探讨政府资助公共研发机构对企业的影响时，发现政府投资高校对企业研发投入有杠杆作用，但投资研究机构则会挤出企业的研发投入，这一研究结合本文的结论，启示当前我国研究机构运作机制和作用发挥还存在问题，值得后续的深入研究。

（三）政府资助与合作研发的互补关系检验

1. 政府资助与合作研发效果

表 1.6 和表 1.7 展示了将政府资助与合作研发纳入同一框架下的回归和稳

健性检验的结果，解释变量均为自主自筹研发投入。列(1)和列(2)检验了假设两种政策工具相互独立情形下(未加入交乘项)政府资助与合作研发的效果。其中列(1)中合作研发(LNRDC)作为一个整体对企业研发投入的效果为正(0.044)，但是系数并不显著，这可能是由于各类别(与高校、与研究机构、与企业)的合作研发活动的异质性问题。因此，本文依旧将合作研发活动进行分类回归[列(2)]，结果显示了与高校合作研发及与企业合作研发对企业自主自筹研发投入具有显著激励效果，激励弹性分别为 0.058 和 0.016，也就是说企业与高校合作研发投入每增加 1%，企业自主自筹研发活动投入增加 0.058%，企业间合作研发投入每增加 1%，促进企业自主自筹研发活动投入增加 0.016%，合作研发与政府资助共同考量的情形下，与研究机构合作研发活动依然无法激励企业自主自筹研发投入的增加，这与单独检验合作研发活动(表 1.4 与表 1.5)的结论一致，同时，与高校的合作研发活动相比，与企业研发的合作研发活动对企业自主自筹研发投入的激励性更强，进一步部分支持了假设 H4。

把政府资助变量与合作研发整体变量以及分类变量共同回归的过程中，其当期(0.384 和 0.373)及一阶段滞后(0.113 和 0.106)都呈现了显著正向影响，这也与单独研究政府资助效果(表 1.2 和表 1.3)时的结论一致，进一步支持了假设 H1b 和假设 H2b。政府资助以及一阶滞后项对企业的自主自筹研发投入具有正向的激励作用。此外，将政府资助与合作研发纳入同一个模型中，可以让我们对两种促进企业研发投入的政策手段进行直观对比。模型 M1 中政府资助弹性 0.384 显著大于合作研发的整体效果 0.044。在模型 M2 中，与高校、研究机构及企业的合作研发活动的系数分别为 0.058、0.004 及 0.016 都显著小于政府资助的效果(0.373 和 0.106)，支持了前文关于假设 H5 分析。

表 1.6 政府资助与合作研发的交互作用检验

研发投入	自主自筹 (1)	自主自筹 (2)	自主自筹 (3)	自主自筹 (4)	自主自筹 (5)	自主自筹 (6)
LNES	0.571***	0.573***	0.616***	0.601***	0.603***	0.614***
	(5.52)	(5.69)	(4.77)	(5.67)	(4.99)	(4.81)
RDD	66.564***	75.381***	70.841***	79.002***	69.035***	69.813***
	(3.54)	(3.96)	(4.00)	(4.14)	(3.78)	(3.72)
GFD	−10.412***	−10.132***	−9.768***	−9.854***	−10.235***	−9.632***
	(−5.93)	(−5.84)	(−5.43)	(−6.14)	(−5.15)	(−5.29)

续　表

研发投入	自主自筹 (1)	自主自筹 (2)	自主自筹 (3)	自主自筹 (4)	自主自筹 (5)	自主自筹 (6)
LNRDG	0.384***	0.373***	0.337***	0.352***	0.370***	0.336***
	(7.34)	(7.69)	(6.58)	(7.90)	(6.53)	(6.27)
LAGLNRDG	0.113***	0.106***	0.118***	0.120***	0.129***	0.124***
	(3.87)	(3.52)	(2.95)	(3.37)	(3.48)	(3.40)
LNRDC	0.044		0.033			
	(1.28)		(0.87)			
LNRDCU		0.058*		0.065*		
		(1.90)		(1.87)		
LNRDCS		0.004			0.011	
		(0.20)			(0.60)	
LNRDCE		0.016*				0.007
		(1.70)				(0.46)
LNRDG_RDC			−0.019*			
			(−1.80)			
LAGLNRDG_RDC			0.000			
			(0.03)			
LNRDG_RDCU				−0.008		
				(−0.68)		
LAGLNRDG_RDCU				0.007		
				(0.81)		
LNRDG_RDCS					−0.016	
					(−1.43)	
LAGLNRDG_RDCS					0.007	
					(0.60)	
LNRDG_RDCE						−0.018*
						(−1.99)
LAGLNRDG_RDCE						0.007
						(0.95)

续 表

研发投入	自主自筹 (1)	自主自筹 (2)	自主自筹 (3)	自主自筹 (4)	自主自筹 (5)	自主自筹 (6)
_cons	2.144***	1.986**	2.217**	1.858**	2.152**	2.444***
	(2.75)	(2.61)	(2.58)	(2.38)	(2.36)	(2.87)
N	175	175	175	175	175	175
Within R^2	0.867	0.873	0.873	0.872	0.869	0.872
adj.R^2	0.863	0.867	0.867	0.866	0.862	0.866
F	92.345	91.928	118.033	95.860	91.512	136.043

注：* $p<0.1$，** $p<0.05$，*** $p<0.01$。

表 1.7　政府资助与合作研发的交互作用稳健性检验

研发投入类型	自主自筹 (1)	自主自筹 (2)	自主自筹 (3)	自主自筹 (4)	自主自筹 (5)	自主自筹 (6)
LNES	0.571***	0.573***	0.616***	0.601***	0.603***	0.614***
	(17.87)	(16.09)	(16.63)	(14.01)	(16.86)	(14.13)
RDD	66.564***	75.381***	70.841***	79.002***	69.035***	69.813***
	(8.21)	(10.03)	(8.90)	(14.19)	(7.67)	(7.95)
GFD	−10.412***	−10.132***	−9.768***	−9.854***	−10.235***	−9.632***
	(−15.61)	(−15.62)	(−20.47)	(−18.31)	(−14.31)	(−17.44)
LNRDG	0.384***	0.373***	0.337***	0.352***	0.370***	0.336***
	(8.57)	(8.82)	(10.17)	(11.60)	(8.25)	(9.47)
LAGLNRDG	0.113***	0.106***	0.118***	0.120***	0.129***	0.124***
	(7.46)	(6.78)	(7.37)	(7.31)	(7.81)	(8.77)
LNRDC	0.044***		0.033*			
	(3.35)		(1.83)			
LNRDCU		0.058***		0.065***		
		(3.59)		(4.32)		
LNRDCS		0.004			0.011	
		(0.72)			(1.08)	
LNRDCE		0.016***				0.007
		(2.84)				(0.65)
LNRDG_RDC			−0.019***			
			(−5.81)			

续　表

研发投入类型	自主自筹 (1)	自主自筹 (2)	自主自筹 (3)	自主自筹 (4)	自主自筹 (5)	自主自筹 (6)
LAGLNRDG_RDC			0.000			
			(0.12)			
LNRDG_RDCU				−0.008**		
				(−2.04)		
LAGLNRDG_RDCU				0.007*		
				(1.76)		
LNRDG_RDCS					−0.016***	
					(−8.84)	
LAGLNRDG_RDCS					0.007**	
					(2.19)	
LNRDG_RDCE						−0.018***
						(−3.16)
LAGLNRDG_RDCE						0.007***
						(2.97)
_cons	2.144***	1.986***	2.217***	1.858***	2.152***	2.444***
	(4.20)	(3.06)	(4.33)	(3.87)	(4.31)	(4.60)
N	175	175	175	175	175	175
Within R^2	0.867	0.873	0.873	0.872	0.869	0.872
F	2 422.793	1 550.940	595.984	6 083.403	7 062.841	1.1e+04

注：* $p<0.1$，** $p<0.05$，*** $p<0.01$。

2. 政府资助与合作研发的互补关系

然而现实中，关于政府资助与合作研发两种政策相互独立的假设可能无法满足，政府资助与合作研发共同作用情形时可能会影响各自对企业研发投入效果的发挥。因此列(3)～列(6)是针对政府资助与合作研发互补关系的检验。其中，列(3)检验了政府资助与合作研发整体的交互作用，列(4)～列(6)依次检验了政府资助与各高校、研究机构、企业合作研发的交互作用。加入交互项的目的，是为了检验政府资助与合作研发作为激励企业研发投入的两种政策手段之间的关系(是独立、互补还是替代)。存在互补关系依据的是两个变量的交互项

的方向和显著性，如果交互项显著为正，可以认为两个因素之间存在互补关系，即政府资助合作研发的企业对企业研发投入的激励效果，大于单独实施两种政策效果之和。相反，当交互项系数显著为负，政府资助与合作研发的效果是互相替代的。因此，政府对合作研发企业的资助效果可能会小于非合作研发企业，这样就需要考虑政府资助合作研发活动的合理性和效率问题。同样，如果交互项系数非常小且不显著，政府资助和合作研发两种政策对于企业研发投入的影响是相互独立的。政府资助对合作研发企业的资助效果与非合作研发企业没有差异。此外，由于政府资助效果的滞后性，研究同样加入了上期政府资助与合作研发活动的交互项。

本期政府资助与合作研发的交互项作用。在列(3)中，本期政府资助与合作研发整体的交互项系数显著为负(－0.019)，一阶滞后项约为零且不显著，稳健性检验报告的显著性更高，因此当期政府资助与合作研发具有显著的替代关系而非互补关系。这一现象从政府资助效果的角度来看，合作研发的存在使政府资助对企业自主自筹研发投入的激励效果打了折扣，企业越积极地参与外部研发活动，政府资助的效果就越弱。结论就是：政府资助合作企业的资助效果要小于对非合作企业的资助效果，政府资助合作研发活动并不是政府资金配置的最优选择。由于企业合作研发对象的多样性，本文进一步细化研究了政府资助与不同类型的合作研发活动的关系。列(4)和列(5)分别加入了政府资助与企业-高校合作研发，以及与企业-研究机构合作研发的交互项，两种合作研发活动与政府资助的交互项都是负的，仅稳健性检验(表 1.7)的结果显著(－0.008，－0.016)，因此政府资助与高校及研究机构的合作均存在替代关系。列(6)同样显示了企业间的合作研发活动与政府资助之间的显著替代关系(－0.018)，稳健性检验的结果依然显著。因此，企业间的合作研发活动显著降低了政府资助的效果，使得政府资助的合作研发活动对于企业自主自筹研发投入的激励小于两种政策工具单独作用之和。从合作研发调节政府资助效果[①]角度出发，政府资助自主研发的企业，相对于资助合作研发活动的企业，能够实现更好的激励效果。事实上，政府资助效果研究部分的假设 H1b 得到验证，也侧面支持了本文的结论，假设 H1b 认为政府资助对企业自筹研发活动的激励效果小于对自主自筹研发投入的激励效果。也就是说，政府资助对企业自筹资金中的"合作研发杂质"的激励效果小于对自主研发活动的激励效果，这从侧面反映了政府资助和

① 政府资助系数显著，所以选择这个角度解释交互作用。

合作研发活动在激励企业研发投入过程中可能存在的替代关系。为了更直观地展示合作研发与政府资助两种政策工具之间的替代关系，我们从合作研发调节的角度画出了(stata 中的 Interflex 命令)政府资助与合作研发作用机制的关系图。

从图 1.7—图 1.10 中可以看出，合作研发活动对于政府资助效果是负向调节作用，随着企业合作研发程度增加，政府资助的弹性下降，政府资助与合作研发两种机制在激励企业研发投入的效果上是相互替代的。此外，从三个交互作用的大小中我们发现一些规律：政府资助与高校、研究机构及企业的交互系数(斜率)逐渐降低(−0.008>−0.016>−0.018)，也就是说企业间的合作研发对

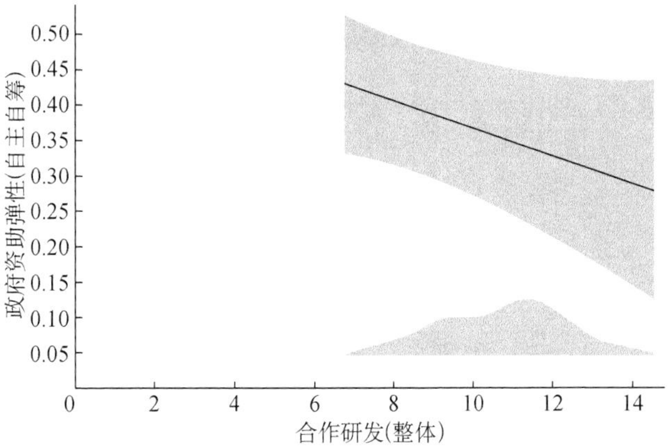

图 1.7　合作研发(整体)对政府资助效果的调节作用

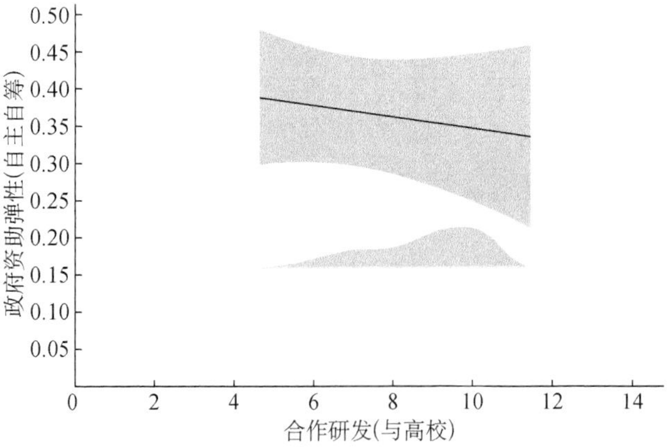

图 1.8　合作研发(与高校)对政府资助效果的调节作用

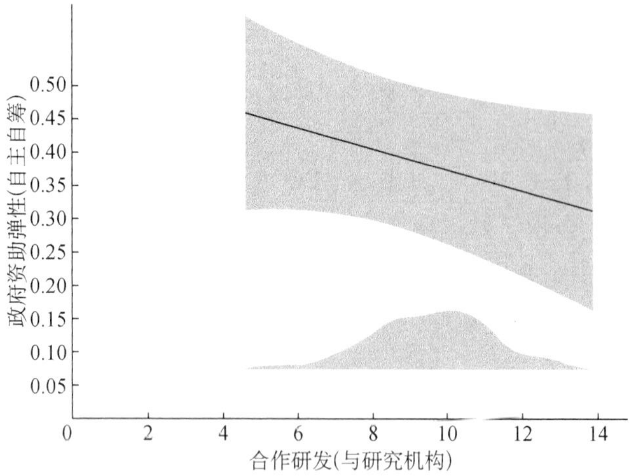

图 1.9　合作研发(与研究机构)对政府资助效果的调节作用

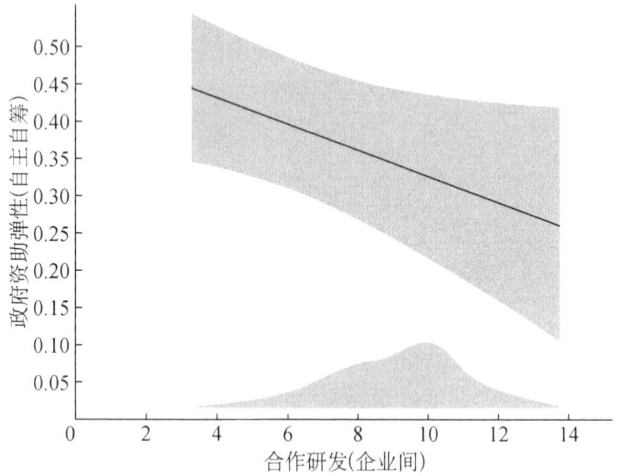

图 1.10　合作研发(企业间)对政府资助效果的调节作用

政府资助效果的削弱程度最大,其次是与研究机构和高校的合作。这一现象符合逻辑:第一,本文在论述政府资助和合作研发两种机制可能存在的互补或替代关系时,指出替代效果产生的原因主要是企业间合谋及机会主义行为,如政府资助会诱导产生或者加剧合谋以及机会主义行为,如企业之间通过合谋(例如虚报研发人员比例)等来获得政府资助,政府资助合作研发活动的效果降低也就不足为奇。第二,按照这个逻辑,企业与研究机构和高校因为存在较少的竞争关系,

且高校和研究机构相对企业有更加充足的政府资金支持，减少了其与企业合谋以获取政府资助的动机，合作研发即使会与政府资助产生替代关系，其大小也应该低于企业间合作情形下的替代强度。因此我们看到与高校合作研发和政府资助的交乘项系数仅为－0.008，这种替代效果是十分微弱的。另外，与研究机构合作及与企业合作研发同政府资助交乘项的大小相近(0.016 与 0.018)，与研究机构的合作及与企业的合作对政府资助效果具有近似的削弱作用，这个结果从侧面反映了与研究机构合作可能负向影响企业研发投入结论的合理性。在我国，企业与研究机构的合作并没有产生促进企业研发投入的作用，政府在资助此类合作的时候的激励效果也被较大程度地削弱(相对于与高校的合作研发活动)。

对于合作研发与政府资助一阶滞后项的关系，表 1.6 中各项系数为正但均不显著。稳健性情形下(表 1.7)的各个交互项(合作研发整体与各类别的合作研发)系数都显著为正，因此可能存在互补关系。关于政府滞后与合作研发产生互补而非替代关系的原因，主要是由政府资助的滞后效果通过促进企业当期研发活动开展后增加的组织对研发活动的承诺实现，因此相比当期的政府资助，滞后一期的政府资助消除了“政府资金(公共资源)”对于合作双方之间合谋及机会行为的诱导，替代因素减少后，政府资助的一阶滞后与合作研发活动产生了互补关系，但是合作研发对一阶滞后政府资助效果的强化作用几乎可以忽略，其中最大的仅为 0.007，且由于未在原始检验中(表 1.6)中发现显著性的结果，本文不对政府资助滞后与合作研发的回归作结论性的阐述或相关政策延伸。

六、总　结

各国政府一直在寻求促进产业研发投入的有效方式。在这一问题上，两种政策手段被广泛采用。一是政府对企业研发进行资助，二是允许企业开展合作研发活动。虽然已经有很多学者分别对政府资助和合作研发对企业研发投入的影响进行了研究，但是这两块研究是割裂的。特别是，没有理论或者实证研究对政府资助和合作研发在影响企业研发投入中的互补或替代效应关系进行直接讨论；关于合作研发活动，学者更多地从合作整体或某类合作研发（企业间或者产学研合作）的角度考察其对创新变量的影响，缺乏对合作研发整体及其所包含的各类研发活动的比较讨论；学者们在研究企业研发投入的影响因素使用的研发投入表征变量也存在异质性问题。因此，在讨论或比较合作研发与政府资助对企业研发投入的效果时，对于企业研发投入的理解往往模糊不清甚至是混乱的。基于以上主要局限，本文首先界定了本文情境下讨论的各类研发投入含义；其次分别探讨了政府资助及合作研发活动对企业各类研发投入的效果；最后将政府资助与合作研发活动纳入同一个研究框架下，对比两种政策工具对于企业研发投入影响效果的差异，重点研究政府资助与合作研发两种政策工具在影响企业研发投入的过程中是否存在互补、替代或者独立的关系。下面总结了本文的研究结论及政策启示。

（一）结论

（1）政府资助能够激励企业研发投入且存在滞后性

对政府资助效果进行检验时，采用自筹研发投入与自主自筹研发投入两个研发投入因变量。本期以及上期的政府资助都对企业本期的自筹（自主自筹）研发投入具有激励作用，且当期的政府资金效果显著大于上期政府资金的效果。如果说政府资助对企业当期自筹（自主自筹）研发投入的显著激励作用，可能与政府资助以企业研发投入先期到位为前提条件政策等因素有关，那么上期政府资助对企业后续研发投入的激励作用，则说明政府资助的确提高了企业研发投资的积极性。

特别地，政府资助对企业自主自筹研发投入的激励效果，大于企业自筹研发投入，这个结果从侧面反映了合作研发活动对于当期政府激励效果的负向影响，也就是合作研发与当期政府资助两种研发投入激励机制的存在相互替代关系。

（2）企业合作研发活动对企业研发投入的影响与合作对象类型有关

对合作研发效果进行检验，涉及自主研发投入与自主自筹研发投入两个因变量。合作研发活动对两种研发投入的影响并没有显著差异。合作研发激励了企业研发投入的增加，但是合作研发整体对企业研发投入的激励作用并未完全显著，这主要是由于合作研发活动异质性的影响；当企业的合作研发具有更为显著的“探索性”特征，即合作双方更加致力于探索前沿知识和技术时，合作研发对企业创新投入的激励作用更大，因此，与高校的合作研发活动对企业研发投入的激励效果，显著大于企业间的合作研发活动。合作研发对企业创新的激励作用可能既来自研发内容，也来自研发结果。从内容上讲，当企业开展以产业共性技术等为主要对象的合作研发并获得政府资助时，说明其对前沿技术有较高追求，自然会激发其有更多的研发投入；从结果上讲，企业通过合作研发获得产业共性或新兴技术成果后，必然推动其快速进行市场化产品或独占技术开发，以占领市场先机并获得尽可能多的创新回报。与研究机构的合作呈现出对企业研发投入的挤出作用，原因可能是：①研究机构中试验性开发占比较高，合作知识溢出水平低，企业学习需求低；②试验性开发作为末端技术难以引发企业基础和应用研究的投入；③研究机构企业化运作形成与企业的潜在竞争关系；④企业与研究机构合作比例低。

（3）政府资助与合作研发在激励企业研发投入中是相互替代的关系

对政府资助与合作研发活动共同作用机制的研究中，仅涉及自主自筹一个研发投入变量。首先，政府资助与合作研发相比，能够对企业自主自筹研发投入产生更好的激励。其次，合作研发与当期政府资助，在激励企业自主自筹研发投入过程中是替代的关系。从合作研发调节作用的角度解释，合作研发活动降低了当期政府资助对企业自主自筹研发投入的激励效果，这意味着，政府资助开展自主研发活动的企业，比资助开展合作研发活动的企业能够产生更好的激励效果。导致这种现象可能有以下原因：①政府资助对高校及研究机构并没有自身投入先期到位等要求，导致合作研发背景下政府资助引导企业研发投入的效果相对弱化；②合作研发内容和形式存在问题，即当企业合作研发以竞争性技术为内容时，政府资助实际上替代了企业研发投入，同时，竞争性技术也不会引致企业后续研发投入；③合作研发引致企业等研发主体与政府之间的信息不对称度

提高，容易产生合作主体间“合谋”获取政府资助的机会主义行为，进而引致政府资助的带动作用弱化。最后，政府资助与合作研发活动在激励企业研发投入中的替代关系，与企业参与合作研发活动的类型有关，其中企业间合作研发活动对政府资助的负向影响最大，之后是研究机构，与高校的合作研发互动对政府资助效果的负向影响最小。

（二）政策建议

本文基于美国国家科学基金会2018年发布的《科学与工程指标》以及《中国科技统计年鉴》阐述了研究背景，对我国研发投入特别是私人研发部门投入的数据进行了对比分析，总结出与本文相关的我国研发投入的两个突出特征（问题）：第一，基础研究投入占比低，私人研发部门尤甚；第二，政府资金对私人研发部门的资助强度低。上述分析反映了当前我国私人研发投入的现状，也为结合研究结论，提出下述政策建议提供了方向基础。

（1）政府应加大对私人研发部门的资助

为真正发挥企业的创新主体作用，政府应加大对私人研发部门即企业的研发资助，同时注意以下几个具体原则：①政府资助与合作研发两种政策工具在促进企业研发投入过程中存在替代关系，因此从政府资助效率最大化的角度出发，政府应把资助的重点放在开展自主研发活动的企业，而非开展合作研发活动的企业上，加强政府资金对自主研发活动的激励和引导，同时，亦应注重间接资助等政策手段的作用，通过多种政策的共同作用，提高企业的研发强度水平；②政府资金应更多地配置在基础研究以及应用研究领域，鼓励企业开展基础研究和应用研究。基础研究活动是科技创新的关键，激励企业在基础研究领域的研发活动，才能切实发挥企业技术创新的核心主体作用。

（2）鼓励企业合作开展探索性技术研发

政府应允许并鼓励企业与高校以及其他企业开展合作，特别是针对前沿技术探索上的合作研发。研究表明，合作研发对企业自身研发投入有显著促进作用，特别是企业与高校开展的前沿技术探索性研究，正向促进作用更大。从研究属性上讲，前沿技术探索属于应用基础或共性技术研究，也具有孕育新兴技术及新产业的战略研究性质，这种研究是衔接高等学校的基础研究与企业的产品开发之间的桥梁，是我国创新体系及若干重要产业创新链中的短板。但是我国的基础科学研究、产业技术基础研发投入严重不足。在国家大力推动创新联合体

建设的背景下，要高度关注“创新联合体”的研发目标和内容，引导其以新兴前沿技术探索为主要研究内容，切实发挥其在基础科学知识和竞争性技术之间的“转化区”和纽带作用，以有效改善我国的产业技术基础研究，有力促进高校及研究机构等的科技成果转化。鉴于企业与研发机构的合作可能会挤出企业研发投入的现象，政府要谨慎鼓励此类研发合作活动，同时应该反思目前研究机构的定位和运作机制的合理性问题。

（3）政府资金应优先资助与高校的合作研发

政府资助与合作研发活动在激励企业研发投入的替代关系，并不意味着政府应停止资助合作研发活动。合作研发活动虽然会降低政府的效果，但是政府资助的合作研发是政府资助与合作研发二者共同作用的效果。因此，只要合作研发对政府资助效果的削弱程度，小于合作研发活动本身对于企业研发投入的激励效果，那么政府资助的合作研发活动就具有意义，因为政府资助的合作研发企业的研发投入大于政府资助或合作研发中任一个工具的单独作用效果，尽管无法实现政府资金利用的最大效率，但还是促进了企业更多的研发投入，仍然是有效的。但是，在政府资金趋紧的情况下，或政府在寻求资金使用效率最大化的前提下，应谨慎对待对合作研发活动的资助。政府在资助合作研发活动的基本原则，应该是将资助的重点依次放在企业与高校、企业与研究机构以及企业间的合作研发活动上。

（4）管理导致政府资助与合作研发产生替代关系的因素

在优化资金配置，实现政府资助效果最大化的同时，需要强化对企业合作研发的科学管理，规避政府资助效应的弱化现象。政府资助和合作研发作为促进企业创新的两种手段，都能够有效促进企业研发投入的增加，但从我国前些年企业合作研发的实践看，两种政策叠加使用并没有产生“1＋1＞2”的效果，反而出现政府资助“净效果”打折扣的现象。因而，政府对企业开展合作研发进行资助时，要注意对合作研发主体信息的鉴别和审查，特别是对合作研发的内容和目标进行清晰界定和管理，要切实资助以前沿探索性技术或产业共性技术为目标的合作研发。同时，要尽量规避因信息不对称可能导致的错误资助，同时规避合作主体可能产生的机会主义行为。

（三）贡献与局限

1. 贡献

本文的理论贡献包括：第一，对政府资助、合作研发以及研发投入领域具有

重要的理论贡献，人们在讨论研发投入变量时往往容易忽略背后的具体含义，导致在对各研究进行评述、对比或设计时缺乏准确度和科学性，区分企业研发投入的概念不仅有助于更好地理解和对比本文的研究结论，也为后续不同情况下的研发投入变量的选择提供了参考；第二，提供了产业层面上政府激励企业研发投入的结论，补充了政府资助效果研究的文献；第三，将合作研发根据合作对象的不同分为与高校、与研究机构、与企业三种类型进行探讨，在讨论合作研发对企业研发投入的时候避免了一概而论的做法，深化了对合作研发影响机制的研究；第四，本文最重要的贡献在于首次将政府资助与合作研发作为激励企业研发投入的两种不同政策工具纳入同一框架下考察，实现了政府资助效果以及合作研发活动对企业研发投入作用的直观对比，通过加入政府资助以及合作研发活动的交互项，探讨了两种政策在促进企业研发投入时的关系，发现了两种政策的相互替代作用，完善了企业研发投入的影响机制。特别是，本文选择从合作研发的调节政府资助效果的角度对二者的替代关系进行解释，使得研究结论更具现实指导意义。

本文的实践意义在于：第一，通过对最新的行业研发活动数据的回归检验，反映当前我国政府资助和合作研发活动对企业研发投入的影响现状；第二，通过对两种政策工具对企业研发投入单独作用效果的分析，为制定政府资助及合作研发鼓励政策提供了参考；第三，通过对两种政策工具共同作用机制的检验，提出提高政府资金使用效率的政策建议，指出了合作研发活动削弱政府资助效果的可能原因，为政府规避和管理影响政府资助效果发挥的因素提供了几个方向，有助于在政策制定中更好地协调使用两种政策工具，最大限度发挥对企业研发投入的激励作用。

2. 局限与展望

第一，扩充数据样本量。本文使用的数据，尤其是外部研发的分类数据是近几年可获取的数据，而国家的统计口径也在不断调整变化，如 2011 年对于规模以上工业企业标准的调整。由于上述限制，我们最终只获得了 6 年的行业数据进行回归。虽然数据量在宏观及中观研究中已经相对足够，但是更大的数据样本才有助于获得更可靠的结论。

第二，不同数据集合层面的研究。本文使用的是行业层面的数据，数据的集合程度的差异可能会导致不同的研究结论，因此有必要使用微观企业层面的数据，对政府资助与合作研发的共同作用机制进行研究，在对合作研发活动进行分类讨论时，除了本文使用合作研发对象的分类标准，还可根据参与合作研发活动

的广度(合作联系的数量)和深度(合作金额)来进行研究。

第三，影响替代关系产生因素的研究。本文仅仅提出了影响政府资助与合作研发之间替代关系的可能原因,但是无法具体确定到底是何种原因导致了替代关系的产生,因此仅为政府加强对于合作研发的管理提供几个可能的方向。后续的研究应该集中对导致合作研发活动削弱政府资助效果的特定因素进行研究,例如合作中合谋行为的识别与规避,使研究结论更具针对性和指导性。企业层面数据或许具备开展此类研究的基础。

第四,创新产出变量的研究。本文针对的是企业研发投入,即创新的投入变量。研发投入到创新产出(新产品销售收入、专利)是一个复杂的过程。在创新产出作为解释变量时,合作研发这一政策工具可能会对研发产出产生更为积极的影响,但是研究时同样有必要创新产出按照技术和资金来源进行区分,这种区分相对于研发投入而言更加困难。

参 考 文 献

ARGYRIS C，SCHON D A. Organizational learning：a theory of action perspective[M]. MA：Addison-Wesley，1978.

ARROW K J. Economic welfare and the allocation of resources for invention，in the rate and direction of inventive activity[M]. Princeton，Princeton University Press：1962：609-625.

BOERNER S C，MACHER J T，TEECE D J. A review and assessment of organizational learning in economic theories [J]. World Scientific Book Chapters，2008：199-227.

BROEKEL T. Do cooperative research and development (R&D) subsidies stimulate regional innovation efficiency? Evidence from germany [J]. Regional Studies，2015，49(7)：1087-1110.

CAPRON H，DE LA POTTERIE B V P. Public support to business R&D：a survey and some new quantitative evidence，OCDE：policy evaluation in innovation and technology [J]. Best Practices，OCDE，París，1997.

CASSIMAN B，VEUGELERS R. Complementarity in the innovation strategy：internal R&D，external technology acquisition and cooperation[J]. Social Science Electronic Publishing，2002.

CHEN S S，CHEN Y S，LIANG W，et al. R&D spillover effects and firm performance following R&D increases[J]. Journal of Financial & Quantitative Analysis，2013，48(5)：1607-1634.

CHESBROUGH H W. Open innovation：the new imperative for creating and profiting from technology[J]. Opean Innovation，2003.

CHOI J，LEE J. Repairing the R&D market failure：public R&D subsidy and the composition of private R&D[J]. Research Policy，2017，46：1465-1478.

CZARNITZKI D，EBERSBERGER B，FIER A. The relationship between R&D collaboration，subsidies and R&D performance：empirical evidence from Finland and Germany[J]. Journal of Applied Econometrics，2007，22(7)：1347-1366.

DAI X，CHENG L. The effect of public subsidies on corporate R&D investment：an application of the generalized propensity score[J]. Technological Forecasting & Social

Change, 2015, 90(2): 410-419.

DAS T K, TENG B S. A resource -based theory of strategic alliances [J]. Journal of Management, 2000, 26(1): 31-61.

DAVID P A, HALL B H, TOOLE A A. Is public R&D a complement or substitute for private R&D? A review of the econometric evidence[J]. Research Policy, 2000, 29.

DAVID P A, HALL B H. Heart of darkness: modeling public-private funding interactions inside the R&D. black box [J]. Research Policy, 2000, 29(9): 1165-1183.

DRISCOLL J C, KRAAY A C. Consistent covariance matrix estimation with spatially dependent panel data[J]. Review of Economics & Statistics, 1998, 80(4): 549-560.

DUGGER W M. The economic institutions of capitalism[J]. Journal of Economic Issues, 1987, 21(1): 528-530.

FAEMS D, LOOY B V, DEBACKERE K. Interorganizational collaboration and innovation: toward a portfolio approach[J]. Journal of Product Innovation Management, 2005, 22(3): 238-250.

FREEL M S, HARRISON R T. Innovation and cooperation in the small firm sector: evidence, from Northern Britain[J]. Regional Studies, 2006, 40(4): 289-305.

GORG H, STROBL E. The effect of R&D subsidies on private R&D[J]. Economica, 2007, 74(294): 215-234.

GRILICHES Z. The search for R&D spillovers[J]. Nber Chapters, 1991, 94(94): 29-47.

GUISADO-GONZÁLEZ M, GONZÁLEZ-BLANCO J, COCA-PÉREZ J L, et al. Assessing the relationship between R&D subsidy, R&D cooperation and absorptive capacity: an investigation on the manufacturing Spanish case[J]. Journal of Technology Transfer, 2017(10): 1-20.

HAGEDOORN J. Inter-firm R&D partnerships: an overview of major trends and patterns since 1960[J]. Research Policy, 2002, 31(4): 477-492.

HAGEDOORN J. Organizational modes of inter-firm co-operation and technology transfer[J]. Technovation, 1990, 10(1): 17-30.

HAGEDOORN J. Understanding the rationale of strategic technology partnering: nterorganizational modes of cooperation and sectoral differences[J]. Strategic Management Journal, 1993, 14(5): 371-385.

HINLOOPEN J. More on subsidizing cooperative and noncooperative R&D in duopoly with spillovers[J]. Journal of Economics, 2000, 72(3): 295-308.

HINLOOPEN J. Subsidizing cooperative and noncooperative R&D in duopoly with spillovers [J]. Journal of Economics, 1997,66: 151-175.

HINLOOPEN J. Subsidizing R&D cooperatives[J]. De Economist, 2001, 149(3): 313-345.

HOECHLE D. Robust standard errors for panel regressions with cross-sectional dependence [J]. Stata Journal, 2007, 7(3): 281-312.

HU A G Z, DENG Y. Does government R&D stimulate or crowd out firm R&D spending? evidence from chinese manufacturing industries[J]. Economics of Transition, 2018.

JOSÉ GARCÍA - QUEVEDO. Do public subsidies complement business R&D? A meta-analysis of the econometric evidence[J]. Kyklos, 2004, 57(1): 16.

KATZ M L, ORDOVER J A, FISHER F, et al. R and D cooperation and competition[J]. Brookings Papers on Economic Activity Microeconomics, 1990(8): 137-203.

KOZA M P, LEWIN A Y. The co-evolution of strategic alliances[J]. Organization Science, 1998, 9(3): 255-264.

LEVIN R, REISS P C. Tests of a schumpeterian model of R&D and market structure[M]. Chicago: University of Chicago Press, 1984.

LEVINTHAL C D A. Special issue: technology, organizations, and innovation || Absorptive capacity: a new perspective on learning and innovation[J]. Administrative Science Quarterly, 1990, 35(1): 128-152.

LOVE J H, ROPER S. Location and network effects on innovation success: evidence for UK, German and Irish manufacturing plants[J]. Research Policy, 2001, 30(4): 643-661.

MANUEL GUISADO - GONZÁLEZ, JENNIFER GONZÁLEZ-BLANCO, JOSÉ LUÍS COCA-PÉREZ, et al. Assessing the relationship between R&D subsidy, R&D cooperation and absorptive capacity: an investigation on the manufacturing Spanish case [J]. Journal of Technology Transfer, 2017(10): 1-20.

National Science Board (NSB). Science and Engineering Indicators 2018[R]. National Science Foundation, 2018.

OERLEMANS L A G, MEEUS M T H. R&D cooperation in a transaction cost perspective [J]. Review of Industrial Organization, 2001, 18(1): 77-90.

OLSEN T E, TORSVIK G. Collusion and renegotiation in hierarchies: a case of beneficial corruption[J]. International Economic Review, 1998, 39(2): 413-438.

OLSSON O. Technological opportunity and growth[J]. Journal of Economic Growth, 2005, 10(1): 31-53.

OUCHI W G, BOLTON M K. The logic of joint research and development[J]. California Management Review, 1988, 30(3): 9-33.

P C. Tests of a schumpeterian model of R&D and market structure in "R&D, patents, and productivity" [M]. Chicago: University of Chicago Press, 1984.

PETRAKIS E, POYAGO T J. R&D Subsidies versus R&D cooperation in a duopoly with

spillovers and pollution[J]. Australian Economic Papers，2002，41(1)：37-52.

RAMANATHAN K，SETH A，THOMAS H. Explaining joint ventures：alternative theoretical perspectives[J]. Cooperative Strategies，1997，1：51-85.

ROMER P M. Endogenous technical change[J]. Journal of Political Economy，1990，98(5)：71-102.

ROMER P. Endogenous technological change[J]. Journal of Political Economy,1990，98：90-108.

SAKAKIBARA M. The diversity of R&D consortia and firm behavior：evidence from Japanese data[J]. The Journal of Industrial Economics，2001，49(2)：181-196.

TIPPINS M J，SOHI R S. IT competency and firm performance：is organizational learning a missing link? [J]. Strategic Management Journal，2010，24(8)：745-761.

VEUGELERS R. collaboration in R&D：an assessment of theoretical and empirical findings [J]. De Economist，1998，146(3)：419-443.

VEUGELERS R. Internal R&D expenditures and external technology sourcing[J]. Research Policy，1997，26(3)：303-315.

WATHNE K H，HEIDE J B. Opportunism in interfirm relationships：forms，outcomes，and solutions[J]. Journal of Marketing，2000，64(4)：36-51.

WILLIAMSON O E. Markets and hierarchies：some elementary considerations[J]. American Economic Review，1973，63(2)：316-325.

WILLIAMSON O E. The economics of organization：the transaction cost approach[J]. american Journal of Sociology，1981，87：548-577.

WINTHROP M F，DECKRO R F，KLOEBER J M. Government R&D expenditures and US technology advancement in the aerospace industry：a case study[J]. Journal of Engineering and Technology Management，2002，19(3-4)：287-305.

YU F. The impact of government subsidies and enterprises' R&D investment：a panel data study from renewable energy in China[J]. Energy Policy，2016，89：106-113.

ZHAO S，XU B，ZHANG W. Government R&D subsidy policy in China：an empirical examination of effect，priority，and specifics[J]. Technological Forecasting and Social Change，2017，15(3)：45-67.

ZÚÑIGA VICENTE J Á，ALONSO-BORREGO C，FORCADELL F J，et al. Assessing the effect of public subsidies on firm R&D investment：a survey[J]. Journal of Economic Surveys，2013，28(1)：36-67.

安同良，周绍东，皮建才. R&D 补贴对中国企业自主创新的激励效应[J].经济研究，2009(10):87-98.

白俊红. 中国的政府 R&D 资助有效吗？来自大中型工业企业的经验证据[J]. 经济学(季

刊),2011,10(4):375-1400.

傅家骥.技术创新学[M].北京:清华大学出版社,1998.

李永,孟祥月,王艳萍.政府R&D资助与企业技术创新——基于多维行业异质性的经验分析[J].科学学与科学技术管理,2014,35(1):33-41.

罗建兵.合谋的生成与制衡:理论分析与来自东亚的证据[D].上海:复旦大学,2006.

苏中锋,王海绒,张文红.整合自主研发与合作研发:吸收能力的影响[J].科研管理,2016,V37(11):11-17.

王红霞,高山行.基于资源利用的企业R&D投入与创新产出关系的实证研究[J].科学学研究,2008(s2):567-572.

余伟婷,蒋伏心.公共研发投资对企业研发投入杠杆作用的研究[J].科学学研究,2017(01):88-95.

原毅军,于长宏.产学研合作与企业内部研发:互补还是替代?——关于企业技术能力"门限"效应的分析[J].科学学研究,2012,30(12):1862-1870.

朱平芳,徐伟民.政府的科技激励政策对大中型工业企业R&D投入及其专利产出的影响——上海市的实证研究[J].经济研究,2003 (6):45-53.

第二篇

政府风险投资对企业技术创新的影响研究
——基于创业板的经验证据

一、绪　论

（一）研究背景

1. 现实背景

2018 年 3 月，美国对中国挑起了贸易争端，自此中美贸易摩擦不断升级。中美贸易摩擦的一个重要方面在高新技术领域，其中最突出的事件当属美国对中兴通讯的制裁，限制对中兴通讯的出口，禁止其购买美国企业生产的产品，并处以巨额罚款，导致中兴通讯的运营一度陷入瘫痪，蒙受了巨大的经济损失。中兴通讯自身技术创新能力不足，过度依赖美国的产品和技术，给我国众多企业敲了一记警钟。

“科学技术是第一生产力”，技术创新早已成为全球工业的信仰。技术创新是提高企业核心竞争力的关键，是推动一国经济增长的引擎。而技术创新的推动力是什么呢？一个重要因素就是风险投资。风险投资（Venture Capital，VC），在国内也可称作“创业投资”。风险投资为许多国家的创业企业提供了重要支持，这些创业企业是技术创新、促进就业和生产力增长的重要动力（Brander 等，2015）。风险投资从 1964 年在美国诞生以来，逐渐成为年轻高科技公司量身定制的融资模式之一，而我国在 1985 年才成立了第一家风险投资机构“中创公司”。经过三十多年的发展，我国风险投资额在 2017 年已经超过了 400 亿美元，成千上万的初创企业从风险投资中获益，并带动了我国新一轮的创新和创业。

2017 年的数据显示，我国政府和国有风险投资合计占全国风险资本总量的 36.13%，已成为我国风险投资业的重要构成部分，如近年来迅速成长的“创业投资引导基金”。此外，许多其他国家也设立了政府风险投资，如澳大利亚创新投资基金、比利时的 Biotech Fonds Vlaanderen、芬兰的 SITRA、德国的 TBG、英国的 Scottish Enterprise 等。政府风险投资的支持，不仅壮大了我国风险投资的规模，而且拓宽了高风险企业的融资渠道，有利于企业持续进行技术创新。因

此，研究政府风险投资对企业技术创新的影响符合我国经济社会的实际发展趋势。

2. 政策背景

中国正在由制造大国向创新大国转变，近年来国家出台了一系列政策促进我国的技术创新水平，提高我国自主创新能力。2012 年，十八大报告提出"创新驱动发展战略"，明确指出"科技创新是提高我国社会生产力和综合国力的战略支撑"。2014 年 9 月，李克强提出"大众创业、万众创新"。2015 年 3 月，国务院发布《关于深化体制机制改革加快实施创新驱动发展战略的若干意见》，从制度环境、市场导向、金融创新、科研体系、政策协调等多方面详细阐释了如何加快实施创新驱动发展战略。2017 年，十九大报告再次强调了"创新是引领发展的第一动力"，强调经济增长的动力由要素和投资向创新驱动切换。

科技创新离不开资本的推动。企业是技术创新的支柱，高科技企业的成长需要大量风险资本的资助。近年来中国政府也高度关注风险投资业的发展。2015 年 3 月，国务院特别强调了资本市场应加强支持技术创新，要扩大创业投资的规模，促使金融创新助推技术创新①。6 月，提出要充分发挥国有资本在创业创新中的带头作用，鼓励国有资本参与创业投资，鼓励央企和国企加入新兴产业创业投资基金，成立国有资本创业投资基金等，并设法促进尚未盈利的高科技企业到创业板挂牌上市②。

2016 年 9 月，国务院明确指出创业投资可以有效地把技术、资本、人才、管理等创新要素和创业企业结合起来，推动大众创业、万众创新，促进科技创新成果转化，是实施创新驱动发展战略、推进供给侧改革、培育发展新动能、稳定增长、扩大就业的有效措施③。

因此，在我国大力施行创新驱动发展战略、鼓励创业投资的大形势下，研究政府风险投资对企业技术创新的影响符合国家政策的导向。

（二）研究内容

风险投资的参与有利于初创高科技企业的生存，政府风险投资是风险投资

---

① 来自《关于深化体制机制改革加快实施创新驱动发展战略的若干意见》。
② 来自《关于大力推进大众创业万众创新若干政策措施的意见》。
③ 来自《关于促进创业投资持续健康发展的若干意见》。

领域的重要组成部分,能够有效缓解高风险企业的融资约束。基于对现实背景、政策背景的理解,笔者认为政府风险投资作为一种特殊的风险投资,对企业技术创新存在着不同于传统风险投资的作用和意义,因此本文选定的研究主题为政府风险投资对企业技术创新的影响。

本文研究的主要内容包括以下几个方面:①我国政府风险投资(GVC)的发展;②GVC 的作用;③GVC 对企业技术创新的影响;④独立风险投资(IVC)和政府风险投资(GVC)对企业技术创新的影响的差异;⑤独立风险投资和政府风险投资联合投资(IVC-GVC)对企业的技术创新的影响;⑥IVC、GVC 单独投资和 IVC-GVC 联合投资对企业技术创新的影响的差异。

针对上述问题,本文选取了我国创业板 IT 行业的所有企业作为样本,基于两点原因:其一,这些 IT 企业大多受到风险投资机构的青睐,而且具备一定的技术创新能力,因而整体情况比较适合用于风险投资对企业技术创新影响方面的研究;其二,自国务院发布《关于积极推进互联网+行动的指导意见》以来,已经三年多,“互联网+”的概念已深深植根于我国,那么这些 IT 企业的技术创新水平到底怎么样呢? 它们接受风险投资的情况又如何? 这些问题有待进一步研究。

(三) 研究意义

1. 理论意义

本文丰富了风险投资和技术创新领域的相关研究,尤其是分析了政府风险投资对信息技术企业技术创新的作用,分析了 GVC、IVC、IVC-GVC 三者影响技术创新投入和产出的差异,拓展了风险投资理论。国内关于政府风险投资对企业技术创新的影响方面的研究较少,现有的文献由于研究对象和研究方法不同,得出了明显不同的结论。本文在国内外学者研究成果的基础上,通过对创业板上市的 IT 企业进行实证研究,发现:①无论对于创新投入还是创新产出,我国 GVC 都具有显著的促进作用;②GVC 在促进创新投入方面比 IVC 更胜一筹;③本文还关注了 IVC-GVC 联合投资的情况,发现其同样能够显著地提高企业技术创新的投入和产出水平,但是这种促进作用并没有明显优于 IVC、GVC 单独投资时对企业技术创新的作用,说明我国 IVC-GVC 联合投资尚缺乏效率。

2. 现实意义

近年来,我国政府高度重视风险投资业的成长,鼓励并引导国有资本介入风险投资。信息技术行业的蓬勃发展离不开风险投资的参与,风险投资为这些高科技企业提供了资金、技术、人才、管理等多方面的支持。因此,本文的现实意义在于,立足于我国风险资本市场和信息技术行业的实际情况,分析了政府风险投资在响应国家推进"互联网+"行动的号召下,对我国创业板 IT 企业的投资情况及其对技术创新的影响,为相关企业引入风险投资提供借鉴,为相关部门出台政策鼓励政府风险投资支持 IT 企业的技术创新提供参考。

(四) 研究方法

本文基于国内外的相关研究文献,阐述了 GVC 对企业技术创新的影响,并结合我国资本市场和技术创新的特色,利用创业板上市的 IT 企业风险投资和技术创新方面的数据,构建多元线性回归模型,分析我国 GVC 在企业技术创新中的作用。具体而言,本文使用了如下定性和定量的研究方法。

(1) 文献研究法

本文的研究主题和理论假设均建立在对国内外政府风险投资相关研究成果的阅读、分析和归纳基础上,回顾了 GVC 和企业技术创新的相关概念,梳理了 GVC 对企业技术创新影响的研究现状,进行了理论分析并提出研究假设。本文所采用的变量也都利用了规范分析法,从而保证所提出的变量具备充分的理论依据。

(2) 实证分析法

本文选取在我国创业板上市的 IT 行业中所有企业,搜集了样本企业在风险投资、技术创新等方面的数据,预处理之后用于实证分析。本文基于计量经济分析法,运用统计分析软件 stata 对样本数据进行描述统计分析、方差分析、t 检验、相关性分析和多元回归分析等,通过假设检验,得出我国 GVC 对企业技术创新影响的结论。

(五) 研究框架及创新点

1. 研究框架

本文系统地分析了 GVC 对企业技术创新的影响,分为七个部分。

第一部分:绪论。在对现实背景、政策背景分析的基础上,将研究主题界定为政府风险投资对企业技术创新的影响,针对所提出的问题,简要介绍本文的研究内容、研究意义和研究方法。

第二部分:文献综述。首先,进行了简要的文献计量分析,并使用CiteSpace软件绘制知识图谱简要分析了前人对政府风险投资的研究,基于共被引分析,识别并提取出重要的研究文献,这些文献构成了文献综述的重要依据。其次,在文献研究的基础上,梳理了风险投资与技术创新的相关概念、理论和研究成果,同时为之后的实证研究加以铺垫。

第三部分:政府风险投资概述。介绍了国内外政府风险投资的情况,重点分析了我国政府风险投资的发展阶段、资本规模、组成部分及其作用和不足。

第四部分:理论分析和研究假设。在理论研究的基础上,分析GVC在不同情况下对企业技术创新的作用,并针对研究问题提出了相应的假设和子假设。

第五部分:研究设计。主要介绍了如何选取实证分析所需要的样本、变量和测度,以及数据搜集和整理方法,并以公式的形式建立了实证分析模型。

第六部分:实证分析。在数据预处理之后,进行描述性统计分析、方差分析、t检验、相关性分析、多元回归分析、Wald检验以及假设检验,并解释了实证分析的结果。

第七部分:结论与展望。基于前文理论分析和实证研究得出的研究结论,结合我国实际情况提出参考建议,分析了本文的局限性并展望后续可能的研究方向。

2. 研究创新点

(1) 研究方法的创新。在文献分析部分,使用CiteSpace对政府风险投资领域的主要研究成果进行了知识图谱分析,以便更加直观地了解政府风险投资领域的研究情况。

(2) 研究层面的创新。目前关于政府风险投资的研究大多集中在对企业绩效的作用上,而对技术创新影响的研究相对较少,且大多在宏观层面,本文从更加微观的层面实证研究了GVC对企业技术创新的影响。

(3) 研究角度的创新。本文分别从投入和产出两方面来研究技术创新。以往的文献大多从有无风险投资的维度研究对企业技术创新的影响,而本文进一步通过对回归系数的Wald检验,细化地分析GVC、IVC、IVC-GVC联合投资三者对企业技术创新投入和产出影响的差异。

研究技术路线如图 2.1 所示。

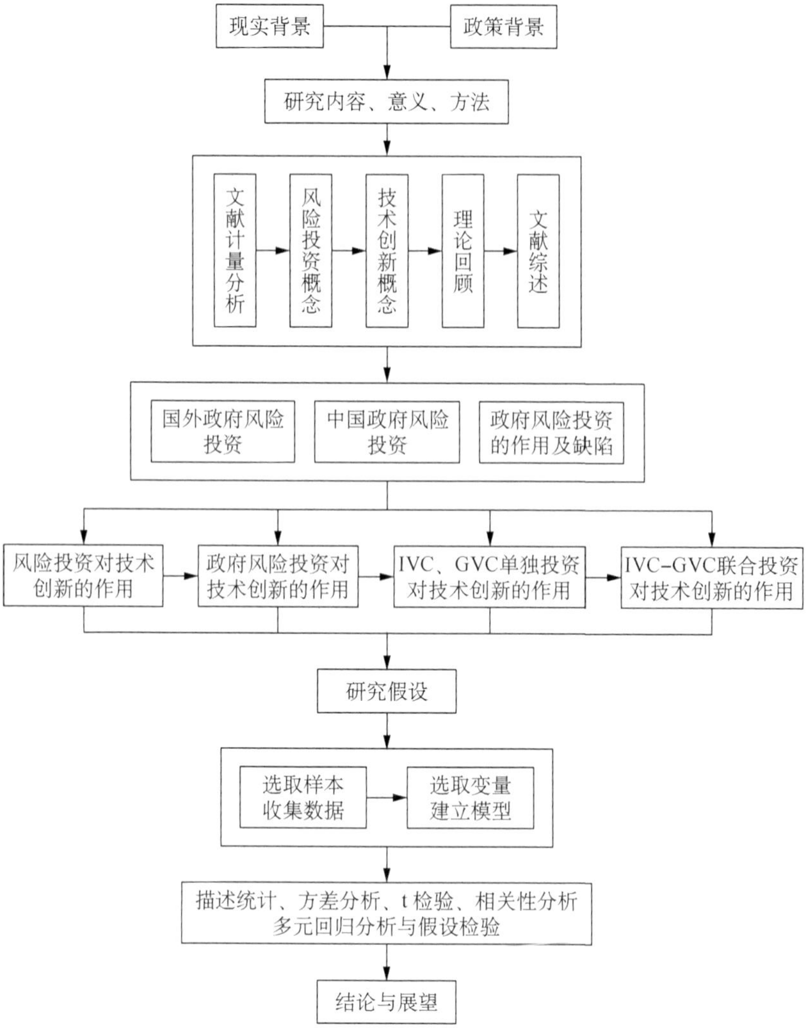

图 2.1　技术路线图

二、文献综述

现在是一个信息爆炸的时代，文献综述的工作量和复杂性正逐渐增加。文献综述需要结合定性分析和文献计量方法二者的优点来进行，可以先通过知识图谱识别并提取相关领域的重要成果，然后结合科学变革理论研读这些重要文献从而更好地理解研究主题的发展动态。遵循这样的思路，笔者首先利用知识图谱软件 CiteSpace 5.2 对前人关于政府风险投资的研究进行了文献计量分析，识别出被高度引用的重要学者及其研究成果；然后，回顾了有关技术创新的研究成果；最后，梳理了国内外风险投资影响技术创新的研究成果，并加以评述。

（一）政府风险投资的文献计量分析

1. 基于中国知网的分析

从国内研究成果来看，以“政府风险投资”作为主题关键词，在中国知网上检索，得到 56 篇文献（检索时间为 2018 年 10 月 30 日），其中包括 32 篇期刊论文、6 篇博士论文和 18 篇硕士论文。从知网的检索结果可以发现，国内关于政府风险投资的文献最早发表于 1998 年，此后平均每年只有 3 篇论文在知网公布。在这些论文中，大部分仅对政府风险投资做了理论研究，而缺乏实证层面的研究，涉及技术创新的文章更加少见。可见，国内学者虽然已经就政府风险投资与企业技术创新之间的关系进行了 20 年的研究，但是研究的深度和广度仍然不足。本文着重利用实证方法研究政府风险投资对企业技术创新的影响，能够丰富该领域的相关研究。

2. 基于 Web of Science 的知识图谱分析

从国外的研究文献来看，首先以“government venture capital”或“GVC”为主题关键词在 Web of Science 的 SSCI 核心文库检索，获得 691 篇论文或评论（检索时间是 2018 年 9 月 4 日），标准化这些关于政府风险投资文献的题录后，将它们导入 CiteSpace 5.2 中，利用软件绘制的知识图谱进行文献共被引分析。

然后,把聚类点类型属性(Node Types)设为 Cited Reference,选择阈值调节属性 g-index 并设置参数 $k=10$,其他属性使用默认值即可,运行程序并调整优化在聚类图(Cluster)模式下显示,得到该领域核心文献的知识图谱。最后,在时间轴(Timeline)模式下显示可以得到该领域奠基性文献的知识图谱。

解读知识图谱主要针对节点进行,知识图谱中节点的年轮结构体现了文献的引用情况,其中年份用不同的颜色来表示,从转变反映了年份由远及近,通过比对位于图谱上方的时间带可以判定节点所处的特定年份。节点年轮的大小反映了被引用的频率,年轮越大则被引频次越高,由圈标记出来的节点表示其具有较大的中心性(不小于 0.1)。

从图 2.2 的聚类图中可见,广义的政府风险投资领域还可以细分为四个子领域,其中"#2 governmental venture capital"为政府风险投资。此外,基于图 2.3 时间轴图中的节点大小和颜色深浅可以进一步看出,2007 年开始关于政府风险投资的研究急剧增多,并逐渐出现了一些具有较大影响力的学者和文献,如 Brander、Cumming、Lerner、Grilli、Bertoni 等学者的研究成果被较多引用。

结合 Schneider(2009)提出的四阶段科学变革理论,学者们在第一阶段将新物体和现象作为新学科的研究主题;在第二阶段,与该新学科相适应的研究方法和技术工具被开发出来,由于研究方法的进步,人们进一步理解了该新科学领域的事物和现象;在第三阶段,学者们通过把一些新研究方法初步应用于这些新事

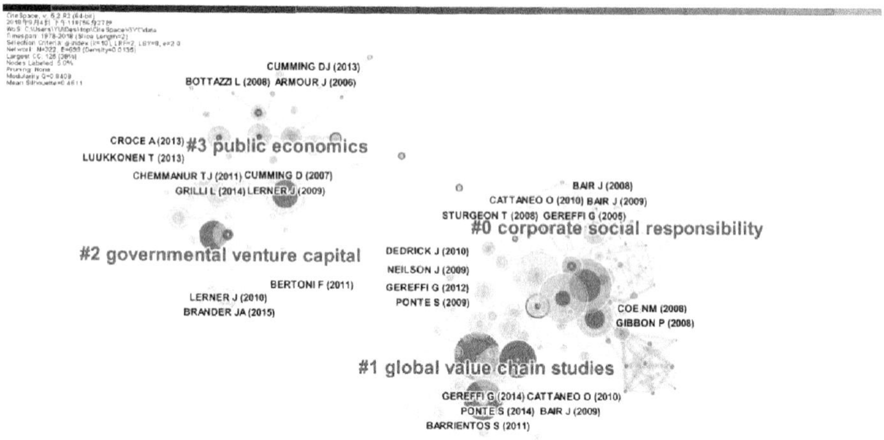

图 2.2 CiteSpace-Cluster 聚类图

物和现象，大量的研究文献因而产生；第四阶段主要维持和传承前三个阶段产生的科学知识，在这个阶段难有开创性的新发现。学术界关于风险投资的研究数不胜数，笔者认为它正处于科学变革理论的第三阶段，而政府风险投资属于风险投资的一个子领域，从文献检索结果来看，国内外的学者们对该子领域的研究还不充分。

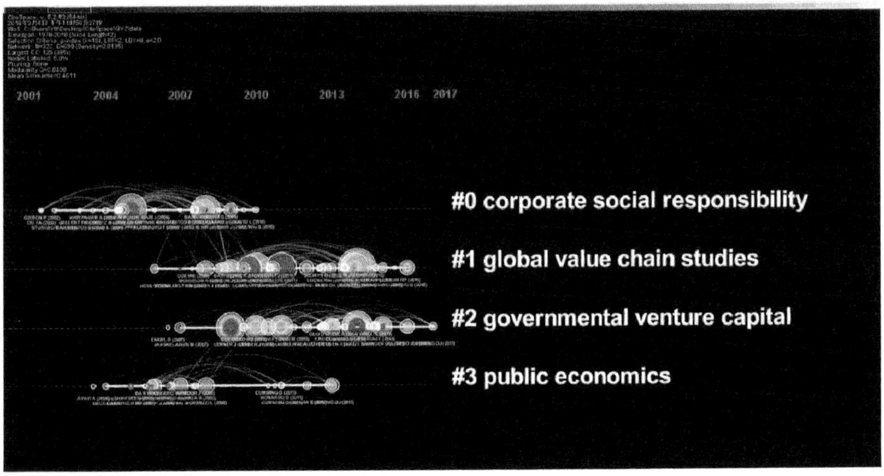

图 2.3 CiteSpace-Timeline 时间轴图

（二）风险投资相关概念

风险投资，在广义上指所有具有高风险和高潜在回报的投资，经济合作与发展组织（OCED）将风险投资视为“基于高科技和知识生产技术密集型创新产品或服务的投资”。风险投资一般为有限合伙制，以风投基金的方式运营。风险投资公司（普通合伙人）负责管理运营风险投资基金，首先从有限合伙人（如大学捐赠基金、银行、养老基金、保险公司、私人、家族企业、资管公司等）那里筹集资金，然后选择目标企业进行投资并获得一定的股权，通常以 IPO 或收购的方式来实现收益并退出目标企业（Gompers，Lerner，2001；Nahata，2008）。

风险投资公司盈利模式的本质，是把前期投资获得的股权在合适的时机以更高的价格卖出，赚取差价。风险投资主要有三种退出渠道：一是投资成功，企业发展良好并最终上市；二是在投资中途将股份转让给其他投资者；三是投资失败，被投资企业破产清算。

风险投资通常根据其所有权和治理结构进行分类。独立风险投资(IVC)是一种传统的风险投资,其核心是一个股权基金,IVC 是风险投资业的重要组成部分。IVC 为有限合伙制,其投资活动由独立于最终投资者(有限合伙人)的管理公司(普通合伙人)负责运营。IVC 以获取财务收益为终极目标,其中一部分收益用来支付风险投资基金的管理者的报酬(Sahlman, 1990)。除此之外,还有非金融企业设立的风险投资公司(CVC),银行附属的风险投资公司(BVC)和政府风险投资公司(GVC)。伴随着我国资本市场开放程度越来越大,还有一些外资风险投资机构(FVC)进入我国。

国外学者认为,作为公共投资的一种特殊形式,政府风险投资(GVC)通常是由政府出资设立的,不是有限合伙制,其管理公司也并非独立于最终投资者(政府),其经营目标不局限于财务回报,往往伴随着其他社会目标,而且管理者的报酬通常是固定的(Cumming, MacIntosh, 2006; Jääskeläinen 等, 2007)。在我国,政府风险投资在风险投资界占有举足轻重的地位,主要包括了政府直接出资设立的风险投资基金、拥有控制权或参与管理的风险投资公司、高校附属的风险投资公司、国有企业设立的风险投资机构以及政府引导基金等。在某种程度上,无论政府风险投资还是独立风险投资,其投资过程本质上相似:它们筛选出一些高科技企业,对其投资并从中获得股权,支持这些企业的经营发展,最终退出投资并获取回报(Cumming, Johan, 2014)。

(三)技术创新综述

众所周知,技术创新可以推动经济和社会的快速发展,可以带动新产业的形成和传统产业的升级,也是企业竞争优势的重要来源。技术创新深深地影响了人类社会的发展,然而,直到 20 世纪初,学者们才逐渐开始对创新的研究。

1. 技术创新的概念

在《经济发展理论——对利润、资本、信贷、利息和经济周期的探讨》一书的第二章,Schumpeter(1912)把创新理解为新思想或发明的商业应用,并认为创新是经济增长的原动力;他将创新描述为生产要素的“新组合”,并从五个维度界定了创新的内涵:“①引入新的商品或新品质的商品;②引入新的生产方法;③开辟新市场;④获得新的原材料或半成品供应;⑤创建某个行业的新组织形式,如建立垄断地位或打破垄断地位。”由此可以看出,Schumpeter 对于创新的研究是广义的,包括了商品、技术、市场、原料和组织创新五大方面,但并未深入研究技术

创新。之后，Schumpeter(1939)在《商业周期》中进一步完善了创新的理论，指出技术创新是资本主义社会显著不平衡和经济周期背后的因素。因此，从整体上看，Schumpeter 更侧重从经济层面定义技术创新。

由于科技促进经济发展的作用愈加明显，学者们逐渐深入了对技术创新的研究。诺贝尔经济学奖得主 Solow(1951)用“两步论”来界定技术创新的概念，他指出，技术创新需要具备两个条件：第一，新思想；第二，后续发展。之后，美国学者 Rostow(1960)提出了经济成长阶段理论，又称“起飞模型”，该理论的第三阶段为起飞阶段，此阶段与生产方式的急剧变革密切相关，将“创新”聚焦到“技术创新”，把“技术创新”提高到“创新”的主导地位。Utterback(1974)在《产业创新和技术扩散》中指出，“创新与发明或技术样品的区别在于创新是实际采用或首次使用一种技术”。同样从应用的角度出发，Mansfield(1977)将创新定义为新的或改进的过程及产品的第一次商业应用。后来，Mueser(1985)通过系统地对 350 条文献和 100 多种专著的研究，归纳出技术创新是从一种新颖的概念开始并贯彻到成功和实际应用的一种重要且不连续的现象。

Schilling(2012)在《技术创新战略管理》一书中把技术创新定义为将新设备、方法和材料引入商业应用或现实目标的行为，并提出技术创新可以按照四种标准分类为：①产品创新和过程创新；②突破性创新和渐进性创新；③能力提升型创新和能力破坏型创新；④整体性创新和局部性创新。

我国学者傅家骥等(1998)认为技术创新的目标是获得商业利润，企业利用潜在的盈利机会，将生产条件和要素重组，运行更优的生产经营体系，从而开发新产品或新生产方法、开拓新市场、获取新的原料或半成品来源、为企业建立新的组织。技术创新是涉及科技、组织、商业和金融等领域的综合性过程。可见，傅家骥对技术创新的定义，与一百多年前 Schumpeter 对技术创新的理解有异曲同工之处。

从以往国内外学者们对技术创新的研究中归纳可得，技术创新是把一个新概念转化成一种新技术(新产品、新工艺、新市场、新原料或半成品来源、新组织)，将其首次引入实际应用，并最终成功地实现商业价值和利润的过程。

2. 技术创新的测度

商业领域、公共部门和学术界通常从投入和产出两个维度来测度技术创新。

(1) 技术创新投入

一般从人力和资金两方面来衡量技术创新的投入。其中，技术创新的人力投入，主要用从事研发工作的员工数量(如科学家、研究员、工程师等)及其占员

工总数的比例来表示；而技术创新的资本投入主要表现为研发活动的资本支出(如 R&D 支出)及其占营业收入的比例。

学术界已经有学者使用这种方法度量技术创新的投入。肖虹(2007)在研究中国产业技术创新的投入产出特点时，就采用了从事产业科技活动的人员占总员工人数的比例，以及产业科技活动的经费总额占总销售收入的比例，来分别衡量产业技术创新的人力投入和资本投入水平。曹勇和苏凤娇(2012)研究高新技术产业的技术创新投入对创新绩效的作用时认为，R&D 投入包括 R&D 人力投入和 R&D 资本投入两个方面，并使用 R&D 活动人员、科学家与工程师占科技活动人员的比例来表示 R&D 人力投入，用 R&D 经费内部支出、新产品开发经费支出表示 R&D 资本投入。Cruz-Cázares 等(2013)在研究西班牙制造业公司的技术创新效率时，使用研发资本存量(RDCS)和高技能员工数(HSS)衡量技术创新的资本投入和人力投入，但没有使用 R&D 支出，因为作者认为高技能人员的工资已经包含在 R&D 支出内了。

(2) 技术创新的产出

专利、商标、著作权等经常被用来保护技术创新，同时也用来衡量一个企业的技术创新产出水平。在学术研究中，专利通常被用作测度技术创新的产出的代理变量，如陈劲和陈钰芬(2006)构建的企业技术创新绩效评价体系将专利申请量纳入企业技术积累效益，衡量技术创新产出。

信息技术的进步增加了专利统计数据的实际和潜在用途，Pavitt(1985) 指出专利数据有很大的优势，能够用来分析多方面内容：①创新活动的国际模式及其对贸易和生产的影响；②企业间的创新活动模式及其对企业绩效和产业结构的影响；③各种技术领域和工业部门创新活动的比率和方向；④科学与技术之间的联系。

国内外许多学者使用专利数据研究了风险投资对技术创新的影响。Kortum 和 Lerner(1998)在研究风险投资对技术创新的作用时，在控制研发支出的情况下，使用 530 个企业的专利数量来量化企业的技术创新水平。Engel 和 Keilbach(2006)使用 21 541 个德国公司的专利申请量，来比较有风险投资参与公司和无风险投资参与公司的创新行为差异。Lahr 和 Mina(2015)在控制研发支出的情况下，使用 940 家企业 2002—2004 年的专利申请量、专利授权量来研究 VC 对技术创新绩效的作用。国内学者龙勇和杨晓燕(2009)利用两个指标专利申请量(技术创新产出能力)和高技术产品出口额(技术创新效率)，来衡量企业的技术创新能力，证实了风险投资参与有益于企业的技术创新水平。

也有很多学者认为仅仅用专利来衡量企业的技术创新产出并不精确，由于有些技术、知识不能够申请专利，或者企业出于商业保密目的而不申请专利；而且有些专利未必能够商业化成为产品或者服务，如果不能商业化，那么这项专利就不太符合创新的要义。有鉴于此，有的学者提出可以使用多种指标（如专利数量、专利引用量以及新产品发布量）来测量企业的创新绩效（Hagedoorn 和 Cloodt，2003），或者通过近三年创新性产品销售额占营业收入的比例来衡量创新绩效（Jantunen，2005）。国内还有学者综合使用新产品数、专利申请数、新产品产值占销售总额的百分比、新产品开发速度以及创新产品成功率来全面测度创新产出水平（许冠南，2008）。

（四）理论回顾

1. 资源基础理论

Wemerfelt（1984）提出了资源基础理论，该理论的基本思想为：①公司是多种有形和无形资源的集合体；②不同公司所有的资源具有异质性，资源在不同企业间缺乏流动性和可复制性。企业的独特资源是企业竞争优势的来源，这些资源应具有以下特点："有价值、稀缺性、不可模仿性以及非替代性。"

资源基础理论指明了公司长期发展的道路，即培育和取得特异资源以增加竞争优势。年轻的高科技公司往往缺乏快速发展所需要的各种资源，而风险投资能够为其提供这些资源（Hall，Lerner，2010）。一方面是资本，风险投资为企业提供财务资源（Bertoni 等，2013），从而有利于企业加大研发的资金投入。另一方面是非资本化的增值服务，风险投资机构对企业的支持远超于资金的范畴，企业可以从风险投资机构的专业知识中获益匪浅（De Clercq 等，2006），如风险投资家对企业战略、研发、财务、营销、人力资源等方面提供专业指导；企业也可以从风险投资机构的关系网络中受益（Fried，Hisrich，1995），如获取潜在的商业合作伙伴、供应商和客户等，以及其他投资者的支持。由此可见，风险投资能够赋予企业资金、专业能力、关系网络等多种资源，从而有利于企业形成竞争优势，促进企业发展。

2. 认证监督假说

认证监督假说认为，风险投资具有认证和监督的作用。风险投资机构在投资的过程中，会对潜在企业进行筛选，评估公司的各个方面来判断其价值，最终向优质的企业投资。因此，对于市场上不知情的第三方而言，风险投资机构向市

场传递了一个信号:该企业的质地较好。因此,风险投资对被投企业发挥的认证作用(Megginson, Weiss, 1991),减少了市场上的信息不对称问题,增大了被投资企业受到第三方青睐的概率。而且,Dolvin 和 Pyles(2005) 发现高质量的 VC 机构具有更大的认证作用。

风险投资家通常是积极参与公司管理的投资者。Barry 等(1990)认为风险投资家对被投企业有监督作用,体现在董事会任职以及持有大量被投公司的股权等方面,其研究表明,投资者的不确定性随着风险投资家监督技能的提高而降低,在企业 IPO 过程中,风险投资机构业的认证监控作用使得被投企业的 IPO 抑价率相对较低。

企业技术创新活动也会受到风险投资认证和监督作用的影响。首先,风险投资是基于高科技和知识、生产技术密集型创新产品或服务的投资。VC 机构在投资决策过程中偏好创新能力强的企业,实际上,获得 VC 的企业技术创新能力得到了"认证";其次,风险投资机构在投后对企业运营的多个方面提供专业指导并进行监督,其中包括对技术创新方面的指导和监督。

(五) 政府风险投资与技术创新综述

1. 政府风险投资对企业的影响综述

(1) 作用机理

为什么风险投资会对企业产生影响呢? Gompers 和 Lerner(2001)的研究证实了风险投资公司为企业提供一系列增值活动,包括直接指导和间接利益,以及对第三方(例如客户、技术工人、合作伙伴和金融中介机构)的认证效果。

通过梳理前人研究,可以从四个方面阐释风险投资的作用机理。

第一,相对于资本市场内的其他投资者,风险投资家更善于筛选具有高增长高潜力的创业公司(Sahlman, 1990),并且风险投资给这些企业提供了发展必需的财务资源,缓解了资金约束,从而有利于企业快速成长(Bertoni 等, 2013)。

第二,风险投资机构对企业技术创新的支持远远超出了提供资金的范畴,风险投资机构通常会向所投企业提供非资本化的"增值"服务,如帮助企业提升管理技能和能力(Hellmann, Puri, 2002),并监督其管理行为和结果。受资企业也能从风险投资机构的专业知识中获益(De Clercq 等, 2006)。风险投资机构往往具备多种专业知识,通过"指导"企业的经营活动促进企业升值,即提供战略、管理、研发、营销等方面的咨询和支持,而高科技行业的年轻初创企业尤其缺

乏这些专业知识。

第三，风险投资具有认证作用，由于市场上存在信息不对称，企业获得风险投资会向市场上不知情的第三方机构释放出一个“信号”，即该企业的质地较好，因此，获得风险投资的企业得到这些第三方机构资源的概率更大，而这些资源在没有风险投资支持的情况下一般是遥不可及的（Hsu，2006）。

第四，受风险投资支持的企业也会受益于风投机构的业务资源和关系网络，更容易获取一些供应商、客户甚至其他投资机构的支持（Fried，Hisrich，1995；Hochberg 等，2007）。

（2）缓解融资约束

高科技初创企业是新工作岗位，是重大创新和生产力增长的重要来源，在现代知识型经济中发挥着关键作用。然而，这些企业通常容易受到融资约束，这不仅限制了它们的成长甚至威胁到它们的生存。

在融资方面，政府风险投资有利于企业融得较多的资金。政府风险投资对企业也具有认证作用，即获得政府风险投资（GVC）有助于高科技创业企业因认证效应而获得私营风险投资（PVC）。Guerini 和 Quas（2016）使用欧洲高科技创业公司的样本，研究结果显示，获得 GVC 资金使创业公司获得第一轮 PVC 资金的概率增加三倍，即政府风险投资机构有能力筛选出市场上有潜力的企业并向私营风险投资者认证。Brander，Du 和 Hellmann（2015）通过对 25 个国家 2000—2008 年的风险投资事件的分析发现，由政府风险投资（GVC）和私营风险投资（PVC）共同资助的企业比仅仅由 PVC 资助的企业获得更多的投资，而且远远超过只有 GVC 资助的企业，表明 GVC 在很大程度上发挥增强而非取代 PVC 的作用。

（3）影响企业绩效

国外的大部分研究显示，GVC 单独对企业投资时，对企业绩效的贡献通常是有限的；而当 GVC 和独立（私营）风险投资合作时，往往能发挥更好的效果。

Alperovych，Hübner 和 Lobet（2014）认为政府风险投资是无效的，通过研究 1998—2007 年的 515 家比利时获得 VC 的企业数据，发现 VC 类型（政府或私人）对公司的运营效率有不同影响，获得 GVC 的企业的效率显著较低于获得私营风险投资支持的企业，甚至明显低于无风险投资支持的企业。Grilli 和 Murtinu（2014）运用 VICO 数据集评估 GVC 和 IVC 对欧洲高科技初创公司的销售额和员工数量的影响，结果表明 IVC 能够显著促进企业的销售业绩增长；相反，当只有 GVC 对企业投资时，其对销售的影响微乎其微；而当 IVC 和 GVC

联合投资时，只有在 IVC 领投的情况下，GVC 才会显著促进企业销售增长。基于以上结论，有些学者对政府通过直接参与风险投资市场来支持高科技创业企业的效果表示怀疑。

与之类似，Cumming，Grilli 和 Murtinu(2014)也使用 VICO 数据集，比较了 GVC 和 IVC 对退出绩效的影响，发现 IVC 支持公司的退出绩效优于 GVC 所支持的公司，IVC-GVC 联合比 IVC-IVC 联合更有利于提高退出绩效，但这种效果在统计学上并不显著。Grilli 和 Murtinu(2015)调查了公共(PUVC)和私人(PRVC)风险投资基金对 1992—2009 年间 6 513 家欧洲新技术企业(NTBF)销售增长的影响。结果显示，相对于 PRVC 支持的公司，PUVC 支持的新技术企业表现不佳，也未比无风险投资支持的公司成长得更好。值得注意的是，当 PUVC 和 PRVC 共同投资于新技术企业时，PUVC 能产生正向且显著的影响。

在中国情况也类似，Zhang 和 Mayes(2018)通过实证研究 1991—2010 年中国市场风险投资的数据发现，政府风险投资在整个周期中的成功率低于私营风险投资；而且政府风险投资支持的企业在上市时的表现也差于私营风险投资支持的企业。

基于以上国内外的相关研究成果不难发现，GVC 对企业融资有明显的正向作用，但对企业绩效的影响是有限的。与 IVC 相比时，GVC 对企业绩效的影响是较弱的；而当 IVC-GVC 联合对某些企业投资时，往往能发挥出更好的效果。基于 GVC 对企业影响的不确定性，学者们不禁怀疑其是够有利于企业的技术创新。

2. 风险投资对技术创新的影响综述

通过梳理以往学术界研究 VC 对企业技术创新作用的相关文献，笔者发现，国内外的大多数学者认为 VC 对企业技术创新有促进作用。

初创高科技企业在刺激创新方面发挥着重要作用，它们是知识转移和资本化的有效载体(Audretsch 等，2008)。风险投资支持的公司贡献了大量专利和新技术，并且相对于依赖其他融资方式的低成长型公司而言，风险投资支持的企业为市场带来突破性创新的可能性更大(Hellmann，Puri，2002)。事实上，研究表明，风险投资在这个时代一些最重要的科学发明和产业(如互联网、人工智能、通信、生物技术等)的发展中发挥了重要作用，而且这些高成长型的企业也更有可能促进新产业的诞生(Bygrave，Timmons，2009)。

Kortum 和 Lerner(2000)第一次使用实证方法研究了风险投资 VC 与技术

创新，通过考察 VC 对美国 30 多年 20 多个行业专利发明的影响来评估 VC 对技术创新的作用，使用专利作为技术创新的代理变量，结果表明 VC 对创新有显著的激励作用。Popov 和 Roosenboom(2012)首次利用 21 个欧洲国家 10 种制造行业的跨国数据研究发现，当风险投资水平相对较高时，风险资本会对创新活动产生更大的影响，且在较低创业门槛的国家，风险投资可以更有效地促进创新。Heger 和 Diana(2013)通过使用 1996—2005 年间成立的德国技术公司的数据集来研究风险投资对创新活动的作用，并使用专利数量和创新指数(反映了年轻公司基于自身或外部资源开发新技术的程度)度量企业的创新水平。结果表明，即使考虑到风险投资的内生性，风险投资对专利和创新有显著的促进作用。

Croce 和 Marti(2013)研究了欧洲风险投资支持的高科技行业公司，其创新绩效在多大程度上归因于风险投资者提供的"筛选"效应或"增值"效应，在第一轮风险投资之前，获得风险投资企业和与其匹配的未获得风险投资的企业相比，二者生产率增长没有显著差异，从而排除了筛选效应；而在第一轮风险投资后，获得风险投资的企业生产率增长明显更快，因此确认了风险投资具有增值效应。

中国学者也研究了 VC 对企业技术创新的作用。程昆、刘仁和、刘英(2006)认为技术创新融资会出现非一般的外部性、信息不对称和道德风险问题，风险投资是解决此类问题有效的市场方式；并通过对专利申请量(被解释变量)、研发费用和风险投资额(解释变量)的回归分析发现风险投资有利于提升我国技术创新水平。

付雷鸣、万迪昉和张雅慧(2012)以 2012 年之前在创业板挂牌的企业为样本，研究发现机构投资者持股对企业的创新投入具有显著的正向作用，而且相对于其他投资机构而言，风险投资机构的参与能更好地提升企业创新投入的效率。杨胜刚和张一帆(2017)以创业板和中小板的上市公司为样本，分析风险投资对企业创新投入和产出的影响，结果表明风险投资持股能够提高企业的研发投入，且风险投资持股的时间越长，创新产出越高，如果风险投资机构有良好的声誉，那么这种积极效果会更加显著。

然而，也有少数学者认为风险投资未必能够促进技术创新。Lahr 和 Mina(2015)研究发现风险投资对企业专利申请量的影响微不足道或为负，风险投资遵循企业释放的专利信号，投资商业上可行的专有技术公司。因此作者认为风险投资合理化而不是增加了被投企业的专利产出。Wen 和 Yang 等(2018)采用 2001—2014 年中国 28 个省风险投资与技术创新的面板数据，研究发现二者之间的存在非线性关系。只有当风险投资额足够多并超过门槛水平时，才会对我

国的技术创新产生积极影响;然而,当投资额相对较小时,风险投资可能严重损害企业的创新能力。

3. 政府风险投资对技术创新的影响综述

政策制定者早已认识到风险投资对技术创新的重要作用,推出了一些政府计划以缩小市场上的资金缺口,支持风险投资业的发展,特别是对于中小型或特定地区(如我国中西部地区)的高科技企业。近年来,国内外学者们也就政府风险投资对企业技术创新的影响进行了研究。尽管学者和政策制定者越来越重视,但在学术界看来,政府风险投资对企业技术创新的作用仍然颇有争议。

(1) 北美地区的经验证据

Audretsch 等(2002)发现美国小企业投资研究计划(SBIR)在促进研发方面是有效的,并且拥有巨大的净社会效益;由于研发活动的高风险性,私人投资者不能确保研发投资能够获得回报,因此政府风险投资机构对研发的资助可以有助于促进创新。Brander 等(2008)使用加拿大 1990—2004 年的风险投资数据对比研究政府风险投资和私营风险投资的影响,发现由政府风险投资资助的企业在各种标准上表现不佳,如价值创造(以 IPO、并购的可能性以及规模来衡量)或创新(以专利衡量)。

(2) 欧洲的经验证据

Bertoni 和 Tykvová(2012)使用 865 家欧洲生物技术和制药企业作为样本,发现 IVC 支持的企业在专利方面优于 GVC 支持的企业。而且,当 IVC-GVC 联合时,企业在专利方面表现最优。三年之后,Bertoni 和 Tykvová(2015)通过研究欧洲年轻生物科技公司的面板数据,进一步发现,如果只有 GVC 对企业进行投资,则不会对发明和创新产生显著影响。然而,当 IVC-GVC 联合投资时,GVC 能够放大 IVC 对发明和创新的促进作用。因此得出结论,GVC 是一种无效的替代品,但是 IVC 的有效补充。

Pierrakis 和 Saridakis(2017)实证分析了 2 359 家英国公司的 4 113 项投资交易,并使用专利作为创新的代理变量,研究发现,与获得私营风险投资的公司相比,只获得公共风险投资的企业申请专利的可能性更低。相比之下,接受公共和私营风险投资联合投资的公司与仅获得私人风险投资的公司,二者获得或申请专利的可能性并无显著差异。可见,英国政府风险投资对技术创新的作用非常微弱。

(3) 澳大利亚的经验证据

Cumming 和 Johan(2014)通过对澳大利亚 1990—2012 年间风险投资数据

分析，表明风险投资和政府补贴创新投资(IIF，一种政府风险投资)在促进研发、创新和经济增长方面发挥着关键作用。IIF 凸显了澳大利亚政府在风险投资计划上的巨大成功，这与其他国家政府风险投资效果不佳形成鲜明对比。

(4) 中国的经验证据

国内学术界对于政府风险投资对技术创新的作用至今还没有定论。有的学者认为政府风险投资能够促进技术创新，Cao，Zhou 和 Tang(2014)以 2009—2011 年中国创业板上市公司为例，发现风险投资对创业板公司没有显著影响，但是国有背景的风险投资机构则有助于改善企业创新行为。然而，有的学者持不同观点，苟燕楠和董静(2014)通过实证研究我国中小板的上市企业发现，在研发投资而且在专利数量上，获得风险投资的企业明显优于没有获得风险投资的企业；但是，风险资本背景的差异对技术创新有不同的影响，政府背景风险投资和企业的研发投资却呈现负相关。Ke 和 Wang(2015)比较研究了我国政府控制的风险投资公司(GVC)、私营风险投资公司(PVC)和外国风险投资公司(FVC)的表现，结果表明 GVC 在促进专利申请上的表现优于 FVC，但是不如 PVC。陈伟(2013)从风险投资增值服务的视角研究发现，政府背景风险投资会有助于增加企业技术创新的资源投入，但并没有显著改善技术创新的成果和效益。

从之前的研究中，不难发现关于政府风险投资对技术创新的作用，全球范围内的经验证据喜忧参半，美国和澳大利亚政府风险投资的成功，与其他国家政府风险投资计划的收效甚微形成了鲜明对比。

4. 文献评述

本部分在文献计量分析的基础上，梳理了国内外政府风险投资与技术创新的研究成果，得出以下结论。

(1) 从文献计量分析的结果来看，目前学术界已经对风险投资进行了长期研究，关于风险投资的研究比较充分，但专门针对 GVC 的研究较少，且争议较大，而聚焦 GVC 影响技术创新的文献更加少见，我国在该领域的研究也非常匮乏。

(2) 政府风险投资的相关研究，大多是在风险投资研究的基础上拓展而来，学者们在研究风险投资背景的差异对企业的影响时，考虑到政府背景的风险投资，然后才逐渐专门研究政府风险投资的问题，如对企业的融资、绩效、创新等方面的研究。

(3) 在研究政府风险投资时，学者们往往会结合独立(私营)风险投资进行，

不仅研究政府风险投资对企业的影响，而且着重探讨政府风险投资和独立风险投资联合时对企业的作用。从以往的研究来看，政府风险投资对企业的作用有限，但当二者联合投资时，对企业和技术创新会产生更显著的积极影响。

（4）在技术创新方面，从全球的经验证据来看，政府风险投资对技术创新的作用饱受争议，仅在个别国家（美国、澳大利亚）政府风险投资的作用较好。在我国学术界，政府风险投资对企业技术创新的作用也存在很大争议，有待更深入的研究。

（5）从研究角度来看，大多数的学者是从宏观来切入的，在微观层面及单个行业的研究还不够。有些学者进行了跨国家和行业的研究，地区和行业的差异则会产生较大的异质性，使得相关变量的控制成为一个难题，这也是学者们对各国政府风险投资的结论差异较大的一个原因。

三、政府风险投资概述

（一）国外的政府风险投资

国外大多实行资本主义制度，市场在经济运行中扮演主要角色，政府对市场作调节和干预，起辅助作用。由于信息不对称，市场失灵时有发生，私营风险投资市场不能完全解决年轻创新企业面临的资金缺口，作为回应，许多政府制定风险投资基金计划来促进风险投资业成长（Cumming 等，2009）。因此，国外的政府风险投资主要扮演补充私营风险投资市场的角色。

欧洲有诸多政府风险投资的代表性案例。例如，在比利时，生物技术基金会 Vlaanderen 于 1994 年由佛兰芒政府成立，旨在为有前途的生物技术公司提供融资，现在由另一个公共机构 GIMV 管理。在芬兰，SITRA（芬兰创新基金）由芬兰银行于 1967 年成立，现在由隶属于芬兰议会的公共机构管理。在英国，Scottish Enterprise（苏格兰企业）是一家几乎完全由苏格兰政府资助的公共机构，该机构对初创企业进行股权投资。在其他欧洲国家（如法国、德国、意大利、西班牙等）政府风险投资也很常见，而它们有共同的宗旨——通过政府风险投资来培育和发展有前景的项目。

在美国，科技的繁荣与政府风险投资息息相关。如美国联邦情报局于 1999 年成立了 In-Q-Tel，致力于解决信息技术行业公司的融资问题；OnPoint Technologies 由美国军方于 2002 年成立，旨在为新型电力和能源解决方案的项目提供资金。

在创新强国以色列，政府在 1993 年斥资 1 亿美元设立 YOZMA 风险投资基金，间接投资了通信、IT、生命和生物科技、医药技术等行业的多家企业。除此之外，以色列政府还设立了 Heznek 种子基金，并与私营风险投资携手合作，促进了以色列高新技术企业的成长。

（二）我国的政府风险投资

我国风险投资的发展得益于政府部门推动科技进步的决策，最初形式为政府直接出资组建风险投资机构来资助一些创业企业进行风险较大的高新技术研发(杨艳军，2002)。

1. 我国政府风险投资的发展

国内学者对中国政府风险投资三十多年的发展历程进行了阶段划分(赵玉海，2003；蒋蔚，2009)。

第一阶段，从1985—1990年，我国政府风险投资以“官办官营”的模式运营，政府既是出资人又是管理者；这一时期我国的风险投资业刚刚起步，高新技术产业的进步推动了风险投资的进步。早在1986年，我国首家风险投资公司中国新技术创业投资公司(简称“中创”)在北京成立，成立初期，中创对乡镇企业、中关村科技一条街以及中国风险投资业做出了很大的贡献，但最终因经营不善而倒闭。

第二阶段，从1991—1997年，政府背景的科技投资机构成为我国风险投资的主体。这一时期全国多个省市的政府科技主管部门成立风险投资机构，科技经费主要以担保、贷款和股权的方式投资于高新技术企业。如1992年广东省科技创业投资公司成立、1993年上海创新科技集团公司成立，此类风险投资机构由政府出资、但逐渐地由专业的投资管理人员负责运营。

第三阶段，从1998—2006年，我国政府风险投资经营模式为“官办民营”。这一时期政府背景的风险资本与社会资本合作，政府作为出资方，逐渐不参与风险投资的管理，而是委托专业化的投资机构来经营，如上海创投在两年的时间内把6亿元的政府资金委托给18家风险投资管理机构来管理。这种由政府出资，委托专业投资管理团队的运作模式，充分发挥了政府和私人团队的优势，提高了政府资金的投资效率，促进政府风险投资机构的长远发展。

第四阶段，从2006—2014年，我国政府不再直接设立风险投资公司，投资方式从直接投资转变为间接投资；相反，政府开始出资设立“引导基金”，以股权或债权的形式投资于风投机构或新设风投基金。参股是政府引导基金最重要的运作模式，引导基金主要扮演风险投资机构或基金有限合伙人的角色，并不直接参与管理创投基金。政府部门利用政策引导投资方向，支持相关产业和初创企业的发展。这种模式可称为“官助民营”。

第五阶段，从2014年到现在，是经济新常态形势下引导基金的快速发展阶段。从习近平2014年首次提出我国经济进入新常态以来，政府大力扶持创新企业，着力推进供给侧改革，在一系列政策利好的推动下政府引导基金得到快速发展，各级政府部门纷纷成立了由政府引导基金作为有限合伙人的子基金，优化了资本市场上资金的配置方式和方向，支持了大批创业风险投资机构和创业创新项目，成为国内股权投资市场中的重要力量。

2015年，我国成立了三个国家级大型引导基金：国家科技成果转化基金、国家新兴产业创业投资引导基金和国家中小企业发展基金。引导基金以“政府引导、市场运作、科学决策、防范风险”的原则运行。据《中国创业风险投资发展报告(2017)》数据显示，截至2016年12月，全国共有448支引导基金，累计出资519亿元，引导带动风险投资资金规模总计2 394亿元。

从中国政府风险投资发展历程来看，现阶段我国政府风险投资主要有三种运营模式(崔琳，2018)：①直接投资，政府直接设立的风险投资基金，对社会影响大、科技含量高、相对投资风险较大、政策性强、战略性强的项目进行股权投资；②委托投资，政府把资金委托给专业的风险投资机构，由机构负责筛选项目和投后管理；③间接投资，政府设立引导基金，吸引和带动更多的社会资本共同投资。

2. 我国政府风险投资的规模

自20世纪80年代起步以来，政府资金和国有独资企业资金一直是国内市场上风险资本的主要来源。《中国创业风险投资发展报告(2017)》显示，中国风险投资机构数量达到2 045家，管理风险资本金额达到8 277亿元。其中，政府与国有独资企业出资合计占比最高，达到了36.13%，民营及混合所有制企业出资占比达24.02%，个人投资占7.08%，外资占4.42%。显然，国外的政府风险投资主要作用是弥补资本市场上的缺口，而我国的政府风险投资是风险资本市场的重要构成部分(图2.4)。

3. 我国政府风险投资的构成

我国风险投资资金的主要来源是政府和国有资产，这是我国和西方发达国家风险投资市场的一个显著区别。2016年，政府与国有独资占国内风险资本来源的36.13%，遥遥领先于其他资本来源途径。此外，我国政府风险投资的组成也比较多元化，主要包括：①各级政府部门早期直接投资设立的风险投资机构，如浙江省科技风险投资有限公司；②国有企业设立的风险投资机构，如红塔创新投资股份有限公司等；③高校和科研单位成立的风险投资机构和基金，如浙江大

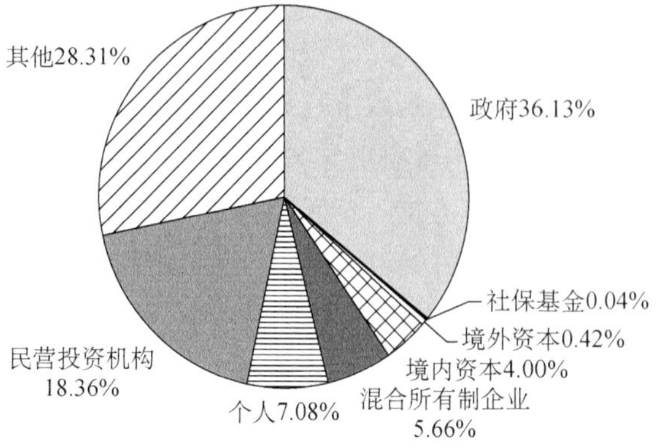

图 2.4　中国创业风险投资资本来源

来源:《中国创业风险投资发展报告(2017)》。

学创业投资有限公司;④各级政府引导基金,如国家新兴产业创业投资引导基金等。

(三)政府风险投资的作用与缺陷

政府风险投资(GVC)具有微观和宏观的双重作用,主要体现在企业、市场和社会三个层面。

第一,在企业层面,GVC缓解了一些高风险企业的融资难题。一些高科技初创公司从事难度较大的研发活动,或者它们产品的受众较少,因而这些公司的风险较高。在这两种情况下,出于规避风险的考虑,IVC难以对这些公司感兴趣。因此,GVC对这类高风险企业的资助能够对IVC产生认证效应和信号作用(Lerner, 2002),提高资本市场对这类企业的认可度,从而有利于其接触到其他投资方,拓宽资金渠道。另外,GVC也可以为企业提供一系列增值服务,由于GVC和政府部门有天然的政治关联,因此能够帮助这些企业获取政府的订单等。

第二,在市场层面,GVC有助于壮大风险投资业的规模,带动风险投资业的发展。国外学者Grilli和Murtinu(2014)认为,GVC不是间接的政府支持计划来刺激IVC的壮大,也不是直接对高科技初创企业进行的公共补贴。相反,GVC完全归政府机构所有的公司来管理,这些基金旨在直接进入风险投资市场,弥补资本市场上风险投资的不足,并帮助解决新兴市场典型的“鸡-蛋悖论”

问题。风险投资的“鸡-蛋悖论”指的是，一方面，由于VC数量不足，因而高科技企业能够获得的投资也不足；另一方面，因为潜在的优秀投资标的很少，所以VC行业发展欠佳。我国GVC在风险投资领域占据重要地位，政府与国有独资企业资金是国内风险资本最主要的构成部分，2016年其占比高达36.13%，GVC对我国风险投资业的发展起着无法替代的作用。此外，GVC具有带头示范作用，有利于带动民营企业、个人、外资、银行等资本进入风险投资领域，从而壮大风险投资业的规模并使之愈加多元化。

第三，在社会层面，GVC有助于实现更广泛的社会效益。GVC通常有助于实现更广泛的政策目标，而非仅仅局限于私营风险投资机构所追求的财务回报。因此，在投资决策过程中，GVC会考虑在财务回报方面可能不尽如人意的潜在标的，投资能够产生重大社会回报或公共利益的企业和项目，例如创造更多就业机会或促进地区经济增长等的企业和项目。在没有GVC参与的情况下，欠发达地区获得风险投资机会更少，因此GVC可以缓解偏远和经济落后地区的一些高科技企业面临的融资问题。

然而，事物皆有两面性，GVC也具有一定的缺陷。首先，人们对GVC筛选评估拟投企业的能力持怀疑态度，管理者对潜在投资项目的分析判断能力不足，或者由于政治利益可能导致投资策略的扭曲（Brander等，2008）。其次，GVC在监督、培育和指导受资企业方面与IVC相比欠佳（Cumming，Johan，2014）。最后，GVC作为一种公共投资可能取代私人投资，可能导致挤出效应（Armor，Cumming，2006；Cumming，MacIntosh，2006），这是由于GVC的目标比IVC更广泛，GVC的管理者对财务回报的责任也相对较小，因此，GVC提供的廉价股权资本会与私营风险投资形成竞争，从而导致对私营风险投资的替代效应而非激励其参与。

四、理论分析与研究假设

（一）风险投资对技术创新的作用

国内外许多学者的研究表明，VC 提供的资源有利于企业技术创新。Kortum 和 Lerner(2000)首次构建专利生产函数，使用专利作为技术创新的代理变量，结果表明，30 多年风险投资显著促进了美国 20 多个行业的技术创新。Hellmann 和 Puri(2002)认为，风险投资支持的公司贡献了大量的专利和新技术，并且相对于依赖其他融资方式的低成长型公司而言，获得风险投资的企业更有可能实现突破性的创新。Popov 和 Roosenboom(2012)研究了欧洲 21 个国家 10 种制造行业的跨国数据，发现相对较高的风险投资水平对创新活动的影响更大。之后，Heger 和 Diana(2013)对 1996—2005 年成立的德国技术公司的专利数量和创新指数（反映了年轻公司基于自身或外部资源开发新技术的程度）的研究结果同样表明，风险投资对专利和创新有显著的积极影响。上述研究大多基于研发和专利的角度，分析了风险投资对技术创新的促进作用，而 Croce 和 Marti(2013)从生产率变化的角度，研究了风险投资对企业的创新绩效的贡献，结果表明，在第一轮风险投资之后，获得风险投资的企业的生产率增长更加明显。

我国学者在这一方面也进行了大量研究。王玉荣和李军(2009)对专利申请量、风险投资持股比例和 R&D 投入强度进行了回归分析，发现 VC 参与能够提高企业专利申请量，而且 VC 持股比例越高，R&D 投入强度就越大。与之类似，杨胜刚和张一帆(2017)的实证分析也显示，VC 持股能够提高企业的研发投入强度，且持股的时间越长，创新产出就越高。付雷鸣、万迪昉和张雅慧(2012)的研究发现，相对于非 VC 机构而言，VC 能更好地提升我国创业板上市企业的创新投入的效率。

相对而言，风险投资所提供的财务资金、指导服务、关系网络、业务资源，使得受到风险投资支持的企业具备一定的资源优势，而技术创新需要人力、财力、

物力等多方面的资源投入，因此受到风险投资的企业有更多的资源投入到研发活动中，从而在技术创新方面表现更佳。而且从国内外的研究结果来看，VC 能够促进企业技术创新。因此，可以提出假设 H1：较之无风险投资参与的企业，VC 参与对企业技术创新具有正向作用。

（二）政府风险投资对技术创新的作用

本文主要关注政府风险投资（GVC）。与注重于投资财务回报的 IVC 不同，GVC 必须响应由建立它们的政府部门设定的经济政策目标。具体而言，虽然 IVC 只是在增加投资回报的程度上对技术创新感兴趣，但 GVC 本身对技术创新感兴趣。李晓华和吕铁（2010）认为，战略性新兴产业的技术创新有正外部性，由于知识的溢出效应（彭向，蒋传海，2011），技术创新具有更大的社会价值。Audretsch 等（2002）发现美国的一项政府风险投资（小企业投资研究计划 SBIR）在促进研发方面是有效的，并且拥有巨大的净社会效益。由此可见，GVC 支持企业的技术创新，并不是单纯地致力于获得更高的投资回报，而是为了促进地区和国家经济的持续发展。

从前人的研究来看，学者对 GVC 对技术创新的作用持不同观点。Cumming 和 Johan（2014）通过对澳大利亚 1990—2012 年风险投资数据分析，发现 GVC 在促进研发、技术创新和经济增长方面具有关键作用。国内的实证研究也证实了 GVC 能够促进企业技术创新。陈伟（2013）从增值服务的角度研究发现政府背景风险投资会显著提高企业技术创新的投入强度。Zhou 和 Tang（2014）研究 2009—2011 年中国创业板的上市公司，发现国有背景风险投资有助于改善企业创新行为。因此，基于前人的研究成果，提出假设 H2：较之无风险投资参与的企业，GVC 参与对企业技术创新具有正向作用。

（三）IVC 和 GVC 对比分析

GVC 作为一种特殊类型的风险投资，与 IVC 在投资目标、专业能力、激励措施和风险偏好等方面存在一定的差异，这些差异也导致二者对企业造成不同影响。

首先，GVC 和 IVC 的投资目标不同。GVC 的目标不仅仅是获得投资回报，它更倾向于培养企业，使其真正成长起来；而 IVC 的目标则更侧重于获取财务收益，它们通常以 IPO 或收购的方式来退出，因此独立风险投资推动受资企业

成长，主要是为了提高企业 IPO 的可能性，或使其在被收购时更具吸引力(Chemmanur 等，2011)。

其次，GVC 和 IVC 所提供的非资本化的“增值”服务及其实现目标的能力不同。Leleux 和 Surlemont(2003)认为，由于 GVC 通常由公职人员经营管理，而公职人员大多不是专业的风险投资家；相反，IVC 的管理者通常是专业的投资家，能够为目标企业在经营、战略、营销、研发、人力资源等方面提供更优质的增值服务。Luukkonen 等(2013)通过实证研究，比较了风险投资为企业提供增值活动的水平和构成，发现在商业理念、管理专业化和退出导向等方面，IVC 比 GVC 更胜一筹。

再次，在委托-代理方面，GVC 和 IVC 有较大差别。在有限合伙风险资本基金的形式下，投资者(作为有限合伙人)和基金管理人(作为普通合伙人)相互契约，以有效地设定投资条款。这些契约包括投资规模、债务、共同投资、信息公开披露以及免责条款等内容。这些条款减轻了基金管理中的代理问题，因此有助于最大化回报和被投资者的表现。而且，相对于 IVC 管理者的灵活薪酬机制，GVC 管理者的待遇是相对固定的。Cumming 和 MacIntosh(2007)认为，GVC 契约由监管机构确定，通常与 IVC 使用的契约有很大差异，不随时间和基金经理变化，因此效率远低于 IVC 契约。

最后，GVC 和 IVC 的风险偏好不同。Mazzucato(2011)，Auerswald 和 Branscomb(2003)发现，IVC 倾向于回避风险较高的高科技创业公司，它们更偏好相对成熟的商业理念和企业来降低风险；相比之下，GVC 表现出较少的风险厌恶态度，因为它们也同样注重目标企业能够创造的社会效益，如创造更多的就业岗位、促进地区经济发展等。

由以上分析可见，除了提供融资之外，IVC 和 GVC 二者在投资目标、增值服务、管理机制、风险偏好等方面存在较大差异，但目前尚不清楚这两类风险投资中的哪一个能为技术创新提供更有价值的资源。因此，本文研究的第三个问题是 IVC 和 GVC 二者对技术创新的作用存在怎样的差异。基于此，提出假设 H3：IVC 和 GVC 对企业技术创新作用是不同的。

一方面，对比 IVC 和 GVC 的目标，可以发现，IVC 的目标主要是获取财务回报，GVC 的目标中更突出技术创新。至于风险偏好，IVC 比 GVC 表现出较多的风险厌恶态度，GVC 可能更愿意将资源用于技术创新的探索性活动，而这种研发活动由于过于冗长，对于 IVC 而言风险太大、不确定性较高。此外，GVC 的投资时间跨度比 IVC 更长，通常 GVC 在初始投资后的 5～7 年才退出

(Sahlman, 1990),为企业提供增值服务的时间更长。这些论点意味着GVC对技术创新的影响要大于IVC。董建卫等人(2018)使用匹配样本研究发现,当采用亏损补偿机制时,政府引导基金支持的创投基金比私人创投基金对企业技术创新的促进作用更大。因此,提出假设三的第一个子假设H3a:GVC对企业技术创新的作用优于IVC。

另一方面,IVC和GVC之间的其他差异可能会指向相反的假设方向。首先,一般而言,与GVC相比,IVC由更加专业的投资家管理,拥有更好的技能和资源(Luukkonen等, 2013)。其次,由于薪酬方案的结构不同(Jääskeläinen等, 2007),IVC比GVC有更强的激励措施。如果这些因素主导了IVC和GVC之间的差异,那么IVC支持的公司将比GVC支持的公司更有效地进行技术创新。Bertoni和Tykvová(2012)使用865家欧洲生物技术和制药企业的样本,发现IVC支持的企业在专利方面优于GVC支持企业。基于此,提出假设三的第二个子假设H3b:IVC对企业技术创新的作用优于GVC。

(四) IVC-GVC联合投资

本文研究的第四个问题是关于IVC和GVC的联合投资。联合投资(也称辛迪加,syndication投资)是指两家及以上的VC共同投资一家企业。联合投资,一方面,通过合作分享其他VC的专业知识和技能,优化了项目选择,加强投资监管,提供更多增值服务,有效分散了投资风险(Gompers, Lerner, 2004);另一方面,能够确保达到合理的投资规模,提高了投资成功率,从而实现最大化资金使用效率,提升投资组合整体价值。詹正华、田洋洋、王雷(2015)对深圳创业板上市公司的数据进行回归分析,发现联合风险投资对目标企业的研发投入、专利量具有显著的正向作用。基于以上分析,提出假设H4:较之无风险投资参与的企业,IVC-GVC联合投资能够促进企业技术创新。

当GVC和IVC联合对企业投资时,能够产生协同作用,在资源方面,由IVC-GVC共同支持的公司,比仅获GVC支持的公司和仅获IVC支持的公司拥有更加全面的资源。首先,IVC-GVC共同支持的企业可以获得更多的资金支持。其次,Chemmanur和Tian (2011)研究发现,每个风险投资机构在联合投资中都可以发挥自己独特的专业优势,提供给企业更加多元化的增值服务。Bertoni和Tykvová(2015)研究欧洲的生物科技公司的面板数据发现,IVC-GVC联合投资能够显著提高企业的发明和创新水平,而且二者联合投资比单独投资对企业技术创

新的促进作用更优。陆瑶等(2017)研究发现,在获得VC的企业中,获得联合投资的企业创新能力优于获得单独投资的企业,而且如果"辛迪加"成员差异较大、投资形式差异较小,那么被投企业的创新能力更强。基于此,提出假设H4a:IVC-GVC联合投资对企业技术创新的促进作用优于IVC或GVC单独投资。

虽然联合投资可以分散风险,并从各自专业优势的潜在协同效应中受益,但它们也会产生一系列额外的代理冲突和搭便车问题,于是,一些学者认为联合投资不一定比单独投资更好。

Cumming等(2007)研究表明,联合风险投资会增加制定投资决策的协调和时间安排方面的成本。出现这种情形主要是由IVC和GVC本身差异导致的,IVC和GVC投资者之间的内在差异也可能导致代理和交易成本增大(Wright, Lockett, 2003),当辛迪加成员的目标不相容时,这些成本会更高,譬如IVC追求投资的财务回报,而GVC的投资目标更加广泛。Chahine等(2012)强调,辛迪加成员的目标不同,可能导致成员之间原则上的利益冲突,其通过研究美国和英国274个IPO的匹配样本发现,篱笆和投资中多元化的VC机构使IPO抑价率更高,后市的表现更差。

其次,Cumming(2006)认为,VC联合会导致所有权集中度降低,从而降低个别辛迪加成员对企业监控的动机,进而导致潜在的"搭便车"行为。在辛迪加成员中,如果一个风险投资机构的努力可以替代另一个,那么风险投资公司会在谁应该负责帮助被投资企业的层面上产生分歧,风险投资公司之间互相推诿从而导致整体"增值"大打折扣。

基于以上分析,提出假设H4b:IVC-GVC联合投资对企业技术创新的促进作用劣于IVC或GVC单独投资。

如果上述的IVC-GVC联合投资的利弊相当,折中考虑假设H4a和假设H4b,提出假设H4c:IVC-GVC联合投资和IVC或GVC单独投资对企业技术创新的促进作用无明显差异。

本文提出的假设如表2.1所示,理论模型如图2.5所示。

表2.1 研究假设

序号	假设
H1	较之无风险投资参与的企业,VC参与对企业技术创新具有正向作用
H2	较之无风险投资参与的企业,GVC参与对企业技术创新具有正向作用
H3	IVC和GVC对企业技术创新作用是不同的

续　表

序号	假设
H3a	GVC 对企业技术创新的作用优于 IVC
H3b	IVC 对企业技术创新的作用优于 GVC
H4	较之无风险投资参与的企业，IVC-GVC 联合投资能够促进企业技术创新
H4a	IVC-GVC 联合投资对企业技术创新的促进作用优于 IVC 或 GVC 单独投资
H4b	IVC-GVC 联合投资对企业技术创新的促进作用劣于 IVC 或 GVC 单独投资
H4c	IVC-GVC 联合投资和 IVC 或 GVC 单独投资对企业技术创新的促进作用无明显差异

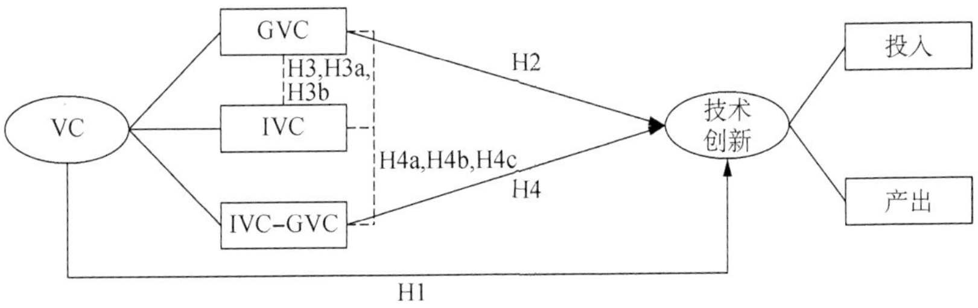

图 2.5　理论模型图

五、研究设计

（一）研究样本选取

为了实证检验 GVC 和企业技术创新之间的关系，本文选取从 2009—2018 年在我国创业板上市的信息技术（IT）行业[①]的所有企业为样本构建混合截面数据库进行实证研究。

选取在创业板上市的企业有两点原因：第一，很多在创业板上市的企业曾经获得过风险投资，来自包括独立风险投资、政府风险投资和外资风险投资等多种背景的风险投资机构，便于研究不同风险投资对企业影响的差异；第二，在创业板上市的公司大多从事高科技业务，技术创新能力相对较强。

选择 IT 行业主要由于：①IT 行业是技术创新的密集区，信息技术产业涵盖大数据、云计算、人工智能、移动互联网、物联网和网络安全等新一代技术，自我国推进"互联网+"行动以来，国内 IT 行业发展迅速，已经成为科技和创新的前沿；②IT 行业是近年来 VC 投资的热点，《中国创业风险投资发展报告（2017）》显示，我国 IT 行业的风险投资金额已经占风险投资总额的 49.78%，IT 行业的风险投资项目数已经占风险投资项目总数的 29.86%，可见，风险投资对我国 IT 行业的飞速发展发挥了巨大的作用。本文在这样的背景下，研究 VC 对 IT 企业技术创新的影响符合实际。

（二）变量和数据

1. 风险投资的识别

本文通过 Choice 数据库和 Wind 金融终端查询企业上市时前十大股东中的

---

① 本文行业分类标准采用的是 Wind 行业分类。

VC 情况,并通过私募通网站[①]查询与该企业相关的投资事件,进而对企业接受风险投资的情况加以核对和补充,保证收集的数据完整且准确。

那么如何来确定某一股东是风险投资机构呢?针对非个人投资者,笔者通过查询私募通的风险投资机构名录进行认定;然而未列入名录不一定代表该机构不是 VC,因此,笔者进一步检索该股东的主营业务,如果主营业务包括“创业投资”或“风险投资”,那么也判定其为 VC,从而确保了风险投资机构数据的完备性。

2. 风险投资的分类

在识别风险投资机构之后,有必要进一步确定风险投资机构的类型。本文基于《中国风险年鉴(2017)》和国内该领域的研究成果如陈伟(2013)、崔琳(2018)、姚婷(2017)的风险投资分类方法,把 VC 划分为三种类型:①独立风险投资 IVC,IVC 属于传统的风险投资,通常为有限合伙制,由有限合伙人独自或者与他人合伙出资成立;②政府风险投资 GVC,GVC 主要由政府部门牵头出资成立,国企央企等国有资本与政府部门有天然的联系,公立高校也是政府出资设立的,所以,本文把由中央政府部门、地方政府部门、发改委、国企央企、公立高校等公共部门出资成立的风险投资作为政府风险投资;③其他风险投资在本文的样本中,IVC 和 GVC 占主要部分,外资、证券、银行、信托等出资、民营企业独立或合伙出资(CVC)的风险投资机构较少,也不是本文研究的重点,遂把这些归为其他风险投资。关于风险投资机构的划分标准如表 2.2 所示。

表 2.2 风险投资类型划分

简称	全称	说明
IVC	独立风险投资	由私人独立或合伙出资
GVC	政府风险投资	由中央政府部门、地方政府部门、发改委、国企央企、公立高校等出资
其他 VC	其他风险投资	由外资、证券、银行、信托等出资;以及民营企业独立或合伙出资(CVC)

3. 企业的分类

本文选取了 2009—2018 年在中国创业板上市的 IT 行业的所有企业,共

① 私募通清为科研究中心推出的 PEVC 数据库,是我国最权威的投资数据库之一,网址为 https://www.pedata.cn/。

计 257 家。然而其中有 3 家企业在上市前不属于 IT 行业，另有 5 家企业在数据预处理时发现技术创新属于极端值，因此剔除这 8 家企业后，本文所使用的样本容量为 249 家。在创业板 IT 行业中，VC 投资的企业有 160 家，IVC 投资的企业有 120 家，GVC 投资的企业有 67 家，其中均包含二者共同投资的有 38 家。

关于受到 IVC 和 GVC 共同支持的企业，学术界有两种分类方法。第一种方法认为，当投资是联合投资时，应专注于主要投资者，因为它是最积极参与公司管理的，而共同投资者则扮演着辅助角色（Wright, Lockett, 2003）。Bertoni 和 Tykvová（2015）在研究 GVC 对欧洲生物技术企业发明和创新的影响时，未把受到联合风险投资的企业单独划为一类：如果某一企业受到的联合风险投资是由 IVC 主导的话，则把该企业归为 IVC 支持的企业；如果某一企业受到的联合风险投资是由 GVC 主导的话，则把该企业归为 GVC 支持的企业。但是，即便非主导的风险投资者也发挥着一定的作用，而以上这种分类方法在研究中，高估了主导风险投资者的实际作用，忽视了非主导风险投资者的影响。

相比之下，第二种方法把获得联合风险投资的企业单独划为一类，避免夸大或低估 IVC 和 GVC 的作用，则更加合理。Cumming 等（2014）在研究 IVC 和 GVC 对企业退出绩效的影响时，采用了这种分类方法，把有风险投资支持的企业划分为三类：IVC-backed，GVC-backed 和 SYND-backed。本文采用的分类方法和 Cumming 等（2014）一致。

4. 变量选取

（1）解释变量：风险投资（vc）

本文的解释变量包括"风险投资 vc"，"政府风险投资 gvc"，"独立风险投资 ivc"，"独立风险投资和政府风险投资联合投资 ivcgvc"，这些变量均为虚拟变量，即当变量值为 1 时，代表肯定；当变量值为 0 时，代表否定。同时，为本文也采用了一些数值型的解释变量，包括"风险投资机构数量 vci"和"风险投资机构持股比例 vcs"。风险投资的数据主要源于 Choice 数据库、Wind 金融终端和私募通网站。

（2）被解释因变量：技术创新（innovation）

在考察技术创新时，本文从投入和产出分别进行讨论。对于技术创新的投入，前人的相关研究不乏使用"研发人员占员工总数的比例"来测度。然而，在收集数据的过程中，笔者发现，有很多公司没有区分一般技术人员和研发人

员，从而导致研发人员的数据无法真实反映企业技术创新的人力投入，因此本文选择了企业上市前“研发投入强度（R&D）”，即研发支出占营业收入的比例。

至于技术创新的产出，由于专利量在衡量技术创新时具有一定缺陷，综合考虑本文所研究的对象是创业板 IT 行业，因此本文采用企业上市时所拥有的专利权和软件著作权的数量之和来测度企业技术创新的产出，从而更加准确地衡量企业的技术创新产出水平。技术创新投入和产出的数据来源于样本企业发布的招股说明书。

（3）控制变量

本文采用了除风险投资之外的一系列控制变量来保证研究的准确度。

① 企业所在城市（city）

由于信息技术行业在我国不同地区的发达程度不一致，本文将企业所在地作为控制变量之一。如果企业地址在北京、上海、广州和深圳，则令 city 虚拟变量的值为 1；考虑到杭州的信息技术行业也相当发达，所以，如果企业所在地为杭州，则 city 虚拟变量的值也为 1；其他地区的企业 city 虚拟变量值为 0。

② 企业年龄（age）及企业规模（scale）

企业创建的时间越长，规模相对就越大，技术创新的经验就越丰富，因此本文使用企业从创建到上市的时间作为企业年龄的代理变量，使用上市时员工总数的自然对数作为企业规模的代理变量。

③ 盈利能力（roe）

盈利能力较好的企业，一方面，可能是由于本身具有技术创新优势，生产出较好的产品，广受市场的认可从而获得了良好的收益；另一方面，良好的盈利能力反过来也为企业源源不断地把资源投入技术创新活动提供物质保障。因此，本文使用企业上市前 ROE 作为盈利能力的代理变量。

④ 成长能力（growth）

技术创新是企业发展的不竭动力。因此，本文以公司的成长能力为控制变量，并将公司上市前一年营业收入的同比增长率作为成长能力的代理变量。

⑤ 资产负债率（leverage）

企业的资产负债率也能影响技术创新的投入强度，本文使用企业上市前的资产负债率作为控制变量。

⑥ 上市年份(ipoyear)

由于样本企业的上市年份遍布 2009—2018 年，为了控制各年份外部因素(如制度、政策、经济环境等)的差异对企业技术创新的影响，本文把企业上市年份纳入控制变量。

⑦ 子行业(industry)

在 Wind 行业分类标准下，IT 行业有三个二级行业，分别是软件与服务、技术硬件与设备、半导体与半导体生产设备。不同细分行业的上市公司的技术创新能力存在差异，因此本文还将企业所属的子行业纳入控制变量。

各变量汇总如表 2.3 所示。

表 2.3　变量列表

变量	名称	符号	含义	类型
被解释变量	技术创新投入	R&D	企业上市前研发投入强度＝研发费用/营业收入×100	定距变量
	技术创新产出	output	企业上市前专利权和软件著作权数量之和	定距变量
解释变量	风险投资	vc	若有风险投资，则为 1，否则为 0	分类变量
	独立风险投资	ivc	若为独立风险投资，则为 1，否则为 0	分类变量
	政府风险投资	gvc	若为政府风险投资，则为 1，否则为 0	分类变量
	独立风险投资与政府风险投资联合	ivcgvc	若 IVC 和 GVC 联合投资，则为 1，否则为 0	分类变量
	其他风险投资	othervc	若为其他风险投资，则为 1，否则为 0	分类变量
	风险投资机构数量	vci	对企业投资的风险投资机构数量	定距变量
	风险投资持股比例	vcs	风险投资机构持有企业的股份比例	定距变量

续　表

变量	名称	符号	含义	类型
控制变量	企业所在城市	city	当企业位于北上广深杭时为1,否则为0	分类变量
	企业年龄	age	企业从成立到上市的时间	定距变量
	企业规模	scale	上市前企业员工总数的自然对数	定距变量
	盈利能力	roe	净资产收益率	定距变量
	成长能力	growth	企业上市前一年营业收入的同比增长率	定距变量
	资产负债率	leverage	企业上市前一年的总负债/总资产	定距变量
	上市年份	ipoyear	企业上市的年份	分类变量
	子行业	industry	企业所属的子行业	分类变量

（三）实证模型构建

本文针对前文提出的假设构建了计量经济模型。为了检验假设 H1——VC 对企业技术创新的作用,本文首先构建混合横截面多元线性回归模型(1):

$$\ln Innovation = \beta_0 + \beta_1 vc + \beta_2 city + \beta_3 age + \beta_4 scale + \beta_5 roe + \beta_6 growth + \beta_7 leverage + \sum \beta_k ipoyear_k + \sum \beta_s industry_s + e$$

在模型(1)中,还有两个衍生模型,即把 vc 虚拟变量分别替换为风险投资机构数 vci 和风险投资持股比例 vcs 来进一步地探究 VC 参与对企业技术创新的影响。

为了检验假设 H2——GVC 对企业技术创新的作用,以及假设 H3——GVC、IVC 对企业技术创新作用的差异,在模型(1)的基础上,把 VC 分为 IVC、GVC,并控制 other vc 的影响,构建混合横截面模型(2):

$$\ln Innovation = \beta_0 + \beta_1 ivc + \beta_2 gvc + \beta_3 othervc + \beta_4 city + \beta_5 age + \beta_6 scale + \beta_7 roe + \beta_8 growth + \beta_9 leverage + \sum \beta_k ipoyear_k + \sum \beta_s industry_s + e$$

为了检验假设 H4——IVC-GVC 联合投资对企业技术创新的作用和差异，在模型(2)中加入 ivcgvc 虚拟变量，构建混合横截面模型(3)：

$$\ln Innovation = \beta_0 + \beta_1 ivc + \beta_2 gvc + \beta_3 ivcgvc + \beta_4 othervc + \beta_5 city + \beta_6 age + \beta_7 scale + \beta_8 roe + \beta_9 growth + \beta_{10} leverage + \sum \beta_k\, ipoyear_k + \sum \beta_s\, industry_s + e$$

针对等式左边的 innovation，本文均从技术创新投入(R&D)和产出(output)两个角度进行实证分析，以确保本研究的准确度和可靠性。

以上三个模型均是对数-线性方程，一般表达式为：$\ln(y) = b_1 + b_2 x$。在方程的左边是对数项，右边是线性变量。在对数-线性模型中，利用对数的性质可以得到，x 增加一个单位所导致的 y 的变化量约为 $100 \times b_2\%$(Carter Hill 等，2015)。利用此性质，可以考察因变量如何随着自变量的变化而变化。

六、实 证 分 析

（一）样本特征及描述性统计分析

1. 对样本企业的描述统计分析

本文共收集了2009—2018年在中国创业板市场上市的IT行业257家公司，在数据预处理之后，剔除了8家企业，因此本研究的样本容量为249家。关于创业板IT企业所受风险投资的情况见表2.4。特别是，本文把受到IVC-GVC联合投资的企业列为一组。依据Wind行业分类标准，IT行业有三个二级行业，分别是软件与服务（103家）、技术硬件与设备（117家）、半导体与半导体生产设备（29家）。

表2.4　样本企业分类

简称	企业类型	数量	占比
IVC	一个或多个独立风险投资支持的企业	82	32.9%
GVC	一个或多个政府风险投资支持的企业	29	11.7%
IVC-GVC	独立风险投资和政府风险投资共同支持的企业	38	15.3%
其他VC	其他风险投资支持的企业	11	4.4%
无VC	无风险投资支持的企业	89	35.7%
合计		249	100.0%

2. 对技术创新的描述统计分析

关于企业技术创新投入和产出的描述性统计分析如表2.5和表2.6所示。技术创新投入指企业研发支出占营业收入的比例，技术创新产出指企业的专利权和软件著作权数量之和。

表 2.5 技术创新投入

研发投入强度(R&D)	数量	平均值	标准差	最小值	最大值
VC 支持的企业	160	8.26%	4.99	2.52%	31.12%
IVC 支持的企业	82	8.18%	5.22	2.99%	31.12%
GVC 支持的企业	29	9.08%	4.21	3.56%	21.77%
IVC-GVC 支持的企业	38	8.28%	5.46	2.52%	24.09%
其他 VC 支持的企业	11	6.65%	3.04	3.01%	12.24%
无 VC 支持的企业	89	6.67%	4.04	1.46%	22.51%

至于技术创新投入，从表 2.5 可以看出，VC 支持的企业研发投入强度平均值(8.26%)比较高，无 VC 支持的企业研发投入强度平均值较低，仅为 6.67%。由此可得，VC 有助于企业加大技术创新投入，符合假设 H1。GVC 支持的企业研发投入强度平均值最高，达到 9.08%，说明政府风险投资也能够促进企业技术创新投入，符合假设 H2；IVC 支持的企业研发投入强度为 8.18%，低于 IVC-GVC 联合支持的企业研发投入强度 8.28%。可见，IVC-GVC 共同支持的企业比 IVC 单独投资的企业技术创新投入高，这和假设 H4a 是一致的。

表 2.6 技术创新产出

专利权和软件著作权数量之和(output)	数量	平均值	标准差	最小值	最大值
VC 支持的企业	160	84.09	88.99	4	695
IVC 支持的企业	82	94.99	103.88	4	695
GVC 支持的企业	29	72.00	81.73	4	371
IVC-GVC 支持的企业	38	79.66	64.14	4	253
其他 VC 支持的企业	11	50.00	42.83	4	146
无 VC 支持的企业	89	40.92	33.37	4	157

至于技术创新产出，从表 2.6 可以看出，无 VC 支持的企业技术创新产出最低，平均值仅为 40.92，大幅低于 VC 支持的企业(84.09)，这与假设 H1 是一致

的。而与技术创新投入的结果不同，IVC 支持的企业技术创新产出水平(94.99)最高，GVC 支持的企业技术产出水平为 72.00，低于 IVC-GVC 支持的企业的技术产出水平 79.66。可见，IVC-GVC 共同支持的企业比 GVC 单独投资的企业技术创新产出更高，这和假设 H4a 是一致的。

3. 对风险投资的描述统计分析

VC 持股比例代表了 VC 对企业投资额度的大小。由表 2.7 可见，GVC 的持股比例平均值为 12.87%，高于 IVC 的持股比例 10.52%，IVC-GVC 联合投资时的持股比例最高达到了 16.23%，其中 IVC 平均持股 6.79%，GVC 平均持股 9.44%。显而易见，GVC 比 IVC 对企业的投资力度更大，IVC-GVC 联合投资持股的比例最高，说明联合投资双方可以发挥资金叠加优势，实现更大的投资规模。

表 2.7　风险投资持股比例

类型	数量	平均值	标准差	最小值	最大值
VC	160	12.71%	8.80	0.85%	49.54%
IVC	82	10.52%	6.78	1.46%	37.63%
GVC	29	12.87%	11.25	0.85%	49.54%
IVC-GVC	38	16.23%	8.90	4.00%	44.99%
IVC-GVC 联合时 IVC	38	6.79%	4.37	1.16%	19.34%
IVC-GVC 联合时 GVC	38	9.44%	8.04	0.75%	36.66%

对风险投资机构的分析，由表 2.8 可见，共计 268 家风险投资机构投资了样本企业，其中，IVC 机构数量最多，共有 170 家，占比 63%；GVC 机构共有 82 家，占比 31%，其他 VC 机构 16 家，占比 6%。结合表 2.7 的数据分析，可以发现，在创业板 IT 行业的风险投资事件中，IVC 机构数量多，平均持股比例略低；GVC 机构数量少，但是平均持股比例较高。

表 2.8　风险投资机构数量

类型	数量	比例
IVC	170	63%
GVC	82	31%
其他 VC	16	6%
合计	268	100%

（二）单因素方差分析

由于本文的解释变量风险投资大多数为分类变量，回归分析之前可以使用方差分析考察企业的技术创新在有无 VC 以及不同类型 VC 的情况下是否有差异。

ANOVA 基于三条前提：①因变量服从正态分布；②所有组的方差齐性；③各组相互独立。经检验，因变量技术创新投入 ln_R&D 和技术创新产出 ln_output 在 5%的显著性水平下均服从正态分布；Bartlett's test 显示各组样本方差齐性；各组样本之间相互独立；所以样本满足 ANOVA 的三个前提。

单因素方差分析基本步骤：①提出原假设，H0——各组无差异；备择假设 H1——各组有显著差异；②选择检验统计量，方差分析的检验统计量是 F 统计量，即 F 值检验；③求得 F 值和概率 P 值；④给定显著性水平，并作出决策。

方差分析一：有无 VC 对企业技术创新投入和产出的影响，所使用的样本是 VC 支持的企业和无 VC 支持的企业，共两组。

H0：两组企业的技术创新无差异；

H1：两组企业的技术创新有差异。

运用 stata 统计分析软件计算得出，对于技术创新投入而言，$F=8.65$，$P=0.0036<0.01$；对于技术创新产出而言，$F=19.44$，$P=0.000<0.01$。因此，拒绝 H0，接受 H1，即有风险投资组和无风险投资组的技术创新具有显著差异。

方差分析二：不同类型 VC 对企业技术创新投入和产出的影响，所使用的样本是 IVC 支持的企业、GVC 支持的企业、IVC-GVC 共同支持的企业、其他 VC 支持的企业以及无 VC 支持的企业，共五组。

H0：各组企业技术创新无差异；

H1：各组企业技术创新有差异。

运用 stata 统计分析软件计算得出，对于技术创新投入而言，$F=2.99$，$P=0.0195<0.05$；对于技术创新产出而言，$F=5.97$，$P=0.0001<0.01$。因此，拒绝 H0，接受 H1，即获得不同类型 VC 的企业技术创新具有显著差异。

（三）独立样本 t 检验

为了分析各组企业技术创新投入和产出水平是否存在显著差异，本文 stata

进行了多次独立样本 t 检验,验证两个样本的平均值与它们代表的总体之间是否有显著差异。本文采取了单尾检验,以 VC 和 NO-VC(无 VC)为例:

原假设 H0:mean(VC)－mean(NO-VC)≤0

备择假设 H1:mean(VC)－mean(NO-VC)>0

计算所得的 P-value<0.05,则拒绝原假设 H0,接受备择假设 H1,说明获得 VC 的企业技术创新投入和产出的平均值是显著大于未获得 VC 的企业。

与之类似,进行 IVC 和 NO-VC,GVC 和 NO-VC,以及 IVC-GVC 和 NO-VC 之间的 t 检验。由表 2.9 创新投入和创新产出的 t 检验结果,可以发现无论技术创新投入还是技术创新产出水平,VC 支持的企业都显著高于无 VC 支持的企业;而且,获得 IVC, GVC 和 IVC-GVC 投资的企业技术创新也都显著高于无 VC 支持的企业,这与本文的假设是一致的。进一步比较可以发现,IVC-GVC 的联合,一方面能够提高 IVC 所投资企业的技术创新投入(1.61>1.51),另一方面还能够提高 GVC 所投资企业的创新产出(38.74>31.08)。

表 2.9 创新投入和创新产出 t 检验

		创新投入均值之差	创新产出均值之差
VC	NO-VC	1.59***	43.17***
IVC	NO-VC	1.51**	54.07***
GVC	NO-VC	2.41***	31.08**
IVC-GVC	NO-VC	1.61*	38.74***

注:*$p<0.1$, **$p<0.05$, ***$p<0.01$。

(四) 相关性分析

模型中主要变量的相关性分析见表 2.10。可见,VC 与企业技术创新投入 R&D 和技术创新产出 output 之间具有显著的正相关关系,IVC 和 output 之间也有显著的正相关关系,GVC 和 R&D 之间有显著的正相关关系,风险投资机构数 vci 和 output 之间有显著的正相关关系,而且风险投资持股比例和 R&D、output 均有显著的正相关关系。

表 2.10　变量相关性

	R&D	output	vc	ivc	gvc	ivcgvc	othervc	vci	vcs
R&D	1								
output	0.1966*	1							
vc	0.1615*	0.2698*	1						
ivc	0.0723	0.2406*	0.5226*	1					
gvc	0.1070*	0.0158	0.2708*	−0.2544*	1				
ivcgvc	0.0527	0.0609	0.3165*	−0.2974*	−0.1541*	1			
othervc	−0.0477	−0.0523	0.1603*	−0.1506*	−0.0781	−0.0912	1		
vci	0.0851	0.3466*	0.6981*	0.2776*	0.1128*	0.4772*	−0.0181	1	
vcs	0.1468*	0.2456*	0.6446*	0.2171*	0.1973*	0.3793*	0.035	0.6870*	1

注：* $p<0.1$。

（五）多元回归分析

为了在多变量环境中进行假设检验，对前文讨论的不同类型VC支持的企业技术创新投入和产出分别进行回归分析。使用因变量的自然对数变换来减少异常值的发生率，这是处理技术创新数据的常用方法（Chemmanur等，2010）。在模型中，创新投入为企业研发投入强度的自然对数（ln_R&D），创新产出为企业专利权和软件著作权之和的自然对数（ln_output），因此所有模型都是对数-线性模型。

1. 检验假设H1

为了研究假设H1：较之未获得VC的企业，VC对企业技术创新具有正向作用。本文进行了如表2.11所示的多元回归分析。

模型（1）、模型（2）、模型（3）研究VC对企业技术创新投入（ln_R&D）的影响，可见风险投资vc的系数为0.207、风险投资机构数vci的系数为0.053，风险投资持股比例vcs的系数为0.011，而且三者在统计学$\alpha=0.05$的水平上都是显著的。可见，相对于无风险投资的企业而言，VC对企业技术创新投入（ln_R&D）具有显著的促进作用，因此假设H1成立。

根据对数-线性模型的性质，x增加一个单位所导致的y的变化量约为$100\times b_2\%$，可以探讨模型在经济学意义上的显著性，推出技术创新投入（ln_R&D）如何随风险投资状况的变化而变化：相对于无风险投资而言，VC参与能够使企业的技术创新投入提高20.7%，在经济学意义上是显著的；每增加一个风险投资机构，企业的技术创新投入能够提高5.3%，在经济学意义上也是显著的；然而，风险投资的持股比例每增加1%可以令企业技术创新投入能够提高仅1.1%，在经济学意义上不够显著。

模型（4）、模型（5）、模型（6）研究的是VC对企业技术创新产出（ln_output）的影响，分析可知vc的系数为0.299且在0.05的水平上统计显著，vci的系数为0.147且在0.01的水平上是高度显著，vcs的系数为0.016且在0.05的水平上统计显著。可见，相对于无风险投资的企业而言，VC对企业技术创新产出（ln_output）具有显著的促进作用，因此假设H1成立。

根据对数-线性模型的性质，可以探讨模型在经济学意义上的显著性，考察技术创新产出（ln_output）如何随风险投资状况的变化而变化：相对于无风险投资而言，VC参与能够使企业的技术创新产出提高29.9%，在经济学意义上是显著的；每增加一个风险投资机构，企业的技术创新产出能够提高14.7%，在经济

学意义上也是显著的；而风险投资的持股比例每增加1%可以令企业技术创新产出能够提高1.6%，在经济学意义上不够显著。

综上所述，在统计学意义上，VC对企业技术创新的投入与和产出均具有显著的促进作用，而且，风险投资机构数、风险投资持股比例也能够显著地促进技术创新。

表2.11 VC对企业技术创新的影响

	(1) 创新投入 ln_R&D	(2) 创新投入 ln_R&D	(3) 创新投入 ln_R&D	(4) 创新产出 ln_output	(5) 创新产出 ln_output	(6) 创新产出 ln_output
vc	0.207**			0.299**		
	(0.070)			(0.115)		
vci		0.053**			0.147***	
		(0.024)			(0.039)	
vcs			0.011**			0.016**
			(0.004)			(0.006)
city	0.196**	0.193**	0.201**	0.173	0.161	0.180*
	(0.065)	(0.066)	(0.065)	(0.107)	(0.105)	(0.107)
age	−0.004	−0.000	0.001	0.024*	0.027**	0.030**
	(0.008)	(0.008)	(0.008)	(0.014)	(0.013)	(0.014)
leverage	−0.011***	−0.011***	−0.011***	0.004	0.003	0.004
	(0.002)	(0.002)	(0.002)	(0.004)	(0.004)	(0.004)
roe	0.004	0.004	0.005*	0.000	0.001	0.001
	(0.003)	(0.003)	(0.003)	(0.005)	(0.005)	(0.005)
growth	0.001	0.001	0.000	−0.002	−0.002	−0.002
	(0.001)	(0.001)	(0.001)	(0.002)	(0.002)	(0.002)
scale	0.019	0.021	0.018	0.127**	0.129**	0.126**
	(0.039)	(0.039)	(0.039)	(0.064)	(0.063)	(0.064)
ipoyear_dummy	Yes	Yes	Yes	Yes	Yes	Yes
industry_dummy	Yes	Yes	Yes	Yes	Yes	Yes
_cons	1.505***	1.540***	1.511***	1.351**	1.357**	1.361**
	(0.328)	(0.330)	(0.326)	(0.539)	(0.530)	(0.538)
N	249	249	249	249	249	249
R^2	0.263	0.251	0.268	0.402	0.421	0.405
adj.R^2	0.209	0.196	0.214	0.358	0.378	0.361

注：创新投入为企业研发投入强度的自然对数(ln_R&D)，创新产出为企业专利权和软件著作权之和的自然对数(ln_output)；系数正下方的括号内为标准差；显著性标识：*$p<0.1$，**$p<0.05$，***$p<0.01$。

2. 检验假设 H2

为了研究假设 H2 的 GVC 对企业技术创新的作用，本文进行了表 2.12 中模型(7)、模型(8)所示的多元回归分析。

表 2.12　IVC、GVC、IVC-GVC 对企业技术创新的影响

	(7) 创新投入 ln_R&D	(8) 创新产出 ln_output	(9) 创新投入 ln_R&D	(10) 创新产出 ln_output
ivc	0.168**	0.314**	0.168**	0.297**
	(0.080)	(0.133)	(0.081)	(0.134)
gvc	0.380***	0.445**	0.396***	0.416**
	(0.109)	(0.182)	(0.111)	(0.183)
ivcgvc	—	—	0.203**	0.352**
	—	—	(0.098)	(0.163)
othervc	0.006	−0.144	0.034	−0.139
	(0.158)	(0.264)	(0.161)	(0.266)
city	0.229**	0.215*	0.200**	0.186*
	(0.069)	(0.116)	(0.065)	(0.107)
age	−0.000	0.019	−0.006	0.021
	(0.009)	(0.015)	(0.008)	(0.014)
leverage	−0.011***	0.006	−0.011***	0.004
	(0.002)	(0.004)	(0.002)	(0.004)
roe	0.004	0.003	0.005	0.000
	(0.003)	(0.005)	(0.003)	(0.005)
growth	0.001	−0.005*	0.000	−0.002
	(0.002)	(0.003)	(0.001)	(0.002)
scale	0.020	0.106	0.029	0.138**
	(0.040)	(0.067)	(0.039)	(0.064)
ipoyear_dummy	Yes	Yes	Yes	Yes
industry_dummy	Yes	Yes	Yes	Yes
_cons	1.604***	1.308**	1.473***	1.343**
	(0.344)	(0.575)	(0.327)	(0.541)
N	211	211	249	249
R^2	0.299	0.438	0.282	0.412
adj.R^2	0.229	0.383	0.219	0.361

注：创新投入为企业研发投入强度的自然对数(ln_R&D)，创新产出为企业专利权和软件著作权之和的自然对数(ln_output)；系数正下方的括号内为标准差；显著性标识：*$p<0.1$，**$p<0.05$，***$p<0.01$。

在模型(7)中，主要考虑 IVC、GVC 和无风险投资的企业之间技术创新投入(ln_R&D)的差异，回归结果显示，相对于无 VC 支持的企业，IVC 和 GVC 对企业技术创新投入都有显著的促进作用，二者的系数分别为 0.168 和 0.380，分别在 0.05 和 0.01 的水平上显著。根据对数-线性模型的性质，相对于无风险投资而言，IVC 参与能够使企业的技术创新投入提高 16.8%；相比之下，GVC 参与能够使企业的技术创新投入提高 38.0%。所以，IVC、GVC 对技术创新投入的作用在经济学意义上也是显著的。

类似地，在模型(8)中，主要考虑 IVC、GVC 和无风险投资的企业之间技术创新产出(ln_output)的差异，回归结果显示，相对于无风险投资支持的企业而言，IVC 和 GVC 都对企业技术创新产出(ln_output)有显著的促进作用，二者的系数分别为 0.314 和 0.445，而且都在 0.05 的水平上统计显著。在经济学意义上，相对于无风险投资而言，IVC 能够使企业的技术创新产出提高 31.4%；GVC 能够使企业的技术创新产出提高 44.5%。所以，IVC、GVC 对技术创新产出的作用在经济学意义上也是显著的。

综上所述，IVC 和 GVC 对技术创新投入和产出均具有显著的促进作用，因此假设 H2 成立。

3. 检验假设 H3

为了研究假设 H3，比较 IVC 和 GVC 对企业技术创新促进作用的强弱，需要比较 GVC 系数和 IVC 系数的差异在统计学意义上是否显著。

在模型(7)和模型(8)中，从表面上看，GVC 系数比 IVC 系数更大，为了证明二者的差异是否显著，需要对 GVC 系数和 IVC 系数进行 Wald 检验，具体而言，对二者的系数进行线性组合，使用单尾 t 检验。

原假设 H0：GVC 不比 IVC 的作用更大，即 $b(gvc)-b(ivc)\leqslant 0$

备择假设 H1：GVC 比 IVC 的作用更大，即 $b(gvc)-b(ivc)>0$

运用 stata 对模型(7)和模型(8)中 IVC 和 GVC 的系数差异进行检验，结果显示，在模型(7)中，$t=1.97$，$p=0.0255<0.05$，因此，拒绝 H0，接受 H1，即 GVC 比 IVC 更能促进企业的技术创新投入。

在模型(8)中，$t=0.73$，$p=0.2335>0.05$，所以不能拒绝 H0，即 GVC 不比 IVC 更能促进企业的技术创新产出。

由以上分析可得，GVC 对技术创新投入的促进作用优于 IVC；然而，在促进技术创新产出层面上，GVC 和 IVC 并没有显著的差异。

4. 检验假设 H4

为了研究假设 H4：IVC-GVC 联合投资对企业技术创新的作用，进行了表 2.12 中模型(9)和模型(10)所示的多元回归分析。

首先，在模型(9)和模型(10)中，回归结果显示相对于无 VC 支持的企业而言，IVC 和 GVC 的系数均为正数，而且都是显著的，这和模型(7)、模型(8)的结果是一致的，即 IVC 和 GVC 对技术创新投入和产出均有显著的促进作用。

其次，在模型(9)中，ivcgvc 系数为 0.203 且在 $\alpha=0.05$ 的水平上是统计显著的，说明 IVC-GVC 联合投资能够显著促进技术创新投入。在经济学意义上，相对于未获得 VC 的企业而言，IVC-GVC 联合投资能够使企业研发强度提高 20.3%。在模型(10)中，ivcgvc 系数为 0.352 且在 0.05 的水平上统计显著，说明 IVC-GVC 联合能够显著促进技术创新产出。在经济学意义上，相对于未获得 VC 的企业而言，IVC-GVC 联合投资能够使企业的技术创新产出提高 35.2%。

以上分析表明较之未获得 VC 的情况，IVC-GVC 联合投资能够促进企业的技术创新投入和产出，因此假设 H4 成立。

进一步，针对假设 H4a 和假设 H4b 研究 IVC-GVC 联合投资是否比 IVC、GVC 单独投资对技术创新有更强的促进作用。

从表面上看，无论是在模型(9)还是在模型(10)中，IVC、GVC、IVC-GVC 三者系数的大小关系均为 b(gvc)＞b(ivcgvc)＞b(ivc)，即 IVC-GVC 联合投资对技术创新的作用大于 IVC，但却小于 GVC。但是，不能确定这种差异是样本误差还是统计学意义上显著的差异。因而，与检验假设 H3 中的方法类似，使用 Wald 检验，对 IVC 和 IVC-GVC 的系数线性组合，以及 GVC 和 IVC-GVC 的系数线性组合，进行双尾 t 检验。

(1) 比较模型(9)和模型(10)中 IVC 和 IVC-GVC 的系数差异是否显著

原假设 H0：IVC-GVC 联合投资与 IVC 单独投资的作用无显著差异，即 b(ivcgvc)－b(ivc)＝0

备择假设 H1：IVC-GVC 联合投资与 IVC 单独投资的作用有显著差异，即 b(ivcgvc)－b(ivc)＝！0

在模型(9)中，$t=0.36$，$p=0.719>0.05$，因此，所以不能拒绝 H0，即 IVC-GVC 联合投资并不比 IVC 单独投资更能促进企业的技术创新投入。在模型(10)中，$t=0.33$，$p=0.739>0.05$，因此，所以不能拒绝 H0，即 IVC-GVC 联合投资并不比 IVC 单独投资更能促进企业的技术创新产出。

(2) 比较模型(9)和模型(10)中 GVC 和 IVC-GVC 的系数差异是否显著

原假设 H0：IVC-GVC 联合投资与 GVC 单独投资的作用无显著差异，即 b(gvc)－b(ivcgvc)＝0

备择假设 H1：IVC-GVC 联合投资与 GVC 单独投资的作用有显著差异，即 b(gvc)－b(ivcgvc)＝！0

在模型(9)中，$t=1.54$，$p=0.125>0.05$，不能拒绝 H0，即 IVC-GVC 联合投资并不比 GVC 单独投资更能促进企业的技术创新投入。在模型(10)中，$t=0.31$，$p=0.761>0.05$，因此，所以不能拒绝 H0，即 IVC-GVC 联合投资并不比 GVC 单独投资更能促进企业的技术创新产出。

综上所述，相对于未获得 VC 的情况，IVC-GVC 联合投资对技术创新投入和产出均具有显著的促进作用，假设 H4 成立；然而，虽然表面上看 IVC、GVC、IVC-GVC 三者系数大小不同，但 Wald 检验发现 IVC-GVC 联合投资和 IVC、GVC 单独投资对技术创新的作用无显著差异，所以假设 H4c 成立。从创业板 IT 行业的 VC 对技术创新的作用来看，IVC-GVC 联合投资是缺乏效率的。

（六）模型检验

本小节对以上回归模型的设定、多重共线性、异方差以及残差分布正态性进行检验。

对于模型设定，使用回归定义错误检验(RESET)是否遗漏变量和或采用了不正确的函数形式，原假设 H0 为模型设定没有错误。对于多重共线性，使用方差膨胀因子 VIF 检验，如果 VIF 小于 10，则认定模型的共线性程度较弱。对于异方差，使用 White 检验，White 检验的原假设 H0 为不存在异方差。对于残差分布的正态性，使用 Jarque-Bera 检验，简称 JB，原假设 H0 为残差服从正态分布。表 2.13 列出了模型(1)～模型(10)四种检验的结果。

表 2.13　模型检验结果

模型	(1)	(2)	(3)	(4)	(5)
RESET(p-value)	0.4466	0.1778	0.3486	0.2929	0.2093
mean-VIF	2.66	2.65	2.65	2.66	2.65
White(p-value)	0.8215	0.6637	0.6163	0.0514	0.0709
JB(p-value)	0.2188	0.1986	0.3206	0.3537	0.2039

续　表

模型	(6)	(7)	(8)	(9)	(10)
RESET(p-value)	0.1715	0.4315	0.2037	0.7985	0.4487
mean-VIF	2.65	2.83	2.83	2.51	2.51
White(p-value)	0.0742	0.4241	0.4058	0.6946	0.1491
JB(p-value)	0.5548	0.3258	0.3521	0.2866	0.1885

RESET 检验的 p 值均大于 0.05，所以模型设定没有定义错误；mean-VIF 的值均小于 3，远远低于 10，说明模型的多重共线性较弱；White 检验的 p 值也都大于 0.05，说明模型不存在异方差；JB 检验的 p 值也都大于 0.05，所以各个模型的残差服从正态分布。从以上检验结果来看，稳健性较好。

七、结论与展望

(一) 研究结论

本文梳理了政府风险投资和企业技术创新的相关理论,并利用我国创业板IT行业数据,构建对数-线性模型,实证分析了三种风险投资情况(IVC、GVC、IVC-GVC)对技术创新投入和产出的影响,得出如下结论。

(1) 在统计意义上,相对于未获得VC而言,VC参与不仅能够显著促进企业加大技术创新的投入(主要体现在研发投入强度上),也能显著提高企业的技术创新产出(主要体现在专利权和软件著作权上);而且,进一步的回归分析发现,风险投资机构数量和持股比例也能够显著促进企业的技术创新。

(2) 独立风险投资IVC能显著促进技术创新的投入和产出,这也和学术界的研究结论一致。然而,相较于大部分国外学者认为政府风险投资GVC在技术创新方面是低效甚至无效的结论,对于创业板IT企业而言,我国GVC对技术创新的投入和产出均有显著促进作用。自国内VC起步以来,我国GVC一直在风投领域占据较大的比例。欧美发达国家的GVC主要扮演弥补市场上风险投资缺口的辅助角色,而我国GVC在风险资本市场上扮演着重要角色,对促进中国高科技和战略性新兴产业的发展起着重要作用。

(3) 通过Wald检验IVC和GVC系数的差异,发现GVC对企业技术创新投入的促进作用优于IVC;在促进企业技术创新产出层面上,GVC和IVC的作用无显著差异。这与前文的描述性统计相符,描述性统计显示,相对IVC而言,GVC持股比例比较大,这也证明了我国GVC充分响应国家创新驱动发展的战略,重视对高科技企业的投资,促进了企业研发投入。

(4) 相对于未获得VC的情况,IVC-GVC联合投资能够显著地促进企业技术创新投入和产出;然而,当使用Wald检验IVC单独投资、GVC单独投资以及IVC-GVC联合投资对企业技术创新投入和产出影响的差异时,发现IVC-GVC的联合投资并没有比IVC、GVC单独投资发挥更好的效果。理论上IVC-GVC

资源互补的优势没有发挥出来，未能实现“1+1>2”的效果。因此，从创业板 IT 行业的风险投资情况来看，我国 IVC-GVC 联合投资缺乏效率。

（二）参考建议

基于以上研究结论，提出几点参考建议。

一方面，继续发挥长处。本文的实证结果证明，GVC 能够有效提高企业的技术创新投入和产出水平，因此，政府部门应当继续放大这一效应，进一步加大对高科技企业的风险投资力度，促进企业研发投入。具体措施如下。

(1) 结合国有企业改革，鼓励国有资本参与风险投资，鼓励中央企业和国有企业参与新兴产业风险投资基金，或新增设立国有资本风险投资基金。

(2) 鼓励有条件的地方按照“政府引导、市场化运作”的原则促进“引导基金”的建立，使财政资金充分发挥引导和聚集作用，带动社会资本进入风险投资市场。

(3) 促进“引导基金”注资市场化母基金，并由专业的风险投资管理机构进行管理和指导。

另一方面，着力弥补短板。我国 IVC-GVC 的联合投资没有发挥出理论上二者资源互补的优势，IVC-GVC 的联合并没有比 IVC、GVC 单独投资发挥更好的效果。应当科学合理安排联合投资的组织形式，妥善协调多个风险投资机构在被投企业治理中的利益和责任，充分发挥 IVC-GVC 联合的优势。具体措施如下。

(1) 健全政府风险投资机构的激励约束机制和监督管理机制，促进 GVC 和其他 VC 机构之间的合作。

(2) 鼓励 IVC-GVC 联合投资的市场化运作，严格明确各个风险投资机构的利益和责任，减少委托代理成本。

(3) 政府资金可以适度给社会资金让利，更加充分地发挥政府资金在引导私人投资，扩大直接融资和弥补市场失灵方面的作用。

(4) 支持有条件的国有风险投资企业进行混合所有制试点改革，探索国有风险投资企业和风险投资管理企业的核心团队持股和后续跟投。

（三）局限与展望

首先，由于数据的局限性，本文所研究的风险投资对象是创业板信息技术企

业，这些企业都已经在我国创业板挂牌，是IT行业中相对较好的一部分。然而，还有很多获得过VC的企业并没有上市，不同类型的风险投资情况IVC、GVC、IVC-GVC对那些未上市企业的技术创新的影响尚不清楚，有待进一步研究。

其次，由于我国GVC组成比较多元化，包括由各级政府部门的早期直接投资建立、国有企业设立的和一些大学及科研单位成立的风险投资机构与资金，以及各级政府引导基金等，这些不同的风险投资机构对企业技术创新的影响仍不明确，有待进一步研究。

最后，本文研究发现我国IVC-GVC联合投资并没有发挥出相对于IVC、GVC单独投资的协同优势，说明联合风险投资在管理方面还不够完善，如何更好地组织风险投资的联合，尤其是协调IVC-GVC联合投资中各方的利益和责任，使其充分互补优势，有待进一步研究。

参考文献

ALPEROVYCH Y, HÜBNER G, LOBET F. How does governmental versus private venture capital backing affect a firm's efficiency? Evidence from Belgium[J]. Journal of Business Venturing, 2015, 30(4):508-525.

ARMOUR J, CUMMING D. The legislative road to Silicon Valley[J]. Oxford Economic Papers, 2006, 58(4):596-635.

AUDRETSCH D B, BÖNTE W, KEILBACH M. Entrepreneurship capital and its impact on knowledge diffusion and economic performance[J]. Journal of Business Venturing, 2008, 23(6):0-698.

AUDRETSCH D B. Entrepreneurship: determinants and policy in a European-US comparison [M]. Springer US, 2002.

AUERSWALD P E, BRANSCOMB L M. Valleys of death and darwinian seas: financing the invention to innovation transition in the United States[J]. Journal of Technology Transfer, 2003, 28(3-4):227-239.

BARRY C B, MUSCARELLA C J, III J W P, et al. The role of venture capital in the creation of public companies: evidence from the going-public process [J]. Journal of Financial Economics, 1990, 27(2):447-471.

BERTONI F, COLOMBO M G, GRILLI L. Venture capital investor type and the growth mode of new technology-based firms[J]. Small Business Economics, 2013, 40(3): 527-552.

BERTONI F, MARÍA A F, JOSÉ M. The different roles played by venture capital and private equity investors on the investment activity of their portfolio firms[J]. Small Business Economics, 2013, 40(3):607-633.

BERTONI F, TYKVOVÁ T. Does governmental venture capital spur invention and innovation? Evidence from young European biotech companies[J]. Research Policy, 2015, 44(4):925-935.

BERTONI F, TYKVOVÁ T. Which form of venture capital is most supportive of innovation? [J]. Zew Discussion Papers, 2012.

BRANDER J A, DU Q, HELLMANN T. The effects of government-sponsored venture capital: international evidence[J]. Review of Finance, 2015,19(2):571-618.

BRANDER J A, EGAN E J, HELLMANN T. Government sponsored versus private venture capital: canadian evidence[J]. Nber Working Papers, 2008.

BYGRAVE W D, TIMMONS J A. Venture capital at the crossroads[J]. Social Science Electronic Publishing, 2009.

CAO Q, ZHOU Q, TANG Y. Venture capital and entrepreneurial innovation: research on the data of GEM in China[J]. Advances in Intelligent Systems and Computing, 2014, 280: 291-302.

CHAHINE S, ARTHURS J D, FILATOTCHEV I, et al. The effects of venture capital syndicate diversity on earnings management and performance of IPOs in the US and UK: an institutional perspective[J]. Journal of Corporate Finance, 2012, 18(1):0-192.

CHEMMANUR T J, KRISHNAN K, NANDY D K. How does venture capital financing improve efficiency in private firms? A look beneath the surface[J]. Social Science Electronic Publishing, 2011, 24(12):4037-4090.

CHEMMANUR T J, TIAN X. Peer monitoring, syndication, and the dynamics of venture capitalist interactions[J]. Social Science Electronic Publishing, 2009.

CROCE A, JOSÉ M, MURTINU S. The impact of venture capital on the productivity growth of European entrepreneurial firms: 'Screening' or 'value added' effect? [J]. Journal of Business Venturing, 2013, 28(4):489-510.

CRUZ-CÁZARES C, BAYONA-SÁEZ C, GARCÍA-MARCO T. You can't manage right what you can't measure well: technological innovation efficiency[J]. Research Policy, 2013, 42(6-7):1239-1250.

CUMMING D, GRILLI L, MURTINU S. Governmental and independent venture capital investments in Europe: a firm-level performance analysis[J]. Journal of Corporate Finance, 2014: S0929119914001321.

CUMMING D, JOHAN S A. Venture capital and private equity contracting (Second Edition)[J]. Elsevier Monographs, 2014:729-756.

CUMMING D, JOHAN S. Pre-seed government venture capital funds[J]. Journal of International Entrepreneurship, 2009, 7(1):26-56.

CUMMING D, JOHAN S. Venture's economic impact in Australia[J]. The Journal of Technology Transfer, 2016, 41(1):25-59.

CUMMING D, MACINTOSH J G. Crowding out private equity: Canadian evidence[J]. Social Science Electronic Publishing, 2002, 21(5):569-609.

CUMMING D, MACINTOSH J G. Mutual funds that invest in private equity? An analysis of labour-sponsored investment funds[J]. Cambridge Journal of Economics, 2007, 31(3): 445-487.

CUMMING D, SIEGEL D S, Wright M. Private equity, leveraged buyouts and governance [J]. Journal of Corporate Finance, 2007, 13(4):0-460.

CUMMING D. The determinants of venture capital portfolio size: empirical evidence[J]. Journal of Business, 2006, 79(3):1083-1126.

DE CLERCQ D, FRIED V H, LEHTONEN O, et al. An entrepreneur's guide to the venture capital galaxy[J]. Academy of Management Perspectives, 2006, 20(3):90-112.

DE CLERCQ D, SAPIENZA H J. Effects of relational capital and commitment on venture capitalists' perception of portfolio company performance[J]. Journal of Business Venturing, 2006, 21(3):0-347.

DOLVIN S, PYLES M. Venture capitalist quality and IPO certification[J]. Venture Capital, 2006, 8(4):353-371.

ENGEL D, KEILBACH M. Firm-level implications of early stage venture capital investment — An empirical investigation[J]. Journal of Empirical Finance, 2007, 14(2): 0-167.

FRIED V H, HISRICH R D. The venture capitalist: a relationship investor[J]. California Management Review, 1995, 37(2):101-113.

GOMPERS P A, LERNER J. The venture capital cycle[M]. MIT Press, 2004.

GOMPERS P, LERNER J. The venture capital revolution[J]. Journal of Economic Perspectives, 2001, 15(2):145-168.

GRILLI L, MURTINU S. Government, venture capital and the growth of European high-tech entrepreneurial firms[J]. Research Policy, 2012, 43(9):1523-1543.

GRILLI L, MURTINU S. New technology-based firms in europe: market penetration, public venture capital, and timing of investment[J]. Social Science Electronic Publishing, 2015, 24(5):1109-1148.

GUERINI M, QUAS A. Governmental venture capital in Europe: screening and certification [J]. Journal of Business Venturing, 2016, 31(2):175-195.

HAGEDOORN J, CLOODT M. Measuring innovative performance: is there an advantage in using multiple indicators? [J]. Research Policy, 2003, 32(8):1365-1379.

HALL B, LERNER J. The financing of R&D and innovation[J]. Handbook of the Economics of Innovation, 2010, 1.

HEGER D. The role of venture capital investments for innovation in young technology-based firms

[J]. ZEW — Centre for European Economic Research Discussion Paper, 2013:13-77.

HELLMANN T, PURI M. Venture capital and the professionalization of start-up firms: empirical evidence[J]. Journal of Finance, 2002, 57(1):169-197.

HILL R C, GRIFFITHS W E, LIM G C. Principles of econometrics (4th Edition International Student Version)[M]. John Wiley & Sons, 2015.

HOCHBERG Y V, LJUNGQVIST A, LU Y. Whom you know matters: venture capital networks and investment performance[J]. Journal of Finance, 2007, 62(1):251-301.

HSU D H. Venture capitalists and cooperative start-up commercialization strategy[J]. Management Science, 2006, 52(2):204-219.

JANTUNEN A. Knowledge-processing capabilities and innovative performance: an empirical study[J]. European Journal of Innovation Management, 2005, 8(3):336-349.

JUN W, DI Y, FU F G, et al. Venture capital and innovation in China: the non-linear evidence[J]. Structural Change & Economic Dynamics, 2018.

JÄÄSKELÄINEN M, MAULA M, MURRAY G. Profit distribution and compensation structures in publicly and privately funded hybrid venture capital funds[J]. Research Policy, 2007, 36(7):913-929.

KE B, WANG L. Can government-controlled venture capital firms deliver performance? Evidence from China[J]. SSRN Electronic Journal, 2015. 10. 2139/ssrn. 2606689.

KORTUM S, LERNER J. Assessing the contribution of venture capital to innovation[J]. Rand Journal of Economics, 2000, 31(4):674-692.

KORTUM S, LERNER J. Does venture capital spur innovation? [J]. Nber Working Papers, 1998, 28(1):1-44.

LAHR H, MINA A. Venture capital investments and the technological performance of portfolio firms[J]. Research Policy, 2015, 45(1):303-318.

LELEUX B, SURLEMONT B. Public versus private venture capital: seeding or crowding out? A pan-European analysis[J]. Journal of Business Venturing, 2003, 18(1):81-104.

LERNER J. When bureaucrats meet entrepreneurs: the design of effective 'public venture capital' programmes[J]. Economic Journal, 2010, 112(477): F73-F84.

LUUKKONEN T, DESCHRYVERE M, BERTONI F. The value added by government venture capital funds compared with independent venture capital funds[J]. Technovation, 2013, 33(4-5):154-162.

MANSFIELD E. The production and application of new industrial technology[M]. New York: Norton,1977.

MAZZUCATO M. The entrepreneurial state[J]. Soundings, 2013, 49(49): 70-71.

MEGGINSON W L, WEISS K A. Venture capitalist certification in initial public offerings[J]. The Journal of Finance, 1991, 46(3):25.

MUESER R. Identifying technical innovations[J]. IEEE Transactions on Engineering Management, 1985, EM-32(4):158-176.

NAHATA R. Venture capital reputation and investment performance[J]. Journal of Financial Economics, 2008, 90(2):127-151.

PAVITT K. Patent statistics as indicators of innovative activities: possibilities and problems [J]. Scientometrics, 1985, 7(1-2):77-99.

PIERRAKIS Y, SARIDAKIS G. Do publicly backed venture capital investments promote innovation? Differences between privately and publicly backed funds in the UK venture capital market[J]. Journal of Business Venturing Insights, 2017, 7:55-64.

POPOV A, ROOSENBOOM P. Venture capital and patented innovation: evidence from Europe[J]. Economic Policy, 2012, 27(71):447-482.

ROSTOW W. The five stages of growth- a summary[J]. Cambridge University Press, 1960.

SAHLMAN W A. The structure and governance of venture-capital organizations[J]. Journal of Financial Economics, 1990, 27(2):473-521.

SCHILLING M A. Strategic management of technological innovation[M]. McGraw-Hill/Irwin, 2012.

SCHUMPETER J. Business cycles: a theoretical, historical, and statistical analysis of the capitalist process[J]. The American Historical Review, 1939, 46(1):175-189.

SCHUMPETER J. The theory of economic development: an inquiry into profits, capital, credit, interest, and the business cycle (social science classics series)[J]. Social Science Electronic Publishing, 2012, 3(1):90-91.

SHNEIDER A M. Four stages of a scientific discipline; four types of scientist[J]. Trends in Biochemical Sciences, 2009, 34(5):217-223.

SOLOW C S. Innovation in the capitalist process: a critique of the schumpeterian theory[J]. Quarterly Journal of Economics, 1951, 65(3):417-428.

UTTERBACK J M. Innovation in industry and the diffusion of technology[J]. Science, 1974, 183(4125):620-626.

WERNERFELT, B. A resource-based view of the firm[J]. Strategic Management Journal, 1984, 5(2):171-180.

WRIGHT M, LOCKETT A. The structure and management of alliances: syndication in the venture capital industry[J]. Journal of Management Studies, 2003, 40(8):30.

ZHANG Y, MAYES D G. The performance of governmental venture capital firms: a life

cycle perspective and evidence from China[J]. Pacific-Basin Finance Journal, 2018, 48: 162-185.

曹勇,苏凤娇.高技术产业技术创新投入对创新绩效影响的实证研究——基于全产业及其下属五大行业面板数据的比较分析[J].科研管理,2012,V33(9):22-31.

陈劲,陈钰芬.企业技术创新绩效评价指标体系研究[J].科学学与科学技术管理,2006,27(3):86-91.

陈伟.风险投资的资本来源影响企业技术创新的机理分析和实证研究——基于非资本增值视角[J].商业经济与管理,2013(9):87-96.

程昆,刘仁和,刘英.风险投资对我国技术创新的作用研究[J].经济问题探索,2006(10):17-22.

崔琳.政府风险投资对创业企业绩效的影响[D].西安:西安理工大学,2018.

董建卫,王晗,施国平,等.政府引导基金参股创投基金对企业创新的影响[J].科学学研究,2018,36(8):1474-1486.

付雷鸣,万迪昉,张雅慧.VC是更积极的投资者吗?——来自创业板上市公司创新投入的证据[J].金融研究,2012(10):125-138.

傅家骥.技术创新学[M].北京:清华大学出版社,1998.

苟燕楠,董静.风险投资背景对企业技术创新的影响研究[J].科研管理,2014,35(2):35-42.

蒋蔚.我国政府背景风险投资机构的行为与绩效研究[D].上海:上海交通大学,2009.

李晓华,吕铁.战略性新兴产业的特征与政策导向研究[J].宏观经济研究,2010(9):20-26.

龙勇,杨晓燕.风险投资对技术创新能力的作用研究[J].科技进步与对策,2009(23).

陆瑶,张叶青,贾睿,等."辛迪加"风险投资与企业创新[J].金融研究,2017(6):163-179.

彭向,蒋传海.产业集聚、知识溢出与地区创新——基于中国工业行业的实证检验[J].经济学(季刊),2011,10(3):913-934.

王玉荣,李军.风险投资对中小企业自主创新影响的实证研究——基于中小企业板的经验数据[J].山东科技大学学报(社会科学版),2009,11(1):47-52.

肖虹.中国产业技术创新投入产出特点检验:1999—2004[J].财经研究,2007,33(4):52-61.

许冠南.关系嵌入性对技术创新绩效的影响研究——基于探索型学习的中介机制[D].2008.

杨胜刚,张一帆.风险投资对企业创新的影响——基于中小板和创业板的研究[J].经济经纬,2017(2):147-152.

杨艳军.政府出资型风险投资机构的发展与运行模式创新[J].技术经济,2002(6):43-44.

姚婷.政府与私人背景风险投资对企业效率的影响差异研究[D].2017.

詹正华,田洋洋,王雷.联合风险投资对目标企业技术创新能力的影响——基于深圳创业板上市企业的经验分析[J].技术经济,2015(6):24-30.

赵玉海.政府风险投资的功能定位和运作思路[J].财贸经济,2003(7):22-27.

第三篇

PPP 模式中关系嵌入性对民营企业合作意愿的影响研究

一、引　言

（一）研究背景

政府与社会资本合作(PPP)模式是国际公认的社会资本参与公共资源配置的有效途径之一。与国外“私营资本(Private Capital)”不同,具备中国特色的“社会资本”包含了以央企、地方国企为代表公有制经济体和以民营企业、外资企业为代表的非公有制经济体。

根据明树数据库发布的数据,从不同所有制社会资本参与PPP项目的企业数量来看,截至2018年12月27日,参与PPP项目的社会资本前10强中有5家央企、2家地方国企,而民营企业仅3家,分别是华夏幸福基业、葛洲坝和东方园林。其中,华夏幸福基业、葛洲坝、东方园林的累计中标金额分别为3 798亿元、1 611亿元、1 182亿元,排名分别为第1、第6和第9。截至2018年12月27日,不同所有制社会资本PPP成交金额方面,央企和地方国企占比71.59%,民营企业占比27.89%,外企占比0.52%。不同所有制社会资本PPP成交数量方面,央企和地方国企占比54.33%,民营企业占比45.21%,外企占比0.46%。中标PPP项目的平均规模方面,社会资本各企业中标的PPP项目的平均规模为14.79亿元,而民营企业中标的PPP项目平均规模仅为9.17亿元。从以上统计结果可以看出,无论是PPP项目的参与数量还是投资总量和规模上,社会资本中央企和地方国企均占绝对优势,民营企业参与PPP项目相对不足。

与此形成对比的是,民营企业整体具备较强实力,在我国经济中发挥着重要作用。截至2017年年末,国内民营企业数量为2 726万家,注册资本规模突破165万亿元;在国家财政收入方面,民营企业贡献占比超50%;在对外直接投资、固定资产投资、GDP方面,民营企业贡献占比均超60%;在产品创新与技术创新方面,民营企业贡献占比超70%;在吸纳城镇就业方面,民营企业贡献占比也突破80%;而在新增就业方面,民营企业贡献占比超90%。而就PPP本身而言,民营企业也具有重要作用。民营企业拥有灵活的运营机制,较高素质的人才队

伍，相对于国有企业具有更强的市场开发能力和创新能力，民营企业的参与对提高 PPP 效率应起到不可或缺的作用。因此，为了 PPP 模式发挥更大的效用，民营企业的参与度需要进一步提高。

在 PPP 实践中，提高民营企业参与意愿的措施不断出台。政策层面，在规范引导的同时，PPP 条例加快出台。在《关于鼓励民间资本参与政府和社会资本合作(PPP)项目的指导意见》(发改投资〔2017〕2059 号)中，发改委首次系统提出民间资本参与 PPP 的指导意见，为民营资本参与 PPP 创造了有利政策环境。此外在项目推介、示范评选、资金安排、融资支持等方面给予民营企业进一步支持。2018 年 9 月 18 日，国务院常务会议提到要有序推进政府与社会资本合作(PPP)项目，积极吸引民间资本参与建设。第四届中国 PPP 融资论坛上，财政部 PPP 中心主任焦小平在题为"积极规范运用 PPP 模式，加大高质量公共服务供给补短板"的演讲中提出营造民营企业公平参与环境。地方层面，有些地方已经开始出台对民营企业的鼓励政策。譬如北京市在 PPP 奖补资金方面更多倾向投资主体为民营企业的 PPP 项目。江苏省也对 PPP 奖补资金办法进行了修正，更多地扶持民营企业为主要主体或单一主体的 PPP 项目，在既定标准的基础上上浮 10%。安徽省明确提出鼓励民营企业等各类型企业按同等标准、同等待遇参与 PPP 项目。

在理论方面，通过对国内外学术界有关 PPP 方面的研究梳理发现，PPP 研究主要集中在以下几个方面：①财务可行性和 PPP 应用，侧重于公司合作伙伴关系的性质和建立理由；②经济可行性和 VFM 风险管理和成功因素、采购和合同管理，侧重于根据适当的应用条件、有效的风险管理和灵活的合同管理进行 PPP 决策；③绩效管理，旨在改善 PPP 项目绩效的事后评估；④治理和监管，强调了 PPP 项目治理和政策的重要性。

对提高 PPP 模式中民营企业参与度的研究也取得了一定的研究成果。从研究内容上看，尤其以税收、投资回报、风险分担、限制性竞争等显性激励方面的研究最为集中，亦有少数学者从隐性激励角度进行了研究；从研究方法上看，多数侧重定性研究，例如进行问卷调查、专家打分法等，通过模糊评价法，将其转化为定量的评价指标，或者采用数学模型并解释数学模型的评价结果与实际项目之间的定性与定量关系。也有学者通过实地调研，提出民营企业参与 PPP 面临的一系列非正式制度壁垒，并提出从转变观念、营造良好制度环境、采取切实有效举措、强化政府自身诚信建设等方面着手，以提高民营企业参与 PPP 的积极性。但以往研究对提高 PPP 模式中民营企业参与度的隐性激励视角的研究较

少，且研究方法缺乏理论论证。然而，PPP项目建设周期长，合同体系复杂，合同主体目标利益迥异，基于合同契约的不完全性，隐性激励是必不可少的。此外PPP模式是一种长期的合作关系或者伙伴关系，政府部门与民营企业建立合作关系是PPP模式的前提条件，通过研究公私合作伙伴关系才能进一步深化对PPP本质的理解。

PPP模式的首要特征为伙伴关系，因而在PPP模式中需要格外强调公私双方合作关系的质量。新制度主义学派主张运用正式制度的方式解决集体行动面临的难题。然而因实践中存在的各类未知因素，正式制度必然具有不完美性。因此，设计正式制度需要考虑非正式制度安排的需求。此外，人的情感认知等会影响经济活动，稳定制度框架的获取，需要制度内部结构的建立对人性予以充分考量。作为非正式制度安排之一，关系嵌入性主张加深合作主体间的亲密程度，促进合作。

在战略联盟领域，袁磊通过梳理相关资料发现，在合作伙伴的选择过程中要充分考量伙伴关系指标与个体指标，前者涵盖互补性、融洽性、文化、信任与承诺等双方关系互动要素。在合作创新领域的相关研究表明，合作组织间的关系嵌入性与合作意愿呈显著正相关。但在PPP模式中，公共部门与民营企业所属部门性质不同，导致它们的需求内涵、个体特质与资源类型也各有差异。因此，关系嵌入性与合作意愿间的关系是否会显著区别于企企之间？

Santanu Chatterjee指出，合作风险是影响组织合作意愿的重要因素，企业合作意愿的强弱会受到合作风险影响，而合作风险在合作过程中又具有客观存在性。所以，企业在面临越多合作风险，对合作风险感知越高的情况下，越有可能做出提前终止或者退出合作的行为。机会主义作为交易成本理论的行为假定之一，认为在经济活动中人们通常会尽可能甚至不惜牺牲他人利益来为自己谋取更多的利益。一方采取机会主义可能会引发对方针锋相对的策略，降低合作意愿。在合作组织当中，作为非正式治理机制之一的关系嵌入性，可通过对正式治理机制所具有不足的弥补，来降低合作风险以及合作风险感知程度。以Zaheer为代表的研究人员认为，关系嵌入性对谈判成本与治理结构都具有一定的影响，良好的关系嵌入性不仅有助于减少机会主义行为，推动企业与企业间的交流，还有助于企业提高信息与知识的获取效率与质量，实现现有信息与知识的有效整合，使合作风险得以降低。

基于上述关系嵌入性与合作意愿之间密切又复杂的联系，本文提出了以下研究思考：在合作风险感知与机会主义感知等因素的影响下，合作创新意愿和关

系嵌入性会呈何种联系？其具体的作用机制与影响路径是怎样的？解决上述问题既有利于更好地理解相关变量间的作用路径与关系，也有利于在 PPP 实践中找出与民营企业相符的解决合作意愿低的治理路径，强化民营企业的合作意愿，最终达成提升民营企业参与度和 PPP 提质增效的目的。

（二）研究目的及意义

本文针对 PPP 模式中较为突出的民营企业合作意愿低的问题，综合运用社会交换理论、前景理论、交易成本理论的主流学说，以期达到如下研究目标：①阐释当前 PPP 模式中民营企业合作意愿低的现实问题，明确问题解决的方向。②基于社会交换理论、前景理论、交易成本理论，借鉴战略联盟、合作创新等领域的研究成果，从非正式机制视角出发，考察 PPP 模式中关系嵌入性对合作意愿的影响，机会主义感知和合作风险感知在关系嵌入性与合作意愿之间是否起到中介作用，以及内在作用机制。掌握提高民营企业合作意愿的正确途径，提出提高民营企业合作意愿的新理论框架。③根据实证分析结果，总结研究结论，丰富现有理论，归纳管理启示，提出 PPP 模式中提高公共部门和民营企业关系嵌入性、降低机会主义和合作风险及提高民营企业合作意愿的具体措施。

从理论价值上来说，一方面，学术界对在 PPP 模式中民营企业合作意愿低问题的研究缺乏相应的关注，且对合作意愿问题的研究大多基于调查研究或者案例研究，较少上升到理论层面。本文从政府部门与民营企业合作关系这一非正式视角，试图补充提高民营企业合作意愿方式研究。另一方面，研究结合社会交换理论、前景理论和交易成本理论，选取了理论的核心变量，阐述并检验了以机会主义感知、合作风险感知为并行和连续中介的作用机制，揭示了关系嵌入性影响合作意愿的多重中介历程，更贴近 PPP 的实践环境。这一传导机制多角度、立体化地展现了关系嵌入性影响合作意愿的过程，增强该模型的解释力度。

从实践价值上来说，一方面，通过揭示关系嵌入性对合作意愿的影响机制，为提高 PPP 模式中民营企业参与提供启示。另一方面，研究揭示的多种作用路径表明，在对民营企业合作意愿进行干预时，是否应重点通过对机会主义感知和合作风险感知的中介变量的干预，以此来提高民营企业的合作意愿。

（三）国内外研究现状

1. 国外相关研究评述

国外学者就 PPP 模式中如何提高社会资本方参与问题的研究，可以总结为显性激励和隐性契约角度，其中显性激励角度的研究最为集中。

显性激励角度的研究主要集中于税收、风险分担、投资回报等方面。Chen 提到，导致 PPP 项目签约率低的原因包括未制定科学的退出机制与收入分配机制、政府违约等，并针对原因阐述了对应的策略，以期构建合理的风险分担机制、价格调整机制与退出机制。

税收方面，Michael Curran 指出，从短期看，虽然税收优惠政策会降低政府税收收入，但长远来讲却有利于吸引私人部门进入和 PPP 模式的推广。Zhang 基于交通运输业 PPP 项目，建立了决策模型，以此探讨 PPP 项目中，税收和成本对社会资本投资决策方面的影响，结果显示政府支持力度与承诺时机对项目的开展提供了较大的动力，政府在税收方面所做的承诺越早，越有助于项目取得成功。

投资回报方面，Daniel Albalate 通过研究发现，在收入比成本更高的情况下，私人部门的参与会对 PPP 项目产生积极影响。Iossa 等假设私人与政府两大部门约定的激励机制为使用者付费和政府补贴的线性组合，其中以政府补贴为主的是较低程度的激励机制，以使用者付费为主的是较高程度的激励机制，结果发现私人部门需求风险的高低与风险规避程度直接决定了其选择低激励机制还是选择高激励机制。Guach 人通过研究 PPP 价格规制发现，目前发达国家的公共基础设施已相对完善，比较适宜选取价格上限这类稍强的激励措施，以确保私人部门在价格调整方面具有一定的灵活性，而发展中国家有着较大的投资需求，比较适宜进行收益率规制，通过一定的收益率与基本成本水平来共同决定私人部门的最终收入。Guasch 等人通过研究得出，政府部门为调动私人部门的积极性，通常会提供比较大方的政府保证，这种保证的不足在于，提高了合同再谈判的风险的同时，还弱化了私人部门控制成本的激励。

风险分担方面，Grossmann 通过研究发现，私人部门参与 PPP 模式首要考虑的因素是企业参与基础设施建设项目时所实现的利润与所需承担的风险，换句话讲，PPP 项目建设后期，如果收益率太低或者前期不确定风险高，则会导致项目运营风险加大，进而使得参与方的积极性受到影响。

隐性契约角度的研究主要集中于关系契约、信任等方面。以 Linda 和 Jane 为代表的研究人员在比较国内外 2000 年前后的 PPP 项目合同得出，2000 年之后因为合作双方相互信任水平的提升，使得项目合同得到了较大幅度的发展，这说明信任水平与合作意向二者为正向关系。Kort 等人通过研究得出 PPP 项目涉及的私人部门与公共部门二者的表现与信任和民主合法性的部分标准为正向关系，换言之，良好的信任与表现在某种程度上有助于促使合作双方间更可靠的行为的产生。Zhe Zhang 等人研究得出在 PPP 项目中，信任能够发挥重要作用，合作双方之间的相互信任不仅有助于项目减少交易成本，还有助于延长合作时间与提升合作双方的绩效。Schmidt 指出，私人部门与公共部门作为 PPP 项目的合作主体，双方间的协作与信息交流对整个项目有着巨大影响。所以，应构建针对公共部门和私人部门间的沟通增进激励机制，强化双方间的沟通，以确保实现友好合作。Chan A 指出，关系契约是建立在经验与信任的基础之上，关系契约可借助信息与知识共享机制、沟通机制、声誉机制以及信任机制等来促进项目“软约束”的增强。

此外，还有部分学者利用数学模型从投资决策角度进行研究。以 Xu 为代表的研究人员通过模拟方法对风险价值展开了估算，并对交通基础设施所涉及的投资决策问题展开了探讨。以 Liu 为代表的研究人员在粗糙集理论中引入了随机损失函数，并通过决策模型的构建从实证方面对 PPP 项目的投资决策进行了分析。

2. 国内相关研究评述

随着 PPP 项目的相关研究逐步深化，我国的研究人员也已经开展了吸引民营企业参与 PPP 项目的相关研究，分别从公共部门给予投资者的投资回报、承诺保证、税收优惠、风险分担等显性激励角度入手。

在投资回报方面，相亚成认为，对于一个 PPP 项目来说，能否吸引社会资本及能否顺利实施的首要条件即是否存在客观、可靠并能付诸实践的投资回报，并从政府管制视角出发，考虑政府与社会资本在项目中的博弈过程，分析了影响投资回报率水平的相关因素，基于政府制定的特许权竞争机制下，建立投资回报率评估模型。学者薛静娴从实物期权角度对民营企业投资决策问题开展了深入的研究，该研究基于 B-S 模型框架，建立并分析了序列成长期权和单一成长期权定价模型，并运用实例分析了期权价值对某些参数的敏感性，从而对项目进行决策。吴颖运用德尔菲法对影响项目决策的五个重要相关因素进行了深入识别和分析工作，具体针对投资效益保障、行政体制、市场准入、企业综合实力以及资金

保证五项因素的影响机制进行了研究,并针对每项因素提出了相应的处理策略。郭佩、陈晓红等学者重点关注了 PPP 项目当中公共部门对民营企业给予补偿的相关问题,通过建立 PPP 项目实物期权定价模型,研究如何通过补偿手段来巩固和增强民营企业投资的信心和决心,尽可能使民营企业能够放弃延迟期权,立即参与到合作项目。学者吴孝灵通过对项目运营收益的补偿机制的研究,引入相对补偿机制,设计出单期补偿契约,并基于"均值-方差"模型,建立了民营企业投资的期望效用函数。王俊豪运用轮流出价合作博弈模型,论证了股权契约治理是政府和民营企业契约治理的核心内容,提出为有效推动民营企业主动加入 PPP 项目,公共部门在股权比例方面给予了民营企业较多的优惠条件。此外,公共部门所运用的激励措施还应当符合客观需求,有效的激励措施应当是理性而非盲目的。民营企业应正确认识激励措施的有效性,开展全面具体的评估,避免激励措施出现无法落实的现象,同时也尽可能地预防激励措施失效。袁义淞对民间资本进入 PPP 项目进行了本质分析,以此为根本点,通过对 PPP 项目中的现金流和契约相关要素的分析,制定有效的激励措施和方案。

在承诺保证方面,通常为了能够吸引众多投资企业的注意,并且达成合作,政府都会针对 PPP 项目提供担保措施从而提升投资企业对该项目的信心,其中较为常见的担保形式主要有限制竞争保证、最低收益保证、土地租赁保证、特许期权保证、产品购买保证、价格调整保证等。武晓爽认为,不论开展何种形式的担保工作,其目的都是帮助政府促进和提升投资者参与合作项目的积极性,因此风险担保被看作是增强投资意愿的有效方法。王颖林基于实物期权理论,考虑公私双方的风险偏好,对期权价值进行分配,为政府设立双方都满意的补偿额度。王欣然在 PPP 激励性合约的背景下,分别从不同形式的政府承诺角度出发,对实际的合约内容和形式展开具体研究和分析,同时就民营企业可能采取的决策行为进行了分析和评估,为公共部门的规制工作提出了合理的建议。

在税收方面,范如国针对政府和民营企业在 PPP 项目建设和运营中付出努力水平的问题,将政府参与方细分为财政部门和项目主管部门,基于超额收益共享机制,综合分析和考量了地位差异的因素,建立双阶段 stackelberg 模型,同时利用数值模拟了在具备地位差异等及各参数水平条件下的最优效用和最优努力水平,其结果表明,地位不对等及各效益产出因子均会影响努力水平和效用,为提高 PPP 项目落地率及民营企业参与度,财政部门在制定税收及补贴政策时应充分考察民营企业的技术及资金实力。柯永建对实例当中公共部门采取的具体激励手段开展了问卷调查,从该调查结果来看,政府支持融资程度、税收优惠政

策、政府赞助方案、政府担保行为、市场开发等因素都可以取得一定程度的激励效果，其中最有效的是税收减免。

在风险分配方面，盛和太等认为民营企业承担的风险要有上限。常雅楠认为，风险分配不合理的现象将直接或者间接地影响合作主体的态度和行为，有可能严重影响合作项目的收益水平，并削弱民营企业的参与积极性。曹江红通过文献统计分析，结合我国 PPP 项目实施的实际情况，以民营企业的视角，识别出 PPP 项目实施过程中存在的风险因素，并根据识别的风险因素编制了调查问卷，构建了结构方程模型，进一步分析风险因素对私营方投资价值的影响，充分验证了政治、法律风险是对投资价值具有关键影响作用的两项因素，特别是政府信用、法律法规等相关政策标准的变化尤为重要。宁靓在对国内外文献梳理的基础上，通过两轮德尔菲调研将民营企业视角下的 PPP 项目风险进行量化评估，结果发现民营企业最主要的风险源于政治环境。

另外，国内现有文献还有从政府的激励机制等角度，通过委托代理、实物期权等理论构建激励模型为投资者的投资决策，吸引社会资本和民间资本进入 PPP 领域提出了意见和建议。学者姚鹏程、王丰江等人利用经济学中的供需原理对 PPP 项目投资决策问题进行了分析，并通过建立双层目标规划模型研究了最优投资决策问题。学者唐祥来、杨娟娟等人在投资沉没理论的基础上建立了选择性价格模型，研究了企业投资决策判断等主要问题。学者刘广平针对 PPP 高速公路项目展开了研究，他比较了交通量饱和期和特许经营期两个不同时间段的大小，并通过两组不同投资比例与特许经营期构建了决策模型。

随着研究的深入，少数学者也从隐性激励角度进行了研究。陈菡从正式契约和关系契约整合视角，认为项目在建设过程当中会遇到许多不确定性的问题，资产专用性、预期收益性都很难在不确定性因素较多的情况下进行验证，这就导致在现实工作中，PPP 项目所涉及的主体义务和权利以及工作内容等信息都无法在合同当中进行详细准确的描述。如果双方仅仅为了履行合同、而非基于相互承诺而开展合作，那么这种合作形式下的合作关系并不是真正意义上的合作关系。学者陈帆针对 PPP 项目治理问题进行了研究，他指出关系契约治理能够有效地提升 PPP 项目合作的效率。学者曹启龙指出投资决策问题和激励制度的研究应当将公平感知因素融入研究模型中，并基于投资方角度研究了激励机制的设计问题。

此外，还有学者认为 PPP 领域对民营企业的进入存在非正式制度壁垒，主

张从非正式制度视角提高民营企业参与PPP的积极性。王俊豪等通过实例考察和研究，从新经济学角度对民营企业参与PPP项目时存在的非正式制度壁垒进行了研究，并提出转变观念、营造良好制度环境、采取切实有效举措、强化政府自身诚信建设等方面着手，以提高民营企业参与PPP的积极性。李学乐等研究人员通过建立空间面板模型，实证研究了区域发展成熟度和政府信誉对PPP项目落地水平的影响，研究结果表明，区域发展成熟度对PPP项目的落地水平有正向影响，而政府信誉对PPP项目的落地水平具有的负向影响，并且区域发展的作用程度大于政府信誉。学者刘穷志指出，从微观层面开展的研究表明，企业的融资能力、技术创新能力以及政治关联水平都会直接或者间接地影响PPP项目的实施情况，其影响机制一般是正向的；而企业的管理能力和水平则对PPP项目落实具有一定程度的负向影响。

3. 研究现状评述

通过上述梳理和总结可以发现，国内外学者对提高PPP民营企业参与的研究取得了一定的研究成果。从研究内容上看，尤其以税收、投资回报、风险分担、限制性竞争等显性激励方面的研究最为集中；从研究方法上看，多数侧重定性研究，例如进行问卷调查、专家打分法等，通过模糊评价法，将其转化为定量的评价指标，或者采用数学模型，解释数学模型的评价结果与实际项目之间的定性与定量关系。

从以上分析可以看出，目前国内外对提高PPP模式中民营企业参与度的隐性激励视角的研究较少，研究方法缺乏理论论证。然而，PPP项目建设周期长，合同体系复杂，合同主体目标利益迥异，基于合同契约的不完全性，隐性激励是必不可少的。此外，PPP模式是一种长期的合作关系或者伙伴关系，伙伴关系是具有最高层次的合作方式，政府部门与民营企业建立合作关系是PPP模式的前提条件，通过研究公私合作伙伴关系才可以全面认识PPP合作项目的实质，进而从民营企业与公共部门之间的嵌入程度来分析二者的激励机制，并且对二者的契约关系有更加全面和深入的认知。

（四）研究内容

本文主要从PPP模式中民营企业合作意愿低这个实践问题出发，通过社会交换理论、前景理论及交易成本等理论来解释民营企业合作意愿。其中，机会主义感知和合作风险感知在关系嵌入性与合作意愿关系中充当中介作用。根据相

关理论建立假设，构建四者之间的关系模型，通过问卷调查量表等方式收集相关数据进行实证分析，验证四者之间的关系。最后，根据实证结果得出结论。本研究的具体研究内容如下。

第一部分为引言。总括了本文的研究背景、目的意义及国内外研究现状；阐述了本文主要采用的研究方法，梳理了研究思路。

第二部分为国内外相关理论基础综述。阐述了社会交换理论、前景理论和交易成本理论；梳理了关于合作意愿、关系嵌入性、机会主义感知和合作风险感知的相关文献研究，在文献综述的基础上对变量的概念进行了界定，为下文提出理论假设和研究框架提供理论支撑；选取了适当量表对变量进行测量。

第三部分为研究设计。根据社会交换理论、前景理论和交易成本理论，并在梳理相关领域前人研究成果的基础上，提出了本文的研究假设，设置相应的研究模型；进行问卷设计和预调研实施及分析。

第四部分为实证分析。针对正式调研收集的数据，运用 SPSS22.0 统计软件分别进行了描述性统计分析、信度分析、效度分析、相关分析，运用 AMOS17.0 构建了结构方程模型，并进行路径分析；运用 bootstrap 方法对机会主义感知和合作风险感知的链式中介作用进行检验。以上分析验证了关系嵌入性对合作意愿的影响及作用路径，机会主义感知和合作风险感知在关系嵌入性和合作意愿间的中介作用以及链式中介作用；对实证分析结果进行讨论。

第五部分为研究结论与展望。总结了本文的研究结论，并针对提高 PPP 模式中民营企业合作意愿提出相应的建议和对策。最后，归纳本文存在的不足，并对未来的研究进行展望。

（五）研究方法及技术路线图

1. 研究方法

本文以实证研究为主，采用定性分析和定量分析相结合等研究方法进行论证。

在理论研究方面，本文对 PPP 领域合作意愿相关研究现状和社会交换等理论的分析、关系嵌入性等变量内容的界定以及计量方法的探讨采用了定性分析的研究方法，主要通过查阅文献资料，进行定性分析，作为建立研究框架的依据，并提出研究构思和研究假设。

在实证研究方面，首先运用问卷调查方式收集相关数据，调查问卷回收后使用 SPSS、Amos 统计分析软件对收集到的数据进行处理，删除填写不完全的无效问卷。然后运用描述性统计分析、信度分析、验证性因子分析、相关分析和 Bootstrap 等分析方法对数据进行详细的分析，采用定量分析的研究方法就年龄歧视感知与工作退缩行为的内部影响机制进行深入研究。结合定性分析和定量分析，保证了结论的准确性、客观性和科学性。

2. 技术路线图

技术路线图是整体研究规划的缩略图，本文的技术路线如图 3.1 所示。

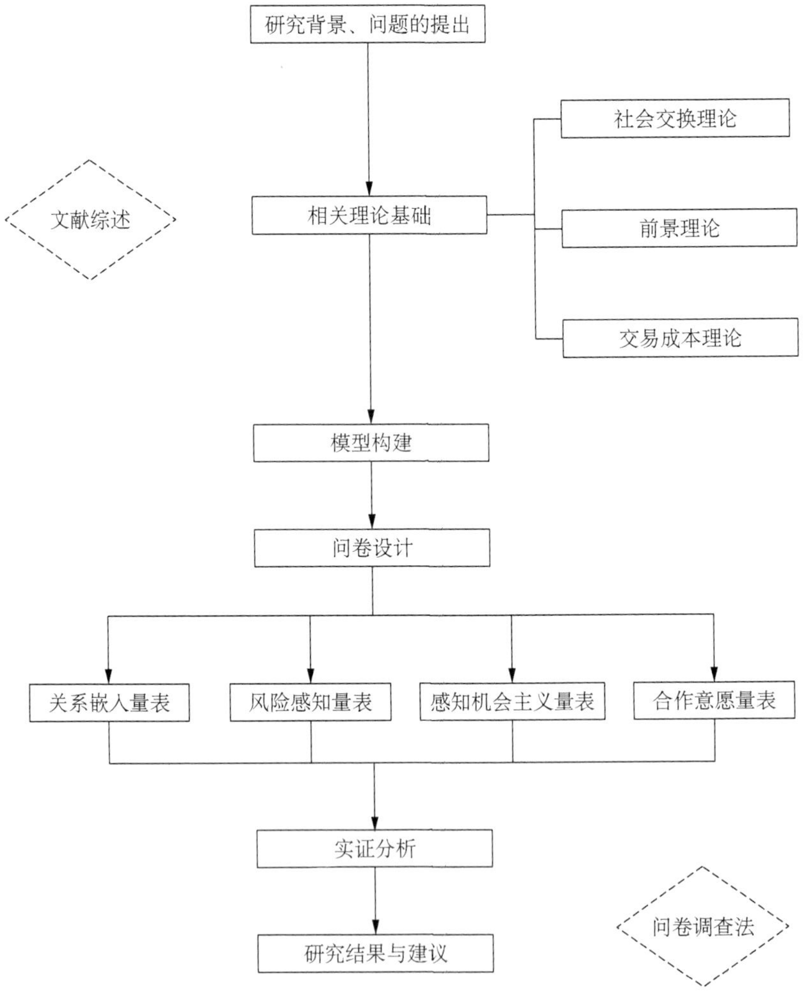

图 3.1　技术路线图

二、理论基础

（一）社会交换理论

社会交换理论是20世纪中期兴起的重要社会学理论，以布劳、霍曼斯与埃默森等人为代表。其中，霍曼斯指出，交换理论注重面对面的互动，强调个体与个体相互间直接而有限的交换，并且认为个体间的交换不仅包括金钱等物质性的东西，还包括非物质性的东西，比如顺从、认可、情感与尊重等。之后布劳以此为基础展开了进一步研究，指出社会互动的"起动机制"其实就是人们为获取收益而彼此互惠，并且这种互惠规范扎根于交换关系中。而互惠与报酬密切相关，人们想要获得公平报酬的期待形成了公平交换规范，而这种规范能够制约交换关系。公平与互惠原则一旦被打破，交换关系就会变得紧张。

社会交换理论认为，从本质上来讲，组织间或个体间的相互交换过程即相互交换价值的过程。交易双方交换时付出的代价与获取的报酬二者间的对等程度将对其行为与态度产生直接影响，在一方为另一方贡献力量或者做出承诺时也希望对方能够给予对等的回报，而另一方也认为在接受这种对增加自身价值有益的贡献或者承诺之后也应当回以适当的行为与态度。

另外，社会交换理论由系列假设命题构成，其中一个基本假设认为，在交易时如果某一行为会加大对方获得奖励与支持的概率，对方将越倾向于在交换中重复这种行为。社会交换理论关注的是相对利益的衡量、人类的理性、互惠的交换模式，其从行为主义这一观点进行切入，根据某一企业的行动结果对组织与组织相互间合作的行为与决策过程进行了检视，并解释了对组织间关系有一定影响的社会行为。

由社会交换理论可知，人类行为会受支配于某种可以带来报酬与奖励的交换活动，这类社会交换除了物质资源的交换以外，还涵盖非物质资源的交换。在PPP模式中，公共部门与民营企业之间互动，同样也是由各方具备社会属性的负责人来实现，所以PPP同样具备一定的社会属性。双方间的依赖关系其实也

属于社会交换关系之一，换言之，民营企业借助完善的服务与先进的管理来获取利润，利用积极的态度与严谨的作风来赢得公共部门的支持与信任，同时还通过认真履行合同来提升公共服务与产品供给的效率。

根据社会交换理论，公共部门所提供的支持与帮助是影响民营企业合作意愿的关键因素之一。也就是指，公共部门如果对民营企业的态度为情感性帮忙态度，那么民营企业会更加信任公共部门，并愿意与其形成长期合作关系，作为回报，民营企业甚至会表现出更多的合作意愿行为。

此外，Blau 指出，社会交换框架当中有许多两难窘境，比如规避交换风险与追求交换利益。风险感知会使人们不愿开展该交易，而感知利益则会推动该交易的进行。以交换理论的视角来分析影响民营企业合作意愿的因素，风险感知则是重要的前置因素之一。

因此，站在社会交换理论的视角，能从交换关系中窥探合作意愿的产生过程、水平高低的原因和关系嵌入性对合作意愿的作用路径，以及从何种途径进行促进和提高。

（二）前景理论

风险对行为决策具有显著影响。特韦斯基与卡尼曼提出的前景理论结合了行为学与心理学的理论，该理论被广泛应用于研究决策中面对获得与损失的态度。

该理论的主要内容是：在不确定条件下，人的决策选择取决于结果与预期的差距而非结果本身。其中，决策由价值函数和决策权函数构成。大多数人对损失的厌恶程度要远高于对收益的偏好程度，也就是说，人们对收益与损失的态度具有不对称性特点，基于这种心理，人们通常会以更保守的心态处理不确定条件下的选择，以规避风险。因此，前景理论中决策权函数中高估小概率事件的特性等更有助于对人们的决策选择进行研究。

除此之外，前景理论相较于理性经济人的假设，其优势在于以主观价值替代了理性经济人中的期望效用，考虑了人面对损失与收益之间存在的不同态度，相较于理性人的假设更贴近于生活实际，更注重阐释在不同条件下决策者的心理特征，为决策研究提供了新的启示。基于这一点，对 PPP 模式中民营企业的心理特征进行的研究对于吸引民营企业积极参与具有重要意义。

与前景理论描述的决策行为相符，民营企业作为重要参与者之一，在做投资

决策时通常也存在损失规避心理，感知损失的期望效用变化更加明显，若感知到较大风险，民营企业参与 PPP 项目的意愿程度将减小。

（三）交易成本理论

交易成本理论以有限理性和机会主义两大假设为前提。威廉姆森在研究交易成本理论时提出，借助有限理性假设和机会主义假设，交易成本理论抓住了人类的本质特征。首先，有限理性假设认为人的认知能力有限，除非能够获取充分的信息、付出巨大的交易成本。否则不能够做出充分合理的决策，其次，机会主义假设认为经济人为保证自身在各项经济活动中获得最大利益，会采取各种甚至损害他人利益的方式，机会主义的存在使经济活动中各个交易过程变得更加复杂。

威廉姆森认为，任何交易过程都包括以下三个维度：一是交易的不确定性，这种不确定性能够有效解决交易过程中产生的各项成本费用；二是交易过程中的资产专用性，资产专用性程度与对方的机会主义发生频率呈正相关，而与投资方的机会主义发生频率呈负相关；三是交易的频率，交易发生的频率越高越有利于补偿治理结构的运行成本。

在战略联盟领域，张钰认为，防止机会主义的出现有赖于制定合理且有效的治理机制，治理机制的作用，一方面在于通过正式机制约束机会主义，例如完善契约或者协议等；另一方面在于通过非正式机制弥补正式机制解决成本太高或无法解决的问题，例如关系契约与信任等。

关于 PPP 模式中的公共部门与民营企业之间的合作，交易成本理论认为，合作的本质目的，是为了寻求一种交易成本和组织成本均比较低的制度安排。公共部门与民营企业的合作能够形成非正式机制，通过建立信任、付出承诺等使交易过程中的机会主义尽可能减少，该过程本质上也是合作双方间人际互动的过程。交易成本理论对人性的有限理性和机会主义倾向的行为假定，有助于人们更好地理解公共部门和民营企业在合作中的不同动机或行为取向。具体来说，交易成本理论可以为关系嵌入性的产生，以及关系嵌入性与机会主义的关系提供解释。

（四）合作意愿相关理论

1. 合作意愿的相关研究

对意愿的研究最早从心理学开始。个人的意愿实质是其内心情感、态度和

表现的集中体现。Ring 和 Vande Van 提出了一个用于理解企业间一般合作关系发展的分析框架。其中提出，合作意愿是社会个体之间为了达到某种共同的目标而进行合作的倾向以及继续维持合作关系的愿望。此后大多数学者多沿用此定义。国外学者 Amblard F 等在对合作研究过程中指出，不同主体间的互动而形成认同因素，是双方合作的重要基础，并且合作方之间对交易行为的不同认同程度决定了双方之间合作或竞争的关系。

国内关于合作意愿的研究主要从个体视角切入，认为个人对合作的认知和动机是决定双方愿意开展合作的基础。双方开始建立合作关系时，合作方之间通常会存在不同的行为动机或不同的心理态度，在这种情况下，双方通过合作表现出的行为特征通常存在差异，也就是双方合作博弈的不同。而以企业间合作作为视角进行研究的文献认为，要想使企业间通过合作而实现合作目标，就必须保证合作方之间精诚合作，而合作方的合作意愿又决定了合作的深度。因此，为了深化企业间的合作，使得目标尽快实现，应增强合作参与方的合作意愿。

2. PPP 模式中民营企业合作意愿

Richardson 在 20 世纪 70 年代早期提出了“企业合作关系”的定义，他认为，不同企业之间的合作，实质上是各个企业之间通过取长补短来整合资源的一种组织形式；Williamson 在 20 世纪 70 年代中期将企业之间的合作定义成一种协议关系，双方之间的利益是决定企业间合作关系的前提，不同企业通过合作实现双方之间的资源交易。PPP 模式中，民营企业与公共部门之间的合作，实质上可以看成是企业之间的一种长期合作，但是这二者的合作要比一般企业间的合作更加复杂。合作关系中，民营企业要比一般企业合作方的义务更多，但同时也能比一般企业获取更多公共部门授予的权利，而公共部门也能够通过联合民营企业投入更多资源进行基础设施建设。同时，PPP 模式中的公私合作实质上也是一种交易行为，并且相较于一般企业合作而言是一种更加具备长期性、稳定性、战略性的交易行为。

因此，PPP 模式中民营企业的合作意愿，是民营企业为了达到某种共同目标而进行合作的倾向以及继续维持合作关系的愿望，是一种比较稳定的意识倾向或行为取向，既包括合作前意愿，也包括合作中或者后的持续合作意愿。

3. PPP 模式中民营企业合作意愿度量

现阶段对企业合作意愿进行测量的方式有以下两种：一种是 Cassiman、Atallah、党兴华和闫莹等人认同的，只考虑参与人愿意合作和不愿意合作的两

种情况，将参与人表达的合作偏好转换为二元变量，这种测量方式将合作意愿看作相对静态且非连续的变量；另一种是 Simmonsetal、刘群慧以及曹勇等人认同的，更多地考虑合作关系是否持续、双方建立新合作关系的偏好程度以及双方合作偏好程度的变化的动态变量。

在合作过程中，不管是以个体为出发点还是以企业之间的合作为出发点，双方之间的合作程度应该是有度的区别，而并非两个极端。从结果上看，虽然企业与其他企业之间的交往最终表现为两种：合作或者不合作。其意愿和偏好却是随多种因素变化而变化的过程，环境变化、交往过程中事件的发生、对成功和风险的感知等都会影响企业做出合作和不合作的决定。因此，第一种方法只能局限于对过去发生的企业合作是否实施的测量，第二种方法适用于对企业合作意愿变化趋势或未来合作的可能性进行测量。

本文参照 Pavlou、Fontana 和曹勇的个体及组织合作创新意愿的相关研究成果，结合 PPP 模式中民营企业参与的目标和参与方式设计了 6 个题项，如表 3.1 所示。

表 3.1　合作意愿量表

	题项	来源
民营企业合作意愿	我们愿意合作不断提升企业声誉，形成企业的竞争优势	刘群惠；曹勇
	我们愿意合作不断降低成本，提高资源利用率	
	我们愿意合作获取外部的技术、人才、经验，提高技术水平	
	我们愿意合作扩大企业市场范围	
	我们积极学习 PPP 的相关知识，参与 PPP 项目推介会	Fontana
	如果有机会，我们预计未来会再申请 PPP 示范项目	Pavlou

（五）关系嵌入性相关理论

1. 关系嵌入性概述

格兰诺维特在分析经济行为的过程中最先将嵌入性概念引入社会关系，认为社会能够在经济行动中产生影响，并认为任何社会行为的发生建立在社会结构的基础上。因此，他提出了适度社会化的嵌入思想，认为考虑社会结构是对经济行为展开深入研究的重要前提。

此后，管理学学者开始在组织研究中引入嵌入性理论，并通过嵌入性理论在组织研究中的应用使其得到进一步拓展。王凤彬认为，企业自身可以作为法人构建社会网络，也可以通过企业组织中的各个成员与其他组织之间进行资源互换或流通。除此之外，企业为获得利益而做出的目的性行为也发生于社会环境之中，因此，在经济组织的研究过程中也可以引入嵌入性理论。

现阶段，关于组织嵌入性的研究主要集中在网络层面上，从嵌入性的结构形式来看，嵌入性概念可以分为关系嵌入性和结构嵌入性。其中，关系嵌入性是指直接联结作为一种获取信息和资源的机制所起到的作用。

关系嵌入性概念又有两种分类方式：第一种分类思路的出发点是联结社会关系的强度，由于直接联结的强度存在不同，所形成的嵌入性类型也存在差别。Uzzi等人认为，共享优质信息、信任与共同解决问题的安排是组成关系嵌入性的主要内容；而Gulati和Sytch则认为，构成关系嵌入性的主要内容应包括信任、共同行动以及信息交换的范围与质量；也有学者认为，目标的共享程度也是关系嵌入性的一个重要特征。Capaldo等人认为影响联结强度的要素包含资源、时间、社会；Granovetter等人认为决定联结强度的因素有时间、情感、互惠服务、亲密性。第二种分类思路的出发点是社会经济的内涵，由于直接联结包含的经济内涵是存在差别的，因此可以以此为出发点对关系嵌入性展开分类。比如，应洪斌等人认为在分类过程中必须重视联结和节点的不同，因此形成了四种不同类型的关系嵌入性：一是技术资源嵌入性；二是业务资源嵌入性；三是技术信息嵌入性；四是业务信息嵌入性。

2. PPP模式中关系嵌入性

PPP模式中，在公共部门和社会资本间合作关系方面，大多学者从关系契约、关系质量、关系治理等角度对PPP项目治理机制进行了研究。Zheng等将PPP项目的实施过程作为演进的依据，研究了关系治理和正式治理的演变路径，研究发现二者的发展轨迹存在显著差异。郑传斌从PPP项目全生命周期视角出发，利用逐步回归分析方法对关系治理与契约治理的匹配关系进行了实证研究。付建华揭示了关系契约的经济学内涵，并创新性地制定了适用于这类关系契约的重复博弈模型，揭示了在一定条件约束下关系契约治理边界与资产专用性投资二者之间的联系及在PPP项目中的适用条件。

PPP模式中的关系嵌入性，实质上是一种激励双方做出合作行为的，能够弥补正式合同的不完全的非正式制度。其作用机制是通过合作方之间的互相信任、信息共享以及共同解决问题维持良好的合作。

本文沿用 Barden 的定义，关注的是以直接联结为纽带的二元交易关系问题，并将关系嵌入性定义为合作双方合作关系的紧密结合程度，结合 PPP 模式特点，将 PPP 模式中公共部门和民营企业的关系嵌入性定义为公共部门和民营企业合作关系的紧密结合程度。

3. PPP 模式中关系嵌入性的度量

虽然不同学者基于不同的分类标准对关系嵌入性概念的分类结果存在差异，但是国内外学者都一致认为，关系嵌入性并不是静态的二元变量，而是一个动态的连续性变量。

综合了 Uzzi 和 McEvily 等国外学者的相关研究，我国学者许冠南和刘群慧从信任、信息共享和共同解决问题三个维度测量关系嵌入性，均具有较高信度和效度。虽然不同学者对关系嵌入性的内容分类存在差别，但从本质上都是对企业间紧密结合程度的描述和刻画。本文通过对国内外学者关于关系嵌入性维度的划分进行梳理，用信任、关系强度、信息共享来概述 PPP 模式中公共部门与民营企业间关系嵌入性，并借鉴以上研究来开发关系嵌入性量表，具体内容如表 3.2 所示。

表 3.2 关系嵌入性量表

<table>
<tr><th></th><th>指标</th><th>题项</th><th>来源</th></tr>
<tr><td rowspan="10">关系嵌入性</td><td rowspan="3">信任</td><td>在与公共部门签订协议中，我们从未感到被对方误导</td><td rowspan="3">许冠南；刘群慧</td></tr>
<tr><td>我们与公共部门都不会提出严重损害对方利益的要求</td></tr>
<tr><td>我们与公共部门中强势的一方不会不惜代价只追求自身利益</td></tr>
<tr><td rowspan="3">关系强度</td><td>我们从公共部门得到了融资、管理等方面的支持</td><td rowspan="2">许冠南；刘群慧</td></tr>
<tr><td>碰到困难时，我们从公共部门获得了情感上的大力支持</td></tr>
<tr><td>公共部门投入了大量的时间来支持我们</td><td rowspan="5">许冠南；刘群慧</td></tr>
<tr><td rowspan="4">信息共享</td><td>公共部门专门开发了相应的工作流程供我们采用和遵循</td></tr>
<tr><td>我们与公共部门互动很密切，不仅仅限于正式沟通渠道</td></tr>
<tr><td>我们会与公共部门分享各自未来的发展计划</td></tr>
<tr><td>公共部门会尽可能提供我们所需要的信息，而不是局限于既定的协议</td></tr>
</table>

（六）机会主义感知理论基础

1. 机会主义概述

Williamson在对交易成本理论进行研究的过程中对机会成本做出以下定义：机会成本实质上是一种具有欺诈性的利己追求，这种欺诈性包括交易过程中的违约行为、欺诈行为、虚假承诺行为以及隐瞒信息行为等。现有研究大多使用Williamson的这一定义。个别学者也尝试在Williamson欺诈性利己追求的定义基础上做出更具体细致的划分；比如Das等认为企业联盟中的机会主义行为是企业联盟中的各个成员有意识地通过欺骗以及牺牲其他合作成员的利益的手段来获得收益的行为。

最初的理论认为，机会主义行为实质上是一种违反合同的行为，但该观点具有一定的局限性，其仅对人是"道德低下的"以及无法指望其确定互动规则或者尊重合同的可能性进行了考虑。因此，这种机会主义行为又被Masten等人赋予了"公然"的性质。大量研究表明，即便在企业合作中确立正式契约，这种正式契约的作用也相对有限，通常会以一些非正式协议作为补充。在有些情况下，交易过程中的一些机会主义行为也是合乎程序的，这是由于在正式契约中也包括一些暗含的关系规范，当违反这部分规范时机会主义行为就可能是合乎程序的。Williamson提出的合法的机会主义很好地描述违反暗含关系规范的行为。因此，现阶段的机会主义包括两个方面：违反显性协议的机会主义行为和违反隐性协议的机会主义行为。

对机会主义行为的前因和治理方式的研究在战略联盟和合作创新领域得到了广泛关注。

（1）机会主义前因方面的研究。部分学者在文献回顾的基础上总结了影响机会主义行为的前因变量。Hawkins等研究人员认为前因变量有依赖水平变量、关系规范变量、规范化变量、集中化变量、控制变量和不确定变量六种。Crosno等研究人员认为机会主义行为的影响因素在不同理论基础下存在差异，因此，以综合考量不同的理论基础为出发点将前因变量分为不确定性、资产专用性以及集中化等。

（2）机会主义行为治理方面的研究。在对机会主义的控制措施的研究中提出了事前措施和事后措施，其中事前措施是在交易行为前通过各种有效措施来降低机会主义的发生概率；事后措施是在机会主义行为发生后通过监督等方式

对这类不良行为进行打击。以上治理措施基于法律契约防范和社会交换理论思想。根据法律契约防范观点,发生交易行为的双方要想避免在交易过程中的各种机会主义行为,就必须在交易发生前制定详细的契约标准或规则。Williamson 认为或然主张契约可以对交换行为进行有效治理,参与交易行为的人为了在交易行为发生前有效规避风险就必须及时采取有效的防范措施,而制定复杂契约就是防卫措施之一。社会学派则认为相对于法律约束,社会网络中的各项要素能够更全面地规范交易行为中的各项经济行为,即通过社会生活中的公序良俗和社会制裁能够有效实现对交易行为中机会主义行为的防范。后来的研究一般是综合了法律和社会治理提出的,例如 Achrol 等在 20 世纪 90 年代末期提出的综合契约规范与关系规范的措施。

国内学者也提出一系列机会主义行为治理方式。徐二明等认为,资产专用性以及相互信任的程度等因素能够抑制机会主义行为的发生;黄劲松认为,要加强对交易行为中机会主义行为的防范,需要采用以政府和双边治理为主、以信任和契约治理为辅的方式;蔡继荣则认为对机会主义行为的制约需要产权激励与股权激励的双重作用,他认为通过产权激励的模式能够有效解决信息等问题对契约实施的阻碍,且联盟中每个成员的股权对等有利于联盟中契约的长久性与稳定性。

2. PPP 模式中的机会主义

根据 Das 和 Rahman 对企业间关系中机会主义的描述,PPP 项目中的机会主义可以被定义为政府部门或民营企业以牺牲对方利益为代价,有意采取欺骗手段追求自身利益的行为。根据信息或者专用资产的占有,PPP 项目中常见的机会主义行为包括逆向选择、道德风险和“敲竹杠”等。其中,逆向选择是指在合作过程中,合作伙伴中的一方具有另一方难以获得的私人信息,由于这部分私人信息使委托人不能准确判断最合适的合作伙伴;道德风险一般指在签约后隐藏行动的自利行为;“敲竹杠”是由于某一特殊的关系契约或者资产专有性而形成的可占用准租而导致,属于事后机会主义行为。

PPP 模式中不少学者采用博弈论方法对机会主义对进行研究,如 Thiravong Sisavath 基于委托代理对水利工程 PPP 项目的逆向选择与道德风险进行分析,构建了无不确定性的委托代理模型和有不确定性但可监督的委托代理模型,并对模型进行求解和分析,针对性地提出制定激励机制、提高政府监管效率和加大惩罚力度三个建议。张艳茹等学者则通过进化博弈的方法对机会主义行为奖惩机制展开研究,结果发现合理的补偿机制能够明显影响项目承包方

在交易中的机会主义行为，而奖惩机制对机会主义行为的抑制并不能起到根本性作用。尹贻林等学者也构建了进化博弈模型，研究发现在短期合作中，政府部门的监管能够有效减少但不能彻底规避机会主义行为，而双方长期合作则可以杜绝项目承包方的机会主义行为。

此外，部分学者基于交易成本经济学讨论了 PPP 项目中的机会主义行为问题，如 Valero 对比分析了 PPP 项目和传统基础设施项目建设模式（TP），在较强的制度框架下，政府不采用机会主义行为，PPP 的成本效益优于 TP；在较弱的制度框架下，政府采取机会主义行为降低了 PPP 的优点，而 PPP 的成本效益是否优于 TP，取决于投资建设阶段政府降低运营成本的能力。S. Ping Ho 基于交易成本经济学（TCE）的观点，提出作为治理结构的 PPP 的机会主义交易成本分析（OTCA），以补充目前 PPP 可行性分析的实践。Predrag N. 提出，社会资本采取的机会主义行为存在由信息不对称引起的逆向选择（伪装成实力雄厚的投资者等）和道德风险（降低施工质量、提高产品价格、减少运营期应正常投入的费用），以及利用拥有的人力资源和专有技术进行的套牢行为。代中胜认为，公共部门的机会主义主要包括：政府通过法律法规的变更，导致私人投资者的利益受到损害；政府因阻止私人投资者对物价上涨的要求以能够保证大多数公众的利益不受损害；由于政府在与民营企业签订合同前可能存在纰漏等缘故，为保证项目运行，政府对契约内容进行更改；政府在签订契约前保证所实施的项目是唯一的，但在签订契约后并且项目真正运行后又通过各种理由改变。

按照 Seggie 等研究人员所阐述的观点，感知的机会主义行为实质上源于合作方之间的互动行为，关注的是合作过程中合作伙伴是否遵守合作规定的。因此，这种机会主义行为不一定是实际存在的，却以客观事实为基础。

本文将机会主义感知定义为合作的一方对另一方机会主义行为的主观感知。在本文中，主要探讨的是民营企业对公共部门机会主义行为的主观感知。

3. PPP 模式中机会主义感知的度量

研究发现，与机会主义行为相关的测量方法及问卷设计已较为成熟。因此本文基于机会主义行为的概念，结合 Heide 和高孟力的研究以及本研究实际情况，采用合适题项重新组成新的量表。设计了五个题项测定民营企业对公共部门的机会主义感知。具体内容如表 3.3 所示。

表 3.3 机会主义感知量表

	题项	来源
机会主义感知	公共部门为了保护自己的利益会对一些事情提供不真实的信息	Heide；高孟立
	公共部门有可能会借助合同漏洞来谋取更多的私利	
	公共部门虽然针对某些事情进行了承诺，但这一承诺后因种种原因而未做到	
	公共部门有可能会借助意外事件使我们做出让步	
	公共部门为实现最大化的利益有可能会违背非正式协议中的相关规定	

（七）合作风险感知理论基础

1. 合作风险感知概述

（1）合作风险

合作能够为项目联盟创造价值，但也存在一定的风险，合作风险会通过影响参与方的合作行为来影响合作契约的履行甚至导致合作成败。在战略联盟领域，Das 和 Teng 等研究人员认为战略联盟的风险包括两类，即绩效风险与关系风险。绩效风险，是指因合作环境变化或者合作伙伴业务能力不足等原因，导致在充分合作的前提下仍难以达到预期合作目标的风险；关系风险，是指联盟参与方没有充分合作的可能性以及由此带来的后果。O'Connor 认为团队成员合作不充分的风险、合作组织形式相关风险与充分合作情况下绩效失败风险这三种风险与合作契约的高失败率密切相关。Grudinschi 指出关系风险指的是合作达不到满意程度的可能性及因此产生的后果。国内多数学者对合作风险的定义大多基于 Teng 研究的延伸。张延锋认为合作风险包括投入风险与侵占风险两类，前者指的是对方是否会将承诺的资源投入联盟的风险；后者指的是一方能否对另一方资源公平地使用或占用的风险。马国勇等在他们的相关研究中继承与发展了张延锋的定义。张超等指出，合作风险指的是由于联盟成员未遵守合作精神而出现的风险，这类风险通常会滋生一系列问题，比如增加合作费用、增多或者加剧合作矛盾、破裂合作关系、降低合作效率等。

（2）风险感知

根据 Slovic 的定义，风险感知是用来描述人们对风险的态度和直觉判断的概念。

关于风险感知的研究，一般以风险的研究为基础。从学科来讲，风险感知属于心理学范畴，后来渐渐将风险感知思想与一切可以被视为“风险”的情景相结合来展开研究。Slovic将风险感知看作人们依靠直觉做出的关于风险的判断。1992年，英国皇家学会也对风险感知进行了定义，认为人们对收益与危险的判断、信念、情绪与态度，以及更广泛的社会与文化倾向均属于风险感知。谢晓菲等人指出，风险感知即个人对外界所存在的各种客观风险的认知与感受。后期也有众多学者针对风险感知展开了系统探讨，并对定义进行了不断优化。其中Cunningham在1967年提出的关于风险感知的定义获得了较多人认可，他指出，风险感知即个体通过自身感知对客观风险的认知，其主要影响因素包括：一、决策结果所具有的不确定性，即人们对某一事件发生概率的主观感知；二、错误决策所造成后果的严重性，即事件出现之后其结果的危险性。现阶段关于风险感知的探讨集中在消费者行为学与心理学两大领域，极少涉及企业管理领域。

2. PPP模式中合作风险感知

PPP模式中风险的研究主要是从风险识别、风险分担角度出发，比如Hwangetal在调查新加坡PPP项目风险之后，发现风险因素可归纳为三个层次，分别为微观、中观与宏观层次；以胡丽为代表的研究人员通过工作分解结构法将PPP项目风险因素划分为三类，分别为国别、不可抗力与特定项目风险，并指出国别与不可抗力的项目风险是无法管理与控制的；陈通等研究人员借助因子分析法对合同冲突风险、环境风险等十个影响PPP项目的主要风险因素进行了分析，并得出了项目风险之所以具有多样性与复杂性原因包括具有众多利益相关者、投入资金过大等。

针对合作风险的研究不多。何寿奎通过对组织层面、经济层面与法律层面相关问题的分析，从风险演化与传导博弈视角对PPP项目合作风险形成机理进行了研究，并指出PPP模式中的合作风险集中表现为以下几个方面：①组织制度维度的监管缺失与权责配置失衡导致的效率风险与困境；②分配政策维度的PPP收益风险、补偿与财税政策无法兑现导致利益博弈困境；③市场维度的风险失控、需求不足与外部性补偿不足导致的经营困境；④价值维度的目标指向差异和背约行为导致的信任危机等风险。

根据Das与Teng的研究，合作关系中存在两种类型的风险：关系风险和绩效风险。关系风险是指缔约方不以期望的方式表现的结果和概率，而绩效风险是指在合作双方不存在关系风险的基础上，缔约方的目标未实现的概率和结果。

参照Thomson等学者关于“合作”的分析，以及战略联盟领域关于合作风险

的分类，并与 PPP 模式的特征相结合，本文最终得出 PPP 模式的参与方合作风险涵盖以下内容：①关系风险，即合作成员未进行充分合作而出现的风险；②绩效风险，即在充分合作的基础上出现绩效失败的风险；③组织相关风险，即关于合作组织形式方面所呈现出的风险。另外采用 Das 和 Teng 合作风险感知的定义，认为合作风险感知是指合作一方对潜在不利结果的概率的主观评估。本文主要研究的是民营企业的合作风险感知。

3. PPP 模式中合作风险感知的度量

合作风险感知有很多种测量的方法。本文对合作风险感知的测量参照了任纪美、O'Connor 和 Grudinschi 开发的量表，并结合 PPP 模式特征和风险来源对的表述语句进行适当调整。具体内容如表 3.4 所示。

表 3.4　合作风险感知量表

	指标	题项	来源
合作风险感知	关系风险	我们认为公共部门合作态度消极	任纪美；Grudinschi 等
		我们认为与公共部门存在沟通不畅	任纪美；Teng
		我们认为公共部门合作信誉不强	任纪美；Delerue
		我们认为公共部门的承诺不足	任纪美；Grudinschi 等
	绩效风险	我们认为投入的资源很可能贬值	任纪美
		我们认为，即使我们业务能力、经验丰富，也很难保证绩效目标的实现	任纪美；Das，Teng
	关于组织形式风险	我们认为合作决策机制不当	O'Connor
		我们认为风险分担机制不合理	O'Connor

三、研究设计

（一）研究假设

1. 关系嵌入性对合作意愿的影响

根据社会交换理论，交易合作过程中，合作主体之间一般都会遵循互惠交易原则，即交易主体之间有义务相互给予支持或帮助，进而推动合作过程中主体履行义务和责任，通过等价交换的方式实现资源和利益的交换，最终满足彼此的交易需求。一方在合作中获得的满足和支持会促使其产生相应回报。交易主体之间一般都会根据彼此的合作方式来调整交易合作的方案，如"以牙还牙""投桃报李"等。因此，可运用社会交换理论的研究框架对 PPP 模式中民营企业的行为进行解释：公共部门与民营企业建立良好的关系质量，建立起便捷和安全的交易氛围，使得交易信息和资源能够在合作主体之间实现高效的流通和交换，同时也给予参与合作的企业表达建议和看法的权利，这些行为均有利于民营企业获得实质性的帮助和支持。民营企业切身体会到并获得了来自政府公共管理机构的支持和帮助时，就会受到内在激励，有利于其与公共部门之间达成合作关系。更进一步，作为回报，民营企业不仅会积极履行合同，甚至会超出缔约范围之外，贡献自身优势，推动实现项目目标。相反，当民营企业感知到公共部门对其信任较低或存在防御态度时，则会产生对抗思维致使其更倾向于采取不合作的态度与行为，甚至采取机会主义行为以实施报复，以至丧失参与 PPP 的意愿。而在 PPP 模式中增强双方的关系嵌入性，即通过双方有意识的信息交流和承诺来增强合作，并能够以民营企业满意的方式解决问题，鼓励民营企业协调发展则为公共部门表达善意与支持的方式之一。

裴云龙等发现，组织间的关系嵌入程度越深，双方合作经验积累的也就越多，信任度也不断增加，甚至超越经济交换，实现情感交换，从而增强组织间合作的竞争优势，为组织间合作奠定基础并增强合作的稳固性。学者曾德明和其团队根据对联盟关系的研究和分析发现，联盟关系的稳定性是一种能随联盟发展

和环境的变化保持动态平衡的良好合作关系，而良好合作关系的实现有赖于联盟伙伴遵守联盟契约，共同保持相互信任、优势互补、风险共担、利益共享。

如果合作双方之间具备良好的嵌入关系，那么在相互的合作过程中就易于形成互利共赢的良好交易氛围，提升交易网络运作的效率，并有效管理交易事项，从而有利于实现双方的交易目标。相反，如果合作主体之间的协作和嵌入关系不够理想，甚至怀疑对方是否愿意进一步创建共同利益，那么合作伙伴之间的沟通和互动也会缺乏以共同利益为基础而形成的有利推动力，更有甚者可能会出现互助关系瓦解或者发生剧烈冲突的不良后果。尽管在良好的关系网络当中同样存在交易主体之间的冲突，但是在主体相互信任的情况下冲突能够得到更好的处理和化解。双方关系的日益紧密将使合作伙伴更注重交易的长期规划，有利于维持长期的合作意愿的形成。

因此，根据社会交换理论，我们认为民营企业从公共部门方面获取的善意和支持越多，双方的关系嵌入性越强，民营企业的合作意愿的程度也就越高。因此，根据以上分析，本文提出假设 H1：PPP 模式中关系嵌入性与合作意愿成正相关关系。

2. 机会主义感知对合作意愿的影响

Makino 等从交易理论当中的交易成本角度进行分析，指出在交易过程中主体之间如果损害他人利益或者做出背叛合作的机会主义行为的可能性较大，那么联盟会增加对合作主体履行合作义务进行管理和监控的强度，进而增加了联盟的交易成本，最终同样不利于维持联盟状态的稳定。

机会主义行为的现象，会直接影响到交易主体之间的合作关系，具体表现为机会主义行为会引发一系列违规问题并带来瓦解合作关系的风险，所以机会主义将严重破坏合作关系的稳固性和确定性。在合作过程中，任何一方主体做出了机会主义行为，都会使合作主体产生防御性的态度和心理，或者使合作主体因利益冲突和违规行为而取消进一步的合作。由此可见，机会主义行为将严重影响合作的维系。因此，根据以上分析，本文提出假设 H2：PPP 模式中机会主义感知与合作意愿成负相关关系。

3. 合作风险感知对合作意愿的影响

Cooper 等研究发现，风险感知与风险行为之间具有负相关的联系，也就是指如果交易主体的风险感知水平越高，那么在遇到潜在风险时越倾向于采取措施规避风险或事先采取预防措施以降低风险带来的实质性经济损失。风险感知会直接影响决策，其包含了对错误决策发生的概率和严重性的价值判断。此外，

根据前景理论可知，决策者在进行选择时存在损失厌恶效应，即在通常情况下，大多数人对损失的感受比对收益的感受更敏感，损失产生的消极情绪远远超过收益产生的积极情绪。

在PPP模式中，民营企业和公共部门之间形成了风险共担和利益共享的合作共同体，在合作项目当中，如果公共部门因主观决策或者能力缺陷而进行消极性的风险管理，其项目建设和运营的风险发生的可能性或者损失程度都将发生相应的变化，当民营企业在感知到合作风险后通常会拒绝合作，最终影响合作关系的维护。

在消费领域的研究认为，风险感知与交易主体行为之间一般都具备相关关系。Kang等通过对定制服饰方面的研究发现风险感知影响行为意愿。Chang等通过对网购行为的研究发现风险感知对主体行为意愿具有负向影响。消费者有根深蒂固的规避风险的倾向，一旦感知到风险存在，行为意愿就会受到抑制，降低合作预期，甚至做出违背预先承诺的行为，这些都是针对风险判断结果而采取的应对措施。

在战略联盟领域的研究发现合作主体之间的行为通常都会受到利益驱动，企业预期收益目标无法达成将会影响进一步合作的可能性。当合作过程中出现较大困难时，不具备强烈信赖感的主体之间通常会因内外的压力和阻力而取消合作。因此，根据以上分析，本文提出假设H3：PPP模式中合作风险感知与合作意愿成负相关关系。

4. 关系嵌入性对机会主义感知的影响

感知并不是主体完全主观层面的判断，而是建立在客观事实依据基础上的预期。心理学领域的研究发现，主体之间的信任是对合作激励的核心推动因素，合作一方一旦感知到对方的信任，则会表现出积极的合作态度与行为。从社会交换角度看，在PPP模式中，双方良好的关系嵌入性形成了信任与被信任的关系。民营企业对公共部门支持的理解，可能激发对公共部门的信任认知，让民营企业感觉到自己处在信任的组织生态环境中，从而降低对对方机会主义的主观感受和预期，促成其履行角色内行为及角色外行为。交易成本理论认为，良好的合作关系可以防止合作一方对另一方的欺诈行为。因此，公共部门和社会资本之间一旦形成了良好的关系，民营企业感知公共部门发生机会主义的概率也会相应降低。

尽管在交易过程中，合作伙伴间能够逐渐产生信赖关系，但是同时也需要进行大量的信息交换和沟通，在这个过程中容易出现机会主义行为。而机会主义

感知是合作成员对彼此合作关系的主观感知,由于有限理性和信息不对称,当感知到伙伴较自己具备某方面的优势,并能够利用该优势对自己进行制约时,隔阂和猜忌将随之而来。高关系强度能够有效地提高信息的流动速度和沟通效率,换言之,高关系强度能够有效抑制因信息不对称而出现的机会主义行为,进而减弱民营企业对公共部门机会的预期。因此,根据以上分析,本文提出假设 H4:PPP 模式中关系嵌入性与机会主义感知成负相关关系。

5. 关系嵌入性对合作风险感知的影响

公共部门和民营企业间是共同投入资源努力达成彼此设定目标的伙伴关系。Dwyer 等认为,伙伴关系的建立基于伙伴双方之间信息共享、利益共享、风险共担。PPP 项目涉及政府部门与社会资本之间的合作,因为在信息不对称、制度体系不完善的情况下,交易活动对参与者并不完全透明,具有优势的一方可以提前获得信息,更有可能将风险转移给对方。这种情况下,较弱的一方更有可能感知到更高的合作风险。而合作各方之间的相互信任可以降低合作风险,合作者不用过于担心合作方没有对合作联盟进行充分有效的投入,从而降低企业的合作风险感知。

在关系嵌入性逐渐增强的过程中,合作主体之间能够更好地就交易难题共同寻求处理办法,共同致力于维系良好的信赖关系,以更加积极配合的姿态进行协作,这种良好的关系状态能够降低甚至打消对合作中消极影响的担心。换言之,PPP 项目当中公共部门和民营企业间关系嵌入性越强,双方对合作的归属感越强,相互之间的信任和承诺程度就越深,并以更积极的态度交流、共享信息、共同解决面临的问题,从而会减弱弱势方对达成目标的合作风险感知。因此,根据以上分析,本文提出假设 H5:PPP 模式中关系嵌入性与合作风险感知成负相关关系。

6. 机会主义感知对合作风险感知的影响

机会主义行为是一种追求个体私利的行为,在不完全契约条件下,机会主义行为导致契约交易风险。在 PPP 模式中,公共部门的机会主义行为将对民营企业利益产生不利影响,这也在战略联盟领域得到验证。民营企业如果主观感知到公共部门具有采取机会主义的可能性,就会对其持有质疑态度,并对合作前景表现出担忧,从而增加合作风险感知程度。因此,根据以上分析,本文提出假设 H6:PPP 模式中机会主义感知与合作风险感知成正相关关系。

7. 机会主义感知的中介作用

在联盟领域开展的研究,不少文献侧重于研究采取正式和非正式机制来抑

制联盟成员的机会主义行为，其中合作成员间的信任是一项重要的非正式防范机制。

合作成员之间的信任，表明联盟内部的成员彼此相信对方不会利用自己的劣势做出损害自己利益的行为，对合作伙伴的可靠性和诚实度有足够的信心。这种信任能够有效地减弱采取机会主义行为的意愿，不断增强合作的意愿。

而合作双方关系嵌入性的不断深化将形成维护合作有效进行的诚信机制，这种机制能够促进成员履行互利互惠的义务，并对合作方行为起到约束作用。PPP 项目当中公共部门和民营企业也同样受到这种行为规范的约束。合作双方的关系嵌入性越强，基于这种关系存在的诚信机制所发挥的作用则越明显，意味着合作双方之间的信任程度越高，信息共享程度及共同解决问题的关系越密切，合作各方以相互有利的方式来适应意料不到的情况的意愿越强。当双方遇到不公平或其他问题时，更可能采取协调解决方法来应对，而不是利用自身优势或合作伙伴的脆弱性去违反协议，或利用环境的变化来获取利益。因此，根据以上分析，本文提出假设 H7：PPP 模式中机会主义感知在关系嵌入性与合作意愿之间具有中介作用。

8. 合作风险感知的中介作用

社会交换理论在不同学科领域中所取得的研究成果各不相同。其中从经济学的角度对社会交换进行的理论研究主要是解释了交换价值和交换活动所具有的风险。社会交换价值最初在人们具备风险感知能力时产生，具备风险感知能力的体现就是指人们通常会选择获益可能性更大且收益更大的交易活动。此外，从心理学和社会学的角度对社会交换做出的研究更注重交易过程中交易主体的心理感知，例如合作对象所表现的支持、服从、信任或者尊重等态度和心理等非物质的东西或者精神层面因素。合作风险形成于交换过程中的非物质要素，当民营企业感知到风险较小时，合作的意愿就越高。

由此可见，在社会交换当中民营企业会根据公共部门的态度、行为等信息来判断合作项目的风险程度，其合作风险感知结果将影响民营企业对公共部门的反馈行为。因此，根据以上分析，本文提出假设 H8：PPP 模式中合作风险感知在关系嵌入性与合作意愿之间具有中介作用。

9. 机会主义感知与合作风险感知的链式中介作用

公共部门与民营企业良好的关系嵌入性，表明民营企业与公共部门间建立了相互间的信任，民营企业相信公共部门即使知道自己的弱点也不会产生不良的意图，公共部门会为自己考虑。也就是说，民营企业认为公共部门是从长远关

系出发，即使公共部门能从机会主义行为中获得短期的收益，它们也不愿这么做。这就导致了民营企业较低水平的合作风险感知，而预期风险的降低，进一步提高共同合作愿景。因此，根据以上分析，本文提出假设 H9：PPP 模式中机会主义感知与合作风险感知在关系嵌入性与合作意愿之间存在链式中介效应。

根据以上研究提出的 9 个假设，得出 PPP 模式中关系嵌入性、机会主义感知、合作风险感知与合作意愿的理论模型，如图 3.2 所示。

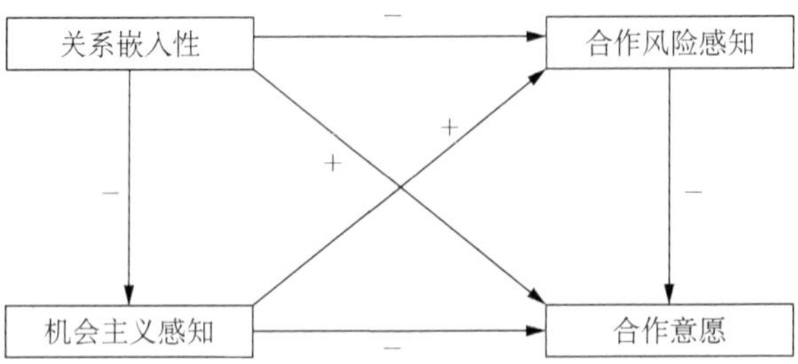

图 3.2 理论模型图

（二）问卷设计

除去调查问卷首页的引导语和说明，本文所编制的“PPP 模式中关系嵌入性、机会主义感知、合作风险感知与合作意愿关系研究调查问卷”共包括五个部分，分为个人基本信息、关系嵌入性量表、机会主义感知量表、合作风险感知量表与合作意愿量表，量表均采用 Likert5 点计分法进行最终统计。具体内容见附录 A。

（1）个人基本信息：主要是对研究对象的从业年限、受教育水平、单位类型等信息进行调查。

（2）民营企业合作意愿量表：以曹勇、Pavlou、Fontana 等编制的成熟量表作为参照，并结合研究需要对其进行修改，共包括 6 个条目。

（3）关系嵌入性量表：参考刘群慧、Gulati 和 Sytch、许冠南等的成熟量表。共包含 10 个条目，其中信任维度 3 道题，关系强度维度 3 道题，信息共享维度 4 道题。

（4）机会主义感知量表：参考 Heide、Wathneand Rokkan、高孟立等编制的成熟量表，结合研究需要进行适当修改，共涵盖 5 个条目。

(5) 合作风险感知量表：参考 O'Connor、Grudinschi 等；任纪美等编制的成熟量表，结合研究需要进行适当修改，共涵盖 8 个条目。

(三) 数据统计方法

本文主要探讨关系嵌入性、机会主义感知、合作风险感知与民营企业合作意愿的关系。回收问卷后，结合研究对象的具体界定梳理有效问卷，对数据进行的处理与分析具体采用以下方法：首先，运用 SPSS22.0 进行描述性统计分析，对有效样本具体的性别、单位性质、学历、所属行业、工作年限等个人信息变量，本文选用百分比、均值的方式对样本特征及具体分布予以显示；其次，运用 Amos17.0 进行信度分析，信度检测采用具体数值作为衡量标准，系数具有越高值则意味着具有更为可靠的测量结果；然后，采用的是验证性因子分析法进行效度分析；之后，运用 SPSS22.0 进行相关分析，依照 Pearson 系数显著与否能够对各变量间产生相互影响与否进行判断，以对模型假设成立与否进行初步检验；再后，运用 Amos17.0 对独立模型的适配度和关系路径进行检验；最后通过构建整体结构方程模型对整体模型的适配度及关系路径进行检验，并采用偏差纠正的 Bootstrap 方法对机会主义感知和合作风险感知在关系嵌入性对合作意愿的影响作用之间具有的链式中介效应进行检验。

(四) 预调研样本分析

因采用的部分量表来自国外研究资料，为检验其能否适用于国内情形，在开展正式的调研工作前，本文做了小规模预测试。进行预测试的过程中，共发放问卷 80 份，剔除不合理或未填写的答卷，最终回收的有效数据样本为 68 份。信度检验得出的具体结果见表 3.5。

表 3.5　预调研信度检验结果

量表类型	Cronbach's α	基于标准化项目的 Cronbach's α
合作意愿量表	0.905	0.906
关系嵌入性量表	0.882	0.884
机会主义感知量表	0.810	0.810
合作风险感知量表	0.881	0.882

由表 3.5 的结果能够看出，合作意愿量表、关系嵌入性量表、机会主义感知量表、合作风险感知量表的 α 系数分别为 0.905、0.882、0.810、0.881，均超过 0.8，意味着量表具有较高的信度，能够开展后续的效度分析。

KMO 和 Bartlett 检验结果见表 3.6—表 3.9。从 KMO 和 Bartlett 检验结果来看，合作意愿量表、关系嵌入性量表、机会主义感知量表、合作风险感知量表的 KMO 值分别是 0.895、0.896、0.799、0.902，均大于 0.7；量表均满足 Bartlett 球形检验的要求，且具有符合需求的效度，因而可开展后续的因子分析。

表 3.6　合作意愿量表 KMO 和 Bartlett 检验结果

KMO 样本测量		0.895
Bartlett 的球形度检验	近似卡方	446.693
	df	15
	Sig.	0.000

表 3.7　关系嵌入性量表 KMO 和 Bartlett 检验结果

KMO 样本测量		0.896
Bartlett 的球形度检验	近似卡方	502.486
	df	45
	Sig.	0.000

表 3.8　机会主义感知量表 KMO 和 Bartlett 检验结果

KMO 样本测量		0.799
Bartlett 的球形度检验	近似卡方	161.349
	df	16
	Sig.	0.000

表 3.9　合作风险感知量表 KMO 和 Bartlett 检验结果

KMO 样本测量		0.902
Bartlett 的球形度检验	近似卡方	449.138
	df	28
	Sig.	0.000

（五）正式调研的实施

由于PPP项目在较发达的地区发展的较快，因此本文主要针对中部、东部和南部地区的城市发放问卷，包括北京、上海、重庆、广东深圳、天津和河南的几座城市，调查对象是民营企业中参与PPP项目的员工。调查时间为2018年10月至11月，主要通过线上和线下的方式发放与回收，共发问卷360份，剔除基本信息不完整、量表填写不完全和明显不认真作答等无效问卷和数据后，最终回收有效问卷306份，问卷有效率85%。

四、实证分析

（一）描述性统计分析

研究样本统计结果见表 3.10。从教育背景来看，本科学历居多，占 64%；从职务级别来看，多数是一般和中层管理者，占 95%；从从业时间来看，从业时间在 5 年以内的人员占大多数，累计占比 79%，具有 5 年以上项目经验的人员为 21%；从年龄来看，大部分项目参与人的年龄在 40 岁以下，累计占比 71%；从涉及的 PPP 行业来看，交通行业最多，如公路、铁路、高速公路等，占 28%，其次为市政和环保类，最少的参与者为能源类，占 8%。

表 3.10　研究样本基本统计

	样本分布	人数	百分比	合计
教育背景	硕士及以上	64	21%	306
	本科	196	64%	
	专科	46	15%	
职务级别	一般管理者	193	63%	306
	中层管理者	98	32%	
	高层管理者	15	5%	
所属行业	社会事业	28	9%	306
	交通	86	28%	
	市政	64	21%	
	环保	64	21%	
	水利	40	13%	
	能源	24	8%	
工作年限	小于 1 年	58	19%	306
	1 年至 3 年	112	37%	
	3 年至 5 年	72	23%	
	5 年及以上	64	21%	

续　表

	样本分布	人数	百分比	合计
年龄	22～30 岁	104	34%	306
	31～40 岁	113	37%	
	41～50 岁	77	25%	
	50 岁以上	12	4%	

（二）数据分析

1. 信度检验

选用 Cronbach's α 系数对各变量的信度值进行测量，检验结果见表 3.11。检验结果表明变量的 Cronbach's α 值均超过 0.7，意味着问题的测量具有较高信度，满足信度要求。

对各变量的信度系数进行分析，除题项 CI5 的信度系数略低于 0.50 外，其他题项均超 0.5，意味着模型的内在质量检验具有良好效果。各变量均具有超 0.70 的组合信度值；除变量“关系嵌入性”的平均抽取方差略低于 0.50 外，其他变量的平均抽取方差均超过 0.50，意味着各变量测量模型的内在质量较好。

表 3.11　信度检验结果

变量	题项	信度系数	Cronbach's α	平均抽取方差	组合信度
关系嵌入性	RE1	0.706	0.945	0.483	0.901
	RE2	0.74			
	RE3	0.804			
	RE4	0.806			
	RE5	0.82			
	RE6	0.819			
	RE7	0.825			
	RE8	0.786			
	RE9	0.743			
	RE10	0.658			
机会主义感知	PO11	0.777	0.886	0.645	0.852
	PO12	0.727			
	PO13	0.724			
	PO14	0.742			
	PO15	0.671			

续　表

变量	题项	信度系数	Cronbach's α	平均抽取方差	组合信度
合作风险感知	PR1	0.853	0.875	0.727	0.885
	PR2	0.852			
	PR3	0.852			
	PR4	0.865			
	PR5	0.86			
	PR6	0.853			
	PR7	0.862			
	PR8	0.878			
合作意愿	CI1	0.749	0.849	0.712	0.884
	CI2	0.702			
	CI3	0.729			
	CI4	0.624			
	CI5	0.494			
	CI6	0.538			

2. 效度检验

运用 AMOS17.0 作为统计工具进行验证性因子分析，以对概念建构具有的有效性进行检验。效度检验结果见表 3.12。检验结果表明，除了 4 个被设为固定参数的指标之外，其余 25 个参数的临界比值均满足显著性要求，意味着各变量均具有显著不等于 0 的路径系数，测量模型具有理想的内在质量。

表 3.12　效度检验结果

变量	题项	因子载荷	T 值	绝对拟合指数	相对拟合指数	简约拟合指数
关系嵌入性	RE1	0.927		卡方值＝17.129 df＝7 GFI＝0.912 RMR＝0.031 RMSEA＝0.067	CFI＝0.934 IFI＝0.934 NFI＝0.905	CAIC 值： 理论模式 112.13< 饱和模式 223.12< 独立模式 732.34< 卡方/自由度＝2.447 PNFI＝0.456
	RE2	0.892	8.229			
	RE3	0.339	9.426			
	RE4	0.767	10.206			
	RE5	0.49	10.575			
	RE6	0.866	11.147			
	RE7	0.758	10.75			
	RE8	0.949	10.687			
	RE9	0.83	9.561			
	RE10	0.771	8.958			

续 表

变量	题项	因子载荷	T值	绝对拟合指数	相对拟合指数	简约拟合指数
机会主义感知	PO11	0.776		卡方值=21.334 df=8 GFI=0.945 RMSEA=0.047	CFI=0.945 IFI=0.945 NFI=0.911	CAIC值： 理论模式98.67< 饱和模式321.45< 独立模式678.93< 卡方/自由度=2.667
	PO12	0.844	14.473			
	PO13	0.796	15.754			
	PO14	0.789	15.615			
	PO15	0.731	15.278			
合作风险感知	PR1	0.944		卡方值=14.339 df=5 GFI=0.947 RMR=0.038 RMSEA=0.034	CFI=0.949 IFI=0.947 NFI=0.912	CAIC值： 理论模式273.67< 饱和模式312.45< 独立模式912.37< 卡方/自由度=2.868 PNFI=0.789
	PR2	0.736	27.542			
	PR3	0.757	27.472			
	PR4	0.836	26.17			
	PR5	0.852	22.841			
	PR6	0.858	19.491			
	PR7	0.797	15.805			
	PR8	0.67	12.378			
合作意愿	CI1	0.714		卡方值=12.34 df=7 GFI=0.976 RMR=0.034 RMSEA=0.055	CFI=0.909 IFI=0.912 NFI=0.978	CAIC值： 理论模式339.86< 饱和模式912.76< 独立模式1 123.45< 卡方/自由度=1.762 PNFI=0.654
	CI2	0.926	35.227			
	CI3	0.925	32.615			
	CI4	0.91	28.305			
	CI5	0.863	22.923			
	CI6	0.802	19.294			

对因子载荷量值进行分析，除关系嵌入性量表中RE3和RE5两个题项为0.339和0.49外，其余均介于0.50～0.95之间，表示各变量测量模型的基本适配度良好。

从潜在变量的各项主要拟合指标来看，不管是相对拟合指数，或是绝对拟合指数与简约拟合指数，其总体均能够满足模型的适配度要求。

（三）相关性分析

通过相关分析，说明各变量间具有依存性，而显著性水平则反映出相关系数是否具有可信度，也就是说若是在0.001、0.01、0.05上显著，则表示具有统计学意义，而相关系数数值的大小能够反映二者相关程度的强弱（$|r|\geqslant 0.8$，意味着高度相关；$0.5\leqslant|r|<0.8$，意味着二者之间中等水平相关；$0.3\leqslant|r|<0.5$，

意味着两者之间呈弱相关；0.3<|r|，则可认为两者之间不相关)。为使得数据统计分析具有足够的可操作性，并保障其科学性，关系嵌入性、机会主义感知、合作风险感知和合作意愿分别以变量所在题目的平均分来代表。

选用 SPSS22.0 软件作为统计工具对各变量的标准差及均值进行分析，并初步探究各变量间的相关性。检验结果见表 3.13。分析结果表明关系嵌入性、机会主义感知、合作风险感知与合作意愿变量间呈显著相关。

表 3.13 变量描述性统计及相关性分析(N=306)

变量	均值	标准差	Pearon 相关系数			
			关系嵌入性	机会主义感知	合作风险感知	合作意愿
关系嵌入性	3.4722	0.4531	1			
机会主义感知	2.4232	0.6583	−0.747**	1		
合作风险感知	2.1634	1.0259	−0.828**	0.872**	1	
合作意愿	4.0565	0.7362	0.375**	−0.685**	−0.672**	1

注：** $p<0.05$。

（四）模型假设检验

本文使用 AMOS17.0 作为统计工具构建结构方程模型，对关系嵌入性、机会主义感知、合作风险感知、合作创新意愿 4 个变量间具有的相互关系进行分析，整体结构方程模型。具体模型如图 3.3 所示。

1. 关系嵌入性与合作意愿

为了验证假设 H1，对关系嵌入性和合作意愿构成的模型 1 进行检验。检验结果见表 3.14。结果显示该模型具有较好的拟合度($\chi^2/df=2.596<3$, GFI=0.949, AGFI=0.965, CFI=0.941, IFI=0.941, RMSEA=0.035)，关系嵌入性对合作意愿的正向影响显著($\beta=0.80$, $p<0.001$)。由此，假设 H1 得到支持。

2. 关系嵌入性、机会主义感知与合作意愿

在模型 1 中加入机会主义感知，构建模型 2，对机会主义感知在关系嵌入性和合作意愿两个变量间的中介作用进行检验，检验结果如表 3.14 所示。

在加入中介变量感知机会后，结果表明该模型拟合良好($\chi^2/df=2.247<3$, GFI=0.929, AGFI=0.963, CFI=0.962, IFI=0.963, RMSEA=0.018)。

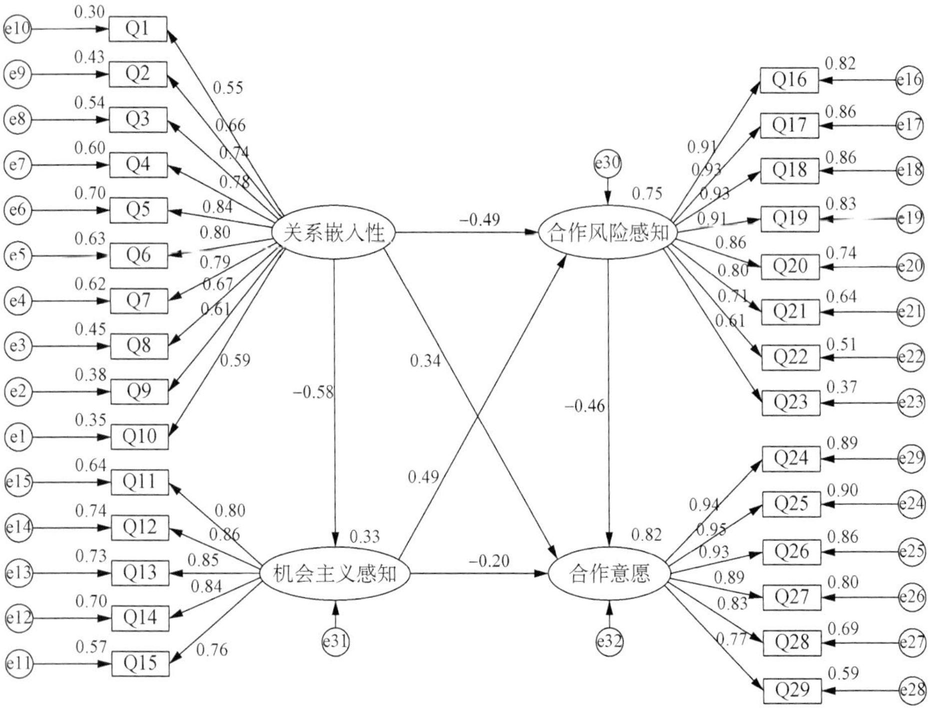

图 3.3　整体理论模型及路径关系

关系嵌入性对机会主义感知的负向影响显著($\beta=-0.583$, $p<0.001$)。由此,假设 H4 得到支持。

机会主义感知对合作意愿的负向影响显著($\beta=-0.424$, $p<0.001$)。由此,假设 H2 得到支持。

自变量关系嵌入性与因变量合作意愿之间的标准化路径系数从 0.8 降低为 0.561,并且 P 值为显著。因此,在关系嵌入性对合作意愿的影响过程中,感知机会只起到部分中介的作用,假设 H7 得到支持。

3. 关系嵌入性、合作风险感知与合作意愿

选用模型 1,并加入中介变量合作风险感知,构建模型 3,对合作风险感知在关系嵌入性和合作意愿之间的中介效用进行检验,检验结果如表 3.14 所示。

在加入中介变量合作风险感知后,结果表明该模型拟合良好($\chi^2/df=2.274<3$, GFI=0.967, AGFI=0.961, CFI=0.926, IFI=0.926, RMSEA=0.021)。

关系嵌入性对合作风险感知的负向影响显著($\beta=-0.771$, $p<0.001$)。由此,假设H5得到支持。

合作风险感知对合作意愿的负向影响显著($\beta=-0.611$, $p<0.001$)。由此,假设H3得到支持。

自变量关系嵌入性与因变量合作意愿之间的标准化路径系数从0.8降低为0.342,并且P值为显著。因此,在关系嵌入性对合作意愿的影响过程中,合作风险感知只起到部分中介的作用,由此假设H8得到支持。

4. 关系嵌入性、机会主义感知、合作风险感知与合作意愿

在模型1中加入机会主义感知、合作风险感知,构建模型4,对机会主义感知和合作风险感知在关系嵌入性和合作意愿间具有的链式中介效应进行检验。并对由4个变量构成的整体理论模型及关系路径进行检验。检验结果见图3.3和表3.14。

结果表明该模型拟合良好($\chi^2/df=2.239<3$, GFI$=0.983$, AGFI$=0.929$, CFI$=0.959$, IFI$=0.960$, RMSEA$=0.005$)。

关系嵌入性对合作意愿的正向影响显著($\beta=0.339$, $p<0.001$),假设H1得到支持;机会主义感知对合作意愿的负向影响显著($\beta=-0.196$, $p<0.001$),假设H2得到支持;合作风险感知对合作意愿的正向影响显著($\beta=-0.462$, $p<0.001$),假设H3得到支持;关系嵌入性对机会主义感知的正向影响显著($\beta=-0.577$, $p<0.001$),假设H4得到支持;关系嵌入性对合作风险感知的正向影响显著($\beta=-0.485$, $p<0.001$),假设H5得到支持;机会主义感知对合作风险感知的正向影响显著($\beta=0.49$, $p<0.001$),假设H6得到支持。

采用Bootstrap方法,进行2 000次重复抽样,以此检验链式中介效应。检验结果见表3.15。结果表明机会主义感知和合作风险感知在关系嵌入性与合作意愿间能够起到链式中介效应,中介效应值为0.171, 95%的置信区间为[0.0334, 0.1512],不包括0,中介效应显著,假设H9得到支持。

此外,整体理论模型中还有两条中介路径:关系嵌入性→机会主义感知→合作意愿、关系嵌入性→合作风险感知→合作意愿。机会主义感知在关系嵌入与合作意愿之间的单独中介效应为0.162, 95%的置信区间为[0.0258, 0.2656],不包括0,中介效应显著,假设H7得到支持;风险感知在关系嵌入与合作意愿间的单独中介效应为0.126, 95%的置信区间为[0.0325, 0.3713],不含0,具有显著的中介效应,假设H8得到支持。总中介效应是各路径中介效应的和,即0.459;总效应是总中介效应与直接效应的和,为0.653,在考虑误差的情况下为

0.612。效应量则是以总效应为除数，各中介效应值作为被除数得出的数值。因此各中介路径关系嵌入性→机会主义感知→合作意愿、关系嵌入性→合作风险感知→合作意愿、关系嵌入性→机会主义感知→合作风险感知→合作意愿的效果量分别是26.47%、20.59%、27.94%，总中介效果量为75.00%。

表3.14　各模型的检验结果

路径		模型1	模型2	模型3	模型4
合作意愿←关系嵌入性		0.8***	0.561***	0.342***	0.339***
合作风险感知←关系嵌入性				−0.771***	−0.485***
合作意愿←合作风险感知				−0.611***	−0.462***
机会主义感知←关系嵌入性			−0.583***		−0.577***
合作意愿←机会主义感知			−0.424***		−0.196***
合作风险感知←机会主义感知					0.49***
拟合指数	χ^2/df	2.596	2.247	2.274	2.239
	GFI	0.949	0.929	0.967	0.983
	AGFI	0.965	0.963	0.961	0.929
	CFI	0.941	0.962	0.926	0.959
	IFI	0.941	0.963	0.926	0.96
	RMSEA	0.035	0.018	0.021	0.005

注：*** $p<0.001$。

表3.15　链式中介作用中的中介效应值与效果量

效应	中介路径	效应值	SE	95%CI	P值	效果量
直接效应	关系嵌入性→合作意愿	0.194	0.055	[0.0119, 0.4232]	***	31.70%
中介效应	关系嵌入性→机会主义感知→合作风险感知→合作意愿	0.171	0.086	[0.0334, 0.1512]	***	27.94%
	关系嵌入性→机会主义感知→合作意愿	0.162	0.06	[0.0258, 0.2656]	***	26.47%
	关系嵌入性→合作风险感知→合作意愿	0.126	0.093	[0.0325, 0.3713]	***	20.59%
总效应		0.612				

注：*** $p<0.001$。

（五）研究结果

本文以社会交换理论、前景理论和交易成本理论为依据，提出关系嵌入性、机会主义感知、合作风险感知和合作意愿关系理论模型，并进行实证检验。实证检验结果如表 3.16 所示。

研究结果表明，PPP 模式中关系嵌入性与合作意愿存在显著的正相关关系；机会主义感知与合作意愿具有显著负相关关系；合作风险感知与合作意愿具有显著正相关关系；关系嵌入性与机会主义感知具有显著负相关关系；关系嵌入性与合作风险感知具有显著负相关关系；机会主义感知与合作风险感知具有显著负相关关系；机会主义感知在关系嵌入性与合作意愿的关系间具有部分中介作用；合作风险感知在关系嵌入性与合作意愿的关系间具有部分中介作用；机会主义感知和合作风险感知在关系嵌入性对合作意愿的正向影响中起到链式中介作用。

表 3.16　假设验证情况汇总

假设序号	结论
假设 1:PPP 模式中关系嵌入性与合作意愿成正相关关系	支持
假设 2:PPP 模式中机会主义感知与合作意愿成负相关关系	支持
假设 3:PPP 模式中合作风险感知与合作意愿成负相关关系	支持
假设 4:PPP 模式中关系嵌入性与机会主义感知成负相关关系	支持
假设 5:PPP 模式中关系嵌入性与合作风险感知成负相关关系	支持
假设 6:PPP 模式中机会主义感知与合作风险感知成正相关关系	支持
假设 7:PPP 模式中机会主义感知在关系嵌入性与合作意愿之间具有部分中介作用	支持
假设 8:PPP 模式中合作风险感知在关系嵌入性与合作意愿之间具有部分中介作用	支持
假设 9:PPP 模式中机会主义感知与合作风险感知在关系嵌入性与合作意愿之间存在链式中介效应	支持

五、研究结论与展望

（一）研究结论

组织间的交往并非完全是纯市场型关系，持续交往的组织之间会形成基于互惠和信任的特殊社会经济关系。PPP模式中通过关系嵌入性，民营企业获得低程度机会主义感知和合作风险感知，进而有助于提升民营企业参与PPP项目的意愿。据此，本文以民营企业为研究对象，以关系嵌入性作为切入点，综合了社会交换理论、前景理论、交易成本等理论，分析和探讨了关系嵌入性、机会主义感知、合作风险感知和合作意愿之间的作用机制问题。围绕“关系嵌入性如何作用于民营企业合作意愿”，本文将关系嵌入性对合作意愿的影响分解成四条作用路径，即关系嵌入性对合作意愿之间的直接作用，机会主义感知在关系嵌入性对合作意愿影响中的中介作用，合作风险感知在关系嵌入性对合作意愿影响中的中介作用，以及机会主义感知和合作风险感知在关系嵌入性对合作意愿影响中的链式中介作用，并综合运用理论研究和实证研究的方法，在结合定性研究和定量研究的基础上，分别对前述的四条作用深入展开论述。基于此，本文明晰了关系嵌入性对民营企业合作意愿的作用机制问题，并形成以下主要研究结论。

（1）关系嵌入性对合作意愿具有显著的正向影响

公共部门与民营企业之间的关系嵌入程度越高，民营企业的合作意愿就越高，这与战略联盟领域和合作创新领域的研究成果相一致。基于合同的项目合作机制主张以外部控制机制作为工具对合作伙伴进行约束，并有效维护其合作关系。然而因正式合同不具有足够的完备性，导致外部控制机制运行效果的有效性受到影响。为改善运行过程中以合同为基础推行的外部控制机制面临的问题，关系嵌入主张运用“软约束”——利用信息共享机制、信任机制、共同解决问题机制等对项目主体存在的投机行为进行制约，并实现双方合作关系的维护。

在PPP实践当中，建立合作关系的过程具有动态性、复杂性，不仅涉及民营企业的组织特性，且会耗费一定人、财、物力及时间成本。民营企业是否参与合

作关系建立在其信念和动机基础之上,合作的形成需要民营企业对未来合作产生良好效果的主观预期。良好的关系嵌入性使得各项目主体能够有机运用共同解决问题、信任、声誉及信息共享等机制对各自行为进行协调,实现利益共享、优势互补及风险共担,切实使得民营企业认知到其能够实现对合作收益的公平分享并合理分担产生的成本,甚至即使现阶段自身利益受损,也确信未来能够获取补偿,由此产生对后续合作的乐观预期,增强民营企业的合作意愿。

(2) 机会主义感知在关系嵌入性对合作意愿的正向影响中具有部分中介作用

对公共部门而言,关系嵌入性意味着其与民营企业之间构建的互动关联不仅考量经济因素,也反映出其对民营企业的信任及深化双方合作的期望,以及对民营企业抱有的责任意识与友好情感。良好的关系嵌入性表明公共部门不会受短期因素的影响而对自身与民营企业合作关系予以终止,所以能够有效保护民营企业的投资行为。对民营企业而言,其与公共部门的关系嵌入性越深,越能够加深民营企业对公共部门具有的合作精神的认知,因而会使得民营企业对公共部门有更高的信任度,感知到的公共部门机会主义相应会显著减少。

机会主义行为会使合作伙伴之间具有的关系稳定性受损。若是合作一方存在产生机会主义行为的动机,为实现自身诉求,则会发生影响合作企业利益的行为。一旦察觉对方存在产生机会主义行为的可能性,则合作企业会对对方采取防御性措施,并会让合作企业对是否进一步合作产生疑虑,影响合作意愿。

因此,关系嵌入性的加深能够使得民营企业感知到较低的机会主义,从而增强企业之间建立长期合作创新关系的意愿和可能性。

(3) 合作风险感知在关系嵌入性对合作意愿的正向影响中具有部分中介作用

关系嵌入性有利于降低实际风险程度和民营企业对合作风险的感知程度,企业间因而具有更大的可能性及意愿来构建长期合作关系。合作风险感知的存在部分中介作用一方面是由于关系嵌入性会降低合作风险感知,另一方面,合作风险感知的降低将使得民营企业有意愿建立合作关系并维持下去。

PPP 模式中所涉及的项目与普通工程相比存在更大的不确定性及复杂性。在合作风险感知与偏好、信息获取与分析能力等方面,民营企业间存在明显差异,并且表现出典型的有限理性特征,选择策略时会受到策略选择损益值的心理预期的影响。

由前景理论可知,在选择的过程中,决策者存在反射效应、确定效应及损失

效应,也就是面对概率性及确定性收益,有较大可能出现低估概率性收益,而面对概率性及确定性损失,则高估概率性损失的情况,且一般而言,相比对收益的感知,大部分人对损失的感知更为敏感。因此尽管 PPP 模式给民营企业带来了利益,民营企业仍然十分关注交易过程中的合作风险。民营企业主观感知到合作风险发生概率和合作风险损失程度,都会影响合作关系及其稳定状态。

因此,通过发挥 PPP 模式的关系嵌入性效用,民营企业与公共部门可以在工程建设及运营方面实现相互信任、信息共享、共同解决问题等,降低民营企业感知到的合作风险,进一步促进合作状态的稳定。

(4) 机会主义感知与合作风险感知在关系嵌入性对合作意愿的正向影响中具有链式中介作用

公共部门具有表达善意的意愿,那么在决策过程中就会对民营企业的目标与需求予以考量,由此使得双方构建起互惠关系,并基于双方具有的互惠关系,对存在的问题进行协商并予以有效解决。适应机制及协商机制的形成,使得行为者在解决问题方面已然超出"为他"或"为我"的限制,而是基于"共同"诉求探寻问题的解决措施,这样民营企业会产生一种预期,即其合作伙伴在合作的过程中不会采取投机行为,企业在合作过程中产生对方不具有发生机会主义行为可能性的认知,则会使其合作风险感知程度弱化并降低其对合作的不满意程度,使其不再将关注点局限于"签约义务",而是充分运用自身具有的资源及优势,以此作为交换,维护合作关系的持续性。因此,较高的关系嵌入性水平能够降低感知到的机会主义,促使合作风险感知降低,进而提升合作意愿。

(二) 建议

本文探讨了关系嵌入性对民营企业合作意愿的作用方向和程度,以及在机会主义感知和合作风险感知的介入下的作用路径。从理论层面来说,丰富了合作意愿的前因变量。从实践方面来说,有助于公共部门更加深刻、清晰地认识关系嵌入性、机会主义感知和合作风险感知对提升民营企业合作意愿的重要性。因此,本文对提高民营企业合作意愿提出相应的改进建议。

(1) 建立问责机制。民营企业是问责制中的问责主体,民营企业有权对公共部门在 PPP 项目中可能或已经发生的影响民营企业利益环境的决策或行为问责。完善的问责机制需要具备以下条件:首先,在 PPP 项目建设初期,民营企业能够通过相关的法律法规和合同条款规范公共部门的决策和行为;其次,在项

目进行的过程中，民营企业能够通过评估制度和信息披露平台约束公共部门的决策和行为；最后，如果项目由于公共部门的失责而发生损失时，能够有完善的法律制度来惩罚公共部门的违约行为。

在PPP模式中，民营企业是信息劣势方，也是权利的主张方，建立问责机制能够赋予民营企业与公共部门平等的对话权力，为公共部门和民营企业之间的信任关系提供信息交流和权益诉求平台，从而解决公共部门与民营企业间的信任问题，进而为在民营企业中更广泛地推广PPP项目建立坚实基础。

(2) 建立信息共享平台，完善信息公开机制。基于网络技术，信息共享平台整合了所有参与者的信息资源，为PPP项目的内部管理提供高效的管理工具。与一般项目相比，PPP项目具有信息量大、信息来源广、动态变化和类型复杂等特点，作为信息劣势的一方，若民营企业的利益诉求难以实现，公共部门就无法与民营企业达成长期合作。为了保持民营企业平等和公平的社会交换地位，民营企业需要获得更多的信息来改变其在PPP模式中信息不足的不利地位。建立信息共享平台能够缓解甚至消除民营企业与公共部门之间信息流动的滞后性和不对称性。通过信息共享平台，公共部门和民营企业可以了解和掌握PPP项目的实时情况，更好地分配任务和资源，协调双方的利益冲突。此外，根据项目的时间进度，公共部门需要及时更新信息，确保项目信息披露的连续性。在信息披露质量方面，还可以通过专业第三方独立验证PPP项目信息，建立现代化社会多种信息披露渠道。

(3) 培养契约精神。公共部门应与民营企业平等合作。在项目启动阶段，要规范项目审批程序，简化烦琐步骤，防止该阶段由于滥用政府权力而引发机会主义行为，损害企业和项目的利益。在制定项目规则过程中，应与民营企业沟通协商，建立平等关系下的合作规则，符合合作发展的客观要求，满足参与双方的意愿。在项目运作过程中，公共部门在项目的总体规划中发挥好统筹作用，在合作实践中维护企业的需求，承担好自身的责任和风险。

(4) 培养沟通协商能力。合作不只是简单的累积作用，而是结合双方优势，共同实现目标，这就包括互动的含义，即信息资源的共享。沟通协商是信息共享的有效方式。具体来说，企业可以通过正式沟通和非正式沟通与公共部门交换项目信息，并通过与公共部门协商寻求适当的解决争端的方法。尽量减少合作伙伴的信息不对称，使合作双方能够在平等的地位下，建立良好的合作伙伴关系。良好、畅通的沟通协调机制在很大程度上能够帮助民营企业与公共部门配合找到最佳解决问题的方案。

（5）加强 PPP 信用体系建设。PPP 信用体系建设包含了建设模式、信用指标与信用档案、信用数据收集与分析、信用结果的运用等方面。加快建立 PPP 信用体系，促进参与各方提高信用水平，政府诚信是关键，企业诚信是重点。加强 PPP 信用体系建设，首先，要做好信息收集工作，以大数据为手段，可以与公共部门合作，形成一个权威的信息收集平台，其中不仅仅涉及财政、发展与改革主管部门，还涉及工商、税务、审计等。其次，要充分发挥第三方协同监管的作用，充分发挥第三方和大数据公司的作用，配合主管部门做好相应工作。最后，做好信用管理，PPP 信用体系机制建设的核心是如何判断信用违约行为。建立包括第三方专业合作管理机构在内的 PPP 行业信用监管平台，为整个市场提供信用管理合作服务。

（6）建立冲突疏导机制。PPP 模式中，虽然公共部门与民营企业之间是合作关系，但双方都有各自隐藏的目的，特别是在利益冲突、相互依存关系变化、控制权竞争和管理方式差异时更会产生矛盾冲突。建立有效的冲突调节机制，提高化解冲突的能力，运用各种协调和调节方法，合理解决 PPP 利益相关者之间的矛盾，积极防范不利风险。例如，公共部门可以进入建设项目，既可以了解项目建设的过程，又能够了解到民营企业的困难。只有充分的了解与沟通，才能够加强自我调节能力。建立冲突反馈机制，及时反映利益相关者之间摩擦和冲突，掌握造成风险的相关信息，并进行积极的协调，实现 PPP 利益相关者之间的相对和谐。引入第三方评估方法，缓解 PPP 项目合作中的利益冲突，在改进政府治理成本和社会福利的基础上，建立提前终止与继续合作的协商决策机制。

（7）有效的激励和利益分配机制。在 PPP 模式中，民营企业的经营机制实质上是一个利益驱动机制，收益和风险共生共存，不可分割，能否在伙伴间实现利益的公平分配、风险的合理分担，直接关系到 PPP 项目的成败。然而，在 PPP 模式中，利益、风险分配相当复杂和困难，有很多原因，例如：PPP 项目的总效益难以确定；效益不可分配；效益表现形式多样，不仅存在货币形式，而且存在技术、社会地位、商誉等形式；风险的种类和形式很多，很难准确确定；利益和风险的分配不是独立进行的，它们是紧密联系在一起的。按照“利润共享、风险共担”的原则，PPP 模式中的风险/利益分配应在合同或协议中固化为相应的条款。一般来说，合作伙伴收益/风险分配机制有三个基本原则：①风险与收益呈正相关；②投资与回报呈正相关；③双赢原则。

（8）完善 PPP 项目的治理结构与监督机制。创新 PPP 项目治理路径，如将产权结构与权责分担相结合、治理机制与合作效率相结合。加快规范 PPP 项目

的合约以及相关管理法规。建立长期的、全面的 PPP 项目监督机制，例如 PPP 项目管理模式、国有资金使用、政府补贴资金、公共服务价格、环境、服务质量等全面监管，事前、事中、事后的全程监管，并且将政府的监管机制、媒体的监督机制和市场的约束机制结合起来，建立全方位的监管体系以及绩效评价机制。

（三）研究的局限性与展望

因自身能力有限，加之资源和时间的欠缺，导致本文存在一些不足。具体包括两个方面。

（1）研究模型阶段界定的局限性。以 PPP 模式开发的项目具有较长（通常超过 10 年）的特许经营期，涉及多个不同阶段，譬如：建设期、投标期、运营期等。但本文未从匹配过程视角分析关系嵌入性、机会主义感知、合作风险感知和合作意愿四者之间的相互关系。然而在不同的阶段，关系嵌入性、机会主义感知、合作风险感知对合作意愿的影响和作用路径有可能发生变化。因此，未来可从 PPP 项目全生命周期视角对其不同匹配关系进行研究。

（2）研究行业的局限性。由于 PPP 模式中，合作项目涉及的行业广泛，关系嵌入性、机会主义感知、合作风险感知对合作意愿的影响和作用路径可能因行业的特殊性而有所不同，而本文并未对行业进行分类研究。因此在未来的研究中，可以考虑细分不同的行业分别研究。

参考文献

ACHROL R S, GUNDLACH G T. Legal and social safeguards against opportunism in exchange[J]. Journal of Retailing, 1999, 75(1):107-124.

ALBALATE D, BEL G, GEDDES R R. Recovery risk and labor costs in public -private partnerships: contractual choice in the US water industry[J]. Local Government Studies, 2013,39(3): 332-351.

ATALLAH G. R&D cooperation with asymmetric spillovers[J]. Canadian Journal of Economics,2005,38(3):919-936.

BARDEN J Q. Disentangling the influnences of leaders relational embeddedness on interorganizational exchange[J]. Academy of Management Journal,2007,50(6):1440-1461.

BLAU, P. Exchange and power in social life[M]. NewYork: John Wiley&Sons,Inc.,1964.

CANIELS M, GELDERMAN C. The safeguarding effect of governance mechanisms in inter-firm exchange: the decisive role of mutual opportunism[J]. Br. J. Manag. 2010, 21(1), 239-254.

CAPALDO A. Network structure and innovation: the leveraging of a dual network as a distinctive relational capability[J]. Strategic Management Journal, 2007, 28(6):24.

CARBONARA N, COSTANTINO N, PELLEGRINO R. Concession period for PPPs: a win—win model for a fair risk sharing[J]. International Journal of Project Management, 2014,32(7):1223-1232.

CASSIMAN B, VEUGELERS R. R&D cooperation and spillovers: some empirical evidence from Belgium[J]. American Economic Review,2002,92(4):1169-1184.

CHAN A P C, CHAN D W M, CHIANG Y H, et al. Exploring critical success factors for partnering in construction projects[J]. Journal of Construction Engineering & Management, 2004,130(2):188-198.

CHANG M L, WU W Y. Revisiting perceived risk in the context of online shopping: an alternative perspective of decision-making styles[J]. Psychology & Marketing, 2012, 29(5):378-400.

CONCHAR M P, ZINKHAN G M, PETERS C, et al. An integrated framework for the

conceptualization of consumers' perceived-risk processing[J]. Journal of the Academy of Marketing Science, 2004, 32(4):418-436.

COOPER T, FASERUK A. Strategic risk, risk perception and risk behavior: Meta-analysis [J].Journal of Financial Managenent and Analysis,2011,24(2):20-29.

CROSNO J L, DAHLSTROM R. A meta-analytic review of opportunism in exchange relationships[J]. Journal of the Academy of Marketing Science, 2008, 36(2):191-201.

CULNAN M J, ARMSTRONG P. Information privacy concerns, procedural fairness, and impersonal trust: an empirical investigation[J]. Organization Science, 1999, 10 (1): 104-115.

CURRAN M.Tax incentives for public-private partnerships[J]. RMIT School of Accounting and RMIT APEC Research Centre, available at: www. apec. org. au/docs/Tax% 20lncentives%20for%20PPPs. pdf, 2015.

CVETKOVICC P. Opportunism of private actors in public-private partnerships[J]. TEME: Casopis za Društvene Nauke.

DAS T K, RAHMAN N. Determinants of partner opportunism in strategic alliances: a conceptual framework[J].Journal of Business and Psychology, 2010, 25(1):55-74.

DAS T K, TENG B S. A risk perception model of alliance structuring[J]. Journal of International Management, 2001, 7(1):1-29.

DAS T K, TENG B S. Relational risk and its personal correlates in strategic alliances[J]. Journal of Business and Psychology, 2001, 15(3):449-465.

DAS T K, TENG B S. Risk types and inter—firm alliance structures[J]. Journal of Management Studies. 1996, 33(6):827-843.

DAS T K, TENG B S. Trust, control, and risk in strategic alliances: an integrated framework[J]. Organization studies, 2001, 22(2): 251-283.

DE FFUANT G, NEAU D, AMBLARO F, et al. Mixing beliefs among interacting agents [J].Advances in Complex Systems, 2000(3):87-98.

DODGSON M. Asia's national innovation systems: institutional adaptability and rigidity in the face of global innovation challenges[J]. Asia Pacific Journal of Management, 2009, 26(3):589-609.

DWYER F R, SCHURR P H, OH S. Developing buyer-seller relationships[J]. The Journal of marketing, 1987.

ENGLISH L, BAXTER J. The changing nature of contracting and trust in public-private-partnerships: the case of victorian PPP prisons[J]. A Journal of Accounting Finance and Business Studies, 2010,3(46): 289-319.

FONTANA R, GEUNA A, MATT M. Factors affecting university-industry R&D projects: the importance of searching, screening and signaling[J]. Research Policy, 2006, 35(2): 309-323.

GRANOVETTER M. The strength of weak ties[J]. American Journal of Sociology, 1973, 78(6):1360-1380.

GRIFFITH D A, HARVEY M G, LUSCH R F. Social exchange in supply chain relationships: The resulting benefits of procedural and distributive justice[J]. Journal of Operations Management, 2006, 24(2):85-98.

GROSSMANN A, SIMPSON M W. Predictability of the U.S. dollar index using a U.S. export and import price index-based relative PPP model[J]. Journal of Economics & Finance, 2011, 35(4):417-433.

GRUDINSCHI D, SINTONEN S, HALLIKAS J. Relationship risk perception and determinants of the collaboration fluency of buyer-supplier relationships in public service procurement[J]. Journal of Purchasing and Supply Management, 2014, 20(2):82-91.

GUASCH J L, LAFFONT J J, STÉPHANE S. Concessions of infrastructure in Latin America: government-led renegotiation[J]. Journal of Applied Econometrics, 2007, 22(7):1267-1294.

GUASCH J L, STÉPHANE S. Renegotiation of infrastructure of infrastructure concessions: an overview[J]. Annals of Public & Cooperative Economics, 2010, 77(4):479-493.

GULATI R, SYTCH M. Dependence asymmetry and joint dependence in inter organizational relationship: effects of embeddedness on a manufacturer's performance in procurement relationships[J]. Administrative Science Quarterly, 2007, 52:32-69.

HEIDE J B, WATHNE K H, ROKKAN A I. Interfirm monitoring, social contracts, and relationship outcomes[J]. Journal of Marketing Research, 2007, 44(3):425-433.

HOT H, LIM N, CAMERER C F. Modeling the psychology of consumer and firm behavior with behavioral economics[J]. Journal of Marketing Research, 2006, 43(8):307-331.

HWANG B G, ZHAO X, GAY M J S. Public private partnership projects in singapore: factors, critical risks and preferred risk allocation from the perspective of contractors[J]. International Journal of Project Management, 2013, 31(3):424-433.

IOSSA E, MARTIMORT D. The simple microeconomics of public-private partnerships[J]. Journal of Public Economic Theory, 2015, 17(1):4-48.

KAHNEMAN D, TVERSKY A. Prospect theory: ananalysis of decision under risk[J]. Econometrica: Journal of the Econometric Society, 1979:263-291.

KANG J Y M, KIM E. E-mass customisation apparel shopping: effects of desire for unique

consumer products and perceived risk on purchase intentions[J]. International Journal of Fashion Design, Technology and Education, 2012, 5(2):91-103.

KORT M, KLIJN E H. Public-private partnerships in urban regeneration: democratic legitimacy and its relation with performance and trust[J]. Local Government Studies, 2013(39):89-106.

LIU D, LI T, LIANG D. Three-way decisions in stochastic decision-theoretic rough set[M]. Transaction son Rough Sets XVIII, Springer Berlin Heidelberg, 2014:110-130.

LONSDALE C, SANDERSON J, WATSON G, et al. Beyond intentional trust: supplier opportunism and management control mechanisms in public sector procurement and contracting[J]. Policy & Politics, 2016, 44(2):289-311.

MAKINO S, CHAN C, ISOBE T. Intended and unintended termination of international joint ventures[J]. Strategic Management Journal, 2007,28(11):1113-1132.

MASTEN S E. Equity, opportunism, and the design of contractual relations[J]. Journal of Institutional and Theoretical Economics, 1988, 144(1): 180-195.

MCEVILY B, MARCUSE A. Embedded ties and the acquisition of competitive capabilities [J]. Strategic Management Journal, 2005,26:1033-1055.

MITCHELL V W. Consumer perceived risk: conceptualisations and models[J]. European Journal of Marketing, 1999, 33(1/2):163-195.

OSEI-KYEI R, CHAN A P C. Review of studies on the critical success factors for public—private partnership(PPP) projects from 1990 to 2013[J]. International Journal of Project Management, 2015, 33(6):1335-1346.

O'CONNOR P J. Integrated project delivery: collaboration through new contract forms[J]. Faegre & Benson, 2009, 23: 11-25.

PAVLOU P A, GEFEN D. Building effective online marketplaces with institution-based trust [J]. Information Systems Research, 2004, 15(1): 37-59.

PING H S, LEVITT R, TSUIC W, et al. Opportunism-focused transaction cost analysis of public-private partnerships[J]. Journal of Management in Engineering, 2015:04015007.

RING P S, VANDE VEN A H. Developmental processes of cooperative interorganizational relationships[J]. Academy of Management Review, 1994, 19(1): 90-118.

SALAMON S D, ROBINSON S L. Trust that binds: the impact of collective felt trust on organizational performance[J]. Journal of Applied Psychology, 2008, 93(3):593-601.

SANTANU C. Should the private sector provide public capital? Macroeconomic dynamics [J]. 2007.

SCHMIDT E K. Research management and policy: incentives and obstacles to a better public-

private interaction[J]. International Journal of Public Sector Management, 2008, 21(6): 623-636.

SEGGIE S H, GRIFFITH D A, JAP S D. Passive and active opportunism in interorganizational exchange[J]. Journal of Marketing, 2013, 77(6): 73-90.

SIMMONS C H, WEHNER E A, TUCKER S S, et al. The cooperative/competitive strategy scale: a measure of motivation to use cooperative or competitive strategies for success[J]. The Journal of Social Psychology, 1988, 128(2): 199-205.

SLOVIC P. Perception of risk[J]. Science, 1987, 236(4799): 280.

THIRAVONG S, 吴海燕. 基于委托代理博弈的水利工程PPP项目逆向选择与道德风险分析[J]. 水利经济, 2016, 34(4): 9-12.

THOMSON A M, PERRY J L, MILLER T K. Conceptualizing and measuring collaboration [J]. Journal of Public Administration Research & Theory, 2008, 19(1): 23-56.

TIAN XIAO C. Research on China's promoting the PPP model in public services [C]// International Conference on Public Administration. 2015.

TIMOTHY H. Opportunism in buyer-supplier relations: new insights from quantitative synthesis[J]. Journal of Marketing Channels, 2009, 16(1): 43-75.

UZZI, B. Social structure and competition in interfirm networks: the paradox of embeddnedness[J]. Administrative Science Quarterly, 1997, 41(4): 464-476.

VALERO V. Government opportunism in public-private partnerships[J]. Journal of Public Economic Theory, 2015, 17(1): 111-135.

WILLIAMSON O E. Comparative economic organization: the analysis of discrete structural alternatives[J]. Administrative Science Quarterly, 1991, 36(2): 269-296.

WILLIAMSON O E. The mechanism of governance[J]. Administrative Science Quarterly, 1996, 44(1): 799-802.

WILLIAMSON O. E. Markets and hierarchies: analysis and antitrust implications[M]. New York: Free Press, 1975.

WUYTS S, GEYSKENS I. The formation of buyer-supplier relationships: detailed contract drafting and close partner selection[J]. Journal of Marketing, 2005, 69(4): 103-117.

XU Y, MIROSLAW J S, et al. Developing a concession pricing model for PPP highway projects[J]. International Journal of Strategic Property Management, 2012, 16(2): 201-217.

ZAHEER A, MCEVILY B, PERRONE V. Does trust matter? Exploring the effects of interorganizational and interpersonal trust on performance[J]. Organizational Science, 1998, 9(2): 141-159.

ZHANG Z A. Analysis of public-private partnerships in transportation infrastructure investment and management[M]. Northwestern University, 2011.

ZHE Z, MING J. When does trust influence cooperation effects in public-private-partnerships [J]. SAM Advanced Management Journal, 2009:21-32.

ZHENG J, ROEHRICH J K, LEWIS M A. The dynamics of contractual and relational governance: evidence from long-term public-private procurement arrangements[J]. Journal of Purchasing and Supply Management, 2008, 14(1):43-54.

阿克塞尔罗德.R.合作的进化[M].吴坚忠,译.上海:上海人民出版社,2007.

蔡继荣.联盟关系协同的股权规制机制研究[J].中国管理科学,2015,1(23):163-169.

曹江红,崔文静,解本政.PPP 项目风险对私营方投资价值的影响研究[J].工程管理学报,2018(2).

曹启龙,等.公平偏好下 PPP 项目多任务激励问题研究[J].预测,2016(1):75-80.

曹勇,蒋振宇,孙合林,等.知识溢出效应、创新意愿与创新能力——来自战略性新兴产业企业的实证研究[J].科学学研究,2016,34(1).

常雅楠,王松江.一带一路背景下基础设施 PPP 项目风险分担研究[J].科技进步与对策,2016,33(16):102-105.

陈帆.基于契约关系的 PPP 项目治理机制研究[D].长沙:中南大学,2010.

陈菡.中国情景下的 PPP 项目治理机制——正式契约与关系契约整合视角[J].开发研究,2016,(2).

陈通,杜泽超,姚德利.基于 PPP 视角的公共项目风险因素重要性调查分析[J].山东社会科学,2011(11):127-130.

陈希敏,侯英.农户金融合作意愿的影响因素分析——基于西部五省农户调查[J].陕西师范大学学报,2014:16-23.

陈晓红,郭佩含.基于实物期权的 PPP 项目政府补偿机制研究[J].软科学,2016(6):26-29.

代中胜.PPP 项目中政府套牢社会资本问题分析[D].成都:西南交通大学,2015.

杜亚灵,李会玲,柯洪,等.工程项目中业主初始信任对合作的影响研究:承包商公平感知的中介作用[J].管理学报,2014,11(10):1542-1551.

范如国,杨洲.PPP 项目中地位不对等主体努力水平及效用的博弈研究[J].财政研究,2018(5).

付建华.关系契约视角的 PPP 项目治理机制研究[D].成都:西南交通大学,2018.

高孟立.合作创新中机会主义行为的相互性及治理机制研究[J].科学学研究,2017(9):144-155.

何寿奎,陈璨.PPP 项目合作风险形成机理与协同治理机制[J].当代经济管理,2018,40(7).

胡丽,张卫国,叶晓甦.基于 SHAPELY 修正的 PPP 项目利益分配模型研究[J].管理工程学

报,2011(2):149-154.
黄劲松.产学研合作的混合治理模式研究[J].科学学研究,2015,1(33):69-75.
柯永建,王守清,陈炳泉.私营资本参与基础设施 PPP 项目的政府激励措施[J].清华大学学报(自然科学版),2009(9):1480-1483.
兰娟丽.基于产业集群企业间知识外溢的利润共享合作博弈研究[D].西安:陕西师范大学,2013:5-8.
李学乐,吴健,褚昭华.PPP 项目落地水平的影响因素研究——基于区域发展成熟度与政府信誉的对比分析[J].金融与经济,2017(9):56-63.
李永锋.合作创新战略联盟中企业间相互信任问题的实证研究[D].上海:复旦大学,2006.
蔺丰奇,刘益.知识联盟中关系风险的成因及影响因素分析[J].中国科技论坛,2007,(3):94-98.
刘广平,陈立文,潘辉,等.PPP 高速公路项目合作双方投资比例与特许经营期决策[J].工业工程,2014(4):42-46.
刘穷志,任静.社会资本参与 PPP 模式的"素质"研究——来自中国上市公司的证据[J].经济与管理评论,2017(6):38-46.
刘群慧,李丽.关系嵌入性、机会主义行为与合作创新意愿——对广东省中小企业样本的实证研究[J].科学学与科学技术管理,2013(7):85-96.
刘益,曹英.关系稳定性与零售商感知的机会主义行为——直接影响与供应商承诺的间接影响[J].管理学报,2006,3(1):64-69.
马国勇,石春生.合作关系,吸收能力对合作风险的作用——基于竞争企业间 R&D 合作的实证研究[J].预测,2013(2):36-41.
宁靓,赵立波.基于民营资本视角的 PPP 项目风险因素识别及量化研究[J].学习论坛,2018.
裴云龙,江旭,刘衡.战略柔性、原始性创新与企业竞争力——组织合法性的调节作用[J].科学学研究.
乔纳森·H.特纳.社会学理论结构[M].6 版.北京:华夏出版社,2001:257-304.
任纪美.关系嵌入性与关系惰性的关系研究——基于感知风险的视角[D].大连:东北财经大学.
盛和太,王守清,柯永建.民营企业发展 BOT 项目的风险管理研究:基于某污泥处理项目的案例分析[J].土木工程学报,2012,45 (1):142-147.
唐祥来,杨娟娟.农业基础设施建设 PPP 模式的投资激励决策机制[J].农业技术经济,2012(10):112-119.
王凤彬,李奇会.组织背景下的嵌入性研究[J].经济理论与经济管理,2007,V(3):28-33.
王俊豪,金暄暄.PPP 模式下政府和民营企业的契约关系及其治理——以中国城市基础设施PPP 为例.经济与管理研究,2016(37):62-68.

王俊豪，朱晓玲，陈海彬.民营企业参与PPP的非正式制度壁垒分析——基于新制度经济学的视角[J].财经论丛(浙江财经大学学报)，2017，221(6)：107-113.
王欣然.PPP项目激励性合约的政府承诺研究[D].大连：东北财经大学，2016.
王颖林，赖芨宇，傅梦.基于实物期权理论的PPP项目限制竞争担保研究[J].建筑经济，2015，36(2)：46-49.
吴孝灵，陆冰，石岿然，等.政府补偿情景下考虑私人损失规避的PPP项目投资决策[J].系统管理学报，2016(4)：683-690.
吴颖.民间资本参与基础设施建设项目的影响因素与相关对策[D].北京：华北电力大学，2012.
武晓爽，马金平，刘阿倩.PPP模式养老院项目的政府限制竞争担保研究[J].建筑经济，2017，38(5)：43-47.
相亚成.基于政府管制视角的PPP项目民间资本投资回报率研究[D].杭州：浙江工业大学，2015.
谢晓非，徐联仓.风险认知研究概况及理论框架[J].心理科学进展，1995，3(2)：17-22.
徐二明，徐凯.资源互补对机会主义和战略联盟绩效的影响研究[J].管理世界，2012(1)：93-103.
徐二明，张欣.战略联盟中的机会主义行为抑制因素研究[J].兰州学刊，2008(4)：53-55.
许冠南.关系嵌入性对技术创新绩效的影响研究——基于探索型学习的中介机制[D].杭州：浙江大学，2008.
薛静娴.基于实物期权理论的经营性基础设施项目投资决策研究[D].北京：北京交通大学，2010.
闫莹，赵公民.合作意愿在集群企业获取竞争优势中的作用[J].系统工程，2012(2)：29-35.
杨壮.基于公私合作伙伴关系价值的指标体系及评价方法研究[D].重庆：重庆大学，2017.
姚鹏程，王松江.双层目标规划模型在PPP项目中的应用研究[J].中国行政管理，2010(8)：122-125.
叶红心，薛耀文，盛昭瀚.基于成员特征及历史信息的合作意愿度迭代模型[J].中国管理科学，2004(4)：102-107.
易余胤.基于演化博弈论的企业合作与背叛行为研究[M].北京：北京经济科学出版社，2010.
尹贻林，徐志超，邱艳.公共项目中承包商机会主义行为应对的演化博弈研究[J].2014，47(6)：138-144.
尹贻林，徐志超.工程项目组织中信任状态的发展与演进：中国管理情景下的探索性研究[J].管理工程学报，2017，31(2)：74-83.
应洪斌.产业集群中关系嵌入性对企业创新绩效的影响机制研究[D].杭州：浙江大学，2011.
袁磊.战略联盟合作伙伴的选择分析[J].中国软科学，2001(9)：53-57.
袁义淞.民间资本进入准经营性基础设施PPP项目的激励问题研究[D].昆明：昆明理工大

学,2015.
曾德明,王燕平,文金艳.高技术企业创新联盟稳定性研究[J].研究与发展管理,2015,27(1):44-50.
张超,关家麟.战略联盟合作风险管理的竞争情报分析及建议[J].图书情报工作,2013,57(2):74-80.
张烁.企业合作关系、组织学习和企业绩效间关系的实证研究[D].长春:吉林大学,2012.
张延锋.战略联盟中合作风险与信任,控制间关系的实证研究.研究与发展管理,2006,18(5):29-35.
张延锋.战略联盟中信任、控制对合作风险的影响及其组合绩效研究[M].上海:上海财经大学出版社,2007.
张艳茹,陈通,汪勇杰.公共文化PPP项目中承包商机会主义行为奖惩机制演化研究[J].河北工业科技,2014,31(6):469-473.
张钰,刘益,李瑶.营销渠道中控制机制的使用与机会主义行为[J].管理科学学报,2015,18(12):79-92.
赵树宽,刘战礼,迟远英.基于前景理论的不确定条件下的风险决策和企业管理[J].科学学与科学技术管理,2010(3):157-161.
郑传斌,丰景春,鹿倩倩,等.全生命周期视角下关系治理与契约治理导向匹配关系的实证研究——以PPP项目为例[J].管理评论,2017(12):260-270.
郑登攀,党兴华.技术溢出对中小企业合作创新倾向的影响研究[J].科学学与科学技术管理,2008,29(8):63-67.
周琪琦.泛长三角区域旅游合作的博弈分析——基于合作意愿度视角[J].安徽广播电视大学学报,2010(2):31-36.

附录　PPP 模式中民营企业合作意愿调查问卷

> 您好！占用您的宝贵时间我们深感歉意。非常感谢您参与我们的问卷调查，此次调查是为我们学术研究做准备，主要为了解 PPP 模式中民营企业与公共部门的关系嵌入对于民营企业合作意愿的相关问题，不存在任何商业用途，更不会泄露您的任何隐私。整个问卷中涉及的题目均没有对错之分，请根据您的实际情况填写，无需署名。谢谢您的合作！

Ⅰ．个人信息情况。(请您在“□”内打“√”)

1. 您的年龄

□ 22～30 岁　　□ 31～40 岁　　□ 41～50 岁　　□ 50 岁以上

2. 您的学历

□ 高中及以下　　□ 专科　　□ 本科　　□ 硕士及以上

3. 您的工作单位是

□ 公共(政府)部门　　□ 国有企业

□ 民营企业　　□ 科研院所

□ 咨询单位

4. 您的职位级别

□ 高层管理者　　□ 中层管理者　　□ 一般管理者

5. 您从事有关 PPP 项目已有

□ 无经验　　□ 0～3 年

□ 3～5 年　　□ 5～8 年

□ 8 年以上

6. 您参与的 PPP 项目所在行业

□ 社会事业　　□ 交通　　□ 市政　　□ 环保

□ 水利　　□ 能源　　□ 其他________

(1) 股东—管理者代理冲突

Jensen 提出了著名的自由现金流代理成本假说。他以美国最大的 10 家石油公司为样本，石油价格上涨为这些公司带来了大额现金流。在此背景下，经理人并没有采取向股东分红的做法；相反，即使平均回报低于资本成本，经理人仍继续大量投资于石油的勘探开发活动。对此，Jensen(1986)指出，代理冲突会带来分红冲突。由于利益不一致，管理者不愿向股东分红，否则会减少所控制的资源，从而降低管理者的实力。同时，晋升的激励机制，使管理者为了获取高薪而一味做大销售规模。因此，管理者有动力使企业成长超过最佳规模。自此之后，大量学者通过选择不同样本检验该假说，并在此基础上丰富了管理者扩大投资的动机。主要包括以下几点。

① 帝国建造。Murphy(1985)指出，以截面数据研究证明企业规模是管理者薪酬的唯一决定变量存在局限性，管理者除享受显性薪酬外，还有很多潜在回报，包括股票奖励、期权、递延薪酬等。通过分析时间序列数据，发现管理者存在帝国建造的倾向，通过控制更多资源，使企业发展超出合理规模，从而获得更高的个人威望、地位和薪酬。Stulz(1990)在研究如何利用融资政策降低管理层非效率投资时，指出管理者掌握更多的资源，就能获得更多的在职消费，受益于过度投资。Stulz 分析，投资机会不佳的公司股东希望公司发行债务，来限制管理层所能控制的资源；投资机会较好的公司股东希望管理者筹集更多资金，以减少投资机会未被充分发掘利用的可能性。因此，波动的现金流使非效率投资更有可能。

② 声誉提升。Narayanan(1985)认为，企业收益取决于管理者能力，而管理者的能力对所有人都是未知的，包括他自己。这种信息不对称，使得股东无法对管理者决策的投资收益做出有效预测，只能将管理者薪资作为产出预测值。因此，通过投资短期回报高的项目，管理者可以快速提升股东对其能力的评价，从而提高薪资。长期来看，这些被投项目不会是最高净现值的项目。研究还发现，即使提供长期合同，如薪酬基于绩效指标的三到五年移动平均值，也无法完全规避管理者的短期投资行为。John 和 Nachman(1985)也指出，风险债务对于企业投资政策的不利影响可以通过内生的“声誉”激励来化解。

③ 回避失败。Holmstorm 和 Costa(1986)提供基于学习的声誉模型，研究管理者的职业关注点，即投资决策对于自身未来职业发展的影响。与 Narayanan(1985)看法相近，管理者能力最初是不确定的，随着时间的推移逐渐被了解，这表明管理者过去的决策表现成为其未来业绩预测的合理基础，而投资决策的实

二、非效率投资的相关理论与机构投资者概述

（一）非效率投资的相关理论

1. 概念厘定

财务管理学中，投资指为了未来可预见期内获得报酬或资金增值所进行的引起个人或组织财富变化的投入产出活动。既包括对外投资，也包括对内投资，既包括实物投资，也包括金融投资。前者是将生产要素投入社会再生产过程，形成企业资产，在未来的经济活动中实现预期收益；后者是将资金投入金融市场，形成有价证券，在买卖交易中获得资本利得和利息收益。本文所指“投资”为实物投资，具体为包括固定资产、在建工程、无形资产的非流动资产投资。

投资决策要求企业本着股东利益最大化的经营目标，在一定的资本约束下，基于自身成长性、市场机遇，合理选择项目机会。投资决策对于企业价值的提升不在于投资支出的金额大小，而是项目净现值是否大于0，即未来的现金流回报能否平衡初始成本。因此，如果项目的科学性筛选没有得到重视，企业主动或被动放弃了净现值大于0的项目，而选择净现值小于0的项目，这样的投资行为就是非效率投资，主要表现为投资不足和投资过度，从而偏离最优配置，损害企业价值。上市企业的非效率投资，不仅无法实现预期收益，而且投资的跨期性和惯性还会迫使其继续追加，只能“恶性增资”，已投项目难以及时抽离止损，最终造成更大损失。

2. 形成机理

一般认为，过度投资主要受代理问题的激励和驱动，而投资不足则因信息不对称而恶化(2009)，对此，国外的理论研究已有成熟体系。本文对该部分的介绍是为了：第一，通过文献梳理，表明非效率投资根源在于公司治理机制的不完善(2002)；第二，本文研究机构与非效率投资的关系，但其实二者联系需要通过公司治理打通，陈述形成机理，是为了下文介绍公司治理是有效的约束机制时作铺垫，表明机构投资者针对这些代理问题具有良好的治理效应。

1）委托代理问题

两权分离，所有权与控制权分离，是委托代理矛盾的根源。由于目标和效用的不一致，代理人会利用其控制权谋取私利，进行非效率投资，损害所有人利益。存在三种委托代理关系：股东与管理者之间、股东与债权人之间、大股东与中小股东之间。

本文分为以下五个部分。

第一部分为引言。简要介绍了本文的选题背景、理论和现实意义，已有的文献梳理，逻辑框架、全文内容安排，研究方法等，奠定了本文的行文思路。

第二部分为非效率投资的相关理论和机构投资者概述。从委托代理理论、信息不对称理论分析非效率投资的形成机理，指出公司治理是有效约束机制。引入机构投资者概念，表明随着持股比例的扩大，机构逐渐关注公司治理，并总结了其异质性的分类方式。为下文机构通过公司治理约束非效率投资做好理论铺垫。

第三部分为机构通过公司治理约束非效率投资的机理分析。凭借三大优势的机构投资者有能力和动机对于代理问题的三大特征进行针对性提高和改善，从而能通过公司治理借助股权结构、董事会等途径约束非效率投资。并解释了异质性影响治理效应的根源在于股权的二重性。

第四部分为实证研究。借鉴 Richardson 模型计算非效率投资水平，借鉴牛建波的变量设计进行机构异质性分类。采用 2010—2015 年中国 A 股民营制造业上市公司的面板数据，进行模型回归，验证研究假设，分析结果。进而提供参考建议，结合最新保监会监管、定增新政的事件，以期更贴近市场发展现状。

第五部分为结束语。讨论了本文的研究创新、局限性，规划了未来的研究重点和方向。

2. *研究方法*

本文理论与实证结合，定性与定量并行，具体如下。

(1) 理论研究。国外对于委托代理问题和机构投资者的研究领先中国数十年，Jensen 和 Meckling、Borokhovich、Fama 等大家构建了严密的理论体系。本文通过查找资料，大量阅读国外经典文献，综合运用公司金融学、财务管理学等理论，不断揣摩机构投资者与非效率投资的深层联系。在文献综述的坚实基础下，建立了本文的理论分析思路。

(2) 实证研究。非效率投资与中国机构投资者是否存在显著的负相关性，中国机构投资者是否是有助于培育实体经济的"合适"投资者，通过建立合适的模型，可以揭示这种关系。本文充分利用 Stata 14.0 和 Eviews 9.0 等数据分析软件，通过描述性统计、平衡动态面板、非平衡静态面板回归验证研究假设，从而得出结论，提出建议。

者的外部震荡来解决内生性问题。

方红星等(2013)从内在形成机理角度，将非效率投资分类为意愿性和操作性两类，发现公司治理、内部控制分别对于这两类具有有效的治理作用。他认为，公司治理机制包括监督和激励两大体系，监督机制包含第一大股东比例、股权制衡、机构投资者持股比例等九大变量，通过主成分分析计算得出监督机制的度量指标。并证实包含机构持股比例的公司治理机制对于意愿性非效率投资影响显著为负。

叶松勤等(2013)认为，大股东的"控制权私利"心理引发掏空行为，更易造成企业的非效率投资，受产权性质影响，这在国有控股企业中更严重。而当机构发现大股东利益侵占行为时，不可能贸然"用脚投票"，因为大量股份抛售引发的股价下跌反而使机构自己蒙受巨大损失，同时，机构受超常规发展战略保护，因此有能力和动力去改善投资效率，实证也证实机构确实能抑制大股东机会主义倾向下的非效率投资。但这种改善作用在存在行政干预的国有公司中难以发挥。

龚光明等(2014)意图了解会计信息质量与非效率投资的关系，并引入异质性机构投资者变量。结果表明，提高会计信息质量显著改善了非效率投资。龚光明等(2014)借鉴 Brickley 的分类方式，将机构划分为压力敏感和压力抵制型，区别在于前者与企业存在业务联系，而后者更具备独立性。进一步发现，压力抵制机构能够加强上述改善作用，压力敏感机构反而会削弱这种影响。

吴良海等(2017)与龚光明等(2014)的研究过程相似，区别在于吴良海等人是从会计稳健性视角研究非效率投资。他们通过理论分析认为，会计稳健性要求真实地反映企业价值，确认损失比确认收益更及时，这样一来，既降低了信息不对称性，又帮助债权人和中小股东约束了控股股东和代理人的机会主义行为，从而避免了非效率投资。其次借鉴牛建波的变量设计，将机构分类为稳定和交易型。研究发现，相比交易型，稳定型机构与自愿性信息披露显著正相关，能够加强上述会计稳健性的治理效应。

唐松莲等(2015)考察不同机构持股情景下，现金富余/短缺分别与投资过度/不足之间的关系。其观察的机构持股情景有三，首先基金/非基金，长线/短线以及持股比例高于/低于中值。综合三种情景，研究结果显示，基金投资者可缓解投资不足，但不能约束投资过度。后者主要受到持股期限的影响，因为长线型基金是可以约束投资过度的，问题在于短线型基金。研究还表明，整体机构持股比例较高时，基金/非基金的约束能力都可以得到加强，这是因为机构投资者之间存在交叉的关系网络，联合行动的整体谈判能力能提高其参与公司治理的

2000年便达到了80%。对照欧美经验,未来中国的机构投资者也将成为中坚力量。而目前,截至2015年末,自然人、一般法人、沪股通、专业机构的持股市值占比分别为25.18%、59.83%、0.49%和14.49%,其中投资基金2.93%。[①] 虽然中国的机构投资者未来仍有很长的发展期,但关注公司治理的现象已层出不穷,激起了学术研究的热情。本文试图解释清楚机构投资者通过公司治理对非效率投资的治理机制,并探究其异质性的影响效应,试图为推进中国机构投资者发展提供有价值的参考建议。

2. 研究意义

从学术角度,美国资本市场的成熟推进了相关理论研究的发展,对于机构投资者的研究比中国早了一大步,中国囿于体制的不健全,起步晚,发展缓慢,仍在探索阶段,对于异质性的分析更是只停留在实证部分,理论研究较少。本文建立了对于"机构—公司治理—非效率投资"的逻辑思路,逐步深入分析,并关注股权二重性对机构异质性的内生驱动,可以从理论上丰富机构投资者这一领域的研究。

从现实角度,目前中国处于培育理性健全市场、发展机构投资者的关键阶段,2017年初保监会的从严监管使我们看到,鼓励机构关注公司基本面的长期价值投资是未来发展的重点。因此,研究机构及其异质性具有一定的现实意义。同时,产能过剩是眼下全社会亟待解决的问题。机构投资者能否起到对于非效率投资的积极作用,通过实证检验回答这个问题,能够对防范非效率投资带来的过剩产能、资源浪费、收益下降现象提供帮助。

(二)文献综述

1. 机构持股与非效率投资关系的文献综述

Cella(2012)基于Bushee的机构分类方式,研究认为,长期机构持有的所有权增加与企业过度投资水平的下降有关,而准指数和短期投资者没有这种激励作用。这是因为长期投资者几乎没有投资持股变化,不存在短期收益,所以更有动机来监测投资,获取长期利润。并且研究发现,长期机构善于收集有关企业管理的信息,帮助他们评估管理层是否会接受其影响力,然后相应调整其在企业中的地位。如果他们认为监督作用有助于管理层选择,长期机构会增加股权,更深地介入公司治理。值得参考的是,Cella(2012)用标普500指数作为对机构投资

① 数据来源:《上海证券交易所统计年鉴》2016年卷。

一、引言

（一）选题背景和研究意义

1. 选题背景

近年来，投资作为“三驾马车”之首，强有力地支撑着中国经济的快速发展。尤其是2008年全球金融危机发生后，面对国际经济形势拖累进出口、国内实体经济疲软的局面，中国政府启动“四万亿投资计划”，刺激经济活力，平稳度过危机。然而，副作用不断显现：为保增长，货币超常规投放，大批投资项目匆促启动开展，反而造成重复建设、产能过剩，资本收益显著下降，降低了经济增长的质量。因此，要提升经济发展可持续性，关键在于提高投资效率。

在微观层面上，作为价值创造和未来成长的主要动因，投资行为是企业经营管理的核心。然而，现代企业中所有权与控制权分离、信息不对称等问题天然存在，助涨了经理人的逆向选择和道德风险；同时，所有人和经理人的目标函数不一致、责任不对等，经理人的薪酬与企业规模正相关，而风险、收益由所有人承担。因此，掌握着直接控制权的经理人，面对自由现金流，有能力和动机采取机会主义行为，进行非效率投资，更多是过度投资，投向偏离企业成长机会，而符合经理人自身利益最大化的经营领域，制约着企业的可持续发展。另一方面，信息不对称还体现在控股股东与中小股东之间。中小股东的股权分散、力量不集中，高昂的监督成本对应的监督收益反而有限，“搭便车”的观望、侥幸心理助涨了控股股东的利益输送等自利行为。

有效的公司治理可以通过合理规范的制度设计，平衡委托代理关系中的利益冲突，保障投资决策的科学化和有效实施，防范非效率投资。治理的核心在于将剩余控制权和剩余索取权实现统一，机构投资者天然的规模、信息、人员优势可以填补这一角色，改善公司治理，进而约束非效率投资。Gillan 和 Starks (2007)研究显示，20世纪80年代末期，美国敌意收购在政策压力下的“退烧”，迫使机构投资者在公司治理中发挥积极作用，从而在2006年末实现美国证券市场约70%的市值掌握在机构投资者手中。Davis(2002)表示，在英国，这个数字